ሳሊና-77

ግርማኣለም ተኪኤ

ሳሊና-77

ግርማኣለም ተኪኤ

ኣሕተምቲ ሕድሪ
ኣስመራ 2025

ደራሲ "ሳሊና-77" (ቀዳማይ ሕታም) ግርማኣለም ተኪኤ 2025
Salina-77 (First Edition) Ghermalem teKie 2025

ኣድራሻ፡
ghermalemt@gmail.com
Mobile 07511651 Home 160666

ሳሊና

ንድሬ መጽሓፍን ገበርን፤ ሪታ ብርሃነ

ስእሊ ቅብኣ ገበር፤ ስነጥበባዊ ሃይለሚካኤል ዑቕቡ

ISBN - 978-99948-64-88-1

ቤት ማሕተም ዶኩሜንትን ኮሙኒከሽን
D/C Printing Press ተሌ - 121653
ኤርትራ - ኣስመራ

ወፈያ

እዛ መጽሓፍ'ዚኣ፡ ንዝኸሪ ሰማእታት ሳሊና፡ ንዘፍቅራ ብዓልቲ-ቤተይ ስውእቲ ተጋዳሊት ሳባ ብርሃነን ንገዳይም ስዉኣት ተጋደልቲ ኣሕዋተይ፡ በራኺ ንጉሰ (ወዲ ፈንቅል)፡ ሰለሙን ተኪኤን ተስፉ ኪዳነን ወፍየያ ኣሎኹ።

ትሕዝቶ

ምዕራፍ ሸሞንተ

ምዕራፍ ትሸዓተ

ምዕራፍ ዓሰርተ

ክፍሊ ሰለስተ

ምዕራፍ ዓሰርተ ሓደ

ምስጋና

መጽሓፍ ሳሊና 77፡ ዋላ'ኳ ብውልቀ ተበግሶይ ትጸሓፍ'ምበር፡ ውዕሎ ናይ ብዙሓት ገዳይም ተጋደልቲ ኣብ ውግእ ሰምሃርን ሳሊናን ዝሓቖፈት መጽናዕታዊት ጽሑፍ'ያ። ስለዚ፡ ንኹሎም'ቶም ኣብዛ መጽሓፍ ትንኣስ ትዕበ ገድላዊ ተመኩሮኦም ዘበርከቱ ብዘይ ቃል-ዓለም ልባዊ ምስጋና አቕርብ። ነዛ መጽሓፍ'ዚኣ ክጽሕፍን ተበግሶ ክወስድ ዘተባብዓንን ፍናን ዘሰነቐንን ኣቶ ዘምህረት ዮሃንስ (ሓላፊ ምርምርን ሰነዳን ህ.ግ.ደ.ፍ)፡ ንመጽናዕቲ ዝሕግዙ ናይ ግንባር ሰነዳት ክድህሰሰ ዕድል ዝሃበትኒ ኣዜብ ተወልደ (ሓላፊት ጨንፈር ማእከል ምርምርን ሰነዳን ህ.ግ.ደ.ፍ.)፡ ዝርዝር ኣስማትን ኣሳእልን ናይቶም ኣብ ሳሊና ዝተሰውኡ ክረክብ ዝሓገዘኒ ሌ\ ኮሎኔል ተወልደ ነማርያም 'ሚሊሽያ' የመስግን።

ብፍላይ፡ ነቲ ኣባላት ኣብ ምጥርናፍ፡ ሃናጺ ሓሳባት ኣብ ምምጻእ፡ ወርቃዊ ግዜኡን ጉልበቱን፡ ቤት ጽሕፈቱ ንኣኼባታት ንምክያድ ዘወፈየ፡ ከም ቀላስን ዓንዲ ማእከልን ኰይኑ ዝተሓባበረ፡ እዛ መጽሓፍ ኣብ መደምደምታ ንኽትበጽሕ ክዉን ዝገበረ፡ ፍጹም ገረዝጊሄር (ኣባል ሃይማኖታዊ ጉዳያት) አመስግን።

ኣብ ቅዲ ኣጸሓሕፋ ሓሳባቶም ዘካፈሉኒ፡ ሓላፊ ባህላዊ ጉዳያት ህ.ግ.ደ.ፍ. ኢብራሂም ዓሊ (ኣክላ) ደረስቲን ሰለሙን ድራር፡ ሰለሙን ጸሃየን ዶክቶር ተኽስተ ፍቓዱን ከምኡውን ንብርሃነ ገብረትንሳኤን ኣመስግን። ብኣጠቓላሊ፡ ኵሎም ብጾት ዘሎዎም ተመኩሮ ኣብ ምክፋል ዝተሓባበሩ ኣባላት በጦሎኒ 4.3ን ካልኦት ተጋደልትን፡ ናይ'ዚ መጽሓፍ'ዚ ኣርትዖት ዝገበረ ሄኖክ ተስፋብሩኽን ምእራምን መልክዕን ዘትሓዘቶ ሪታ ብርሃነን ከኣ አመስግን። ኣብ መወዳእታ፡ ነቶም ካብ ምጅማር ክሳዕ መፈጸምታ ካብ ጐድነይ ከይተፈልዩ ሞራል ዘሰነቑንን ንኽሰርሕ ጥጡሕ ባይታ ዝፈጠሩለይን ደቀይ፡ ዳናይት፡ ናሆም፡ ክብረት፡ ኣርሴማን ሚልካን ፌሩዝ ገብሪሂወትን ልባዊ ምስጋና አቕርብ።

መቕድም

1977፣ ዓመት መኸተ፡ ዓወት፡ ተስፋን ጽንዓትን ምኳና ንምብሳር፡ 45 ሚልዮን ሊትሮ ነዳዲ ዝሓዘ ኣጋንእ ኣብ ከተማ ምጽዋዕ ተቓጺሉ። እዛ ዓመት'ዚኣ ግን ወተሃደራዊ ዓወት ዝዓብለላ ጥራሕ ዘይኮነት፡ ህዝባዊ ግንባር ሓርነት ኤርትራ (ህ.ግ.ሓ.ኤ.) ብቐጠባ ነብሱ ንምኽኣል ሰረት ዘንበረላ፡ ኣብ ውሽጥን ወጻእን ዝነብር ህዝብና፡ በብማሕበራዊ ቀጸላታቱ ብዝልዓለ ዝተወደበላን ንብቕዓት ኣመራርሕኡ ዘመስከረላን ዝነበረት።

ውግእ "ሰምሃር 1977"፡ ልዕሊ ሽውዓተ ብርጌዳት ህዝባዊ ግንባር ዝተሳተፍኡ፡ መስተንክር ፍጻመ ዝሓዘ ፍጻመ እዩ። እዚ መዘና ኣልቦ ዝኾነ ታሪኽ፡ ሓንቲ መጽሓፍ ጥራሕ ዘይኮነ መጻሕፍቲ'ውን ዘይኣኽሎ፡ ሓደ ካብቲ ሓደ ዝበላለጽ፡ እንታይ መሪጽካ እንታይ ትገድፍ፡ ንኣየናይ ተጽብብ ንኣየናይከ ተግፍሕ ዘጸግም ታሪኽ'ዩ።

እዛ መጽሓፍ ንኽፈላዊ "ውግእ ሰምሃር 77" ምርኩስ ገይራ፡ ክልተ መሰረታዊ ዕላማታት ሒዛ'ያ ተበጊሳ። እቲ ቀዳማይ፡ ተጋዳላይ ኣብ ውግእ ሰምሃርን ሳሊናን ዘርኣዮ ተወፋይነትን ትብዓትን፡ ዝኸፈሎ መስዋእትን ዝሰገሮ መሰገደላትን፣ ኣብ ልዕሊ ህዝቡን ሃገሩን ዝነበሮ ፍቕርን ዘመዝገቦ ዓወታትን ንምንጽብራቕን ንመጻኢ ኤርትራዊ ወሎዶ ንምትሕልላፍን'ዩ። እቲ ካልኣይ ድማ፡ ህዝባዊ ግንባር ላዕለዋይ ኢድ ጨቢጡ፡ ኣብ ልዕሊ ሰራዊት ደርግ፡ መጠነ ሰፊሕ መጥቃዕቲ ኣካይዱ ከቢድ ክሳራታት ኣውሪዱ ንምእማኑ ዘጸግም ጅግንነት ዘመዝገበሉ፣ ህዝቢ ኣብ ጉድኒ ደቁ ተሰሊፉ ሰውርኡ ንምዕዋት ከቢድ መስዋእቲ ዝኸፈለሉን ተሳታፍነቱ ዘረጋገጸሉን፡ ዛዕባታት ዝሓቖፈት መጽሓፍ'ያ።

ኣብዛ መጽሓፍ'ዚኣ፡ ነቲ ኣብ ምሉእ'ቲ ግንባር ዝተፈጸመ ጅግንነትን ዝተኸፍለ መስዋእትን ክጸውን ክምዝግብን ምደለኹ። እንተኾነ፡ ነዚ ባሕሪ ዝኾነ ታሪኽ፡ ኣብዛ ከፊላዊትን ንእሽቶን መጽሓፍ ክተጠቓልሎ ምፍታን፡ ምቑሳልን ምንእኣስን እዩ ክኸውን። ካብዚ መጻብቦ ንምውጻእ ድማ ንውዕሎ በጦሎኒ 4.3 ኣብ ውግእ "ሰምሃር 77" ኣተኩሮ ገይረ፡ ኣብ ጽብብ ዝበለ ዓንኬል ናይ ግዜን ቦታን ጥራሕ ብምምራጽ ጽሒፈ ኣለኹ።

ኣብ ለካቲት 2015፡ ሰዓት 8፡00 ናይ ምሸት ኣቢሉ ይኸውን፡ ኣብ ራድዮ "ድምጺ ሓፋሽ ኤርትራ"፡ ብምኽንያት መበል 25 ብሩራዊ ኢዮቤልዩ ስርሒት ፈንቅል ዝተዳለወ መደብ ተኸታቲልኩ። ኣቕራቢ ናይ'ቲ መደብ፡ "እዞም ብህይወት ዘለኹም ተጋደልቲ፡ ብዛዕባ'ቶም ኣብ 1977 ኣብ ሳሊና መስተንክር ሰሪሖም፡ ብጅግንነት ዝወደቑ ተጋደልቲ፡ ተመኩሮኹም ንጽውዕ፡ " ምስ በለ፡ ዝሎዋኒ ውሑዳት ተመኩሮይ ከካፍል ብማለት ተጓየኹ። እንተኾነ፡ ግዜ ስለ ዝሓለፈ ኣይሰለጠን። ብዘይ ቃል-ዓለም ድማ፡ ማሕላ ወይ መብጽዓ ሰማእታት ዝጠለምኩ ኰይኑ እዩ ዝተሰምዓኒ።

ብተወሳኺ ኣብቲ ብ"ጨራ ምሉእ ሓርነት" ዝብል ቴማ፡ ዝተጸምበለመበል 25 ዓመት "ብሩራዊ ኢዮበልዩ ስርሒት ፈንቅል" ንምብዓል ካብ ሃገረ ኣመሪካ ምስ ዝመጽአ ሓኖይ ዳዊት ተወልደ ዝገበርኩዎ ዓሚቝ ዕላል'ውን ተወሳኺ ድርኺት ፈጢሩለይ እዩ። ክልቴና ናብቲ ካብ 12 ክሳዕ 15 ለካቲት 2015 ኣብ ምጽዋዕ ዝተኻየደ በዓል ንምስታፍ እንጓዕዘሉ ኣብ ዝነበርና እዋን፡ ኣብ ቢንቶታት እምባትካላ፡ ዶንጎሎ፡ ጋሕቴላይ፡ ውግእ 101 ኪሎ ሜተር፡ ጨጓር ታባ፡ ዶጎሊ፡ ፎርቶ ምሸናኞ፡ ሳሊና ወዘተ፡ ምስ ጸላኢ ዝተገብረ ምትሕንናቕ ብዝርዝር ኣዘንተኹሉ። ዳዊት ብፍላይ ኣብ ሳሊና ዝተኸፍለ መስዋእትን ተጋዳላይ ዝሓለፎ ምረት ቃልስን፡ ብዙሕ ስለዘተሓሳሰቦ፡ መንከሱ ብኢዱ ደጊፉ፡ "እሞ እዚ ኹሉ ከተዘንትወለይ ዝጸናሕካ ፍጻመታት ገለ ኣብ ጽሑፍዶ ኣስፊርካዮ ኣለኻ፧" ዝብል በዳሂ ሕቶ ኣቕረበለይ። እቲ ሕቶ ቀሊል ኣይነበረን። ኣነ ድማ ብሓውሲ ሰሓቕ፡ "ክላእ ኣበይ ኣርኪብናሉ፣ ተመራመርቲ ታሪኽን ክኢላታትን ባዕላቶም ኣጸባቢቖም ይጽሕፍዎ ይኾኑ፡" ኢለ መድሓን ነብሲ መለስኩሉ።

ዳዊት ብዝተዋህቦ መልሲ ከም ዘይዓገበ ኣብ ገጹ ይንበብ ነበረ። ብዛዕባ'ቲ ክሰምዖ ዝወዓለ ታሪኽ ስለዘይቀሰነ፡ "ሰማዕ ግርማይ፡ ናይዞም

ኣብዚ ህሮሩማ ጸሓይን ጨው ሳሊናን ክብርቲ ህይወቶም ንናጽነት ሃገር ዝወፈዩ ሓርበኛታት ክትምስክሩ እት'ኽእሉ እቶም ብህይወት ተሪፍኩም ዘለ'ኹም ተጋደልቲ ጥራሕ ኢ'ኹም። ኣነ ዋላ'ኳ ሱር-መሰረት 'ውግእ ሳሊና' ኣይፍለጦ፡ ብዓ'ቕመይ ታሪ'ኾም ንምዝካር፡ ኣብ 1990 ንኳለይ 'ሳሊና' ኢለ ሰምየያ። ታሪ'ኽ ኣብ እዋኑ እንተዘይተጻሒፉ፡ ምስ ግዜ እናተረስዐን እናሃሰሰን እዩ ዝኸይድ። ይትረፍ ነዞም ንኡሳን ወለዶታት፡ ንዓና ነቶም ብዕድመ ዝደፋእናን ብዛዕባ ቃልሲ ቀሩብ ኣፍልጦ ኣለና እንብል'ውን እንተ'ኾነ፡ 'እምበርዶ ከምዚ ዝበለ ጅግንነት ተፈጺሙ'ዩ፡' ኢልና ንምእማኑ የጸግመና ኣሎ። መጻኢ ወለዶ'ሞ፡ ከም ጽውጽዋይ ክወስዶ'ዩ። ስለዚ፡ ነቲ ዝወዓልኩሞ ሓቀኛ ታሪ'ኽ ከተዘንትዉዎ ሓላፍነትኩም'ዩ፡" ምስ በለ፡ ሓላፍነት ሰማእታት ዘሰክመኒ ዘሎ ኰይኑ ተሰመዓኒ። በታ ዘላትኒ ንእሽቶ ኣፍልጦ ገለ ክገብር ከኣ ወሰንኩ።

ብዘይካ'ዚ፡ ኣብ 2009 ዓ.ም ኣቢሉ፡ ብገለ ኣጋጣሚ ምስ ዶክተር ቴድሮስ ሰዩምን (ወዲ-ኻርቱም) ባሲሊዮስ ዘሞን ዝብሃሉ ብጾት፡ ኣብ ምጽዋዕ ጉርሑም ተራ'ኺብና፡ ካብ ዝገበርናዮ። ቴድሮስ ንጽባቑን ግርማን ቀይሕ ባሕርና እናማዕደወ፡ "እዞም ዝሓለፉ ገዛእቲ ሓይልታት፡ ሓቀም'ባ ኢዮም ነዚ ባሕሪ ክሃርፉዎን ንዓመታት ሰላም ዝኸልኡናን፡"በለ። ባሲልዮስ ወዲ-ዘሞ ብወገኑ፡ "ነዚ ባሕሪ ይትረፍ ንሳላሳ ዓመት፡ ንሚእቲ ዓመት'ውን እንተተጋደልካሉን ክልተ ግዜ እንተተሰዋእካሉን ሓላል'ዩ፡" ምስ በለ፡ ዕላሎም ናብ 1977 ዓ.ም. መሊሱ፡ ኣብ ውግእ ሳሊና ዝኸፈልናዮም ሰማእታት ኣዘ'ኻኸረኒ። ኣብ ገምገም ባሕሪ ኮፍ ኢልና ንነዊሕ ደቓይቕ፡ ብዛዕባ ኣብ ውግእ ሳሊና ዝተ'ኸፍለ መስዋእቲ፡ ተጋዳላይ ዘርኣዮ ጽንዓትን ኣብ ባሕሪ ዝፈሰሰ ደምን ኣዕለልኩዎም። ክልቲኦም ነቲ ብኣጋጣሚ ዘዕለልኩዎም፡ ብሰሚናር መልክዕ ወይ ብጽሑፍ ከ'ቕርቦ ዝሓሸ ምዃኑ ጸቒጦም ተማሕጸኑኒ። እዛ ዕላል'ዚኣ ንባዕላ፡ ንተበግሶይ ድር'ኺት ፈጢራ'ያ።

ነዛ መጽሓፍ፡ ብሳልሳይ ኣካል እተዘንቱ ኣብ ሓቀኛ ታሪ'ኽ ዝተመርኰሰት ልቢ-ወለድ ገይረ ክጽሕፉ ተበገስኩ። ከምኡ ክገብር ዝደረ'ኸኒ፡ ምኽንያታት ድማ፡ "ኣነ ከምዚ ገይረ፣ እዚ ሰሪሐ፣ እዚ ኣበርኪተ፣ እናበልካ ብዛዕባ ነብስ'ኻ ምዝራብ ኣብ ህዝባዊ ግንባር ከም ዘይልሙድን ዘይቅቡልን ተወሲዱ ስለዝጸንሐን ዘሎን፡ ካብዚ ስክፍታ'ዚ ተቢዐ ክወጽእ ኣይከኣልኩን።

ብተወሳኺ፡ ብሰንኪ ምንዋሕ ግዜ፡ ናይ'ቶም በጃ ዝሓለፉ ይኾኑ ህሉዋት ተጋደልቲ ምሉእ ስም ቦታን ዕለተን ፍጻመ ወዘተ. ምርሳዕ ጉድለት ሓበሬታ ኣኸቲሉ፡ ንታሪኽ ከየህሰሶን ከየፈራርቐን ስግኣት ነይሩኒ። ኣብ መወዳእታ ግን፡ ብ ምትብባዕ፡ ግዱሳት ብጾት፡ ኣብቲ ከቢድ ምርምርን ጻዕርን ዝሓተተ ሓቀኛ ታሪኽ ኣድሂበ ክጽሕፍ ኣንቀድኩ።

ጅግንነት ኩሎም'ቶም ኣብ ሳሊና ዝወደቑ ሰማእታት፡ ሓደ ብሓደ ክትርኽ ዝክኣል ኣይኮነን። ንዝኽሮም እንተኾነት ግን፡ ኣብዛ መጽሓፍ ዝርዝር ኣስማት 150 ስዉኣት ሳሊና፡ ተዘርዚሩ ኣሎ።

ነዛ መጽሓፍ ንምጽሓፍ ዝተጠቐምክሉ ኣገባብ፤

1. እቲ ታሪኽ ምሉእነት ንኽህልዎ፡ ነቶም ካብ ተኽሊጥ ናቕፋ ጀሚሮም ክሳብ መጥቃዕቲ ሳሊናን ሰምሃርን፡ ኣብ ጉድነይ ኲይኖም ዝተዋግኡን ዘዋግኡን፡ ልዕሊ 30 ዝኾኑ ሓለፍቲ፡ ተራ ተጋደልትን ህዝብን ብሓባራዊ-ዘተ፡ ብቓለ-መጠይቕ፡ መሕትት ወረቐትን ዕላልን ሓበሬታ ብምእካብ፣

2. ንሓቅነት እቶም ፍጻመታት ዘረጋግጹን ዝድርዑን፡ ምስጢራዊ ሰነዳት ህዝባዊ ግንባርን ናይ ጸላእን ብምፍታሽ፣

3. ነቲ ኣብ ኣእምሮይ ዝተቐርጸ ተዘክሮታት፣ ከምኡ'ውን፡ ኣብ ቅንጥብጣብ መወከሲታት (Diary) ዝኣከብኩዎም ሓበሬታታት ከም መበገሲ ብምጥቃም፡ ዝፈልጦ ሓቅታት ክሕንጥጥ ብድፍረት "ሀ" ኢለ ተበገስኩ።

ከምቲ "ዝወዓለን ይንገርካ፡ ዝሰሓተን ይምከርካ፡" ዝበሃል፡ ካብ'ዞም ብህይወት ዘለዉ ተጋደልቲ ንላዕሊ ብዛዕባ ውዕሎኦምን ቅያኦምን ክትርኽን ክምስክርን ዝኽእል'ሞ ካልእ መን ክህሉ እዩ፧

ቃል ኣሕታሚ

ኣብ ውልቀ ዝኽሪ ዝተመስረተ መጽሓፍ ተዘክሮ (ሚምዋር) ኣብ ስነጽሑፍና ዛጊት ኣይማዕበለን። ካብ'ዚ ዝሓለፈ ክልተ ዕቑዳት ንነጀው ግን፡ ሒደት መጻሕፍቲ ተዘክሮ ተሓቲሙስ፡ ልዕሊ ኹሉ ብመንእሰያት ጽቡቕ ተቐባልነት ረኺቡ ኣሎ። መጽሓፍ ተዘክሮ፡ ኣብ ዕድመ ሓደ ሰብ ንዝተጋህደ ፖለቲካዊ ኩነታት፡ ማሕበራዊ ህይወትን ባህላዊ ለውጥታትን ብዓይኒ ሓደ ተሳታፍን ተዓዛብን ዝነበረ ውልቀ ሰብ ዘዘንቱ ጅር ስነጽሑፍ እዩ። ነቲ እዋን ብግላዊ ኣጠማምታ፡ ብግላዊ ተመክሮን ትዕዝብትን ጦብላሕታን ስለ ዝገልጾ ከኣ፡ ኣንበብቲ ነቲ ዛንታ ብዓይኒ እቲ ኣዘንታዊ ንኽርእይዎ ስለ ዘኽእሎም፡ ብፍላይ ኣብ'ቶም ነቲ እዋን ዘየርከቡሉ መንእሰያት ተምሳጥ ይፈጥር።

መጽሓፍ ተዘክሮ፡ ብቀዳማይ ኣካል ዝዝንቶ፡ ብሉጽ እንተ ኾይኑ ከኣ ምስ ደራሲ ግላዊ ቅርበት ብምፍጣር፡ ልክዕ ከም'ዚ ኣብ መንገ ኣዕሩኽ ብሕሹኽታ ዝግበር ሕካያ ጉጅም ስለ ዘብል፡ ዓሚቝ ጦብላሕታ ናይ ምቕስቃስ ሓይሊ ኣለዎ። ኣብ ኢድ ብቑዕ ጥበበኛ ጸሓፊ ከኣ፡ እቲ ብዓል ዝኽሪ ዘሕለፎ ውልቃውን ሓባራውን ተመክሮታት ብዝርዝርን ብተኣማኒ ኣቀራርባን ብምጽዋይ፡ ንኣንባቢ ናብ ዓለሙ ዘእቱ ባብ ከርሕወሉን ኣብ ተመክሮታቱ ከሳትፎን ይኽእል።

ሰውራ ኤርትራ ብድንቂ ሰብኣዊ ተመክሮታት ኣዝዩ ሃብታም እዩ። ኣብ ታሪኽ ሓርነታዊ ብረታዊ ቃልሲ ዝተራእየ ንምቕጻሉ ዝእግም ብህዝብን ተጋደልትን ዝተፈጸመ ዛጊት ዘይተዘንተወ ቅያዊ ፍጻሜታት ጅግንነትን ተበጃውነትን ብብርቅነቱ መርመም እዩ። እቲ ሎሚ ንኽትሓስቦን ንኽትኣምኖን ዘጸግም፡ ይትረፍ ንዘይነበሩዎ ንፈጸምቱ እውን 'እምበር'ዶ

ከምኡ ነይሩ'ዩ' ክሳብ ዘብል ዘደንጹ፡ ልዕለ-ሰብኣዊ ክበሃል ዝበቅዕ ዘይብገር ጽንዓት ኣብ ዕላማን ዘይሕለል ተስፋን ምጽማምን ዝተጋህደሉ ተመክሮ ገድሊ፡ ንምፍጻሙ ዘይጸገመ ንምትራኹ ምጽጋሙ ግን ስግንጢር እዩ። ኤርትራውያን ታሪኽ ኣብ ምስራሕ ደኣ'ምበር ታሪኽ ኣብ ምጽሓፍ ንፉዓት ኣይኮንናን ዝብል ልሙድ ኣበሃህላ ኣሎ። እዚ ኣበሃህላ'ዚ ግን ከም ምኽኑይ ተወሲዱ ተቐባልነት ክረክብ ፍጹም ኣይግባእን። ምኽንያቱ፡ ኤርትራውያን ከም'ቲ ዘድሊ ናብ ግብሪ'ኳ እንተ ዘይተርጐምናዮ፡ ኣብ ምስናድን ምንጋርን ታሪኽና ዓቕሚ ከም ዘሎና፡ ኣብ'ዚ ዝሓለፈ ዓመታት ዝተወሰደ ተበግሶታትን ዝፈረየ ሒደት ዕዮታትን ኣረጋጊጽዎ እዩ። ስለ'ዚ፡ ነዚ ከም'ቲ ዝድለ ዘይበርበርናዮ ግምጃ ታሪኽና፡ ብበበይኑ ስነጽሑፋውን ጥበባውን መልክዓት – መጻሕፍቲ ታሪኽ፡ ዝኽርታት፡ ኖቬላት፡ ግጥምታት፡ ድርሳናት፡ ድራማታት፡ ፊልምታት፡ ሙዚቃታት . . . – ብኽምቲ ዝግብኦ ደረጃ ክንገልጾን ከም ዝፍለጥ ክንገብሮን ንኽእል ኢና። ግድን ንኽንፍጽሞ ከኣ፡ ዝተፈላለየ ተበግሶታት ብዘይ ወዓል ሕደር ክውሰድ ኣለዎ።

እዚ ሎሚ ንሓትሞ ዘሎና መጽሓፍ ተዘክሮ፡ “ሳሊና 77”፡ ታሪኽና ናይ ምምዝጋብን ምግላጽን ኣብ ዝጽበየና ዘሎ ዓቢ ዕማም ሓደ ምቕሉል ኣበክርቶ እዩ። ኣብ ባህሊ ህዝባዊ ግንባርን ሰውራ ኤርትራን፡ ኣነ ኢልካ ብዛዕባ ውልቃዊ ተመክሮ ምዝራብ ብርቱዕ'ኳ እንተኾነ፡ ሓባራዊ ተመክሮ መሰረታዊ ም኿ኑ ከይተዘንግዐ ብቐዳማይ ኣካል ዝኽሪ ምጽሓፍ፡ ከምዚ ልዕል ኢልና ዝገለጽናዮ፡ ናቱ ፍሉይ ሓይሊ ስለ ዘለዎ ኣገዳሲ'ዩ። ስለ'ዚ እዚ ብገዳይም ተጋደልትን ካልኦት ሰብ ተመክሮን ዝጀማምር ዘሎ መጻሕፍቲ ውልቀ-ዝኽሪ ናይ ምሕታም ተበግሶ ክተባባዕ፡ ንምትሕልላፍ ተመክሮ ናብ ሓድሽ ወለዶ ኣዝዩ ኣድላዩ እዩ።

ተጋዳላይ ግርማኣለም ተኪኤ፡ ነቲ ክሳብ ሕጂ ዘይተጻሕፈ ኣገዳሲ ተመክሮ ውግኣት 1977፡ ብፍላይ ከኣ ውግኣት ሰምሃርን ሳሊናን ኣብ ዝኽሩን ዝኽርታት ብጾቱን ተመርኲሱ ንምጽሓፍ ብዝወሰዶ ተበግሶን ዘካየዶ ነዊሕ ጻዕርን ክነመጉሶ ግቡእ እዩ። ነቶም ተመክሮኦም ዘካፈልዎ ዓሰርተታት ሓርበኛታት ተጋደልቲ ከኣ፡ ብመሰዋእቲ ኣሽሓት ዝተሰርሐ ቅያዊ ታሪኽ ንኽይርሳዕ ብዝገበሩዎ ኣበክርቶ ልዑል ምስጋና ነቕርበሎም።

ኣሕተምቲ ሕድሪ
ኣስመራ፡ ጥሪ 2025

መእተዊ

ህዝቢ ኤርትራ ንኣማኢት ዓመታት ኣብ ትሕቲ ኣርዑት ዝተፈላለዩ ባዕዳውያን ገዛእቲ ተሳቒዩን ተገፊዑን'ዩ። ናጽነቱ ንምጭባጥ! ድማ፡ ብዘይካ ህዝቡን ኣብ ውሽጣዊ ዓቕሙን ተመርኲሱ፡ ፖለቲካውን ዕጥቃውን ቃልሲ ምክያድ ካልእ ኣማራጺ ኣይነበሮን። ኰነ ከኣ፡ ህዝቢ ኤርትራ ብዘይ ናይ ጾታ፡ ወገን፡ ብሄርን ሃይማኖትን ኣፈላላይ፡ ሓድነቱ ኣደልዲሉን ሰሚሩን ስለዝተቓለሰ፡ ኣብ 1991 ፍረ ጻምኡ ረኺበ። ኣብ 1993 ዝተኻየደ ታሪኻዊ ረፈረንዱም ድማ፡ ብ99.8% "እወ ንናጽነት" ኣድመጸ። እዛ ብኸቢድ ጻዕርን መስዋእትን ዝተረኽበት ናጽነት፡ ንዓና ንኤርትራውያን ፍሉይ ትርጉም ትህበናን ከቢድ ሓላፍነት ተሰክመናን።

ህዝቢ ኤርትራ፡ ዘውዲ ናጽነት ዝደፍአ እምበኣር፡ ብዘይካ'ቲ ብረት ተሓንጊጡ ኣብ ዓውዲ ውግእ ዝተሰውኣን ዝሰንከለን ተጋዳላይ፣ ብተሳትፎ ናይቲ ኣብ ከብዲ ጸላኢ ኰይኑ ምስጢራት ጸላኢ ዘቃልዕን ከምኡውን ን(ደቂ ኣራዊት) ተጋደልቲ ኣብ ገዝኡ ዘዕቈበን ህዝቢ፣ እተን ኣብ ንእስነተን ንዓዲ ሃገር ተሰዲደን ስሚንቶ እንዳማተን ወልዊለን ዘዋህለልኣን ዶላር ንሜዳ ብምልኣኽ ሰውርኣን ዘሰወዳ ኣዴታት፣ ከምኡ'ውን፡ እቶም ካብ ኢድ ወተሃደራዊ ስርዓት ደርግ፡ ንስክላ ኣምሊጦም፡ ናብ ኢትዮጵያ፡ ማእከላይ ምብራቕ፡ ኤውሮጳን ኣመሪካን ተሰዲዶም ቅልጽም ሰውርኦም ዘተርነዉ ኤርትራውያን ብዝገበርዎ ውሁድ ስራሕ ናጽነት ኤርትራ ክዉን ኮይኑ።

ኣብ ታሪኽ ብረታዊ ቃልሲ ህዝቢ ኤርትራ፡ ሓደ መድረኽ ካብቲ ቅድሚኡ ዝነበረ ነጺልካ ዝርአ ኣይኰነን። ህዝባዊ ግንባር ካብ ፈለማታት 70ታት ኣትሒዙ ዘመዝገቦ ፖለቲካዊ፡ ወተሃደራውን ማሕበራውን ዓወታትን ኣብ ልዕሊ ስርዓት ደርግ ዘውረዶ ንዋታዊ ክሳራን ሞራላዊ

ውድቀትን ንመድረኽ 1977፡ ከም መንጠሪ ባይታ ኰይኑ ሓድሽ ምዕራፍ ከፊቱሉን'ዩ። ህዝባዊ ግንባር ብ23 ጥሪ 1977፡ ቀዳማይ ውድባዊ ጉባኤ ምስ ኣካየደ፡ ንዝሕለፎም ውሳነታት ንምትግባር፡ ኣብ ኵሉ ኵርናዓት ኤርትራ ተንቀሳቐሰ። እቶም ብንኣሽቱ ኣሃዱታት ዝካየዱ ዝነበሩ ስርሒታት ደባይ፡ ናብ ተንቀሳቓስን ቀዋሚ ቅዲ ኲናትን ተሰጋገሩ።

ኣብ 1974-75 ወተሃደራዊ ስርዓት ደርግ ኣብ ስልጣን ምስ መጽአ፡ ኣመሪካ ምስ ኢትዮጵያ ዝነበራ ነዊሕ ዲፕሎማስያውን ወተሃደራውን ዝምድናታት ምእንቲ ከይቋረጽ፡ ብጉልባብ ሸያጥ ምህርቲ ቡን፡ 125 ሚልዮን ዶላር ንስርዓት ደርግ መጠወትሉ። እዚ ጥራሕ ከይኣክል፡ ደርግ ብጉልባብ "መደብ ወተሃደራዊ ምትሕግጋዝ" (Military Assistance Program)፡ 22.9 ሚልዮን ዶላር ምስ ረኸበ፡ 16 F5 ዝተባህላ ነፈርቲ ውግእን ዝተፈላለዩ ኣጽዋርን ካብ ኣመሪካ ሸመተ[1]። በዝን ካልእን ድማ ኲረሻ ስልጣኑ ኣጣጥሐን ህላውኡ ዘውሓስ ከይኑ ተሰመዮ።

ኣብ 1976-77፡ ህዝባዊ ግንባር ንናቕፋ ኣብ ትሕቲ ምሉእ ከበባ ምስ ኣእተዋ፡ ኣነ ከም ኣባል በጦሎኒ 607፡ ኣብዚ ፈታንን መሪርን ውግእ ናቕፋ ብኣካል ተሳቲፈ እየ። እቶም ንኽልተ ዓመት ንናቕፋ ከቢብና ዝነበርና ተጋደልቲ፡ ወዲ ሰብ ክጻወሮ ዘይክእል ጥሜት፡ ዕርቃን፡ ቍሪ፡ ባልዕ፡ ዘየቋርጽ ህጁማት ወዘተ. ብምጽዋርን ከቢድ መስዋእቲ ብምኽፋልን፡ ንእቲ ውግእ ብ23 መጋቢት 1977 ብዓወት ዛዚምናዮ። ውግእ ሰምሃር'ውን እንተኾነ፡ ዋላ'ኳ ብግዜ ሓጺር፡ ዝሸፍኖ ስፍሓት ቦታ'ውን ጸቢብ እንተ ነበረ፡ ኣብ'ተን ውሑዳት ሰሙናት፡ ነቲ መሬት ዘናውጽ ደብዳብ ነፈርቲ፡ መዳፍዕ፡ ሮኬታትን ቦምባታትን ኣብ ዝባንና ኣጽሒና፡ ኣብ ካናለታት ሳሊና ብማይ ባሕሪ ተገፊዕና፡ ምስ ሰልሚ ጨው ተቖማጢዕና፡ ንኽትኣምኖ ዘጸግም ጥራሕ ዘይኮነ፡ ወዲ-ሰብ ክጻወሮ ዘይክእል ኣደራዕ ከም ዝተጻወርና ምስክርነተይ እንተሃብኩ፡ ብዓይነይ ዝረኣኹዎን ዝተሳተፍኩዎን ስለዝኾነ፡ ምግናን ዘይብሉ ሓቂ እዩ።

እዛ ጸበባ፡ ሕሰም፡ ዕርቃን፡ ጥሜትን መውጋእትን እንተዘይኰይኑ፡ ንሓጉስን ራህዋን ከተስተማቕር ዘይተዓደለት ህይወት ተጋዳላይ፡ ባህርን ሰብ ሰርሖን ተጻብኦታት ተጻዊራን በዲሃን፡ ክሳብ መላእ ሓርነት ኤርትራ ክትቅጽል ምርኣይ ዘየገርም ኣይኰነን። ህይወት ተጋዳላይ፡ ኣብ ከምዚ ዝበለ ሰፍ ዘይብል ኣደራዕ ምስ ተጸምደ፡ እዝስ "ዕጫ ድዩ ምርጫ!" ብምባል ምስ

ነብሰይ የስተንትን'ሞ፡ መልሲ እስእነሉ። እታ "ንምግላጽ ዘኸውን ቃላት ይውሕደኒ፡" እትብል ብዙሓት ለባማት ዘጥቀሙላ ሓረግ'ውን ቦትኣ ኮይኑ ይሰመዓኒ።

ኣብ 1977፡ ሰራዊት ህዝባዊ ግንባር ንዓርሞሸሸ ሰራዊት ደርግ ካብ ጉላጉል ሰምሃር ጸራሪጉ፡ ኣብ ውሑዳት ኣዋርሕ ንዝበዝሕ ክፋል ምጽዋዕ ተቘጻጸረ። ንዝተረፈ ቦታታት ኣብ ትሕቲ ምሉእ ምቁጽጻሩ ንምእታው ድማ፡ ብስም "ውግእ ሳሊና" ዝፍለጡ ክልተ መረርትን ደማውን ውግኣት፡ ቀዳማይ ፈተነ ብ23 ታሕሳስ 1977፣ ካልኣይ ፈተነ ድማ ብ6 ጥሪ 1978 ኣካየደ። ኣብቲ ካብ 23 ክሳብ 24 ታሕሳስ 1977 ዝተኻየደ ቀዳማይ ፈተነ ውግእ ሳሊና፡ ብኣካል ስለዘተሳተፍክዎ፡ ንምጽዋዩ ኣይተጸገምኩን። ካልኣይ ፈተነ ውግእ ሳሊና ግን ስለዘይወዓልኩሉ፡ ንውዕሎን ዝተሓለፈ ጸበባን ብኸመይ ከም ዘጸውዮን ናብ ኣንባቢ ከም ዘቕርቦን ዓቢ ፈተነ ኲነኒ። ንነብሰይ ክሓትት፡ ኣዕሚቑ ክሓስብን ንኽኢላታት ክውከስን ድማ ግድነት ነይሩ። ከምቲ ላም ፍርቂ ጉድና ጥራሕ ዘይትሰብሕ፡ ነቲ ብ6 ጥሪ 1978፡ ዝተፈጸመ ካልኣይ ፈተነ ውግእ ሳሊና ጉሲኻ፡ ታሪኽ ውግእ ሳሊና ምሉእነት ክህልዎ ስለዘይክእል፡ ኣብቲ ውግእ ንዝወዓሉ ተጋደልቲ ኣባላት ብርጌዳት 44ን 58ን፡ ተወኪሰ፡ ዝተማልአ ስእሊ ንኽህልወኒ፡ ብሓባራዊ ዘተ፡ ናይ ጽሑፍ መሕተትን ቃለ-መጠይቕን ተጠቒመ፡ ሓቀኛ ውዕሎ ንምእካብ ሓያል ጻዕሪ ኣካይደ።

"ሰምሃር 77ን "ውግእ ሳሊና"ን ክልዓል እንከሎ፡ ኣብ ኣእምሮ ኲሉ ኤርትራዊ ዝመጽእ ፍሉይ ተዘክሮን ጦብላሕታን ኣሎ። ነቲ ተጋዳላይን ህዝብን ኣብ ቃልሲ ዘርኣይዎ፡ ትብዓት፡ ተወፋይነትን ተባላሓትነትን፡ ዝተፈላለዩ ደረስቲ ብቐለሞም፡ ዘየምቲ ብድምጾምን ብቃላቶምን ስኣልቲ ብቕብኣ ወዘተ. ክገልጽዎ ፈቲኖም እዮም። ኣብ ውግእ ሰምሃርን ሳሊናን፡ ዝተሰውኡን ዝተወግኡን ብጾት ንምዝካር፡ ዝተዘየመት "ሳሊና" ዝተሰምየት ደርፊ፡ ሓንቲ ካብተን ተዘክርቲ ህያብ ስውኣትናን'ያ። እዛ ደርፊ እዚኣ ክትድረፍ እንከላ፡ ኣብቲ እዋን ዝነበረ ተጋዳላይ ይኹን ብታሪኽ ዝሰምዖ፡ ኣብ ዓሚቑ ተዘክሮን ትዝታን ዘይኣቱ ኤርትራዊ የሎን እንተ ተባህለ ምግናን ኣይመስለንን። ኣበርክቶ እዞም ሰነጥበበኛታት ዓቢ ክብርን ልዑል ምስጋናን ዝግብኦ'ኳ እንተኾኑ፡ እቲ ዕማም ግን ገና ዘይተተንከፈ ምዃኑ ምግንዛብ የድሊ።

እዛ መጽሓፍ፡ 47 ዓመታት ምስ ሓለፈ፡ ትጽሓፍ ስለ ዘላ ግዜ በሊዓ እያ። እንተኾነ፡ "ካብ ምብኳር ይሓይሽ ምድንጓይ፡" ከም ዝበሃል፡ ኢድካን እግርኻን ኣጣሚርካ ስቕ ካብ ምባል፡ ቍሩብ ምሕንጣጥ ይምረጽ፣ ካብ ዝብል ኣተሓሳስባ ንሕሉፍ ታሪኽ ሳሊና ክትብርብርን ክትትርኽን፡ ታሪኽ ገድሊ ኤርትራ ንመጻኢ ወለዶ ከተመሓላልፍ ትፍትን ኣላ።

ከምቲ ሓንቲ ትኵርቲ ቈልዓ፡ ናይ ወላዲታ ሓበላ ዓይኒ ክትሸፍን፡ "ኣደ! ኣደ! ከይቀደመትኪ ሓባል በልያ፡" በለታ ዝበሃል፡ እቶም ብህዝቢ ኤርትራ ዝተሳዕሩ ገዛእቲ ስርዓታት ኢትዮጵያ፡ ኣብ ክንዲ ስዕረቶም ተቐቢሎም ልዑላውነት ኤርትራ ኣሚኖምን ንነባሪ ጕርብትናን ምትሕግጋዝን ዝሰርሑ፡ ሕጂ'ውን፡ ሕሉፍ ታሪኽ ብምጥምዛዝ፡ ዘይተገብረ ብምፍብራኽ፡ ልብ-ወለድ ክትርኹ፡ ዓወታት ህዝቢ ኤርትራ ክብልሉ፡ ብዛዕባ ዘይወዓሉዎ ዓውዲ ውግእ መጻሕፍቲ ክጽሕፉን ዘይናቶም ባሕሪ ክምነዩን ይጓየዩ ኣለዉ። ገለ ካብ ትሕዝትኡ፡ "ኣብዮታዊ ሰራዊት ኢትዮጵያ ኣብ ክፍለ ሃገር ኤርትራ ዝተሳዕረ፡ ብሰንኪ ጥልመትን ዘይቅኑዕ ኣመራርሓ ወተሃደራዊ ኣዘዝቱን ደኣ'ምበር ብሓይሊ ህዝቢ ኤርትራ ኣይኰነን። "ሓደ!"፡ ሓይሊ ባሕሪ ኢትዮጵያ ኣብ ምጽዋዕ ዝተሳዕረ ናይ ሊብያ፡ ሱዳን፡ ግብጽን ኢራንን ሓይሊ ባሕሪ ስለ ዝተሳተፉ እዮም። "ክልተ!"፡ ኣብ ምሕራር ወደብ ባጽዕ፡ ተጋደልቲ ህዝባዊ ወያነ ሓርነት ትግራይ (ህ.ወ.ሓ.ት.) ኣብ ጐድኒ ህዝባዊ ግንባር ተሰሊፎም ነይሮም። "ሃየ!"፡ ኢትዮጵያ ብዘይ ኣፍ-ደገ ባሕሪ ክትነብር ኣይኰነትን ወዘተ.፡" ዝብል ሓቅነት ዘይብሉ ትረኻታት የሰምዑን ታሪኽ ይጠውዩን ኣለዉ።

እዚ ኣበሃህላ፡ ንሕሉፍ ተንኰላት ገዛእቲ ስርዓታት ኢትዮጵያ ብደቂቕ ዝፈልጦን ብግብሪ ዝረኣዮን፡ ከም ቀሊልን ዘየሰክፍ ጽውጽዋይን ገይሩ ክወስዶ ይኽእል ይኸውን። እንተኾነ ግን፡ ከምቲ "ካብ ዘይተጻሕፈ ሓቀኛ ታሪኽ፡ ዝተጻሕፈ ናይ ሓሶት ታሪኽ ይእመን።" ዝብሃል፡ እዚ ሓደገኛ ታሪኽ ምዝንባዕ፡ በቶም ፈጸምቱ ኣብ እዋኑ ሓቀኛ ግብረ-መልሲ እንተዘይተዋሂቡ፡ "ሓሶት ምስ ተደጋገመን ግዜ ምስ በልዐን ሓቂ ስለ ዝመስል፡" ንመጻኢ ወለዶ ከደናግር ይኽእል እዩ።

ህዝቢ ኤርትራ ንዓመታት ፖለቲካውን ብረታውን ቃልሲ ከካይድ፡ ደቁ ናብ ውግእ ልኢኹ፡ ከቢድ መስዋእቲ ኽኸፍል ዝተገደደሉ ምኽንያት ነቲ ኤርትራ "መሬታን ባሕራን'ምበር ህዝባ ኣየድልየናን'ዩ!" ዝብል ናይ

ገዛእቲ ሓይልታት ሕልሚ ንምፍሻል፡ ከምኡ'ውን፡ ነታ ብገዛእቲ ሓይልታት ዝወረደት ባንዴራ ዳግማይ ሰቒሉ ኣብ ሃገሩ ፍትሒ፡ ሰላም፡ ቅሳነትን ዕቤትን ንምርግጋጽ'ዩ። ህዝብና ናጽነት ንምድላይ ንልዕሊ ሓደ ዘመን ዝኣክል ብገዛእቲ ሓይልታት ዝወረዶ ኣደራዕ ዓቢ ስምብራት ገዲፍሉን'ዩ። ብዛዕባ ምረት ኩናትን ትርጉም ሰላምን ድማ ህዝቢ ኤርትራ ይምህርን ይምዕድን ደኣ'ምበር ተመሃራይ ኩይኑ ኣይምሃርን'ዩ። ስለዚ፡ ንሕና ኤርትራውያን ንሓቀኛ ፖለቲካውን ብረታውን ታሪኽ ቃልስና፡ ኣፍና ከፊትና ንምትራኽን ብርዕን ወረቓትን ኣዋዲድና ንምጽሓፍን ኢደይ ኢድካ ንበል። እታ ጊዜ ሕጂ'ያ!

ግርማኣለም ተኪኤ

ክፍል 1

ምዕራፍ ሓደ

*

ጉዕዞ ብርጌድ 4፡ ካብ ሳሕል ናብ ሰሜን

ህዝባዊ ሓይልታት ሓርነት ኤርትራ (ህ.ሓ.ሓ.ኤ.)፡ ኣብ ሳሕል ኣንጻር ስርዓት ኢትዮጵያን ተጋድሎ ሓርነት ኤርትራን (ተ.ሓ.ኤ.) ንዓመታት ተፋጢጡ ድሕሪ ምጽናሕ፡ ኣብ 1973-74 ገለ ክፋል ሓይሉ ናብ ከበሳ ብምንቅስቓስ፡ ነቲ "ሰሜን" ዝፍለጥ ዝነበረ መሬት ካርነሽም ከም ደጀኑ ክጥቀመሉ መረጸ። ህዝባዊ ሰራዊት፡ ካብ ቀላቕል ወኪ-ዛግር ክሳብ ዓመጺን ሕምብርቲን ከባቢኡን ወተሃደራዊ ምንቅስቓስ ከካይድ ጀመረ።

ብመሰረት ኣብ ቀዳማይ ውድባዊ ጉባኤ፡ "ሰብን መሬትን በብቑሩብ ሓራ ምውጻእ" ዝብል ዘሕለፎ ውሳነ፡ ንኸተማታት ቅሮራ፡ ናቕፋን ኣፍዓበትን ሓራ ኣውጺኡ፡ ንከተማ ኸረን ኣብ ከበባ ኣእትዩ፡ ኣብ ከበሳ (ኣብ ግንባር ሰሜንን ደቡብን) ወተሃደራዊ ሓይሉ ብዝተዓጻጸፈ ወሰኸ። ላዕለዋይ ፖለቲካዊ መሪሕነት ህ.ግ.ሓ.ኤ.፡ ዛግር ከም ማእከላይ ቦታ እዝን ቍጽጽርን ወሲዱ፡ ኣብ ዓሰርተታት ኪሎሜተር ተዘርጊሑ ንዝነበረ ሰራዊት ህዝባዊ ሓይልታት የመሓድርን ይእዝዝን ነበረ።

ህዝባዊ ግንባር፡ ካብ ከተማታትን ገጠራትን ናብ ሜዳ ይውሕዙ ንዝነበሩ መንእሰያት ብኣድማዕነት ክጥቀመሎም ስለዝነበሮ፡ ኣወዳድባ ሰራዊቱ ካብ ደረጃ "በጦሎኒ" ናብ "ብርጌድ" ኣሰጋገሮ። ነዚ ንምትግባር ከኣ ኣብታ ብ23 መጋቢት 1977 ዝተሓረረት ናቕፋ፡ ሃደሽደሽ ኣብ ዝተባህለ ቦታ፡

ሰፊሕ ወተሃደራዊ ምትሕንፋጽ (ተ'ኽሊጥ) ኣካየደ። ኣብዚ ኣብ ሚያዝያ 1977 ዝተ'ኻየደ ተ'ኽሊጥ፡ ብርጌዳት፡ 4፡ 23፡ 70፡ 76 (ከቢድ ብረት) ከምኡ ሓንቲ ቦጦሎኒ ናይ 58 (ዓሊ ቢላል ኩቦኒ) ቑማ። ኣነ ዝተመደብኩላ ብርጌድ 4 ሓንቲ ካብኣተን ነበረት።

ላዕለዎት ኣካላት መሪሕነት ብሪጌድ-4፡ ወልደልንኪኤል ሃይለ ከም ማእከልነት ብሪጌድ፡ ተ'ኽለ ዓንዱ ከም ም'ኽትል፡ እስቲፋኖስ 'ብሩኖ' ኮሚሳር ክ'ኾኑ እንከለዉ፡ ማእከልነታት ቦጦሎኒ 4.1፡ 4.2ን 4.3ን ድማ ሓምድ መሓመድ ዑመር (ዳሊ)፡ ዓሊ ሱሌማን ሸንክሓይን መብራህቱ ተ'ኽልኣብ (ቫይናክ)ን ኮይኖም ተመዘዙ። ኮሚሳራት'ዘን ቦጦሎኒታት ክኣ፡ ወልደዝጊ ሃብትኣብ፡ ተስፋልደት ጸጋይ (ጉርጃ)ን በርሀ ባህታን ነበሩ።

ብርጌድ 4 ናብ ከበሳ ገጻ ኣምርሐት። በጦሎንና ድማ፡ ንሓደ ወርሒ ኣብ ከባቢ ዒላበርዕድ ተቐመጠት። ዲጋ ቶሮንካ ኣብ ምንጻፉ ስለዝነበረ፡ ነቶም ኣብ ኣፍ ሞት ዝነበሩ ዓሳታት ብምግፋፍን ካብ ጀርዲን 'ዲታ ደናዳይ' (ኢጣልታዊ ኣውፋሪ ሕርሻ) ፍሩታታት ብምምጋብን ጽቡቕ ግዜ ኣሕለፍና። ድሕሪ ናይ ሰለስተ ሰሙን ዕረፍቲ ድማ፡ ጉዕዞና ናብ ሰሜን ገጹ ቀንዐ።

* * *

ቦጦሎኒና፡ ካብ ሳሕል ናብ ከበሳ ትንዓዘሉ ኣብ ዝነበረት እዋን፡ ማእከልነት በጦሎኒ 4-3 መብራህቱ ተ'ኽለኣብ (ቫይናክ) ንሓይሊ 4-32 ኣ'ኸቲሉ፡ ኣብቲ ተ.ሓ.ኤ. ተመሓድሮ ዝነበረት ዓዲ-ንኣምን ኣተወ። ነዛ ሓይሊ ንሓለዋ ኣዋፊሩ ከኣ ንህዝቢ ሰሚናር ኣካየደ። ገለ ካብ ትሕዝቶኡ ድማ፡ ከምዚ ዝስዕብ ነበረ፡-

> *"ጀብሃ ኣብ ልዕሊ ሓፋሽ ውዱባትና ክትገብሮ ዝጸንሐት ምእሳርን ምጭዋይን ክንጻወሮ ጸኒሕና። ካብ ሕጂ ንደሓር ግን ምጽማምና ወዲእና ኢና። ህዝባዊ ግንባር ንኣባላት ሓፋሽ ውድባቱ ምክል'ኻሉ ግቡእን ቅኑዕን'ዩ። እዚ ኣብ ልዕሊ ተጋዳላይ 'ሸከራይ ባህታ'[2] ዝተወስደ ናይ ምቕንጻል ስጉምቲ ጭቡጥ መርኣያ እዩ።*

በጦሎንና ተጠርኒፋ ሩባ ዓንሰባ ሰጊራ ብሓድሽዓዲ፡ ደቂሸሓይን መቐርካን ኣቢላ ናብ ከበሳ ተቐልቀለት። ሓይልታት 4-33 ኣብ ዳዕሮ፡ 4-32 ኣብ ሸንጅብሉቕን ዓዲ ሃብስሉስን፡ 4-31 ኣብ ዓመጺ ንልዕሊ ወርሒ ተቐመጣ። ብሓፈሻኡ ብርጌድ 4 ካብ ምቕልቓል

ሚካኤል (ዛግር) ክሳብ ዓዲ ሃብስሉስ ኣብ ሰፊሕ ወተሃደራዊ ስትራተጂ ተዘርግሐት። ብኣጠቓላሊ በጦሎኒ 4-3 ካብ ዳዕሮ ተበጊሳ፡ ተ.ሓ.ኤ. ንእትቈጻጸሮ ሃዘጋ፡ ጸዓዘጋ፡ ዓዲ ያቀብ፡ ዓዲ ቀንጺ ሰጊራ ክሳብ ሕምብርቲ፡ ህዘቢ ኣብ ምውዳብን ምንቃሕን ተንቀሳቐሰት። በጦሎኒ 4-2 ድማ፡ ካብ ቅጥራን ጽርግያ ኣስመራ-ከረን ንሽነኽ ጸጋም ንዘሎዋ ዓድታት ዓመጺን ማእከል እምባደርሆን ሓሊፋ ክሳብ ክሳድ ምቕልቃል ሚካኤል ዓረደት። በጦሎኒ 4-1 ግን ናብ ዞባ ደቡብ ገጻ ሰገረት።

ተ.ሓ.ኤ. ካብ ሃዘጋን ጸዓዘጋን ተበጊሳ ንጕላጕል ሕምብርቲ፡ ዓዲ ገብራይን ዓዲ ሸረፈቶን ሓሊፋ ክሳብ ድባርዋ ብምዝርጋሕ ፖለቲካውን ወተሃደራውን ንጥፈታት ተካይድ ነበረት። እዘን ኣብ ግንባር ሰሜን ዝተዘርግሓ ሓይልታት ህዝባዊ ግንባር፡ ብዘይካ'ቲ ሓሓሊፉ ምስ ተ.ሓ.ኤ. ዝኽሰት ዝነበረ ወተሃደራዊ ምፍሕፋሓት፡ ክሳብ ግንቦት 1977 ኣብ ተዛማዲ ዕረፍቲ ኣሕለፋኦ።

ዋላ'ኳ ሓይልታት ንኣስመራ ከቢበን ኣብ ተዛማዲ ሰላም እንተነበራ፡ ናብ ውሽጢ ኣስመራ ብምስላኹ ብዙሕ ስርሒታት የካየድ ነይሩ'ዩ። ኣብ ሰነ 1977 ማእከልነት ሓይሊ ሻግራይ ምስ ኣባላት ወደብቲ ኣካላት 06 ዝበሃሉ ንፍሉይ ስርሒት ናብ ውሽጢ ኣስመራ ተበገሰ።

እዛ ሓይሊ ብኣባል 06 (ደቂ ኣራዊት) ተመሪሓ ብቦርቦሬላ ኣቢላ ናብ ሓዝሓዝ ተጸግዐት። እቲ ኣብ ሓዝሓዝ ዓስኪሩ ዝነበረ ሓይሊ ጸላኢ ድምጺ መኪና ምእንቲ ከይሰምዕ፡ ነተን ክልተ መካይን ሞቶረ ከይወልዑ ክሳብ ቦርበሬላ ደፊኦም ኣብጽሑወን። ኣብ ዘተኣማምን ቦታ ምስ በጽሑ ድማ፡ ሞቶረ ኣተንሲኦም ናብ ደጀን ኣግዓዙወን። ሓንቲ ካብተን መካይን ናይ ኣባል ሓፋሽ ውድባት ህዝባዊ ግንባር ክትከውን እንከላ፡ እታ ካልኣይቲ ድማ ናይ ኤርትራዊ ብዓልጸጋ ኢድሪስ ኬክያ ነበረት። ካብዚ ፍጻመ'ዚ ድማ፡ ሓይሊ ሰውራ ክሳብ ክንደይ ኣብ ኣፍደገ ናጽነት ረጊጹ ከም ዝነበረ ምግማቱ ይከኣል።

ኣብቲ ብ15 ሓምለ 1977 ካብ ቤት ማእሰርቲ ሰምበል እሱራት ፖለቲካ ንምውጻእ ዝተኻየደ ዕዉት ስርሒት፡ ተራ ብርጌድ 4ን ብርጌድ 44ን ዕዙዝ ነበረ። ዋላ'ኳ መብራህቱ (ቫይናክ) ከም ማእከልነት በጦሎኒ 4-3 ኰይኑ ከም ዝተመዝዘ ንሓለፍቲ ብወግዒ እንተተሓበረና፡ ብሓፈሻ፡ ነቲ ምስ ፈዳይን "ደቂ ኣራዊት" ኣብ ኣስመራ ከሎ ዝጀመሮ ስራሕ፡ ብፍላይ ድማ

እሱራት ንምውጻእ ዝካየድ ስርሒት ስለዘይዛዘሞ፡ ነዚ ታሪኻዊ ስርሒት ንምጅናዕ፡ ናይ በርጌስ (ሲቪል) ክዳን ተኸዲኑ፡ ናብ ውሽጢ ከተማ ኣስመራ ምእታውን ምምልላስን ኣየቋረጸን።

ነቶም ነዛ ስርሒት ንምክያድ ካብ ብርጌድ 4 ዝተመርጹ ተጋደልቲ መሪሑ፡ ናብቶም ከም ከብዲ ኢዱ ዝፈልጦም ጉደናታት ኣስመራ ብለይቲ ኣተወ። ሓይሊ 4-32 ምስ ገለ ሓይልታት 4-1 ብምኳን ካብ ወኪዱባ ክሳብ ጻዕዳ ክርስትያን ዘሎ ጉላጉል ተዘርጊሓ ጽውቕ ሓለዋ ገበረት።

ተልእኾ ቤት ማእሰርቲ ሰንበል ብዘይ ተኾሲ ክካየድ ስለ ዝነበሮ፡ ነቶም ነታ ስርሒት ክካይዱ ዝተመርጹ ተጋደልቲ ፍሉይን ሓጺርን ስልጠና ተዋህቦም። ብሻይናክን ካልኦት ላዕለዎት ሓለፍትን ተማእኪለን፡ ካብ ምድሪዜን ሰለስተ ሓይልታት ተበገሳ። ብለይቲ ንወኪዱባን ዓዲ ኣበይቶን ሰንጢቐን፡ ድማ ምስ በዓል መራሒ ሓይሊ ትኳቦ ባርያንኪኤል (ኣቡ ሸነብ) ኣብ ዝተመደበለን ሰዓት ናብ ሰምበል ተጸግዓ። ጸላኢ፡ በታ ካብ ኣፍ ሻምብቆ ብረት ተጋደልቲ ዝተባረቐት ሓንቲ ጥይት ተበራቢሩ መሬት ሓዊ ገበራ። እቲ ዝተበገሰ ዕላማ ክውቃዕ ስለ ዝነበሮ፡ እቶም ኣብቲ ቤት ማእሰርቲ ሰሊኾም ዝኣተዉ በዓል ሓመድ መሓመድ ዑመር 'ዳሊ'ን ወረደ ዳኒኤልን (ወዲ ዳኒኤል) ዝነበሩዎም ተጋደልቲ፡ ንገለ ወተሃደራት ክሳዶም እናቖልዓጹ፡ ንገለ ከኣ ጥይት እናጉሰሙ፡ ኣብተን ካሜራታት (ክፍልታት) ንዝነበሩ 800 ምሩኻት ናጻ ኣውጺኦም፡ ተልእኾኦም ብዓወት ዛዚሞምን ኣጋ ወጋሕታ ብሰላም ዓመጺ በጽሑ።

ዝብዝሑ ካብቶም እሱራት፡ ኣብ ከተማታት ኲይኖም ውድባዊ ዕማምን ስርሒታት ደባይ ዘካይዱ ዝነበሩን ንሞት ዝተፈርዱን እሱራት ፖለቲካ ክኾኑ እንከለዉ፡ ገለ ውሑዳት ድማ ብስርቂ ዝተኣሰሩ ነበሩ። እቶም ካብ ቤት ማእሰርቲ ብሰላም ዝወጽኡ ናይ ፖለቲካ እሱራትን ካልኦትን ብናጻ ምርጫኦም፡ ገለኦም ናብ ህዝባዊ ግንባር ገለኦም ናብ ተ.ሓ.ኤ. ብምስላፍ፡ ንሓይሊ ሰውራ ደርዑዎ።

ካልእ ፍሉይ ፍጻመ ለይቲ'ቲኣ፡ እቲ መደብ ስድራቤት ናይቶም ምስ ብዓል ሻይናክ ኣብ ምውጻእ እሱራት ሰምበል ዝተሓባበሩ ኣባላት ሓለውቲ እሱራት (ድጓና) ኣደዳ ጸላኢ ምእንቲ ከይኮኑ፡ ብኣጋኡ ናብ ውሑስ ቦታ ንምውጻእ ነበረ። ማእከልነት በጦሎኒ 4-3 ሻይናክ፡ ናብ ቤት ማእሰርቲ ሰምበል ቅድሚ ምብጋሱ፡ ንኣባል 4-32፡ ተኪኤ ክንፈ (ቁራይ) ራብዓይ ርእሱ ምስ ሓደ ኣባል ክፍሊ 06 ኣራኸቦም። እዚ ወዲ-ኣራዊት፡ ነቲ ስርሒት ከማእክሎ ምኳኑ፡ ዝህቦም ወተሃደራዊ ትእዛዝ ከኽብሩ፡

ኣብ ጉዕዞኦም ትኵራት ክኾኑ ሓቢሩ ናብ ዓዲንፋስ ገጾም ኣፋነዎም። ጠርናፊኦም ብለይቲ ካብ ዓዲንፋስ ናብ ሓዝሓዝ ወሰዶም። ከባቢኦም ብጥንቃቐ ክሕልዉ ድማ ሓበሮም። እዛ ጉጅለ ደቂ ኣራዊት ቈልዓ-ሰበይቲ፡ ንብረተንን ካልእን ክትጠራንፍ ምድሪ ስለ ዝወግሐ፡ ኣብ ከቢድ ወጥሪ ኣተወት። እንተኾነ፡ እቶም ኣብ ገዛኦም ዝተረፉ ስድራቤታት፡ ኣብ ሓደጋ ክወድቁ ምኺኖም ስለ ዝተገንዘበት፡ ነቶም ኣብ ግዚኡ ብቐሊሉ ዝጠርነፈቶም ኣባላት ስድራቤት ጥራሕ ሒዛ ክትወጽእ ኣይመረጸትን። እዛ ሓሙሽተ ተጋደልቲ ሒዛ ነዚ ከቢድ ስራሕ ክትፍጽም ዝተላእከት ጉጅለ፡ ዋላ ይውጋሕ ተልእኾኣ ከይፈጸመት ከም ዘይትምለስን ኣድላዪ ምስ ዝኸውን መስዋእቲ ከም እትኸፍልን ተረዳድኣት። መሬት ወገግ ክብል ጀመረ። እዛ ጉጅለ ንቤተ-ክርስትያን ኣቡነ ተኽለሃይማኖት - ሓዝሓዝ ንጸጋም ገዲፋ፡ ንኹሎም'ቶም ክወጽኡ ዝግብኦም ስድራቤት ጠርኒፋን ዓጂባን፡ ሰዓት 8:00 ቅድሚ ቀትሪ ኣብ ዓዲንፋስ ናብ ዝነበሩ ኣባላት ክፍሊ ህዝቢ ኣረከበቶም።

* * *

ህዝባዊ ግንባር ነቲ "ነብስኻ ምኽኣል" ዝብል መትከላዊ ዕላማኡ ኣብ ግብሪ ንምትርጓም፡ ዕጥቅን ስንቅን ሰራዊቱ ካብን ናብን ከጓዓዕዝ፡ ንተጋደልቲ ዘድሊ ቀረብ ባዕሉ ከማልእን ዓቕሚ ስለዝደለበ፡ እተን ንሰውራ ካብ እግሪ ተኽሉ ኣትሒዘን፡ ጾር ውድብ ኣብ እንግድዐአን ተሰኪመን፡ ንተጋደልቲ ደቀን እኽለ-ማይ ዝቐርባን ዝሕብሕባን ዝነበራ ኣደታት፡ ቍሩብ እፎይታን መስተርሆትን ረኺባ። ካብኣን ዝሕተት ዝነበረ እኽለ-ማይ ብመጠኑ ነከየ። መዓልታዊ ስራሐን ድማ፡ ነቲ ብኣደረ ዝተዓደለን ሓሩጭ ሰንኪትካ ምቕራብ ጥራሕ ኰነ። ምስቲ ዝነበረ ሕጽረት ዕንጸይቲ፡ ኣደታት ሰሚን፡ ንተጋደልቲ ደቀን ንምዕንጋል፡ ጥሉል ቀላሚንጦስ፡ ኲቦ ወዲ ኹቦ ወሳሲኸን፡ ዓይነን ብትኪን ጨፊፍ እናበለ፡ ከብዲ ደቀን ብምዕንጋል፡ ኣብ ምዕዋት ሰውራኣን ብቐሊሉ ዘይግመትን ስራሕ ኣበርከታ።

ኣብ ሓንቲ በጦሎኒ ዝነበረ ብዝሒ ተጋዳላይ፡ ምስ ስፍሓት ዓዲን ብዝሒ ገባራይን ከመጣጠን ስለዘይከኣለ፡ ናብ ፈቐዶ ዓድታት ፋሕ ክንብል ተገደድና። ሓይልና ኣብ ዳዕሮ ክትሕዝ እንከላ፡ ዝተረፋ ሓይልታት ኣብ ዓመጺን ሸንጅብሉቕን ተመቓቒላ። መስርዕና ትበርህ ምስ እትበሃል መርዓት፡ ኣብ ሓንቲ ንእሽቶ ህድሞ ክትቅመጥ ጀመረት። ሃለቃ ጸጋይ ሃብተማርያም ዝበሃል ብዓልቤት ትበርህ ኣብ ኣስመራ ምምሕዳር ከተማ ኮስኳስ ኣትክልቲን ክሰርሕ ቀንዩ፡ ቀዳም ምሕዳሩ ናብ ስድራኡ ተመልሰ።

ገዝኡ ብተጋደልቲ ኣዕለቕሊ.ቓ ስለዝጸንሓቶ ግን ደስ ኣይበሎን። ምኽንያቱ ከም ሓድሽ መርዓዊ፡ ምስ ሰበይቱ ብሒቱ ከዕልልን ናፍቖቱ ከውጽእን ኣይከኣለን። ለይቲ ኣብ ውሻጠ ምስ መርዓቱ ክጉራፈጥ'ውን ሰማዕናዮ። ምኽንያት መጉራፈጢኦም ዝተረድአ ተኸስተ ዳምባ፡ ንጽባሒቱ ኣብ እዝነይ ሕሹኽ በለኒ'ሞ፡ ሓደ ብልሓት ክንፈጥር ተሰማማዕና። ኣነ'ውን ብዛዕባ ኣብ ሞንጎ ሐደስቲ ሞርዑ ክህሉ ዘለዎ ፍቕራዊ ርክብ ምዝንግዐይ ድሒሩ ተሰቈረኒ።

ቀዳም ምሸት፡ ሃለቃ ከም ኣመሉ ካብ ኣስመራ ናብ ዓዲ ደበኽ በለ። ነዚ ዝረኣየ ዳምባ፡ ብመሰረት ኣቐዲምና ዝተረዳዳእናሉ፡ ብደገ መጺኡ፡ ሓቅነት ዘይብላ ቍራጽ ወረቐት ሃበኒ። ኣነ ድማ ሓድሽ ወተሃደራዊ ኵነታት ከም ዝተፈጥረ ከምስል፡ "ዕጠቕ! ተበገስ፡" ኢለ፡ ኣብ ገምገም ዓዲ ሓዲርና ድማ፡ ኣንጊህና ናብ ህድሞና ተመለስና። ንጽባሒቱ ሃለቃ ሆየ! ገጹ ኣብሪሁ ምዉቕ ሰላምታ ለገሰልና። ኣብ ካልኣይ ሰሙን'ውን ብተመሳሳሊ፡ ሃለቃ ምስ መጽአ "ኵሉኻ ዕጠቕ! ተበገስ!" ተበሃሃልና። ሃለቃ በዛ ሜላ ተሓጒሱ ሽኮር፡ ቀጠፍ፡ ሳምና ካብ ኣስመራ ከምጽኣልና ጀመረ። ኣብ መወዳእታ ግን ስድራ ሃለቃን መስርዕናን በብውሽጣ ተፋሊጣ፡ "ዕጠቕ! ተዳሎ! ተበገስ!" ምባል ገዲፉ፡ "በሉ ስድራና ደሓን ሕደሩ!" ብምባል ገዛ ንሰብ ገዛ ገዲፉ ኣብ ደንደስ ዓዲ ትሓድር ነበረት።

ድሕሪ 47 ዓመታት፡ ምስ ኣቦይ ሃለቃ ጸጋይን ብዓልቲ ቤቱም ወይዘሮ ኣኸበረት እምባየን፡ ምስ ተራኸብና፡ "ስለምንታይ መስርዕና ብምሸት ኣብ ዘይስዓቱ፡ ዓጢቓ ካብ ገዝኦም ትወጽእ ከም ነበረት፧" ትርድኡዎ'ዶ ኔርኩም ኢለ ሓተትኩዎም። ኣቦይ ሃለቃ፡ ርእሶም እናነቕነቑ "ወሪዱኒ! እዝጊ ኣየፍለጠኒ! በየናይ ዓቕመይ ሓሻካ! ኣነ'ሲ! እዞም ገድሊ ገለ ህጹጽ ስራሕ'ዶ ረኺቦም ኮይኖም እብል ነይረ እኸውን። ድሓር ክኣ፡ ተጋድሎ ልብኹም ምኣስ ትርከብ። በየን ትኣትዉ በየን ትወጹ ከም'ዘን ደቂ-ሕድርትና እንዲኹም ኔርኩምን" ኢሎም ብቕንዕና መለሱለይ። ምኽንያት መውጽኢና ምስ ኣዕለልኩዎም ክኣ፡ ጥበብና ኣስደሚሙዎም ሓያል ሰሓቑ።

ኣብ ዳዕሮ ዕለታዊ ህይወትናን መነባብሮናን ኣብ ከብዲ ዓዲን ውሽጢ ህዝብን ስለ ዝነበረ፡ ተጋዳላይ ኣብ ግዜ ዕረፍቱ ህዝቢ ኣብ ምውዳብን ምንቃሕን ይዋፈር ነበረ። ብፍላይ፡ እተን ንስለ ናጽነት ህይወተን ዘወፈያ ገዳይም ደቀንስትዮ ተጋደልቲ ሓይልና፡ ኣብ ውሻጠ ኣትየን ንመርዑትን ጕራዙ ኣዋልድን ሰሚን ብምውዳብ፡ ናብ ቃልሲ ዘሳተፈኣን ኣዋልድ ውሑዳት ኣይነበራን።

እዋኑ ፍርቂ ሰነ 1977 እዩ ዝነበረ። ከባቢ ሰዓት 4.00 ድ.ቀ. መራሒ ሓይሊ ዕቑባይ ደበሳይ መሓሪ(ቀሺ)፡ ኮሚሳር ተኽለ ክፍላይን፡ ንመራሕቲ መሳርዕ፡ መራሕቲ ጋንታታትን ኮሚሽነራትን አኪቦም፡ ካብ ከብዲ ዓዲ ናብ ኣስመራ ኣብ ዝወስድ ደቡባዊ ጫፍ ዳዕሮ ሒዞሙና ከዱ። ክልተ ኪሎሜተር ምስ ተጓዓዝና፡ ከነብሩኽ ተሓበርና። ናበይን፡ ንምንታይ ዕላማን ከም ዝመጻእና ዝፈልጥ ሰብ ኣይነበረን። ብማዕዶ ግን ሓደ ራድዮ ሃለው ዝሓዘ ተጋዳላይ ተዓዘብኩ። ስርሑ ምስ ወድአ ናባና ገጹ ኣምርሐ። በብቑሩብ መልክዑ ብንጹር ክርእዮ ከኣልኩ። ሓደ ማእከላይ ቊመት ዘሎዎ፡ ድልዱል ሰብነት ዘውንን፡ ገጹ ብድሙቕ ጸሊም ጭሕሚ ዝተሸፈነ፡ ጸጉሪ ርእሱ ዝተዓኾለለ፡ ቦምባን ሸጉጥን ዝዓጠቐ፡ ወተሃደራዊ ጃኬት ዝለበሰ ተጋዳላይ፡ ንፈለማ ግዜ እርእዮ ስለዝነበርኩ፡ ብመልክዑን ዝተዓደሎ ግርማ መጉስን ተመሰጥኩ።

ማእከልነት ብርጌድ 4 ወልደንኪኤል ሃይለ፡ ካሕሳይ "ወዲ ሃይለ" እዩ ዝነበረ። ገዲም ተጋዳላይ ወልደንኪኤል ሃይለ ካሕሳይ፡ ካብ ኣብኡ ሃይለ ካሕሳይ ካብ ኣዲኡ ወ\ሮ ኣመተጼን ካሕሱ 1947፡ ኣብ ሰገነይቲ ተወልደ። ኣብ ኣስመራን ደቀምሓረን ክሳብ 10 ክፍሊ ምስ ተማሃረ፡ ዕለት 5 ወርሒ ግንቦት 1967 ንኽጋደል ንሜዳ ዝወጸ፡ ሓደ ካብቶም መስረትቲ ካልኣይ ወገን ህ.ሓ. ነበረ። ወዲ ሃይለ ኣብ ዝተፈላለዩ ውግኣት ተሰሊፉ፡ ተዋጊኡን ኣዋጊኡን'ዩ። ኣብ 1977 ዓ.ም ኣብ ተኽሊጥ ናቕፋ ከም ማእከልነት ብርጌድ 4 ኮይኑ ንከበሳ ወጸ።

ወዲ ሃይለ፡ ኣብ ማእከልና ደው ብምባል፡ ንኾላትና ሓደ ብሓደ ብዓይኑ ኩሊሉ ምስ ጠመተና፡ "ብጾት! ከመይ ኣለኹም፧ ቊሪ ከበሳ ከመይ ይገብር ኣሎ፧ ከምዚ ኢልና ገጽ ንገጽ ክንርአአ ዕድል ኣይተረኽበን፡ ከይተፋለጥና ክልተ ወርሒ ኰይኑ፡ ብድሕሪ ሕጂ ንራኸበሉን ኣኼባታት እንገብረሉን ግዜ ክህሉ'ዩ፡" ድሕሪ ምባል፡ ኣብቲ ቊውምነገር ንምእታው፡ ድምጹ ኣትሪሩ ኣቢሉ፡ "ከም እንፈልጦ፡ ብዙሕ ዘሰክፍ ነገር ስለዘይነበረ፡ ካብ ሳሕል ካብ እንብገስ ክሳዕ ሎሚ ኣብ ከብዲ ዓዲ፡ ምስ ህዝብና ተሓዋዊስና ክንቅመጥ ጸኒሕና፡ ካብ ሎሚ ንደሓር ግን፡ ኣብዚ ከባቢና ኣብ ዘሎ ተረተር ታባታት፡ ክሳብ ዳዕሮን ዓድ ሃብስሉስ ሓድሽ ድፋዓት ኩዒትና ክንዓርድ ኢና፡" ምስ በለ ካብ ገጽና ትዕዝብቲ ክወስድ ከም ዝደለየ፡ ብኣንክሮ ጠመተና። መደረኡ ብምቕጻል፡ "እዚ ሓድሽ ወተሃደራዊ ስትራተጂ'ዚ፡ ነቲ ካብን ናብን ኣስመራ ዝብገስ ሓይሊ ጸላኢ ንምዕጋት ክኸውን ተወሲኑ ኣሎ። ድሕሪ ደጊም ጸላኢ ካብ ኣስመራ ስድሪ'ውን ትኹን ተወስ ኣይክብልን'ዩ።

ስለዚ፡ ነፍሲ-ወከፍ ጋንታ እትሕዞ ድፋዕ፡ ዕቑባይን ተኸለን (ማእከልነታት ሓይሊ ማለቱ'ዩ) ክሕብርኹም እዮም። ብዙሕ ዕማም ይጽበየና ስለዘሎ፡ ኣይትሕመቑ! በርትዑ፡" ኢሉና፡ ናብ ዓመጺ ገጹ ኣምርሐ።

ዕቑባይን ተኸለን ንኹለን ጋንታታት በቦታአን ኣትሓዙወን፡ መራሕቲ ጋንታታት'ውን ብግደኦም ንነፍሲ-ወከፍ መስርዕ ደድፋዐን ሓበሩወን፡ ጉዳይ ምዅዓት ድፋዕ ከይወዓለ ከይሓደረ ንእለቱ ክጅመር ከም ዘለዎ ተሓበረና። ከባቢ ሰዓት ሽዱሽተ ናይ ምሸት፡ ጉዳይ መምጽኢና ተወዲኡ፡ ናብታ መበገሲትና 'ዳዕሮ' ገጽና ኣምራሕና።

ኣብ ምምላስና፡ ኣነን ኪዳን (ዓየ)ን ብዛዕባ'ቲ ዝተዋህበና መደብ ስራሕን ካልእን እና'ዕለልና እንከለና፡ ዕድመ ዝደፍኣ ዓባይ ሰበይቲ፡ ኣብ ዝባነን ዘንቢል ተሰኪመን፡ በታ ካብ ኣስመራ እትመጽእ ቀጣን መንገዲ ኣጋር ኣቢለን፡ ናባና ገጸን ጽግዕ በላ። ብድኻም ተሰኒፈን ስለዝነበራ፡ ዕላልና ገዲፍና፡ "ኣደ ጾርክን ኣውርድኦ፡ ደኺምክን ኣለኽን፡ ክሳብ ዓዲ ክንሕግዘክን፡" በልናየን። እተን ኣደይዓባይ ብዘይ ቃልዓለም፡ "ሕራይ'ዞም ደቀይ ብሩኻት! ጻዕርኹምን ንእስነትኩምን ማርያም ባዕላ ትርኣየልኩም፡" ብምባል ነቲ ኣብ መንኮበን ዝነበረ ዘምቢል ኣውረድኦ። ምቕማጠን ዓመጺ ምኻኑ፡ በኹሪ ጓለን ከሕርሳ ኣብ ኣባሻውል ኣስመራ ከም ዝቐነያ ገለጻልና። እታ ዝተወለድኩላ፡ መዳሕንተይ ዝተቐብረላን ዝዓበኹላን ኣባሻውል እትብል ቃል ምስ ሰማዕኩ፡ ኣብ ኣካላተይ ፍሉይ ስምዒት ወረረኒ።

መዕለሊ ክኾነና፡ "ኣስመራ እሞ ከመይ ኣላ!" በልናየን። እተን ኣደ ርእሰን እናነቕነቃ፡ "ኣስመራ ግዜኣ ደኣ የምጽኣላ እምበር፡ መልክዓ ተደዊኑ፡ መንፈሳ ርሒቑ፡ ሕማቕ ኣላ። ኣብ ዝኸድካዮ ጠበንጃ፡ ታንኪ፡ ምሊሽያን ኣባት-ጦርን መሊኣ፡ ተዕለቕሊቕ ኣላ። ኣብ ፈቐዶኡ ሬሳታት መንእሰያት ተዛሕዚሑ፡ ህዝቢ ከብዱ ሓቑፉ ይሓድር ኣሎ፣ ወይለ'ደኹም፡" በላ። ኣብ ምቕልቃል ዳዕሮ ምስ ኣብጻሕናየን፡ ንዓይ ቀው ኢለን ጠመታኒ። በቲ ኣጠማምታአን ተሰኪፈ፡ "በላ ኣደ! ሕጅስ ዓዲ ኣቲና ኢና፡ ንብረትክን ተቐበላና፡" በልኩወን።

ናብ ብጾተይ ክብገስ ሕቓይ ምስ ሃብኩወን፡ "ኣንታ ወደይ መዓረይ! ደፊራ ደኣ ከይትብለኒ እምበር፡ ክሓተካዶ!" በላ። "እዛ ብርኩታ እምኒ ኣላታ" ከም ዝበሃል፡ እታ ሕቶ ካልእ ሰበብ ከይተምጽእ እናፈራሕኩ፡ "ደሓን ሕተታ፡ ዝኽእሎ እንተኾይነ እምልሶ፡" በልክወን ሰጋእ መጋእ እናበልኩ። እተን ኣደ ዓይኒ-ዓይነይ ኣተኩረን እናጠመታ፡ "እዚ ወደይ!

እዛ ምስሊ ገጽካን ኣካይዳኻን ወቓሕ ወቓሕ ኢልካኒ፡ እንተ ዘይተጋግየስ፡ ይፈልጠካ እመስለኒ፡" ኢለን ዘይተጸበኹዎ ድቦላ ሕቶ ኣቕረባለይ። ነዛ ሕቶአን ከዳኽማን ክዓጽዋን ብምባል፡ "ኣደ! ሰብ፡ ሰብ'ዩ ዝመስል! ብዙሕ ሰብ'ዩ ከምኡ ዝብለኒ፡ ደሓር ከኣ ኵላትና ተጋደልቲ'ኮ ንመሳሰል ኢና፡ "በልኩወን። እተን ኣደ ግን ብዝሃብኩወን መልሲ ስለዘይዓገባ፡ "ንዓ ደኣ ዝወደይ፡ ነዚ ዘረባ ጉቦ-ጉቦ ኣይተብሎ። ተጋደልቲ ብቝውምነገርኩምን ጠባይኩምን ደኣ ኢኹም ትመሳሰሉ'ምበር ብመልክዕኩምሲ ዘይትቀራረቡ። ንስኻ ወደ'ቦይ ባሻይዶ ኣይኮንካን!" በላ።

ከይተፈለጠኒ ስንባደ ዘበገሶ ሕቶ፡ "መን ባሻይ!" በልኩወን። እዘን ኣደ፡ ክምስ እናበላ፡

"ባሻይ ተኪኤ ተኽለማርያም፡ ነዊሕ፡ ቀማትን ምዕሩግን ሸማግለ፡ ዝባን ጨርሒ'ዩ ገዛኦም። ወዶም ኢኻ ሓቀይዶ!" በላኒ።

ኣደይ ዓባይ ኣይተጋገያን። በላሕ፡ መስተውዓሊትን ኣረጋጊጸን ይዛረባ ምህላወንን ተገንዘብኩ። ስለዚ፡ ስቕ ኢልካ ዝኸውንን ዘይከውንን መመኽነይታ ምቕራብ ትርጉም ከም ዘይብሉ ተረዳእኩ። ድፍር ኢለ፡ "ኣበይ ደኣ ትፈልጣኦም ነቶም ስድራ!" ሓተትኩወን።

"ቅድም'ሞ ወዶም ዲኻ መልሰለይ፣ ደሓር ኣበይን መዓስን ከም ዝፈልጦም ክገልጸልካ፡"

"እወ ሓቅኽን ኣይተጋገኽንን።"

"ንስኻ እቲ ሕንሳስ-ልደ ተመሃራይ ዝነበርካ ግርማይ ዲኻ!"

"እወ! ልክዕ ኣለኽን።"

እተን ኣደ ካብ ጸጉሪ ርእሰይ ክሳብ ጽፍሪ እግረይ ድሕሪ ምጥማት፡ "ድሮ ተጋዳላይ ኴንካስ ጠበንጃ ተሰኪምካ! ኣየ'ዚ ግዜ እንታይ ኣሎዎ!"

"እንታይ ደኣ፡ ድሕሪ ኣቦኻ ሞት ግደኻ እንድኣሉ፡ ቍሩብ ግን ጋግየክን፡ ኣይፈለጥኩኽንን ኣለኹ።" ብግደይ ሓተትኩወን።

"ኣነ ውዳስ እብሃል፡ ነታ ኣብ ኣባሻውል ገዛኹም ተኻራይት ዝነበረት መኣዛ ትበሃል መርዓት ኣደኣ እየ። ሕጂ'ኳ ሰዲራ ካብ ገዛኹም ወጺኣ በዚ ኣኽርያ ትቕመጥ ኣላ። ምስ ኣደኻ ወ/ሮ ለተሃይማኖት ክሳዕ'ዚ እዋን ጽቡቕ ርክብ'ዩ ዘሎና። ረሲዕካዮ'ምበር፡ ሰብኣይ ጓለይ 'ቤላ ሮባ' ዝሸይጥ ኣብርሃለይ'ዩ ዝበሃል። ክራር'ውን ቍሩብ ይፈታትን ነይሩ። ንእሽቶይ እንዲኻ ነይርካ ኣበይ ክትዝክሮ! ረሲዕካዮ! ሓሻኻ ቈልዓ ዝነበረካ፡ ደሓር

ድማ ብጸሓይ ሳሕልን ቦምባ ጸላእን እንታይ ጽቡቕ ረኺብኩም ንእስነትኩም ከይመነኹም ናብ ውትህድርና ኣቲኹም። ኣየ'ዛ ኤሊትርያ! ጸገማ መዓስ ተወዳእ ኢሉዎ ኣቦኻ እዝጊ!" በላ፡ ብምስቍርቋርን ሕንቕንቕን።

እቲ ማእከልነት ካልኣይቲ መስርዕ ፡ ኪዳነ ዘርኡ ወልደገርግስ - ኣዓየ ካባይ ቀሩብ ፍንትት ኢሉ ይጽበየኒ ነበረ፡ ናይ ደንጒኻኒ ምልክት ብኢዱ ገበረለይ። ኣነ ድማ፡ "በላ ኣደ ጽቡቕ ሌላ! እንቋዕ ኣራኸበና! ዳግማይ ምርኻብና'ውን ኣይተርፈናን'ዩ፡ ሕጂ ግን ህጹጽ ስራሕ ይጽበየና ስለ ዘሎ ክኸይድ፡ ጽባሕ ክመጻክን'የ፡" ድሕሪ ምባል ተሰናበትኩወን።

ነዊሕ ከይከድኩ፡ "ግርማይ ወደይ! ኣብ ዓድና 'ዳዕሮ' ምቕናይኩም ድዩ፧" ሕጂ'ውን ሰንካም ሕቶ ወሰኻ። "ክልተ ጒራሓት ሓሙኹሽቲ ስንቆም" ኩይኑ ነገሩ፡ እታ ሕቶ ናበይ ገጻ ምኧናን እንታይ ከም ዝደለያን ብኡንብኡ ስለ ዝተረዳእኩወን፡ "ኣይ! ኣይፋል፡ ለሚቕነ ናብ ሳሕል ክንብገስ ተሓቢሩና ኣሎ፡" ምስ በልኩወን፡ ብዝሃብኩወን መልሲ ኣይዓገባን። ብውሽጢ ልበን "ህዝባዊ ደኣ ካብ መዓስ ናብዚ ክንከይድ ኢና፡ ከምዚ ክንገብር ኢና፡ ኢሎም ምስጢር የውጽኡ! ዘይከውን ምኽንያት'ዩ፡" ይብላ ከም ዝነበራ ርዱእ ነበረ። ኢደን ዘርጊሐን ናብ ሰማይ ኣንቃዕሪረን ድማ፡ "በሉ ማርያም ምሳኹም ትኹን!፡" ኢለን ናብ ገዛአን ኣምርሓ።

ካብታ ዝፈራሕኩዋ ግን ኣይወጻእኩን። ኣደይ ውዳሰ ብመገዲ ሰብኣይ ጓለን ገይረን፡ "ወድኽን ግርማይ ኣብ ዳዕሮ ኣሎ፣ ከይወዓልክን ከይሓደርክን ጥብ በላ፡" ዝብል ህጹጽ መልእኽቲ ናብ ስድራይ ሰደዳ። ኣብ ሳልስቱ፡ ደርሆ ነቀ ገና መሬት ከይወግሐ፡ ወላዲተይን ሓውቲ'ኖይ ትብርህን ዝዓቕመን ስንቂ ቋጺረን ካብ ኣስመራ ተበገሳ፡ ኣብ ከባቢ ሰዓት 10.00 ናይ ንግሆ ዳዕሮ ተቐልቀላ። ገና ውሽጢ ዳዕሮ ከይኣተዋ፡ ንዝረኸበአ ተጋዳላይ፡ "ኣቱም ደቀይ እንቋዕ ገጽ ንገጽ ኣረኣኣየና፡ ገለዶ ግርማኣለም ዝበሃል ተጋዳላይ ኣይትፈልጡን፧" ኢለን ንዝረኸብአ ተጋዳላይ ክሓትታ ጀመራ።

"ግርማኣለም ዝበሃል ተጋዳላይ ኣብዚ ዓዲ የሎን" ብምባል መለሱለን።

ኣደይ ርጡብ መልእኽቲ ካብ ኣደይ ውዳሰ በጺሑዋ ስለዝነበረ፡ ነቲ ናይ ተጋደልቲ መልሲ ክትኣምኖ ኣይከኣለትን። "እዚኣዶ ኣይኰነትን ዳዕሮ፧" ብምባል ኣጥቢቓ ሓተተቶም። እቶም ተጋደልቲ፡ "ኣደ ክንሓብኣልክን ደሊና ኣይኰንናን፡ ድኻምክን ይርድኣና እዩ፣ እንተኹነ..." ኢሎም ዘረባኦም ከይወድኡ፡ ቀሺ መራሒ ሓይሊ 4.33 ነቶም ምስ'ተን ኣጋይሽ ዝዘራረቡ ዝነበሩ ተጋደልቲ ጸዊዑ፡ "እንታይ ዝኾና እየን እዘን ኣደታት፧"ኢሉ ሓተቶም። እቶም ተጋደልቲ፡ "ኣንታ'ዚኣን ካብ ንግሆኡ፡ ንተጋዳላይ ወደን

ክርእያ ካብ ኣስመራ ዝመጽአ እየን። ኣብ ዳዕሮ 'ግርማኣለም ዝበሃል ብጻይኩምዶ ኣሎ፧' ክብላ ነዛ ዓዲ ኲሊለናአ፡ ከምኡ ዝበሃል ተጋዳላይ ከም ዘየሎ ነጊርናየን፡ ክኣምናና ግን ኣይከኣላን፡" በሉዎ። ዕቑባይ ንሓደ ካብቶም ተጋደልቲ ኣብ እዝኑ ሕሹኽ በሎ። እቲ ምስ'ዘን ኣደታት ዝጸንሐ ተጋዳላይ ርእሱ ብኢዱ ሒዙ ካዕ-ካዕ ኢሉ ሰሓቐ። ኣደይን ሓውቲ'ኖይን፡ በቲ ዝዕዘባኦ ዝነበራ ድራማ ዝመስል ገሪሙወን፡ "ትሪኢዮምዶ ኣሎኺ፡ ንዓና ኣብዚ ኮፍ ኣቢሎም ይስሕቑ፡" ተበሃሃላ። እቲ ተጋዳላይ ናብአን ቀርብ ኢሉ፡ "ኣደታት! ኣይትሓዛልና ኣጸቢናክንዶ፡ በላ ወዲኽንስ ተረኺቡ፡ ንዓናይ ናብ ቦታኡ ክንወስደክን፡" ኢሎም መሪሑመን ናብ መስርዕና ወሰዱወን።

ኣደይን ሓውቲ'ኖይን ቊንቈኛኡ ምርዳእ ኣብዩወን፡ "ርኢኺዶ! ኣይንፈልጦን ኢና ክብሉ ከም ዘይወዓሉ፡ እዚ ብዓል ሸጉጥ ሓላፊኦም ገለ ሕሹኽ ምስ በሎም፡ ንእለቱ ዘረባኦም ቀይሮ፡ ስራሕ'ዞም ተጋድሎ'ኮ ክትፈልጦ ጸገም'ዩ፣ ወይ ጉድ!" በለት ሓውቲ'ኖይ። ዘረባአን ከይወድኣ ዘብዘብ እናበላ ደድሕሪኦም ሰዓበኦም። መስርዕና ከም ኣጋይሾም ብኽብሪ ተቐበሉወን፡ ንእግረን ማይ ቀረቡለን። ቊሩብ ምስ ኣዕረፉ፡ "ግርማኣለም ደኣ የሎን ድዩ፧" ሓተታ። ተኸስተ (ዳምባ) ብፍሕሹው ገጽ፡ "ክሕጸብ ናብ ሩባ ከይዱ ኣሎ፣ ክመጽእ'ዩ፡" በለን።

"ስድራኻ መጺኦም ኣሎዉ፡ ቀልጢፍካ ምጻእ፡" ዝብል መልእኽቲ ናብቲ ዝነበርኩዎ ሩባ ተላእከኒ። "ኣደይ ውዳሰ እምበኣር ስርሓ ገይራ፡" በልኩ ብልበይ።

ድሕሪ ናይ ክልተ ዓመትን መንፈቕን ምፍልላይ፡ ምስ ወላዲተይን ሓውቲ'ኖይን ተራኺብናን ተሰዓዓምናን። ቊሩብ ምስ ኣዕለልና ኣደይ፡ እታ፡ "ግርማኣለም ዝበሃል ኣይንፈልጥን ኢና፡" ዝበሉዋ ድቃስ ከሊኣታ፡ "ኣንታ ግርማይ ወደይ፡ ነዞም ብጸትካስ፡ ግርማይዶ ትፈልጡ ኢልና እንተ ሓተትናዮምስ ኣይንፈልጦን ኢና ጥራሕ ነይራ እታ መልሶም፡ ንሓድሕድኩም ኣይትፋለጡን ዲኹም፧" ሓተተት። "ኣይንፈልጦን፡ " መበሊኦም ድሮ ተረዲኡኒ፡ "እወ! ቅድሚ ቊሩብ መዓልቲታት ኢና ተኻሊጥ (ምትሕንፋጽ) ገይርና፣ ገና ኣይተፋለጥናን ዘሎና፡" በልኩዋ። ሓውቲ'ኖይ በዛ መልሲ ዓጊባ፡ "ከምኡ ክኸውን ኣሎዎ'ምበር፡ ካን ብሓደ ኣፊቱ! ተሰፋ ኣቝሪጸሙንና'ካ ነበሩ፡ እቲ መራሒኹም ኣብ እዝኖም ገለ ሕሸኹ ምስ በሎም ደኣ ኣጸቢቖዎ ቀሲንና'ምበር፡" በለት።

ካብ ኣስመራ ዝመጽአ ሽሻይ ተቐሪቡ፡ ብላዕ ወስተ ኲነ። መራሒ ጋንታና ሓምድ ኢብራሂም፡ ምምጻእ ኣደይ ሰሚዑ ክበጽሕን ገለ ሓባ ሸጋራ

እንተ ረኸበን ናብ መስርዕና ደበኽ በለ። በቲ ጸያፍ ትግርኛኡ፡ “መርሓባ ይማ፡ ማሽኣላህ! ኣሰናይ ብደሓን መጻእኪ! ያ ወዲ ዕንጨይቲ ኣደካ መጺኣ፡ ንስኪ ኣደኡ ንወዲ እንጨይቲ ኢኪ!” ኢሉ ሰላም በላ። ኣደይ ነቲ ብእዝና ዝሰምዓቶ ምእማኑ ከቢዱዋ፡ “እንታይ ዕንጨቱ’ታ! ኣንታ ግርማይ ወደይ፡ ንዓኻ ድዮም ዕንጸይቲዶ ወዲ ዕንጸይቲ ዝብሉ ዘሎዉ፡” በለትኒ ተገሪማ።

“እወ ከምዛ ዝሰማዕክያ እዮም ዝብሉኒ ኣደ፡” በልኩዋ።

ኣደይ ነገሩ ኣስደሚሙዋ፡ “ካን እቲ ወለድኻ ዘውጻእናልካ ‘ግርማይ’ ዝብል ስም ጠፊኡስ፡ ዕንጸይቲ፡” ድሕሪ ምባል፡ ከይተፈለጣ ካብቲ ኮፍ ኢላቶ ዝነበረት ብድድ ኢላ፡ “ኣንቱም ደቀይ፡ ወዮ ደኣ ኣቦኡ ዘይትፈልጡዎም ኴንኩም’ምበር፡ ከመይ ዝበሉ ኳዕናን ሓለንጋይ እዮም። ወዲ ባሻይ ከይትብሉዎስ፡ ወዲ-ዕንጸይቲ፡ ኣቦኡ ከም ዘይወለዱን ካብ ሰብ ከም ዘይተወልደን፡ እንተሰሚዖምከ እንታይ ክብሉ’ዮም ዓገብ! ዓገብ! ኣይዘረባን’ዞም ደቀይ፡” በለት።

ተኸስተ (ዳምባ) ናይታ ኣቐድም ኣቢሉ ዝተላለየን፡ “ደሓን ኣደ! ንዓኽን ዘኹሪ እንተኹይኑ፡ ካብ ሎሚ ወዲ ባሻይ ዘይንብሎ፡ ጸገም የብሉን ንገድፎ፡” በላ። ንልባ ከረስርስ’ምበር እታ ሳጓስ፡ ካብታ መዓልቲ’ቲኣ ዝያዳ ደኣ ተረረት።

ኣደይ ቀርብ ምስ ተረሳረሰት፡ ኣብ ዕላል ኣደን ወዲን ኣተና። ጽንሕ ኢላ፡ “ኣንታ ግርማይ ወደይ! እንታይ ኴንካ ደኣ ካልእ ሳጓ ቀይሩለይ፡ ወይ ካልእ ይሕሸኒ ዘይበልካዮም፤ ኣይ ንገነት ጓል ሓትነኻ ትበርህ ደኣ ‘ጓል ፈንቅል’ ኢሎም እንድዮም ዝጽውዑዋ፡” በለትኒ። ኣነ ምእንቲ ከደዓዕሳ፡ “ሳጓ’ኮ መሪጽካዮ ወይ ደሊኻዮ ዝመጽእ ወይ ዝዕደል ኣይኮነን፣ ብኣጋጣሚ እያ ከምዛ ማስቲካ ጥብቕ ትብለካ። ናይ ሳጓ ካብ ኣምጻእኪ ከነዕልለኪ። ወይኒ ሓብተይ ኣብ ሕክምና ምስ ተመደበት፡ እዞም ትርእይዮም ዘሎኺ ተጋደልቲ፡ ሓፍተይ ምኳና ምስ ፈለጡ፡ ጓል ዕጫይ ዘብል ሳጓ ኣጠሚቐማ!”

“እንታይ ማለትዩኽ ዕጫይ፤”

“ብቛንቛ ትግረ ዕንጸይቲ ማለት’ዩ፡”

“እሞ! ገና እግራ ከይረገጸትሲ ጥር ኢሎም ናብ ሳጓ!”

“ከምኣ እያ! ንስኺ’ውን፡ ኣብዚኣ ቁሩብ ጽንሕ እንተትብሊ፡ ‘ኣደይ ዕንጸይቲ’ ምበሉኺ። ደሓር ናተይን ናይ ወይኒ ሓብተይን ይሓይሸ’ምበር፡ ናይ ካልኦት ደኣ፡ “ዕሩቕ፡ ምዉት፡ ሓላው ኣድጊ፡ ደርግ፡ ርእሲ ምራኽ ወዘተ.” ዝብል ሳጓ ዘሎዎም ኣለዉ፡” ምስ በልኩዋ፡ በቲ ዝሰምዓቶ ሳጓታት

ተገሪማ፡ "ክላ ወደይ! ናትኩም ይሓይሽ፡ መባልዕትኹም ጥራሕ ይኹን፡" ኢላ ተደዓዓሰትን ሰሓቐትን።

ቡን ፈሊሑ፡ ዕምባባ ተቐልዩ ዕላል መቐረ። ሓውቲ'ኖይ ብግደኣ፡ "ኣንታ ወዲ ሓፍቲ፡ ካበይ ኢያ'ኸ መጺኣ እዛ ሳጓ!" ካልእ ሕቶ ኣልዓለት። ኩሎም ደቂ መስርዐይ መልሲ'ዛ ሕቶ ክሰምዑ ኣእዛኖም ጸለዉ። እታ ዝቐረበት ሕቶ ኣብኡ እንክለኹ ሸፈፍ ኢለ ክሓልፉ ፈተንኩ፣ እንተኹነ፡ ኩነታት ናይ ሓውቲ'ኖይ ይኹን ናይ ኣባላት መስርዕ ምስ ተዓዘብኩ፡ ብሕጽር ዝበለ ግድነት ክምልሳ ከም ዘሎኒ ተረዳእኩ።

"እሕሕ! ወላሂ! ከመይ ኢላ ለጊባትኒ ንዓይ'ውን ትገርመኒ እያ። ይዝከረኒ ኣብ መወዳእታ 1975፡ ኣጋ ምሸት ኣቢሉ፡ ኣብ ናቕፋ (ጻብራ) ኣብ ድፋዕ ደይብና መጋርያ ሓዊ ኣጕድና እናሰሓንና እንክለና፡ ስም ናይ ሓደ ተሰፋይ ገብርኣብ ዝበሃል ብጻይና እዝከር። ንሱ ኣብ ሓይሊ ተሰፋይ ይትባረኽ (ሓይሊ 45) ወዲ መስርዐይ'ዩ ዝነበረ። እቲ ብዛዕባ ባህርያቱን ካልእን ዝልዓል ዝነበረ ርእይቶታት ብወገነይ ቅቡል ኣይነበረን። እቲ ብባህሪኡ ህዱእ፡ ዘይጓዳእን ቍሩብ ዝንግዕ ዝበለን ብጻይ፡ ኣነ'ውን ብደቂቕ ስለዝፈልጦ፡ ነቲ ሓቀኛ ጠባዩ ከምዚ ክብል መስከርኩ፦

"ያ ጀምዓ! ኣነ ንተሰፋይ ብቐረባ እፈልጦ እየ። ንሱ ብባህሪኡ ህዱእን ሓድሓደ እዋን ዝዝንግዕን ሰብ'ዩ። ከምዚ ትገልጹዎ ዘለኹም ኣይኮነን። ጕዳኢኡ ይጕዳእ! 'ኣይ ወዲ ማርያም ዕንጸይቲ እንድዩ!' ምስ በልኩዎም፡ ሓደ ተረጋም ንኹሉ እቲ ቍውም-ነገር ዘረባ ገዲፉ፡ 'ኣንቱም ሰሚዕኩሞዶ! ወዲ ማርያም ክሊዓው ክብል፡ ወዲ ማርያም ዕንጸይቲ ኢሉ፡' ብምባል ነዛ ኣርእስቲ ናብ ካልእ ቀየራ። ኣነ ድማ ኢደይ ንኸይህብ፡ 'ዘይ'ሞ እቲ ክሊዓውስ ዕንጸይቲ'ዩ! እንታይ መለሳ ኣሎዎ፡ ኵሉ ሓደ እንድዩ፡' ብምባል ነታ ጌጋ ከእርማ ፈተንኩ። ወዮ ተረጋም ብጻይ፡ "መዓስያ ትወግሕ!" ክብል ግዲ ሓዲሩ፡ ደርሆ ነቐ ተንሲኡ፡ 'ወዲ ዕንጸይቲ' ተንስእ ተበራበር፡ዕጠቕ፡" በለ። ኣመጻጽኣ'ታ ሳጓ ምስ ኣዕለልኩዎም፡ ካልእ ይጽበዩ ስለዝነበሩ፡ ኩሎም ኣብ ሰሓቕ ኣተዉ። ኣደይ ድማ ገጽ ወዳ ርእያን ሳጓ ወዳ ሰሚዓን፡ ኣብ ሳልስታ ናብ ኣስመራ ተመልሰት።

* * *

ምስራሕ ድፋዓት ንምጅማር፡ ብኡንብኡ፡ ናይ ዓዲ ባዔላታትን ኣፍራዛን ተኣከበ። ህጡር ከራማት ስለ ዝነበረ ግን፡ ንሓለዋ ዝተመደቡ ገዲፍና፡ ኣብ ከብዲ ዓዲ ክንሓድር ጀመርና።

4 ሓምለ 1977 ከባቢ ሰዓት 7፡00 ናይ ምሸት፡ ኣብ ዳዕሮ መሾምቦባ ዝተሓወሶ ዝናብ እናወቕዐ እንከሎ፡ "ኩልኻ ዕጠቕ! ናብቲ ሓድሽ ድፋዕ ተበገስ" ዝብል ህጹጽ ወተሃደራዊ ትእዛዝ ተመሓላለፈ። ንወተሃደራዊ ትእዛዝ ዘይምቕባልን ዕጻይ ምጻጻይ ምባልን ከም ገበን ስለ ዝቝጸር፡ ኩሉ ሰብ ብቕሩን ኣሳሒይታን እናተቐፍቀፈ ነናብ ዝሰርሖ ድፋዕ ኣትዩ ንቕድሚኡ ምቁማት ጀመረ። ኣሳሓይታ ሰሚን ካርነሽም ኣሸንኳይዶ ኣብ ነብስኻ ክወርድ፡ ንጸላኢኻ እኳ ኣይትምነዮን። በረድ ዝተሓወሶ ከቢድ ዝናብ እናሃረመ፡ "ናብ ዕርድኹም እተዉ፡" እትብል ትእዛዝ፡ ነናትና ትንታነ ሃብናላ። ገለና፡ "ጸላኢ ካብ ኣስመራ ክብገስዶ ይኸውን ወይስ ጀብሃ ኣብዚ ከባቢ ተቐልቂላ፡" ንብል። ገለ፡ "ወጋሕታዶ ንኣስመራ ከነጥቅዕ ኴንና፡" ወዘተ. ዝብሉ ሓሳባት ኣብ ኣእምሮ ነፍሲ-ወከፍና ክነውርድን ክነደይብን ኣምሰና። እቲ ካብ ኵሉ ዝበኣሰ ድማ፡ ነጸላ ከይፍታሕን ዕጥቂ ከይወርድን ኩሉ ኣብ ሓለዋ ቀጽል ክሓድርን ተነግሮ።

ወጋሕታ ተኸሲ ከቢድ ብረት ብድሕሬና ሰማዕና። "ብድሕሪት ደኣ ኣየናይ ጸላኢ ኣሎ፤ ተ.ሓ.ኤ. ንብጾትናዶ ሓደጋ ወዲቓቶም ክትከውን ኣለዋ።" ኢልና ጋን ኰንና። እቲ ድምጺ ከቢድ ብረት መመሊሱ ወሰኸ። ምስ በርቂ ዝዳረግ መስታ ብርሃን፡ ብወገን ሰሜናዊ ምዕራብ ዳዕሮ ረኣና። ኣብ መውዳእታ፡ ከተማ ከረን ትህረም ከምዘላ ብትንታነ በጻሕናዮ።

ኣብ ወተሃደራዊ ሳይንስ፡ እቶም ክልተ ተጻረርቲ ሓይልታት፡ ወተሃደራዊ ምስጢራቶም ብልዑል ጥንቃቐ እዮም ዝሕዙዎ። እቲ ሓደ ካብቲ ካልእ ገለ ምስጢራት ወይ ሓበሬታ ንምርካብ ልዑል ጻዕሪ እዩ ዘካይድ። ናይ ሓሶት ሓበሬታ ናብቲ ተጻራሪ ወገን (ጸላኢ) ከም ዝሰሉኽ ብምግባር፡ ምድንጋር ንምፍጣርን፡ ኣንፈት ንምቕያርን ይሰርሓሉ። ኣብ ሓለፍቲ ህዝባዊ ግንባር ግን 'ወተሃደራዊ ምስጢር' ኣብ ዘይእዋኑ ንኸይወጽእ፡ ብዝለዓለ ጥንቃቐ እዩ ዝትሓዝ ዝነበረ። ኣብቲ እዋን'ቲ፡ ልዕሊ ኩሉ ንዓይ ዘገረመንን ዘሐበነንን፡ ከረን እትኣክል ከተማ ክትውቃዕ፡ ዝኾነ ዕላል ወይ ሓበሬታ ኣብ ተጋደልቲ ይኹን ህዝቢ ዘይምምላቑ እዩ። ምስጢራውነት ኣብ ህዝባዊ ሓይልታት ክሳብ ክንደይ ዓቢ ቦታ ከም ዝነበሮን፡ ምስጢር ዓወቱ ምኳኑን ድማ፡ ተገንዘብኩ።

ካብቶም ንህዝባዊ ሓይልታት (ደሓር ህዝባዊ ግንባር) ካብ ዘዐወቱዎ ሓደ፡ ምስጢራውነት ከም ባህሊ ስለዘስረጾ እዩ። ከምኡ ክንዲ ዝኾነ ኪኖ እቲ ካብ ሓለፍቱ ዝወሃቦ መምርሒ ሓሊፉ፡ ዘይምልከቶ ምስጢር ክፈልጥ ዝፍትን ተጋዳላይ ውሑድ ነበረ። ሕማቕ መዓልቲ ውዒሉ ወረታት ከበጻጽሕ

ወይ ዕላላት ቤላቤለው ዝፍኑ፡ ብነቐፌታ ነብስ-ነቐፌታ ይሕጸብን ግቡእ ወተሃደራዊ መቕጻዕቲ ይወሃብን ነበረ። ብሓፈሻኡ ግን ናበይ ኢና፧ ኣብዚ እንታይ ኣሎ፧ መን መጺኡ፧ እገለ ናበይ ከይዱ፧ እዘን መካይን እንታይ ጾዒነን፧ እዚ እባ እቲ እባ ዝበሃል ዕላላት ተቐባልነት ኣይነበሮን ጥራሕ ዘይኮነ፡ ንድሕነት ውድቡ ኣብ ሓደጋ ዘእቱ ምኽኑ ስለዝርዳእ፡ ምዕቃብ ምስጢር ከም ዓቢ መምዘኒ ነጥቢ ተጋዳላይ እዩ ዝነበረ።

* * *

ስርዓት ኢትዮጵያ፡ ነቲ ኣብ ከረን ዝቕጥቀጥ ዝነበረ ሰራዊቱ ንምድሓን፡ 5 ሓምለ 77 ሰዓት 8.00 ቅድሚ ቀትሪ ማእለያ ዘይብሉ ሽሾ ሰራዊት ካብ ኣስመራ ኣበገሱ፡ ካብ በለዛ ክሳብ ወኪዱባ ተገደመ። ተጋዳላይ ኣብ ድፋዕ ዝሓደረሉ ምኽንያት ድማ፡ ጸላኢ ሓድሽ ሓይሊ ካብ ኣስመራ ከበግስ ምኺኑ፡ ሓለፍትና ሓበሬታ ከም ዝበጽሖም በርሃልና። ጸላኢ ንሰራዊቱ ኣብ ወተሃደራዊ ማካይን፡ ኤነትረን፡ ኣውቶቡሳት ከተማ ጾዒኑ፡ ተደራቢ ሓይሊ ወሰኸሉ። ሓይልና ነቲ “ኣይትሓዙኒ!” እናበለ ዝህንደድ ዝነበረ ሰራዊት ደርግ፡ ኣብ ጫፍ ደቡባዊ ምዕራብ ዳዕሮ ዓሪዳ ተጸበየቶ። እቶም ኣብ ሰሜን ወኪዱባ ኰይኖም ክሻፋታት [9] ሒዞም ነቲ ውግእ ዝመርሑ ዝነበሩ ጀነራላት ደርግ፡ መጉልሒ ድምጺ ተጠቒሞም፡ ንሰራዊቶም “ወደ ግራ! ወደ ግራ” (ንጸጋም ንጸጋም) ዝብል መምርሒ ሃቡ። በጦሎንና ብቕድሚኣ ንዝመጽኡ ወተሃደራት ኣቋመተት። ናብ ድፋዕና ገጹ ዝመጽእ ወተሃደር ግን ኣይነበረን።

ኣብቲ ከባቢ ዝነበረ ዝርካቡ ውሑድ ሓይሊ ተ.ሓ.ኤ.፡ ምስቶም ብስራሕ (ጦፍ) ዝመጽኡ ብጾቶም ተጠርኒፎም፡ ኣብ ከባቢ ምድሪዜንን ዓዲ ሃብስሉስን ዓሪዶም፡ ኣንጻር ምስ ጸላኢ ውግእ ገጠሙ። ሚዛን ሓይሊ ጸላእን ሓይሊ ተ.ሓ.ኤ.ን ዝመጣጠን ስለ ዘይነበረ፡ ንድሕሪት ገጾም ኣዝለቑ እቲ ከባቢ ድማ፡ ኣብ ኢድ ጸላኢ ወደቐ።

ሰራዊት ደርግ፡ ኣብተን ዝተቈጻጸሩወን ዓድታት ድሮ ክዘምቱን ንብረት ከቃጽሉን ጀመሩ። ነቲ ኰነታት ብቐረባ ዝከታተል ዝነበረ ገዲምን ላዕለዋይ ወተሃደራዊ ሓላፊን ብርጌድ 4 ወልደንኪኤል ሃይለ፡ ነታ ካልኣይቲ ምስጢር ዓወት ዝኾነት ‘ተዓጻጻፍነት’ እትብል ኣምር ብቕጽበት ተጠቒሙ፡ ንኮሚሳር በጦሎኒ 4.3 በርሀ ባህታ ኣድሓኖም (ፖሊስ)፡ “ሃለው ትሰምዓኒዶ ኣሎኻ፧” በሎ ህጹጽ መልእኽቲ ከመሓላልፍ። በርሀ ኣብቲ ጋንታና ዝነበራ ድፋዕ ኰይኑ፡ “እሰምዓካ'ለኹ ቀጽል፡”በሎ።

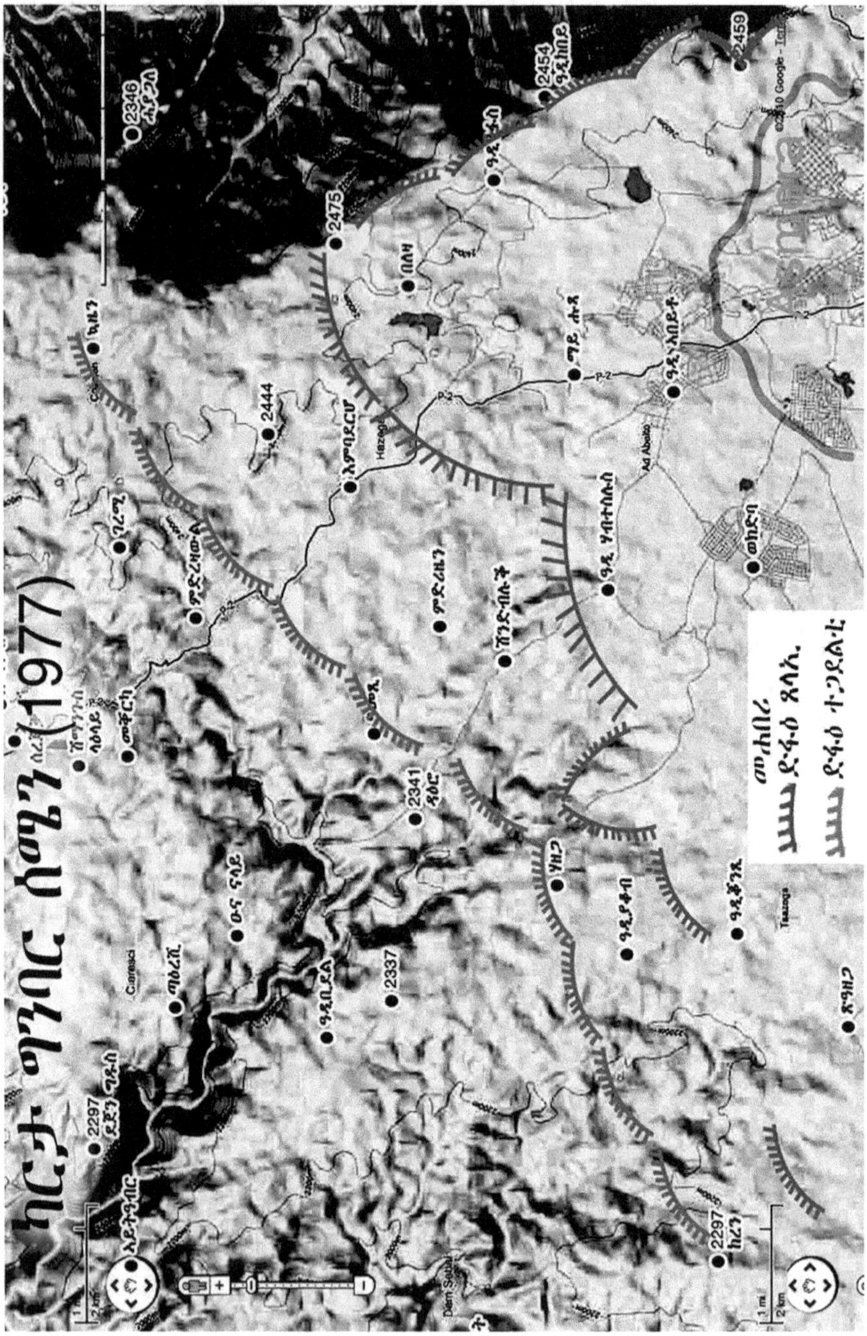
መሐበሪ
ድፋዕ ጸላኢ.
ድፋዕ ተጋደልቲ

ወዲ ሃይለ በቲ ዝረዳድእሉ ቋንቋ ተጠቒሙ፡ "እቶም ትፈልጦም" (ተ.ሓ.ኤ. ማለት'ዩ) "ገይሾም ኣሎዉ።" (ድፋዖም ገዲፎም ኣንሳሒቦም ኣለዉ ማለትዩ) "ክልተ በትሪ" ክልተ ሓይሊ ማለት'ዩ "ሒዝካ፡ ብቕልጡፍ ንቦታኦም ተኪእካ ኣድላዩ ስጉምቲ ወሲድካ ንጸላኢ ዕገቶ፡" ዝብል ንጹርን ሓጺርን ትእዛዝ ሃበ።

ኮሚሳር በጦሎኒ 4.3 በርሀ (ፖሊስ)፡ ነተን ኣብ ጫፍ ዳዕሮን ዓመጺን ዓሪደን ዝነበራ ክልተ ሓይልታት 4.32ን 4.33 ሒዙ፡ ናብቲ ጀብሃ ዝገደፈቶ ዓዲ ሃብስሉስ፡ ዓዲ ሸማግለ፡ ዓዲ መርዓውን ዓዲ ያቆብን ገጹ ተወንጨፈ። ሓይልታትና ኣብ ማእከል ሰራዊት ኢትዮጵያ በሲዐን ብምእታው፡ ንጸላኢ ኣብ ክልተ መቐለኦ። እቲ ዝወሓደ ሓይሊ ጸላኢ፡ ኣብ ውሽጢ-ዓዲ ምድሪዜን ምስውሰው ክብል ከሎ፡ ዝበዝሐ "እግረይ ኣውጽእኒ!" ኢሉ ናብ ወኪዱባ ገጹ ሃደመ። ካብቲ ከባቢ ዝተዋጽአ ሓይሊ ህዝባዊ ሰራዊት፡ ተወሃሂዱ እግሪ እግሪ ጸላኢ ሰዒቡ፡ ናብ ጐላጉል ወኪዱባ ተጸግዐ። እንተኾነ፡ ጸላኢ ይሃድም ኣሎ ኢልካ፡ ደድሕሪኡ ምስዓብን፡ ሳዕቤን ክህሉዎ ከም ዝኽእል ላዕለዎት ሓለፍቲ ስለ ዝተገንዘቡ፡ "ተመለስ! ናብ ዝነበርካዮ ተመለስ! ትእዛዝ'ዩ!" ተባህለ። "ብሰውኣት ናብ ዝነበርኩሞ ተመለሱ!" ዝተባህለሉ ግዜ'ውን ነይሩ።

እተን ኣብ ከብዲ ዓዲ ወኪዱባ ድፋዕ ዝሓዛ ታንክታት ጸላኢ፡ ጐላጉል ዶሽካታት ኣሰራሉ፡ ስለዚ ድማ፡ ካብቲ ከይተፈለጠና ዝሰገርናዮ ጐላጉል፡ ናብ ቦታና ምምላስ ዓቐብ ኰነና። ገለ ተጋደልቲ ንጐላጉል ወኪዱባ ክሰግሩ ስለ ዘይከኣሉ ጸሓይ ክሳዕ እትዓርብ ኣብቲ ወርቂ ዝፍሓሮ ዝነበረ ጉዳጉዲ ምጽባይ ግድነት ኮኖም። ኣማስያና፡ ማይ ዝመስላ ካላሸናት ማሪኽና ብዘይ ጸገም ናብ መበገሲና ዳዕሮ ተመለስና። ዕለት 6 ሓምለ 1977 ወጋሕታ፡ ኣብ ድፋዕ ብዛዕባ ውዕሎና እና'ዕለልና ከሎና፡ "ከተማ ደቀምሓረ ሓራ ወጺኣ፡" ዝብል ብስራት ናብ ኵሉ ድፋዓት ተመሓላለፈ።

እቲ ብ5 ሓምለ 1977 ከረን ሓራ ንምውጻእ ዝጀመረ ውግእ፡ ድሕሪ ናይ ኣርባዕተ መዓልቲ ከቢድ ደማዊ ውግእ፡ 8 ሓምለ 1977 ሰዓት 5፡ 00 ድሕሪ ቀትሪ ተዛዘመ። ኣብቲ ውግእ ዝተሳተፋ ብርጌዳት 23ን፡ 70፡ 51ን፡ ከምኡ 76 (ከቢድ ብረት) ብርግጽ ከቢድ መስዋእቲ ከፈላ። መራሕቲ ስርዓት ኢትዮጵያ፡ ካብ ኵሉ ኩርንዓት ኢትዮጵያ ካብ ፈቖዶኡ ገፊፉ፡ ሓጺር ወተሃደራዊ ታዕሊም ሂቡ፡ ናብ ኲናት ኤርትራ ዝጠጠቐም ንጹሃት ኢትዮጵያውያን ውሑዳት ኣይነበሩን። ደርጋውያን፡ እንተስ ተወፋይነትን ቈራጽነትን ተጋዳላይ ክርድኡዎ ካብ ዘይምኽኣሎም፡ እንተስ

ሞራል ሰራዊቶም ሓፍ ከብሉ፣ ንጅግንነት ተጋዳላይ ካልእ ትርጉም ክህቡዎ ተራእዩ። ኣብ ከረን ዝተማረኹ፡ ላዕለዋይ ኣዛዚ ሰራዊት ደርግ ኣብ ቃለ-መሕትቱ ብኸምዚ ዝስዕብ ገሊጹዎ፦

“እታ ዝዓበየ ወሳኒ ተራ ዝነበራ፡ ንሕና ብጌጋ ተረዲእናያ ‘ሕማም’ ወይ ‘ስኽራን’ ኢልና ዝገመትናያ፡ ቈራጽነትኩም እያ። ማእለያ ዘይብሉ ጠያይትን ቦምባታትን መዳፍዕን እናተተኰሰኩም፡ ብቈራጽነት ጠኒንኩም ኣቲኹም፡ ክትሑዝና ምኽኣልኩም፡ ዘገርም እዩ። ከምዚ ዝኣመሰለ ውግእ፡ ቅድሚ ሕጂ፡ ውሱን ኩርናዓት ዓለም ጥራይ እዩ ተራእዩ። ንሱ’ውን እንተኾነ፡ ካብ ኣብ ኤርትራ ዝነበራ ኩነታት ዝተፈልየ እዩ ነይሩ።” በለ። እቲ ምሩኽ ብዓል ስልጣን ብምቕጻል፡ ንህዝባዊ ግንባር ናብ ዓወት ዘብጽሓአ ኢሉ ዝሓሰበን ሰለስተ ወሰንቲ ረቛሒታት ብኸምዚ ዝስዕብ ዘርዚረን፡

- ናብቲ ዝወጠንኩምዎ ክትበጽሑ ዘኽእለኩም ደቂቕን ጽፉፍን መጽናዕቲ ስለዘካየድኩም፣
- ሓለፍቲ ኣብ ማእከል ኣቲኹም ነቲ ውግእ ስለዝኣለኹሞ፣
- ዝለዓለ ክእለት ኣጠቓቕማ ከቢድ ብረት ስለዝጨበጥኩም፣

ኣባላት ከቢድ ብረት ህዝባዊ ግንባር በቲ ኣብ ከበባ ናቕፋን ውግእ ኣፍዓበትን ዘዋህለሉዎ ተመኩሮ፡ ኣብ ውግኣት ከረን፡ ሰገንይቲ፡ ደቀምሓረን ግንባር ሰሜንን፡ ማዕረ ሓይልታት ተሰሪያም፡ በተን ዝርካበን ትሕዝትኦም ዒላማታቶም ኣብ ምውቃዕ ተኣምር ሰሪሖም’ዮም።

ሕሉፍ ታሪኽ ብርጌድ-76ን ኣብ ኵነታት ሰምሃር ብዛዕባ ኣወዳድባን ውሽጣዊ ዓቕሚን ክዕልለና፡ ብ21 ሰነ 2017 ንብጻይ ተኪኤ ርእሶም (ብላታ) (ናይ ሎሚ ብሪጋደር ጀነራልን ኣዛዚ ሜካናይዝድ ከቢድ ብረትን) ተወኪሰዮ። ንሱ ነቲ ሽዑ ዝነበረ ኵነታት ንምዝካር ንደቓይቕ ኣብ ተዘክሮ ድሕሪ ምእታው፡ ብኸም’ዚ ዝስዕብ ገለጸለይ፤

ብርጌድ-76 ብቦጦሎኒታት 500ን 10ን ዝቘመት ኢያ። ሮመዳን ዑስማን ኣውሊያይን (ናይ ሕጂ ሚጀር ጀነራል) ወልደሩፋኤል ሰባህቱን ላዕለዎት ሓለፍቲ ብርጌድ-76 ክኾኑ እንከለዉ፡ ኣደም መሓመድ ኮከልን በረኸት ክፍላይን ናይ ካልኣይ ቦጦሎኒ፡ በራኺ በየነን ኣቤቶን ናይ ሳልሳይ ቦጦሎኒ ሓለፍቲ ነበሩ። ኣብ ውግእ ሰምሃር ዝተሰውአ ገዲም ተጋዳላይ ምሕሱን ዓሊን ኣነን ድማ ከም ማእከልነትን ኮሚሳርን ናይ ቀዳማይቲ ቦጦሎኒ ኴንና፡ ተወሃሂድና ንሰርሕ ነበርና።”

ነቲ ዝጀመሮ ታሪኽ ክቕጽሎ፡ ንኣወዳድባን ኣበርክቶን ብርጌድ-76 ኣብ ውግእ ሰምሃር ከመይ ከም ዝነበረ ብሕቶ መልክዕ ኣቕሪብኩሉ። ብጻይ ተኪኤ ናብ ቅድሚ ኣርባዓታት ዓመታት ተዘኪሮ ተመልሰ፤

"ህ.ግ.ሓ.ኤ ነቲ ኣብ ቀዳማይ ታሪኻዊ ጉባኤ ዘሕለፎ ወተሃደራዊ ውሳነ ንምትግባር፡ ብርጌድ-76 ኣብ ሰፊሕ ጅኦግራፊያዊ ስትራተጂ ክኣም ትዝርጋሕ ገበረ። ነቲ "ሰብን መሬትን በብቕሩብ ሓራ ምውጻእ" ዝብል ወተሃደራዊ ፖሊሲኡ ኣብ ግብሪ ንምውዓል ድማ፡ በጦሎኒ-1ን በጦሎኒ-3ን ንኸረን፡ በጦሎኒ-2 ድማ ንደቀምሓረ ከምዘጥቅያ ብምግባር ነተን ከተማታት ሓራ ኣውጸአን። ድሕሪ ምሕራር ከረን፡ በጦሎኒ-1 ከምኡ ሓንቲ ሓይሊ ካብ በጦሎኒ-3 ብህጹጽ ናብ ውግእ ሰምሃር ወረደ።" በለ።

ሰፊሕ ልቦናን ርሑቕ ጠመተን

ሰውራ ኤርትራ፡ ካብ ዝነበረ ናይ ጀብሃ ሓሸውየ ዝዓይነቱ ኣመራርሓ ተላቒቑ፡ ብንጹር ራኢን ዕላማን ንምጓዓዝን ሕሉፍ ኣሉታዊ ተመኩሮታት "ተ.ሓ.ኤ" ንኸይድገም ህዝባዊ ግንባር ኣብ ውልዶ እግሩ ጽዒሩ እዩ። ነዚ ቅዱስ ዕላማ ንምዕዋት፡ ሓድነት እምነ መሰረት ዕላማኡ ገይሩ፡ ረብሓ ህዝቢ ዝሕሉን ናብ ዓወት ዘብጽሕን ቅኑዕ መስመር ሓንጺጹ፡ ኣብ 1970 ዓ.ም ክቃለስ ተበገሰ።

ተጋዳላይ፡ ኣብ መሮር ምስ ኣትማንን ዕንቅርቢትን ተመሓዚዩ፡ ንዕረ ከም መዓር፡ ንጸድፌ ከም ጉልጎል ሓሲቡ፡ ቈጽለመጽሊ ተመጊቡ፡ ዓበይቲ መሰናኽላት ሰጊሩ፡ ኣንጻር ኵሉም ሓያላን ገጢሙ'ዩ ንህዝቢ ናጽነት ከዕትሮ ዝኸኣለ። ልዕሊ ኩሉ፡ ምስጢር ዓወቱ፡ ስሙር ሓድነቱ ብልሕን ተወፋይነትን መሪሕነቱ፡ ኣኽብሮትን ፍቕሪን ኣብ ህዝቡ፡ ዓሚቝ ፖለቲካዊ ንቕሓቱ፡ ጽኑዕ ወተሃደራዊ ስነምግባሩ (ድስፕሊኑ)፡ ነዊሕ ጠመተኡን ሰፊሕ ልቦናኡን፡ ንጹር መጻኢ ራኢኡን እዩ። ነዚ ትንታነ ንክጸዊ ዘንቀለኒ እቲ ካብ ኣዛዚ ብርጌድና፡ ወልደንኪኤል ሃይለ ንምዝንታው'ዩ። ኣብ ሓንቲ ንእሽቶ ፍጻመ ዝረኣኹዋን ዝተዓዘብኩዋን፡ ቀላል እትመስል፡ ግን ከኣ ከቢድ መልእኽቲ ዘመሓላለፈት፡ ሚዛናውን ፍትሓውን ኣመለኻኽታ ዘንጸባረቐት መግለጺ እያ።

ኣብ መጀመርታ ወርሒ ሓምለ 1977 ኣቢሉ፡ እዩ። ብርጌድ 4 ምስ ካልኦት ብርጌዳት ተሓባቢራ፡ ኣብ ሰፊሕ ጅኦግራፍያዊ ኣቀማምጣ ዘሎዎ

ዕርድታት፡ ማለት ካብ ከባቢ ወኪዛግር ጀሚራ ክሳብ ዳዕሮን ዓዲ ሽማግለን ተዘርጊሐት። ካብ ኣስመራ ንሰሜን ዘሎ ስትራተጅያዊ ቦታታት ተቖጻጺራ ድማ፡ ንጸላኢ ኣብ ኣስመራ ሓኒቓ፡ ኣስመራ ሎሚዶ ጽባሕ ትህረም ዝበሃለሉ ዝነበረ እዋን እዩ። በጦሎኒ-4.1፡ ነታ ገና ኣብ ትሕቲ ምሉእ ምቁጽጻር ሰራዊት ኢትዮጵያ ዝነበረት ከተማ ዓዲቀይሕ ኣብ ከበባ ኣእትያ ኣብ ጽኑዕ ሓለዋ ተዋፈረት። ብርጌድ-23ን'ውን ከም ኩለን ካልኦት ብርጌዳት ከረን ንምሕራር ከቢድ መስዋእቲ ስለዝኸፈለት፡ ሕጽረት ናይ ሓይሊ ሰብ ኣጋጠማ።

ዝጉደለ ሓይሊ ሰብ፡ ካብተን ኣብቲ ውግእ ዘይተሳተፋን ብተዛማዲ ዝሓሸ ሓይሊ-ሰብ ዝነበረን ከም ብርጌዳት ክትካእ ነይሩዎ። ምኽንያቱ፡ ምሕራር ከረን፡ መጀመርታ ደኣ'ምበር መወዳእታ ኣይነበረን። ላዕለዎት ወተሃደራዊ ሓለፍቲ ግንባር፡ ኩለን'ተን ኣብቲ ከባቢ ዝነበራ ብርጌዳት ዘዝተወሰነ ሓይሊሰብ ክልእኻ ትእዛዝ ኣመሓላለፉ። ከምኡ ከኣ ተገብረ።

ኣዛዚ ብርጌድ 4 ወልደንኪኤል ሃይለ፡ እዚ ናይ ብርጌድ-23 ግዜያዊ ምድኻምን ምጉዳል ሓይሊ-ሰብን፡ ናይ ምሉእ ሰራዊት ህዝባዊ ግንባር ጸገም፡ ናይ ብርጌድ-23 ምሕያልን ምስሳንን፡ ናይቲ ውድብ ዓቕሚ ምድራዕን ምትርናዕን ምዃኑ ብምግንዛብ፡ ካብ ነፍሲ-ወከፍ መስርዕ ሓሓደ ምሩጽ ሰብ ምስ ምሉእ ዕጥቂ፡ ናብታ ማእከል እዝን ቍጽጽርን ላዕለዎት ሓለፍቲ ህዝባዊ ግንባር ዝነበረት ዛግር ክልእኩ፡ ናብቶም ኣብ ትሕቲኡ ዝነበሩ ሓለፍቲ ትእዛዝ ኣተሓላለፈ። እቲ ትእዛዝ በብደረጃኡ ክሳብ መራሕቲ መሳርዕ ወረደ። ካብ መስርዐይ 'ሽሻይ' ዝበሃል ቅንጹብን ሓጺር ገድላዊ ተመኲሮን ዝነበሮ፡ ካብ መስርዕ ኪዳነ ኣዓየ ድማ ሓደ ካብ ዳዕሮ ናብ ዛግር ተላእኩ።

ህዝባዊ ግንባር ኣብ ተጋደልቱ ንኽሰርጽ ዝጽዕረሉን ዘካይዶ ዝነበረ ፖለቲካዊ ጉስጓስን፡ ተጋዳላይ ብፖለቲካ ዝበሰለ፡ ኣብ መትከል ዝተመርኰሰ ብጻያዊ ዝምድና ዘሎዎ፡ ብሰውራዊ ድስፕሊን ዝተረረ፡ ቈራጽ፡ ኣብ ማእቶት ብኣድማዕነት ዝሳተፍ ወዘተ ነበረ። ከም ፍረ ጻዕሩ ድማ፡ ተጋዳላይ ኣብ ሰሜን ይሃሉ ደቡብ፡ ኣብ ራስ-ቄሳር ይሃሉ ራስ-ዱሜራ፡ ኣብ ውሽጢ ይሃሉ ኣብ ወጻኢ ሃገር፡ ብዛዕባ ኣፍልጦ ውድቡ፡ ፖለቲካዊ ንቕሓቱ፡ ወተሃደራዊ ዓቕሙ፡ ንነገራት ናይ ምትንታን ብስለቱ፡ ተመሳሳሊ ስለ ዝነበረ፡ ህዝቢ ብዛዕባ ህዝባዊ ግንባር ካብቲ ዝድነቀሉን ዝሕበነሉን ንቑሕ ሰራዊት ምምልማሉ'ዩ ዝነበረ።

እቲ መሰረታዊ ሓቂ ንሱ ደአ ይኹን'ምበር፡ ኣብ ታሕተዎት፡ ማእከሎት ከምኡ'ውን ላዕለዎት ሓለፍቲ፡ ከም መሰርዕ'ኻ ወይ ጋንታ'ኻ ዝሓሸ ዕጥቂ ክትውንን ምድላይ፡ ብሉጻትን ሓዊ-ሓዊ ዝሸትቱ ኣባላት ክህልዉ'ኻ ምብሃግ፡ ናብ ዝሓሸ ክሊማ ዘሎዎ ክትዓርድ፡ ምፍታን ኣብ ቀጻሊ ውግኣት ክትሳተፍ ምድላይ፡ ከምኡ'ውን ስም ሓይሊ'ኻ ላዕለዋይ ቦታ ክሕዝ፡ ምምጥጣር ድሑር ስምዒታት ተጠቒምካ ናብ ስልጣን ክትድይብ ምፍታን ወዘተ. ዝኣመሰሉ ድኻማትና ብውሑዳት ሰባት ይንጸባረቑ ነይሮም እዮም። እዚ ድማ ባህሪ ወዲ ሰብ ኰይኑ፡ ብቐሊሉ ክእረም ዝከኣል'ዩ።

ብመሰረት ትእዛዝ ላዕለዋይ ሓላፊ፡ ኵላትና መሳርዕ ሓሓደ ሰብ ኣዳሊና፡ ማእከላይ ዕጥቂ ኣዕጢቕና ኣበገስናዮም። ብኣጠቓላሊ ከባቢ 70 ዝኾኑ ተጋደልቲ፡ ከካብ መሰርዖም ተሰናቢቶም ኣብ ዛግር ተኣከቡ። ወዲ-ሃይለ ኣብ ቅድሚ'ኦም ኰይኑ፡ "ኩልኻ ተሰራዕ!" በለ። ነቶም ከባቢ 70 ዝኾኑ ተጋደልቲ ሓደ ብሓደ እናዘወረ ብደቂቕ ተዓዘቦም። ይኹን'ምበር፡ ዓይኑ ክመልኣሉ ኣይከኣለን ጥራሕ ዘይኰነ፡ እዚ ኣብ ቅድሚኡ ተሰሪዑ ዝነበረ ሓይሊ-ሰብ፡ ከምቲ ዝተጸበዮ ኮይኑ ኣይረኸቦን። ናይቶም ተጋደልቲ ወተሃደራውን ኣካላውን ብቕዓቶም ንምፍላጥ ሓሓሊፉ ዕለተ ምስላፎምን ካልእን ሓተቶም። ብዙሓት ሓደስቲ ከም ዘለዉዎም፡ ኣካላዊ ብቕዓቶም ኪኖ ክላሽን ካልእ ከም ብሬናት ክብድ ዝበለ ኣጽዋር፡ ክስከሙ ዘይክእሉ ምዃኖም ተገንዘበ። ስለ'ዚ ድማ፡ ነዞም ሰባት'ዚኣቶም ከም መደልደልን መተካእታን ሓይሊ ኰይኖም ናብ ብርጌድ-23 ክሰዶም ኣይተዋሕጠሉን። ኣብ መወዳእታ፡ ስምዒቱ ንውሽጢ ውሒጡ፡ "ሓፍ በል! ተጠንቐቕ! ሰጥ በል! ኩልኻ ናብ ዝነበርካዮ ኣሃዱኻ ብቐጥታ ተመለስ፡ ተበገስ!፡" ምስ በለ፡ እቶም ምኽንያት መምጽኢኦምን መምለሲኦምን ዘይፈለጡ ተጋደልቲ ንምሽቱ ነናብ ዝነበሩዎ መሳርዕ ተመልሱ።

ወዲ-ሃይለ፡ ዘተኣማምን ኣካላዊ ብቕዓት ዘሎዎም፡ ንብርጌድ-23፡ ኣብ ወተሃደራዊ ዓቕሚ ከጕልብቱዋ ዝኽእሉ ተጋደልቲ፡ ካብ ብሪጌዱ ዝረኽበሉ መንገዲ ክጣበብ ነበሮ፡ ኣብ መወዳእታ ድማ ሓደ ሓሳብ መጽኣሉ።

ኣብቲ እዋን'ቲ ህዝባዊ ግንባር ኣብ ውሽጣዊ ዓቕሙ ህዝቡን ተመርኲሱን ተኣማሚኑን ገድላዊ ዕማማቱ የሰላስል'ኳ እንተነበረ፡ ካብቶም ኣብ ፈቐዶ ሃገራት ኤውሮጳ፡ ኣመሪካን ኣፍሪቃን ተሰዲዶም ውልቃዊ ዋኒኖም ኣወንዚፎም፡ ዘላቶም ገንዘብ ንሰውራኦም ዘወፍዩ ዝነበሩ ኣባላት ሓፋሽ ውድባትን ግዱሳት ኤርትራውያንን፡ ኣድላዪ ሓገዛት ይረክብ ነበረ።

ካብተን ምስ ሰውራ ኤርትራ ዝደናገጻ ሃገራት ይኹና ትካላት ግብረ ሰናይ'ውን ብመንገዲ፡ "ማሕበር ረድኤት ኤርትራ" ማ.ረ.ኤ (Eritrean Relief Association) ብርክት ዝበሉ ናይ መግቢ፡ መድሃኒት ክዳውንቲ ኮበርታ ወዘተ. ናብ ሜዳ ብብዝሒ ይለኣኽ ነበረ። እቲ ትሕዝቶ ብቐዳምነት ነቶም ኣብ ሕክምናታት ዝእለዩ ዝነበሩ ውጉኣት ተጋደልቲ፡ ቀጺሉ ነቶም ካብ ዓዶም ተፈናቒሎም፡ ኣብ ትሕቲ ውድብ ዝተዓቕቡ ህዝቢ፡ ከምኡ'ውን ነቶም ኣብ ቤት ትምህርቲ ሰውራ ዝምሃሩ ዝነበሩ ህጻናት ክወሃብ ከሎ፡ ዝተረፈ ድማ፡ ነቲ ኣብ ድፋዕ ዝነበረ ተጋዳላይ ይማቓራሕ ነበረ።

ሓደ መዓልቲ፡ ወልደንኪኤል "ካብ ሳሕል ዝተፈላለዩ ስንቂ፡ ኮበርታን ካልእን መጺኡ ስለ ዘሎ፡ ብጽሒትኩም ክትወስዱ፡ ድልዱላት ክስከሙ ዝኽእሉ ኣባላት ቀልጢፍኩም ናብ ዛግር ጦፍ ለኣኹ፡" ዝብል ትእዛዝ ኣመሓላለፈ፡ በብሰንሰለቱ ድማ፡ ናብ ኵለን መሳርዕ በጽሐ። ሓይልና ድሮ ኣቐዲማ ጥዑም መሻርፍ ኣስተማቒራ ስለዝጸንሐት፡ ካብ ጋንታና ሰለስተ ኣባጽሕ ሸሻይ ከምጽኡልና ተመርጹ። መራሒ መስርዕ ኪዳነ ዘርኡ (ኣዓየ)፡ "ኣንታ ሎምስ ናጽነት ግዲ ቀሪባ ኰይና፡ ውድብና ኣካላትና ሃኒጻን ኣዐርያ እያ ኣስመራ ከተእትወና'ያ ይመስለኒ፡" ብምባል፡ ነቲ ብሬን ዝሕዝ ዝነበረ ተሓጋጋዚ መድፋዓጂ፡ "ዕጥቅኻ ነቲ ሳልሳይ ተሓጋጋዚ'ሞ ሃቦ ናብ ዛግር ጦፍ ክትከይድ ኢኻ ተዳሎ፡"በሎ ፍሽኽ እናበለ። ካብ መስርዕ ዮሃንስ ድማ፡ ሃይለ ጴጥሮስ፡ ካብ መስርዕና ክኣ ገብሩ ዝበሃል ናብ ዛግር ተበገሱ።

እዚ ናይ ሓንቲ ጋንታ ከም ኣብነት ደኣ ይገለጽ'ምበር፡ ኣብ ኵለን ሓይልታት ብተመሳሳሊ መልክዕ ኣጓብዝ ሰብ ጨጓር ዳንጋ ተመሪጾም፡ ኮለይ ዓጢቐም ናብ ዛግር ደበኽ በሉ። ወዲ ሃይለ፡ ነዞም ተጋደልቲ ዘይሩ ምስ ረኣዮም፡ ከምቲ ዝሓሰቦ ድልዱል ሓይሊ-ሰብ ስለዝረኸበ፡ ፍሽኽ በለ። ንኹሎም ኣኪቡ ዝርዝር ኣስማቶም ምስ መዝገበ፡ "እምበኣር ካብዚ ዝኹነ ዝውሰድ መሻርፍ የሎን። ብቕልጡፍ ነናብ ቦታኹም ተመሊስኩም ዘለኹም ውልቃዊ ንብረትኩምን ዕጥቅኹምን ሒዝኩም፡ ጽባሕ ንግሆ ኣብዚኣ ትርከቡ። ንሓለፍትኹም ክንገሮም'ዩ፡" ብምባል ነናብ መስርዖም ኣፋነዎም። ኣይ ካብ ጸባ ኣይ ካብ ኮበርታ ኵሎም ጥራሕ ኢዶም ነናብ ጋንታኦም ተመልሱ።

ወዲ ሃይለ፡ ነዚ ካብ ታሕተዎት ሓለፍቲ ዝተዓዘቦ ድኹም ስምዒታት ብኣጋኡ ክእረም ስለዝነበሮ፡ ከምዚ ክብል ንማእከሎት ሓለፍቲ ተሪርን ሃናጽን ሓበሬታ ሃበ።

"እቲ ኣብ ዘመነ ክፍልታት ተ.ሓ.ኤ ዝርአ ዝነበረ ጸቢብን ድኹምን ስምዒታት፡ ንኽፍለይ ወይ ንሓይለይ ዝብል መንፈስ፡ ኣብ ህዝባዊ ግንባር ቦታ የብሉን። ንስራሕና'ውን ዕንቅፋት'ዩ።" ብምባል ገሰጾም። ቀጺሉ፡

"ካብዞም ዝተመዝገቡ ተጋደልቲ ሓደ ምስ ዝተርፍ፡ ሓላፊኡ ክሕተት እዩ።" ዝብል ጥብቂ ትእዛዝ ናብ ማእከልነታት በጦሎኒ ተላእኸ፡ እታ ሓበሬታ ክሳብ መስርዕ በጽሐት። እቶም ቀዳሞት ዝተላኣኩ ተጋደልቲ፡ ካብ መሳርያም ተሰናቢቶም፡ ሳንጣታቶምን ዕጥቆምን ሒዞም፡ ኣብታ ዝተባህሉዋ ሰዓት ኣብ ማእከላይ ምምሕዳር ዛግር ደበኽ በሉ። ወልደንኪኤል ነዞም ድልዱል ኣካላዊ ብቕዓት ዝነበሮም ተጋደልቲ ኣኪቡ፡ "እምበኣርከስ፡ ንስኻትኩም ናብ ብርጌድ-23 ተቐይርኩም ኣለኹም። ኣብዘን ቅድመኹም ዘሎዋ መካይን ተጻዒንኩም፡ በዚኣ ጌርኩም ናብ ከረን ክትብገሱ ኢኹም። ምናልባት ዝገደፍኩሞ ውልቃዊ ንብረት እንተሎ፡ ክሰዕበልኩም'ዩ። ተበገስ!" ብምባል ኣብተን ተዳልየን ዝነበራ መካይን ኣሳፊሩ ናብ ከረን ኣፋነዎም።

እዚ ኣብ ላዕሊ ተገሊጹ ዘሎ ንእሽቶ ዝመስል፡ ግን ከኣ ዓቢ ቅውምነገርን ዝሓዘለ፡ ፍጻመ ንሹላትና ዓቢ ትምህርቲ ኰነና። ህዝባዊ ግንባር ከም ብዓል ወልደንኪኤል ሃይለ ዝኣመሰሉ ኣብነታውያን መራሕቲ ስለ ዘፍረየ ድማ'ዩ ኣንጻር ዓበይትን ሓያላንን ተዋጊኡ፡ ብኽልተ እግሩ ረጊጹ ክምክትን ናጽነት ክዓትርን ዝበቕዐ። እንተኾነ፡ ከምቲ "ጅግና ኣይነብርን'ዩ፡ ታሪኽ ገዲፉ'ዩ ዝሓልፍ ዝብሃል፡" ወዲ-ሃይለ ድማ፡ ኣብታ ዝተወልደላ ዓዱ፡ ብ2 ነሓሰ 1977 ኣብ ምሕራር ከተማ ሰገነይቲ ኣብ ማእከል መዓስከር ጸላኢ (ፎርቶ) ብጅግንነት ተሰውአ።

ንቕሎ ናብ ግንባር ደቡብ (ሰሓርቲ)

ህዝባዊ ግንባር ዝኽተሎ ዝነበረ ቅኑዕ ፖለቲካዊ መስመር፡ ነቲ ኣብ ውሽጥን ወጻእን ዝነብር ህዝቢ ኤርትራ ኣብ ሓደ መስርዕ ክሰምርን ብሓደ ህርመት ልቢ ክስተንፍስን ስለ ዝሓገዞ፡ ብኣሽሓት ዝቑጸሩ መንእሰያት ናብ ደምበ ሰውራ ተጸምበሩ። ህ.ግ.ሓ.ኤ ነዚ ኣብ ብርኩ ዘስተንፍ ዓሰርተታት ኣሽሓት ሓይሊ መንእሰይ ብኣድማዕነት ተጠቕመሉ። ነቲ ደም ንጹሃት ቈልዓ ሰበይቲ ብኸንቱ ዘፍሰሰ ዝነበረ ደመኛ ጸላኢ፡ ካብ መዓስከራቱ ምዕይ ንኸይብልን ዕምሪ መግዛእቲ ንኸሓጽርን ኣወዳድባ ሰራዊት ካብ ደረጃ በጦሎኒ ናብ ብርጌድ ስለዘሰጋገሮ፡ ኣብ ከበሳን ምብራቓዊ ጉላጉልን ዝነበራ ሓይልታት፡ ብሓይሊ ሰበን ጉልበታ። እቲ ኣብ ርሑቕን ቀረባን ዝነበረ

ኤርትራዊ በብዝኽእሎ! ገንዘቡ፡ ጉልበቱ፡ ንብረቱን ግዚኡን ንሰውርኡ ከወፈ ተቐዳደመ።

ነቲ ክንላልዮን መቐረቱ ከንስተማቕሮን ዝጀመርና ህዝቢ ሰሜን፡ ድሕሪ ቍሩብ ኣዋርሕ ተፋነናየ። ከምቲ ተጋዳላይ ኣብ ዝኸዶ ከይዱ ኵሉ ዓዱ፡ ኵሉ ሰቡ።" ዝበሃል፡ ብርጌድ ኣርባዕተ፡ ነቲ ሒዛቶ ዝነበረት ድፋዓት ግንባር ሰሜን፡ ንብርጌድ-23 ኣረኪባ፡ ርያኣ ጠቕለላ ናብ ግንባር ደቡብ (ሰሓርቲ) ገጻ ኣምርሐት።

በጦሎኒ 4.3፡ ኣብ ግንባር ሰሜን ከባቢ ወኪዛግር፡ እምባደርሆ፡ ዓመጺን፡ ዳዕሮን ንኣርባዕተ ወርሒ ድሕሪ ምዕስካር፡ ጉዕዞኣ ንጸዓዘጋ ንጸጋም ገዲፋ፡ ብማእከል ሕምብርቲ ሰንጢቓ፡ ዓዲ ሸረፈቶን ሽከቲን ተጸጊዓ፡ ናብ ግንባር ደቡብ (ሰሓርቲ) ኣምርሐት። ኣብ ዞባ ደቡብ ምስ በጽሐት፡ ገለ ሓይልታት ኣብ ከባቢ ዓዲ ሃከፋ፡ ገለ ኣብ ከባቢ ቀይሕ ጉቦ ዓዲቐሺ ኣብ ቀርኒ ዕንጉለ ዝበሃል ድፋዕ ሓዛ።

በጦሎኒ 4.2 ካብ ምሕላው ናርየ (መሬት ዓዲቐሺ) ክሳብ ምድሪ-ሞንጎ ክትሕዝ እንከላ፡ ብርጌድ-51 ካብ ምድሪ-ሞንጎን (ዓዲሓውሻን እምበይቶን) ክሳብ እዚ ሕጂ መቓብር ሓርበኛታት ዘሎ፡ (ጉላጉል ወክኣብ) ዓረደት። ሓይልታት ኣብዚ ከባቢ ብዘይ ዝኾነ ውግእ፡ ንገለ መዓልታት ብሰላም ተቐመጣ።

ኣብዚ መድረኽ'ዚ ህዝባዊ ግንባር ብቑጠባ ምሉእ ብምሉእ ነብሱ ክኢሉ'ኳ እንተዘይተባህለ፡ ትካላት ጡሕና ኣቍሙ፡ ሓርጭ ባዕሉ ጥሒኑ ከዳሉ በቒዑ ስለዝነበረ፡ ጾር ህዝቢ ኣብ ምቅላል ዓቢ ተራ ነይሩዎ። ምግብናና ኣብ ዓዲ ቀሸን ዓዲ ሃከፋን ስለዝነበረ፡ ኣደታት ዋኒን ገዛአን ወንዚፈን፡ ነቲ ብመንገዲ ኳደረ ዝዕደለን ሓሩጭ ንምስንካት ለይትን መዓልትን ካብ ሞጎጎ ከይተፈልያ፡ ኣብ ስራሕ ተጸምዳ። እና ኽደኽመን ከም ብዓል ምሕረትኣብ (ወዲገብርኣብ) ከምኡ ተኽለ ወዲ ትኹልን፡ ወናማት ደረፍቲ ጓይላ ተኺሎም የዘናግዑወንን ሞራል ይህቡወንን ነበሩ።

ምምሕዳር ወረዳ ሰሓርቲ ኣዝዩ ሰፊሕ ጅኦግራፊያዊ ከባቢ ዘጠቓልለ፡ ልዕሊ 21 ዓድታት ዝሓቐፈ ኰይኑ፡ ካብአን ኣብ 1977 ብዝያዳ ተጋደልቲ ዝንቀሳቐሱለንን ዝዋሰኡለንን ዝነበሩ ዓድታት፡ ዓዲሓውሻ፡ ዓደርዓዳ፡ እምበይቶ፡ ኮዳዱ፡ ዓደሕደሮም፡ ዝግብ፡ ዓዲቐሺ[1]፡ ላምዛ፡ ዓድጸናፍ፡ ዝባን ኣንገብን ወቐርትን እየን።

ሰራዊት ኢትዮጵያ ኣብ ውሽጢ ኣስመራ፡ ንህዝቢ ካብ ምእሳርን

ምፍርራሕን ሓሊፉ፡ ካብተን ሰለስተ ብሎኮታት ኣስመራ ምዕይ ከብል ዘኽእል ሞራላውን ወተሃደራውን ሓይሊ ኣይነበሮን። ኣብ ክራማት 1977 ኣብ ከበሳ ከቢድ ዝናብ ብቐጻሊ ይሃርም ስለ ዝነበረ፡ ናብ ኣስመራ ኣብ ዘቛምት በረኽቲ ስትራተጅያዊ ታባታት ሓለዋ ገዲፍና፡ ኣብ ውሽጢ ዓድታት ምስ ህዝብና ከም ማይን ጸባን ተሓዋዊስና ብሓባር እናተዛናጋዕና ክነብርን ጀመርና። ሓይሊ 4.33 ኣብ ዓዲቀሺ (ስሓርቲ)፡ ዝተረፉ ሓይልታት፡ኣብ ዓዲሃከፉን ኮዳዱን ኲይነን ግዚያዊ ድፋዕ ብምሓዝ መዓልታዊ ስርሐን ከሰላስላ ጀመራ።

ምዕራፍ ክልተ

*

ሌላን ዕላልን ምስ ኣደይ ምልእተ

ሓይልና ኣብ ዓሚቝ፡ ስትራተጂካዊትን ጸላኢ ብቐሊሉ ሓደጋ ክወድቃ ዘይክእልን፡ ካብ ጎዳይፍ (ኣስመራ) ንደቡብ ክባቢ 9 ኪሎ ሜተር ፍንትት ኢላ እትርከብ፡ ንኽትነብረላ እተወናውን ምችእቲ ዓዲ፡ ዓዲቐሺ ኣብ እንዳ'ቦይ ቀሺ ተኽለሚካኤልን እንዳ'ደይ ምልእተን[3] ክትቅመጥ ጀመረት። ህዝባዊ ግንባር ብቑጠባ ነብሱ ክኢሉ'ኳ እንተ ነበረ፡ ምስንካት እንጀራ ግን፡ ገና ካብ እንግድዓ ኣደታት ኣይወረደን። ተጋዳላይ ህዝባዊ ግንባር "እንጌራ ረቐቐ፡ ጸብሒ ሓመቐ፡ ጸባ ቀጠነ፡ ሰዋ፡ ኣሰር-ውሃ ኰነ" ክይበለ፡ ነቲ ካብ ህዝቡ ዝረኸቦ እኽለ-ማይ፡ ብምቕሉልን ፍሕሹውን ገጽ ይቕበሎ ስለ ዝነበረ፡ ኣብ ልቢ ህዝቢ ስሓርቲ ዓቢ ቦታ ሓዘ።

ኣደይ ምልእተ ሰይተ'ቦይ ቀሺ ተኽለሃይማኖት፡ ፍሕሹው ገጽ ዘይፍለየን፡ ለዋህ፡ ለጋስን ወረጃን ሰበይቲ ነበራ። ንህድሞእን ይኹን መረባዕ ገዛእን ከይተሰከፍና ኣስተርሒና ክንድቅሰሉ ስለ ዝደለያ፡ "እዞም ደቀይ ኣይትስከፉ፡ እዚ ገዛ ገዛኹም'ዩ ኣዕርፉ። ኣነ እንታይ ክገብሮ ድየ! እኳ ድኣ ክንዲ'ቶም ንበረኻ ዝኸዱ ክልተ ደቀይ፡ ተሰፋይን ሃብቶምን ኴንኩም ተማምቑኒ፡" ብምባል መስርዕና ኣብ ገዛእን ብዘይ ስክፍታ ብሓባር ክትቅመጥ ኣፍቀዳላ። ኣብታ ንእሽቶ ዕረፍቲ ዝረኽባላ ግዜ፡ ቡን ኣፍሊሐን ቀሎ ቀልየን ምስዛ መስርዕ ወጃዕ ክብላ ደስታን ሩፍታን ይህበን ነበረ። ኵሉ ግዜ ዕላለን፡ ብዛዕባቶም ተመራሪሖም ናብ ገድሊ ዝኸዱ ደቀን ነበረ።

ምኽትል መራሒ መስርዕ ክብርኣብ፡ “ኣደይ ምልእተ! ንስኺ እኮ ኣደ ጀጋኑ ኢኺ፣ ክትኩርዕን ክትሕበንን ኢዩ ዘሎኪ። ከምዚ ንሕና ኣማሚቑናኪ ዘለና፡ ደቅኺ’ውን ክንዳና ኩይኖም፡ ንስድራና የዘናግዑዎምን የዕልልዎምን ኣለዉ፡” ብምባል ኣጸናንዐን።

ሓደ ንግሆ፡ ጉይትኦም ወዲ ሊላይ (ዕባይ ከረን) ንኽዕልለን፡ “ኣደይ ምልእተ ናበይ ደኣ ኢኺ ንግሆ ምድሪ ለማናይ ከይተንስአ!” በለን።

“ወይለዜ’ኻ ሳላ ኣምሓራይ እንታይ ተሳኢኑ! ዘይንሹላትና ናብ ለማናይ ቀይሩና ዘሎ። እግዝሄር ደኣ ባዕሉ ሰላም የውርደልና’ምበር፡ እዚ ከርናፍ መንግስቱ፡ መሬት ኣይትጽርኒ’ዩ ዝብል ዘሎ። ማርያም ደኣ ባዕላ ንእስነትኩም ርእያ ጸማኹም ትፍደኹም፡” በላ ሰሓቕ ሓዊሰን።

ብሎኮ ጎዳይፍ ሓሊፈን ሹቕ በጽሓ። እንተኾነ ኣብ ኣስመራ ክጸንሓ ኣይመረጻን፡ ምኽንያቱ በቲ ኣብ’ዛ ከተማ ዝርኣየአ ፈኸራን ዳንኬራን ወተሃደራት ተዳሂለን፡ “እዞም ጨካናት ወተሃደራት ደርግ፡ ንብረቶም ጨርባሕባሕ እና’በሉ፡ ንኣስመራ ከንቀጥቅጥዋ ምስረኣኹ፡ ልበይ ብኣፈይ ክትወጽእ ክሳዕ እትደሊ ከይተፈለጠኒ ነፊጸ ናብ ዓደይ መጺአ፡” በላ።

ገዲም ተጋዳላይ መራሒ ጋንታ ሓምድ፡ ኢብራሂም ነቲ ዕላል ይሰምዖ ስለ ዝነበረ፡ በቲ ጥዑም ላህጃኡ ኣብ ሞንጎ ኣትዩ፡ “ይማ ማይህመኪ! ብዙሕ ኣይትጨነቒ። ዎላሂ! እሎም ዓሳክር ኢስዮብያ’ ከዛቢን’ቶም። ታህዲድ ናይ ኢስዮብያ ዎ ናይ ሶብየት ኢይዓጅበና፡ ዋላሓተ ኣይገብሩን’ዮም። ሓይሎም ዲብ ኣጃኒት ዎ! ኣንስ’ቱ! ንስኪ ማላኪን ክትነብዒ ኢንሓዘ፡” በለ።

ኣደይ ምልእተ፡ ነቲ ሓምድ ብዝተሓዋወሰ ቃላት ትግርኛ፡ ትግራይትን ዓረብኛን ዝተዛረቦ ድሮ ተረዲኡወን፡ ክምስ እናበላ፡ “ስማዕ’ሞ ሓምድ ወደይ! ኣብ ሹቕ፡ ጸሎሎ ዝመስሉ፡ ኣብ ብረቶም ሳንጃ ሰኺዮም ‘ኣይፈራም ጎበዝ፡ እምቢ ያለ ሰው ጥይት ኣትርሰው’ ክብሉ እንክለዉ፡ ከም ወላዲት ኣይፈርሕንዶ!” ምስ በላ፡ ብልቦንኣንን ሓልዮተንን ተመሰጥና።

ዕላል ኣደይ ምልእተ ኣይውዳእን ጥራሕ ዘይኮነ፡ ተናፋቒ’ውን ነበረ። ሓደ ግዜ ብዛዕባ እቶም ንደርግ ዝሕግዙዎ ዘራያት ኣልዒለን፡ “እዚ ከርናፍ! ዘራያት ረኺቡ ከም ዝጸገበ ኣድጊ ኣብ ጉላጉል ክሃልል! ኣንታ ንስኻትኩምከ ምስ ገለ ካብተን ሓያላት ዝበሃላ ሃገራት ጉዝጉዝ ወይ ትምስስል ኢልኩም፡ ሓደ ኣብ ጉድንኹም ጽግዕ ኢሉ እሕሕ ዝብል መንግስቲ ክትስእኑ!” ምስ በላ፡ ክብረኣብ ግርህነተንን ሓልዮተንን ተገንዚቡ ፍሽኽ እናበለ፡ “ኣደ! እታ መትከልከ ናበይ ምስ ከደት!” በለን ከዛርበን።

"አንታ ወደይ! እታ መትከል'ውን'ኮ ዝሕግዛ ትደሊ እያ፡" ኣሰዓበ።

"ኤእ! እሞ ኣደ! ምስ ምምስሳልን ምጉዝጓዝን ድማ፡ ኢድካ ዘርጊሕካ ምልማንን ርእስኻ ምድናንን ኣላ።" ምስ በለን፡

"ኣገናዕ'ዚ ወደይ ረቲዕካኒ! ምስጋድን ምምስሳልንሲ! ንየው ድኣ በሉወን!" በላ እናሰሓቓ።

በዅሪ ውግእ ኣብ ግንባር ደቡብ (ስሓርቲ)

2 ነሓሰ 1977 ካብተን ቀድሚኣ ዝሓለፋ መዓልታት ዝተፈልየት ኰነት። ብንግሆኡ ንጡፍ ምንቅስቓሳት ናይ ላዕለዎትን ማእከሎትን ሓለፍቲ ብርጌድ 4ን ብሪጌድ 51ን ኣብቲ ከባቢ ተራእየ። ብፍላይ ናይቶም ብቐረባ እንፈልጦም ሓለፍቲ በጦሎንታት 4.2 ሸንክሓይ ሱሌማን ዓሊ፡ ኮሚሳር ቦጦሎኒ ተስፋልደት ጸጋይ (ጉርጃ)፡ ማእከልነት 4.3 መብራህቱ ተኽልኣብ 'ቫይናክ'ን ኮሚሳር በርሀ ባህታ ኣድሓኖም[2] 'ፖሊስ'ን ከምኡ መራሕቲ ሓይልታት 4.31፡ 32ን 33ን መሓመድ ኣደም (ሻግራይ)፡ ዓሊኑር፡ ዑቕባይ 'ቀሺ'፡ ተኽለ ክፍላይ ኣብ ከባቢ ዓዲቐሺ ዝነበሩ በረኽቲ ታባታት ቀይሕ-ጉቦ፡ ዝባውንቲ፡ ቀርኒ-ዕንጉለን፡ ክሻፉታት(ሚኒኮለ) ሒዞም ክወርዱን ክድይቡን፡ ራድዮታቶም ከፊቶም ምስ መዘናታቶም ክራኸቡን ሓበሬታ ክለዋወጡን ተዓዚብና። ወተሃደራዊ ምንቅስቓስ ክህሉ ከም ዝኽእል ካብ ምግማት ሐሊፍካ፡ ካልእ ብጭቡጥ ክትበጽሖ ዝከኣል ግን ኣይነበረን።

ተጋዳላይ ንብረቱ ከጻፍፍ፡ ዕጥቁ ከደልድል፡ መጋቦ ቀልጢፎም ድራር ከዳልዉ፣ ድሕሪ ድራር ኩሉ ካብ ቦታኡ ከይንቀሳቐስን ንስራሕ ድልው ክኸውንን ካብ ላዕለዎት ሓለፍቲ በብጽፍሑ ትእዛዝ ተመሓላለፈ። ዋላ'ኳ ናበይ ንኸይድ፡ መዓስ ንብገስ፡ እንታይ ዓይነት ወተሃደራዊ ስርሒት ክነካይድ ምዃንና እንተዘይተሓበረና፡ እታ ንሰሙናት እንጽበያ ዝነበርና፡ ምስ ጸላኢ ገጽ ንገጽ ንራኸበላ መዓልቲ ስለዝመጽኣት፡ ገጽና በርሀ። ምድልዳል ዕጥቂ ካብ ኣዋርሕ ዝጀመርናዮ ዕማም'ኳ እንተነበረ፡ ብዝያዳ ዕጥቁ ከስምር፡ 'ንዓ መርፍእ ሃበኒ፡ ንእሽቶ ፈትሊ ወስኸኒ፡ ዘይቲ ብረት ሃባኒ' ወዘተ. ዝብሉ ቃላትን ሓረጋትን ናይቲ ህሞት ኣበህላታት ኰኑ።

ህዝቢ ዓዲቐሺ ነቲ ዘይንቡር ምንቅስቓስ ተጋደልቲ ደቂ ብመጠኑ ይዕዘቦ'ኳ እንተነበረ፡ ገለ ካብቲ ባህልታት ተጋደልቲ ደቂ ግዲ ወሪሱ፡ ደሓን ዲኹም፣ ናበይ ገጽኩም ኢኹም፣ ወዘተ ኢልካ ምሕታት ከም ነውሪ ስለ

ዝርእዮ፡ ንምንቅስቓስና ብማዕዶ ጥራይ ተኸታተሎ። ህዝቢ ዓዲቐሺ ኣንፈት ናይቲ ጉዕዞና ናበይ ገጹ'ዩ ክፈልጦ ግን ኣይከኣለን። ኣደይ ምልእተ ናይ መስርዕና ተዓጠቕ-ተሸባሸብ ብደቂቕ ተዓዘባኦ። ከብደን ሓቦጭቦጭ ኢሉወን ዝሕዛኦን ዝጭብጣኦን ጠፍኦን። ከይተፈለጠን፡ "ደሓን ማርያም ባዕላ ጽላላ ከተንብረልኩም'ያ እዞም ደቀይ! ኣጆኹም ኣይትሕመቑ! ታቦት ቅዱስ-ሚካኤል ኣሕሊፉ ኣይህበኩምን'ዩ!" ኢለን መረቓና።

3 ሓምለ 1977 ጸሓይ ምስ ዓረበት፡ ህዝቢ ዓዲቐሺ ልሙድ መዓልታዊ ዕማሙ ዛዚሙ ኣብ ገገዛኡ ዓረፈ። ከባቢ ሰዓት 8፡00 ድሕሪ-ቐትሪ፡ እቶም ኣብ ከብዲ ዓዲ ዝኸረምና ሓይልታት፡ ናብ ሓድሽ ድፋዕ ቅድሚ ምብጋስና፡ ሓምድ በቲ ጸያፍ ልሳኑ፡ "ኵላትካ ዕጠቕ! ንብረትካ ተቘጻጸር!" ዝብል ሓጺርን ንጹርን ወተሃደራዊ ትእዛዝ ምስ ሃበ፡ ኣብ ነፍሲ-ወከፍ ገጽ ተጋዳላይ ፍሽኽታን ሰሓቕን ዓሰለ። ጸኒሑ ሓምድ ሓጺር መግለጺ ሃበ።

"ንዛም ደርግ ንከተማ ደቀምሓረ ናብ ኢዱ ንክመልሳ ያዓኒ፡ ንሰሙናት ሰፊሕ ተድሪብ ዓስከሪ ክገብር ጸኒሑ። ምቅርራባቱ ስለ ዝወድአ ድማ፡ ጽባሕ ካብ ኣስመራ ክብገስ'ዩ። ንሕና ካብ ሎሚ ለይቲ ንዓዲቐሺ፡ ዓዲ-ሃከፋን ኮዳዱን ንቕድሜት ገዲፍና ኣብቲ መጽናዕቲ ዝተወስደሉን ንመጥቃዕቲ ጸላኢ ክንከላኸለሉ ዘኽእለና ሓድሽ ድፋዕ ክንዓርድ ኢና። ስለዚ፡ ኣይዋሕድ ዝተዋህበካ ተሸክል ብግቡእ ከተተዓራርይን ጉልበትካን ሓይልኻን ኣፍሲስካ ክትሰርሕን ይግባእ። ካብ ሓለፍቲ መምርሒ ከይተዋህበካ! ኣውዓ! ዝኾነ ስጉምቲ ከይትወስድ! ትኩራት ኩኑ። ብተወሳኺ፡ ሎሚ ለይቲ፡ ዕጥቂ ምፍታሕ የሎን። ኣብ ሓለዋ ቀጽል ክንሓድር ኢና። ምዓሰላማ!" በለ።

ሓይልና፡ ነቲ ንሰሙናት ብሰላም ዝተቐመጠትሉ ዓዲ-ሃከፋን ዓዲቐሺን ንቕድሚት ገዲፉ ንደቡብ ገጹ ናብ ዝርከብ ጉቦታት ተረተር ቀይሕ-ጉቦ ሓዘት። ተጋዳላይ ክሳብ ፍርቂ ለይቲ ጉዳጉዲ ክኾዕትን ድፍው ከተዓራርይን፡ ናቱ ዘወድአ ድማ፡ ንብጻዩ ክሕግዝ ሓደረ። ዝተረፋ ሓይልታት ድማ፡ ካብ ዝግብ ክሳብ ከባቢ ዓዲሓውሻ ዓረዳ።

ኣዒንትና ሰለም ከየበላ፡ ኣብ ተጠንቀቕ ሓደራ። ወጋሕታ፡ መሬት እንታይ ከም እትወልድ ዝፈልጥ ሰብ ኣይነበረን። ምሉእ ጠመተና ናብቲ ኣብ ቅድመና፡ ኣብ ኵርባ-እምበቶ ዓሪዱ ዝነበረ ጸላኢ ኩነ። ወጋሕታ ከባቢ ሰዓት 5.00፡ ብሃንደበት ኣብ ዘይተጸበናዮ ግዜን ቦታን፡ ብድሕሬና ካብ ርሑቕ፡ ናይ ከበድቲ መዳፍዕን ሞርታራትን ትሑት ድምጺ ሰማዕና። ለካ እታ ለይቲ ኣብዚ ሓድሽ ድፋዕ ምሕዳርናስ ንብላሽ ኣይነበረን። ዕላማ

ጸላኢ ንደቀምሓረ ናብ ኢዱ ንምምላስ ጥራሕ ዘይኰነ፡ ነታ ኣብ ትሕቲ ምቍጽጻር ህዝባዊ ግንባር ኣትያ ዝነበረት ሰገነይቲ'ውን ካብ ኢድ ህዝባዊ ግንባር ንምምንዛዕ ስለዝነበረ፡ 4 ነሓሰ 1977፡ ሰዓት 6.00 ናይ ንግሆ፡ ቦኽሪ ውግእ ስሓርቲ ንምጅማር ሰራዊቱ ብብሎኮ ኣስመራ ኣበገሰ።

ጸላኢ፡ ነቲ ንልዕሊ ሽዱሽተ ኣዋርሕ ኣብ ኣስመራ ክእኻኸቦ ዝኸረመ ልዕሊ 10,000 ዝኸውን 'ህዝባዊ ሰራዊት' ብዝብል ዝፍለጥ ሰራዊቱ፡ ብታንክታት፡ ዓበይቲ መዳፍዕ፡ ሞርታራትን ድሩዓት መካይን ኣሰንዩ፡ ገና ጸሓይ ምሉእ ብምሉእ ከይበረቐት፡ ነታ ፈላሚት ውግእ ንምክያድ ብብሎኮ ኣስመራ-ደቀምሓረ ተቐልቀለ። ዝበዝሕ ሰራዊቱ፡ ኣብተን ስራሓት ኣመሪካ ዝኾና 'ማግ' ዝበሃላ ወተሃደራዊ መካይን፣ ዝተረፈ ድማ ኣብ ኤነ-ትረን ከምኡ ናይ ከተማ ኣውቶቡሳትን ጽዒኑ፡ ሓደ ክፋሉ ብቐጥታ ንጸሊም ጽርግያ ኣስመራ-ደቀምሓረ ተኸቲሉ ዝፍንጥስ፣ እቲ ካልኣይ ክፋሉ ድማ ብማይሓባር ኣቢሉ ብደቀምሓረ ተኳሊሙ ግንባር ደቡብ ንምፍራስ ብጊሓቱ ወፈረ። ወተሃደራት ኢትዮጵያ ካብ መካይን ወሪዶም ጕላጕል ኩርባ-እምበይቶ ወዲኦም ናብ ዓዲቐሺ፡ ዓዲ-ሃከፉን ኮዳዱን ናብ ዘውርድ ኣጻድፍ ተገምገሙ።

ህዝቢ ዓዲቐሺ፡ ንቡር መዓልታዊ ስራሑ ንምክያድ፤ ሽማግለታት ናብ ቤተ-ክርስትያን፡ ጓሶት ጤለ-በጊዕ ሒዞም ናብ መሮር፡ ሓረስቶት ናብ ግራውቶም ኣብ ምብግጋስ እንከለው ደወል ቤተ-ክርስትያን ኣብ ዘይእዋኑ ተደወለ። ጭቃዓዲ ኣብ ቅርዓት ደዩቡ፡ "ጸላኢ ህዝቢ ከበሳብስ ይመጽእ ኣሎ! ሃየ! ኩልኻ ወዲ-ዓዲ ነብስኻ ኣውጽእ! ዝሰምዐ ንዘይሰምዐ ይንገር!" ዝብል ሓበሬታ ሃበ። ኣደታት ኣብ ዝባነን፡ ብየማንን ጸጋምን ኣእዳወን ደቀን ተሰኪመን፣ መንእሰያት ንዘይክእሉ ኣረጋውያን ኣብ ዝባኖም ተሰኪሞም፣ ህይወቶም ንምድሓን በታ ዓሪድናላ ዝነበርና ናይ ቀደም 'መቓብር ኣስላም' እትብሃል ቦታ፡ እንቅዓ እናስተንፈሱ ንብረቶምን ጥሪቶምን ራሕሪሖም ጽግዕ ኢሎምና ሓለፉ። ዝተረፉ ናብ ዓዲ-ቀይሕ (ስሓርቲ) ገጾም እግሮም ናብ ዝመርሖም በብዝጥዕሞም ኣምለጡ።

ኣደይ ምልእተ፡ ሓንቲ ጃሎን ማይ ኣብ ኢደን ቍራስ ቅጫ ኣብ እንግድዓአን ተሰኪመን፡ ቤተን ብኽፉቱ ገዲፈንኦ፡ ካብታ ማሙቕ ገዛአን ተሰናበታ። ምስታ ብልቢ ዘፍቅራኦ መሰርዕና፡ ኣብታ ናብ ዓዲ-ቀይሕ (ስሓርቲ) እትወስድ ዓባይ መንገዲ ጕፍ-ንጕፍ ተራኸባ። ሓምድ ከም ልማዱ ንኽጨርቕ፡ "ያ! ይማ! ተምሺዌን ንዒ'ባ ነቲ ኣብ ኣስመራ ኩይኑ መሬት ኣይትጽርኒ ዝብል ዝነበረ ሸሾ ወተሃደር ኢትዮጵያ ከመይ ገይርና

ከም እንቕጥቅጦ ብዓይንኺ ክትርኢን ጸባ ክትሰትይን፡ ሸዌያ! ምሳና ኣብዚ ድፋዕ ጽንሒ፡" በለን።

ኣደይ ምልእተ በቲ እናቐረበ ዝመጽእ ዝነበረ ድምጺ ጠያይት ተሰናቢደን፡ "ሓምድ ወደይ ከምኡስ ኣይትበለኒ፡ ድምጺ ጥይትን ሕጭጭታ ነፋሪትን እንተሰሚዐ፡ እዛ ከብደይ ሓቦጭቦጭ'ያ ትብል። ኣይትሕመቁ ጥራሕ! ጠያይትኹም ቈጥቡ፣ ጸሎትናን ምህለላናን ከዐውተኩም'ዩ፣ ታቦት ቅዱስ ሚካኤል ምሳኹም'ዩ፣ ዓወት ይሃብኩም! ክይደ ደኣ፡" ብምባል ጉዕዞአን ዘብዘብ ወሰኻሉ። ሓጺር ምስ ተጓዕዛ፡ ንድሕሪት ተመሊሰን ነታ ኣብ ዘንቢለን ዝነበረት ቅጫ ሓገዝ እንተኹነትና ብማለት ገደፋልና።

ሻግራይን ተኸለን፡ ነቲ ካብ በረኸቲ ጐላጕል ናብ ኣጻድፍ ገማግም ዓዲቐሺ ዝወርድ ዝነበረ ሸሾ ሰራዊት፡ ዕላማኡን ኣንፈቱን ንምግማት ብኸሻፋ ተኸታተሉዎ። ማእለያ ዘይብሉ ሓድሽ ወተሃደራዊ ረንጀር ዝተኸድነን ሓደስቲ ክላሽን ዝዓጠቐን ሰራዊት፡ ኣካላቱ ብቑጽሊ ተሸፊኑ ምስ ቀርጺ መሬትን ሳዕሪን'ቲ ከባቢ ተመሳሲሉ፡ ብማዕዶ ተዓዘብና። ብፍሑኹ-ፍሑኹ እናተንቀሳቐሰ፡ ካብቲ ጋንታና ዓሪዳትሉ ዝነበረት ናይ 800 ሜተር ርሕቐት ድማ በጽሐ። ካብቲ ዝዓረድናሉ ጎቦ ንጸላኢ ብፈኩስ ብረት ከተድምዓሉ ስለዘይከኣል፡ ተኸለ ምስታ ኣብ ከባቢና ዝነበረት ሓንቲ ጋንታ ከቢድ ብረት (ናይ ክብሮም ወዲ-ኣቾቶ) ብራድዮ ተራኸበ፡ "ሃለው ሳሕል! ነዊሕ ሻምብቆ (ብራውን ማለቱ'ዩ) ሒዝኩም ቀልጢፍኩም ንቕድሚት ምጽኡና፡" በሎም። እቶም ካባና ቁሩብ ድሕር ኢሎም፡ ድፋዕ ሒዞም ዝነበሩ ኣባላት ከቢድ ብረት፡ ነቲ ካብ ነዊሕ ከድምዕ ዝኽእል ረሻሽ ተሰኪሞም፡ ጋንታና ናብ ዝነበረቶ ድፋዕ ደበኽ በሉ። ብረቶም ኣዋዲዶም ብሞጅሙዕን ብመንፈርን ንጸላኢ ክሃርሙ ጀመሩ። ጸላኢ፡ ዝዘንቦ ዝነበረ ሓዊ ክጻወሮ ስለዘይከኣለ፡ እግረይ ኣውጽኒ ኢሉ ውጉኣቱን ምዉታቱን ገዲፉ፡ ናብ ዝተበገሰሉ ጐላጕል ሰምበል ክሃድም ጀመረን። ብግደ ሓቂ፡ ጸላኢ ምስቲ ከባቢ ተመሳሲሉን ተላሒጉን ይንቀሳቐስ ስለ ዝነበረ፡ ካብ ዓይኒ ኵላትና ተሰዊሩ'ዩ ጸኒሑ። ደሓር ግን፡ ዝባኑ ቀሊዑ ክሃድም ምስ ጀመረ፡ ኣጋር ሓይልታት እግሪ-እግሩ እናሰዓባ፡ ሕርሕራይ ገይረን ቀጥቀጣኦ። ምሉእ መዓልቲ ከቢድ ውግእ ተኻየደ። ከባቢ ሰዓት 3፡00 ድሕሪ-ቐትሪ ድማ፡ ዳግመ ምውድዳብ ብምግባር ሰፊሕ ጸረ-መጥቃዕቲ ብምክያድ፡ ንጸላኢ ንድሕሪት ክሳብ ኵርባ-እምበይቶ፡ መርሓኖን ዓዲ-ጓዕዳድን ኣባረርናዮ።

ጸሓይ ዓሪባ መሬት ምስ ጸልመተ፡ ጋንታና ቃንጫ ዝመስል ልዕሊ 25 ካላሽናት ማሪኻ ናብ ዓዲቐሺ ክትኣቱን ኣደይ ምልእተ ካብቲ ተኸዊለናሉ

ዝወዓላ በረኻ ተመሊሰን ድርኾኺት ገዛአን ክረግጻን ጉፍ-ንጉፍ ተራኺብና።

ተኸስተ ዳምባ ነቲ ተሰኪመንኦ ዝነበራ ዘንቢል ተቐቢሉ፡ "ኣደ፡ በሊ እቲ ሓምድ ዝበለኪ ሓቂ ኰይኑ። ገዛኽስ ክላሽን ንኽላሽን ኰይና!" በለን እናሰሓቐ። ኣደይ ምልእተ ፍሽኽ እናበላ፡ "ነዚ ኣምሓራይ ድፋጫኡ ከም ተስትዩዎ ደኣ ቅንጣብ ጥርጥር'ኳ ኣይነበረንን። የግዳስ ልቢ ወላዲት ቦቐባቕ ደኣ ኰይኑ ኣፍሪሑኒ'ምበር፡ ጅግንነትኩም ድኣ ኣደ ወሊዳ ትምከን እንድ'ዩ ዘብል!" በላ። ኣደይ ምልእተ ነታ መሰርዕ ኲሊለን ተዓዘባኦ። ዝጉደሉና መነመን ምዃኖም ደኣ ክፈልጣ ኣይክኣላን'ምበር፡ ብመስዋእቲ ወይ ብመውጋእቲ ቊጽርና ከም ዝነከየ ኣስተብሂለን፡ "እህህም! እዚ ዓወት'ሞ መዓስ ብቐሊሉ ኣምጺእኩሞ! ኣባጽሕ ከም ዝኸፈልኩምሉ ምኣስ ጠፊኡኒ!" በላ'ሞ፡ ንብዓተን እናደረዛ ናብ ውሽጢ ገዛአን ኣተዋ።

* * *

ንጽባሒቱ ወጋሕታ፡ ውግእ ብጸሊም ጽርግያ መስመር ኣስመራ ደቀምሓረ ተጀመረ። ኣብ ከባቢ ሰዓት 10.00፡ ኣብ ጸሊም ጽርግያ ክልተ ታንክታት ብቢ-ቴን (B-10) ከቢድ ብረትና ስለ ዝተቓጸላ፡ ጸላኢ ንጸሊም ጽርግያ ገዲፉ፡ ንበሊሕን ገዛኢን ታባ ከረን-ጭዳርዋ (መእዘዚ ቦታ መራሕቲ ሀ.ግ) ንምሓዝ ምሉእ ሓይሉ ናብኡ ኣቕነየ። ኰሚሳር ብርጌድ 4 ተኽለ ዓንዶም ክልተ መሳርዕ ናይ ሓይሊ 4.33 ሒዙ፡ ነቲ ገና ንኸረን-ጭዳርዋ ክሕዝ ዝህንደድ ዝነበረ ሰራዊት ጸላኢ ዓገቶ። ነታ ታባ'ቲኣ መን ኣብ ትሕቲ ቊጽጽሩ ኣእተዋ ምሉእ መዓልቲ ሓያል ውግእ ተኻየደ። ጸላኢ ብሓይሊ ክሕዛ ከም ዘይክእል ምስ ተገንዘበ፡ ሓይልና ንምምጣጥን ንምስሓውን፡ ብጉቦ ጸጸሮማይ ኣቢሉ ናብ ጉቦ-ሚካኤል ደየበ። ጋንታ 4.333 ክልተ ግዜ ጸረ-መጥቃዕቲ ድሕሪ ምውሳድ፡ ንጸላኢ ካብ ጉቦ-ምካኤል ኣውሪዳ ባዕላ ተቘጻጸረቶ። እተን ብወገን "ግራት-ሞንን" ዝነበራ ሓይልታት'ውን ዝተወሃሃደ መጥቃዕቲ ብምግባር፡ ንጸላኢ ኲብኲበን ናብ ቦረንታንቲ (እዚ ሕጂ ሆቴል ዓዲሓውሻ ተደኲንሉ ዘሎ) ኣጽደፍኦ።

ንጽባሒቱ፡ ጸላኢ ዝጉደለ ሓይሊ ሰቡ ንምትካእ ናይ ሳልስቲ ዕረፍቲ ወሰደ። ቀጺሉ ነቲ ብስም ምሕላው-ናርየ ዝፍለጥ በሪኽ ቦታ ስሓርቲ ንምሓዝ ሰፊሕ መጥቃዕቲ ንምክያድ ምቅርራብቱ ወድአ። በጦሎኒ 4.2ን 4.3ን ካብ ጽርግያ ኣስመራ-ደቀምሓረ ንየማን ወገን ፊት ምሕላው-ናርየ ዘሎ ታባታት ዓረዳ። ድሕሪ ናይ ክልተ መዓልቲ ደማዊ ናይ ምርብራብ ውግኣት፡ በጦሎንና ምስተን ኣብ ከባቢኣ ዓሪደን ዝነበራ ሓይልታት ተወሃሂዳ፡

ሳሊና-77

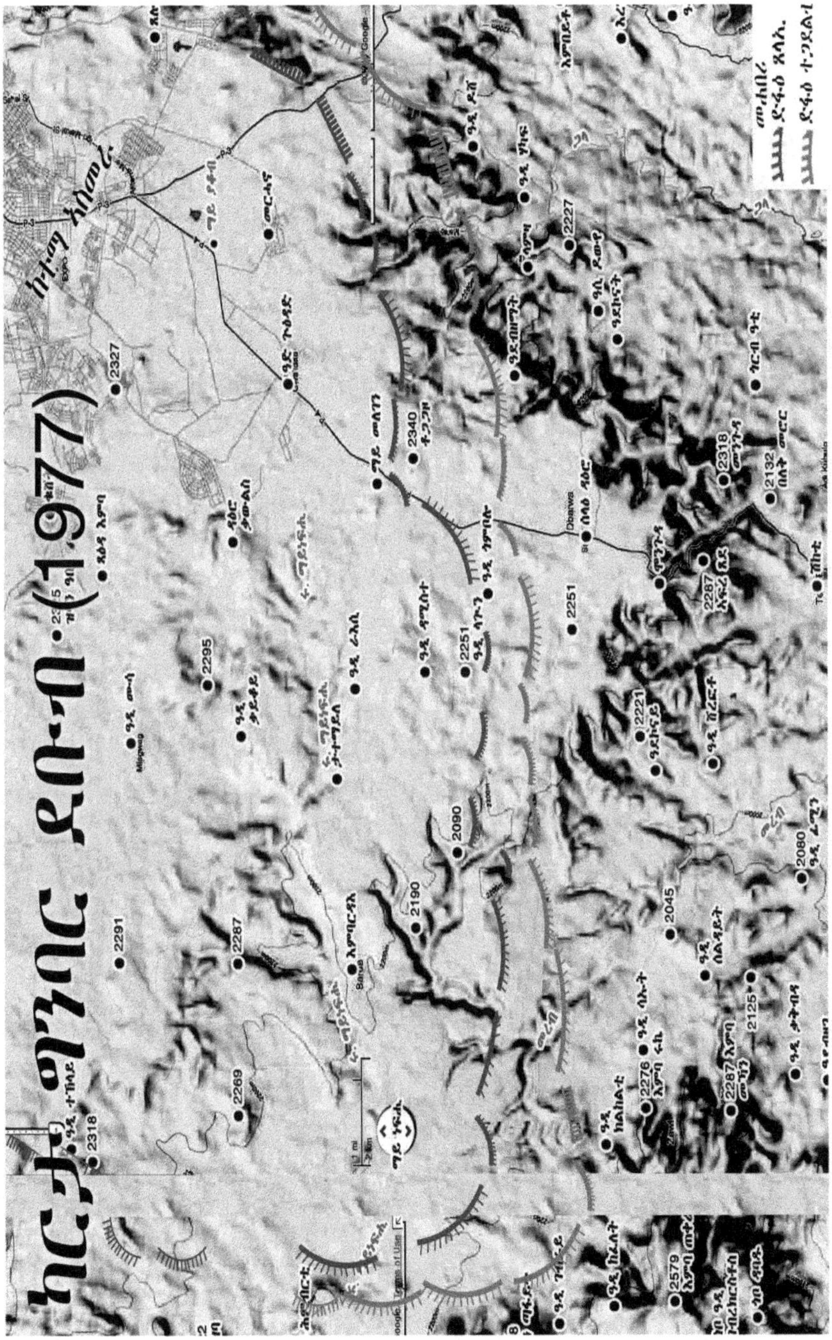

ካብ ድግድግ ተበጊሳ፡ ብዓንቀጾ ገይራ፡ ንዝባን-ጽሕዲ ደየበት። ብማእከል ዓዲቐሺ ጥሒሳ፡ ንጐቦ-ምካኤል ሰጊራ ኣብ ዳዕሮ-ከበሳ (ዓዲሓውሻ) በጽሐት። ጸላኢ ኣማኢት ወተሃደራትን ክልተ ታንክታትን ከሲሩ ናብ ጐቦታት ኵርባ-እምበይቶን መርሓኖን ተመልሰ።

ጸላኢ ካብ ጐላጉል ኵርባ-እምበይቶን መርሓኖን ተበጊሱ ንተረተር ቀይሕ-ጐቦ ክልቅቐና ተቓለሰ። ነዊሕ ግዜ ድሕሪ ዝወሰደ ሜላ ምክልኻል፡ ሓይልታት ተወሃሂደን ጸረ-መጥቃዕቲ ብምውሳድ ናብ ዝነበሮ ክመልሳኦ፡ ንሱ ከጥቅዕ ክፍትን ተጋዳላይ ናብ መበገሲኡ ክመልስ፡ ንዓሰርተ መዓልታት ብዘይ ዕረፍቲ መሪርን ደማውን ውግእ ተኻየደ። ብኣሸሓት ዝቝጸሩ ወተሃደራት ጸላኢ ምዉታትን ቍሱላትን ኰኑ። ኣማኢት ስራሓት ሕብረት ሶቭየት ዝኾኑ ሓደስቲ ፈኰስትን ከበድትን ኣጽዋር ተማረኸ። እንተኾነ፡ ነዚ ኣብ ጐላጉል ስሓርቲ ዝተመዝገበ ዓወት ንምሕፋስ፡ ብሉጻት መንእሰያት ተሰዊኦም እዮም። ገለ ካብ ዝዝከሩ፡ ኣልጋነሽ ክፍለ ኣባል ሓይሊ 4.32 ብኸቢድ ክትውጋእ እንከላ፡ ኮሚሳር በጦሎኒ በርሀ ባህታ (ፖሊስ)፡ ሃይለ (ሰገነይቲ) በጃ ህዝቦም ሓለፉ። መሓመድኑር እድሪስ ማሕሙድ ኣባል ብርጌድ 4.32 ኣብ ድፋዕ ስሓርቲ፡ ንስለ'ዛ መሬት ሓንቲ እግሩ ወፈየ።

ኵሉ'ቲ ኣብቲ እዋን'ቲ፡ ኣብ ስሓርቲ ዝተዋግአ ተጋዳላይ፡ ነናቱ ፍሉይ ታሪኽን ተመኲሮን'ዩ ዘለዎ። ኣዜብ (ጫረ) ኣብ ሳሕል ግቡእ ወተሃደራዊ ታዕሊም ምስ ወደአት፡ ኣብ መጀመርታ 1977 ኣቢላ'ያ ናብ ሓይሊ 4.31 ዝተመደበት። ንሳ፡ ኣብታ በኸሪ ውግእ ስሓርቲ ዝተሳተፈትላ መዓልቲ፡ በርሀ ባህታ (ፖሊስ) ኮሚሳር በጦሎኒ 4.3 ዘርኣዮ ጅግንነት ካብ ኣእምሮኣ ከም ዘይሕከኽ ብኸምዚ ዝስዕብ ትገልጽ፡

> *"ጸላኢ ንግሆ ምድሪ ናብታ ሓይሊ 4.31 ዝነበረታ ድፋዕ ተጐጥጕጡ ሃጀመና። በርሀ ባህታ (ፖሊስ) ኣብ ቅድመ-ግንባር ተሰሪዑ፡ ቦምባኡ ወዲኡ ክሳብ ኢድ-ብኢድ ጥምጥምን ተሓናነቕን በጽሐ። ከምቲ "ጅግና ኣይነብርን'ዩ" ዝበሃል ጀጋኑ ኣፍርዩ፡ ብ10 ሕዳር 1977፡ ኣብ ዓዲቐሺ ብጥይት ተወጊኡ ተሰውአ። ወዲ ባህታ ንዓይ መምህረይን ሞዴለይን እዩ። ከመይሲ ንሕና 'ተን ሓደስቲ ደቀንስትዮ ተጋደልቲ ከይንስንብድን ቁሩብ ክንሰርርን ምባል፡ ንድሕሪት ኣብ ዋርድያ ገዲፉ ኣብ ዓዲቐሺ በጃ ሓሊፉልና።"*

ኣብ ስሓርቲ ንኽልተ ሰሙን ዝኣክል መሪር ናይ ምርብራብ እዋን ምስ ሓለፈ፡ ጐዳጉዲ ብምዅዓት ጽኑዕ ድፋዕ ተሰርሐ። ናይ መወዳእታ

ቀዋሚ ዕርድታትና፡ ብምብራቕ ካብ እግሪ እምባ-ጸለሎ (ታሕታይ ጸሎት) ተበጊሱ ክሳብ ግርሁ-'ርባዕተ ኣፍ-ግራር ተዘርግሐ። ቀጺሉ ንዳዕሮ-ከበሳ (እዚ ሕጂ ፈረንታዮ ጆያ ዘሎ) ተጠዊዩ፡ ንጕቦ ሒለን ዝባን-ጽሕዲ (ሓድሽ ዓዲ-ሃከፉ ዝተደኰነሉ) ሰጊሩ፡ ብቐርኒ-መርሓኖን (ምድቃስ ዓጋዜንን) ኣቢሉ፡ ንድግድግ ሓሊፉ፡ ብሕዛእቲ ዓዲ-ላምዛን ዓዲቀን ቈሪጹ፡ ናብ ጎላን ዓደምዘማት ተዘርግሐ። ምንቅስቓስ ጸላኢ ድማ፡ ኣብ ኵርባ-እምበይቶ፡ መርሓኖን ዓዲ-ዃዕዳድን ጥራሕ ተሓጺሩ ተረፈ።

* * *

ድሕሪ'ዚ ፈታኒ ውግኣት፡ ድፋዓት ህዝባዊ ግንባር ካብ ምብራቕ ክሳብ ምዕራብ ብናይ ዑፍ-በረር መዐቀኒ፡ ኣብ ከባቢ 15 ኪሎ ሜተር ክኸውን እንከሎ፡ ኣብ ሞንጎ ድፋዕ ጸላእን ድፋዕ ተጋደልትን ዝነበረ ርሕቐት፡ ዝሓጸረት (ግርሁ-'ርባዕተ) 500 ሜተር፡ ዝነውሐት (ካብ ጻድቃን ክሳብ ኵርባ-እምበይቶ) 2 ኪሎ ሜተር ፍልልይ ነበሮ።

በጦሎኒ 4.3 ኣብ ጎቦታት ስሓርቲ ንኣስታት ዓሰርተ መዓልትታት ዝኣክል ብዘይምቍራጽ ከቢድ ውግእ ኣካየደት። ጸላኢ ሰራዊቱ ኣደዳ ሞትን መቕሰልትን ምስ ኮነ፡ ብመስመር ኣስመራ-ደቀምሓረ ሰንጢቑ ናብ ደቀምሓረ፡ ሰገነይቲን ድግሳን ክሕለፍ ከም ዘይክእል ደምደመ። ድሕሪ ቁሩብ ዕረፍቲ ምውሳድ ግን ካልእ ሓደገኛ ስትራተጂ ሓንጸጸ። ነቲ ኣብ ከተማ ዓዲቀይሕ ዝነበረ ሰራዊቱ፡ ናብ ሰገነይቲ ገጹ ከበግሶ ምኳኑ ስለዝተፈልጠ፡ ሓይልና 4.33 ኣብ ስሓርቲ ሒዛቶ ዝነበረ ድፋዕ፡ ገለ ክፋሉ ንበጦሎኒ 4.2፡ ዝተረፈ ነታ ናይ ሰገነይቲ ውግእ ብዓወት ዝዛዘመት ብርጌድ-51 ኣረኪባ፡ ሰዓት 9፡00 ድሕሪ ቀትሪ ብእግሪ ናብ ዓዲ-ቀይሕ ገጻ መሪሻ፡ ንጽባሒቱ ወጋሕታ ሰገነይቲ ኣተወት። ኣማስያና ንቐሎ ናብ ዓዲቀይሕ ኰነ። ሓይልታት ኣብ ዓዲኻንታ፡ መንደፈራ፡ ኣውህነን ከባቢኡን ፋሕ ብምባል ምንቅስቓስ ጸላኢ ኣብ ምቍማት ተጸምዳ።

ስለያ ጸላኢ፡ ብዛዕባ'ቲ ኣብ ዓዲቀይሕን ከባቢኣን ዝኣተወ ሓድሽ ሓይሊ ህዝባዊ ግንባር፡ ከምኡ'ውን ኣብ ከባቢ ዓዲቀይሕ ዓስኪሩ ዝነበረ ናይ ተ.ሓ.ኤ. ሓይሊ፡ ደቂቕ ሓበሬታ ኣከበ። በቲ ኣብ ውሽጢ ዓዲቀይሕ ዝነበሮ ሓይሊ፡ ነቲ ዝወጠኖ ማለት ብደቡብ ተጠዊኻ ንሰገነይቲ ምሓዝ ዝብል ወተሃደራዊ ስትራተጂ ከዐውቶ ከም ዘይክእል ብምግንዛብ ከኣ መደቡ ሰረዞ። በጦሎንና ንኽልተ ሰሙን ዝኣክል ኣብ ከባቢ ዓዲቀይሕ ዝርከባ ዓድታት ፋሕ ኢላ ዓስከረት። ዝበዝሕ ግዜኣ፡ በቶም ወናማት

ከረርቲ ብዓል ወዲ ትኹልን ወዲ ገብርኣብን ጓይላ ተኺላ ሂር ክትብል ጥዑም ግዜ ኣሕለፈት።

ሓይልና ኣብ ዓዲ-ቀይሕ ኣብ ተዛማዲ ዕረፍቲ ኣብ ዝነበረትሉ እዋን፡ ብራጊድ 23ን፡ 51ን፡ 70፡ 44ን 76ን (ከቢድ ብረት) ከምኡ ገለ ክፋል ናይ በጦሎንታት 4.2ን 4.3ን ዝተሳተፍኡ፡ ብ19 መስከረም 1977 ኣብ ድፋዕ ስሓርቲ (ዓዲሓውሻ) ዳግማይ ውግእ ተጀመረ። እዚ ልዕሊ ዓሰርተ መዓልትታት ዝወሰደ ናይ ምርብራብ ኩናት፡ ኣብ ልቢ ህዝቢ ስሓርቲ ዘይርሳዕን ዓቢ ቦታ ዝሓዘን ፍጻመ ጥራሕ ዘይኮነ፡ ኣብ ልዕሊ ሰራዊት ደርግ'ውን ስንብራት ዝገደፈ'ዩ። ሓንቲ ፍልይቲ ፍጻመ ከም ኣብነት ክጠቅስ።

ኣብ ኣዲስ ኣበባ ዝነበሩ ላዕለዎት መኩንናት ደርግ፡ እቲ ካብ 4 ክሳዕ 13 ንሓሰ 1977 ኣብ ልዕሊ ሰራዊቶም ዝወረደ ስዕረትን ክሳራን ስለዘይተዋሕጠሎም፡ በቶም ዕሱባት ናይ ወጻኢ ኣማኸርቲ ሓድሽ ወተሃደራዊ ውጥን ሓንጸጹ። ነዚ ወሳኒ ኩናት ንምክያድ፡ ምኽትል ሊቀ-መንበር ወተሃደራዊ ስርዓት ደርግ ሌፍተናንት ኮሎነል ኣጥናፉ ኣባተ[3] ተመርጸ። ነቲ ስርሒት ንምክያድ ድማ፡ ኣስመራ ኣተወ። ነቲ ብስም 'ህዝባዊ ሰራዊት' ዝፍለጥ ልዕሊ 15,000 ወተሃደራት፡ 20 ዘመናውያን ታንክታት፡ መዳፍዕን ረሻሻትን ዝዓጠቐ ሓይሊ ጸላኢ፡ ኣበገሱዎ። ብ17 መስከረም 1977 ኣብ መስመር ኣስመራ-ደቀምሓረ ከምኡ'ውን ብ19 መስከረም 1977 ኣብ መስመር ኣስመራ-መንደፈራ፡ ዕላማ ናብ ጽርግያ ኣስመራ-መንደፈራ ዝወፈረ ሰራዊት፡ ነቲ ኣብ መስመር ኣስመራ-መንደፈራ ዓሪዱ ዝነበረ ሓይሊ ተ.ሓ.ኤ. ደምሲስካ፡ ብተራእምኒ ተጠዊኻ ደቀምሓረ ንምሓዝን ንተጋደልቲ ህዝባዊ ግንባር ንምኽርዳንን ነበረ።

ኣብ ውግእ ሰላዕ-ዳዕሮ፡ ሓለፍቲ ተ.ሓ.ኤ.፡ "ምሳኹም ኣሲርና ክንዋጋእ ቦታ ይወሃበና፡" ዝብል ሕቶ፡ ናብ ላዕለዎት ሓለፍቲ ህዝባዊ ግንባር ኣቕረቡ። ሓደ ካብቶም ሓለፍቲ ኮሚሳር ብርጌድ-76 ወልደርፍኤል ስባህቱ (ግዝያዊ ሓላፊ ግንባር ደቡብ)፡ እዚ ሕቶ'ዚ ነቲ ኣብ ሞንጎ'ዘን ክልተ ውድባት ዝነበረ ዘይምርድዳእ፡ ኣብ ምቅርራብ ዕድል ክኸፍት ስለዝኽእል ብእወታ ተቐበሎ። ተጋደልቲ ተ.ሓ.ኤ. ኣብ መስመር ኣስመራ-መንደፈራ ከባቢ ሰላዕዳዕሮ ክሕዙ እንከለዉ፡ ብርጌዳት 23ን ከምኡ'ውን በጦሎኒ 4.2ን ካልኦትን ካብ ዓዲሓውሻ ተበጊሶም፡ ላምዛ ሓሊፎም፡ ኣብ ሰፊሕ ስትራተጂ ተዘርግሑ።

ሌ/ኮሎነል ኣጥናፉ፡ ነፈርቲ ውግእ፡ ማእለያ ዘይብለን ታንክታትን ወንጨፍቲ ሮኬታትን ኣሰሊፉ፡ ካብ መርሓኖ፡ ኩርባ-እምበቶን ዓዲጓዕዳድን እናተንቀሳቐሰ፡ ነቲ ውግእ መርሖ።

እቲ ካብ ብሎኮ ኣስመራ-መንደፈራ ታንክታትን መዳፍዕን ወሃደራዊ መካይንን ሒዙ ዝተበገሰ ሓይሊ ጸላኢ፡ ነቲ ህዝባዊ ግንባር ሒዛቶ ዝነበረት ድፋዓት ዓዲሓውሻ ንጸጋም ገዲፉ፡ ሓይሉ ናብ ድፋዓት ተ.ሓ.ኤ. ገበሮ። ተ.ሓ.ኤ. ምስቲ ጠኒኑ ዝመጽኦም ዝነበረ ሽሾ ሰራዊት ዝመጣጠን ወተሃደራዊ ዓቕሚ ስለ ዘይነበሮም፡ ኣብ ከባቢ ዓደምነገር ዝነበረ ድፋዖም ንእለቱ ለቒቖም ንሞንጉዳን ሽከትን ገጾም ኣዝለቑ።

ታንክታት ጸላኢ ንጉልጉል ሰምበል ከም ሕሱም ዓንደራሉ፣ ውግእ ድማ ጻዕጽዐ። ምድረ-ሰማይ ብትክን ዶሮናን ተዓብሎኸ ሰብ ንሰብ ምርእኣይ ተሳእኑ። ኣብ መወዳእታ ጸላኢ ነቲ ተ.ሓ.ኤ. ሒዛቶ ዝነበረት ድፋዓት ዓደምነገርን ዓዲ-ጎምቦሎን ተቈጻጸሮ። ነዚ ዝተገንዘበ መራሒ ግንባር ወልደልርፋኤል ሰባህቱ፡ ምፍራስ ናይ ተ.ሓ.ኤ. ድፋዕ፡ ኣብ ልዕሊ'ቲ ምሉእ ግንባር ከምጽኦ ዝኽእል ኣሉታዊ ሳዕቤን ብምግንዛብ፡ ገለ ክፋል ካብተን ኣብ መስመር ኣስመራ-ደቀምሓረ ዝዓረዳ ሓይልታት፡ ናብ መስመር ኣስመራ-መንደፈራ ብህጹጽ ክመጽኣ ኣዘዘ።

እቲ ንጀብሃ ጥሒሱ ዝሓለፈ ሓይሊ ጸላኢ፡ ናብ መበገሲኡ ክምለስ ስለ ዝነበሮ፡ ህ.ግ. ሰፌሕ ጸረ-መጥቃዕቲ ብምውሳድ፡ ነቲ ዘይድፈር ዝመስልን መሬት ኣይትጽርኒ ዝብል ዝነበረን ሓይሊ፡ ዓሰርተታት ምልምላት መንእሰያት መስዋእቲ ብምኽፋል፡ ጸራሪጉ ናብ ዓዲ-ጓዕዳድ መለሶ። ተጋዳላይ ንናይ መዳፍዕን ታንክታትን ጽዑቕ ደብዳብ፡ ብዘይ ዝኾነ መከላኸሊ ተጸሚሙ ኣብ ዝባኑ ኣጽሓዮ። ኣብ ኣስታት ነፍሲ-ወከፍ ዓሰርተ ትርብዒት ሜተር፡ ሓንቲ ቦምባ ዓለበት። ምድሪ ብቐትሩ ጸልመተ። ዝወደቐት ቡምባ መድፍዕ ህይወት ተጋዳላይ ወሰደት። ኣብታ መዓልቲ'ቲኣ፡ ከባቢ ሚእቲ ተጋደልቲ ብኸቢድ ብረትን ቦምባታት ነፈርትን ተወግኡን ተሰውኡን።

ብርጌድ 23ን ካልኦትን ዝነበረን ዓቕሚ ሰበን ክሳብ ዝዳኸም፡ ንሓይሊ ጸላኢ ብትብዓት መከታኦ። ሓይሊ 4.22 ከፉት ቦታ ክትዓጹ ብህጹጽ ብለይቲ ካብ ዓዶሮሶ ተበጊሳ እምበይቶ ሓደረት። ከም ተደራቢ ሓይሊ ድማ፡ ወጋሕታ ኣብ ውግእ ተጸምበረት። ጸላኢ ልዕሊ 50 ዝኾና ታንክታት፡ ብመስመር ጽርግያ ኣስመራ-መንደፈራ ኣበጊሱ መሬት ብደብዳብ ከቢድ ብረት ኣጸልመታ። ዕላማኡ ድማ ንብዓል ዓደምዘማት ተቈጻጺርካ፡ ንመንጉዳ ሰንጢቕካ፡ ብተራእምኒ ተጠዊኻ፡ ንደቀምሓረ ምሓዝ ነበረ። ሓንቲ ታንክ

ጠኒና ናብ ድፋዕ ሓይሊ 4.22 ምስ ተጸግዐት። ብኣርቢጂ ኣብ መትሓዝ ነዳዲን ተወቒዐት። ትኪ ምስ ገበረት፡ ተጋዳልቲ ባርዕ ከይጀመረት ነቲ ሓዊ ኣጥፍኦዎ። ኣይጸንሐትን ካልኣይቲ ጎማ እግራ ታንክ ተሃርመት። ንሳ'ውን ኣብ ትሕቲ ምቊጽጻር ወገን ኣተወት።

መራሒ መስርዕ መሓመድኑር እድሪስ ማሕሙድ ኣባል ሓይሊ 4.32 ምልከት ቋንቋ ዓረብ ስለዝነበሮ፡ ነቲ ኣብ ሞንጎ'ቶም ታንክታት ኢትዮጵያ ዝዝውሩ ዝነበሩ የመናውያን ብቛንቋ ዓረብ ዝካየድ ዝነበረ ምልውዋጥ መልእኽቲ ንኽትርጉም፡ ናብ ኮሚሳር ብርጌድ 76 ወልደኑፋኤል ተላእከ።

ላዕለዎት ሓለፍቲ'ቲ ግንባር፡ ብዓል ዓሊ ሰይድን ወልደኑፋኤልን ዘለዉዎ ጉጅለ፡ ሰፊሕ ጸረ-መጥቃዕቲ ክውሰድ ትእዛዝ ኣመሓላለፉ።

ኣብቲ ቀዳማይ መዓልቲ፡ ወልደኑፋኤል፡ ናይ ኢዱ መውጋእቲ ከይዓጀቦ ነቲ ውግእ ክመርሖ ወዓለ። እቲ ጽዕጹዕ ካልኣይ ገጽ ውግእ ምስ ተጀመረ፡ ወልደኑፋኤል ኣብ ርእሱ ብኸቢድ ተሃርመ። ኣርባዕተ ተጋደልቲ ብባሬላ ኣብ ዝባኖም ጸይሮም ናብ ሕክምና ዓደምዘማት እናወሰዱዎ እንከለዉ፡ ካብ መርሓኖ ዝተተኰሰት ናይ መድፍዕ ቦምባ፡ ኣብ ሞንጎኦም ዓሊባ፡ ህይወት ሓሙሽተኦም ቀዘፈት። ወልደኑፋኤል[4] ሓሙሻይ ርእሱ ኣብ ሓንቲ ጉድጓድ ተቐብረ።

ሌ/ኮሎነል ኣጥናፉ ኣባተ ኣብ ታባታት ኵርባ-እምበይቶን መርሓኖን ኰይኑ፡ ነቲ ብ30 መስከረም ኣብ ዓዲ-ጎምቦሎን ሰላዕዳዕሮን ን11 ሰዓታት ዝካየድ ዝነበረ ናይ ኢድ ብኢድ መሪር ውግእ፡ ሰራዊቱ ክሃድም፡ ክበታተንን ክማረኽን ተዓዘበ። እቲ ዝምክሕሉ ዝነበሩ፡ ብስም "ቀይሕ ሰራዊት" ዝጽዋዕ፡ ምዱብ ሰራዊቶም እግረይ ኣውጽእኒ ኢሉ ናብ ኣስመራ ክሃድም ምስ ረኣየ፡ "ጉዳይ ኤርትራ ብወተሃደራዊ ሓይሊ ክፍታሕ ኣይክእልን'ዩ!" ናብ ዝብል መደምደምታ በጽሐ። ሰራዊት ኢትዮጵያ ኣብ ዓውዲ ውግእ ስሓርቲ፡ ኣጽዋራቱ ራሕሪሑ ክሃድም ብዓይኑ ከም ዝርኣየን ጉዳይ ኤርትራ ብወተሃደራዊ ጎነጽ ክፍታሕ ከምዘይክእልን፡ ኣብ ኣዲስ ኣበባ ከይዱ ርእይቶኡ ንላዕለዎት ሓለፍቲ ደርግ ኣቕረበ።

ኣብ ርእሲ'ዚ፡ ኣብ ሞንጎ ሌ/ኮሎኔል ኣጥናፉን ኮሎነል መንግስቱን፡ ካልእ ዘየረዳድእ፡ ኣብ ኣኼባ ደርጋውያን ዝቐረበ "ኢትዮጵያ በየናይ ፖለቲካዊ ርእዮተ-ኣለም ትመራሕ!"ዝብል ነበረ።

ብተወሳኺ ሌ/ኮ ኣጥናፉ "ንሃጸይ ሃይለስላሴ ካብ ስልጣን ዘውረድናዮ፡ ንህዝቢ ኢትዮጵያ፡ ካብ ድኽነትን ምጉስቛልን ንምድሓን፡ ንሃገርና ክኣ

ንምልማዕ ድኣ'ምበር፡ ንህዝቢ ንምጭናቕ ኣይኮነን። ንሕና ሶሻሊዝም ንምምስራት ንጽዕር ኣሎና። እንተኾነ፡ ኣብ ኣፍሪቃ፡ ብፍላይ ድማ ኣብ ኢትዮጵያ፡ ኣብዚ ናትና ዕድመ ዝሰርሕ ኣይመስለንን። ናይ ፖሊስን ናይ ኤኮኖምን ለውጢ ከነምጽእ እንተኾንና፡ 'ቅይጥ ኢኮኖሚ'[5] ኢዩ ዘዋጽኣና።" ዝብል መርገጺ ነበሮ።

እቲ ዘቕረቦ ርእይቶ ብደርጋውያን ከም ምድሕርሓርን ፍርሕን ስለ ዝተወስደ ክኣ ናይ ሞት ፍርዲ ተቐበለ።

ኣብቲ ውግእ'ቲ ክልተ ታንክታት[6] (ሓንቲ ጥዕይቲ፡ እታ ካልኣይቲ ሰንሰለት እግራ ጥራሕ ዝተበላሸወት) ተማረኻ። ንኹሉ'ቲ ኣብቲ ከባቢ ዝነበረ ተጋዳላይን ህዝብን ዝገረሞ፡ መራሕቲ ተ.ሓ.ኤ. (ጀብሃ) ጸላኢ ተጸፊዑ ናብ ኣስመራ ከም ዝተመልሰ ምስ ኣረጋገጹ፡ ናብ'ተን ኣብ ሓራ ቦታ ዝነበራ ዝተማረኻ ታንክታት መጺኦም 'እዘን ታንክታት ይብጻሓና እየን' ምባሎም ነበረ።

እቲ ካብ 4 ክሳዕ 30 መስከረም 1977 ንሓንቲ መዓልቲ'ውን ትኹን ብዘይ ምቁራጽ ዝተኻየደ ጽዑቕ ናይ ምርብራብ ውግእ ዝቐጸለ ጸላኢ ከጥቅዕ ተጋዳላይ ክመልስ፡ ተጋዳላይ ክሃጅም ጸላኢ ክከላኸል ተረባረቡ። ህዝባዊ ግንባር ድማ፡ ኣብ ርእሲ'ቲ ናይ ኣስመራ-ደቀምሓረ ድፋዑ፡ ካብ ኣስመራ 13 ኪሎ ሜትር ርሒቑ፡ ብዓዲቀ ኣቢሉ፡ ማይ-ጉንድን ምረትን ሰንጢቑ ክሳብ ዓደምዘማት ኣስፋሕፍሐ።

ኣብ ሰላዕዳዕሮን ዓዲሓውሻን ክካየድ ዝቐነየ ውግእ 'ዘፍ' በለ። እተን ኣብቲ ደማዊ ውግእ ዝተሳተፋ ሓይልታት፡ ከቢድ መስዋእቲ ከፈላ። ብዓቕሚ ሰበን ስለ ዝተዳኸማ ድማ፡ ንዕኣን ዝትክእ ሓይሊ ክመጽእ ግድነት ኮነ። እታ ኣብ ተዛማዲ ዕረፍቲ ዝነበረት ሓይልና፡ ሓይሊ 4.33፡ ካብ ዓዲቀይሕ ብህጹጽ ናብ ድፋዓት ዓዲሓውሻ ተመሊሳ ኣብ ጎቦ ጎላን ዓረደት። ኣብ ኣዋሊዕ ሰላዕዳዕሮን ዓዲቀን፡ ብዘይካ ብርሑቕ ዝድርበ ደብዳብ ከቢድ ብረት፡ መሬት ንግዚኡ ሰላም ሰፈና።

ኣብ ዓደምዘማት ሓደ ሰሙን ምስ ጸናሕና፡ ብዓዲቐሺ ኣቢልና፡ ናብቲ ተረተር (ሕጂ መድቀቒ ኣእማን ዘሎዎ) ደየብና፡ ናብ 'ግርሁኣርባዕተ'ን ዓዲሓውሻን ሰጊርና፡ ናብቲ ናብ ጸሎት ዘማዕዱ ድፋዕ ሓዝና። ናብ ስሓርቲ ምስ ተመለስና፡ ኵሉ ተጋዳላይ ጐዳጕዲ ኣብ ምኹዓትን ዘተኣማምን ድፋዕ ኣብ ምስራሕን ተጸሚዱ ጸንሓና።

* * *

እዚ ኣብ ስሓርቲ ዝተሓፍሰ ዓወታት ግን ብዘይ ተሳትፎ ህዝቢ'ቲ ከባቢ ክዉን ክኸውን ኣይምኸኣለን። መንእሰያት፡ ሽማግለታት፡ ደቀንስትዮ፡ ቈልዑ ብብማሕበራቶም ተወዲቦም፡ ኣብ ጐድኒ ተጋዳላይ ተሰሊፎም፡ ዝከኣሎም ስለ ዘበርከቱ፡ ደርማስ ሓይሊ ፋሽሽታዊ ስርዓት ደርግ ክሰዓርን፡ ሜዳ ኤርትራ ዓወት ኣብ ርእሲ ዓወት ክኸውንን በቕዐ። እቲ ኣንጊሁ ዓዱ ገዲፉ ህይወቱ ንምድሓን፡ ንግዚኡ ናብ ከውሊ ተጸጊዑ ዝወዓለ ህዝቢ ስሓርቲ፡ ኣማስያኡ ናብ ዓዱ ምስ ተመልሰ፡ እኽለማይ ክቕርብ፡ ውጉኣት ክስከም፡ መልእኽቲ ካብ ዓዲ ናብ ዓዲ ከመሓላልፍ፡ ንዅነታት ጸላኢ ዝምልከት ሓበሬታ ክህብ፡ ጠያይቲ ክቕርብን ዝተሰልበ ብረት ክስከምን መዓልታዊ ስርሑ ገበሮ።

ምስ ተጋደልቲ ደቁ ኮይኑ፡ ነቲ ተኸታታሊ ውግኣትን ተጻብኦታትን መከቶ። ጥይት ቶግ ኣብ ዝበለትላ ግዜን ቦታን፡ ከም መዓልታዊ ስርሑ ቈጺሩ፡ ንእለቱ ደበኽ ይብል። ውግእ ብተዛማዲ ኣብ ዝዓርፈሉ ድማ ገለ ዋኒኑ ንምግባር ናብ በረኻ ይወፍር፣ ገለ ብኣደረ ዓዲ ተኣዚዙን ተመሪሑን ዕማም ገድሊ ይፍጽም። ኵነታት ከምዚ እናበለ ንኣዋርሕ ቀጸለ።

ድሕሪ ንኽልተ ኣዋርሕ ዝቐጸለ ምርብራብ፡ ሓይሊ ጸላኢ ዘፍ ስለዝበለ፡ ተጋዳላይ ቍሩብ እፎይታ ረኸበ። ሓይልታት ተዛማዲ ሰላም ስለ ዝረኸባ፡ ዘተኣማምን ሓይሊ ኣብ ድፋዕ ገዲፈን፡ ኣባላተን በብጕጅለ ነብሶም ክሕጸቡን ክዳውንቶም ክጭቕጨቑ ናብ ሻኻ ዓዲሓውሻ ምልኣኽ ጀመራ።

ሰማይ ብኸቢድ ሰርቢ ደመና ተጋሪዱ፡ መሬት ብዒፍዒፍታን ግመን ተሸፊኑት። ከምዚ ዝኣመሰለ ኵነታት ኣየር፡ ንደብዳብ ከቢድ ብረት ይኹን ምንቅስቓስ ነፈርቲ ውግእ ስለዘይምችእ፡ ተጋዳላይ ይኹን ህዝቢ ዓዲሓውሻ፡ ካብን ናብን ብዘይ ስክፍታ ክንቀሳቐሱ ተራእየ።

እዋኑ ክራማት ስለዝነበረ፡ ጕላጕልን ጕቦታትን ዞባ ደቡብ ብሓፈሻ፡ ወረዳ ስሓርቲ ድማ ብፍላይ፡ ብሳዕሪ ተሸፊኑ፡ ብዓይንኻ ንኽትርእዮ ዝማርኽን ንኣእምሮኻ ፍስሃ ዝህብን ኮነ። ኣዕዋፍ በቲ ምኡዝ ድምጸን ኣብ ፈቐዶኡ ክዝምራ፡ ምስማዕ ጨለ-በጊዕን ከብትን ንበረኻ ክወፍራ ምርኣይ እፎይታ ዝህብ ነበረ።

ሓረስቶት፡ ካብ ፈጣሪ ዝረኸቡዎ ዝናብን ህጡር ክራማትን ብተጋደልቲ ደቆም ብዝተመዝገቡ ዓወታት እናተሓበኑ፡ ደርሆ-ነቆ ንስራሕ ምስ ወፈሩ፡ ጸሓይ ኣብ ምዕራባ ናብታ ምውቕቲ ቤቶም ይምለሱ ነበሩ። ንህዝቢ ስሓርቲ ከም ሕማም መንድዓት ዘሳቐዮን ዘሸቀርሮን ዝነበረ፡ እቲ ካብ ከባቢ ኩርባ-እምበይቶን ጸሎትን ዝፍኖ ዝነበረ ደብዳብ ከቢድ ብረት፡ ሕጭጭታን

ኣደራዕን'ተን ካብ መዓርፎ ነፈርቲ ብትሑት ብራኽ ዝበርራ 'ኤፍ-5'ን 'ኤፍ-86'ን ነበረ። ነቲ ኣብ ህይወቱን ንብረቱን ዘዝንባኦ ዝነበራ ቦምባታት ግምት ከይሃበ፡ ምስ ማይን ጸሓይን እናተቐዳደመ፡ ኣብ ግራቱ ክጉልጉልን ክጽሂን መሬት ክሳዕ እትጽልምት ምስራሕ ዕለታዊ ዋኒኑ ገበሮ።

መዓልታዊ ስራሕ ህዝቢ ዓዲሓውሻ ኣብ ንጥፈታት ሕርሻ ጥራሕ ዝተወሰነ ኣይነበረን። ብኺደረ ዓድን ሓለፍቲ ክፍሊ ህዝባዊ ምምሕዳር ዝዋሃቦ ዝነበረ ዕማም ስውራ ቀዳምነት ሂቡ፡ ደኺመ ወይ መሪሩኒ ከይበለ፡ ንውራዩ ከም ካልኣዊ ወሲዱ፡ ብኽፉት ልቢ ብዘይ ዝኾነ ተጉላባ፡ ንዝተዋህቦ ዕማም ክሳልጥ ምጉያይ ከም መዓልታዊ ስርሑ ወሲዱ ይንቀሳቐስ ነበረ።

ተጋዳላይ ነቲ ልዕሊ 30 ኪሎ ሜተር ዝርግሐ ዝነበሮ ግንባር ስሓርቲ፡ ማለት ካብ ጸሎት ተበጊሱ ስሜን ዓዲሓውሻ ኣቢሉ፡ ዓደምዘማት ሓሊፉ ክሳብ ሰላዕዳዕሮ፡ ካብ ጸላኢ ዝነውሐ 3 ኪሎ ሜተር፡ ዝቐረበ ክሳብ 1 ኪሎ ሜተር ርሕቐት ዓሪዱን ተፋጢጡን ይውዕልን ይሓድርን ስለ ዝነበረ፡ ዕለታዊ መግቡ ከዳሉ ዘገላብጥ ግዜ ኣይነበሮን። ስለዚ፡ ከብዲ ተጋዳላይ ንምዕንጋል እኽለ-ማይ ምቕራብ፡ ዝጉደለ ጠያይትን ቦምባታትን ካብ ከባቢ ዝነበራ ኤምዳድ (ክፍሊ ኣጽዋር) ተሰኪምካ ዕጥቂ ተጋዳላይ ምድልዳል፡ ዝሓመሙ ወይ ዝተወግኡ ተጋደልቲ ብቓሬዛ ተሰኪምካ ናብ ሕክምናታት ምርካብ፡ ወዘተ. ብህዝቢ ስሓርቲ ይካየድ ነበረ። ብተወሳኺ ዕለታዊ ምንቅስቓስ ጸላኢ ኣብ ድፋዓት ይኹን ውሽጢ ኣስመራ ምክትታል፣ ከምኡ'ውን፡ በተን ካብ ጸላኢ ዝረኽቡወን ግንየ ተታሊሎም፡ ንድፋዓት ተጋደልቲ ክስልዩን ሰውራኦም ከድምዩን ካብ ኣስመራ ብጸላኢ ዝለኣኹ ወይጦታት ብምሓዝ፡ ንዝምልከቶም ሓለፍቲ ህዝባዊ ግንባር ምርካብ መዓልታዊ ዕዮ ህዝቢ ኮነ።

ምትኽታኽ ጸላኢ ኣብ ዝሃድኣሉን ተጋዳላይ ተዛማዲ ዕረፍቲ ዝረኽበሉን እዋን፡ ንሞሳን ቊውም-ነገርን ህዝቢ ስሓርቲ ክፈድዮ'ኳ እንተ ዘይከኣለ፡ ሕልናኡ ንምቕሳን ግራውት ሓረስቶት ይጽህን ዝኣረጉ ናይ ጽጉማትን ስድራ ስውኣትን ህድሞታት ይጽግንን ነበረ። ገለ ተመኩሮ ዝነበሮም ተጋደልቲ ንቘልዑ መዛሙር፡ ንዓበይቲ መሃይምነት ንምጥፋእ ክምህሩን ከነቓቕሑን ይውዕሉ ስለዝነበሩ፡ ንዝምድና ህዝብን ተጋዳላይን ኣትረሮ።

ህዝቢ ሰሜንን ደቡብን፡ ዋላ'ኳ ሳሕል ወሪዱ ወተሃደራዊ ታዕሊም እንተ ዘይወሰደ፡ ነቶም ኣብ ከባቢኡ ብተደጋጋሚ ዝካየዱ ዝነበሩ ውግኣት ብዓይኑ ይርእዮምን ብኣካል ይሳተፎምን ስለ ዝነበረ፡ ካብ ደብዳብ ቦምባታት

ይኹን፡ ነፈርቲ ክከላኸለሉ ዝኽእል ተመኩሮ ኣጥርዩ ነበረ። ነቲ ካብ ከባቢ ጸሎት ዝዘንቦ ዝነበረ ኣድራጋ ጠያይትን ቦምባታትን፡ ብወተሃደራዊ ስልቲ ተጠቒሙ ህይወቱ ዓቂቡ፡ ናብ ድፋዓት ተጋደልቲ ኣትዩ ተልእኾኡ ፈጺሙ ብሰላም ናብ ቦታኡ ይምለስ ነበረ።

ቀያ ጕራዘ ዓዲሓውሻ

ኣብ መፋርቕ መስከረም 1977፡ ከባቢ ሰዓት 11.00 ቅድሚ-ቐትሪ፡ ሰለስተ ጕራዙ ሓፋሽ ውድባት ዓዲሓውሻ፡ ሓሓደ ጀሪካን ሰዋ ተሰኪመን፡ ዓሪድናሉ ናብ ዝነበረና ድፋዓት ዓዲሓውሻ ጕዕዞአን ጀመራ። ነዚ ክገብራ ዘበገሰን ምኽንያት ድማ፡ “ህዝቢ ኣብ ዓዲ ኣውደ-ኣመት እናበልዐ እናሰተየስ፡ እዞም ኣብ ድፋዕ ዘለዉ ተጋደልቲ ዋላ ሓሓንቲ ኩባያ ጸበል ክሰእኑ፡” የብሎምን ዝብል ኒሕ ነበረ። ኣብ ጕዕዞ ንዘጋጥመን መሰናኽል መሰዋእቲ ክኸፍላ ቈሪጸን እየን ተላዒለን። ነቲ ካብ ግንባረን ናብ መዓጋጉርተን ዝዛሪ ዝነበረ ርሃጽ ብኸብዲ ኢደን እናደረዛን እናተሓላለዋን ነዊሕ ተጓዕዛ። እታ ብዕድመ ትመርሐን፡ “ኣጆኽን! ሕጂስ ቀሪብና ኢና፡” በለት። እታ ኣብ ማእከል ዝነበረት ጕርዞ ድማ፡ “ንሳቶም’ኳ ኣለዉዎ ደሞም ዝኸፍሉ ዘለዉ፣ ርሃጽ ደኣ ኣየናይ ኲይኑ፡” ብምባል ወኒ ዝቕስቕስ ሓቦ ዘሰንቕ መልሲ ሃበታ።

ነታ ቀጣን መንገዲ እግሪ ተኸቲለን ከባቢ ሓደ ኪሎ ሜተር ምስ ተጓዕዛ፡ እታ ክመጽኣላ ዝጸንሓ መንገዲ ናብ ክልተ ቃራና መንገዲ ተመቕለት። ንኣየነይቲ መሪጸን ጕዕዞአን ክቕጽላ ከም ዝነበረን ስለ ዝተደናገራ ከኣ፡ ኣብ መዋጥር ኣተዋ። ኣብ መወዳእታ ነታ ናብ ደቡብ እትወስድ መንገዲ ገዲፈን ጕዕዞአን ንምብራቕ ቀጸላ።

መልክዕ መሬት’ቲ ዝኸድኦ ዝነበራ መንገዲ፡ ቀላጥ ጕላጕል ንኑብሰኻ ካብ በራሪ ጥይትን ደብዳብ ከቢድ ብረትን ክትከላኸለሉ ዘኽእል ኣይነበረን። እተን ጕራዙ ግን ኣብ ታቦት ቤተ-ክርስትያን ዓደን እምነት ገይረን መንገደን ቀጸላ።

ምንቅስቓስ ጸላኢ ሃዲኡን መሬት ቀቲሩን ነበረ። ተጋዳላይ ኣብ ተዛማዲ ዕረፍቲ ኲይኑ፡ ዕጥቁ ዘደላድል፡ ናይ ውድብ መጽሔት ዘንብብ፡ ርእሱን ክዳኑን ዝቖምል፡ ዝተረፈ ድማ ነቶም ካብ ዓዲ ምሳሕ ከምጽኡ ዝተላእኩ መጋቦ ዝማዕዱ ነበረ። ማእከልነት ጋንታና ሓምድ ኢብራሂም ኣደም (ጆብሃበዲር) ኣብ ሰውራ ናይ ነዊሕ ዓመታት ተመኩሮ ዝነበሮ፡ ዓቃል፡

ምስጢራውን ሓባኢን፡ ክፍጽማ ኢሉ ንዝወሰና ነገር ድማ ዘይተወላዋልን ፈጻምን ነበረ። ንሱ ብዛዕባ ኵነታት ጋንታና ንምምይያጥ፡ ናብ ዓዲ እትጥምት ኵጀት፡ ነቶም ሰለስተ መራሕቲ መሳርዕ ጸውዓና። መአከቢና ጉዳይ ገና ከይጀመርና ንኣቓልቦና ዝስሕብ ብማዕዶ ኣስተውዓልና። ሓምድ ኣጀንዳኡ ኣቋሪጹ፡ "እንታይ ዝኾኑ ደኣ እዮም እዞም ሰለስተ ሰባት በዚ ኣይኰነንዶ ሰብ እንስሳ'ኳ ዘይሓልፎ ቀትሪ ምድሪ ናባና ገጾም ዝመጽኡ ዘለዉ፡" ወሰኸ።

ሕቶና ንዓዲ ሂብና ስለ ዝነበርና፡ ዘረባ ሓምድ ስሒቡና ንድሕሪት ገጽና ቍሊሕ በልና። ነቲ ብዓይንና እንርእዮ ዝነበርና ክንኣምኖ ኣይከኣልናን። ምኽንያቱ፡ እዘን ሰለስተ ጕራዙ ዝመጽኣላ ዝነበራ መንገዲ፡ በቲ ኣብ ጸሎት (ዓዲ) ዝርከብ ናይ ጸላኢ ኣጽዋር ስለ ዝተኣሰረላ፡ ጸሓይ በሪቓ ክሳዕ ትዓርብ፡ ዝኾነ ፍጡር በዛ መንገዲ ተወዚ ዝብል ኣይነበረን። ተጋዳላይ ይኹን ገባር ጸላም ተጉልቢቡ ጥራሕ እዩ ዝሓልፋ።

ኪዳነ (ኣዓየ) ኵነታቱ ኣስደሚሙዎ፡ "ዓይንኻ እናረኣኻዶ ወደይ ናብዚ ህጉም ይእቶ እዩ'" በለ። ዮሃንስ ካልኣይ መራሒ መስርዕ (ብኮማንድስ ዝፍለጥ)፡ "ገለ ህጹጽ መልእኽቲ ዝሓዙ ደኣ ከይኰኑ'ምበር!" በለ።

"እዚ ናይ ጥዕና ኣይኰነን፡ ኣብ ዓዲ ንግደት ናይ ሚካኤል ስዋ መሊኦማ ዘወዓሉ ደኣ ከይኰኑ፡" ግምተይ ሃብኩ ብወገነይ። ሓምድ ካብቲ ኣብ ጥቓኡ ዝነበረ ዋርድያ ክሻፋ (መነጽር) ወሲዱ ብተመስጦ ተኸታተለ። ነቲ ዝርእዮ ዝነበረ ምእማኑ ሰኣነ።

"ምሽ ማዕጉል...(ዘይእመን'ዩ) ምሽ ሞምኪን እናተገረመ ሹፍታ ኬፍ! ዎላሂ ዼል ታላታ ባናት'ተን።" (እዚኤን ሰለስተ ኣዋልድ እየን።) በለ። በዘን ሰለስተ ተባዓት ኣዋልድ ኣዚና ተጨነቕና። ምኽንያቱ፡ ኣብ ትሕቲ ናይ ጸላኢ ዒላማ ይኣቱዋ ከም ዝነበራን ኣብ ኣፍ-ደገ መስዋእቲ ከም ዝተቐራረባን ስለ ዝተገንዘብና። ጭንቀትና ሰማይ ዓረገ። በየናይ መንገዲ ህይወተን ክድሕናን፡ ብሰላም ናብ ድፋዕና ክበጽሓ ከም ዝኽእላ ክንበላሓት ፈተንና። ናብቲ ዝተበገሳሉ ክምለሳ ንላዕሊ ጥይት ተኰስና። ንሳተን ግን ንመልእኽቲ ናይቲ ተኹሲ ክርድእኦ ኣይከኣላን።

እተን ኣዋልድ መንገደን ቀጸላ። ብሃንደበት ናይ ጸላኢ ዶሽካ ኣድራጋ ጠያይቲ ኣብ ከባቢአን ተኻዕወ። ብዙሕ ከይሰንበዳ፡ ነቲ ተሰኪመንኦ ዝነበራ ጆሪካናት ከይፈስስ እናተጠንቀቓ ኣብ ሓንቲ ንእሽቶ ከውሒ ነብሰን ዘድሕናላ ተኸወላ። እታ መራሒተን ጓል፡ "ኣጆኺ ኣዳነይ፡ ጸላኢ ሓንቲ

ኣይገብርን'ዩ። ንድሕሪት ተመሊስና ማለት ከኣ ዘበት'ዩ፡" በለት ሕርቃን ብዝመልኦ ቀጥዐ። እታ ካልኣይቲ ኣስዕብ ኣቢላ፡ "ሕጂ ነዛ ተሪፋትና ዘላ ሓጻር መንገዲ ወዲእና ከመይ ገይርና ናብ ተጋደልቲ ንበጽሕ ዋራሕ ንሕሰብ፡ " በለት። እታ ሳልሰይቲ ሓፋር ብጸይተን ጀለብያኣ እና'መዓራረየት፡ "ሕጂ ብሓንቲ ጥይት ከይንመውትን ሞፍቶት ኣምሓራ ከይንኸውን፡ ከምቲ ተጋደልቲ ኣብ ውግእ ዝጥቀምሉ ኣገባብ እንተኼድና ክንዕወት ኢና፣ ኣነ ክመርሓክን እየ፡" በለት። ንጀለብያኣ ኣብ ሞንጎ ሰለፋ ኣመሓላሊፋ፡ ንጸጉሪ ርእሳ ከም ናይ ተጋደልቲ ብመንዲል ኣሲራ ተበገሰት። ነዊሕ ከይሰጉመት፡ ካብ ድፋዕ ጸሎት ኣድራጋ ጠያይቲ ተተኩሰላ። መሓዙታ ሕጂዶ ትወድቕ ደሓር እናበላ ተሻቐላ። ጓል ግን ኣይሓመቐትን ነታ ጀሪካን ሰዋ ኣብ ሕቖኣ ኣትሪራ ብምልጋብ፡ ናይ ሸንቲ ብዕራይ ወተሃደራዊ ኣከያይዳ ተጠቂማ ንየማን ንጸጋም እናበለት፡ በቲ ኣብ ከባቢኣ ቦኾኽ-ቦኾኽ ዝብል ዝነበረ ጠያይቲ ከይተዳህለት፡ ነታ ሓጻርን መራርን ቃልዕ መንገዲ ወዲኣ፡ ናብ ድፋዕ ተጋደልቲ ተጸግዐት።

ጋንታና ካብቲ ዓሪዳትሉ ዝነበረት ድፋዕ ወጺኣ፡ ናይዘን ኣዋልድ ትብዓት ብኣድናቖት እናተዓዘበት፡ ገለ ተጋደልቲ 'ኣንታ ገለ ዘይንገብር' ዝብል፡ ገለ 'ንጸላኢ ኣንፈቱ ንምስሓብ ብቕድሚት ዘይንትኩስ' ብዝብል ምድረ-ሰማይ ዋጭዋጭ በለት። እንተኾነ፡ ናይ ዓቕሊጽበት ደኣ'ምበር፡ ንምሕጋዘን ክውሰድ ዝከኣል ስጉምቲ ኣይነበረን። ምኽንያቱ፡ እቲ ዝዘንበን ዝነበረ ጠያይቲ፡ ካብ ርሑቕ ቦታ ከባቢ ጸሎት ዝትኩስ ዝነበረ ረሻሽ ስለ ዝነበረ፡ ተርባጽና ዋጋ ኣይነበሮን።

ወዲ ሸቃን ዓማን ክብሮምን ዝበሃሉ መድፍዓጂ ብሬን፡ ነቲ ኾነታት ምጻር ሰኣኑዎ። ነተን ኣብታ ከውሊ ተጸጊዐን ክብገሳ ትንዕ-ትንዕ ዝብላ ዝነበራ ክልተ ኣዋልድ፡ ኣብ ዝነበራኦ ክጸንሓ ብኣእዳዎም ምልክት ገበሩለን። እታ 300 ሜትሮ ዘይትኸውን ቃልዕ ቦታ፡ ምስቲ ኣብ ዝባነን ዝተሰከምኦ ጾር ሓደገኛን ከባድን ክትከውን ከም ትኽእል ርዱእ ኩነ። ኣካይዳ ሸንቲ-ብዕራይ ተጠቒሞም በብሓደ ናብታ ተዓቑበናላ ዝነበራ ኩጀት ብጉያ በጽሑ። ወዲ ሸቃ ብትብዓተን ተሓጉሱ ሓቝፉ ሰዓመን።

"በላ! ነቲ ዝነውሐን ሓደገኛን መንገዲ'ኳ ድሮ ሰጊርክንኦ ኣለኽን። እዛ ተሪፋትክን ዘላ 100 ሜትሮ እትኸውን መንገዲ ግን ንጸላኢ ቃልዕቲ እያ።። ነዚ ጀሪካናት ተሰኪምክን ክትሓልፋኣ ከተጸግመክን እያ። ስለዚ፡ ጀሪካናትክን ናባና ግደፍኦ ንስኽን ተመራሪሕክን፡ ከምዛ ንሕና ዝገበርናያ

የማን ጸጋም እናበልክን ብጉያ ውጽእኣ፡ ንሕና ክንስዕበክን ኢና፡” በልወን። ንሳተን ጾረን ባዕላተን ተሰኪመን ናብ ድፋዕ ኩብጽሕኦ ስለዝደለያ ዕጻይ-ምጻይ ኣብዝሓ። እዘን ክልተ ኣዋልድ ዘረባኦም ከቢዱወን ተቐበልኦ። ወተሃደራዊ ሜላ ተጠቒመን፡ ጀለብያአን ብመንን ኣእጋረን ኣሕሊፈን፡ ንየማን ንጸጋም እናተዓጸጸፋ ብዘይ ዝኾነ ጉድኣት በጽሓ። እዞም ስለስተ ብጾት፡ ንጸላኢ ንምድንጋር ንደቓይቕ ተኸዊሎም ድሕሪ ምጽናሕ፡ ጀሪናካት ኣብ ዝባናም ተሰኪሞም፡ ነተን ጀጋኑ ኣዋልድ ዓዲሓውሻ ዓጂቦም፡ ናብታ ብሃንቀውታ ክትጽበ ዝጸንሐት ጋንታ ብሰላም ኣብጽሑወን።

እቶም ነቲ መስተንክር ተዋስኦ ክንከታተል ዝጸናሕና ተጋደልቲ ብዕልልታን ጣቕዒትን ተቐበልናየን። ገለ ድማ ካብ ድፋዕ እናዘለሉ ወሪዶም ሓቑፋወንን ዝነበረን ጾር ተሰኪሞም፡ ንሓደ ጅግና ዝወሃቦ ክብሪ ሂቦም ናብ ድፋዕ ኣደየቡወን። ድሕሪ’ታ ሓጻር ኣኼባ ጋንታ፡ ሓምድ እተን ጉራዙ ናብ ዘዕረፋላ ቦታ ሒዙና ከደ። ድሮ ስዋ ብኹባያታት ሻሂ ተቐዲሑ ክስተ ጀመረ። ሓምድ ርእሱ እናነቕነቐ፡ “ዓጃይብ! ዎላሂ እንቱም በናት ኣናብስ ኢኽን፣ ማላኪን ሸወያ ውዒኽን። ኣብ መሸከላ ኣቲኽን፡ ታኒ ማራ ከምኡ ኣይትድገማ ኮይስ!” በለን ከም ናይ ኣቦ ማዕዳ።

ዮሃንስ (ኮማንድስ) ብወገኑ ካብቲ ጸበል ዝመጽአ ስዋ ጎጭ እና’በለ፡ “ኣንትን ከመይ ዝበሉኽን ሸኣላት ኢኽን ደቀይ! ካን ኣብዛ ጉላጉል ብላሽ ክትጠፍኣ! እቲ ለይትን መዓልትን ንዓና ክትምግባ፡ ኣብ ዓዲ ብሓዊ ትሓርሮኣን ማይ ትወርድኣን ዘለኽን ከይኣኽለክን፡ ናብ ድፋዕ ስዋ ከተምጽኣ ክትሞታ! እንታይ ገደሰክን፡ ባዕልና ኣብኡ መጺእና ጸበል ምጥዓምዶ ኣይምሓሸን!” በለን ብሓውሲ ቍጥዐ። እታ ብዕድመ ትመርሐን ጓል፡ ነቲ ካብ ግንባራ ወረር ወረር ዝብል ዝነበረ ርሃጽ ብነጸላኣ እናደረዘት፡ “ኣንቱም ኣሕዋት! እዚ ደኣ ኣየናይ ኩይኑ፡ ክንዲ እዚ ናእዳ። ንዓና ደኣ ሞራል ክትህቡና ደሊኹም እምበር፡ ንስኹም’ኳ ኣለኹሞ፡ ኣብ ማይ ዝመልአ ካናለታት ደቂስኩም፡ ብቝማል ቍንጪን ቆርበትኩም ጸሊሙ፡ ነብስኹም ማይ ከይተሓጸብኩም መዓልትታት ሓሊፉ፡ ለይትን መዓልትን ኣዒንትኹም ናብ ጸላኢ ክቋምታ ዕረፍቲ ስኢነን። ሓደ መዓልቲ ነብርየኩም ድኣ ንኸውን!” በለት ፍሽኽ እናበለት።

ዝነበርናዮ ቦታ ንዕላልን ጓይላን ዝጥዕም ስለዘይነበረ፡ ተጋዳላይ ኣብ ከከባቢኡ ስዋ እናሰተየ ተዘናግዐ። እተን ተብዓት ኣዋልድ ዓዲሓውሻ፡ ወዱን ጓሉን ተጋዳላይ ብሓባር ክስሕቕን ክጫረቕን ርእየን፡ ድሌተን

ስለዝሰመረለን ብታሕጓስ ፍንጭሕ በላ። ጸሓይ ምስ ዓረበትለን ድማ፡ ብሰላም ናብ ዓደን ተመልሳ። ገለ ካብዘን ሰለስተ ጉራዙ ተጋዳሊን ተሰዊአን ምናልባት'ውን ተጋዳሊን ናጽነት ክርእያ በቒዐን ይኹና።

ናይ ቋሕ-ሰም ርክብ መሓርን ሓማቱን

ድፋዕ ዓዲሓውሻ ብዙሕ ታሪኽ ተኻዪድሉን ከቢድ መስዋእቲ ተኸፊልሉን'ዩ። እዛ ናይ ቋሕ-ሰም ርክብ፡ ካብተን ካብ ኣእምሮይ ዘይሃስሳ ፍጻሜታት ሓንቲ'ያ። ንሳ ድማ ናይ ቋሕ-ሰም ርክብ መሓርን ሓማቱን'ያ። ከም ኰሎም እቶም ንስርዓት ሃይለስላሰ ራሕሪሖም ናብ ሰውራ ዝተጸንበሩ፡ መሓሪ'ውን ኣብ 1975 ዳኒኤል፡ ኣኽሊሉ ዮርዳኖስን ዝብሃሉ ሰለስተ ቈልዑ ገዲፉ'ዩ፡ ጥሪ 31 1975 ዓ.ም. ናብ መሳርዕ ህዝባዊ ሓይልታት ዝተጸምበረ። ናብ ሰውራ ድሕሪ ምውጽኡ፡ መርዓቱ ኣብርሀት ደቃ ንምዕባይ ኣብ እንዳ ዓለባ (ባራቶሎ) ብውሑድ ደሞዝ ስራሕ ጀመረት። መሓሪ፡ ቀይሕ፡ ቀጢን፡ ሓለንጋይ፡ ለማሽ ጸጉሩ፡ ጽሩብ ቍመና ዘውንን ኲይኑ፡ ክምገብን ክድቅስን እንተዘይኲይኑ፡ ካብ ዝባኑ ተዓጻፊት ክላሽን ዘይፈሊ ኣብነታዊ ተጋዳላይ ነበረ።

ሓደ መዓልቲ ኣብ ዓራርቦ ጸሓይ፡ ማእከልነት ሓይሊ ዕቑባይን መራሒ ጋንታ ተስፋኣለም (ቓዛፌ)ን ካብቲ ዝወዓሉሉ ዓዲሓውሻ፡ ናብቲ ዓሪድናሉ ዝነበርና ድፋዕ መጺኦም። ንመሓሪ ብህጹጽ ክመጽእ ሰብ ለኣኹሉ። መሓሪ ንእለቱ ደበኽ በለ። ሰላምታ ድሕሪ ምልውዋጥ፡ ንበይኑ ናብቲ ደንደስ ፍልይ ኣቢሎም "መሓሪ ንዓኻ ዝምልከት ፍሉይ መልእኽቲ ኣሎ። ንሱ ድማ ሓማትካ ክትሪኤካ ካብ ኣስመራ መጺኣ ኣላ። ስለ'ዚ መስርዕካ ኣተሓሒዝካ ተበገስ። ብዛዕባ ስራሕ ብዙሕ ኣይትሰከፍ ባዕልና ኣለናዮ፣ ቀሲንካ ኣዕርፍ። ጉዳይ መዕረፊ ቦታ ይኹን መሻርፍ፡ ምስ ቶሚን ወዲእናዮ ኣሎና። ወዲ ዕንጸይቲ ድማ፡ብስራሕ ምኽንያት ናብ ዓዲ በጺሑ ክምለስ ስለዝኾነ፡ ቀልጢፍካ ተበገስ። ጽቡቕ ዕረፍቲ፡ ቻው፡" ኢሎም ኣፋነዉዎ።

መሓሪ ንምኽትል መራሒ መስርዕ ብጻዩ ጸዊዑ፡ "ኣነ ብስራሕ ናብ ዓዲሓውሻ ክወርድ'የ። ንውሑድ መዓልቲታት ክእለየኩም'የ። ኣይትሕመቕ፣ ትኩር ኩን! ቻው፡" ድሕሪ ምባል፡ ኣብ ኢዱ ዝነበረት ሰዓት ኣረኪቡ፡ ናብ ዓዲሓውሻ ኣምርሐ።

መሓሪ ናይ ሓጉስን ሓዘንን ስምዒት ተፈራረቐ። በቲ ሓደ ነታ ንሰለስተ ዓመት ዝተፈልያ ሓማቱ ብምርካቡ ተሓጒሱ፡ በቲ ኻልእ ነታ ዝፈቱዋ መሰርዑ፡ ኣብ ከቢድ ናይ ውግእ ሃዋሁው ይእለያ ምህላዉ ሻቕሎት ፈጠረሉ።

ጉዕዞ ብሓባር ጀመርናዮ። እንተኾነ፡ መሓሪ ጸጸኒሑ ምስ ነብሱ ይዛረብ ነበረ። ከይተረድኦ ድማ፡ "ንውልቃዊ ጉዳይካ ኢልካዶ ወደይ ብጾትካ ኣብ ጽንኩር እዋን ትገድፎም ኢኻ!" በለ። ኣነ ስክፍታኡ ተረዲአ፡ "ስማዕ መሓሪ! ሓማት ማለት'ያ ኣደ ማለት'ዩ። ኩሉ ገግዚኡ ኣሎዎ። መሰርዕካ ኣበይ ከይትኸደካ፡ ቅሰን ጥራሕ!" በልኩዎ ከተባብዖ።

ኣብ ዝተሓበረና ገዛ ምስ በጻሕና፡ መሓሪ ህርመት ልቡ ወሰኸ፡ ኣብ ግንባሩ ርሃጽ ታህታህ በለ። ማዕጾ ክኹሕኵሕ ናብ ድርኮኹት ገዛ ቅርብ ምስ በለ፡ ድምጺ ናይ ብዙሓት ሰባት ምስ ሰምዐ፣ "ኣንታ ምስ ኩላቶም ስድራቤት ግዲ እያ መጺኣ፡" በለ።

"ረጉደ! ጽቡቕ! ንኹላቶም ብሓደ እዋን ትረኽቦም፡" በልኩዎ። ንመልሰይ ግዲ ከይገበረሉ፡ ብድፍረት ማዕጾ ኳሕኩሑ፡ "ደሓንዶ ኣምሲኹም ሰብ ገዛ!" ኢሉ ንውሽጢ ኣተወ። መሓሪ ናይ ነገር ስጋን ናፍቖትን ግዲ ኰይኑዎ፡ ኣዕይንቱ ናብ ሓማቱ ወርወረን፡ ከይተረድኦ እእዳዉ ዘርጊሑ ሓቘፉ ሰዓመን። ንሰን'ውን ናይቶም ዝዕዘቡዎም ዝነበሩ ደቂ ገዛ ግምት ከይሃባ ብዓጸፋ መለሳሉ። እተ ኣባል ጀማሂር ንዕላል ኢሉ፡ "እንታይ ደኣ ነዛ ገዛ ብዓይንኻ ትኾላ ዘሎኻ፡ ጌና ዘይርኣኻዮ ጋሻ ኣሎ ድዩ፧ ሓተቶ።

መሓሪ ርእሱ ሓኺፍ ሓኺፍ እናበለ፡ "ኣይፋሉን! ንመርዓተይ ድኣ ቅድሚ ወርሒ ረኺበያ ነይረ'ን ድየ፡ ንዓኹም ምርኣይ ደኣ ኣሕፊሩኒ'ምበር!" በለ።

ቡን ተቐልወ፡ ጐረባብቲ ኣዴታት ዘምጻኣሎም ሱዋን ሕምባሻን ተቐረበ፡ እታ ገዛ ብሓጎስን ሽሻይን መልአት። ኣነ'ውን ናብ ድፋዕ ዝምለሰሉ ሰዓት ስለዝኣኸለ፡ ካብቲ ኮፍ ኢለሉ ዝነበርኩ ንእዲ ሓፍ ኢለ፡

"እሕሕ! እሞ ነዊሕ ኣዕሊልና፡ ከይተረደኣና ምድሪ መስዩ። ብዝኾነ ጽቡቕ ምሸት ኣምሲና። መሓሪ ትማሊ ምስ መርዓትካ ሕጂ'ውን ምስ ሓማትካ ክትርአአ እንቋዕ ኣብቅዓካ። በሊዕና ሰቲና፡ ሽሻይ መሊኡ። ንስኻ ምስ ሓማትካ ኣደይ ውነሽ ኣዕልል። ኣነ ግን ናብ ድፋዕ ክምለስ።" ብምባል ተፋነኹዎ።

መሓርን ሓማቱን ኣብታ ህድሞ ንበይኖም ተረፉ። ዕላሎም በየን ከም ዝጅምሩዎ ሓርበቶም። ኣደይ ውነሽ ነቲ ስቕታ ክሰብራን ንዕላል ኣፍ-ደገ ክኸፍታን፡

"መሓሪ ወደይ! ወለድኻ ጽቡቕ ኣለዉ፡ ሓሓሊፍና ንራኸብ ኢና። ደቅኻ'ውን ከምቲ ዝረኣኻዮም ኅቢዞም። ብፍላይ ኣኽሊሉ ወድኻ፡ ኩሉ ጊዜ ዕላሉ ብኣኻ'ዩ። ግደ ሓቂ፡ መርዓትካ ድሕሬኻ ኣይጠዓማን፣ ኢድ ሓጺሩዋ። ደቃ ንምዕባይ ኣብ እንዳ-ዓለባ (ባራቶሎ) ስራሕ ጀሚራ ኣላ። እቶም ክልተ ደቀይ እግሪ-እግርኻ ሰዒቦም ናብ ገድሊ ወጺኦም። መርዓትካ ከኣ ብምስጢር ተወዲባ ኣብ ጉዳይ ሃገር ንየው-ነጀው ትብል ኣላ። ግዲ የብልካን! ናጽነት ምስ መጸአት፡ ነዛ ባንዴራ-ኤሊትረያ፡ኣብ ገዛና ክትሰቕሉዋ ኢኹም።" ምስ በላ፡ መሓሪ ብሞራልን ጽንዓትን ሓማቱ ተገሪሙ ፍሽኽ በለ። 'ኔሺ'፡ ሰበይቱ ብድሕሪኡ ከም ዘይጥዕማ ይፈልጥ ነበረ። "ስምዒ'ሞ ኣደ ኣብርሀት ድሕረይ ከም ዘይጥዕማ'ኳ ይርድኣኒ'ዩ። ቅድሚ ጉዳይ ሓዳረይ፡ ጉዳይ ሃገር ከቐድም ተገዲደ። ካልእ ምርጫ ኣይነበረንን። ሕጂ ግን ኣብርሀት ደቃ ሒዛ ናብ ገድሊ እንተወጸአት ከመይ ይመስለኪ!" ኢሉ ብድፍረት ሓተተን። ኣደይ ውነሽ ግን፡ ዋላ'ኳ ሓያል ሃገራዊ ስምዒት እንተነበረን፡ ንሓሳባቱ ኣይተቐበልኦን።

"ነዛ ሃገር ኩልና በብዓቕምና ክንሰርሓላን ክንሰውኣላን ግድን እዩ። እታ ትፈልጣ ገዛና፡ ብድሕሬኹም ቀሪራ'ያ። ስለዚ፡ ኣነ ድሕሪ ኣብርሀት ጓለይን ደቃን፡ ኣብ ኣስመራ ምስዞም ሓረድቲ ወተደራት ደርግ ክቕመጥ ፍቓደኛ ኣይኮንኩን። ወይ ድማ ኩልና ተተሓሒዝና ንበረኻ ምኻድ'ዩ።" በላ፡ ኢደን ኣብ መንከሰን ኣተርኢሰን። መሓሪ ሓማቱ፡ ንሓሳቡ ከም ዘይተቐበልኦ ተርዲኡ ናብ ካልእ ዕላል ኣተወ።

ኣብ መንጎ ዕላሎም ኣደይ ውነሽ፡ ነቲ መርዓቱ ካብ ኣስመራ ዝሰደደትሉ ክዳውንቲ ካብ ዘንምቢል ኣውጺኣን፡

"መሓሪ ወደይ! መርዓትካ ዝለኣኸትልካ ሓድሽ ክዳን ኣሎ'ሞ! ነብስኻ ተሓጺብካ! ተኸደኖ።" በልኦ። መሓሪ ዕጥቁ ኣራገፉ፡ ውራይ ምሕጻብ ነብሱ ገበረ። መርዓቱ ዝሰደድትሉ ክዳውንቲ ግን፡ ንጽብሒቱ ምድሪ ምስ ረፈደ ክኽደኖ ምዃኑ፡ ንሓማቱ ነገረን። ኣደይ ውነሽ፡ መሓሪ ድኻም ከም ዘለዎ ኣብ ገጹ ስለ ዘንበባ፡ "መሓሪ ወደይ ዕላል ሰለስተ ዓመት ብሓንቲ ለይቲ ዝውዳእ ኣይኮነን፡ ክንቅንየሉ ኢና። ሕጂ ግን ደኺምካ ኣሎኻ፡ ኪድ ኣዕርፍ!" በላኦ'ሞ መመደቀሲኦም ሓዘ።

እታ ለይቲ'ቲኣ ድፋዕ ዓዲሓውሻ፡ ዝኾነ ናይ ከቢድን ፎኪስን ድምጺ ብረት ከይተሰምዓ ሰላም ሰፊኑዋ ሓደረት። ደርሆ-ነቆ ኣብ ከባቢ ሰዓት ሓሙሽተ ወጋሕታ ግን ምድሪ-ሰማይ ከም'ዛ ሰላም ዘይሓደረት፡ ኣብ ውሱን ከባቢ'ቲ ድፋዕ፡ መሬት ብድምጺ ተኹሲ ተናወጸትን ሓዊ ተኻዕዋን። ኣሎ ዝብሃል ናይ ጸሎትን መርሓኖን ኩርባእምበይቶን ከበድቲ ብረት ጸላኢ፡ ናብ'ዛ ውሱንቲ ድፋዕ ኣቕንዐ። ተጋዳላይ ካብ ድቃሱ ተበራቢሩ፡ ብረቱ ኣዐሚሩ፡ ቦምብኡ ዓቲሩ፡ ናብ ቅድሚኡ ኣቋመተ። ሕጂውን እቲ ናይ ጸላኢ መጥቃዕቲ ኣብ ምሉእ'ቲ ግንባር ዘይኮነ፡ ናብ ውሱንቲ ዕላማ ዝኣንፈተ ነበረ። ህዝቢ ዓዲ ሓውሻ ዋላ'ኳ ኣብ ልዕሊ'ቲ ኣብ ግንባር ሰሓርቲ ዓሪዱ ዝነበረ ተጋዳላይ ሀ.ግ. ምሉእ እምነት እንተነበሮ፡ በዚ ሃንደበታዊ ውግእ ካብ ድቃሱ ተንሲኡ ኣንፈት ክፈልጥን ካብኡ ዝድለ ሓገዝ ክገብርን ንነብሱ ኣብ ተጠንቀቕ ኣእተዋ።

መሓሪ ካብ ድቃሱ ብስንባደ ተበራቢሩ፡ ኣንፈት ውግእ ክፈልጥ ዕጥቁ ዓጢቑ ናብ ቀርዓት ወጽአ። እቲ ውግእ ኣብቲ መስርዑ ዓሪዳትሉ ዝነበረት ድፋዕ ምኻኑ ኣረጋገጸ።

ኣደይ ውነሽ፡ ኣብ ገጽ ሰብኣይ-ዓለን ምልክት ሻቕሎት ኣንበባ። ተሞክሮ ውግእ ስለዘይብለን፡ ብዝተፈጥረ ኩነታት ትሻቐላ። ህርመት ልበን ወሰኸ። ብሓይሊ እናስተንፈሳ፡ "ኢሂ መሓሪ ወደይ መሬት ደሓን'ዶ ኣይኮነትን፣ እንታይ'ዩ መጺኡና!" በልአ። መሓሪ፡ ሓማቱ ዘቕረባሉ ሕቶ ግዲ ከይገበረ፡ ቀልጢፉ ዕጥቁ ዓጠቐ፡ ኢዱ ኣብ ሞንኩበን ኣንቢሩ፡ ዓይኒ ዓይነን እናጠመተ፡

"ኣደ! ኣይትሰንብዲ፡ ኣምሓራ ኣሎና ንማለት ኩሉጊዜ ከምኡ ኢየን ዝገብራ። ሕጂ ግን ድሃይ ብጾተይ ፈሊጠ ቀልጢፈ ክምለስ'የ።" በለን። ኣደይ ውነሽ፡ ፍርሒ ኣብ ከብደን ኣትዩወን። ዝሕዘኦን ዝጭብጣኦን ስኣና። ነገር ወላዲት ኰይኑወን፡ ዓይኒ-ዓይኑ እናጠመታ፡ "እዚ ወደይ! እዛ መሬት ሓዲኡ ክሳብ እትፍልጥ፡ ኣይፋልካን ህድእ በል! ምሳና ጽናሕ፡ ማርያም ባዕላ ነቶም ኣብ ድፋዕ ዘለዉ ብጾትካ ክትሕግዘኩም'ያ።" በላ።

ምሉእ ኣቓልቦ መሓሪ፡ ኣብ'ታ ንበይና ዝገደፋ መስርዑ ስለ ዝነበረ፡ ለመና ሓማቱ ግዲ ኣይገበረሉ። ንሓማቱ ኣብ ግንባረን ስዒሙ ብሓውሲ ዘብዘብ ናብ ድፋዕ ኣምርሐ። "መስርዐይ! ዘይሎሚ ዘይተፈለኹዋስ፡ ኣነ ዘይብሉ ውግእ ኣጓኒፋዋ! ተገዲዓ ጥራይ ከይትጸንሓኒ! "እናበለ፡ ከይተፈለጦ ነዛ መንገዲ ፍርቂ ሰዓት ብዘብዘብ ወዲኡ፡ ኣብ እግሪ ድፋዕ

በጽሒ። ኣብ ሓሳብ ተዋሒጡ እንከሎ፡ ነታ ንእሽቶ ኩጀት ከም ማይ ሰተያ። ኣብ ጥርዚ ቀላጥ መሬት በጽሒ። እዛ ቀላጥ ቦታ ንጸላኢ ቅልዕቲ (ክሻፋ) ስለ ዝኾነት፡ ተጋዳላይ ኣብዛ ቦታ ክበጽሕ እንከሎ ተጎምቢሑን ነብሱ ሓልዩን ኢዩ ዝሰግራ።

ኣደይ ውነሽ ጸጋይ፡ ምድሪ ከይወግሐ እግሪ-እግሩ ኣብ ቅርዓት ወጺኣን፡ ነቲ ኩነታት ተኸታተልአ። ተኹሲ በብቑሩብ ሃድአ። ከም'ቲ ሰብኣይ ጓለን ብሰላም ክምለሰለን ቃል ዝኣተወለን፡ መሓሪ ክምለሰን ብሃንቀውታ ተጸበያ። ህርመት ልበን ካብ ጊዜ ናብ ጊዜ ወሰኸ። እንተኾነ ወይ'ከ ድሃይ መሓሪ። ምኽንያቱ፡ ድፋዕ ዓዲ-ሓውሻ 'ዳስ ሓውያ' ኮይና፡ ዝኣቱም'በር ዝወጽእ ኣይተራእየን። ጊዜ ካብ ደቓይቕ ሓሊፉ ሰዓታት ተዓዝረ።

መሓሪ ኣብ ማዕሙቕ ሓሳብ ኣትዩ ስለዝነበረ፡ ኣብዛ ብጥንቃቐ ኣትሕለፍ ቃልዕ ቦታ ከም ዝበጽሐ ኣየስተውዓለን። ኣብ'ዛ ኣዝያ ተኣፋፊት ዝኾነትን፡ ናይ ጸላኢ ረሻሽ ዝተኣስረላን ቅልዕ ቦታ፡ ቦኽሪ እግሩ ረገጸ። ሕጂ'ውን ኩሉ ኣቓልብኡ ብዛዕባ መስርዑ ጥራይ ስለዝነበረ፡ ከየስተውዓለ ተገቲሩ ነዛ ተኣፋፊት ቦታ ኣፋረቓ።

እታ ጠርቋስ ውግእ፡ ብኣግኡ ኣብ ሰዓት ዘይመልእ ጊዜ ኣብቅዐት። ምኽንያቱ፡ ዕላማ'ታ መጥቃዕቲ፡ ጸላኢ፡ ኣብ እግሪ ድፋዕ ተጋደልቲ ሓዲሩ፡ ወጋሕታ ሃንደበታዊ መጥቃዕቲ ፈኒዩ፡ ሓድሽ ቦታ ንምቁጽጻር ዝብል ድኣምበር፡ ሰፊሕ መጥቃዕቲ ንምክያድ ኣይነበረን። ኩነታታት ተረጋግአ፡ ጸላኢ፡ ብዘይ ዝኾነ ፋይዳ፡ ብንግህኡ ናብ መበገሲኡ ተመልሰ።

ሓይልና ከባቢኣ ክትቆጻጸር የማን-ጸጋም ፋሕ በለት። መሓሪ ግን፡ ኣብ'ዛ ቀላጥ ቦታ፡ ብናይ ጸላኢ 'ቀጭ-ሕርሙ' (Sniper) ዝብሃል መነጽር ዘለዎ ነዊሕ ጠበንጃ-ብረት ኣብ ርእሱ ተወጊኡ ኣብ ካናለ ድፋዕ፡ ብኣፍልቡ ወዲቑ ጸንሓና። ኣነ፡ "መሓሪ ኣብ ዓዲ-ሓውሻ ምስ ሓማቱ ቡን ይሰቲ ኣሎ ድኣ'ምበር፡ ኣብ ካናለ ተሰዊኡ ክጸንሓኒ ኣይተጸበኹዎን። መሓሪ (ኔሺ) ምስ መስርዑ ከይተራኸበ፡ ብ10 ሕዳር 1977 ወጋሕታ ኣብ ድፋዕ ዓዲ-ሓውሻ፡ ኣብ ግንባሩ ተሃሪሙ ተሰውአ።

እዛ ሰራም ውግእ ወጋሕታ ግን፡ ነዞም ዕላሎም ጀሚሮም ዘየፋረቑዎ ኣደን ወድን፡ ሓንሳብን ንሓዋሩን ፈላለየቶም። ነቲ ናይ ሕሉፍን መጻእን ከዕልሉን፡ ክበሃሃሉን ክመኻኸሩዎን ከምኡ ብዛዕባ ደቁን መርዓቱን ሓደራ ክብለን ዝሓሰቦ ዝነበረ ተቓጸየ። እታ ውግእ ብመስዋእቲ እንኮ መሓሪ ተዛዘመት።

እቶም ነቲ ዘሕዝን ፍጻመ ዝፈለጥና ኣብ ከቢድ ሓዘን ተሸመምና። ኩነታት'ዘን ኣብ ከብዲ ዓዲ ኮይነን፡ መሓሪ ክምለሰን ብሃንቀውታ ዝጽበይኦ ዝነበራ ሓማቱ ኣተሓሳሰበና። ከመይ ኢለን'ሞ መርድእ'ቲ ቅድሚ ቁሩብ ሰዓታት ርእየን ዘይጸገብኦ ሰብኣይ-ጓለን ክቕበልኦ፡ ነዚ ከቢድ መርድእ'ከ፡ መን ነደይ ውነሽ ይንገረን ዓቢ ጉዳይ ኮነ። ኣብ መወዳእታ፡ ኣባላት ክፍሊ-ህዝቢ፡ ናብ'ቲ ኣደይ ውነሽ ኣዕሪፈናሉ ዝነበራ ገዛ ከይዶም፡ "ኣደ! እዚ ውግእ ንመዓልትታት ዝቕጽል'ዩ ዝመስል ዘሎ። መሓሪ ድማ ኣብ ከቢድ ስራሕ ተጸሚዱ'ሎ። ንስኽን ገዛኽን ተመሊስክን ውራይ ደቕኽን እንተገበርክን ይሓይሽ፡ ኣብ ዝጥዕም እዋን ባዕልና ድሃይ ክንገብረልክን ኢና፡" በሉወን።

ኣደይ ውነሽ ነብሰን ግንብንብ በለን። ፍርሐን ንውሽጢ ሓቢኤን፡ "እዚ ወደይ! ማርያም ባዕላ ምሳኹም ትኹን። ንመሓሪ ወደይ ድማ፡ ኣቦይ-እዝጊ ምስ ዘውጽአ የውጽኣዮ!" ብምባል፡ ብዛዕባ ህላዌኡን ሞቱን ከየረጋገጻ፡ ኣይሕጉስቲ ኣይሕዝንቲ ኮይነን ናብ ኣስመራ ተመልሳ።

ብስራትን መርድእን ኣብ ሓደ ህሞት

ኣርብዓን ሓሙሽተን ዓመታት ምስ ሓለፈ፡ ስድራ-ቤት ሰዉእ መሓሪ ኣብ ከመይ ኩነታትት ወዲቓ ትኸውን፤ ኣብርሀት መርዓት መሓሪ"ኸ እንታይ ኮን ገጢሙዋ ይኸውን፤ ንደቃ'ኸ ብኸመይ ኣዕቢያቶምን ኣብ ከመይ ደረጃ ኣብጺሓቶምን ትኸውን፤ ዝብሉ ግን ክኣ ብቐሊሉ ክምለሱ ዘይክእሉ ሕቶታት ኣብ ሓንጎለይ መጹኒ። መዋድቖ'ዛ ስድራ ንምፍላጥ ተበገስኩ። ዝጸዓረ ይዕወት ከም ዝብሃል፡ ድሕሪ ነዊሕ ድኻም፡ ኣድራሻ ስድራ ሰዉእ መሓሪ (ኔሺ) ረኺብኩ።

ብ20 ሓምለ 2020 ኣብ እንዳ ወ\ሮ ውነሽ ጸጋይ (ጎዳይፍ) ኩሎም ኣባላት ስድራቤት መሓሪ፡ ሓማቱ፡ ዞማኡን ደቁን ኣብ ዝተረኽቡሉ፡ ካብ 1975 ክሳብ መዓልቲ ናጽነት፡ እዛ ስድራ-ሰዉእ ዝሕለፈቶ ሓሳረ-መከራ ኣዕለሉኒ።

መሓሪ ናብ ሰውራ ምስ ተጸምበረ፡ መርዓቱ ኣብርሀት ናብራ ተፈታተናን ብሂወት ንምንባር ተቓለሰትን። በተን ውሑዳት ወርሓዊ ደሞዝ ፋብሪካ ዓለባ ደቃን ወለዳን ክትናብይ ስለ ዘይክኣለት፡ ናብ ስደት ሃገረ ስዑዲ ከተምርሕ ተቐሰበት።

"መዓልትን ከልብን ከይጸዋዕካዮም ይመጹኡ" ከም ዝብሃል፡ ኣብ 1990

መግዛእታዊ ስርዓት ደርግ፡ ኣብ ወደብ ምጽዋዕ ብኸሳዱ ስለዝተሓነቐን ዝተሳዕረን፡ መዓልቲ ናጽነት እናተቐራረበ መጽአ። ዳኒኤልን ኣኽሊሉን ኅቢዞም፡ ሃሞምን ቀልቦምን ብዛዕባ ሓርበኛ ኣቦኦም መሓሪ ኮነ። ብፍላይ ኣኽሊሉ፡ ዕታር ዕምበባ ሒዙ ነቡኡ ብዓይኑ ክርእዮ ክሓቑፎን ለይትን መዓልትን ይምነ ነበረ።

ካብ መፋርቕ 1990 ንድሓር፡ መዓስከራት ጸላኢን መዓርፎ-ነፈርቲ ኣስመራን፡ ብናይ ህ.ግ. ከቢድ-ብረት ክድብደብ ጀመረ። 23 ግንቦት 1991፡ "ተጋደልቲ ኣስመራ ንምእታው ቀሪቦም፡" ዝብል ወረ፡ ኣብ መላእ ኣስመራ ምስተሰምዐ፡ መንእሰይ ኣኽሊሉ ንሓርበኛ ኣቡኡ፡ ኣብ ኣፍደገ ኣስመራ ብሎኮ ክቕበሎ፡ ኣንጊሁ ካብ ማይ-ተማናይ ናብ ጎዳይፍ ገጹ ተበገሰ። ዕታር ዕምበባ ሒዙ፡ ን'ፌያት ታሌሮ' ሓሊፉ፡ ኣብ ከባቢ ባር-ጂማ ምስበጽሐ፡ በዚ መጸት ዘይተባህለት ናይ መድፍዕ ቦምባ ኣብ ርእሱ ዓለበት። መሬት ብደም ኣኽሊሉ ጨቀወት። ወዲ-ሰብ፡ ካብ ጽሕፍትኡ ስለ ዘየምልጥ ድማ፡ ነታ ዕታር ዕምበባ ሓቑፉ፡ መልክዕ ኣቡኡ ከይርኣየ፡ ምዕጉርቲ ኣቡኡ ከይሰዓመ፡ ጭሕሚ ኣቡኡ ከይዳህሰሰን፡ ሓሳብ ልቡ ከይሰመረሉን፡ ድሮ ናጽነት፡ 23 ግንቦት 1991፡ ፍርቂ መዓልቲ፡ ኣብዛ 'ጸላም መዓልቲ' ዓረፈ።

24 ግንቦት 1991፡ ንስድራቤት ሰዉእ መሓሪ (ኔቪ) መርድእን ብስራትን ብሓደ ህሞት ዝሰምዓትሉ ዕለት ኮነ። 24 ግንቦት 1991፡ ህዝቢ ኣስመራ፡ ንተጋደልቲ ደቁ ብእልልታን ጨብጨባን ክቕበል እንከሎ፡ እዛ ንሓጉስ ዘይተዓደለት ስድራ-ቤት መሓሪ ግን፡ ንመንእሰይ ኣኽሊሉ ድኣ ሓመድ ኣዳም ከተልብስ ወዓለት።

ኪዳን-ምህረት ምህለላን ጸሎትን ኣደይ ውነሽ ኣይሰምዓቶን። ኣደይ ውነሽ፡ ኣብ መዓልቲ ምንጋር ሰዉኣት፡ ዓሙቕ ጓሂ ዘንቀሎ፡ ከምዚ በላ፡

"ክልተ ደቀይን ሰብኣይ ጓለይን፡ ንስለ ናጽነት ብምስውኦም ሕጉስቲ'የ። እንተ ናይዚ ሕንጫል ወዲ ጓለይ ኣኽሊሉ ሞት ግን ኣይግድን! ክጻወሮ ኣይክኣልኩን። እታ ሰራም ቦምባ ንዓይ ክትከውን ነይሩዋ!" ብምባል ከብድኻ ዝበልዕ ሕሉፍ ታሪኽ'ዛ ስድራ ኣዘንተዋለይ።

ቅሱን ህይወት ተጋዳላይን ህዝቢ ስሓርትን

ኣብ ግንባር ሰሜን ብተመሳሳሊ ፋሽስታዊ ስርዓት ደርግ ኪኖ ብሎኮ ኣስመራ-ከረን፡ ከባቢ ብሎኮ እንዳ ክርቢትን በለዛን ኣማዕዲኻ ምቁማት እንተ ዘይኰይኑ፡ ሓንቲ ስድሪ'ውን ትኹን ንቕድሚት ክስጉም ኣይከኣለን፣ ካልእ ክገብሮ ዝኽእል ዓቕሚ'ውን ኣይነበሮን። ኣብ ግንባር ደቡብ'ውን፡

ተጋደልቲ ተ.ሓ.ኤ.. መስመር ኣስመራ-መንደፈራ-ዓዲ'ኳላ፡ ኣብ ከባቢ ሰላዕዳዕሮ፡ ህዝባዊ ግንባር ኣብ መስመር ኣስመራ-ደቀምሓረ ከባቢ ኵርባ-እምበይቶ ዓሪዶም ስለ ዝነበሩ፡ ምንቅስቓስ ጸላኢ ኣብ ኣስመራ ተሓጽረ።

ደርግ በቲ ዝነበሮ ወተሃደራዊ ዓቕሚ፡ ንበይኑ ኣብ ውሽጣዊ ዓቕሙ ተመርኲሱ፡ ንሓይሊ ሰውራ ኤርትራ ክምክቶን ካብ ግስጋሰኡን ክዓግቶን ከም ዘይከኣል ተረድአ። ነተን ካብ ትሕቲ ምቍጽጻሩ ወጺአን ናጽነተን ዝተጐናጸፋ ከተማታት ሰገነይቲ፡ ከረን፡ ደቀምሓረ፡ ኣቑርደት፡ መንደፈራ ወዘተ ክመልስ ወተሃደራዊ ዕጥቂ፡ ናይ ኣመራርሓ ብስለት ይኹን ወተሃደራዊ ዓቕሚ ኣይነበሮን። እታ ዝነበረቶ እንኮ ኣማራጺት መጣልዒት ወረቐት ምስታ መራሒት 'ማሕበርነታዊ ደምበ' እትበሃል ዝነበረት ሕብረት ሶቭየት ምምሕዛው ነበረ። ግዜ ከይበልዐ ብመንገዲ'ተን ኣብቲ እዋን'ቲ ዝነበራ ፖለቲካዊ ፓርቲታት (መ.ኤ.ሶ.ን፡ ኢ.ህ.ኣ.ፓ.) ምስ ሕብረት ሶቭየት፡ ሓድሽ ወተሃደራዊ ውዕል ተፈራረመ። ክልተ ቢልዮን ዶላር ዝግመት ዝተፈላለዩ ዘመናዊ ኣጽዋር (ተወንጫፊ ሚሳይላት፡ መዳፍዕ፡ ሚግ 21፡ 23 ዝዓይነተን ዘመናውያን ናይ ውግእ ነፈርቲ፡ ወተሃደራዊ ሓገዝ ተፈራረመ። እንተ'ኹኑ፡ በዚ ካብ ሕብረት ሶቭየትን ካልኦት ጽልዋ ማሕበርነት ዝነበረን ሃገራት ዝረኸቦ ዘመናዊ ኣጽዋርን፡ ሽሾ ሰራዊትን ተሰንዩ፡ ንዕርድታት ህዝባዊ ግንባር ከፍርስ ብተደጋጋሚ መጠነ ሰፊሕ ወተሃደራዊ መጥቃዕቲ እንተፈተነ፡ ሰፍ ዘይብል ሰብኣውን ንዋታውን ክሳራታት ተሰኪሙ፡ ብዘሕፍር መንገዲ ተሳዒሩ ናብ ኣስመራ ይምለስ ነበረ።

* * *

ኣብ ክፍላ 1977፡ ተጋዳላይ ህዝባዊ ግንባር ካብ ሰሜን ንደቡብ፡ ካብ ምብራቕ ንምዕራብ፡ ካብ ራስ ቄሳር ክሳብ ራስ ዱሜራ፡ ካብ ጻት ናብ ጻት ኤርትራ ተወናጨፉ፡ ኣብ ጥጡሕ መንገዲ ብመካይን እንሓንሳብ ብኣጋር ካብን ናብን ኤርትራ፡ ጐላጉል ክሰንጥቕን ጐቦታት ክሓኩር ተራእየ። ብማእከል'ተን ሓራ ዘውጽአን ከተማታትን ዓድታትን ክሓልፍ እንከሎ፡ እ'ኽለ-ማይ እናቐረበ፡ ህዝቢ ብዕልልታን ጣቕዒትን የሰንዮ ነበረ። ቈልዑ እግሪ እግሪ ተጋዳላይ እናሰዓቡ ኢድ ተጋዳላይ ክስዕሙን ናይ ሰውራ መዛሙር ክዝምሩን፡ ዓበይቲ ሽማግለታት ክምርቑን ናብ ሰማይ ኣንቃዕሪሮም ጸሎቶም ከብጽሑን መዓልታዊ ተርእዮ ነበረ። ህዝቢ ኣብ ልዕለኡ ዘሎዎ ፍቕሪን ሓልዮትን ርእዩ ሓጐሱ ምቍጽጻር ዝስእን ተጋዳላይ ድማ፡

ድኻሙ፡ መውጋእቱን መስዋእቱን ፍረ ከም ዘለዎ ምስ ረአየ፡ 'ነዚ ህዝቢ'ዚ ዓሰርተ ግዜ እንተተሰዋኣካሉ ሓላል እዩ ይብል ነበረ። ኣብዚ መድረኽ'ዚ፡ ህዝቢ ኤርትራ፡ ብዘይካ'ቲ ኣብ ትሕቲ ምቍጽጻር ደርግ ዝነበረ ገዲፍካ፡ ካብ ጸላኢ ዝወርዶ ዝነበረ ኣደራዕ፡ (ጭውያ፡ ማእሰርቲ፡ ዓመጽ፡ ቅትለት፡ ምፍርራሕ፡) ብሳላ መስዋእቲ ደቁ እፎይ ኢሉ፡ ንቡር ድቃስ ክድቅስ፡ ገያሻይ ካብ ዝወፈሮ ብሰላም ናብ ቤቱ ክምለስ፡ ናይ ጥሪቱን ገንዘቡን ውሕስነት ክረክብ፡ ኮታ ናይ ናጽነት ጽሩይ ኣየር ከስተማቕር ጀሚሩ ነበረ።

ብፍላይ ኣደታትን ጕራዙን ኤርትራ፡ "ሎሚዶ ጽባሕ ብወተሃደር ንዕመጽ ወይ ብሓይሊ ንሓዳር ንሕተት፡ ካብ ጕስነት ወይ ካብ ቤት ትምህርቲ ንቤትና ብሰላምዶ ንምለስ ወይስ ኣደዳ ዓመጽቲ ንኸውን፣ ካብ ካድረታት ደርግ እንታይ ሽግር ይፍጠር ይኸውን፧" ካብ ወዘተ ዝብሉ ጭንቀት ዝፈጥሩ ስክፍታታት ተገላጊለን ነበራ።

ኣመንቲ ምስልምና ይኹኑ ክርስትና፡ ነቲ ተሓሪሙዎም ዝነበረ ንቡር ጸሎት ወጋሕታ ፡ ደወል ቤተ ክርስትያን ከምኡ ኣዛን መስጊድ ሰሚዖም፡ ከይተሸቝረሩ፡ ጸሎቶም ናብ ፈጣሪኦም ከብጽሑ ዕድል ረኸቡ። ኣብ ጉዳይ ምሕደራ ዓዲን ባይቶን እውን፡ ንዓዲ ዘመሓድሩ ኣነባበርቲ ዓዲ ብደሞክራስያዊ መንገዲ መሪጾም፡ ዝመሰሎም ሓሳባት ብዘይ ፍርሒ ከፍስሱን ክነቕፉን ርሑው ዕድል ተኸፍተሎም። ነዚ ዓወት'ዚ ዘጕናጸፎም ህዝባዊ ግንባር፡ ነቲ ካብኦም ዝጠልቦ ከማልኡን ለይትን መዓልትን ጽዓሩን ድልውነቶም ክሳብ መስዋእቲ ብግብሪ ኣረጋገጹን።

እቶም ብናይ ከቢድ ብረትን ደብዳብን ድምጺ ሕጭጭታ ነፈርትን ዝሳቐዩን ብሳንጃ ወተሃደራት ኢትዮጵያ ንጹህ ደሞም ዝፈሰሰ ዝነበረ ህጻናትን ቈልዑን ኤርትራ! እፎይታ ረኸቡ። ስቓዮም ተወዲኡሎም፡ በብዕድሚኦም ተወዲቦም፡ ሰውራዊ መዛሙር ክዝምሩ፡ ጉጅለ ባህሊ ቀያሕቲ ዕምበባ ከቛሙ፡ ተጋደልቲ ኣብ ዓውዲ ውግእ ይኹን ኣብ ጓይላ ዝገበርዎ ክገብሩ፡ ፊደላት ክቘጽሩ፡ ክሳብ ለይቲ ኣብ ዝደለይዎ ክንቀሳቐሱን ብጉጅለ ከዕልሉን ምርኣይ፡ ንህዝቢ ይኹን ንተጋዳላይ ዓቢ ሓጎስ ፈጠረሉ።[7]

1977 ካብቶም ዝሓለፉ ናይ 16 ዓመታት ቃልሲ ፍሉይ ዝገብሮ፡ ኣብዚ ዓመት'ዚኣ፡ ሜዳ ኤርትራ ዓወት ኣብ ርእሲ ዓወት ዝተመዝገበሉ፡ ኣብ ነፍሲወከፍ መዓልቲ፡ ሰሙንን፡ ወርሕን ዓበይቲ ወተሃደራዊ፡ ፖለቲካዊ፡ ቁጠባዊ፡ ማሕበራውን ዲፕሎማስያውን ዓወት ዝተሓፍሰሉ ዓመት'ዩ ዝነበረ። ኣብ ውሽጥን ወጻእን ዝነብር ህዝቢ ኤርትራ፡ ምስ መሪሕ ውድቡ

ከም ማይን ጸባን ተሓዋዊሱ፡ ሃገራውነትን ናይ ቃልሲ መንፈስን ኣብ ዝለዓለ ጥርዚ ዝበጽሓሉ፡ ውልቃዊ ዋኒ ካልኣዊ ሰሪዑ፡ ሃሙን ቀልቡን ኣብ ጉዳይ ሰውራኡ ገይሩ፡ ዕምሪ ጸላኢ ንምሕጻርን ናጽነት ንምቅልጣፍን፡ ዘይተጻዓድነት ንመግዛእቲ ዘመስከረላን ከቢድ መስዋእቲ ዝኸፈለላን ታሪኻዊት ዓመት'ያ ዝነበረት። ታሪኻዊ ቀዳማይ ውድባዊ ጉባኤ ህ.ሓ.ሓ.ኤ ብዓወት ምዝዛሙ፡ እቲ ዝዓበየ ፖለቲካዊ ዓወት ናይ 1977 ነበረ። ነቶም ኣብ ቀዳማይ ውድባዊ ጉባኤ ዝተሓንጸጹ ፕሮግራማት

- ምህናጽ ህዝባዊት ደሞክራስያዊት ኤርትራ
- ምህናጽ ኣብ ርእሰ-ምርኰሳ ዝኣምን፡ ነጻ ሃገራዊ ቍጠባ
- ምውሓስ ሓድነትን ማዕርነትን ብሄራት ኤርትራ
- ምሕላው ፖለቲካውን ውድባውን መሰላት ናይ ሸቃሎን ሰራሕተኛታትን
- ምርግጋጽ ምሉእ ማዕርነት ደቀንስትዮ ኣብ ፖለቲካዊ፡ ቍጠባዊ ማሕበራዊን

ኣብ ናይ ወጻኢ ፖሊሲ ዘይሻርነትን ሓድሕድ ምትሕግጋዝ ምስ ደሞክራስያውያን ምንቅስቓሳት ወዘተ

ኣብ ግብሪ ንምትርጓም፡ ህዝባዊ ግንባር ኣብ ሜዳ ኤርትራ ይኹን ኣብ ወጻኢ ኣበርቲዑ ዝሰርሓሉ ዓመት'ዩ ዝነበረ።

ብ 1 ጥሪ 1977፡ ን1977 ሓዳስ ዓመት ብሓጐስ ንምቕባልን ንምብሳርን ፡ ኣብ ኣጋንእ ኣጂፕ ባጽዕ ተኸዚኑ ዝነበረ፡ 45 ሚልዮን ሊትሮ ነዳዲ ብተብዓት ተጋደልቲ ብምቅጻል፡ ባና ሓርነት ዘበስር ሸግ ተወልዐ።

ህ.ግ ኣብ 1977 ማዕረ'ቶም ዘመዝገቦም ዓበይቲ ወተሃደራዊ ዓወታት፡ ኣብ መንእሰያትን ሸማግለታትን ብመንገዲ ሰሚናራት፡ ንቓልዑ ክኣ ብደርፍታት፡ መዛሙር፡ ግጥምታት ወዘተ ብምግባር፡ሓያል ሃገራዊ ባህልን ንቕሓትን ኣሰሪጹ'ዩ።

ደርፍታት'ቲ ውሩይ ከራራይ ኣባል መሰርዕና፡ ተጋዳላይ ምሕረትኣብ፡ ህዝቢ ኣብ ምብርባር ዓቢ ተራ ተጻወቱ። ወዲ-ገብርኣብ ኣብ ታዕሊም ባሕሪባራ ዝነበረ ሕሰም ንምግላጽ፡

ባሕሪ-ባራ ምስ ወረደ ድኑ፡
ሸዑ እንድዩ ሓፋሽ ዝኣመኑ።
ተጋዳላይ እንታይ ምልክቱ
ክፉፉ ዓጢቖ ምስ ብረቱ።

ሳሊና-77

ነባጅጎ ባሕሪ እንተተውርዶ፡

ኣብ ሳሕል ኣውሪድካ ታዕሊም ተትጸምዶ፡
ንወዱ ጥይት ምስ ቀመዶ፡
ሓደ እግሩ ፈንጂ ምስ ቀመጦ
ቀንጠብ ቀንጠጠፈ ገናድ ምስ ሓንጠጦ፡
ጸጕሪ-ርእሱ ጸሓይ ሳሕል ምስ መለጦ
ሸው ዶኾን ጸገምና ምፈልጦ።

ብምባል፡ ከም መዘናግዒት ደረፈ።
ኣብ መፋርቕ 1975፡ ስዉእ ገዲም ተጋዳላይ ግርማይ ገብረመስቀል[8] ዝገጠማ፡

አበይ ኣሎ ብጻይ ተጋዳላይ፡
በረኻ ዝወጸ ብመንሕራይ፡
ንኹሉ ጭቆና ተጻራራይ፡
መጻኢ ዕድልና ኣበሳራይ።

ካብ ባርነት ሓርነት ዝሓረ፡
ተጋዳላይ መሮር ዝወፈረ
ንሓይሊ ጸላኢ ዝሰበረ፡
ኣይግዛእን ኢሉ ዝዓንደረ፡
ንሱ'ዩ ጅግና ብጻይ በዓል-ስረ።

ተጋዳላይ ስዉኣ ንዕላምኡ
ዕላምኡ ምኽንያት መንበሪኡ
ምስ ዓጠቐ ዘይፈትሕ ስሬኡ።

ንመግዛእቲ ጨኪኑ ዝዓሎ፡
ናይ ምግዳል መንፈስ ዝዓብለሎ፡
ኣብቲ ጥይት ምሳይ ዝተቀሎ፡
ኣብቲ ጸሓይ ምሳይ ዝተለሎ
ኣነ ንዑኡ እየ 'ብጻይ' ዝብሎ።

እትብል ደርፋ፡ ኣብ ተጋደልትን ህዝብን ዓቢ ተቐባልነት ረኺበት። ኣብ ሰምሃር ዝተፈጸመ ጅግንነት ተጋዳላይ ኣመልኪቱ'ውን፡

ወራር ሰምሃር፡ ቀይሕ ባሕሪ
ርኢናዮ ናፓል ተቓጻሊ።

ኣብ ጎርጉሱም ዘበልካዮም ኣነ፡

ኣብ ዶጎሊ ዘበልካዮም ኣነ፡
ኣብ ሳሊና ዘበልካዮም ኣነ፡
ጎይታ ዶሸካ ጎይታ ካላሽን፡
ጎይታ ኣርቢጂ ጎይታ ኣዳፍነ፡

እትብል፡ ህብብቲ ደርፊ ነበረቶ። ደርፍታት ወዲገብረኣብ፡ ምረት ጉዕዞ ሰውራ ዝሕብሩ፡ ንመስዋእትነት ጅግንነት ተጋዳላይን ህዝብን ዝገልጹ፡ ፍቕሪ ሃገር ዘስርጹ፡ ሃገራዊ ስምረት ንኽሓድር ዝደፋፍኡ፡ ንወለዶታት ከም ቀርሲ ኮይኖም ዘገልግሉ ግጥምታትን ዜማታትን ኢዮም ዝነበሩ።

ግፍዒ ስርዓታት ኢትዮጵያ

ተሳትፎ ህዝቢ ኣብ ዓውዲ ውግእ

ኣብ ግንባር ደቡር ዝተማረኸት ቲ-55 ታንክ (ኮማንደር)

ቅያ ጐራዙ ዓዲሓውሻ

ሃምን ቀልብን ህጻናት ኤርትራ

ተጋዳላይ ኣብ ማእቶት

ኣደይ ምልእተን ብዓል ቤተን ቀሺ ተኽለሚካኤልን

ሳሊና-77

ሳሊና-77

ክፋል 2

ምዕራፍ ሰለስተ

*

ንቕሎ በጦሎኒ 4.3 ናብ ውግእ ሰምሃር

እተን ሰለስተ በጦሎኒታት ብርጌድ 4፡ ካብታ ኣብ ሚያዝያ 1977 ኣብ ናቕፋ ተኸሊዋ ዝተገብረትላ ግዜ ኣትሒዘን፡ ክሳብ ሕዳር 1977፡ ብሰንኪ'ቲ ዝነበረ ጽዑቕ ውግኣትን ሰፊሕ ውድባዊ ዕማማትን፡ ሓድሕድ ክፋለጣን ኣብ ሓደ ስትራተጂ ዓሪደን ብሓባር ወተሃደራዊ ስርሒት ኣንጻር ስርዓት ደርግ ከካይዳን ዕድል ኣይረኸባን። ቦጦሎኒታት 4.2ን 4.3ን ኣብ ደቡብ፡ (ግንባር ስሓርቲ) ከበባ ኣስመራ ክዓርዳን እንከሎዋ፡ በጦሎኒ 4.1 ነቲ ኣብ ዓዲቀይሕ ዓስኪሩ ዝነበረ ሰራዊት ጸላኢ፡ ምስ ካልኦት ብርጌዳት ተሓባቢራ ካብ መዓስከራቱ ምዕይ ከም ዘይብልን ገይራ ብጸቢብ ከርዲና ሓዘቶ። ጸላኢ ነቲ በብእዋኑ ዝገብሮ ዝነበረ ናይ ምፍንጣስ ፈተነ ኣበርዒነን ሰፍ ዘይብል ክሳራ ኣሰኪመን ይመልሰኦ ነበራ።

በጦሎኒ 4.3 ዓሪዳትሉ ካብ ዝኸረመት ዕርዲ ስሓርቲ፡ ንፍሉይ ስራሕ ናብ ካልእ ቦታ ክትንቀሳቐስ ምዃና፡ ንዝምልከቶም ሓለፍቲ ትእዛዝ ተመሓላለፈ። ሓይሊ 4.33 ነቲ ንነዊሕ ኣዋርሕ ዝዓረደትሉ፡ ነቕ ዘይብል ድፋዕ ዝሃነጸትሉ፡ ዓወታት ዝሓፈሰትሉን ምስ ነበርቲ ህዝቢ ስሓርቲ ዓሚቝ ፍቕሪ ዝመስረተትሉን ግንባር ስሓርቲ እትፋነወሉ ሰዓታት ኣኸለ። ውልቃዊ ድሌትን ስምዒትን ነፍሲ-ወከፍ ኣባል እንተዝምርመር፡ ካብቲ ኣማዕዲኻ ባና ኣስመራን መዓርፎ ነፈርትን እናረኣኻ ሞራልን ፍናን እትሰንቀሉ፡ ካብቲ

ዝሑል ክሊማ ከበሳን ንዓይንኻ ዝማርኽ ለምለም ሳዕርን እተስተማቕረሉ፡ ሎሚዶ ጽባሕ ኣስመራ ነጥቅዕ ዝበሃለሉ፡ ካብቲ ከም ፈልፋሊ ማይ ዝዛሪ ፍቕሪ ህዝቢ ስሓርቲ እትረኽበሉ ክትርሕቕ ከቢድ እዩ ዝነበረ። እንተኹነ፡ ከምቲ 'ፍቕሪ ሰውራስ የጀምር'ምበር ኣየወድእን' ዝበሃል፡ እንትርፎ ርያኻ ጠርኒፍካ ናብ ዝተኣዘዝካዮ ምብጋስ ካልእ ምርጫ ኣይነበረናን።

4 ሕዳር 77፡ ብቐትሩ ላዕለዎት ኣዘዝቲ ብርጌድ 4ን ብርጌድ 51ን፡ ነቲ ሰፊሕ ወተሃደራዊ ስትራተጂ ግንባር ደቡብ፡ ካብ ጸሎት ጀሚሩ ክሳብ ከባቢ ዓዲ-ጎምቦሎን ላምዛን ተዘርጊሑ ዝነበረ መከላኸሊ መስመር ግንባር ክዅሉዎን ክኸሽፉዎን ወዓሉ። ኣብቲ ከባቢ ድፋዕ ዝነበረ ተጋዳላይ ዋላ'ኳ ብወግዒ ትሕዝቶ ናይቲ ኮለላ እንተዘይተነግሮ፡ ካብ ሕሉፍ ተመኩሮኡ ግን ገለ ወተሃደራዊ ምቅይያራት ክህሉ ከም ዝኽእል ገምገመ። ልክዕ ሰዓት 6.00 ድ.ቀ፡ ብርጌድ 51 ነቲ ብበጦሎኒ 4.3ን 4.2ን ተታሒዙ ዝነበረ ድፋዓት ተረከበቶ። በታ ለይቲ'ቲኣ፡ በጦሎኒ 4.3ን 4.2ን ንብረተን ጠቕሊለን ናብ ዓዲሓውሻ ክወርዳ ተነግረን። እቲ መምርሒ በብደረጃኡ ክሳብ መራሕቲ መሳርዕ ወረደ።

ሓይሊ 4.33 ንብረታ ጠቕሊላ ኣብ ዝተባህለቶ ቦታ ኣቐዲማ ተረኽበት። እተን ዋኒነን ናብራ ስድራ ቤተንን ወንዚፈን፡ ለይትን መዓልትን መግቢ ዘዳልዋን ማይ ዝጓርታን ዝነበራ ጐራዙ ዓዲሓውሻ፡ ነቲ ኣብ ቅድሚአን ዝርእያኦ፡ ዝነበራ ቅድመ ምድላዋትን ሸበድበድን፡ እቶም ንኣዋርሕ ዝተላለያኦም ተጋደልቲ ምልውዋጥ ቦታ ክገብሩ ከም ዝኽእሉ ብምግንዛብ፡ ኣብ ገጸን ስምዒታት ምድፍናቕ ተራእየ።

በኹሪ ውግእ ግንባር ምብራቕ

11 ሰነ 1977 ከባቢ ሰዓት 7.00 ድሕሪ ቀትሪ፡ እተን ሰለስተ ሓይልታት በጦሎኒ 4.3 ከምኡ'ውን ገለ ሓይልታት ካብ በጦሎኒ 4.2 ዘለዋኦ፡ ካብ ዓዲሓውሻ ወጺአን ኣብ ቅጥራን ጽርግያ መስመር ኣስመራ ደቀምሓረ ተኣኻኸባ። ህዝቢ ዓዲሓውሻ ነቶም ንኣዋርሕ ዝተላለዮም ተጋደልቲ እንዳ ኣርባዕተ ብዕልልታን ጸሎትን ተፋነዎም።

ሓይልታት ጉዕዞአን ናብ ደቀምሓረ ገጸን ኣቕንዓ። ካብ ዓዲሓውሻ ተበጊሰን፡ ብዝባን ዝግብን ጋዴንን ኣቢለን ናብ ጃርዲን እንዳ መብራህቱ ዓላ ኣተዋ። ቀጺለን ንዓዶሮሶ ንጸጋም ገዲፈን ንደቡባዊ ምብራቕ ጎቦ

ቢዘን ተቐነታኦ። ሽዑ'ውን ተጋዳላይ እንትርፎ ግምታት፡ ዕላማ'ቲ ጉዕዞ ናበይ ገጹ ምዃኑ ዝፈልጦ ኣይነበሮን። ዝነበረ ግምታት ግን "ነዊሕ ኣብ ድፋዕ ስለዝጸናሕና ኣብ ጋዴን ከነዕርፍ ኢና ክንብል እንከሎና፡ ገለ ድማ "ኣይፋሉን ብማይሓባር ተጠዊና ንብዓል ነፋሲትን እምባትካላን ነጥቅዕ ከይንኸውን፣ ገለ'ውን ናይ ተ.ሓ.ኤ. ምውድዳብ ኣብዚ ከባቢ ተራእዩ ድኣ ከይኸውን" ወዘተ. ካብ ዝብል ትሒም-ትሒም ዝሓልፍ ኣይነበረን።። ከምኡ ኢልካ ኣፍካ ዝሃበካ ምዝራብ ግን ካብ ባህልን ልምድን ተጋዳላይ ወጻኢ ስለ ዝነበረን ስለ ዘሕትትን፡ መምስ ዝቐርበካን እንተዘይኰይኑ፡ ሃንደራእ ኢልካ ዝዝረብ ኣይነበረን።

ኣብ ሰጣሕ ጉላጉል ምስ በጻሕና፡ ቀሺ ንሓይሊ ኣኪቡ፡ "ጽባሕ ወጋሕታ ክንብገስ ኢና፡ ነዊሕ ጉዕዞ ይጽበየና ኣሎ። ኩልኻ ኣብ ዘዘለኻዮ ኣዕርፍ፡ ነጸላ ምፍታሕ የሎን፡" ምስ በለ፡ ተጋዳላይ በብጉጅለ ኰይኑ ክሳብ ናይ ደቅስ ትእዛዝ ዝመሓላለፍ ጉጅም ክብለ ጀመረ። ኣባላት መስርዕ ገነት (ጓል ጉነጽ) ነታ ኳዕ ኢላ ዝነበረት ወርሒ እናተዓዘቡ ወኻዕካዕ ይብሉ ነበሩ።

* * *

ተጋዳላይ ኣብ ድፋዕ ዓዲሓውሻ ምስ ጸላኢ ተፋጢጡን ተሸቍሪሩን ዝድቅስ ዝነበረ፡ ኣብ እግሪ ጉቦ ቢዘን ግን ብዘይ ስክፍታ ረፍ ኢሉ ኣዕረፈ። ምኽንያቱ፡ ጸላኢ ኣብ ከተማታት ጥራሕ ተሓጺሩ እዩ ነይሩ። ሓለዋ ምግባር ወተሃደራዊ ስርዓት ስለዝኾነ ግን፡ ሓይልና ብውሑድ ሓለዋ ኣዕሪፋ ሓደረት። ወጋሕታ ሰዓት 5.00 ናይ መወዳእታ ዋርድያ ካብ መራሒ መስርዕ ብዝተዋህቦ መምርሒ፡ ብኣጻብዕ ጠቓዕ ጠቓዕ ኣበለ'ሞ፡ ኩሉ ሰብ ካብ ድቃሱ ተበራበረን ዓጠቐን። ኣብ ውሽጢ 10 ደቓይቕ ድማ ጋንታታት ኣብ በቦታኦን ተረኽባ።

"ኩልኻ መመስርዕካ ተቘጻጸር፡ ዝሓመመ ወይ መንገዲ ዘይክእል እንተ'ሎ፡ ይውጻእ። ነዊሕ መንገዲ ይጽበየና ኣሎ። ከምቲ ልሙድ ጾር እናተሓጋገዝና፡ ንዘደኸሙ እናሳለና ክንከይድ ኢና። ኣብ መንገዲ መስርዕ ዝበትኽ ክህሉ የብሉን፡ ተበገስ!" በለ ዕቍባይ ቀሺ።

ወጋሕታ፡ ሓይልታት ንጋዴን ንድሕሪት ገዲፈን፡ ኣንፈተን ንሸነኽ ሰሜናዊ ምብራቕ ናብ ጉቦታት ቢዘን ገጸን ኣቕንዓ። እንተኾነ፡ ምድረ

ሰማይ ብኸቢድ ግመን ዒፍዒፍታን ተሸፊኑ ስለ ዝነበረ፡ ክሳብ'ቲ እግሪ ጐቦታት ቢዘን ዝበጽሓ፡ ብግምት'ምበር ኣንፈት ምረሻአን ናበይ ገጹ ከም ዝኾነ ክርድአአ ኣይከኣላን። መሬት እናወግሐ ግመ እናተቐንጠጠ፡ ምድሪ ኩብዲ ኣድጊ እናመሰለን ምስ ከደ ግን፡ ተጋዳላይ ኣብ እግሪ ጐቦታት ቢዘን ከም ዝበጽሐ ተገንዘበ።

ተጋዳላይ ኣብ ጉዕዞ ዝገብሮ ሓድሕድ ምትሕግጋዝ ከም ባህሊ ወሲዱ ብረት ዝደኸመ ብጻዩ ኣብ ልዕሊ ዕጥቁ ደሪቡ ምስካም፡ ነቲ ናይ ሓባር ንብረት መሰርዕ ከም ስንቂ፡ ናውቲ ክሽነ፡ ባሬላ፡ ብሬን ወዘተ ኣብ ነፍሲ-ወከፍ 200 ሜትሮ ካብ እንግድዓ ብጻዩ እናተማናጠለ ተበራረየ። እቲ ሰኸም ናብ ተራ ተጋዳላይ ጥራሕ ዝግደፍ ዘይኩነ፡ ካብ መራሒ ሓይሊ ክሳብ መራሒ መሰርዕ ዝሳተፎ፡ ፍሉይ መለለዩ ሕላገት ናይ ህዝባዊ ግንባር እዩ ዝነበረ።

ጐቦ ቢዘን ንምድያብ ቀሩብ ምስ ተረፎ፡ ተጋዳላይ እንቃዓ ኣስተንፈሰ፣ ብኽልተ መታልሒ ርሃጽ ጸረር ኣበለ። መሬት ድኻምን ወጽዓን ተጋዳላይ ግዲ ደንጊጺ፡ ጐቦ ቢዘን ብጊሓቱ ብግመን ደመናን ተሸፊነት። እቲ ኣብ ጸጕሪ ርእሲ ተጋዳላይ ዝዓለበ ዛዕዛዓታ ንጸጕሩ ሽበት ኣምሲሉ ከም ጽላል ስለ ዝኾኖ፡ ነቲ ዘይውዳእ ዝመስለ ሰንሰለታዊ ጐቦታት ወዲኡ ኣብ ሰጣሕ ጉላጉል ዝባን ደብረቢዘን ደበኽ በለ። “ኣብሩኽ!” ዝብል ወተሃደራዊ ትእዛዝ ተመሓላለፈ። ናይ ርብዒ ሰዓት ዕረፍቲ ድማ ተዋህበ። ተጋዳላይ ወዱ ጓሉ ነቲ ጸጊሙዎ ዝጸንሐ ጸር ከራግፍ ኣብ ፈቖዶኡ የማነ-ጸጋም ፋሕ በለ።

ኣብዛ ሓጻር ህሞት'ውን ትኾን መዕለሊት ኣርእስቲ ተኸፍተት። ነታ ናብ ገነት ዝቐንዐት ዕላል ዘበገሰ ድማ፡ ዮውሃንስ ነበረ። ገነት[9] ቁመታ ሓጻር-በራኽ፡ ጸጕሪ-ርእሳ ለማሽ፡ ጸሊምን ነዊሕ ዕንኩርኩር ዝበለን፡ ቕርጺ ኣካላት መጠኑ ዝሓለወ፡ መዓንጥአ ሸጥ ዝበለ፡ ደርግ-ሰና ኣጅቦ፡ ንኽትሪአ ኣዝያ ምጭውትን መልክዐኛን፡ ካብ ዝባና ዕጥቂ ክላሸን ዘይትፈሊ ሕውስቲ፡ ኣፍ ዘይተኸድን ተዋዛይት ተጋዳሊት'ያ ዝነበረት። መራሕ መስርዓ ዮሃንስ፡ ንገነት ጓል ጉነጽ እናጠመተ፡ “ስምዒ እንዶ ምህረይ ገነት፡ እቶም ነዚ ቅዱስ ገዳም ዝሃነጹ ኣቡነ ፊሊጾስ፡ ዝኾነት ኣንስታይ ፍጥርቲ ኣብዚ ገዳም ከይትረግጽ ወጊዞም ነይሮም ይበሃል፡” ኢሉ ዘረብኡ ከይወድአ፡ ገነት እቲ ዘረብኡ ናበይ ገጹ ምዃኑ ገሚታ፡ “ኢሂ'ሞ ሕጂ እንታይ ማለት'ካ እዩ፧” በለቶ ገጻ ኣሲራ።

"ማለተይ'ሲ ቀደም ኣቡነ ፊሊጶስ ዝበሃሉ ጻድቕ፡ 'ካብ ገጽ ኣንስቲ ገጽ ኣናብስቲ' ብምባል ከም ባሕታዊ ኲይኖም ኣብዚ ገዳም ሰፊሮም፡ ይበሃል። ዝኾነት ኣንስተይቲ ፍጥረት ኣብዚ ገዳም ምስ እትረግጽ ንእለቱ ትመውት! ትነቅጽ! ይበሃል ነይሩ'ሞ፡ ንዓኺ ሕጂ ከም ጓልኣንስተይቲ መጠን ብውሽጥኺ እንታይ ይስመዓኪ ኣሎ!" በላ።

ገነት ነዚ ንጭርቃን ዘበገሶ ዕላል፡ ከም ኣብ ልዕሊኣ ዘርእዮ ዘሎ ተባዕታዊ ልዕልነት ወሲዳ፡ "ኣንታ 'ኮማንድስ' ዓሻ ኣይትኹን። እዚ ኣተሓሳስባኻ ቀደም ወተሃደር ኢትዮጵያ ከሎኻ እንተዝኸውን ማዕለሽ! ኣይምሓዝናልካን!። እዚ ኩሉ ሻዕብያ ዝመሃረትካ ፖለቲካ ካን ንብላሽ ኮይኑ!። በል ክትፈልጥ፡ ኣቡነ ፍሊጶስኮ ነተን ናይቲ ዘበን'ቲ ዝነበራ ኣንስቲ ሓዳር ደኣ'ዮም ከምኡ ኢሎም ዝኾኑ'ምበር፡ ብረት ንዝዓጠቐት ምእንቲ ሃገር ህይወታ ንእተወፌ ተጋዳሊት ጓለንስተይቲ እዚ ትብሎ ዘለኻ ኣይምልከታን'ዩ። ዝኽልክል ሰብ እንተ'ሎ ድማ፡ ኣብ ቅድሚ ጓል ጉነጽ ደው ኢሉ ይጽናሕ!" በለት ሓይለ-ቓል ገይራ።

ሓምድ ኢብራሂም ብመልሳ ተሓጒሱ፡ "ዓጃይብ! ካላም ሳሒሕ ወላሂ ያ ጉነጽ፡" ኢሉ ብመንኩባ ሓቘፉ፡ "ያ! ከዛብ ኮማንድስ ሕጂኸ እንታይ ደሊኻ፡ ዕንደክ ታኒ ሱኣል፡" ድሕሪ ምባል፡ "ያላ ግዳ መስርዕ ኣበግሳ!" በሎ። ገነት ጸባ ሰትያ ፍሽኽ በለት።

ሓይልታት ብሕርሻ ትልሚ ኣዋልድ ገዳም ደብረ ቢዘን ሰንጢቐን ናብ ጥርዚ ጉቦታት ቢዘን በጽሓ። ጉቦ ቢዘን ኣብ እግሪ ኲንካ ብማዕዶ ክትርእዮን ኣብ ዝባን ምስ ወጻእካን፡ ዝተፈላለ መልክዕ እዩ ዘለዎ። እቶም ባሕታውያን ፈለስቲ ንሕርሻ ዝጥቀሙሉን ዝሓርሱሉን ንዓይንኻ ዝማርኽ ሰጥ ዝበለ ሰጣሕ ጐላጉል ትዕዘብ። ሕጂ'ውን ጉዕዞና ንምብራቕ ገጹ ቀጸለ። ኵነታት ምንቅስቓሳትና ናብ ጸላኢ ከይሰሉኽን ወተሃደራዊ ምስጢራውነት ክሕሎን፡ ነቶም ከባቢ 30 ዝበጽሑ ካብን ናብን ቢዘን ዝንቀሳቐሱን ጉፍ-ንጉፍ ዝረኸብናዮም ፈለስቲ ይኹኑ ጓሶት፡ ንግዚኡ ኣብ ውሑስ ቦታ ኣብ ትሕቲ ሓለዋ ከም ዝእከቡ ተገብረ።

ድሕሪ ናይ 3 ሰዓታት ጉዕዞ፡ ከባቢ ሰዓት 11.00 ቅ.ቐ ኣብ መውዓሊ ቦታና በጻሕና። ኣበጋግሳና ካብ ዓዲሓውሻ ሃንደበት ስለዝነበረ፡ ሃለፍ በለና። ነዚ ዝተገንዘቡ ፈለስቲ ቢዘን ካብተን ዝርካበን ስንቀም ኣኻኺቦም፡ ምስ ብዝሕና ዘይመጣጠና ዐዕማኾ ጥጥቓ ብምሃብ ምሳና ተማቐሉወን።

ሳሊና-77

ውጥን ንምፍራስ ድንድል እምባትካላ

7 ታሕሳስ 1977 ልክዕ ሰዓት 3.00 ድ.ቀ፡ በጦሎንታት 4.2ን 4.3ን ከምኡ ሓንቲ ጋንታ ሃንደሳ፡ ኣብ ዕሙቕ ዝበለ ቦታ ተሰራዕና። መራሕቲ በጦሎንታት መብራህቱ (ቫይናክ)ን ናይ 4.3 ከምኡ'ውን ማእከልነት በጦሎኒ 4.2 ሸንክሓይ ሱሌማንን ኮሚሳር ተስፋልደት ጸጋይ (ጉርጃ)ን፡ ኣብ ቅድሚ ሰራዊት ደው በሉ። መብራህቱ 'ቫይናክ' ዕላማ'ቲ ነዊሕ ጉዕዞናን ክውቃዕ ዘሎዎ ወተሃደራዊ ዒላማን ብኸም'ዚ ዝስዕብ ገለጹ፡

"እምበኣር ፋሽስታዊ ስርዓት ደርግ፡ ዋላ'ኳ ብቢልዮናት ዶላራት ዝግመት ዘመናዊ ኣጽዋር ካብ ዓበይቲ ዘራያት ሃገራት እንተረኸበ፡ ካብ ስዕረቱ ከናግፎ ኣይከኣላን፣ ኣብ ውሑዳት ከተማታት ጥራሕ ተወሲኑ ተሪፉ ኣሎ። ብኣንጻሩ፡ ውድብና ንዳርጋ መላእ ኤርትራ ሓራ ገይሩ፡ ኣብ ሰሜን፡ ደቡብን ምብራቕን ሰለስተ ግንባራት ከፊቱ፡ ዕምሪ ጸላኢ ንምሕጻርን ነዘን ተሪፈን ዘለዋ ከተማታት ኣብ ትሕቲ ምሉእ ቊጽጽሩ ንምእታው ናይ ግዜ ሕቶ ኩይኑዎ'ሎ። ጸላኢ ነቲ ኣብ ግንባራት ሰሜንን ደቡብን ዝቕጥቀጥ ዘሎ ሰራዊቱ ንምድሓን፡ ዓሰርተታት ኣሽሓት ወተሃደራት ናብ ባጽዕ ይጓርት ኣሎ። እንተኸኑ፡ ብ12 ጥቅምቲ 1977 ብጾትና ነቲ ካብ ወደብ ባጽዕ ዝተበገሰ ሓይሊ ጸላኢ ኣብ ሰሓጢት ሓምሸሾም፡ ስትራተጂያዊ መስመር ምጽዋዕ-ኣስመራ፡ ክሳብ ሕጂ ረጊጦሙዎ ኣለዉ። ሕጂ'ውን ካብ ኣስመራን ባጽዕን ገዚፍ ሰራዊት ኣበጊሱ መስመር ኣስመራ-ባጽዕ ክኸፍቶ ይሸባሸብ ስለ ዘሎ፡ ንሕና ኣብ ልዕሊ እዘን ኣብ ትሕቴና ዘለዋ ክልተ መዓስከራት ጸላኢ፡ ነዘን ክልተ ዓበይቲ ቢንቶታት እምባትካላ ዝሕሉ ዘሎ ሓይሊ ጸላኢ ዘየላቡ በርቃዊ መጥቃዕቲ ወሲድና ብምድምሳስ፡ ነታ ዓባይ (ቢንቶ) ድልድል ብነታጉ ከነዕንዋ ኢና። ነቲ ካብ ኣስመራ ንረዳት ተባሂሉ ነቒሉ ዘሎ ሓይሊ ጸላኢ፡ ናብ ባጽዕ ከም ዘይወርድ መሰናኽል ፈጢርና፡ ጉዕዞና ናብቲ ካልኣይን ዝዓበየን ተዋሂቡና ዘሎ ወተሃደራዊ ዕማም ክንግስግስ ኢና፡" ምስ በለ፡ ዘረብኡ ከይወድአ ተጋዳላይ ብጣቕዒት ሓጒሱ ገለጸ። ነቲ ምስ ጸላኢ ዝነበረ ቅርበት ኣብ ግምት ብምእታው፡ ተጋዳላይ ኣብ ጉዕዞ ድምጹ ኣትሒቱ ከቢድ ጥንቃቐ ክገብር ሓበሬታ ተዋህበ። ኮሚሳር 4.2 ጉርጃ ብወገኑ፤ ከምዚ ክብል ሓጺር መምርሒ ሃበ፡

"እቲ ስርሒት ንኹለን ሓይልታት ዘሳትፍ ኣይኮነን። ብውሑድ ዓቕምና ነቲ ስራሕ ክንፍጽሞ ኢና። ስለዚ፡ ሓንቲ ጋንታ ናይ ሓይሊ መሓመድ

ኣደም ሻግራይ (4.32) ንሓለዋ ነፋሲት፣ ክልተ ጋንታታት ናይ ሳልሕ ማንጁስ ከኣ፡ ነቲ ካብ መዓስከር ሓይሊ ባሕሪ እምባትካላ ንረዳት ክንቀሳቐስ ዝኽእል ሓይሊ ባሕሪ ክከላኸላ እየን። ሓንቲ ጋንታ ናይ ዕቑባይ ቀሺ ካብ ጊንዳዕ ክመጽእ ዝኽእል ረዳት ሓይሊ ንምዕጋት፡ ክልተ ጋንታታት 4.2 ድማ ነቶም ንምዕራባውን ምብራቓውን ቢንቶታታት ዝሕልዉ ዘለዉ ወተሃደራት ክድምስሳ እየን። ዝተረፈ ዝበዝሐ ሓይሊ ድሕሪ'ቲ መጥቃዕቲ ከርከብ'ዩ፡" ድሕሪ ምባል፡ መጀመርታ እታ ንሓለዋ ጊንዳዕ ዝተመደበት ጋንታ ሓምድ ኣበገሳ። ዝተረፋ በብመስርዐን ነናብ ዝተመደበለን ዒላማታት ነቐላ። እቶም ንወተሃደራዊ ምስጢራውነት ተባሂሉ ኣብ ትሕቲ ግዜያዊ ቀይዲ ዝጸንሑ ጓሶትን ፈለስትን፡ ነብሶም ካብ ሕንሕነ ጸላኢ ጃምላዊ ህልቂት ንምድሓን ንግዚኡ ነናብ ዝተበገስሉ ክምለሱ ተሓበሮም።

ሓይልታት ነናብ ዝተመደበለን ቦታታት ተበገሳ። መጥቃዕቲ ንምጅማር ውሑድ ደቓይቕ ተረፈ። እቲ ካብ መዓስከራት ነፋሲት፡ ጊንዳዕን እምባትካላን ንረዳት ክመጽእ ዝኽእል ሓይሊ ጸላኢ፡ ነቲ ስርሒት ክዕንቅፍን ኣብ ልዕሊ ናይ ወገን ሓይሊ ጉድኣት ከውርድ ስለዝኽእል፡ ኣብቲ መጽናዕቲ ዓቢ ግምት ተዋሂቡዎ ነበረ። ክንዲ ዝኾነ፡ ሻይናክ ነታ ንሓለዋ ጊንዳዕ ዝተመደበት ጋንታ ሓምድ 4.333 ሒዙ ተበገሰ።

እዋኑ ክራማት ባሕሪ ስለዝነበረ ምድረ-ሰማይ ብኸቢድ ዒፍዒፍታን ግመን ተሸፊኑ። ጸጉሪ ርእሲ ተጋዳላይ ብዛዕባዕታ ተሸፊኑ ናብ ሸበት ዝተቐየረ መሰለ። ብዘይካ'ቲ ኣብ ቅድመኡ ዘሎ ብጻዩ፡ ካልእ ኣብ የማነ-ጸጋም ዝርእዮ ነገር ኣይነበረን። መስርዕ ከይበትኽ ዝከኣሎ ጥንቃቐ ገበረ። ምኽንያቱ፡ ሓደ ሰብ መስርዕ እንተበቲኹ፡ ኣብቲ ስርሒት ከቢድ ክሳራ ክወርድ ስለ ዝኽእል።

እቶም ብሻይናክን ሓምድን እንምራሕ ዝነበርና፡ ሓንቲ ቀጣን መንገዲ ኣጋር ተኸቲልና፡ ብዘብዘብ ንምብራቕ ገጽና መረሽና። ነዊሕ ምስ ከድና እታ መንገዲ ኣብ ውሽጢ'ቲ ጫካ ምስ ኣተወት እናሃሰሰት ከደትን ኣብ መወዳእታ ኣብቅዐትን። ጉዕዞ ክቕጽል ስለዝነበሮ ግን፡ ነቲ ብታህሰስን ኣውሊዕን ተሸፊኑ ዝነበረ ዕሙር ዱር እናጣሕሰስና ንቕድሚት ቀጸልና። ቅድሚ ጉዕዞ ዝጀመረ ግመ'ውን ሓይሉ ወሲኹ ንመሬት ከም ኮበርታ ሸፈኖ። እታ ንሓለዋ ጊንዳዕ ገጻ ዝተጓዕዘት ጋንታና፡ መኣዝና ስሒታ ንሰሜናዊ ምዕራብ ስለዘበልዐት፡ ኣብ ዘይተጸበየቶ ሓድሽ ወተሃደራዊ ወጥሪ ኣተወት።

ሻይናክ ብቕጽበት፡ “ኣብሩኽ! በጥ በል!” ኣድመጸ። ኵሉ ከም ጠበቐ፡ ኣብ ዘዘለዎ ምስ መሬት ተላሕገ። ሻይናክ ንሓምድን ነቶም ሰለስተ መራሕቲ መሳርዕን ጸዊዑ ብትሑት ድምጺ፡ “እምበኣር ንዓና ዘተዋህበ ተልእኾ ካብ ጊንዳዕ ክመጽእ ንዘኽእል ረዳት ሓይሊ ጸላኢ ምሕላው'ዩ ነይሩ። እንተኾነ፡ መንገዲ ስለዝሰሓትና፡ ካብ ኣፍንጫ መዓስከር ጸላኢ ናይ 70 ሜትሮ ጥራሕ ርሒቕና ኣሎና። ሕጂ ግዜ እንተ በሊዕናን ንድሕሪት እንተ ተመሊስናን፡ ንጸላኢ ዕድል ምሃብ ክኸውን። ኣብ ልዕለና ጉድኣት ከውርድ ዓቢ ተኽእሎ ኣሎ። ስለዚ፡ እንታይ እንተገበርና ይሓይሽ!” በለ ሓሳባትና ክሰምዕ። ማእከልነት ጋንታ ሓምድ፡ በቲ ጥዑም ላህጃኡ፡ “ይሃመናን ይብል ‘ቐሺ’ ከምዚ እንተረኸበ። ሕጂ ከኣ፡ ከም ጋሻ ውሕጅ ንቕድሚና ለኪምናዮ ምኻድ ጥራይ'ዩ ሻይናክ!” ምስ በለ፡ ኩልና ብሓሳቡ ከምዝተረዳዳእና ንምሕባር፡ ኣራእስና ነቕነቕና። ሻይናክ እወታዊ መልሲ ምስ ረኸበ፡ “በሉ! ሓንቲ ዘላትና ዕድል ንጸላኢ ሓደጋ ወዲቕና፡ ብውሑድ ክሳራ ነዛ ስራሕ ምፍጻም'ዩ፡” ምስ በለ፡ ንህጁም ተዳሎ ኩነ።

ኣብቲ እዋን'ቲ ብወገነይ ዝገመትኩዎ፡ እቲ ኣብ ልዕሊ'ዘን ክልተ ቢንቶታት ዝተኻየደ ስርሒት፡ ሃንደበትን ጸላኢ ኣብ ዘይተጸበዮ ሰዓት ይካየድ ከም ዝነበረ'ዩ። ድሒሩ ካብ ናይ ጸላኢ ምስጢራዊ ሰነዳት ከም ዘረጋገጽኩዎ ግን፡ እቶም ኣብቲ መዓስከር ዝዓረዱ ሓለፍቲ ደርግ፡ ስፊሕ ምሓውር ስለያ ዘርጊሖም፡ ምንቅስቓስና ይከታተሉ ከም ዝነበሩ'ዩ። ብ12 ጥቅምቲ 1970 ብግእዝ ቍጽሪ ደብዳበ 4/61/60/517፡ ካብ መቶ ኣለቃ ታዴዎስ ወልደሚካኤል ናብ ‘የ6ኛ እግረ-ጦር ሻለቃ ሰሜን እዝ ዝተላኣከ ደብዳበ ቃል ብቓል ከም ዝሕብሮ፡ “ኣብ ሞንጎ እምባትካላን ነፋሲትን ኣብ 32 ኪ.ሜ ዘለዋ ክልተ ቢንቶታት፡ ‘ወንበዴታት’[8] ከፍርስወን መደብ ከም ዘለዎም ሓበሬታ በጺሑና ስለዘሎ፡ ከቢድ ጥንቃቐ ይገበር፡” ይብል። ስለዚ፡ ከምዚ ዝበለ ጽዑይ ሓበሬታ ካብ ሃሱሳት ኣብ ኢዶም በጺሑ ከብቅዕ፡ ነዘን ቢንቶታት ክከላኸሉለን ዘይምኽኣሎም ደኣ እንታይ ክኸውን ይኽእል፧ ሰራዊት ኢትዮጵያ፡ ብኣወዳድባኡ ይኹን ተመኩሮኡ ኣብ ኣህጉር ኣፍሪቃ ዘይናዓቕን ልዑል ግምት ዝውሃቦን እዩ ዝነበረ። የግዳስ፡ ህዝባዊ ግንባር ኣብ'ዘን ውሑዳት ዓመታት ዝደለቦ ወተሃደራዊ ርቀት፡ ኣብ ሰራዊቱ ዘስረጾ ድስፕሊን ከምኡ'ውን ዝጥቀመሉ ናይ ምጥቃዕን ምክልኻልን ስልትን ቅዲ ኩናትን በየንን መዓስን ክፈልጦን ተመራሚሩ ክበጽሖን ዘይምኽኣሉን ክኸውን ይኽእል።

ጸላኢ ኣብቲ ንዓመታት ዝሃነጾ ዘተኣማምን ስትራተጅያዊ ገዛኢ ቦታ

ዓሪዱ ስለዝነበረ፡ 'ሻዕቢያ' ብጉቦታት ቢዘን መጺኦም ከጥቅዑኒ'ዮም ዝብል ዝኾነ ጥርጣረ ኣይነበሮን ጥራሕ ዘይኮነ፡ "ካብ ተጋደልቲ ብለይቲ'ምበር ብቐትሪ ተኾሲ ይኽፈተኒ'ዩ፡" ዝብል ሓሳብ'ውን ዘሕደረ ኣይመስለንን። ስለዝኾነ፡ ኣብታ ናይ መጥቃዕቲ ህሞት'ቲኣ፡ ገሊኦም ወተሃደራት ነታ ብቛንቋ ኣምሓርኛ እትፍኖ ራድዮ 'ዶቸቨለ ጀርመን' ወሊዖም ዜና ዝከታተሉ፡ ገለ ድራር ዘዳልዉ፡ ገለ ኣብ ጸሓይ ዝወዓለ ኮበርታኦም ክዓጽፉ፡ ገለ ካብ ስድራቤቶም ዝተላኣኾም ደብዳበታት ብተዛነ ከንብቡ ጸንሑና። ሻይናክ ነዛ ኣጋጣሚ ተጠቒሙ ብዝወሓደ መስዋእቲ እታ ዕማም ከም ትሳለጥ ስለ ዝተኣማመነ እዩ እታ ዕድል ከይተምልጠናን ክንጥቀመላን ዝወሰነ።

ናይ ዜሮ ሰዓት ተቐራረበ። ተጋዳላይ ተጠንቂቑ ኢ.ማና ብረቱ ከፈተን ኣዐመረን። ቀለቤት ቦምባታት ኣብ ኣጻብዕቲ ተቐርቀራ። "ህጀም!" እትብል ናይ መወዳእታ ትእዛዝ ሓለፍቲ ተጸበየ። ጭዋዳታት ተገተረ። ሰራውር ደም ካብ ንቡር ንላዕሊ ተወጠረ። ኣዒንቲ ናብ ጸላኢ ኣተኲረን ጠመታ። ንተጸባያይ ግዜ ነዊሕ እዩ። ከም ዝበሃል ድማ ሓንቲ ደቒቕ ናብ ሓደ ሰዓት ተመጠጠት።

ሰዓት 4.30 ድ.ቀ ጉቦታት ቢዘን፡ "ህጀም! በለን! ተኩስ!" ዝብሉ ቃላት ኣቃልሐ፡ መሬት ብድምጽን ዕልልታን ተናወጸት። ጸላኢ ነቲ ኣብ ልዕሊኡ ዝዘንቦ ዝነበረ ጠያይትን ቦምባታትን ፍጹም ክጻወሮ ኣይከኣለን። ቦምባታት ቻይና፡ ቺኪ ኣብ ጉዳጉዲ ዓለበ፣ ምድረ-ሰማይ ብትኪ ተዓብሎኸ፣ ካብ ክቱር ቅርበት ዝተላዕለ፡ ገለ ቦምባታት ንመዓስከር ጸላኢ ስሒቱ ናብ ጸሊም ቅጥራን ጽርግያ ኣንከራረወ። ነታ ኣብ ዕጥቀይ ዝነበረት እንኮ ቦምባ ቻይና ከይድርብያ በቐቕኩዋ፡ ካብቲ ኣብ ጉድነይ ዝነበረ ብጻይ ቦምባ ቺኪ ወሲደ፡ ናብ ጉድጓድ ጸላኢ ወርወርኩዋ። የማነይቲ ኢደይ ስርሓ ወዲኣ ናብ ቦታኣ ገና ከይተመልሰት፡ ካብቲ ኣብ ድሕረይ ተደቢኑ ዝትኩስ ዝነበረ ብጻይ፡ ጥይት ክላሽን ንማእከለይቲ ኣጻብዕተይ በሲዓ (ኣንኩላ) ሓለፈት። ኣባጅጎ መዓልተይ ስለዘይወድአ'ምበር፡ እታ ኣብ ኢደይ ዝነበረት ቦምባ፡ በታ ንኣጻብዕተይ ዝበሰዐት ጥይት ብጻየይ እንተትህረም፡ ዕምረይን ዕምሪ'ቶም ኣብ ከባቢየይ ዝነበሩ ብጾትን መኸተመ።

ኣብታ መዓስከር ዓሪዱ ዝነበረ ዓስከር ደርግ እንትርፎ በብዝነበሮ መኣዝን ናብ እግሮም ዝመርሖም ምምላጥ፡ ካልእ ኣማራጺ ኣይነበሮምን። ስለዚ፡ ዋላ ንሓንቲ ደቒቕ'ውን ትኹን ከየትከሉ፡ ከባቢ 40 ዝኾኑ ወተሃደራት ጸላኢ፡ ውጉኣቶምን ዕጥቆምን ራሕሪሖም ናብታ ዝቐረበት መዓስከር ሓይሊ ባሕሪ

እምባትካላ ተመርቀፉ። እዛ ንሓለዋ ቢንቶ ተመዲባ ዝነበረት ጋንታና፡ ንመዓስከር ጸላኢ ኣብ ውሽጢ ሓሙሽተ ደቒቕ ዘይመልእ ተቘጻጸረታ። ሓሙሽተ ወተሃደራት ክማረኹ እንከለዉ፡ ውሑዳት ድማ ኣብቲ ጉዳጉዲ ብቦምባታት ተረፉተቱ። ዝተረፉ ሃዲሞም ናብ መዓስከር ሓይሊ ባሕሪ እምባትካላ ኣምለጡ። ወያ ነዛ መዓስከር ክትድምስስ ዝተመደበት ጋንታ ብዘብዘብ'ኳ እንተመጸት፡ ሓመድ ድበ ግን ተዛዚሙ ድአ ጸንሓ። እታ ካልኣይቲ ምዕራባዊት መዓስከር ጸላኢ'ውን፡ ዕጫ ናይታ ቀዳመይቲ ዕርዲ ኣጋጢሙዋ፡ ድሕሪ ውሑዳት ደቓይቕ በርቃዊ መጥቃዕቲ ወደቓ። እቶም ብወገን ምዕራብ ዝነበሩ ወተሃደራት፡ ምስቲ ካብ ምብራቕ መዓስከር ዝሃደመ ተተሓሒዞም ኣብ እምባትካላ ተኣኻኺቡ። እቶም ይትረፍ ንኽትሕዞ ንኽትሪአ'ውን ዘሰክፊካ ውጹእ ጻዕዳ ኩታ ኣደታት ዝመስል ወተሃደራዊ ክዳን ዝመለለያኦም ኣባላት ሓይሊ ባሕሪ ኢትዮጵያ፡ ሰራዊቶም እግረይ ኣውጽእኒ ኢሉ ክሃድም ኣብ መዓስከርም ኩይኖም ከም ፊልም ብዓይኖም ተኸታተሉዎ።

እቲ በርቃዊ መጥቃዕቲ ናብኦም ገጹ ከየቕንዕ ብምፍራሕ፡ ኣሎ ዝበሃል ኣጽዋራቶም ናብ'ተን ክልተ መዓስከራቶም ነበር ኣቕንዑዎ። ተጋዳላይ ግን ንእምባትካላ ናይ ምድምሳስ መደብ ስለዘይነበሮ፡ ቀልጢፉ ናብ ቅጥራን ዓቢ ጽርግያ ወረደ። መሬት ብግመ ተሸፈነ። ከቢድ ብረት ጸላኢ፡ ነተን ዝተደምሰሳ መዓስከራት ከም ሕሱም ደብደበንን እንተኾነ ኩሉ ንብላሽ ነበረ።

ላዕለዎት ወተሃደራዊ ሓለፍቲ ህዝባዊ ግንባር፡ ሻይናክ፡ ቀሺ፡ ብዓል ሻይናክ፡ ሸንክሓይን ጉርጃን ኣብቲ ጸሊም ጽርግያ ወረዱ። ሸንክሓይ፡ ጉርጃ፡ ሻግራይን ካልኦትን ናብቲ ጸሊም ጽርግያ ወረዱ። ተልእኾኦም ንምፍጻም፡ ኣብተን ብጽኑዕ ክሕለዋ ዝጸንሓ ክልተ ዓበይቲ ቢንቶታት እምባትካላ ተኣኻኺቡ። እተን ቢንቶታት ኣብ 1920ታት ብመሃንድሳት ገዛእቲ ጣልያን ብውሕልነት ዝተሰርሓን ንኽትርእየን ንዓይንኻ ዝማርኻ ቅርስታት እየን። ኣሃዱታት ክፍሊ ሃንደሳ ዝተዋህበን ስርሒት ንምፍጻም፡ ተተኳሲ (TNT) ሒዘን ደበኽ በላ። ነገሩ ግን ከምቲ 'ኣደኻ ዝለኣኸትካ ዘይኮነስ ዕዳጋ ከም ዝጸንሓካ' ዝብል ምስላ ኣበው ኮነ።

ዕላማ'ቲ ስርሒት፡ ነዘን ክልተ ቢንቶታታት ብምዕናው፡ ነቲ ካብን ናብን ዝንቀሳቐስ ዝነበረ ሜካናይዝድ ሓይሊ ኢትዮጵያ፡ ንጉዕዞኡ ምድንጓዩን ምትዕንቓፉን'ዩ እዩ ዝነበረ። እንተኾነ፡ እዘን ቢንቶታት፡ በቲ ብጸጋመን

ተቐኒትወን ዝርከብ እግሪ ጉቦ፡ ንታንክታት ይኸን ናይ ጽዕነት መካይን ብዘይ ዝኾነ ጸገም ከሕልፍ ዝኽእል ናይ ሓመድ ጽርግያ ከም ዘሎ፡ ኣብቲ መጽናዕቲ እቲው ኣይነበረን።

እቶም ላዕለዎት ሓለፍቲ፡ ነዚ ጥንታውን ታሪኻውን ቢንቶ ምፍራስ፡ ኣብቲ ወተሃደራዊ ስርሒት ከምጽኦ ዝኽእል ለውጢ ከም ዘይነበረ ጥራሕ ዘይኮነ፡ ንሓዋሩ ዝፈጥሮ ሳዕቤን ከም ዝዓቢ ተገንዘቡ። ስለዚ ንግዚኡ ተወንዚፉ ክጸንሕ ተሰማምዑ።

ደብዳብ ከቢድ ብረት ጸላኢ ድሮ ኣንፈቱ ናብቲ ቅጥራን ገጹ ስለ ዘበለ፡ ካልእ ሳዕቤን ቅድሚ ምኽሳቱ ሓይልታት ነቲ ቦታ ገዲፈን ናብ ድርፎ ገጸን ጉዕዞአን ተተሓሓዝኦ።

ጉዕዞ ናብ ሰንሰለታዊ ጐቦታት ድርፎ

ስርሒት እምባትካላ ብኣጋኡ ሰዓት 5.00 ድሕሪ ቀትሪ ተወድአ። ሓይልታት ንመዓስከር እምባትካላ ንጸጋም ገዲፈን፡ በቲ ኣብ ሞንጎ እምባትካላን ጊንዳዕን ዝርከብ ስንጭሮታት ተነቒተን ንነዊሕ ሰዓታት ሩባሩባ ተጓዕዛ። ሓሓሊፈን'ውን ነቲ ጉዕዞ ንምሕጻሩ፡ ካብ ሩባ ወጺአን ጉቦታት (ኩጀታት) ብምሕኳር፡ ንሰንሰለታዊ ጉቦታት ድርፎ ተተሓዘኦ። ምድረ-ሰማይ ጸልመተ፣ ዓይንኻ ዘንቁረካ ክትርኢ ኣብ ዘይትኽእለሉ ብግመን ዒፍዒፍታን ተሸፈነ። ተጋዳላይ ኣብ ክልተ ዓበይቲ መስገደላት ተቐርቀረ። እቲ ቀዳማይ መሰናኽል፡ እኽሊ ካብ ዘይለክፍ መዓልቲታት ኣቑጽሩ ስለ ዝነበረ፡ ነዚ ሰንሰለታዊ ጉቦ ድርፎ ገና ስድሪ ከየልዓለሉ እንከሎ፡ ኣብራኹ ክጠልሞ፡ መሰርዕ ክቐርጽ፡ መንገዲ ስሒቱ ክጠፍእን ጀመረ። እቲ ካልኣይ ጸገም፡ ተወጢኑ ዝነበረ መጠነ ሰፊሕ መጥቃዕቲ ሰምሃር፡ ኣብ ዝተመደበሉ ሰዓት ከርክብን ነቲ ዝጽበዮ ዝነበረ ዓቢ ተልእኾ ብዓወት ክፍጽሞን ስለ ዝነበሮን'ዩ። ሓለፍትና ነዚ ክልተ ጾር ከወሃህዱን ኣብቲ ዝድለ ቦታ ኣብ እዋኑ ክበጽሑን ከቢድ ሓላፍነት ተሰከሙ።

ክራማት ባሕሪ ኣብ ወርሒ ጥቅምቲ ስለዝጅምር፡ መሬት ብሳዕሪ ተሸፈነ። ኣግራብ ብቐጠልያ ኣቑጽልቲ ኣጕላዕልዐ። ምድረ-ሰማይ ብነጐዳን በርቅን ናብ ጸሓይ ቀትሪ ተቐየረ። ኣብታ ለይቲ'ቲኣ ማይ-ኣይሂ ዝኾነ ዝናብ ሃረመን ኣብ ዝባንና ጸሓየን። ጉዕዞና ብመስታ በርቂ እናተሓገዝና ሓድሕድ እግረ-እግሪ ተኸቲልና፡ መንገድና ቀጸልና። እቲ ሓሓሊፉ ዝቕልቀል ዝነበረ

መስታ በርቂ፡ ንጉዕዞና ሓጋዚ’ኳ እንተነበረ፡ ካብ ጥቕሙ ጉዳኣቱ ዛየደ። ምኽንያቱ፡ እታ ናይ ሓንቲ ካልኢት ማሕታ በርቂ ስርሓ ምስ ወድኣት፡ ኣዕይንትና ናብ ግዜያዊ ዑረት ይቕየራ’ሞ፡ ደምበርበር ንብል ነበርና።

ተጋዳላይ ኣብ ሰዓቱ ኣብቲ ዝተደልየ ቦታ ክበጽሕ ስለ ዝነበሮ፡ ምስ ዓበይቲ እምኒ ሩባ እናተጋጨወን ብኣርባዕተ መሓውሩ እናተሓገዘ ንቕድሚት መረሸ። ገለ ገለ ዓቕሎም ዘጽበቡ ተጋደልቲ፡ “ላምፓዲና ኣብርሀ፡ ሰብ ወዲቑ፡ መስርዕ ተቑሪጹ ወዘተ፡” ዝብሉ’ኳ እንተ ነበሩ፡ ኣብቲ ድቕድቕ ጸላም፡ ናይ ሓንቲ ላምፓዲና መብራህቲ፡ እቲ ኣብ እምባትካላ ይኹን ኣብ ነፋሲት ዓስኪሩ ዝነበረ ጸላኢ ኣብ ልዕሌና ከውርዶ ዝኽእል ናይ ከቢድ ብረት ደብዳብ ክሳራ ቀሊል ስለዘይነበረ፡ እታ እንኮ ምርጫና ብደርገፍገፍ ነቲ ዘይውዳእ ሩባን ኩርባን ምስጋር ጥራሕ’ዩ። ምረት ናይታ ለይቲ’ቲኣ ዝነበረ ጉዕዞ ንምብራህ ሓንቲ ፍልይቲ ፍጻመ ምዝንታው ይኣክል።

* * *

ዓሊ ኣሕመድ (ዓሊዮ) ኣብ 1960 ኣብ ሕርጊጎ ተወልደ። ኣብ 1975 ከኣ፡ ናብ ሜዳ ተሰለፈ። ድሕሪ ወተሃደራዊ ታዕሊም ኣብ በጦሎኒ 607 (ሓይሊ ሸንክሓይ)፡ ሰዒቡ ኣብ ብርጌድ 4 ተወዘዐ። ዓሊዮ ቀጢን፡ ጽሙእ ነብሱ፡ ዝዓመለ ኣስናን ዘውንን፡ ኵሉ ግዜ ካብ ገጹ ፈገግታ ዘይፍለዮ ተዋዛያይ፡ ናይ ትግራይት ምልክት ጥራሕ ዘይኮነ፡ ናይ ህዝቢ መታሕት ልምድን ባህልን ኣዕሚቑ ዝፈልጥን ምስ ገባር ናይ ምርድዳእ ክእለትን ዝነበሮ ምኩር ተጋዳላይ እዩ። ትምባኾ ልዕሊ መግቢ ይሰርዮ ብምንባሩ ኣብ ብዙሕ ጸገማት ኣእትዩዎ’ዩ። ብፍላይ ኣብ ከበሳ ትምባኾ ዘውቱር ስለዘይኮነ፡ ትምባኾ ንምልማን ካብ መስርዑ ኣርሒቑ ናብ ካልኦት ሓይልታት ከየፍቀደ ይንቀሳቐስ፡ ብምንባሩ ብዙሕ ግዜ ይቕጻዕ ነበረ።

ሓይልና ኣብ ድፋዕ ዓዲሓውሻ ዓስኪራ እንከላ፡ ዓሶ ብተደጋጋሚ ትመላለሶ ስለዝነበረት፡ ክንብገስ እንከሎና ጸማልያ እዩ ዝነበረ። ሓኪም ጋንታ ዶክቶር ሃይለ ንኹነታት ጥዕናኡ ብቐረባ ይከታተሎ ስለዝነበረ፡ “ዓሊ ጥዕናኻ ገና ጽቡቕ የሎን። ኣብዚ ዓዲ ክትተርፍ ኢኻ። ምስ ደልደልካ ቀስ ኢልካ ተርክበና፡” በሎ። ዓሊ ካብ ብጾቱ ከም ዘይተርፍን ከም ዝሓወየን ከረድእ ፈተነ፡ “ኣነ ሓውየ እየ። መድሃኒተይ ዳርጋ ተወዲኡ’ዩ። ዓሶ ደኣ ኣየናይ ሓማም ኰይና!” ኢሉ ዘረብኡ ከይወድአ፡ “ኣብዚ’ሞ! ዓሊ ገና ጸማልያ እዩ ዘሎ። ውግእ በዛ ናይ ጽባሕ ጥራሕ ዝውዳእ ኣይኮነን፡

መጓዕዝትና'ዩ። ጉዕዞ ሰውራ ነዊሕ ምኳኑ ንሱ ካባና ንላዕሊ ይፈልጦ። ስለዚ፡ ንመስርዕና ከየግድዓ እንተ ተረፈ ይሓይሽ፡" በለ ኣድሓኖም። ብድሕሪ'ዚ፡ ዓሊ ነታ ብኣድሓኖም ዝቐረበት ርእይቶ ምምላስ ትርጉም ከም ዘይብሉ ተረዲኡ፡ ካብ መስርዕ ወጺኡ ካልእ ኣማራጺ ከናዲ ሃሰው በለ።

ሓይልና ካብ ዓዲሓውሻ ብጸልማት፡ ትኹል መስርዕ ገይራ ጉዕዞኣ ፈለመቶ። ዓሊ ተሓቢኡ ምስ ካልኦት ሓይልታት ተሰሪዑ ካብ ዓዲሓውሻ ብምብጋስ፡ ኣብ ጉላጉል ጋዜን ንመስርዑ ተጸንበሩ። መራሒ መስርዕ፡ ንዓሊ ንዓዲሓውሻ ንድሕሪት ክመልሶ ከም ዘይክእል ተረድአ። በቲ ትብዓቱ፡ ካብ ብጾቱ ከይተርፍን ንመስዋእቲ ድልውነቱ'ኳ እንተተሓበነ፡ በቲ ኻልእ ወተሃደራዊ ትእዛዝ ምጥሓሱ ግን ተቐጢዑ፡ "ኣብዚ ከከም ድላይካ ምኻድ የሎን። ንስኻ ምኮርን ገዲምን ተጋዳላይ ብምኳንካ ብዝያዳና ትፈልጦ። ስራሕና ምስ ወዳእና ግቡእካ ክትወስደላ ኢኻ፡" ድሕሪ ምባል ናብ መስርዑ ክኣቱ ኣፍቀደሉ። ዓሊ ተሓጉሱ።

ዓሊ፡ ጉቦ ቢዘን ወዲኡ ኣብታ ሓጻር ውግእ ቢንቶ እምባትካላ ዓቢ ግደ ተጻወተ። ኣብ ዝኾነ ውግእ ንዓሊ ኣብ ህጁም ዳርባ ቦምባ ኢድ ዝቕድሞ የሎን። ከም ልማዱ እታ ቀዳመይቲ ቦምባ ኣብ ውሽጢ'ቲ ጉድጓድ ደቕደቓ። ምስቲ ካብ እምባትካላ ዘውረደ ዘይውዳእ ሩባን ስንጭሮታትን ምጥምማት ምስ ኩነ፡ ዓሊ ዝተሰምዖ ኣካላዊ ድኻም ኣብ ውሽጡ ሓቢኡ ክሳብ ሰዓት ዓሰርተ ድሕሪ ቀትሪ ብሓቦ ነቲ ጉዕዞ ኣፋረቐ። በቲ ሓደ ዝነበሮ ጸማልያ ነብሱ፡ በቲ ካልእ ከም ሰቡ ድኻም ልዕሊ ዓቕሙ ኮና። ኣብ መወዳእታ ወልፊ ትምባኾ ምጽዋር ስኢኑ ዘርጋሕ በለ። ብጾቱ ሞራል እናሃቡን እና'ዘናግዑን፡ "ኣጆኻ ቀሪብና ኢና። ዓዲ በጺሕና ኢና። ቍሩብ ጥራሕ ሓግዘና!" እናበሉ ኣሳለዩዎ። እዛ ሜላ ቍሩብ ምስ ሰርሐት ኣብቅዐትን ናይ መተባብዒ ቃላት ተጸንቀቐን። ካልእ ፈተነ'ውን እንተሰርሐ ተባሂሉ፡ "ጸላኢ እግሪ እግርና ይስዕብ ኣሎ። በቃ ጥቓና በጺሑ። በጃኻ ንመስርዕ ከይተግድዓ ሓግዘና ወዘተ፡" ተባህለ። ዓሊ ነቲ ቅድሚኡ ክበሃል ዝጸንሐ ዘረባታት ግዲ ከይሃበሉ ጸንሐ'ሞ፡ እታ 'ንመስርዕ ኣብ ሓደጋ ከይተእትዋ' ትብል ዘረባ ግን ኣብ እዝኑ ኣትያ ስክፍታ ኣሕደረትሉ። ናብ ብጾቱ ቍሊሕ ድሕሪ ምባል፡ "ሓንሳብ ደው ኣብሉኒ። ኣነ ተኻኢለ'የ፣ ቀስ ኢለ ከርክበኩም'የ። ንስኻትኩም ቀልጢፍኩም ኣብቲ ዝብጻሕ ብጽሑ፡" በሎም። ኣባላት መስርዕ ዝተጠቐሙሉ ጥበባቶም ክሰርሕ ከም ዘይክእል ተረዲኦም፡ ተሰኪምካ ካብ ምቕጻል ካልእ ኣማራጺ ከም ዘይብሎም ገምጊሞም።

ስለዚ በብእብረ እናሓንገሩዎ ጉዕዞኦም ቀጸሉ። ግደ ሓቂ፡ እቶም ንዓሊ ዘሳልዩዎ ዝነበሩ ተጋደልቲ'ውን ንብጻይካ ገዲፍካ ዘይክየድ ኮይኑዎም ኒሕ ስለዝገብሩ'ምበር፡ ይትረፍዶ ንዓሊ ክስከሙ፡ ነቲ ምስኦም ዝነበረ ዕጥቅን ስንቅን'ውን ዝኸውን ሓይሊ ኣይነበሮምን።

ድሕሪ ነዊሕ ጉዕዞ፡ እቶም ንዓሊ ዘሳልዩ ዝነበሩ ብጾት፡ ካብቲ መንገዲ ፍንትት ኢላ ኣብ ሓንቲ ስንጭሮ ምሊሕምሊሕ እትብል ሓዊ ረኣዩ'ሞ፡ ሓደ ካብቶም ንዓሊ ብቐረባ ዝርድኡዎን ዝቐርቡዎን ብጻይ፡ "ኣንቱም ብጾት ኣነ ሽግር ዓሊ ጽቡቕ ገይረ እየ ዝፈልጦ። ምናልባት ድኻም ዓሶ ተወሲኹዎ ክኸውን ይኽእል'ምበር፡ ጸገሙ ወልፊ'ዩ ዝኸውን። ስለዚ፡ ናብዛ ኣብ ቅድመና ዘላ ኣግነት ከይደ ምናልባት ገለ ቀሩብ ትምባኾ እንተረኸብክሉ ክፍትን!" በሎም። እቶም ብጾቱ ነቲ ሓሳብ ፍታሕ ከምጽእ'ዩ ኢሎም'ኳ እንተ ዘይኣመኑ፡ ንግዚኡ ከም መዕረፊ ይኹነና ብምባል ክፍትን ዕድል ሃቡዎ።

እቲ ብጻይ በተን ኣብ ሳሕል ዝጥቀመለን ውሑዳት ቃላት ትግራይት ገይሩ፡ "ሰላም ዎዓሌኩም። ሰኒ ሃሌኩም፣ ንሕና ጀብሃት ሻዕቤት ኢና። ሓተ መለሀይ ቱምባኽ ማራ ወልፉን ሃላ፡ ቱምባኽ ብኩም ምንገብእ ሰዓዱና፡" በሎም። ጽቡቕ ኣጋጣሚ ኮይኑ እቲ ብዓል ከብቲ ሓሙሽተ ዝኹና ሳፋ ሃቦ። እቲ ብጻይ ተሓጒሱ እናዘለለ ናብ ዓሊ ኣምርሐ። ኣብ ጥቓ ዓሊ ቅርብ ኢሉ፡ "ሓውና ዓሊ ብስብእነትኪ ደኣ ተሐጒስና ኴንኪ'ምበር፡ ሎሚ ምሸት ዝገደፍክልና የብልክን። በዘን ጸበል ትትንስኢ ትኹኒ!" ኢሉ ነቲ ትምባኽ ኣብ ጥቓ ኣፍንጫኡ ከሸትቶን ዓይኑ ቋሕ ክብላን ሓንቲ ኮነ። ክንዲ ኰላሶ 'ሳፋ' ኣብ ላዕለዋይ ከንፈሩ ምስ ደቐደቓ ጽንሕ ኢሉ፡ "ያ ጀምዓ! እዛ ኣቡዓማር ቱምባኽ ኣበይ ረኺብኩማ፡ ሹክረን ያኣኺ!" ኢሉ ቀሩብ ድሕሪ ምጽናሕ፡ ተበራቢሩ ምስቶም ቀዳሞት ተሰሪዑ ጉዕዞኡ ቀጸለ።

* * *

ጉዕዞ እግሪ ድርፎ ኣዝዩ በዳህን ፈታንን ነበረ። ተጋዳላይ ነገር ኒሕን ሓቦን ኰይኑዎ'ምበር፡ ብጥሜትን ድኻምን ወላእላእ ኢሉ እዩ። ከባቢ ሰዓት 1፡00 ምስ ኮነ፡ ኪኖ'ዚ ክኽየድ ከም ዘይከኣል ዝተዓዘቡ ብዓል ሻይናክን ተኸለን ኣብ ዘዘለዎ ተጋዳላይ ነጸላኡ ከይፈትሐ ከዕርፍ ትእዛዝ ኣመሓላለፉ'ሞ፡ ካብ ክቱር ድኻም ዝተበገሰ፡ ኰርኳሕ እምኒ ከይገደሶ፡ ከምዛ ህጻን ኣብ ሕቑፎ ኣደኡ ብቕጽበት ድቃስ ዝወስዶ፡ ተጋዳላይ ኣብ ዘዘለዎ ንእለቱ ንቕጽ በለ።

ንጽባሒቱ ከባቢ ሰዓት 5.00 ወጋሕታ፡ 8 ታሕሳስ 1977 ተበገስ ኮነ። ዝሓደረ ድኻም ተረስዐ። ተጋዳላይ ኣብቲ ዓቢ ስርሒት ውግእ ሰምሃር ኣብ ሰዓቱ ክበጽሕ ስለ ዝነበሮ። ነቲ ናብ ድርፎ ንምብጻሕ ገና ዘይወድአ ምረሻ ብሓድሽ መንፈስን ፍናንን ቀጸሎ።

ጸሓይ ተፈጥሮኣዊ ብርሃና ንምዕዳል ኣንጊሃ ተቐልቀለት። ምቕት ብርሃና ግን ልኡም ነበረ። ልክዕ ሰዓት ትሽዓተ ቅድሚ ቀትሪ ኣብ ጀራዲን ድርፎ በጻሕና። እዛ ንእሽቶ ዓዲ ብተጋደልቲ ኣዕለቕለቐት። ኵሉ ብረቱ ኣቐሚጡ ሰላምታ ክለዋወጥን ክሜረቕን ግዜ ኣይወሰደን። ገለ ድኻም ዘይወጽኣሎም ድማ ኣብ ትሕቲ ኣግራብ ግንቡው በሉ።

ንቕሎ ናብ ጐላጉል ሰምሃር

ሓይልታት ኩሉ ግዜ ኣብ ነዊሕ ጉዕዞ ስለ ዝኾንና፡ ሓሰኻ ከብዲ ዝቐትላ ውሑዳት መቑነን ክንስከም እንተዘይኰይኑ፡ ንመዓልታት ዝቕልብ ስንቂ ሒዝና ክንጓዓዝ ኵነታት ኣየፍቅደልናን'ዩ ነይሩ። ስለ'ዚ፡ ድርፎ ምስ በጻሕና፡ ብዘይካ'ተን ኣብ ዝባንና ጸይርናየን ዝነበርና ውሑዳት ሸኮርን ንስብቆ ተባሂለን ዝትሓዛ ሓሩጭን፡ ከብድና እነዐንግለሉ ርቡሕ መግቢ'ሞ ካበይ ይምጻእ። ተቐማጦ ድርፎ ውሑዳት ኣብ ርእሲ ምንባሮም፡ ይትረፍዶ ንኽልተ በጦሎንታት፡ ንሓንቲ ጋንታ'ውን ዝቕልብ ዓቕሚ ኣይነበሮምን። ዕፉን፡ መጺጽ ናርገን ብርክት ዝበለ ካውሎን ካብ ግራውቶም ኣበርከቱልና። እተን ዝርካበን ዝቐረባ መግቢ ንኣፍ ጦልቀም ንኸብዲ ሓጢኣት ኰይነን ተረፋ።

ኣብ ህዝባዊ ሓይልታት ካብ ነዊሕ ዓመታት ጀሚሩ ክሳብ ዳሕረዋይ ወለዶ ዝቐጸለን፡ ካብ ተመኵሮኡ'ውን ከም ግብራዊ ሓቂ ዝተወስደን፡ ማለት ሓይልታት ኣብ ዘይተጸበናዮ እዋን ብሃንደበት ከብቲ፡ ገመል ወይ ኣጣል ምስ ዝሕረደልና፡ ኣብ ሓንጉልና ቀልጢፉ ዝመጽእ ነገር፡ ነዊሕ ጉዕዞን ውግእን ከም ዝህሉ'ዩ ዝእምት ነበረ። ሕሩድ ከም ምልክት ወተሃደራዊ ምንቅስቓስ ይውሰድ ነበረ። ምኽንያቱ፡ ተጋዳላይ ኣብ ተዛማዲ ዕረፍቲ፡ ንእሽቶ ቍራስ እንጀራ ምስ ኣሕምልቲ ወሳሲኹ ንኸብዱ ከዕንግላን ከሳልያን ቀሊል'ዩ። ንነዊሕ መንገዲ ኣብ ዝብገሰሉ ይኹን ንኸቢድ ውግእ ኣብ ዘንቀደሉ ግዜ ግን፡ ኣካላት ወዲሰብ ውህሉል ጽዓት ስለዘድልዮ፡ ሚዛኑ ዝሓለወ መግቢ ክረክብ ግድነት'ዩ። እታ ብውሑድ መኣዛታት ስለይ

ክትብል ዝጸንሐት ነብሲ፡ ሓይሊ ክትድልብን ክትድልድልን ስለዝነበራ፡ ሕሩድ ግድነት'ኳ እንተዘይኮነ ኣገዳስነት ግን ነይሩዎ'ዩ።

ተጋዳሊት ለተብርሃን ካሕሳይ (ጓል ካሕሳይ)፡ ነቲ ካብ ስሓርቲ ክሳብ ድርፎ ዝነበረ በዳዒ ጉዕዞ ብኸምዚ ትገልጾ።

"ድሕሪ ስርሒት ቢንቶ-እምባትካላ፡ ከባቢ ሰዓት 5፡00 ድ.ቀትሪ ዝተጀመረ ጉዕዞ፡ ዋላ'ኳ ክልተኡ ከብዲ ኣእጋረይ እንተሓበጠ፡ ንጎቦታት ድርፎ ሓኺረ፡ ከም ዘይብጻሕ የልቦን ጀራዲን ድርፎ ምስ በጻሕኩ፡ ብድኻም ተኻኢለ፡ ኣብ ሓንቲ ንእሽቶ ገረብ ኣጽለልኩ። ከባቢ ሰዓት 3፡00 ድ.ቀ፡ ውሑዳት ተጋደልቲ ሓደ ስቡሕ ብዕራይ ኲብኲቦም ብማዕዶ ክመጽኡ ምስ ረአኹ ሓጕሰይ ተፈራረቐ። በቲ ሓደ ዝጠመየት ከብዲ መዐንገሊ ብምርካባ ከም ቈልዓ ተሰራሰርኩ፣ በቲ ኻልእ ድማ፡ ነዊሕን ኣድካምን ጕዕዞን ውግእን ከም ዝጽበየኒ ዘተምብህ ስለዝነበረ መዓንጣይ ሸጥ ኣበልኩ።

ብዕራይ ብኡንብኡ ተሓርደ። ካራሩ ካብ ጋንታታት ተኣከበ። እቲ ሕዱር ድኻም ዘይወጸሉን ኣብ ፈቐዱኡ ጉዕጽጽ ኢሉ ደቂሱ ዝነበረን ተጋዳላይ ተበራበረ። ካራሩ ክስሕል ሓዊ ክኣጉድ መብሰሊ ስጋ ዝኸውን ማይ ካብ ሩባ ብጀሪካናት ክጓርት ምስ ግዜ ተቐዳደመ። ኣብዛ ሓጻር ናይ ዕረፍቲ ህሞት፡ ገለ ናቱ ስራሕ ወዲኡ ናይ ብጻዩ ዕጥቂ ከዕሪ፡ ሓካይም ጋንታታት ዝጕደለ መድሃኒታት ክምልኡ ላዕልን ታሕትን በሉ። ሓለፍቲ በብደረጃኦም ተኣኪቦም ብዛዕባ ዝተዓመመ ጉዕዞ ክመያየጡን መደባት መጻኢ ሓሳብ-ንሓሳብ ክለዋወጡን ተኣከቡ። እቲ ቍንጹብ ኦፐሬተር በጦሎኒ ንቫይናክ ተኸቲሉ ናብ ሓንቲ ኵጀት ተመራሪሖም ደየቡ።

ተጋዳላይ፡ ነቲ ኣብ ቅድሚኡ ሃገግ ዝብል ዝነበረ ጨና ጥብሲ ስጋ እናሸተተን እናማዕደወን "ሕጂዶ ደሓር መጋቦ ንድራር ይጽውዑ፡" ብምባል ብተሰፋ ተጸበየን አፋ ማይ መልአን። ቫይናክ ኣብ ውግእ ሰምሃር ምስ ዝነበሩ ኣዘዝቲ ብራድዮ ርክብ ጀመረ። ቀጺሉ፡ ጉያ ብዝተሓወሶ ናህሪ ሓለፍቲ ኣጸሊሎምሉ ናብ ዝነበሩ መጽአ። እቲ መልእኽቲ ቅሉዕን ዓውታ ዝተሓወሶን ስለ ዝነበረ፡ ኣብቲ ከባቢ ዝነበረ ተጋዳላይ፡ ነቲ ናይ ቫይናክን ኦፐረይተርን ዘብዘብ ርእዩ፡ ሓድሽ ወተሃደራዊ ኩነታት ከም ዝተፈጥረ ብትንታኔ በጽሐ ዝኾነ ትእዛዝ ከይተጸበየ ንነብሱ ድልውቲ ገበራ።" ብምባል ናይ ቅድሚ 40 ዓመታት ተዘክሮኣ ኣካፈለትኒ።

ማእከልነት ሓይሊ 4.33 ዑቕባይ፡ "ዕጠቕ! ዕጠቕ! ንብረት ይትኣከብ! ተዳሎ!" ዝብል መልእኽቲ ትመሓላለፈ። ምኽትል መራሒ መስርዕ ወዲ ፋይድ፡ ነቲ ኣብ ሓዊ ተሰኺቲቱ ዝነበረ ስጋ እናርኣየን ከብዱ ምግባር

እናኣበዮን፡ ፍርሒ ብዝተሓወሶ፡ "ያ ዕቍባይ፣! ስጋ በሲሉ'ዩ ድሮ ሻሂ ድማ ፈሊሑ'ሎ። እሞ ሸዌያ. . ." ኢሉ ዘረብኡ ከይወድአ፡ ቀሺ ብሓውሲ መግናሕቲ፡ "ኣምሺ ያ ዞል! ድሕሪ ተበገሰ ዘረባ የለን! ስጋ ይኹን ሻሂ ኣፍሰስዎ። ያላ ንብረትኩም ጥራይ ቀልጢፍኩም ጠርንፉ! ማፌ ካላም!" በለ ብዓውታ። ንሱ'ውን ኣብነት ክኸውን ስለዝነበሮ ድኣምበር፡ ግደ ሓቂ ብጥሜት ተላሒሱ'ዩ ዝነበረ።

ጥሜት፡ ጽምእን መከራን ምስ ህይወት ተጋዳላይ መጓዕዝቲ ስለዝነበሩ፡ ነቲ ኣብ ሓዊ ተሰኺቲቱ ዝነበረ በራድ ሻሂን ነቲ ኣብ ቅድሚኡ ብዓይኑ ክርእዮን ብኣፍንጫኡ ክሽትቶን ዘርፈደ ኣብ ድስትታትን ኣብ ጓህርን ክበስል ዝጀመረ ስጋ፡ ክፈልሕ ዝቐረበ ሻህን ተኻዕዩ ድስትታት ተጠርነፈ። ኣብ ጓህሪ ዝበስል ዝነበረ ማዳ ስጋ ዝግደሰሉ ስኢኑ ሓረረ። ሓሙሽተ ደቒቕ ኣብ ዘይመልእ ግዜ፡ ተጋዳላይ ነናብ ዕጥቁ ጕየየን ኣብ ገጋንታኡ ተሰርዐን።

ስጋ ንወዲ ፋይድ ኣዝዩ የጸልሎ'ዩ። ነቲ ንድሕሪት ዝገደፎ፡ ጓህሪ ዝመስል ጥብሲ ስጋ እናዘከረ፡ "ብቐደሙንዶ 'ዓለም ትሸዓተ ዘይትመልእ ዓሰርተ' ኢሎማ! በልስከ እዚ ምሸሙሸ ጸላኢ ምስዓሩ ዘይተርፎስ ክሳብ'ዘን ዝተጠብሳ ስጋ ኵልስ ኵልስ እነብለን እንተጸንሐስ እንታይ ምኹነ! ኣየ ገድሊ ገደል።" በለ እናጕረምረመ።

ሓይልታት በብመራሕተን መግለጺ ተዋህበን። ኮሚሳር ሓይሊ 4.33 ተኸለ፡ ኣብ ቅድሚ ሓይሉ ደው ድሕሪ ምባል ድምጹ ክብ ኣቢሉ ከምዚ በለ፡

"ተማም ባጋ! ከመይ ኣሎና! ብ12 ጥቅምቲ፡ ብጾትና ንመስመር ኣስመራ-ምጽዋዕ ንምዕጻው ኣብ ሰሓጢት ዝጀመሩዎ ውግእ ብምቕጻል፡ ንሰሙናት ዝኣክል ደማዊ ውግእ ብምክያድ ክሳብ እዛ ደቂቕ'ዚኣ፡ ካብቲ ሒዞሞ ዘለዉ መከላኸሊ ድፋዓቶም ምንቅ ከይበሉ ይዋግኡ ኣለዉ። ነዚ መስመር'ዚ ምዕጻው፡ ንጸላኢ ብጉሮሮኡ ሓኒቕካ ከም ምሓዝ'ዩ ዝቝጸር። ላዕለዎት መራሕቲ ኢትዮጵያ ነቶም ብመራኽብን ነፈርትን ካብ ማእከል ኢትዮጵያ ዝኣከቡዎም ሰራዊት ምስ ዘመናዊ ኣጽዋሮም ናብ ባጽዕ ድሕሪ ምግዓዝ፡ ጕዕዞኡ ናብ ኣስመራ ገጹ ተበጊሱ ኣሎ፡"በለ። ዘረብኡ ብምቕጻል።

"ሎሚ 8 ታሕሳስ 1977፡ ልክዕ ሰዓት 7፡00 ቅድሚ ቀትሪ ጸላኢ ንመስመር ኣስመራ-ምጽዋዕ ንምኽፋት ብኸልተ ግንባራት፡ ብወገን ምዕራብ ብደንጎሎ፡ ብወገን ምብራቕ ብዶጎሊ መጥቃዕቲ ከፊቱ ኣሎ። በቲ ጸላኢ ባዕሉ ዝጀመሮ ውግእ ድማ፡ ብጾትና ጸረ-መጥቃዕቲ ወሲዶም፡ ነቲ ኣብ

መዓስከር ዶጎሊ ዓሪዱ ዝነበረ፡ ዝበዝሐ ክፋሉ ደምሲሶሞ ኣለዉ። ኣማኢት ተማሪኾም፣ ማእለያ ዘይብሉ ከቢድን ፎኲስን ብረት ኣብ ኢድና ኣትዩ ኣሎ[10]. . .” ኢሉ ዘረብኡ ከይወድአ፡ ተጋዳላይ፡ “ዓሸ ያሆ ብጾትና!” ብምባል ጣቕዒትን ዕልልታን ዳሕደሖ። ኣስመሮም እቲ ዝነኣሰ ኣባል መስርዕና፡ ስምዒቱ ምቍጽጻር ስኢኑ፡ “ጸላኢ ደኣ እንታይ ተሪፉዎ፡ እሞ ንሕናስ ዝተሰልበ ኣጽዋርን ምሩኻን ጥራሕ ኢና ክንእክብ ንኸይድ ዘሎና!” በለ።

ተኸለ ዘረብኡ ብምቕጻል፡ “ሎሚ ወጋሕታ ዝጀመረ ውግእ ይቕጽል ኣሎ። ጸላኢ ስዕረቱ ዘየጠራጥር ስለ ዝኾነ፡ ንዓና ተዋሂቡና ዘሎ ዕማም፡ ኣብ ሰዓቱ ንምፍጻም ከቢድ መስዋእቲ ዝሓትት እዩ። ዘለናዮ ኩነታት ግዜ ዘይህብ፡ ነዛ ከብድና እንዕንግለላን ጕሮሮና እነተርክሰላን ቅንጣብ ግዜ’ውን ትኹን የብልናን። ነዚ ዕማም ንምፍጻም፡ ኣብ ዝተመደበልና ሰዓት ክንበጽሕ ክንውንጨፍ ኢና። ስለዚ፡ ዝጽበየና ዘሎ ፍሉይ ተልእኾ፡ ነዊሕን ኣድካምን ስለዝኾነ ንሓድሕድና እናተሓጋገዝናን እናተሓላለናን ክንከይድ ኢና፡” ምስበለ ናይ ተበገስ ትእዛዝ ኣመሓላለፈ።

ሰዓት 4.00 ድ.ቀ፡ ጕዕዞ ንሸነኽ ምብራቕ ብዘብዘብ ተጀመረ። ኣብ ጐላጕል ሰምሃር ጸሓይ ብእዋኑ’ያ ትበርቕን ትዓርብን። መሬት ቀልጢፉ ስለ ዝጸልመተ፡ ምስቲ ዝነበረ ሃታሃታን ናይ ተመሳሳልነትቦታ፡ ኣንፈት ምረሻና ናበይ ገጹ ምዃኑ ብቐሊሉ ዝፍለጥን ዝግመትን ኣይነበረን። ጕዕዞ ታ’ለይቲ ብንጹር’ኳ ክዝክሮ እንተዘይከኣልኩ፡ ንጉቦታት ሰሜናዊ ባሕሪ ንጸጋም ገዲፍና ኣንፈትና ብቐጥታ ንምብራቕ ኰይኑ፡ ጐላጕል ሰኸር ተጸጋዕና። ኣብቲ ጐላጕል መኣዝንና ብምጥፋእን ኣንፈት ጕዕዞና ብምስሓትን ሓሓሊፉ ‘ኩዳ ባርያ’ (ናብ ዝተበገስካሉ ቦታ ምምልላስ) የጋጥመና ነበረ። ተጋዳላይ ብድኻም ስለዝተሰነፈ፡ ኣብ ከባቢ ማይውዑይ ንቑሩብ ሰዓታት ቀም ኣበልና።

ወጋሕታ ሰዓት 5፡00 ካብ ማይውዑይ ተበገስና። ንጐላጕል ጋሕቴላይ ንየማንን ደቡብን ገዲፍና፡ ናብ ዔላገመድ ምስ ተጸጋዕና፡ ሂምታ ከቢድ ብረት ንምድረ-ሰማይ ኣናወጾ። ጕዕዞና ቀጥታ ንምብራቕ እናወሰኸ ብዝኸደ መጠን ድማ ተኹሲ ረሻሻት ብንጹር ተሰምዐ።

ሓይልታት ንዝደኸመ እና’ሳለያ ክሳዕ ከባቢ 11፡00 ቅድሚ ቀትሪ ሓድሕድ እናተሓላለዋ ተጓዕዛ። ጐላጕል ሰኸርን ማይውዑይን ብተፈጥሮኡ ምድረበዳዊ ኩነታት ኣየርን ጅኦግራፊያዊ ኣቀማምጣን ዘሎዎ እዩ። ክራማት

ኣትዩ'ኳ እንተ ነበረ፡ ኣብታ መዓልቲ'ቲኣ ግን፡ መጠን ምቑት ስለዝወሰኸ፡ ዋላ ንሓንቲ ደቒቕ'ውን ትኸኑ፡ ነዛ ርእስና እነጽልለላ ገረብ እንተረኸብና ንየማነ-ጸጋም ቍሊሕ ምሊሕ በልና፣ ገረብ'ሞ ኣበይ ትረኸብ! ብዘይካ ሓሓሊፈን ዝበቑላ ንኣሽቱ ጭዓ፡ ጥፍራርያን ንቑጽ ሳዕርን ገረብ ትመስክር!

ኣነ ገለ ቍሩብ ጽላል እንተኸነትኒ፡ ነታ ቍራጽ ጨርቂ (ፎጣ) ኣብ ርእሰይ ጠምጠምኩዋ። ንሳ'ውን ንእለቱ ብርሃጽ ጠልቀየት። እቲ ገበታ ርሃጽ ኣብ በይነይ ከይከውን፡ ነቶም ኣብ የማነይ ጸጋመይ ዝጓዓዙ ዝነብሩ ብጾተይ ሰረቐ ተዓዘብኩዎም። ወዱን ጓሉን ገጹ፡ ኣፍ-ልቡን እንግድዓኡን ብርሃጽ ከም ዝጠልቀየን ሰራውር ደሙ ንላዕለዋይ ቀርበቱ ሰንጢቑ ክወጽእ ከሳብ ዝደሊ ከም ዝተገተረን ኣስተውዓልኩ። ፈሳሲ ሰብነትና ብረሃጽ ክጽንቀቕ ስለ ዝጀመረ፡ ሓሓሊፉ ተርእዮታት ወቕዒ (ኮልፖዲሶለ) ክርአ ጀመረ። ከም ውጽኢቱ ኣብ ተጋዳላይ ፈቐዶኡ ክወድቕ ጀመረ። ንጽጉማት ኪኖ ኩባያ ማይ ምስታይን ናብ ዘጽልሉሉ ቦታ ምጽጋዕን ካልእ ክውሃብ ዝኽእል ሓገዝ ኣይነበረን። ስለ'ዚ ኣብ ነብሰኻ ዘሎ ፈሳሲ ክሳዕ ዝጽንቀቕ፡ ንቕድሚት ምምራሽ ጥራሕ እዩ ነይሩ እቲ ዕድል።

ካብ ድርፎ ዝጀመረ ዘብዘብን ስሙር ጕዕዞን ክቕጽል ኣይከኣለን። እታ ሓቦ ሰኒቓ፡ ስና ነኺሳ፡ ክትምርሽ ዘርፈደት እግሪ ወላእላእ በለት። ኣብ ሞንጎ ዝነበረ ምፍንታት ዓቢ ጋግ ፈጠረ። እተን በቃ ኣብቂዕና ዝበላ መሓውር ገለ ውሑዳት ተጋደልቲ ካብ መስርዕ ወጺኦን ኣብ ፈቐዶ ጽላል ጭዓ ተጸግዓ።

ድምጺ ተኸሲ በርትዐ። ድምጺ ፈኩስቲ ብረት ክስማዕ ስለዝጀመረ፡ ኣብቲ ከባቢ ህጁማት ይካየድ ከም ዘሎ ንኹሉ ተረደአ። ሓለፍቲ ዘንጊታት ራድዮ ወርዊሮም ርክባት ቀጸሉ። “ሃለው ይሰምዓካ ኣለኹ! በርቂ ዲኻ! እሞ ከመይ ኣሎ ጓይላ! ጽቡቕ ጽቡቕ! ንሕናውን ቀሪብና ኣለና! በሉ ርክብ ኣይትቋርጹ!” ወዘተ ዝብሉ ንኽትሰምዖም ሞራልካ ዘበራብሩ ቃላት፡ ነቶም ኣብ ቅድሚት መስርዕ ዝነበርና ተጋደልቲ ተወሳኺ ሓይሊ ኰነና።

ብሃንደበት፡ “ኣብሩኽ!” በለ ዕቑባይ (ቀሺ)። እቶም ዝርካብና መስርዕ ዘይበተኽናን ሓይልና ዘይጸንቀቕናን ኣባል'ታ ሓይሊ ኣብሮኽና። ቀሺ እንቅዓ እናስተንፈሰን ነቲ ብግንባሩ ጸረር ዝብል ዝነበረ ርሃጽ ብኸብዲ ኢዱ እናደረዘን ዓው ኢሉ፡ “እምበኣር ኣብ ቅድመና ናይ ሞትን ሕየትን ናይ ተሓናነቕን ውግእ ይካየድ ኣሎ። እቲ ንዓና ዝተዋህበና ዕማም ድማ፡ ገና ይጽበየና'ዩ ዘሎ። ስለዚ፡ ኣብቲ ዝተመደበልና ቦታ ኣብ ሰዓትና ክንበጽሕ

ስለዘለና፡ ነዛ ተሪፋትና ዘላ ዓቕሚ፡ ሓቦ ወሲኽና ክንውንጨፍ ኢና። ‘ዝሓዝካ ሒዝካ ኣርክብ!’ ተባሂልና ስለዘለና፡ ጉዕዞና ዘብዘብ ዘይኩነ ጉያ ክኸውን’ዩ ተበገሰ!” በለ።

ኣነ ዋላ’ኳ ኣብራኸይ ብድኻም ተኻኢለን እንተነበራ፡ ነቲ ዘብዘብ ከም ህዝበይ ናብ ጉያ ቀየርኩዎ። እንተኾነ፡ እናናሳዕ ብቐጻሊ ኣብ ኣእምሮይ እትመላለስን መልሲ ዘይረኸበትን ሕቶ ነበረት። ንሳ ድማ፡ “ህዝባዊ ግንባር ኣብ ግንባራት ሰሜንን ደቡብን ኣንጻር ዓርሞሸሽ ሓይሊ ጸላኢ፡ ለይትን መዓልትን እናገጠመ እንከሎ፡ ነዚ ሳልሳይ ግንባር ምብራቕ (ሰምሃር) ንምኽፋት ክሳብ ክንደይ ተዳልዩሉ ይኸውን፧ እንታይ ዕላማኸ ይህሉዎ ይኸውን፧” ትብል ነበረት።

ግደ ሓቂ፡ ኣነ ከም መራሒ መስርዕ፡ ብዝነበረኒ ውሑድ ተመኩሮ፡ ነቲ ኣብ ግንባር ዝውጠን ሓፈሻዊ ወተሃደራዊ ስልትን ስትራተጂን ክፈልጦ ዝኽእል ኣይነበርኩን። ህዝባዊ ግንባር ኣብ ግንባራት ደቡብን ሰሜንን ኣብ ከቢድ ወተሃደራዊ ጥምጥም ተጸሚዱ ከሎ፡ ኣብ ምብራቕ ሓድሽ ግንባር ምኽፋቱ፡ ነቲ ናይ ወገን ወተሃደራዊ ሓይሊ ከየስሑዎ ወይ ከየዳኽሞ፡ ካብ ሓልዮትን ስግኣትን ውድብ ዝተበገሰ ስክፍታ ኣብ ኣእምሮይ ክልዓል ግን ንቡር እዩ።

ሎሚ፡ ድሕሪ ዓሰርተታት ዓመታት፡ መልሲ ክረኽበሉ ስለዘንቀድኩ፡ ንገለ ካብቶም ኣብቲ ግዜ’ቲ ላዕለዎት ወተሃደራዊ ኣዘዝቲ ውድብ ዝነበሩ ብምውካስ፡ ኣዕጋቢ መልሲ ረኺብኩ። ገዳይምን ምኩራትን ተጋደልቲ፡ ኣሕመድ መሓመድ ስዒድ ’ሸነቲ’ ብሪጋዴር ጀነራል ተኪኤ ብላታን ብሪጋዴር ጀነራል ተኽለ ክፍላይን (ማንጁስ)! ንዕላማን ኣጀማምራን ውግእ ሰምሃር ‘77’፡ ከምዚ ክብሉ ገለጹዎ።

“ህዝባዊ ግንባር ነቲ ሓድሽ ግንባር ምብራቕ ዝኸፈተሉ ክልተ ምኽንያታት ነይሩዎ። ቀዳማይ፡ ጸላኢ ኣብ ግንባራት ሰሜንን ደቡብን ከቢድ ጸቕጢ ፈጢሩ ስለዝነበረ፡ ሓድሽ ግንባር ከፊትካ ኣድህቦኡ ንምቕያርን ሓይሉ ንምክፍፋልን ንምምህማንን ክኸውን እንከሎ፡ እቲ ካልኣይ ምኽንያት ድማ ህዝባዊ ግንባር ብሓይሊ ሰብ ይኹን ተመኩሮ ሓይሉ፡ ወተሃደራዊ ዓቕሚ’ውን ደሊቡ ስለ ዝነበረ፡ ነዚ ስርሒት’ዚ ንምትግባርን ንምጽዋዕ ንምቍጽጻርን ክእም ዕላማ ወሰደ።”

“ድብያ ሰሓጢት፡ ሓደ ካብቶም ዓበይቲ ዓወታትን መቐይሮን ኣብ ውግእ ሰምሃር ነበረ። 12 ጥቅምቲ፡ ሰዓት 8:20 ቅድሚ ቀትሪ ብወገን

ድግድግታ ዝነበራ ኣሃዱታት ከቢድ ብረት፡ መጥቃዕቲ ምስ ጀመራ፡ እተን ኣብ መንገዲ ኣስመራ-ባጽዕ ብድሕሪት በወገን ሰሓጢት ኣድብየን ዝጸንሓ ብርጌዳት (23፡ 70፡'58ን ካልኦትን) ካብ ዕርድታተን ብምውጻእ፡ ንሓይሊ ጸላኢ በታተንኦ። ጸላኢ ገለ ናብ መዓስከር ዶጎሊ ክሃድም እንከሎ፡ ብምዕራብ ዝነበረ ሓይሊ ድማ ናብ ድግድግታ (ዶንጎሎ) ገጹ ፋሕ ብትን በለ። ተጋዳላይ ኣብ ልዕሊ ጸላኢ ሰፍ ዘይብል ክሳራ ኣውሪዱ፡ ብኣማኢት ዝቑጸር ኣጽዋር ማረኸ። ገለ ካብ ዓወታት ንምጥቃስ፡ 3 ታንክታት ተማረኻ፡ 4 ተቓጸላ፡ 600 ወተሃደራት ሞቱ፡ 50 መካይን ጽዕነት ምስ ንብረተን ተማረኻ። ድሕሪ'ዚ ዕዉት ውግእ፡ ጽርግያ ባጽዕ-ኣስመራ ተዓጽዩ ኣብ ትሕቲ ምሉእ ቍጽጽር ህዝባዊ ግንባር ምስ ወደቐ፡ ክልተ ቀወምቲ መከላለኺሊ ግንባራት ተመስረተ። እቲ ሓደ ናብ ባጽዕ ገጹ ዘቋምት ግንባር ዶጎሊ ክኸውን ከሎ፡ እቲ ካልኣይ ከኣ ካብ ዶንጎሎ ንዝብገስ ሓይሊ ጸላኢ ዝከላኸል ግንባር ድግድግታ ነበረ። በሉ'ሞ ዘረባኦም ብምቕጻል፡

"ብተመሳሳሊ፡ ካብ 21 ክሳብ 27 ሕዳር 1977፡ ጸላኢ መስመር ባጽዕ ንምኽፋት ካብ ደጎሊን ዶንጎሎን ተንቀሳቐሰ። እቲ ካብ መዓስከር ዶንጎሎ ላዕላይ፡ ጊንዳዕን ኣስመራን ተበጊሱ፡ ዘመናዊ ኣጽዋርን ነፈርትን ኣሰንዩ፡ ጽርግያ መስመር ኣስመራ-ምጽዋዕ ንምኽፋት ዝሓለነ ሓይሊ ጸላኢ፡ ብርጌዳት 58ን 44ን ካልኦትን ኣብ መከላኸሊ ግንባር ድግድግታ ዓጊተን፡ ከቢድ ክሳራ ኣሰከማኦ። ብርጌዳት 58ን 44ን ካብ ጥቕምቲ 1977 ክሳዕ ታሕሳስ 77፡ ለይትን መዓልትን ተሃንዲዱ ዝመጽእ ዝነበረ ገጅፍ ሓይሊ ጸላኢ መኪተን፡ ሰፍ ዘይብል ሰብኣውን ንዋታውን ክሳራ ኣውረደናሉ እየን። በሉ፡

ብተወሳኺ እዞም ኣዘዝቲ ሰራዊት "ዕምሪ መግዛእቲ ክሓጽርን ጸላኢ ብጉሮሮኡ ክሕነቐን እንተኾይኑ፡ ነቲ ካብ ውሽጢ ኢትዮጵያ ብወደብ ባጽዕ ዝጓርፉ ዝነበረ ሽሾ ሰራዊትን ዕጥቅን ስንቅን ተቈጻጺርካ ደው ምባል፡ እዋኑ ዝጠልቦ ውዱዕ ነበረ። ህዝባዊ ግንባር ብሓይሊ ሰቡ ሰዊዱን ተዓጻጺፉን ስለዝነበረ፡ ነዚ መስመር ዓጺኻ፡ ሓይሊ ጸላኢ ንምድኻሙን ንምስዓሩን፡ ሓያል ስትራተጂ ብምሕንጻጽ፡ ግንባር ምብራቕ መስረተ፡" ድሕሪ ምባል፡

"ኣብ 1976-77 ህ.ግ.ሓ.ኤ ካብ ደባይን ተንቀሳቓስን ቅዲ ኲናት ናብ ቀዋሚ ቅዲ ኲናት ተሰጋገረ። እዚ ሓድሽ ወተሃደራዊ ምዕባለ፡ ንኣሰላልፋ ህዝባዊ ሰራዊት፡ ካብ ደረጃ በጦሎኒ ናብ ብርጌድ ክዓቢ ኣኽኣሎ። ከም ውጽኢት'ዚ ፖለቲካውን ወተሃደራውን ምዕባለ ሰውራ፡ ህዝባዊ ሰራዊት ንኣውራጃታት ሳሕል፡ ሰንሒትን ባርካን ሓራ ኣውጺኡ፡ ናብ ከበሳ

ብምንቅስቓስ፡ ግንባር ሰሚንን ደቡብን መስሪቱ፡ ንጸላኢ ኣብ ጸቢብ ክልል ከም ዝሕጸር ገበሮ። እንተኾነ፡ ስርዓት ደርግ ምስ ማሕበርነታዊት ሕብረት ሶቭየት፡ ዘይቅዱስ ኪዳን ስለዝመስረተ፡ ዘመናዊ ኣጽዋር ክዓጥቕን ግዜያዊ ህይወት ክመልሰን ከኣለ። ስለዚ ህዝባዊ ግንባር፡ ነቲ ብመንገዲ ወደብ ባጽዕ ዝኣቱ ዝነበረ ኩምራ ሓጻውንን ስራዊትን፡ ናብ ከበሳ ገጹ ንኸይወጽእ፡ ኣብ ምብራቕ ሓድሽ ግንባር ከፊቱ ንናህሪ ጸላኢ ክዓግት ግድነት ነበረ። ክብሉ ምኽንያት ምኽፋት ግንባር ምብራቕ ብምትንታን ገድላዊ ተሞክሮኦም ኣካፊሉ።

* * *

ናብ ዘበገስኩዎ ጽውያ ክምለስ። እቲ ሰዓት 4:00 ድሕሪ ቐትሪ ካብ ድርፎ ዝጀመረ ጉዕዞ፡ ናህሩ ከይዝሓለ ቀጸለ። መራሕቲ ሓይልታት ይኹኑ መራሕቲ ጋንታታት፡ ገለ ኣብ ቅድሚት ዝመርሑ፡ ዝተረፉ ድማ፡ ኣብ ማእከልን ኣብ ድሕሪትን ኰይኖም ዝደኸመ እናʼሳለዩ፡ ንቕድሚት ተወርወሩ።

ጸሓይ ስርሓ ኣይሓደገትን፣ ምቔታ ካብ ዝጸንሖ ዝያዳ ወሰኸ፣ ጸሓይ ናብ መሬት ዝቐረበት መሰለት።

ርሃጽ ካብ መንበስበስተይ ዝነቐለ፡ ብኽልተ መታልሐይ ከም ማይ ዛረየ፡ ኣብ ርእሰይ ዝተጠምጠመት ቍራጽ ዓለባ (ኰሹኽ) ብርሃጽ ጠልቂያ ንመንበስብስተይ ምቔት ሃበቶ። ከይድርብያ ከም መጀነኒትን መግነዚትን ክትከውነኒ፡ ብዙሕ ቀውምነገር ይጽበያ ስለዝነበረ፡ ክስከማ መረጽኩ።

ምድምሳስ መዓስከር ደንሊ

ጸላኢ ካብ ባጽዕ ገዚፍ ወተሃደራዊ ቃፍላይ (ኮለኛ)[11]፡ ናብ ኣስመራ ኣበገሰ። ህዝባዊ ግንባር፡ ብ12 ጥቅምቲ 1977፡ ኣብ ስሓጢትን ማይኣጣልን ስፊሕ ድብያ ብምድላው፡ ብዘደንቕ ብስለትን ቅልጣፈን ኣብ ውሑዳት ሰዓታት፡ ንሓይሊ ጸላኢ፡ ምሉእ ብምሉእ ደምሲሱ፡ ንዝተረፈ ሓይሊ ሰቡን ንብረቱን መካይኑን ማረኾ። ካብቲ ግዜʼቲ ኣትሒዙ መስመር ኣስመራ-ባጽዕ ኣብ ትሕቲ ምሉእ ምቍጽጻር ህዝባዊ ግንባር ኣተወ። ካብ ሽዑ ጀሚሩ፡ ንህላወ ስርዓት ደርግ ፈታኒ እናኾነ መጽአ። ስርዓት ደርግ፡ ናብʼተን ኣብ ኣስመራን ካልኦት ከተማታትን ዝነበራ መዓስከራቱ፡ እኹል ሎጂስቲካዊ ቀረብ ብነፈርቲ ከጓዕዝ ዓቕሚ ስለ ዘይነበሮ፡ ናይ ኣጥፌእካ

ምጥፋእ ስጉምቲ ቀቢጾ ተስፋ ክወስድ ተገደደ። ኣብ መወዳእታ፡ ድሕሪ ነዊሕ መጽናዕቲ፡ ደርግ ብወተሃደራዊ ክኢላታት ሕብረት ሶቭየትን ኩባን ተሓጊዙ፡ ንመስመር ባጽዕ ኣስመራ ክኸፍቶ፡ ሰፊሕ ወተሃደራዊ ምቅርራብ ገበረ።

ጸላኢ 8 ታሕሳስ 1977 ልክዕ ሰዓት 7፡00 ቅድሚ ቀትሪ፡ ብምዕራብ ካብ ዶንጎሎ ላዕላይ፡ ብወገን ምብራቕ ካብ መዓስከር ዶጎሊ፡ ብኽልተ መኣዝን፡ ብዘመናዊ ኣጽዋር ተወንጨፍቲ ሮኬታትን መሬት-መሬት ሚሳይላት፡ መዳፍዕ፡ ፈኰስትን ድሩዓት ታንክታትን ዝዓጠቐ ኣበገሰ።

ብኣሸሓት ዝቘጸር ኣጋር ሰራዊት፡ ኣብ ልዕሊኡ ዝወርድ ዝነበረ ሰብኣዊ ክሳራ ብዘየገድስ፡ ዓይኒ የብለይ ስኒ የብለይ ጠኒኑ ክደፍእ፡ ተጋዳላይ ካብ ናይ ምክልኻል መስመሩ ፈልከት ከይበለ ኣትኪሉ ተዋግአ። ነዚ ፈታኒ ውግእ ናብ ረብሓኡ ብምልዋጥ ከኣ፡ ጉላጉል ሰምሃር ብሬሳታት ጸላኢ ኣዕለቕለቓ። ኣብ መወዳእታ ድማ፡ በርቃዊ መጥቃዕቲ ብምውሳድ፡ ከባቢ ሰዓት 7፡00 ድሕሪ ቀትሪ ገለ ክፋል ዶጎሊ ኣብ ትሕቲ ቍጽጽሩን ኣእተዎ። ጸሓይ መዓልታዊ ዕማማ ዛዚማ ናብ ምዕራባዊ ኣንፈት ዓረበት። ክፋለሙ ዝወዓሉ ክልተ ተጻረርቲ ሓይልታት ኣብ ዘዝሓዙዎ ቦታ ክሓድሩን ከዕርፉን ተገደዱ። ዝዓበየ ክፋል ዕርድታት ዶጎሊ፡ ኣብ ትሕቲ ምቍጽጻር ህዝባዊ ሰራዊት ኣትዩ ሓደረ።

ንጽባሒቱ 9 ታሕሳስ 1977 ጸላኢ ንዝኸሰሮ ቦታታት ክመልስ'ኳ እንተ ፈተነ፡ ከባቢ ሰዓት 10.00 ቅ.ቀ ተጋደልቲ ካብቲ ተቘጻጺሮሞ ዝሓደሩ ቦታ ብምብጋስ፡ ሓያል ጸረ-መጥቃዕቲ ብምውሳድ፡ ንጸላኢ ካብ ዶጎሊ ብምጽራግ፡ ንዶጎሊ ኣብ ትሕቲ ምሉእ ምቍጽጻሮም ኣእተዉዋ።

እቶም ብድሮኡ ካብ እግሪ ድርፎ ተበጊስና ኣብ ዘብዘብ ዝሓደርና ተጋደልቲ፡ በጦሎኒ 4.3ን 4.2ን፡ ነቲ ኣብ ቅድመና እንሰምዖ ዝነበርና ተኹሲ ከቢድ ብረት ኣብ ግምት ብምእታው፡ ውግእ ገና ዝቐጽል ዘሎ'ምበር፡ መዓስከር ዶጎሊ ከም ዝተደምሰሰት ኣይፈለጥናን። ክንዲዝኾነ፡ ነቶም ኣብ ውግእ መዓስከር ዶጎሊ ንምድምሳስ ኣብ ከቢድ ስራሕ ተጸሚዶም ዝዋግኡ ዝነበሩ ሓይልታት ንምሕጋዝ ዘበገስናዮ ናህርና ዝያዳ ወሰኸ።

ኣብ ወተሃደራዊ ስልቲ ህዝባዊ ግንባር "ዝሓዝካ ሒዝካ ኣርክብ" እንተተባሂሉ፡"እ ገለ ተዳኺሙ ወይ ተሪፉ፡ ቍጽሪ ሓይሊ ሰብና ውሒዱ፡ ዕጥቅና ጉዲሉ" ዝበሃል ሓሳብ ወጊድካ፡ ብዘሎካ ሓይሊ ሰብ ኣብቲ ዝተደልየ ቦታ በጺሕካ፡ መስዋእቲ ብምኽፋል ነቲ ዕማም ፈጺምካ፡

ንኹነታት ኣብ ረብሓኻ ንምቕያር ኢኻ ትጓየ። ስለ'ዚ፡ በጦሎኒ 4.3ን 4.2ን ውሑዳት ተጋደልቲ ሒዝና፡ ንዘብዘብ ናብ ፍጹም ጉያ ቀይርና፡ ነቲ ዝውዳእ ዘይመስልን ሕልናኻ ዘዕርብን ሰጣሕ ጉላጉል ሰኺር፡ ማይውዑይን ጋሕቴላይን ሰናጢቕና፡ ናብቲ ዝተኣዘዝናዮ ቦታ ኣብ ሰዓትና ክንበጽሕ ጉዕዞና ቀጸልና።

መራሒ ጋንታ ሓምድ ኢብራሂም፡ ኣዕይንቱ ብቐጻሊ ናብታ ኣብ ኢዱ ዝኣሰራ ሰዓት ኣትኪለን ከቋምታ ዝተዓዘቦ ዑቕባይ ቀሺ፡ "ኣንታ ሓምድ፡ በልስከ እንታይ ሓገዝ ክኹነካ'ዩ እናሻዕ ነዛ ሰዓትካ ትርእያ ዘለኻ፧ እንተ እቲ ድኻምን መከራን መጓዕዝትና እዩ፣ ናህርና ድማ ኣብ መዕለቢኡ ክበጽሕ'ዩ። ብቐደሙ እዞም ኣብ ጀብሃ በዲር ዝነበርኩም "ሰውራ ናር" ኢልኩሞ። ንኺድ ጥራሕ ንመርሽ ቀሪብና ኢና፡" ምስ በለ፡ ሓምድ እታ ሸራፍ ስኑ ክሳብ ትርአ ሰሓቐ። ርእሱ ንላዕልን ንታሕትን እናንቕነቐ፡ "ወላሂ ያ ቀሺ! ናይ ሎሚ ዘብዘብን ድኻምን ፍልይቲ'ያ። ኣብ ወተሃደራዊ ምንቅስቓስ፡ ግዜ ማራ ወሳኒ'ዩ። ኮላ'ዛ ጀምዓ ሹፍታ ኬፍ፡ ንግዜ ብንቡር ናይ ኢድ ሰዓት ገዲፋ፡ ብነጥብጣብ ርሃጻ እናቘጸረት እያ ትጉዓዝ ዘላ። ያ ጀምዓ! ተልኬር ሰብ ኣክላ ከይለኸፈ ክልተ መዓልቲ ይጉዓዝ!"

"ብዛዕባ ሰዓት ክኣ፡ ያዓኒ ጽቡቕ ተዓዚብካ። ምኽንያቱ፡ እዞም ኣብ ዶጎሊ ኣርዋሓቶም ሊሂቡን የስታሽሃዱ ልሃለው ፋርሳት ጀምዓትና፡ ናትና ሓገዝ ይጽበዩ'ዮም ዘሎዉ፡" ምስ በለ ኣብ ስምዒት ተዋሕጠ። ዘረብኡ ብምቕጻል፦

'ኣል በጠል ሙናድል' ረኣየ። ዲብ ዒንታቱ እምበል ተስፋ፡ ድኻም ኢይትሪኤን። ወላሂ! ቀሺ ኣና እብሌካ ሃሌኩ፡ ንሕና ሳክት ኢና። ማእከልነት ጋንታ ዋላ መስርዕ ኬንና ንመርሖ ዘሎና'ምበር፡ ኣይዋሕድ ሙናድል ሻዕቢያ መራሒ'ዩ፡" ምስ በለ፡ ዕቑባይ ንኹሉ'ቲ ቅውምነገርን ዋዛን ሓምድ ብምድናቕ፡ "ኣንታ ሓምድ ኣበይ ዓቚርካዮ ዝነበርካ ፍልስፍናታት ደኣ'ዩ'ዚ ወደይ! ሎምስ እንድዕልካ ኢኻ! ካን ንግፍ ንግፍ! ጉላጉል ሰምሃር ግዲ ኣይክትሓልፋን ኢኻ፡" በሎ። ሓምድን ቀሺን ናይ ልቦም ብዘይ ቀልዓለም ስለ ዘዕልሉ፡ "ወላሂ ንሕና ኣልሓምዱሊላሂ! ካም-ሹፍና ዎ'ሸረብና። ማላኪን እሎም ኣጃኒት ማናጁስ ርኤካ፡ ኣብ ክንዲ ንመድረሳ ዝኸዱ፡ ኣብ ዘይዕድሚኦም ብረት ተሰኪሞም ይዋግኡ ኣለዉ። ወላሂ! እዚ ከዛብ ደርግ ክድምሰስ ኣሎዎ። ዎ እዞም ማናጁስ መድረሳ እንደጌሶው ይምሃሩ፡" ብምባል ውሽጣዊ ስምዒቱ ገለጸሉ።

* * *

እቶም ኣብ ማእከል ዝነበርና ንኡስ ጉጅለ እንቅዓ እናስተንፈስናን ገጽና ብርሃጽ እናተሓጽበን ብዘብዘብ ንብዓል ሓምድ ኢብራሂም ኣርከብናዮም። እቲ ዘብዘብ ሕጂ'ውን ገና ኣየብቀዐን። ገጽና ጸለሎ መሲሉ ናብ ፍሓም ተቐየረ። እንተኾነ፡ ዘይተጸበናዮ ድንቂ ዝኾነ ተኣምርን ሞራል ዝሀብን ኣብ ቅድመና ምስ ተዓዘብና ድኻም ፈኾሰና።

ኣብቲ ተሰፋ ዘይርኣዮን ዝኾነ ፍጡር ወዲ ሰብ ተወዝ ዘይብሎን ጭው ዝበለ በረኻ ጐላጉል ዔላ ገመድ፡ ቴንዳታት ተዘርጊሖ፡ ሓጺነ-መጺን ከርማሕማሕን ክብል፡ ቅጫ ኣብ ሞቓሉ ክሰንከት፡ ሓደስቲ መንእሰያት ክዕለሙ፡ ውጉኣት ተጋደልቲ ጻዕዳ ጨርቂ ተጀኒኖም ክሕከሙ ምስ ረኣና፡ ኣብቲ ህሮሩማ ጸሓይ፡ ህላወን ምንቅስቓስን ክፍልታት ውድብ፡ ብስሩዕ ክካየድ ምርኣይ ኣሰደመመናን ተሰፋ ኣሰነቐናን።

ሓደ ካብ ዓበይቲ ረቛሒታት ዓወታት ህዝባዊ ግንባር "ኣብ ብጻይነት ዝተመርኮሰ፡ ውሁድ ጥምረት ክፍልታት ውድብን ተዋጋኣይ ሰራዊትን፡" እዩ። ተጋዳላይ ነዚ ሸሾ ሰራዊት ደርግ ምስ ዘመናዊ ኣጽዋሩ ስዒሩ፡ ዓወታት ክሓፍስ ዝኸኣለ፡ ሳላ ልዑል ኣበርክቶ ከም ክፍሊ ኤምዳድ (ዕቃበ ብረት)፡ ተንቀሳቓሲ ጋራጅ መጓዓዝያ፡ ክፍሊ መብጣሕቲ ኣሃዱ፡ ክፍሊ ህንጻ፡ ክፍሊ ታዕሊም፡ ክፍሊ መራኸቢታት፡ ዝመሰላ ክፍልታት ውድብ እዩ። እዘን ክፍልታት'ዚኣተን ማዕረ ማዕረ'ቲ ተዋጋኣይ ሓይሊ ኣብ ቅድመ-ግንባር ተሰሊፈን ዘዝምልከተን ስራሕ ብተወፋይነት ኣጻመን ስለ ዘበርከታ'ዩ። እዘን ካብ ደጀን ዝተበገሳ ክፍልታት ውድብ፡ ነቲ ንቕድሚት ዝውርወር ዝነበረ ህዝባዊ ሰራዊት፡ ኣድላዪ ሓገዛት ይገብራሉ ነበራ። ኣብቲ ጸምጸም ሓውሲ ምድረበዳ ዔላ ገመድ ብምዕስካር፡ ነቲ ካብ ባህርን ካብ ጸላኢ ዝወርድ ኣደራዕ ጸይረን ከቢድ መስዋእቲ ብምኽፋል ውድባዊ ዕማማተን እናሳለጠ ኣለዎ ድማ፡ ንእግረ-መንገድና ተዓዘብናን ሰላምታ ተለዋወጥናን።

ኣባላት ክፍልታት ውድብ፡ ነቶም ብጉድኖም እንቅዓ እናስተንፈስና ንሓልፍ ዝነበርና ሰራዊት ንምርኣይን ንምትብባዕን ስርሖም ኣቋሪጾም፡ ቀው ኢሎም ጠመቱና። ብጅግንነትን ጽኑዕ እምነትን ብጸቶም እናተሓበኑ፡ "ብጾት! ገለ ሓሰኻ እንተቀተለልኩም፡ ሃየስኪ ገለ ቅመሱ፡" እናበሉ ካብቲ ንምሳሕ ኣባላትን ውጉኣትን ተባሂሉ ተሰንኪቱ ዝነበረ ቅጫ ሰሰሊያም ኣብ ጁባና መልኡልና፣ ከምኡ'ውን ጸባ ብጃሎናት በጽቢጾም ኣስተዩና። ነቲ ጉዕዞናን ድኻምናን ዘረስዕ "ብጾት ኣጆኹም! ቀሪብኩም ኢኹም! ብቕድመኹም ዓቢ ዓወት'ዩ ዘሎ። ጸላኢ ካብ ዶጎሊ ተደምሲሱ ናብ ባጽዕ

ገጹ ይሃድም ኣሎ፡" ዝብል ኣበሳሪ ዓወት ነገሩና። እዚ ብስራት'ዚ ሓድሽ ሓይሊ ፈጠረልና።

ዕቊባይ ቀሺ ነቶም ብድኻም ተኻኢሎምን ድሒሮምን ዝነበሩ ተጋደልቲ ሞራል ንክኸውኖም ራድዮ ሃለው ከፈቱ፡ "ሃለው ሻግራይ! ትሰምዓኒዶ ኣሎኻ! በል ነቶም ኣብ ከባቢኻ ዘለዉ ብጾት፡ 'ዶጎሊ ምሉእ ብምሉእ ተደምሲሳ'ያ' ኢልካ ንገሮም።" በሎ። እቶም ኣብ ቅድሚት ዝነበርና ተጋደልቲ፡ በቲ ዝሰማዕናዮ ዓወትን ዝለኸፍናዮ ኣኽለማይን ተሰፉና ሰማይ ዓረገ። ሞራልና ተሓዲሱ ንቕድሚት ተወንጨፍና። እቶም መስርዕ በቲኹም ዝነበሩ ተጋደልቲ'ውን፡ ዓወት ዶጎሊ ምስ ሰምዑ፡ ሞራል ሰኒቖም ነቲ ንዘብዘብ ናብ ጕያ ቀየሩዎ።

እቶም ኣብ ቅድሚት ተሰሪዕና ዝነበርና ተጋደልቲ ኣባላት ሓይሊ 4.33፡ ድሕሪ ናይ ዕስራ ሰዓታት ኣድካምን ፈታንን ዘብዘብ፡ 9 ታሕሳስ 1977 ፍርቂ መዓልቲ፡ ኣብታ ጸላኢ ዝንየተላ መዓስከር ዶጎሊ ረገጽና። እታ መዓስከር ብደም ጨቅያ ብሓዊ ክትልብለብ፡ ንብረት ጸላኢ ብሓዊ ክነድድ፡ ትኪ ሰማይ ክዓርግ፡ ቦምባታት ክፈናጀር ወዘተ ጸንሓትና። እተን ንዶጎሊ ዘጥቅዓ ሓይልታት፡ ነቲ ካብ ዶጎሊን ከባቢኣን ተኣኻኺቡ ንባጽዕ ገጹ ዝሃድም ዝነበረ ጸላኢ፡ እግሩ እግሩ ሰለዝሰዓበኦ፡ ተወዚ ዝብል ተጋዳላይ ይዥን ወተሃደር ጸላኢ ኣይጸንሓናን። ዶጎሊ ሰብ ዘይብላ ብሪውሪው በለት።

* * *

እቶም ኣብቲ ዓውደ-ውግእ ብባሩድ ሰውራ ዝልብለቡ ዝነበሩ ወተሃደራት ደርግ፡ ከቢድ ናይ ሰብን ንብረትን ክሳራ ከም ዝወረዶም፡ ካብቲ ናብ ላዕለዎት ኣዘዝቲ ሰራዊት ደርግ ዝልኣኹዎ "ጥብቅ ምስጢር" ዝብል ሰነዳት ተረጋጊጹ'ዩ። ኣብ ውግእ ተሰሊፉ ዝነበረ ዓቕሚ ሰብ ሓንቲ ብርጌድ ጸላኢ፤ 40 መኮንናት፡ 1137 ተራ ወተሃደራት ነበረ። ካብዚኦም 6 መኮንናት ክሞቱ እንከለዉ፡ 20 ድማ ቆሲሎም። ካብ ተራ ወተሃደራት፡ 334 ክሞቱ እንከለዉ፡ 524 ድማ ቆሲሎም። ሰለስተ ርብዒ ሓይሊ ሰቡ ምዉትን ቁስልን ከም ዝኾነ፡ ኣብ "ጥብቅ ምስጢር' ዝብል ወተሃደራዊ ጸብጻብ ሰፊሩ ኣሎ። ("15.1)"

ኣብ ውግእ ተሰሊፉ ዝነበረ ዓቕሚ ሰብ ሓንቲ ብርጌድ

ተ.ቑ	ኣሃዱ	ብዝሒ መኰንናት	ሰብ ካልእ መዓርግ
1	ቤ\ጽ\ብርጌድ	5	37
2	1ይ ኣጋር በጦሎኒ	10	417
3	መበል 12 ኣጋር በጦሎኒ	8	322
4	መበል 202 ሚሊሻ	17	361
ድምር	=	40	1137

ካብ ዓቕሚ ሰብ ብርጌድ ዝሞተን ዝተወግአን

ተ.ቑ	ኣሃዱ	ዝሞቱ		ዝተወግኡ		ዝጠፍኡ	
		መኰ.	ካ ል እ ማዕርግ	መኰ.	ካልእ ማዕርግ	መኰ.	ካልእ ማዕርግ
1	ተንቀሳቓሲ እዚ ግርጌድ	___	5	3	5	___	
2	1ይ ኣጋር በጦ	4	101	5	174	___	
3	መበል 12 ኣጋር በጦ-	3	78	6	161	___	10
4	መበል 201 በጦ	9	134	6	154	___	
	ድምር =	16	318	20	494	___	10
ድምር ዝሞቱ፡ ዝተወግኡን ዝጠፍኡን =				858		78%	

ካብዚ ክንግንዘቦ እንኽእል፡ ኣብ ውግእ ዶጋሊ ካብ ዓቕሚ ናይ ሓንቲ ብርጌድ ጸላኢ፡ ብሞትን መቑሰልትን 73 % ከም ዝሃለቑ፡ ሰነዳት ጸላኢ ይሕብር።

ካልእ ኣብነት፡ ብዕለት 8/4/1970 ግእዝ፡ ቍጽሪ 00/28/70 ካብ ሓንቲ ብርጌድ ኣብ ዓውደ-ውግእ ሰምሃር፡ ናብ ላዕለዎት መኰንናት ደርግ 'ዘመቻ

ጥረግ ኣስተባባሪ' 'ጥብቅ ምስጢር' ዝተላእከ ደብዳበ ከም ዝሕብሮ፡ ካብ 28 መጋቢት 1970 ክሳብ 6 ሚያዝያ 1970 ዓ.ም ግእዝ፡ 726 ምዉታት፡ 1559 ውጉኣት፡ 181 ዝጠፍኡ፡ ብድምር 2466፡ ማለት 74.4% ከም ዝኸሰሩ ምስጢራዊ ሰነዳት ጸላኢ ይሕብር። ነዚ ኣብ ሓንቲ ብርጌድ ጸላኢ ዝወረደ ሰብኣዊ ክሳራ ብምዕዛብ፡ ኣብ ኵሉ'ቲ ግንባር ዝጠፍአ ወይ ዝሃለቐ ብዝሒ ወተሃደር ጸላኢ ንምግማቱ ኣየጸግምን።

እቲ ዘገርም ግን፡ "ዘይክሩምትኻ ሑጻ ቈርጥመሉ፡" ከም ዝበሃል፡ እቲ ካብቶም ኣብ ዓውደ-ውግእ ዝጥጠቑ ዝነበሩ ተራ ወተሃደራት ደርግ፡ ናብቶም ኣብ ርሑቕን ውሑስ ቦታን ኰይኖም ነቲ ውግእ ዝመርሑ ዝነበሩ ላዕለዎት ሓለፍቶም ዝልኣኽ ዝነበረ ወተሃደራዊ ጸብጻብ፡ በቶም ሓለፍቲ ትሑት ግምት ይወሃቦ ነበረ። እዚ ድማ፡ ኣብ ልዕሊ ሰራዊቶም ሓልዮት ከም ዘይነበሮም የረድእ። ከም ብዓል 'ረጋሳ ጂማ' ዝኣመሰሉ ላዕለዎት ሓለፍቲ፡ ኣብ ክንዲ ነቲ ዝወረደ ሰብኣዊ ክሳራ ኣሚኖም ፍታሕ ዝደልዩሉ፡ ብኣሽካዕላል፡ "የማይገባና የተዛባ ኣገላለጽ ስለሆነ እስኪጣራ ይጠብቅ" (ዘይግባእን ዝተጋራጨወ ኣገላልጻን ስለ ዝኾነ፡ ክሳብ ዝጻረ ይቀመጥ) ብምባል ይሸፋፍኑዎ ምንባሮም ይግለጽ።

ብ29/3/1970 ዓ.ም ግእዝ፡ ኣብ ትሕቲ "ካብ ዓውደ-ውግእ 'ለሰሜን እዝና ለ2ኛ ክ/ጦር 3ኛ መምርያ' ዝብል ኣርእስቲ ዝተላእከ፡ ኣብ ከባቢ ዶጎሊ ኣብ ዝተገብረ ውግእ፡ "ወንበዴታት" ኣርባዕተ T54 ምስ ምሉእ መሳርሒታተን ብኸቢድ ብረት ኣዕንዮመን፡" ዝብል ንጹር ጸብጻብ ጸማም እዝኒ ምሃቦም ግሉሕ መርኣያ ዘይተርፍ ስዕረቶም ነበረ።

* * *

ገነት (ጓል ጕነጽ) እቲ ቅርጡው ቍመናኣ ግዲ ሓጊዙዋ፡ ከም ዑፍ እናበረረት ልክዕ ሰዓት 1፡30 ድ.ቀ ናብታ ናብ መጋርያ ሓዊ ተቐይራ ትነድድ ዝነበረት መዓስከር ጸላኢ ዶጎሊ ተደቕደቐት።

ገነት ብትብዓትን ጅግንነትን ናይቶም ንዶጎሊ ሓራ ገይሮም ድሮ ንቐድሚት ዝደፍኡ ዝነበሩ ብጾታ እናተሓበነት፡ ነቲ ቀለብ ኣሞራ ክኸውን ጀሚሩ ዝነበረ ሬሳ ጸላኢ ቀው ኢላ ጠመተቶ። ከይተፈለጣ ድማ፡ "ኣየ ሰብ ጨናዊ'!" በለት ምስ ነብሳ። ዕቑባይ ኵሉ ግዜ ዘረባ ገነት ስለዝምስጦ፡ "ሃየ ጓል ጕነጽ! ነብሰ-ገርጊስ ደንጊጸ ድያ!" በላ። ገነት ዓይና ገና ብቶም ሬሳታት ቀው ኢላ ብምጥማት፡ "ዘደንግጽ መዓስ ይሰርሑ ኣለዉ! ነዚኦም ከድንግጸሎም! ኣንታ ቀሺ እዚኦም'ኮ፡ እቶም ንህዝብና ደም ዘንብዑ ቈልዓ-

ሰበይቲ ዘበሳብሱ፡ ዓድታት ብሓዊ ዘቃጽሉ፡ ማህጸን ኣደታትና ብሳንጃ ዝብትብቱ፡ ኣዋልድና ዝዕምጹ ዝነበሩ ደመኛታት ኣናብር ወረቐት'ዮም።

ሕጂ ደኣ ስብእነቶምን ጃህራኦምን ኣበይ ሃፊፉ፤ ነዛ ነብሶም'ኳ ክከላኸሉ ዘይክእሉ፡ ሙሸማሻት!" በለት ገጻ ብሕርቃን ጓህሪ እናመሰለ። ዕቑባይን ገነትን፡ ኣብ ዕላሎም ቀውምነገርን ጭርቃን ስለዝሓዋውሱ፡ "እሞ ገነት፡ የኔ ቀንጆ! የኔ እመቤት! ክብሉ ኣብ ኮምቢሽታቶ፡ ሰላም ዝኸልኡኺ ዝነበሩ ኣምሓሩ፡ ኣብዞም ኣብ ቅድመኺ ትእዛሕዚሖም ዘለው ሬሳታት ከይህልዉ ሃሰስ በሊ'ምበር፡" ምስ በላ፡ ገነት ንጭርቃኑ ብዙሕ ግምት ከይሃበት፡ "ቅድም'ሞ ካብዚ በረኽትን ሸሻይን ጸላኢ ሃቡና፡ ከብድና ምስ ዓንገልና ነዕልል፡" በለቶ።

ዕቑባይ ቀሺ ትቕብል ኣቢሉ፡ "ሓቐኺ ኢኺ ጓል ጉንጽ፡ እዚ ዕላልኪ ቀውምነገር ዘሎዎ'ዩ። ኣስተርሒና'ሞ ኮፍ ንበል፡ ኩሉሳዕ ሓይልና ዘርጠብጠብ እናበለት ትጠራነፍ መዕለሊ ይኹነና። ሃቡናስከ ካብቲ ጉስማጥ ከብድና ክንፈቕዳ፡"በለ። ቀዳሞት ኣብ ትሕቲ'ቲ ዓቢ ቢንቶ ዶጎሊ ረፋዕ ኢልና፡ ኣብ ከባቢና ካብ ዝነበረ ሸሻይ ሸኮር ዘሎ ዲ.ኤም.ከይ፡ ቦሶ ምስ ሻሂ እናተቛደስና ወኻዕካዕ በልና።

ዕቑባይ መዕለሊ ክኹነና፡ ነታ ምስ ገነት ዝጀመራ ዕላል ንምቕጻል፡ "እሞ ገነት ገለ ኣብ ኣስመራ ትፈልጥዮም ወተሃደራት ኣይረኸብክን፤" በለ ከዛርባ።

"ንስኻ ከኣ ጭርቃን ተራእዩካ፣ ሕጂ ግዳ ሓንቲ ነገር ኣዘኪርካኒ፡ መሕለፊ ግዜ ክኹነና ከዕልለኩም፡" በለት። ዕላል ገነት ኩሉ ኣባል ጋንታ ስለ ዝሃርፎ፡ ብሃንቀውታ ተጸበና።

ዕላላ ንዓይ እናረኣየት ቀጸለት፡ "ኣነን ወዲ ዕንጸይቲን መማህርቲ ስለ ዝነበርና'ኳ ይዝክር ይኸውን። እንተረሲዐ'ውን ባዕሉ ይምልኣለይ። ብዝኹነ፡ ኣብ መወዳእታ 1974፡ ሃጸያዊ ስርዓት ንጉስ ሃይለስላሰ ወዲቑ ደርግ ኮረሻ ስልጣን ምስ ጨበጠ፡ ኣብ ካልኣይ ደረጃ ቤት ትምህርቲ ልኡል መኰነን 12 ክፍሊ እናተመሃርናን ማትሪክ ክንገብር እናተዳሎናን፡ ደርግ 'እድገት በህብረት የስራ ዘመቻ' ዝብል ሓድሽ መምርሒ ኣውጽአ። ተመሃሮ ካልኣይ ደረጃ ቀዳማዊ ሃይለስላሰን ልኡል መኰነንን ናብ ኢትዮጵያ ኬድና ክንምህር ወተሃደራዊ ልምምድ ክንገብርን ዘገድድ ኣዋጅ ነበረና።" በለት። ኣዕንቲ እኩባት ሰባት ዘይዓጀባ ገነት ዘረባኣ ብምቕጻል፡ ትሓፍር ኣይነበረትን፣ ዕላላ ቀጸለት፤

"ኣብ ውሽጢ ሜዳ ንግስቲ ሳባ፡ (ድሕሪ ናጽነት 1991፡ "ኣስመራ ስታድዩም' ዝብሃል ዘሎ) ብጋድም መስርዕ ተሰሪዕና ነታ ሜዳ ኩዕሶ እግሪ ክንዘውር ጀመርና። ሓደ ካብቶም ዓለምቲ ካድረታት ብመጉልሒ ድምጺ፡ 'ሁላችሁ በረድፍ ያላችሁ፡ እጃቹ ወደ ፊት ወደ ኋላ እያደረጋችሁ ተንቀሳቀሱ፡ (ኩላትኩም ኣእዳውኩም ንቅድሚት ንድሕሪት ኣንቀሳቕሱ) ዝብል ወተሃደራዊ መምርሒ ሃበና። እቶም ኣብታ ጋድም መስርዕ ዝነበርና ኣዕሩኽ፡ ናይ'ቲ ካድር መግለጺ ስለዘይተቐበልናዮ፡ ሓዘንተኛ ክንመስል ያኢ! ንደርጋውያን መራሕቲ ከነሕርቖም፡ ኣእዳውና ንድሕሪት ጠዊና ንቕድሚት ቀጸልና። ኩነታትና ዝተዓዘቡ ላዕለዎት ሓለፍቲ ሓይሊ ኣየር ኢትዮጵያ፡ በዚ መጽኡ ከይበልናዮም፡ ንሓሙሽተና ሓኒቖም ናብቲ መጻወቲ ኩዕሶ ደርበዩና። ከምቲ 'መለበሚ ኣይግበርካ መለበሚ ኣይኽለእካ' ዝበሃል፡ ኩላ ተመሃራይ ንዓና ምስ ረኣየት ብፍርሒ ተዋሕጠ። ዝተባህለ ክገብር ድማ ጀመረ፡" ምስ በለት፡ ዕንድኩር ትቕብል ኣቢሉ፡ "እሞ ኣንቲ ጓል ጉነጽ! እዛ ዋዒስ ካብ ቀደም መፋጥርትኺ'ያ ማለት'ዩ!" በላ። ገነት ንዕንድኩር ከም ሕሳስ-ልደ ሓዋ ስለትቖጽሮ፡ "ስቕ በል!" ንስኻ ማንጁስ ኢኻ፣ ካብ ሑቕፊ ኣደኻ ኢኻ ናብ ሜዳ ተሰሊፍካ። ትፈልጦ ነገር የብልካን። ንሕና'ኮ 10 ሜትሮ ንታሕቲ ወሪድና ኢና ንዓኻ መሲልና ንጋደል ዘለና። ጽን ኢልካ ጥራሕ ኣክብ! ተመሃር!" በለቶ ብሕውሲ መግናሕቲ። ዕንድኩር ተወሳኺ ዘረባ ከም ዘይተዋጽኦ ተረዲኡ ጥርቅም በለ። ገነት ቀጸለት፤

"ሓደ ጸሊም ኮሎነል መጺኡ፡ 'እናንተ ጸረ ኣብዮት የሻቢያ ተባባሪ መሆናችሁ ኣውቀናል! ባጭር ግዜ ድራሻችሁ ትጠፋላቹ!" ምስ በለ፡ ናብ ቤት ማእሰርቲ እትወስደና መኪና ከምጽእ ተንቀሳቐሰ። ነዚ ብማዕዶ ዝከታተል ዝነበረ ሓደ ሕጽር ዝበለ፡ ኣብ ገጹ ናይ ጣዕሚ ወዝ ዝነበሮ፡ ቍምጣ ወተሃደራዊ ክዳን ስረ ዝተኸድነ፡ ሽጉጥ ዝዓጠቐ፡ ኣብ ዝባኑ ሰለስተ ጽሩራ ዝነበሮ፡ ኣብ ኢዱ ብንንት ሓርማዝ ዝተሰርሐት ከረዛን በትሪ ዝሓዘ፡ ናብቲ ተምበርኪኽናሉ ዝነበርና መጺኡ፡ ንኽትሰምዮ ዘደንጹ፡ ሓያልን ዓሚቝን ትሕዝቶ ዝነበሮ 'ንስኻትኩም መጉሃዪ ስድራኹምን መሕሰም ነብስኹምን ኢኹም ገይርኩም። ኢድኩም ንድሕሪት ስለዝጠወኹም ያኢ ጅግንነት ክብሃለለይ ድዩ! ጅግንነት ከምዚ ኣይኰነን። ቦታ ጅግንነት ኣብዚ ኣይኰነን። ጅግንነት ካብ ኣሕዋትኩም ተመሃሩ፣ ለባማት ኩኑ። ንሎሚ ኣነ ክወሓስኩም'የ። ናይታ ዝበደልኩማ ግን ኣብዚ ጉላጉል ወተሃደራዊ መቕጻዕቲ ክትንፋሓኹ ኢኹም፡' ኣብል መግለጺ ብትግርኛ ሂቡና። ናብቶም ላዕለዎት ደርጋውያን ሓለፍቲ ከይዱ ተዘራረበ፡" ምስ በለት፡ ኣብ

ሓሳብ ጥሒላ ንቕሩብ ካልኢት ኣስተንፈሰት። እቶም ኣብ ከባቢኣ ዝነበርና ብጾት በቲ ዕላል ተመሲጥና ዕላላ ክትቅጽል እናተጸበና፡ እቲ ከምዚ ዝበለ ዓቢ ምኽሪ ዝሃበም ሰሙ ክትነግረና ተመነናን ተረበጽናን። ዕንድኵር ከም ኣመሉ፡ "ኣንቲ ገነት እዚ ንስክላ ካብ ሞት ዘውጽኣኩም ብዓል ስልጣን ደኣ፡ እቲ ናይ ወተሃደራዊ ስርዓት ደርግ መራሒ ዝነበረ ጀነራል ኣማን ዓንዶምዶ ይኸውን!" በላ ፍሽኽ እናበለ። ገነት ጭርቃን ዕንድኵር ብዙሕ ግምት ከይሃበት ዘረባኣ ቀጸለት።

"ካብ ሓደ ወተሃደር፡ እሞ ከኣ ዓቢ ስልጣን ዝገበሮ ሰብ፡ ከምዚ ዝበለ ምዕዶ ክሰምዕ ትጽቢት ስለዘይነበረኒ ፍጹም ኣርመመኒ። ካብ ኣእምሮይ ዘይሃስስ ዓቢ ትምህርቲ ዝረኸብኩላ ኣጋጣሚ እያ ነይራ። ኵላትና ንሓድሕድና ተጠማመትና። እቲ ዝገበርናዮ ንእስነታዊ ኣተሓሳስባን መሕሰም ቀርበትና ምንባሩ፡ ንጸላእትና ኪኖ ብዘረባን ኣሽሙርን፡ ካልእ ንውድቀቶም ዘቀላጥፍን ስንብራት ዝገድፍን ኣማራጺታት ከም ዘሎ ተረዳእና። ብኡንብኡ ብዝገበርናዮ ቍልዕነታዊ ጌጋ ተመሃርና፡ እታ "ናብ ናይ ጅግንነት ቦታ ኪዱ፡" እትብል ካልእ ትርጉም ከም ዘሎዋ ተገንዚብና፡ ናብ ሜዳ ወጺእና፡ ብብረት ክንምክት ከም ዘሎና ብሓሳብ ተረዳዳእና፡" በለት።

ሕቶና ግን ገና ኣይተመለሰን። ብተዘዋዋሪ መንገዲ ክሳብ ክንድ'ዚ ዝኣክል፡ መልእኽቲ ዘመሓላልፍ ብዓል ስልጣን መን ምዃኑ ክንፈልጥ ኣተኩርና ጠመትናያ። ገነት ኣብቲ ፍጻመን ቍውም-ነገርን ደኣ'ምበር መንነት ውልቀሰብ ምግላጽ ብዙሕ ግምት ኣይሃበቶን። ዕንድኵር ብሰምዒት' "በሊ'ባ ሰለ ማርያም! እንጀራ ኢትዮጵያ እናበልዐ፡ ማዓርግ ጀነራል ዝበጽሐ፡ ነቲ ከምዚ ዝበለ ቅውምነገር ሓዘል ማዕዳ ዝሀብ ኢትዮጵያዊ ብዓል ኣይቲ ደኣ ኩይኑ! ድኻምኪ ኣይትጸብጽቢ መዕለቢ ግበርሉ'ቲ ዕላል፡" ምስ በላ። ገነት ፍሽኽ እናበለትን ናብ ዕንድኵር እናጠመተትን፡ "እቲ ብዓል ስልጣን፡ ነቶም ብቕሩብ ቍራቦ ደሞዝን ሸመትን ተዓሻሽዮም፡ ንነዊሕ ዓመታት ኣብ ጉድኒ ስርዓት ኢትዮጵያ ተሰሊፎም፡ ኣንጻር ህዝቦምን ሰውራኦምን ዝተዋግኡ ፖሊስን ኮማንድስን ደቂ ሃገር ዝመርሕን ዘዋግእን ዝነበረ፡ ብዓል ስልጣን ኮሚሳር ፖሊስ ክፍለ-ሃገር ኤርትራ፡ ጀነራል ጐይትኦም ገብረዝጊ እዩ ዝነበረ። ኣነ ንሜዳ ክጋደል ምስ ወጻእኩ፡ ድሒረ ከም ዝሰማዕኩዎ ግን፡ "ሰውራ ኤርትራ እናሓየለን እናሰሰነን ክመጽእ፡ ብኣንጻሩ ሓይሊ ስርዓት ኢትዮጵያ እናተዳኸመ፡ ስዕረቱ ዘይተርፍ ምዃኑ ስለዝተገንዘበ ኣብ መፋርቕ 1975 ጀነራል ጐይትኦምን ሰዓብቱን፡ ምስ ተ.ሓ.ኤ ብምትሕብባር

ናብ ስደት ኣምሪሑ፡ ኽብሉ ሰሚዐ እብለኩም፡” ድሕሪ ምባል ዘረበኣ ደምደመት።

ቀሺ “መሲልካ እንታይ ኣምጻእካ እንድዩ ነገሩ፡ ናይዚ ኩሉ ዘዕለልክና ቀውምነገር ዘሎዎ ትረኻ እንታይ'ዩ መዕለቢኡ!” ዝብል ሕቶ፡ ኣቕረበላ።

“ሓቂ ይሓይሽ ነዚ ኣብ ቅድመና ተኹሚሩ ዘሎ ሬሳ ኣምሓሩ ምስ ረኣኹ፡ ናብ ተዘክሮታት ኣስመራ መሊሱኒ። ኣብ እዋን ንእስነተይ፡ ደርግ ኣብ ስልጣን ኣብ ዝመጽኣሉ ግዜ፡ ኣብ ስታድዩም ንግስቲ ሳባ ዝፈጸምናዮ ዕሸነት፣ ከምኡ'ውን፡ እዞም ሕጂ ብሓዊ ሰውራ ዝልብለቡ ዘለዉ ወተሃደራት ኢትዮጵያ፡ ኣብ ከተማታት ኤርትራ ወተሃደራዊ ክዳንን ጃኬትን ተኸዲኖም፡ ሀልመት ወድዮም፡ ኣብ ወተሃደራዊ መካይንን ታንክታትን ተጻዒኖም፡ ኤም-ዋን ብረት ዓጢቖም ‘ዘራፍ! ዘራፍ! እምቢ ያለ ሰው ጥይት ኣጉርሰው!’ እናበሉ መሬት ኣይትጽርና ክብሉ ከለዉ ኣዘኻኺሩኒ፡” በለት ኣብ ዓሚቕ ተዘክሮ ብምጥሓል።

“ዓለም ስግጊንጢር'ያ ገነት ሽኮር! እዚኣቶም ኣናብር ወረቐት'ዮም። ሓይሎም ኣብ ቁልዓ-ሰበይቲ ጥራሕ'ዩ። ብዘይ ደገፍ ወጻኢ ሓይሊ ንሓንቲ መዓልቲ'ውን ክዋግኡ ኣይምኸኣሉን። ዕድመኦም ዘናውሖ ዘሎ ሕብረት ሶቭየትንን መሰልታን ኣብ ጉድኖም ምስላፍ እዩ። እንተኾነ፡ እዚ ዘይቅዱስ ኪዳን'ውን ንዓወትና ቀሩብ ከደናጉዮ'ምበር ክኾልፎ ኣይክእልን'ዩ።” በለ፡ ዕቑባይ ቀሺ፡ ኣብ ዓሚቕ ሓሳባት ብምጥሓል። ናብ ሰዓቱ እናጠመተ ድማ፡ “ኣንቲ ገነት፡ ከይተፈለጠና ነዊሕ ሰዓታት ኣዕሊልና። ሓይልና ክኣ በብሓደ ትተኣኻኸብ ኣላ። ከይደ ግዳ ደሃይ ከባቢና ክንፈልጥ፡ ራድዮ ክኸፍት ኣብቲ በሪኽ ክድይብ'የ፡” በላ።

* * *

ተጋዳላይ ብዘርጠብጠብ ተኣኻኸበ። እቶም ድሒሮም ዝመጽኡ፡ ኣብቲ ሩባ ወሪዶም ጽምኦም ኣርወዩን ገጾም ተሓጸቡን። ካብ ጸላኢ ብዝተመንዘዐ መግቢ ከኣ ከብዶም ዓንገሉ።

6 ታሕሳስ 1977 ካብ ዓዲሓውሻ ዝጀመረ ጉዕዞ እግሪ፡ ድሕሪ ናይ ክልተ መዓልቲ መሪርን ኣድካምን ጉዕዞ፡ 9 ታሕሳስ፡ ከባቢ ሰዓት 2፡00 ድ.ቀ ኣብ መዓስከር ዶጎሊ ግዜያዊ መዕለቢ ረኸበ። ተጋዳላይ፡ ድሮ ነቲ ናይ ክልተ መዓልቲ ጥሜትን ጉዕዞ እግሪን ረሲዑ ኣብ ጭርቃንን ሰሓቕን ኣተወ።

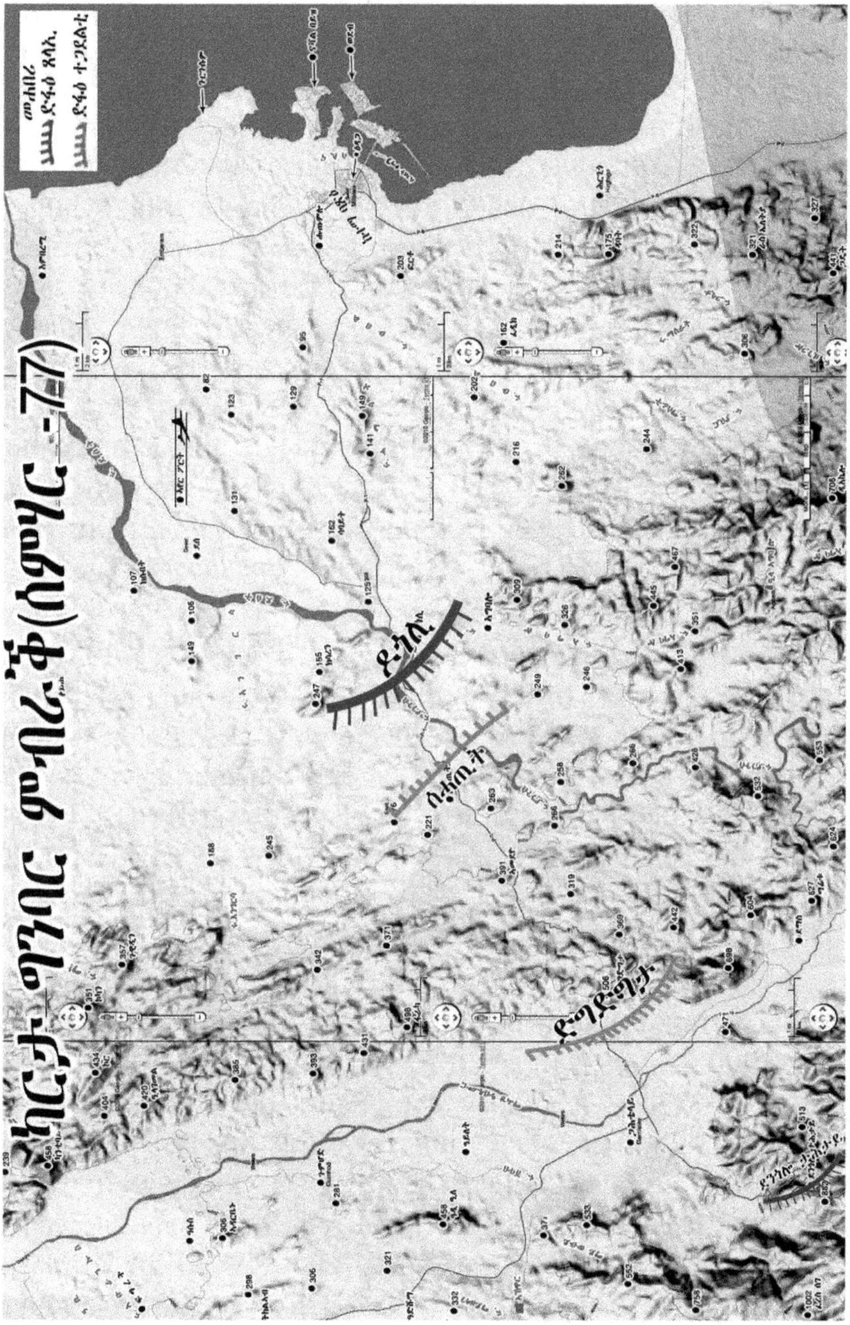
ካርታ ግንባር ምብራቕ(ሰምሃር -77)
መሐበሪ
ድፋዕ ጸላኢ
ድፋዕ ተጋደልቲ
ዶጎሊ
ሰሓጢት

ድሕሪ ናይ ሰለስተ ሰዓታት ዕረፍቲ ኣብ ዶጎሊ፡ ማእከልነታት ሓይሊ ቀሺን ማንጁስን ሓጺር ኣኼባ ጸውዑ። ሓይልና ኣብ ትሕቲ'ቲ ዓቢ ቢንቶ ደጎሊ ዝርከብ ሑጻ በብጋንታኣ ረፋዕ በለት። ዕቑባይ ቀሺ ዘረብኡ ንምጅማር ኣእዳዉ ጠቓዕ ጠቓዕ ኣበለ፣ "ሕራይ እምበኣር! ከመይ ውዒልና፧ ዘብዘብ ከመይ ነይሩ፧ ከም ዝረኣናዮ፡ 8 ታሕሳስ ኣብ ምብራቓዊ ግንባር ዝጀመረ ውግእ፡ ብጾትና ነቲ ኣብ ውሽጢ መዓስከርን ከባቢኡን ዝነበረ ሽሾ ሓይሊ ጸላኢ ጸራሪጎም ሎሚ 9 ታሕሳስ ሰዓት 10.00 ቅድሚ ቀትሪ ንመዓስከር ደጎሊ ኣብ ትሕቲ ምሉእ ምቍጽጻር ኣእቲዮማ ኣለው። ነዚ ኣብዚ መዓስከር ንዓመታት ዓሪዱ ዝነበረ ሰራዊት ስርዓት ኢትዮጵያ ብዘስተንክር ጅግንነት፡ ኣብ ውሽጢ ውሑዳት ሰዓታት ደምሲሶም፡ ዝተረፈ ድማ፡ ውጉኣቱን ኣጽዋርን ራሕሪሑ ንባጽዕ ከምዝሃድም ጌሮሞ ኣለዉ። ዋላ'ኳ ውዱእ ጸብጻብ ኣይንርከብ'ምበር፡ ብጾትና ንጸላኢ ከቢድ ክሳራ ኣውሪዶምሉ ከም ዘለዉ ብዓይንና ንርእዮ ኣለና።" ምስ በለ፡ ሓጐስና ምቍጽጻር ስኢንና ጣቕዒት ዳሕዳሕናዮ። ዕቑባይ ዘረብኡ ብምቕጻል፡ "ስለዚ፡ ክሳብ ብላዕለዎት ሓላፍትና ሓድሽ መደብ ዝመጽኣና፡ ካብዚ ሩባ ከየርሓቕና ኣብ ተጠንቀቕ ንጽናሕ፡" ብምባል ሓጺር ኣኼባኡ ዛዘመ።

ገነት ብግደኣ፡ ንሓጐሳ ምቍጽጻር ስኢና፡ "ደሓን! እተን ንባጽዕ ገጸን ዝሃደማ ዘማች ኣበይ ከይበጽሓ፡ ድራር ዓሳ ቀይሕ ባሕሪ ካብ ምዃን ሓሊፈን ካልእ ዕድል የብለንን፡" ምስ በለት፡ ነታ ኣብቲ እዋን'ቲ ኣብ መላእ ኤርትራ ህብብቲ ዝነበረት ደርፊ "ዓሳታት ናይ ባሕሪ ፌስታ'ኹም ኣኽብሩ፡ ሳላ ሰራዊትና ዘማች ተደረሩ፡ ዘይርሳዕ ታሪኽ'ዩ ኣብ ሰምሃር ተገይሩ፡" ብምባል በቲ ጥዑም ድምጻ ደረፈት። መሰርዕ ጀሪካናትን ድስቲ ኵስኩስትን ኣኻኺባ ነታ ደርፊ ናብ ዕሙር ጓይላ ቀየረታ። እታ ብውሑዳት ኣባላት ዝጀመረት ጓይላ ኣብ ከባቢ ዝነበራ መሳርዕ ተጸንቢረናኣ ኣዝያ ደመቐት።

ወናም ከራራይ ኣባል መስርዕና ወዲ ገብርኣብ፡ ክሕከም ኣብ ደቀምሓረ ተሪፉ ስለዝነበረ፡ ጓይላ ከምቲ ዝድለ ክዕምር ኣይከኣለን። ነዚ ዘስተብሃሉ እቶም ፍሉጣት ወናማት ተጫርቕትን ሳዕሳዕትን ኣባላት ጋንታ ብዓል 'ጣውላ'፡ 'ዳምባ' ናብቲ ኣስር ምሕረትኣብ (ወዲ ገብርኣብ) ዝኽተል ዝነበረ ከራራይ ተኽለማርያም ወዲ መስርዕና ኣዕሪፉሉ ዝነበረ ጽላል ከይዶም፡ "ኣንታ ብጻይ፡ እዚ ጥዑም ድምጽኻ ንዓወት ዶጎሊ ዘይኮነ ንመዓስ ክኸውን! ደሓር ከኣ ኣብዛ ዓለም ክሳብ ጽባሕ ክትጸንሑ ኢኹም ኢሉ ዋሕስ ዝተኸለልና ወይ ዝፈረመልና'ዶ ኣሎ'ዩ፧ ዘይንሳ'ያ ድራርና! ሃየ ተበገስ!" በሉዎ። ተኽለማርያም፡ ክራሩ ተሓንጊጡ፡ ኣብቲ ዕሙር ጓይላ

ደበኽ በለ። በታ ናይቲ እዋንቲ ህብብቲ ዝነበረት ደርፊ፤

ወራር ሰምሃር ውዲት ናይ መዘመዝቲ
ምስ ገዚፍ ሰራዊት ኣጽዋራት ምስ ታንኪ
ሓምሺሹ ደርዓሞ ኩነ ሓምኹሽቲ
ዓሳታት ናይ ባሕሪ ፌስታኹም ኣኽብሩ
ሳላ ሰራዊትና ዘማች ተደረሩ
ዘይርሳዕ ታሪኽ'ዩ ኣብ ሰምሃር ተገይሩ።
ምስቲ ኩሉ ኣጽዋር ምስቲ ፋሉል ብረት
ክንድ'ዚ ምሽባርከ እንታይ'ደለ ኩነት

መልሲ ናይዚ ኩሉ መትከላዊ እምነት. . . ብምባል ደረፈ። እታ ብውሑዳት ሰባትን ብዋዛን ዝተጀመረት ጓይላ ኩሉ ኣባል ሓይሊ ተሓወሳ። ተኽለማርያም ኣብ ውሽጢ'ቲ ጓይላ ኣትዩ፣ ነታ ካልኣይቲ ህብብቲ ዝነበረት ደርፊ፤

ኤረየ ኤረና
ከተማታት ኲይኑ መዓስከርና
ኣሕዋት ንሓግዛ
ውጽዕቲ ሃገርና
ንቡር ዝሰኣነት ተኸዊላትና
መባእታ ናይ ዓወት ድሮ ተጀሚሩ
ዕርድታት ጸላኢ ብሓዊ ሓሪሩ
ሓፋሽ ሰራዊትና ንህዝቢ ኣበሲሩ...

ኢሉ ምስ ደረፈ፣ ዋላ'ቶም ብዙሕ ናይ ጓይላ ስምዒትን ወልፍን ዘይነበረና'ኳ ተቈጻጸርና።

መዓስከር ዶጎሊ ካብ ወደባዊት ከተማ ባጽዕ፣ ውሑዳት ኪሎሜተር ጥራሕ ርሒቓ ኣብ መስመር ጽርግያ ምጽዋዕ-ኣስመራ ዝተደኰነት፣ ጸላኢ ብልዕሊ 3000 ዝዓጠቐ ሰራዊትን ብኸበድቲ መዳፍዕን ሚሳይላት ዝሕልዋ ዝነበረ ጽንዕቲ መዓስከሩ እያ ነይራ። ካብ ምጽዋዕ ተበጊሱ ድማ፣ መዓልታዊ ምቁጽጻር ዝገብረላን ብቐሊሉ ዘይትድፈር፣ ኣብ ርእስ'ቲ ወተሃደራዊ ኣገዳስነታ፣ ብቐንዱ ምንጪ ጽሩይ ዝስተ ማይ ህዝቢ ባጽዕ ይኹን ሰራዊት ኢትዮጵያ'ውን ስለ ዝነበረት፣ ኣብ ኢድ ህዝባዊ ሰራዊት ምውዳቓ፣ ከቢድ ሻቕሎት ፈጢረትሉ።

ምዕራፍ ኣርባዕተ

*

ሕድሮ ኣብ ድፋዕ 101 ኪሎ ሜተር

ኣብ ሩባ ደጎሊ ዝተተኸለ ጓይላ ክሳብ 4፡30 ድሕሪ ቀትሪ ቀጸለ። እቶም ክልተ ማእከልነታት ሓይሊ 4.33፡ ጓይላ ምስ ሓፋሽ "ሂር" ክብሉ ድሕሪ ምጽናሕ፡ ራድዮ ርክብ ሒዞም ናብቲ ንሰሜናዊ ምብራቕ ዘሎ ታባታት ደየቡ። ድሕሪ ቍሩብ ደቓይቕ፡ ተኸለ ንዕቝባይ ኣብቲ ጉቦ ገዲፉ፡ ናብ ሩባ ብጉያ ብምውራድ፡

"ጓይላ ኣቋርጽ! ኵሉኻ ተሰራዕ!" ኢሉ ኣዘዘ። ተጋዳላይ ከምዛ ክልህን ክቈጻጸን ዘይጸንሐ፡ ኣብ ውሽጢ ደቓይቕ ዓጢቑ ንሰራሕ ድልው ኰነ። እዘን ክልተ በጦሎንታት ሓይለን ጠራኒፈን፡ ከባቢ 5፡00 ድሕሪ ቀትሪ፡ ጸሊም ጽርግያ ተኸቲለን ናብ ባጽዕ ገጸን መረሻ። ሓይሊ ሻግራይ (4.32) ግን ነቲ ዝተበታተነን ሓዊ ዝነድድ ዝነበረ ንብረት ጸላኢ ንምጥርናፍ ኣብ ዶጎሊ ክትተርፍ ትእዛዝ ተዋህባ።

እቲ ጉዕዞ ተዛኒኻ ትኸደሉ ስለዝነበረ፡ ኣነ ብዛዕባ'ቲ ካብ ድርፎ ዝጀመረ፡ ጉያ ዝተሓወሶ ጽንኩር ጉዕዞ ክሓስብ ጀመርኩ። "ነቲ ኣብ ድርፎ ክንምገቦ ዝተሓሰበ ሽሻይ ገዲፍና፡ ኣብቲ ሓውሲ ምድረበዳ ዝኾነ ጐላጉል ሰኸር፡ 311 ሰዓታት ልብና ብኣፍና ክትወጽእ ክሳብ እትደሊ ብሃታሃታን ዘብዘብን ብዘይ ምቍራጽ ክንጉዓዝ ዝደረኸ ወተሃደራዊ ምስጢር እንታይ

ኮን ነይሩ ይኸውን!" ዝብል ሓሳብ ኣብ ኣእምሮይ መጽአ። ዕላማ'ዚ ዘብዘብ፡ ብዘይካ ላዕለዎት ወተሃደራዊ ኣዘዝቲ፡ እንታይ ምንባሩ ዝፈልጥ ሰብ ኣይነበረን። ሻይናክ ብኣጋጣሚ ኣብ ጉድነይ ኰይኑ ይጉዓዝ ስለዝነበረ፡ ምኽንያት'ቲ ኣብ ድርፎ ሕሩድ ስጋ ገዲፍና ብሃታሃታ ክንብገስ ዝደረኸ ወተሃደራዊ ኵነታት እንታይ ምንባሩ ክፈልጥ ብጉቦ-ጉቦ ገይረ፡ "ኣንታ ሻይናክ፡ ነቲ በሲሉ ዝነበረ ስጋን ዝፈልሐ ሻህን ደፊእና ብህጹጽ ክንብገስ ዘደፋፍኣናስ እንታይ ኮን ነይሩ ይኸውን!" ኢለ ብድፍረት ሓተትኩዎ። ንሱ ራድዮኡ ብጸጋመይቲ ኢዱ ሒዙ፡ ንቕድሚት እና'ቋመተ፡ ክምስ እናበለ፡ "ህዝባዊ ግንባር ነቲ ኣብ መዓስከር ዶጎልን ከባቢኡን ዓሪዱ ዝነበረ ሓይሊ ጸላኢ በርቃዊ መጥቃዕቲ ኣካይዱ ክድምስሶ ምኺኑ ኣቐዲሙ ወተሃደራዊ መጽናዕቱ ወዲኡዎ'ዩ ነይሩ። እቲ ካብ ዶጎሊ ካብ ሞት ዘምለጠ ሰራዊት፡ ንብረቱን ሰቡን ጠራኒፉ ናብ ባጽዕ ምእንቲ ከይሃድም፡ በጦሎንናን በጦሎኒ 4.2ን ብገርግሱም ኣኺሊምና፡ ኣብ ሞንጎ ባጽዕን ዶጎሊን ኣድቢና ክንጸንሕ'ሞ፡ ኣጽዋራቱ ይኹን ሓይሊ ሰቡ ኣብ ኢድና ንምእታው'ዩ ዝነበረ። እንተኾነ፡ ሓደ ሓደ ግዜ ውግእ ከምቲ ዝሓሰብካዮ ኣይከይድን'ዩ። ንሕና ኣብቲ ዝተሓንጸጸ ቦታ ከይበጻሕና እንከሎና፡ ጸላኢ ኣቐዲሙ ንመጥቃዕቲ ስለዝተበገሰ፡ ከምቲ ዝተሓሰበ ክኸይድ ኣይከኣለን!" ብምባል፡ ምኽንያት ህጹጽን ሃንደበታውን ጉዕዞ ድርፎ ብሰፊሑ ኣብርሃለይ።

* * *

ድሕሪ ሓጺር ግዜ፡ ጽሓይ ክትፍኑዎ ዝወዓለት ምቖት ጉደለን ሰማይ ደም-በጊዕ መሰለን። ኣዕዋፍ ሰማይ፡ በቲ ኣብ ከባቢ መዓስከር ዶጎሊ ክወድቕ ዝወዓለ፡ ዘይንቡር ቦምባታት ተናዊጸን ካብ ገረብ ናብ ገረብ ክዝንብያ ከም ዘይወዓላ በቦታአን ሓዛ።

ሓይሊ 4.33 ኣብ 101 ኪሎ ሜተር ካብ ቀጥራን ጽርግያ ኣስመራ-ባጽዕ ንጸጋም፡ ሓይልታት 4.32ን 4.31 ንየማን ኣብ ዝርከባ ኵጀታት ሓዛ። ተጋዳላይ ኣብቲ ዝተዋህቦ ቦታ ኰይኑ፡ ህይወቱ ካብ ደብዳብ ጸላኢ ዝከላኸለሉ ድፋዕ ክሰርሕ ሓርኮትኮት በለ። እቲ ከባቢ ግን ንመከላኸሊ ዝኸውን ጉድጓድ ብቐሊሉ ክትኩዕቶሉ ይኹን ነዛ ንርእስኻ መከላኸሊ እትኸውን እምኒ እትረኽበሉ ኣይነበረን። ጸላኢ ካብታ ጽርግያ ኣስመራ-ባጽዕ ብ101 ኪሎ ሜተር እትፍለጥ ቦታ፡ ንባጽዕ ገጹ ርሒቑ ስለዝነበረ፡ ነቲ ኣብ የማን-ጸጋምና ዝነበረ ቅርጺ መሬት ከነጽንዕን ኣብቲ ጥርዚ ወጺእና ከነማዕዱን ዕድል ረኸብና።

ኣብ ሓንቲ ጸላኢ ንሓለዋ ጽርግያ ክጥቀመላ ኢሉ ዝኹዓታ ንእሽቶ ጉድጓድ፡ መራሕቲ መሳርዕን ኮሚሳር ጋንታን እንርከባ ጉጅለ፡ ብዛዕባ ምድምሳስ መዓስከር ዶጎሊ፡ ብዛዕባ ንጽባሒቱ ምስ ጸላኢ ዝህሉ ውዕሎን ካልእን ወዘተ እናዕለልና፡ ካብ ወደብ ባጽዕ ኣድራጋ ሓባሪ ጠያይቲ ናባና ገጹ ክመጽእ ተዓዘብና። ኪዳነ ዘርኡ (ኣዓየ) በቲ ዝርእዮ ዝነበረ ተገሪሙ፡ "ረኣዩወን'ሞ እዘን ወጃባት ዘማች፡ ዝርኣያኦ ዘይብለን፡ ዘይሓልያሉ ሓባሪ ጠያይቲ ናባና ገጸን ይትኩሳ ኣሎዋ! ኣብ ኢደን ኩይኑለን ሓቃተን፡" ኢሉ ዘረብኡ ከይወድአ፡ ሰሚዕናዮን ርኢናዮን ዘይንፈልጥ፡ ምስ ብርሃን ጸሓይ ዝዳረግ ዘየቋርጽ ማሕታ ዘሰነዮ ነጕድጓድ ድምጽን ብሓያል ናህሪ ናባና ገጹ መጽአ። እቲ ብልዕለና ሓሊፉ ኣብ ከባቢና ዝወደቐ ቦምባታት፡ ኣርባ-ጎራሽ (ስታሊን ኦርጋን) ኣብ ርእስና ዝወደቐ መሰለና። እንሕዞን እንጭብጦን ጠፊኡና ኣብ ሓንቲ ሰኮንድ ዘይትመልእ ግዜ፡ ኣብዛ ንኽልተ ሰብ'ኳ ዘይትኣክል ጉድጓድ፡ ኣርባዕቴና ተጸፋጺፍና። ብህይወት ዝደሓነ ሰብ ኣሎ ኢልና'ውን ኣይገመትናን። ድሕሪ ቀሩብ ካልኢታት ካብታ ጉድጓድ ወጺእና ክዳንና ነገፍናን ነብስና ፈተሽናን፡ ዝተወግአ ሰብ ከም ዘየለ ድማ ኣረጋገጽና።

ወዮ ብልዕለና ዝሓለፈ ቦምባታት፡ ንኸባቢና ናብ ፍጹም ባርዕ እሳተ-ጎመራ ቀየሮ። በዚ በኸሪ ዓይንና እንርእዮ ዝነበርና ሓይልን ብዝሕን ሮኬታት ኣርሚሙና ንሓድሕድና ተጠማመትና። ኣብ ውሽጢ ሒደት ደቓይቕ ዓሰርተታት ቦምባታት እቲ ናይ መሬት-መሬት ሚሳይል ብርእስና ብምሕላፍ፡ ናብቲ ድሕሬና ዝነበረ ሰጣሕ ጉልጉል ኣብ ውሽጢ ሒድት ደቓይቕ ዘይመልእ ክዓርፍን መሬት ከቓጽልን ብዓይንና ተዓዘብና።

ሓምድ ነገሩ ኣስደሚሙዎ፡ "ሚቱ! እሊ ቀናብል ልትፈናጅር ልሃላ፡ ጀምዓትና ኣቡ ታህዲድ ዋላ 'ቦሮምቦጣዕ' ልብሉና ልዓሉ'ቱ፡" በለ። ዮሃንስ ተቐቢሉ፡ "ብሓቂ ኣቡ ታህዲድ! ዝምሕር ዘይመስል፡ እነህለካንዶ፡ ቀልብናን ሃምናን ኣጥፊኡ፡ ንኣርባዕቴና ጠላዓት ሰብኡት ከም ሳርዲን ኣብ ሓንቲ ጉድጓድ ሓዋዊሱና፡" በለ እናሰሓቐ። ኪዳነ ዘርኡ 'ኣዓየ'፡ "ኣየ ጽባሕ ንውዕሎ ተካል ምዕልቲ! በልስከ ነዚ ብተምሳል ስላሰ ዝተፈጥረ ሰብ ከተጥፍእ ኢልካዶ ከምዚ ዓይነት ኣጽዋር ትሰርሕ ኢኻ! ሰብሲ ብክላሽን ኣርፒጂ ቦምባ ኢድ፡ እንተ ከፍአ ድማ ብሞርታር ይዋጋእ'ምበር፡ ውግእ ኣብ ሰምሃር ካን ብሓዊ ኩይኑ!" ብምባል ኣብ ልብና ዝነበረ ሓሳብ ገለጸ። ኣብ መወዳእታ ካብኡ ዝኸፍአ ከይመጽእ፡ ክዳንና ነጊፍና ናብ መሳርዕና ተበገስና።

ብርሃን ወርሒ ብኸቢድ ደበና ተጋሪደ ሰማይ ድማ ምሉእ ብምሉእ ብጸላም ተጉልበበ። ተጋዳላይ ድቃስ ሰዓት ክሳብ ዝኣክል፡ ባና ወደባዊት ከተማ ምጽዋዕ ብማዕዶ እናርኣየን ተጎጃጂሉ ወጃዕጃዕ እናበለን ኣብ ባሕሪ-ሓሳብ ጠሓለ።

ኣባላት ጋንታና ብዛዕባ ኣብ ወጋሕታ ዝህሉ ደማዊ ውግእን ዝኸፈል ረዚን መስዋእትን ከይገደሶም፡ ብዛዕባ'ቲ ኣብ ቅድመኦም ከም ፊልም ዝርአዮም ዝነበረ፡ ማይ ቀይሕ ባሕሪ፡ ዕምቈቱን ስፍሓቱን፡ ኣሰራርሓ ወደብን መራኽብን፡ ዓይነት ዓሳታትን ወዘተ. እናልዓሉ ብወረ ዝሰምዑዎ በብሓደ ከዕልሉ ጀመሩ።

ኣስመሮም ማርቀስ ተስፉጋብር፡ (ዓዱ ደፈረ) ኣብ ግንቦት 1976 ናብ ህዝባዊ ግንባር ዝተሰለፈ፡ ብዕድመ እቲ ዝነኣሰ፡ ካብ ተኸሊጥ ናቕፋ ጀሚሩ ኣባል መሰርዐይ ኩይኑ ዝተጓዕዘ፡ ዘቕንእ ቅርጺ ኣካላት ዝነበሮ፡ ዕባይ ካርነሽም ምልምል መንእሰይ'ዩ ዝነበረ። ሰዓታት ሓለዋ ገና ስለዘይኣኸለ ድማ፡ ንሱ ዝነበራ ጉጅለ ዕላል ቀጸለት። ኣስመሮም ንዕላል ክኹኖም ሕቶ ኣልዓለ፡ “ያ ጀምዓ! ካብ ኵላትና ገለ ባጽዕ ርእዩዋ ዝፈልጥ ኣሎናዶ፧ በጃኹም ባጽዕ ምስ ኣተና፡ እታ ከተማ ከይትሕደሰና፡ ሆቴል ገርግሱም፡ ወደብ፡ ርእሲ ምድሪ ዝብሉዎ ከመይ ከም ዝመስል ሓክዩና፡” በሎም። ኣሕመዲን ትቕብል ኣቢሉ፡ “ንስኻ ኣብ ካርነሽም፡ ኣነ ድማ ኣብ ከባቢ ዓዲ-ቀይሕ ‘በርሄነት’ ተወሊድናን ዓቢናን። ኣነ ብዘይካ ጉቦታት እምባ ሶይራ ዝፈልጦ የብለይን። እንተኹነ፡ እቲ ማይ ባሕሪ ብጨው ኣይልከፍን'ዩ፣ ከምዛ ሕብሪ በጽቢጽካ ዘእተኻሉ ‘ሰማያዊ እዩ ዝመስል’ ኢሎም ከዕልሉ እሰምዕ ነይረ። ገለ ደኣ ብዓል መምህረይ ገነት እንተነገሩና'ምበር፡ ካባይን ካባኻንስ ትሩፍ፡” በሎም።

ዕንድኩር ብወገኑ፡ “እዚ ማይ ሰማያዊ ወይ ቀይሕ ሕብሪ ኣሎዎ ዝበሉኻ'ኳ፡ ከምዚ ኸማኻ ቀለም ዘይቀጸሩን ምህሮ ዘይጸገቡን ክኾኑ ኣሎዎም'በር፡ ከምዚ ከማይ ምሁራት ኣይመስለንን። ማይ፡ ሕብሪ፡ ጨና፡ ቅርጺ ከም ዘይብሉ ኮሚሳር ጋንታና ሓደ ግዜ ኣብ ፖለቲካ ምሂሩና ነይሩ። እንተ'ቲ ጨው'ሞ ብሓቂ ዝነግሕ'ዩ። ካበይን ብኸመይን መጺኡ ክትንትኖ ከኣ ካብ ዓቕመይ ንላዕሊ'ዩ። ንመምህረይ ገነት ምሕታት ክሓይሽ'ዩ፡” በሎም ናብ ገነት እናጠመተ። ጓል ጉነጽ ኣቃጫጭ ይዛረብ ከም ዘሎ ፈሊጣ ስቕ ምባል መረጸት።

ብገለ ሰባት ተጋዳላይ ክብሃል እንከሎ፡ ጉድለት ወይ ኣበር ዘይብሉ፡ ሰብኣዊ ስምዒታት ዘየጥቅያ፡ ብባህሊ ሕብረተሰብ ዘይጽሎ ካብ ኩሉ ናጻን

ንጹህን ጌርካ ይውሰድ እዩ። እንተኾነ ተጋዳላይ ከም ዝኾነ ፍጡር፡ ሰብ ስለዝኾነ፡ ብውሑድ ቁጽሪ ካብ ገዝኡ ሒዙዎ ዝመጽአ ኣሉታዊ ሰብኣዊ ባህሪ፡ ማለት ዘጋንን፡ ዘይንሱ ክምስል ዝፍትን፡ ዝፈርሕ፡ ዝሕሱ፡ እንዳዊ ስምዒት ዘጥቅዖ፡ ንሓላፍነት ዝመጣጠር፡ ብትምህርቱ ዝጅሃርን ዝዕበን፡ ወዘተ ኣይነበረን ማለት ኣይኮነን። ተመኩሮ ቃልሲ እናወሰኸ፡ ብፖለቲካ እናበሰለ፡ ብዝኸደ መጠን ግን ብዘይካ ውሑዳት ሰብ ኣመል ድኻማቱ እናኣረመን ኣርኣያ እናኾነን ይጉዓዝ። ጠንቂ ድኽነቱ፡ ድኻማቱን፡ መግዛእቲ ዝፈጠሮ ምኽኑ ስለ ዝርዳእ፡ ንጽቡቕ ይኸውን ንሕማቕ ዘሕለፎ ታሪኽ ህይወቱን ተመኩሮኡን ከም ዘላታ ከዕልለሉ ዘሰክፎ ኣይነበረን።

ስለ'ዚ፡ ዝበዝሖ ኣብታ ብዓል ኣድሓኖም፡ ወዲ ጊለን ኣሕመዲንን ዝነበርዋ ጉጅለ፡ ቀይሕ ባሕሪ ይትረፍ ክሕምብስሉ፡ ነዛ ንዓይኖም'ኳ ርእዮሞ ከም ዘይፈልጡ፡ ንወደብ ባጽዕ'ውን ብወረወረ ወይ ኣብቲ ዝወሃብ ፖለቲካዊ ትምህርቲ ጥራሕ ከም ዝተላለዩዋ ገለጹ። ገለ ድማ ስጋ ዓሳ ኣብ ኣፎም ለኺፎም ከም ዘይፈልጡን ብናጻ ኣዘንተዉ። ከመይሲ ተጋዳላይ እታ ዝኾና ወይ ዝመስላ ደኣ'ምበር፡ እታ ክኾና ወይ ክመስላ ዝደሊ ኣይዛረበን'ዩ።

ኮሚሳር ጋንታ ረዘነ በርሀ ቊንጹብ፡ ቀይሕ፡ ለማሽ ጸጉሪ ዝውንን፡ ህዱእ፡ ጽምዋ ዘስተማቕር፡ ጭርቃን ክሰምዕ እምበር ክዋሳእ ዘይክእል ኮይኑ፡ እተን ዝርካበን ዘውጽአን ቃላት'ውን ቀውምነገር ሓዘል ነበራ። ንሱ ኣብ ኢትዮጵያ ተመሃራይ ካልኣይ ዓመት ኣብ "ፖሊ-ቴክኒክ" እዩ ዝነበረ። ካብታ ጉጅለ ፍንትት ኢሉ ቅርጺ መሬት ባጽዕን ባናን ከተማን ብጽሞና ከማዕዱ ድሕሪ ምጽናሕ ከኣ፡ ናብ ዕላል'ታ ጉጅለ ተሓወሰ።

እዛ ጉጅለ ምጽንባር ረዘነ ብሃንቀውታ ክትጽበዮ ግዲ ጸኒሓ፡ "ኮፍ በል። ረሓቕሉ፣ ቦታ ሃቡዎ፣ ኣብ ማእከል ግበሩዎ፡" ዝብል ጫውጫውታ በዝሐ። ከምኡ መበሊኦም ግን፡ ብዘይ ምኽንያት ኣይነበረን። ነቲ በብመዳዮም ዘልዕሉዎ ዝነበሩ ሕቶታት፡ ስነፍልጠታዊ መልሲ ክህቦም ዝኽእል ሰብ ይደልዩ ስለ ዝነበረ እዩ። ምናልባት ንሱ ንባጽዕ ዝፈልጣ እንተ ኾይኑ፡ ብዛዕባ'ታ ንጽባሒቱ ብዓይኖም ክርእዩዋ፡ ብእግሮም ክረግጹዋ፡ ብኢዶም ክድህስሱዋ፡ ኣየራ ክሽትትዋ ዝርበጹ ዝነበሩ ባጽዕ ስእሊ ክህቦም ህንጡያት ነበሩ።

ኣስመሮም፡ ናብ ረዘነ ገጹ እናጠመተ ብሓውሲ ሕፍረት፡ "ኣንታ ረዘነ ቊሩብ ደኣ ካባና ርሒቕካ ጸኒሕካ እምበር፡ ኣይዛ ሓፋሽ ደኣ ሓዊ ዝኾነ ክትዕ እንድያ ኣልዒላ። የግዳስ ዝድምድመላ ስኢና ተዋጢራ ጸኒሓ፡" በለ።

ረዘነ እተን ፈኻኽ ኣስናኑ ክሳብ ዝርኣያ ፍሽኽ እናበለ፡ “ደሓን ጸገም የለን፡ ዝኽእሎ ጥራሕ ይኹን። ደሓር ከኣ ገለገለ ካብቲ ዕላልኩም ስሒቡኒ ይሰምየ ነይረ'የ። እዋናዊ ኣርእስት'ኹም ተልዕሉ ዝነበርኩም፡” በሎም። እቶም ብጾት መካትዒ ነጥብታቶም ሓደ ብሓደ ዘርዚሩሉ፡ ንሱ ድማ ንሕቶታቶም ግቡእን ኣዕጋብን መልሲ ሃበሉ። ረዘነ በቲ ሓደ ቅንዕናኦም ኣድነቖ። በቲ ካልእ ድማ ህላወ መግዛእቲ ክሳብ ክንደይ ንኤርትራዊ፡ ኣብ ገዛእ መሬቱ ኣደዳ ድንቁርናን ድኽነትን ገይሩዎ ከም ዘሎ ብምሕሳብ፡ ንህላወ መግዛእቲ ዝያዳ ጽልኢ ወሰኸሉ። ከምዚ ድማ በሎም፦

ጸላኢ “ብጾት ንዓና ኤርትራውያን፡ ባህርያዊ ሃብትና ከይንጥቀመሉ ብኢድና ሒዙና ከባቢና ከይንድህስስ ዓይንና ዓፊኑ፡ ታሪኽ ኣቦታትና ከይንፈልጥ ንኣእምሮና ጠምዚዙ፡ ብሓባር ከይንቃለስ ብወገን፡ ዓሌት፡ ሃይማኖት፡ ፈላልዩ ንዓመታት ኣደዳ ጥሜትን ሕሰምን መከራን ስደትን ገይሩና'ዩ። ካልእስ ይትረፍ ነዛ ምጭውቲ ወደባዊት ከተማና'ውን ከይንሪኣ ዕድል ተነፊጉና። ስለዚ፡ ንሕና ውጹዓት ዘይተቓለስና መን'ዩ ክቃለስ!” ምስ በለ፡ ኣብ ባሕሪ ሓሳብ ጥሒሎም፡ ብሓሳባቱ ከም ዝሰማምዑ ንምግላጽ ርእሶም ነቕነቑ። እዞም ብጾት ምስ ረዘነ ንሰዓታት ከዕልሉ ኣይምጸልኡን፣ የግዳስ፡ ናይ ምድቃስ ትእዛዝ ስለ ዝተመሓላለፈ፡ ረዘነ ሰዓቱ እናርኣየ፡ “በሉ፡ ተቛጺርኩም ኣይበለና፡ ዝተረፈ ዕላልና ኣብ ገምገም ባሕሪ ገርግሱም ጨብረቕ እናበልና ክንቅጽሎ ኢና። ሕጂ ሰዓት ሓሊፉ'ሎ ናብ በቦታና ንኺድ፡” በለ'ሞ፡ ናብ መደቀሲኡ ኣምርሐ። ተጋዳላይ ኣብ ዘዝተዋህቦ ቦታ ግዝያዊ ዝኹና መከላኸሊ ድፋዕ ሰርሐ። ኣብቲ ኩረት ዝበዝሖ ኩጀት፡ ሃሙን ቀልቡን ከየጥፍአ፡ ግምብው በለን ኣብ ማዕሙቕ ድቃስ ተሸመመን።

10 ታሕሳስ 77፡ መሬት ከም ኣመላ ክትወግሕ ተደናዲና ከብዲ ኣድጊ መሰለት። ከባቢ ሰዓት 6:00 ጸሓይ ብምብራቕ ገጻ ተቐልቀለት፡ ሓርበኛ ግን ነታ ብዘይ ኣድልዎ ብርሃና ብማዕረ እትዕድል ጸሓይ፡ ድሮ ቀዲሙዋ ከባቢኡ ኣብ ምቁማት ኣተወ። ኣብቲ እዋን'ቲ እንትርፎ ድምጺ ኣዕዋፍ ካልእ ዝሰማዕ ነገር ኣይነበረን። እቲ ግዜያዊ ሰላም ግን፡ ኣብ ውሽጢ ሒደት ደቓይቕ ከም ግመ ከም ዝበንን ካብ ኵላትና ስዉር ኣይነበረን። ኰይኑ ድማ፡ ድሮ ወጊሑስ ሰዓት 6:00 ኮይኑ ብማዕዶ ድምጺ ታንክታትን ጨርባሕባሕ መካይንን ተሰምዐ። በጦሎንና ኣብዛ ፈላሚት በኾሪ ውግእ ሰምሃር፡ ኣብ ልዕለኣ ክወርድ ዝኽእል ተጻብኦ ባህሪን ዝሕተት ከቢድ መስዋእትን ክትከፍል ተዳለወት። እዛ ውግእ'ዚኣ ንበጦሎንና በኾሪ ደኣ ትኹን'ምበር፡ ጉላጉል ሰምሃር ድሮ ካብ 12 ጥቅምቲ ጀሚራ፡ ብዙሓት

ውግኣት ኣንጊዳን ዓሰርተታት ጀጋኑ ወሲዳን'ያ። ጕላጕል ሰምሃር ውሑዳት መዳርግቲ ጥራሕ ዝርከቡዎ፡ ጅግንነት'ዞም ደቂ'ዛ መሬት ክካየድ ብዓይና ርእያ፡ መዝጊባ፡ ደም ኣማኢት መንእሰያት ደቃ ክፈስስ ተዓዚባን ብእኡ ጠሊላን እያ። ኣፍ ኣውጺኣ ዓገብ ክትብል'ኳ እንተ ዘይከኣለት ድማ፡ ነቲ ተፈጥሮ ዝዓደላ ቅርጺ መሬት ተጠቒማ ህይወት ደቃ ካብ መሰዋእቲ ንምድሓን ዝከኣላ ገይራ እያ።

* * *

ውግእ ኣዕናዊ'ዩ። ውግእ ናብቲ ክትወቕዖ ዝወጠንካዮ ሸቶ ንምብጻሕ ተገዲድካ እትኣቱዎ መሳርሒ ደኣ'ምበር ዕላማ ኣይኮነን። ካብ ውግእ እንትርፎ ዕንወት፡ ምርማስ ቀጠባ፡ ድሕረት፡ ስደት፡ ዝርከብ ፋይዳ የሎን። ውግእ ኣዕናዊ ምኳኑ ኣብ ውግእ ክትኣቱ፡ ዕረ መሪር ምኳኑ ብመልሓስካ ክትልሕሶ፡ ሓዊ ዘንድድ ምኳኑ ብኢድካ ክትሕዞን ግድነት ክትፍትኖን ኣሎካ ማለት ግን ኣይኮነን። ብጽሑፍ ወይ ኣብ ውግእ ብዝወዓሉን ዝተፈተኑን ተወኪስካ ንምርዳኡ ዘጸግም ኣይኮነን። ብዙሓት ተመራመርቲን ጸሓፍቲን ታሪኽ፡ ብዛዕባ ውግእ ውሃ ዘበለ መጻሕፍቲ፡ ጽሒፎም፡ ተንቲኖምን ተፈላሲፎምን እዮም። የግዳስ ልዕሊ'ቶም ኣብ ንኡስ ዕድመኦም ዝተበጀዉን ዝሰንከሉን ተጋደልቲ፡ ከምኡ ልዕሊ'ቲ በቲ ኲናት ዝደመየን ደቁ ዝስኣነን ህዝቢ ኤርትራ፡ ንምረት ውግእ ክገልጾ ዝኽእል ኣካል የሎን ክብል እደፍር። እቶም መስተውዓልቲ፡ ካብ መጻሕፍቲ ኣንቢቦምን ካብ ዝወዓሉ ተመኵሮምን፡ ኣብ ዓለምና ከባቢናን ሰላም ከንግሱን ንውግእ ክውግዙን ይቃለሱ። ገለ ድማ እንተስ ንረብሓኦም ብምቕዳም እንተስ ካብ ሕጽረት ንቕሓት፡ ንውግእ ከም ጸወታ ኩዕሶ እግሪ፡ ወይ ኣብ ወረቐት ሕንጥጥ ኣቢልካ ዓወት ትድረር ይመስሎም ይኸውን። እቶም ንውግእ ከም ዕላማ ዝወስዱ ሳዕቤን ውግእ ዘይፈልጡን ጥራሕ'ዮም።

ደማዊ ውግእ 'ጨጓር-ታባ'

10 ታሕሳስ 1977 ሰዓት 9፡00 ቅድሚ ቀትሪ፡ ሓይሊ ጸላኢ ዓሰርተታት ታንክታትን እልቢ ሰራዊትን ኣገዲሙ፡ ብየማንን ጸጋምን መስመር ጽርግያ ምጽዋዕ ኣስመራ ተበጊሱ ናብቶም ኣብ ቅድመና ዝነበሩ ማእከላይ ብራኸ ዝነበሮም ኵጀታት፡ ብፍሑኽ ፍሑኽ ሓኸረ። ዝኾነ ተቓውሞ

ስለዘየጋጠሞ ድማ፡ በዚ ተተባቢዑ፡ ንጉላጉል ሰጊሩ፡ ናብ ከባቢ ድፋዕና ቀረበ። ሓይልታትና ግን፡ ብድሮኡ ምድላዋተን ኣጻፊፈን ስለዝሓደራ፡ ንናይ ጸላኢ ፈኸራ፡ ዳንኬራን ጉራን ብዙሕ ግምት ኣይሃበኣን። ኣብ ዝሓደርኦ ድፋዕ ብምድባይ፡ ገስጋስ ጸላኢ ብቐረባ ተኸታተልኦ።

ሰራዊት ደርግ፡ ብታንክታት፡ መዳፍዕን ቢኤም ሮኬታትን ተደጊፉ፡ ሓድሽ መጥቃዕቲ ከፈተ። ንሕና ግን ኣጋር ሰራዊት ክሳብ'ቲ ዓሪድናሉ ዝነበርና ድፋዕ ዝጽጋዕ ኣብ መሬት ተላሒግና ተጸበናዮ።

ማእከልነት ጋንታ እስቲፋኖስ ብርሃነ (ወዲ-ብርሃነ)፡ ንጋንትኡ መሪሑ፡ ምስቲ ሺሾ ሰራዊት ናይ ኢድ ብኢድ ውግእ ገጠመ። ኣብ መወዳእታ፡ ከባቢ ሰዓት 10.ቅ. ቀትሪ ንሱ ምስ ሓሙሻይ ርእሱ ተሰውኣ።

ጸላኢ ንጋንታ ወዲ-ብርሃነ (4.33.3) ካብ ዝዓረደትሉ ቦታ ከልቅቓ ተደጋጋሚ መጥቃዕቲ ፈነወ። እቲ ውግእ ኣብ ቀላጥ መሬት፡ ነዛ ንርእሰኻ እትኸውን መከላኸሊ ዘይነበሮ ጉልጉል ይካየድ ስለ ዝነበረ፡ ካብ ውሑዳት ሰዓታት ንላዕሊ ኣብቲ ሓጸርቲ ኵጀታት ኣትኪልካ ምውጋእ፡ ኣደዳ ደብዳብ ከቢድ ብረት ጸላኢ ምኻኑ ዝተገንዘቡ ላዕለዎት ሓለፍቲ፡ ተጋዳላይ ንኽሃጅም ኣዘዙ። ኣብ ከባቢ ሰዓት 10፡00፡ ተጋዳላይ ካብ ዓሪዱሉ ዝነበረ ታባታት ዘዘሊሉ ናብ ድፋዓት ጸላኢ ሃጀመ። ሰራዊት ደርግ ነዚ ሃንደበታዊ መጥቃዕቲ ክጻወሮ ስለዘይከኣለ፡ በርጊጉ ንድሕሪት ተመልሰ። ጸላኢ ተወዳዲቡ ከጥቅዕ ተጋዳላይ ክመልስ ድማ፡ ተራባረብ ኮነ።

ውግእ ክሳብ ሰዓት 1፡00 ድ.ቀትሪ ቀጸለ። ሙቐት ጽሓይ ነዞም ተጻረርቲ ሓይልታት ብማዕረ'ኳ እንተጥቅዮም፡ እዞም ካብ 'ማሃል ሃገር' በስገዳድ ዝመጹ ደቂ ባዕዲ ግን፡ ክጻወሩዎ ስለዘይከኣሉ፡ ምድሪ ጠለስ ክብለሎም ክሳብ 3፡00 ድ.ቀትሪ፡ ኣብ መዕቀቢ ዝረኸበሉ ስንጭሮታትን ሩባታትን ኣጽለሉ። ሕጂ'ውን ጸላኢ ኣብ'ዛ ሓጻር ናይ ዕረፍቲ እዋን፡ ካብ ጨጓር-ታባ ተበጊሱ፡ ሰፊሕ መጥቃዕቲ ንምውሳድ ምድላዋቱ ወድአ። ዕላምኡ ድማ፡ ነታ ኣብ ጸሊም ጽርግያ ኣስመራ-ምጽዋዕ ዓሪዳ ዝነበረት ሓይሊ 4.32 ፈንጢስካ፡ ጸሊም-ጽርግያ ምኽፋት ነበረ። ዝተወሃሃደ ናይ ነፈርቲ፡ ሄሊኮፕተራት፡ ታንክታት፡ ሞርታራት፡ መዳፍዓትን ስለ ዘካየደ፡ ቢኤም ሮኬታትን፡ ዋላ ንሓንቲ ደቒቕ'ውን ትኹን ዘየቋርጽ ደብዳብ፡ ምድረ ሰማይ ብቐትሩ ጸልመተ። ከም ሳዕቤኑ ኣብ ውሽጢ'ዘን ውሑዳት ሰዓታት፡ ማለት ካብ ወጋሕታ ክሳብ ሰዓት 3፡00 ድ.ቀ. ብዙሓት ገዳይምን ጀጋኑን ሓለፍትን ተራን ተጋደልቲ ተሰውኡ።

ኣብቲ ህሞት'ቲ፡ ብጅላድ ሓጻውን ኣምዕቱ ዝፈሰሰ፡ ኣእጋሩን ኣእዳዉን ዝተቖርጸ፡ ኣዕይንቱ ዝነቖረ፡ ኣብ ቅድመኻ እናረኣኻ'ሞ ከመይ ኢልካ ኢኻ፡ ብዛዕባ ኣብ ዓለም ምንባር ክትሓስብ። ኣብ ሓንጐል ነፍሲ-ወከፍና ዝመጽእ ሓሳብ፡ "ኣነኸ ዕጫይ መዓስ ትኸውን፤" ጥራሕ ነበረ። ናይዞም ቅድሚ ሰዓታት ኣብ ጐላጐል ሰምሃር ዝዕንድሩን ንጸላኢ ዝቁሽምዱን ዝነበሩ ሽባባት ኣይተድሃልናን። ብኣንጻሩ፡ ሕነኦም ንምፍዳይ መሊስና ጸናዕናን ተባዕናን። ደማዊ ውግእ ይጽበየና ከም ዘሎ ብምግንዛብ፡ ንዝጸንከረ ኵነታት ክንገጥሞ ኣእምሮና ድልው ገበርናዮ። ነፍሲ-ወከፍ ተጋዳላይ፡ ኣሰር'ቶም ቅድሚ ቍሩብ ሰዓታት ንህላወ ህዝቦምን ሃገሮምን ቅያ ሰሪሖም ዝሓለፉ ሰውኣት ብጾቱ ክስዕብን ታሪኽ ሰሪሑ ክሓልፍ'ምበር፡ ኣብዛ መሬት ክነብር'የ ኢሉ ዝብል ሓሳብ ኣብ ኣእምሮኡ ኣይነበሮን።

"መስዋእቲ ተኸፊሉዎ፡" ኢልካ ምሕላፉ እንተዘይኮይኑ፡ እቲ ዝተፈጸመ ጅግንነት ነዚ ኹሉ "ሰብ ፈጺምዎ ኢልካ ንምግላጹ ዝሕርብት ቅያ፡ በዛ ሓጻር ጽሒፍቲ ክግለጽ ወይ ክዝንቶ ዝከኣል ኣይኮነን። ምሩጻትን ውቁባትን ቃላት ኣኻኺብካ'ውን ንውዕሎ ተጋዳላይ ዝዳረግ ዝተማለአ መግለጺ ክትቅርብ ዘይሕሰብ እዩ። ኮታስ ብዝሒ'ቶም ብ10 ታሕሳስ፡ ኣብ ሓንቲ ረፋድ ኣብ ዝተኻየደ ውግእ፡ ታሪኽ ገዲፎም ብጅግንነት ዝሓለፉ ሓለፍትን ተራ ተጋደልትን ብምግንዛብ ክብደትን ምረትን ናይቲ ውግእ ምምዛንን ምርዳእን ይከኣል እዩ።

ከምቲ ሓደ ስነጥበበኛ፡ "ሓርበኛ ኣይነብርን'ዩ፣ ታሪኹ'ዩ ዝውረስ!" ዝበሎ፡ እዞም ቅያ ሰሪሖም ዝሓለፉን ኣብ ሓደ ረፍዲ ዝወደቑን ሰለስተ ማእከልነታት ጋንታን ሓሙሽተ መራሕቲ መሳርዕን ሓይሊ 4.33 ብዓሰርተታት ኣማኢት መንእሰያት፡ ብረቶም ጸይሮም ሕድሮም ተሰኪሞም ንዕላማኦም ኣብ መዕለቢኡ ዘብጽሑ ተኪኦም እዮም ሓሊፎም።

ከምቲ ኣብ ግጥም ኩዕሶ እግሪ፡ እቲ ሓደ ክጥቅዕ እቲ ካልእ ክከላኸል፡ ተመሊሱ እቲ ክከላኸል ዝጸንሐ ከጥቅዕ፡ እቲ ከጥቅዕ ዝጸንሐ ብግደኡ ኣብ ምክልኻል ዝኣቱ፡ እቶም ተፋጢጥና ክንረባረብ ዝወዓልና ናይ ወገንን ናይ ጸላእ ሓይልታት፡ ሓደ ክደፍእ ሓደ ክድፋእ ተረባረብና። እቲ ዓቢ ፍልልዩ ግን፡ እቶም ኣብ ሜዳ ኩዕሶ ዝተሃላለኹ ኣብ መወዳእታ ስዕረቶም ተቐቢሎም፡ ተሰዓዒሞም ብሰላምን ፍቕሪን ተሓቛቚፎም ክፈላልዩ እንከለዉ፡ ኣብ ዓውደ ውግእ ግን፡ እዞም ተጻረርቲ ሓይልታት፡ መተካእታ ዘይርከቦ ህይወት እናኸፈሉን እናተፋለሙን፡ ንብረት እናዕነዉን ዘራእቲ እናብረሱን

ህይወት ንጹሃት ሰባት እናለከሙን ይኸዱ። መደምደምታ፣ቲ ግጥም፣ እቲ ዕሱብን ናይ ምድሕርሓር ሓይልን፣ ሓንሳብን ንሓዋሩን ይስዓር። እቲ ንጹር መትከልን ዕላማን ሒዙ፣ ንህዝቢ ጸግዑ ገይሩ ዝቃለስ ድማ ዓወት ይድረር።

* * *

እተን ካብ ወጋሕታ በብኽልተ እናተባራረያ ሰማይ ክሓርሳ ዝወዓላ ስራሓት ኣመሪካን ሕብረትን ሶቭየትን ዝኾና F5ን ሚግ-21ን፣ ነፈርቲ፣ ከምኡ ኣብ መራኽብ ተጻዒኑ ካብ ባሕሪ ክግዕር ዝወዓለ ሞርታራትን BM-21ን፣ ኣብ ከባቢ ፍርቂ መዓልቲ ዘፍ በለ። ድኻም ንኽልቲኡ ወገናት ብማዕረ ስለዝጸለዎ ውግእ ንግዚኡ ዓረፈ። ክሳብ 3፡00 ድ.ቀ ኣብቲ ግንባር ዝነበረ ተጋዳላይ ኣብ መዕቀቢ ዝረኸበሉ ስንጭሮታትን ሩባታትን ኣጽለለ። ብፍላይ እቶም ካብ ጨጓር-ታባ ብሰሚንን ብድቡብን ዓሪዶም ዝነበሩ ወተሃደራት ደርግ፣ ነቲ ሃሩርን ጥሜትን ሰምሃር ንምጽዋር ዓቕሚ ሰኣኑ። እታ ዝተረኽበት ንእሽቶ ግዜያዊ ዕረፍቲ፣ ተጋዳላይ ኣብ ከባቢኡ ዝረኸቦ መጽለሊ ተጸጊዑ ኣስተማቐረ። እዛ ንሓጻር እዋን ዝተረኽበ ግዜያዊ ዕረፍቲ ግን ነቶም ላዕለዎት ሓለፍቲ ህዝባዊ ግንባር ኣይንታዮምን'ዩ። ነታ ዝርካባ ግዜ ክጥቀሙላ ኣብ ከባቢኦም ዝነበረ ኩጀታትን ምዉት መሬትን ከጽንዑን መጥቅዒ ዝኾኑኖም ስትራተጅያዊ ቦታታት ክመርጹ ላዕልን ታሕትን በሉ።

ዕቑባይ ቀሺን ተኽለን ናብታ ጥቓኦም ዝነበረት ኵጀት ብምድያብ፣ ኣብ ሓንቲ ንእሽቶ ቀጥቋጥ ተጸጊዖም ኵነታት ጸላኢ ተኸታተሉ። ተስፋኣለም ገብርኣብ (ቓዛፌ)፣ ሓምድ፣ ዮሃንስ (ኮማንድስ)፣ ኪዳነ 'ኣዓየ'ን ኣነን ድማ፣ ነተን ሰለስተ ጋንታታት ኣብ ስንጭሮ ገዲፍና፣ ንምንቅስቓስ ጸላኢ ንምክትታልን ንምፍላጥን ንብዓል ቀሺ ተጸምበርናዮም'ሞ፣ ብኽሻፉ እናተበራረና ንምንቅስቓስ ጸላኢ ተዓዘብና።

ምቖት ጸሓይ እናነከየ፣ ምድረ ሰማይ በብቑሩብ እናዘሓለ ከደ። ጸላኢ ካብቲ ኣጽሊሉሉ ዝወዓለ ዕርድታት ውጥም ቅልቅል ክብል ጀመረ። ኣብ ዓውደ-ውግእ፣ ኣጠቓቕማ ግዜ፣ ንዓወትን ስዕረትን ወሳኒ ስለዝኾነ፣ ህዝባዊ ሰራዊት ነቲ ኵነታት ኣብ ረብሓኡ ንምቕያር፣ ኣድላዪ ስጉምቲ ክወስድ ኣብ ምቅርራብ ኣተወ። እዞም ክልተ ተጻረርቲ ሓይልታት፣ ነዛ ወተሃደራዊ ምስጢር "(ግዜ)" ክጥቀሙላ ተቖዳደሙ። ኣብ መወዳእታ ግን፣ ጸላኢ ዝነበሮ ብዝሒ ሰራዊትን ጸብለልትነት ኣጽዋርን ኣብ ግምት ኣእቲዩ፣ መጠነ ሰፊሕ መጥቃዕቲ ክካይድ ምቅርራባቱ ወድኣን ተበግሶ ወሰደን።

ቦጦሎንና ካብቲ ዓሪዳትሉ ዝወዓለት ቅጥራን ጽርግያ ኣስመራ-ባጽዕ

ንመጥቃዕቲ ተዳለወት። ሓይሊ መሓመድ ኣደም (ሻግራይ) 4.32ን ሓይሊ ዓሊኑር 4.31ን፡ ነቲ ናብ ባጽዕ ዘእቱ ጽርግያ፡ ንየማን ገዲፈን፡ ንጸጋማይይ ወገን ክሕዛ እንክለዋ፡ ሓይሊ ዕቑባይ 4.33 ካብ ሓይሊ 4.32 ንሽነኽ ንጸጋም ማለት ንሰሜን ኣሰረት። በጦሎንታት ብርጌድ-70፡ ካብ ጽርግያ ንወገን፡ የማን፡ ደቡባዊ ሽነኽ ደማስን እንዳ ህበይን ኣሰራ።

ላዕለዎት ወተሃደራዊ መሪሕነት ህዝባዊ ግንባር ነቲ ኩነታት ብደቂቕ ገምጊሙዎ። መጥቃዕቲ ብጸላኢ ምስ ዝጅመር፡ ኣብ ልዕሊ ሓይሊ ወገን ከቢድ ሳዕቤን ክህልዎ ከም ዝኽእል ተገንዘቡ። ምኽንያቱ፡ ተጋዳላይ ምሉእ መዓልቲ ክዋጋእ ስለዝወዓለ፡ ነቲ ዝትኲሶ ጠያይትን ቦምባታትን ክትክእ ዕድል ስለዘይነበሮ፡ ንዝመጽእ ናይ ጸላኢ መጥቃዕቲ ብጉደሎ ዕጥቂ ንምክልኻሉ ኣብ ሓደጋ ዘእቱ ነበረ። ብኣንጻሩ፡ እቲ ጸረ-መጥቃዕቲ ብናይ ወገን ሓይሊ ምስ ዝጅመር፡ በተን ዘለውኦ ጠያይትን ቦምባታትን፡ ንጸላኢ ኣብ ዘለዎ ኣጥቂዑ፡ ካብ ጸላኢ ብረትን ጥይትን መንዚዑ ላዕለዋይ ኢድ ክሕዝ ዝሓሸ ኣማራጺ ነበረ። እዚ ካልኣይ መንገዲ ኣድማዒ ክኸውን ስለዝኽእል፡ ናብቶም መራሕቲ ቦጦሎኒታትን ሓይልታትን ትእዛዝ ተመሓላለፈ፡ ሳልሳይ ኣማራጺ ኣይነበረን።

ሓይሊ ሻግራይ፡ ነታ ብስም "ጨጓር-ታባ" ተባሂላ እትጽዋዕ ስትራተጅያዊት ቦታ ክትሃጅም ህጹጽ ትእዛዝ ተዋህባ። እዛ ሓይሊ'ዚኣ ካብ ጸላኢ 500 ሜትሮ ርሒቓ፡ ኣብ 1.80 ሜትሮ ዝዕምቈቱ ደንደስ ሩባ ኣድብያ ንጸላኢ ተቋምት ነበረት። ሻግራይ ንዝተዋህቦ ወተሃደራዊ ትእዛዝ ንምፍጻም፡ ናብታ ሽሾ ሰራዊት ጸላኢ ምስ ክልተ ታንክን ዓሪዱላ ዝነበረ ብቕጽበት ሓንቲ ጋንታ ሒዙ ሃጀመ።

እዛ ጋንታ ካብቲ ኣድብያትሉ ዝነበረት ሩባ ተበጊሳ ንቕድሚት ተወንጨፈት። ጸላኢ ኣጽዋሩ ናብዛ ጋንታ ኣቕንዩ። ተጋደልቲ ገና ካብቲ ሩባ ከይወጽኡ ኣደዳ መውጋእትን መስዋእትን ኰኑ። ብቕጽበት ንድሕሪት ክምለሱ ድማ ተገደዱ። ሻግራይ ዘጋጠሞ ኩነታት ንላዕለዎ ሓለፍቲ ሓበረ። እቶም ላዕለዎት ኣዘዝቲ ግን፡ ነቲ ኩነታት ብቐረባ ይከታተልዎ ስለ ዝነበሩ፡ ክመጽእ ዝኽእል ስትራተጅያዊ ምዝንባል ከቢድ ክኸውን ከም ዝኽእል ኣብ ግምት ብምእታውን ካልእ ኣማራጺ ስለ ዘይነበረን፡ ሓይሊ 4.32 ዳግማይ ክትሃጅም ተሓበራ። ሻግራይ ነታ ካልኣይቲ ጋንታ ሒዙ ንህጁም ተበገሰ። ሕጂ'ውን ጸላኢ ኩሉ ኣጽዋራቱ ናብታ ሓይሊ ኣሰሮ፡ መሬት ብተኹሲ ናብ ሓዊ ቀየራ። እዛ ንመጥቃዕቲ ዝተበገሰት ጋንታ፡ ተመሳሳሊ ዕድል ኣጋጠማ፡ ውጉኣታ ተሰኪማ ድማ፡ ናብታ መበገሲኣ ደንደስ ሩባ ተመልሰት። ኣብ

ከባቢ ዝነበሩ ሓለፍቲ፡ ራድዮ ከፊቶም ብማዕዶ ነቲ ግጥም ተኸታተሉዎ።

እዛ ኣብ ንእሽቶ ቀጥቋጥ ተኸዊላ ነቲ ኵነታትት ትዕዘብ ዝነበረት ጉጅለና፡ ኣብ ልዕሊ ሓይሊ ሻግራይ ዝወርድ ዝነበረ ማህሰይቲ ምጽዋር ስኣነቶ። ማእከልነት ጋንታ (ቓዛፊ) ነቲ ኣብ ቅድሚኡ ዝካየድ ዝነበረ ደማዊ ውግእ ብተመስጦ ክዕዘብ ድሕሪ ምጽናሕ፡ ርእሱ ብምንቕናቕ፡ "ስማዕ'ንዶ ማንጁስ፡ እዛ ኵነታት እናጸንከረት ትኸይድ ኣላ። ብዓል ሻግራይ፡ ግድነት ወተሃደራዊ ትእዛዝ ኲይኑዎም እዮም ንጻላኢ ዝሃጅሙዎ ዘሎዉ እምበር፡ ከቢዳቶም ኣላ፣ ዋላ ኣይጠዓመቶምን። ከምዛ ንርእያ ዘለና፡ ጸላኢ ኣብ ገዛኢ ቦታ ስለ ዘሎ፡ ምዕይ ከብሎም ኣይከኣለን። ክብገሱን ክውግኡን ሓደ ኲይኑ፡ ገለ ዘይንገብር፡" በለ፡ ውሽጣዊ ኵነታቱ ምርጋእ ኣብዩዎ።

እታ ዝነበርናያ ንእሽቶ ኵጀት፡ ካብታ ጸላኢ፡ ታንክ ኣስፊሩላን ዓሪዱላን ዝነበረ "ጨጓር-ታባ"፡ ናይ ከባቢ 300 ሜትሮ ጥራሕ ርሕቐት ነበራ። ኣብ ሞንጎናን ኣብ ሞንጎ ሰራዊት ደርግን እትፈላልየና ሓንቲ ሕሉም ኲይና፡ ኣብ ልዕሊ ጸላኢ ሃንደበታዊ መጥቃዕቲ ንምውሳድ ምቹእነት ነበራ።

ዕቚባይ፡ ሓሳባት ቓዛፊ ናበይ ኣቢሉ ምኻኑ ቀብ ስለዘበሎ፡ "እሞ እንታይ ማለትካ'ዩ!"በሎ። ቓዛፊ ሓሳባቱ ዘፍስሰሉ ዕድል ረኺቡ፡ ስምዒቱ እናተቘጻጸረ ከይተረድኦ ካብ ዝነበሮ ርእሱ ንቕድሚት ወርዊሩ ብዓባይ ዓባይቶ ኣጻብዕቱ እናመልከተ፡ "ነዚ ኸሉ ግንባር ሓኒቓ ሒዛቶ ዘላ፡ እዛ ካባና 300 ሜትሮ ንየማን ርሒቓ ዘላ ስትራተጅያዊት ገዛኢት ቦታ ጨጓር-ታባ እያ። ታንክታትን ረሻሻትን ጸላኢ ከም ድላየን ይዕንድራላ ኣለዋ። ኣብ ልዕሊ ብጾትና፡ ዝወርድ ዘሎ ኣደራዕ፡ ከምዚ ንርእዮ ዘሎና'ዩ። እዛ ኵጀት ድማ ካብ ኩሎም ናባና ትቐርብ፡" ምስ በለ ሓሳባቱ ንምጥቕላል፡ "እቲ ጽቡቕ ነገሩ፡ ጸላኢ፡ ህላወና ኣብዛ ታባ ዘስተብሃለሉን ግምት ዝሃቦን ኣይመስለን። ኵሉ ሻምብቆ ኣጽዋሩ ናብ ብዓል ሻግራይ ኣቕኒዑዎ ዘሎ። ስለዚ፡ ኣብ ኢድና ዘላ ዕድል ተጠቒምና፡ ነዛ ጽንክርቲ ወተሃደራዊ ቅልውላው ናብ ረብሓና ክንቅይራ ገለ ስጉምቲ ንውሰድ፡ ንሕና ንህጀማ፡ " በለ፡ ገጹ ብምእሳር።

ሓምድ ንሓሳቡ ብምድጋፍ፡ "ወላሂ! ካላም ቓዛፊ ሳሕ ሃላ፡ ኣና ምስሉ ሃሌኩ፡ ያዓኒ ብዓል ሻግራይ ብል ኣዋምር'ቶም (ብትእዛዝ) ልትሓረኩ ልሃለዉ፡ ፍሃምካ ሃሌካ፡" በለ ብሕውስዋስ ትግርኛን ትግራይትን። ተኸለን ዑቕባይን ንሓድሕዶም ተጠማመቱ፡ ነዚ ብኽልቲኦም መራሕቲ ጋንታታት ዝተበገሰ ርእይቶታት ከም ዝደገፉዎ ንምርግጋጽ ኣራእሶም ነቕነቑ።

ተኽለ ነዚ ናይ ክልቲኦም ሓሳባት ብምጥቕላል፡ “ከምዚ ቓዛፌ ዝበሎ፡ እዛ ጨጓር-ታባ፡ ካብ ኵሎም ናባና ትቐርብ፣ ጸላኢ'ውን፡ ክሳብ ሕጂ ህላወና ዝፈለጦ ኣይመስልን። ስለዚ፡ እዛ ሕጂ ኣብ ልዕሊ ጸላኢ እንወስዳ በርቃዊ መጥቃዕቲ፡ ነዚ ኣብዚ ከባቢ ጽርግያ ተገቲሩ ዘሎ ወጥሪ ክትቅይሮ ተኽእሎ ኣሎ። ከቢድ መስዋእቲ ግን ክትሓትት'ያ፣ ብዝወሓደ ክሳራን ብውሕልነትን ክንትግብራ ኣሎና፡” ምስ በለ ክሻፋ ካብ ሓምድ ወሲዱ፡ ነታ ሓጻር፡ ግን ከኣ ጽንክርቲ ዕርዲ ዳግማይ ከሸፋ።

ዕቍባይ ናብ ኵላትና ኣተኲሩ ብምጥማት፡ “ስምዑኒ፡ ኣብዚ ዘለናዮ ኴንና ክንዘራረብ ኣይክጥዕምን'ዩ፡ ናብዛ ጥቓና ዘላ ሩባ ንውረድ፣ ተኸተሉኒ፡” ኢሉ መሪሑና ወረደ። ንተኽለ ግን ኣብታ ቀጥቋጥ ገደፎ።

እቲ ካብ ጸላኢ ክፍኖ ዝወዓለ ተኹሲ ጠያይትን ቦምባታትን ንሓጺር ግዜ ሃዲኡ ድሕሪ ምጽናሕ፡ ክግዕር ጀመረ፡ መሬት ከም ቀደማ ሓዊ ተኻዕዋ። ጸላኢ፡ ነቲ ናይ ብዓል ሻግራይ ፈተነ ህጁም፡ ዘፍ ከም ዝበለ ገይሩ ግዲ ወሲዱዎ፡ ብግደኡ ከጥቅዕ ተዳለወ። እቶም ኣብታ ስንጭሮ ኣጽሊሎም ዝጸንሑ ጋንታታት፡ ናይ ሓለፍቲ ምውራድን ምድያብን ብምዕዛብ፡ መሬት ኣብቲ ዘርፈደቶ ሓዊ ትምለስ ከም ዘላ ንምግማቱ ኣየጸገሞምን። ነታ ምቅርትን ሓጻርን ዝረኸብዋ ግዜያዊት ዕረፍቲ ከም ዘብቅዐት ተረዲኦም ውራይ ካዝናታት ጠያይቲ ምምላእን፡ ቦምባ ኢድ ምውዳድን ኣተዉ። ናይ ሓለፍቲ ኣሳጕማ ኣዝዩ ቅልጡፍ ስለ ዝነበረ፡ ሓድሽ ወተሃደራዊ ስርሒት ክካየድ ምዃኑ ተገንዘቡን ንመምርሒታት ሓለፍቲ ብሃንቀውታ ተጸበዩን።

ቀሺ ንኹላትና ኣከበና። ገጹ ዓቲቡ፡ “እምበኣር፡ ከምቲ ‘ማንጁስ’ ዝበሎ፡ እዛ ሕጂ እነካይዳ ስርሒት ኣብ ሓጻር ግዜ እትፍጸም፡ ዘይተላቡ፡ መራርን መስዋእቲ እትሓትትን ስርሒት ክትከውን'ያ። ብዝሒ ሰብ ዘድልያ ኣይኮነን፣ ብውሑድ ክሳራ ክንፍጽማ ኢና። ምኽንያቱ፡ ጸሓይ ካብ ትወግሕ ዘካየድናዮ ውግእ፡ ብሉጻት ጀጋኑ ከፊልናሉ ኢና። ስለ'ዚ ናብ ዕላማኡ ክነብጽሖ ኣለና፡” ምስ በለ፡ ብኸመይ ከም እነጥቅዕ መምርሒ ንምሃብ፡ “ከምቲ ክንርእዮ ዝጸናሕና፡ ጸላኢ ኣብ ገዛኢ ስትራተጅያዊ ቦታ ኰይኑ ንሓይሊ ሻግራይ፡ ኣደዳ መውጋእትን መስዋእትን ገይሩዎም ኣሎ። ስለዚ፡ ነዛ ታባ ብኽልተ ሃጀምቲ መሳርዕ ገይርና ከነጥቅዓ ኢና። ቓዛፌ ንመስርዕ ዮውሃንስ፡ ሓምድ ድማ ንመስርዕ ወዲ-ዕንጸይቲን ሒዝኩም ንህጁም ተዳለው። መስርዕ-ብሬን ኪዳነ ‘ኣዓየ’፡ ጉልባብ ንምግባር ኣብ ብርኽ ዝበለ ክትሕዝ'ያ። ነታ ድፋዕ ምስ ተቘጻጸርኩማ፡ ክንስዕበኩም ኢና። ዘጋላብጥ ግዜ የብልናን፡ ድሕሪ ሓሙሽተ ደቒቕ ኣብዛ ቦታ ንራኸብ፡ ሃየ

ተበገሱ፣" ብምባል፡ ብነብሰ-ተኣማንነት ትእዛዝ ኣመሓላለፈ። እዚ ብሓይልና ዝግበር ዝነበረ ምሽብሻብን ሓድሽ ተኸጢዋን (ውጥን)፡ ኢድ ናይቶም ላዕለዎት ወተሃደራዊ ኣዘዝቲ ግንባር ኣይነበሮን። ኣብ ዓውደ ኩናት ከምዚ ዝበለ ኣሰራርሓ ፍሉይ ቅዲ ህዝባዊ ግንባር ኮይኑ፡ ታሕተዎት ሓለፍቲ ሰራዊት፡ ኣብ ጽንኩር ኩነታት ትእዛዝ ላዕለዎት ከይተጸበዩ ዕውት ስጉምቲ ንኽወስዱ ዘኽእል ፍሉይ ተመኩሮ እዩ።

ተጋዳላይ ነቲ ሕሹኽሹኽ ብማዕዶ ተኸታተሎ። ገና መራሕቲ መሳርዕ ኣብ ቦታና ከይበጻሕና እንከለና፡ ተጋዳላይ ብረቱ ኣዋደደን መስርዕ ብሬን ቦታኡ ሓዘትን። ቓዛፌን ሓምድን ነተን ክልተ መሳርዕ ሒዞም፡ ቅድሚ ቄጸራ ኣብ ቦታኦም ተረኽቡ። ጭዋዳታት ተጋዳላይ ተገተሩ፡ ኣብ ገጹ መንፈስ ትብዓት፡ ተስፋን ዓወትን ተራእየ። ኩሉ እንትናኡ ኣብ ድርኩኺት ሞት ዝረገጸ ዘይኮነ ከም ንወራድ መርዓ ወይ ንንግደት ዝኸይድ ዘሎ መሰለ። ምስ ዝፈትዋ እንኮ ህይወቱ፡ ሓንሳብን ንሓዋሩን ይሰናበት ከም ዘሎ እናፈለጠ፡ ምልክት ስግኣትን ፍርሕን ኣብ ገጹ ኣይነበሮን።

ዜሮ ሰዓት መጥቃዕቲ ኣኸለት። እተን ክልተ መሳርዕ ዓጢቕና፡ ኣብ ሰዓትና ኣብ መበገሲ ቦታና ደበኽ በልና። ቀሺ ኣብ ቅድሚ'ተን ክልተ መሳርዕ ደው ኢሉ ሓጺርን ብሩህን መልእኽቱ ከመሓላልፍ ብትሑት ድምጹ፡ "ጸላኢ ንህዝብና ንምጭፍላቕ ዝጀመሮ ግፍዒ ገና ይቕጽሎ ኣሎ። ካብ ረፋድ ጸሓይ-ብራቕ ዝጀመረ ውግእ፡ ኣብ ጸላኢ ሰፍ ዘይብል ሰብኣዊ ክሳራ'ኳ ኣውሪድናሉ እንተ'ሎና፡ ሓያል መስዋእቲ ከፊልና ኢና። ንሕና'ውን ከምኦም ታሪኽ ገዲፍካ ዓወት ኣመዝጊብካ ምሕላፍ ጥራሕ'ዩ ምርጫና። ሕጂ ንስራሕ ደኣ'ምበር ንዘረባ ግዜ የሎን። ኣብ ወተሃደራዊ ግጥማት ግዜ ወሳኒ እዩ፡ ጸላኢ ኣብዛ ቅድመና ዘላ ገዛኢት ጨጓር-ታባ ኩይኑ ንብጾትና ምንቅስቓስ ከሊኡዎም ኣሎ። ስለዚ፡ ነዛ ናይ ቅሉውላው መድረኽ ኣብ ረብሓና ንምቕያር፡ ንጨጓር-ታባ ክንሃጅማ ኢና። ብትብዓትን ጅግንነትን ክንዋጋእን ንጸላኢ ትንፋስ ከይሃብና ክነጥቅዖ ኣሎና። ኣይንሕመቕ! ሃየ ተበገሱ!" ምስ በለ፡ ኣብ ውሽጢ ውሑዳት ካልኢታት፡ ካብታ ዝተኸወልናላ ኩጀት ወጺእና፡ ናብታ ካብ ዕርድና 300 ሜትሮ ዘይትኣክል ርሕቐት ዝነበራ ጨጓር-ታባ ንምህጃም፡ ፊት ንፊት ምስ ጸላኢ ተጠማመትና። ነቲ ኣብዛ ገዛኢት ታባ ዝዓረደ ሓይሊ፡ ራዕዲ ንምእታው ድማ፡ "ህጁም! በለን! በለን! ኣርክበን! ኣጆኹም!" ወዘተ. ዝብል ነጐድጓዳዊ ድምጺ ነታ ሕሉም ኣጨነቓ። ከም ተመን ኣጻምእ ታባ እናበልካ ቁልቁል! ገጽና ተወርወርናን ሳቦያ ኢልና ተላዓልና።

ኣብ ርእሲ ጨጓር-ታባ ዓሪዱ ዝነበረ ሰራዊት ደርግ፡ ምሉእ ሓይሉን ኣቓልቦኡን፡ ናብታ ሓይሊ ሻግራይ ተኸዊላትላ ዝነበረት ሩባ እናቋመተ እንከሎ፡ ብየማን ካብ ዘይተጸበዮ ወገን ዝመጾ ድምጺ፡ ዕልልታን ጫውጫውን ኣዝዩ ኣሰንበዶን ኣርዓዶን። ካብ ጋንታና ዝወረዶ ሃንደበታዊ መጥቃዕቲ ንምክልኻል፡ ነቲ ኣብ ጨጓር-ታባ ረግሪጉዎ ዝነበረ ሰራዊትን ኣጽዋርን፡ ገለ ክፋሉ ናብዛ ክልተ መሳርዕ ዝሃጀማላ ሰጣሕ ጉልጉል ኣቕነዖ።

መሬት ናብ ረመጽ ሓዊ ተቐየረት። ካብ ፎኲስን ከቢድን ብረት ዝተተኮሱ ጠያይትን ቦምባታትን ጸላኢ፡ ናብ'ዞም ብቐጽሪ ውሑዳት፡ ግን ከኣ ብርኩታት ተጋደልቲ፡ ከም ማይ ኣይሂ ፈሰሰ፡ ግን ወይከ ንድሕሪት! ነቲ ዘይተርፍ ጽዋእ መስዋእቲ ንምኽፋል፡ ተጋዳላይ ሓደ ድሕሪ ሓደ ወደቐ። ክሳብ'ታ ጥይት ጸላኢ ኣብ ግንባርካ ወይ ኣፍ ልብኻ ትረኽበካ፡ እንትርፎ ንቕድሚት ምውርዋርን ምትኳስን ንዝተወግአ ብጻይካ ንምልዓልን ንምሕካምን ግዜ ኣይነበረን።

ጉልጉል ወዲእና ናብ ድፋዕ ጸላኢ ክንጽጋዕ ክንብል፡ እቲ ቦምባ ቻይና ኣብ የማነይቲ ኢዱ ጨቢጡ፡ ንጋንታ መሪሑ ቀቅድመይ ዝሃጅም ዝነበረ ገዲም ተጋዳላይ ሓምድ ኢብራሂም "ኣህ! ተወጊአ እምበር!" ዝብል ከቢድ ቃንዛ ዝተሓወሶ ድምጺ ኣስመዐን ኣብ መሬት ብኣፍ-ልቡ ወደቐን። ግደ ሓቂ ክሕግዞን ኮነታት መውጋእቱን ክፈልጥን ድንዕ ድንዕ በልኩ። እንተኾነ፡ ዝወርድ ዝነበረ ኣይሂ ጠያይትን፡ ዝጽበየና ዝነበረ ከቢድ ዕማምን፡ ኣብ እግሪ ጸላኢ ምህላውናን ብምሕሳብ፡ ክሳብ'ታ ከም ናቱ ዕጫ ትበጽሓኒ ንቕድሚት ክቕጽል ወሰንኩ። እቲ ለማሽ ጸጉሩ፡ ተሪር፡ ጸሊምን ተዋዛያይን ዕባይ ሱዳን እድሪስ "ሓጭራይ" ኣብ ርእሱ ተወጊኡ፡ ቃል ከየውጽአ ኣሰር ሓምድ ሰዓበ።

ፍጹም 'ወደርባዕተ'ውን ኣብ ግንባሩ ተወጊኡ፡ ኣብ ሰጣሕ ጉልጉል ወደቐ። እዘን ክልተ መሳርዕ፡ ኣብ እግሪ እታ ጨጓር-ታባ ክሳብ እንጽግጋዕን ተኾሲ እንጅምርን፡ ሸውዓተ ተጋደልቲ ኣብታ ሰጣሕ ጉላጉል ንእለቱ ተሰዉኡና። ሓሙሽተ ካልኦት ድማ፡ ብኸቢድ ተወግኡ።

እቲ ንጨጓር-ታባ ንምጥቃዕ ሓሳብ ዘንቀለ ተስፋኣለም (ቓዛፊ) ድሌቱ ስሚሩሉ ከም ሰዋእ ዝጠዓመላ ሰበይቲ፡ ኣብ'ተን ዘየላቡዋ ውሑዳት ደቓይቕ ካብ ጫፍ ናብ ጫፍ እናተወናጨፈ፡ "ኣጆኹም ይሃድማ ኣሎዋ። በሉወን! ቦምባ ኣእትዉለን! ሓንቲ የብለንን፡ ውሑዳት'የን ተሪፈን፡" እናበለ ጨደረ። ነታ ካብ ነብሱ ዘይፈልያ ተዓጻፊት ክላሽን፡ ሓንሳብ ብመንፈር ሓንሳብ ብሞጅሙዕ እናተኩሰ፡ ነቶም ንፋልማይ ግዜኦም ኣብ ውግእ ዝተሳተፉን

ኣብ ዶግዓሊ ዝተጸንበሩናን ሓደስቲ ተጋደልቲ፡ ኣብነታዊ መምህር ኰኖም። ኣብ ሞንጎ ጋንታናን ጸላእን ናይ 30 ሜተር ርሕቐት ጥራሕ ስለ ዝተረፉ፡ ብኸልቲኡ ወገን ዳርባ ቦምባ ኢድ ሰዓበ። ኣብታ ታባ ዝነበሩ መኰንናት ደርግ ነዛ ስትራተጅያዊት ቦታ እንተለቒቖም፡ ካልእ ዝሓሸ መከላኸሊ ዝኾኖም ድፋዕ ከም ዘየሎ ስለ ዝተገንዘቡ ኣትኪሎም ተዋግኡ።

ተጋዳላይ ምስ ጸላኢ ናይ ኣፍንጫን ዓይንን ቅርበት ስለዝነበሮ፡ ታንክታትን ሞርታራትን ጸላኢ ከድምዕ ኣይከኣለን፡ ካልእ ወተሃደራዊ ሜላ ክጥቀም ድማ ተገደደ። 'ላውንቸር' እትበሃል ስራሓት ኣመሪካ ካብ 50 ክሳብ 60 ሰንት-ሜተር ቍመት ዘሎዋ፡ ከባቢ 100 ሜትሮ ርሕቀት ዝበጽሕ ቦምባ እትድርቢ፡ ከምኡ ከኣ ኣርፒጂ ዝዓይነቱ ብረት ኣኻኺቡ፡ ነቶም ተጸጊዕናዮ ዝነበርና ሃጀምቲ ክጥቅዓና ጀመረ። "ላውንቸር" ብኽብደታ ይኹን እትትኵሶ ቦምባ፡ ብግዳማዊ መልክዓ ንእሽቶ ደኣ ትምሰል'ምበር፡ እተውርዶ ሳዕቤን ልዑል ነበረ።

ውግእ ናብ ተሓናነቕ ተቐየረ። ጸላኢ ንዋሕድና ገምጊሙን ብዘለዎ ብልጫ ተኣማሚኑን፡ ታንክ ጉልባብ ተጠቒሙ ናባና ተጸግዐ። ተጋዳላይ ጥይቱ ንምቍጣብ ብመንፈር (በብሓደ) ኣነጺሩ ብምትኳስ፡ ነቲ ንቕድሚት ገጹ ዝወጣወጥ ዝነበረ ሸሾ ሰራዊት ዓገቶ። እንተኾነ፡ ነዚ ብፍርሒ ተዋሒጡ ናብ ድፋዕና ዝተጸግዐ ሓይሊ ጸላኢ፡ ብድሕሪት ዝኾብኩብ ሓይሊ ስለ ዝተገብረሉ፡ ኪኖ ናብቲ ቅድሚኡ ዘሎ ረመጽ ሓዊ ተገዲዱ ምእታው ካልእ ኣማራጺ ኣይነበሮን።

ውግእ እናጻዕጸዐ ብዝኸደ መጠን፡ ቍጽሪ ውጉኣትን ስውኣትን ብጾትና ተዓጻጸፈ። ኣብ ነፍሲ-ወከፍ ሓሙሽተ ትርብዒት ሜተር፡ ሓንቲ ቦምባ ላውንቸር ዓለበት። እታ ብትብዓት ክትዋጋእ ዝወዓለት ጋንታ፡ ብድርቅምቃም ቦምባ ላውንቸር ከም ሕንዚ ንህቢ፡ ኣብ መላእ ኣካላታ ብስኬጆ ተወግኣት። ጀጋኑ፡ ሕጂ'ውን ኣብቲ ዝኣመኑሉ ዕላማ፡ ብጅግንነት ወደቑ። እቲ ብውግእ ካባይ ዝሓሸ ተመኵሮ ዝነበሮ መራሒ መስርዕ 4.3332 ዮሃንስ (ኮማንድስ)፡ ነቶም ዝተረፍና ውሑዳት ተጋደልቲ "ኣጆኹም! በሉወን፡" ብምባል ሞራል እናሃበ እንከሎ፡ ብጥይት ኣብ ግንባሩ ተሃርመ። ንሱ'ውን ኣይጸንሐን ኣሰር ብዓል ሓምድን እድሪስን ሰዓበ።

ዝነበረና ጠያይቲ ናብ ምጽንቃቕ ገጹ ተቓረበ፡ ብኡኡ መጠን፡ ናይ ምጥቃዕን ምክልኻልን ዓቕምና ተዳኸመ። እታ ሓንቲ መፍትሒት ካብ ዕጥቂ'ቶም ዝተሰውኡ ብጾት ጠያይቲ እናልዓልና ምትኳስ ነበረት። እዚኣ'ውን ንሓጺር ግዜ ጥራሕ ሰርሐት። እቲ ዝዓበየ ስግኣትን ሻቕሎትን

ዘሕደረ ግን፡ "መጺእናና፣ ጠያይቲ ወዲአ፣ ቦምባ ስኢነ" ወዘተ. ዝብል፡ ብዅሉ ምእዝን ዝቃላሕ ዝነበረ ድምጺ ብጾትና እዩ። ጠያይቲ ይዅን ቦምባታት`ሞ ካበይ ይምጻእ! መንከ ሳንዱቕ ጠያይቲ ተሰኪሙ፡ ነታ ብሓዊ ትልብለብ ዝነበረት ጨጓር-ታባ ይሕኵራ! ኣብዛ ሓጻር ናይ ምትሕንናቕ ህሞት፡ እታ እንኮ ዝተረፈትና ዕድል፡ ነቲ ብቕድመና ዝመጽእ ዝነበረ ሸሾ ጸላኢ፡ ብዘሎካ ምምካት'ምበር፡ ረዳት ወይ ሓገዝ ደልዩ ንድሕሪት ገጹ ቍሊሕ ዝብል ኣይነበረን። ቓዛፊ'ውን ኣብ ከቢድ ወጥሪ ስለዝነበረ፡ ነታ ካብ ቀሺ ዝተረከባ መራኸቢ ራድዮ-ሃለው ከፊቱ ምስ ሓለፍቱ ክራኸብ ዘኽእል ዕድል ኣይነበሮን። ኣዘዝቲ ሰራዊት ጸላኢ፡ ካብ ጋንታና ዝመጾ ግብረ-መልሲ እናተዳኸመ ከም ዝኸደ ተዓዘበ። ናይ ምትኳስ ዓቕምና ባይታ ከም ዝዘበጠ'ውን ተገንዘበ። ስለዚ ሓይሉ ወዳዲቡ ናይ መወዳእታ መጥቃቲ ክገብር ተሸባሸበ። ካብ ዝነበሮ መከላኸሊ ድፋዕ ወጺኡ ድማ፡ ብኢድና ክሕዘና ተጓየየ።

"ኣንትን ቆማላት ደቂ-ሓሊማ፣ ኢድክን ሃባ፡" ዝብል ጽዩፍን ብድዐን ድንቁርናን ዝመልአ ቃላት ብትግርኛ ተሰምዐ። ህይወትና ኣብ ፈተነ ወደቐት። በተን ዝርካበን ዝተረፋና ውሑዳት ጠያይትን ቦምባን ክንምክት ግን ግድነት ኩነ። ሕጂ'ውን ካልእ ዕጫ የለን። ብገለ ክፋል'ቲ ድፋዕ፡ ደናጉላ ዳርባ፡ ቅልስ ብሰደፍ ጠበንጃን ኢድ ብኢድ ምትሕንናቕ ተጀመረ።

ሓይሊ ሽግራይ፡ እቲ ካብ ጨጓር-ታባ ከም ማይ ዝዘንባ ዝነበረ ጠያይቲ ስለ ዝሃድአን ኣንፈቱ ስለ ዝቐየረን፡ ካብቲ ኣድብያትሉ ዝወዓለት ደንደስ ሩባ መሰስ በለት'ሞ፡ ብኣዝዩ ውሑድ ክሳራ ነታ ጸላኢ ዓሪዱላ ዝወዓለ ድፋዕ ጨጓር-ታባ ተቘጻጸረታ። ብጾትና ንጨጓር-ታባ ተቐኒቶም ናባና ገጾም ክጽግዑ ምስ ርኣኹዎም፡ ዝተሰምዓኒ ሓጐስ ክገልጾ ኣይከኣልኩን።

ጸላኢ በዚ በርቃዊ መጥቃዕትን ተደራቢ ሓድሽ ሓይል ተሰናቢዱ፡ ሞራሉ ወደቐ። ነቲ ምሉእ መዓልቲ ሒዝዎ ዝወዓለ ገዛኢ ታባ ለቒቑ ድማ፡ ንድሕሪት ሃደመ። ታንክታት ጸላኢ ብድሕሪት ኲይነን ነቲ ክሃድም ዝበጋገስ ዝነበረ ሰራዊተን፡ ኣድራጋ ጠያይቲ ብምትኳስ ደው ከብልኦ ፈተና። እንተኾነ፡ እተን ካብ ሰሜን ክሳብ ደቡብ ብግምት ልዕሊ 15 ኪሎ ሜትር ተዘርጊሐን ዝነበራ በራጊድ፡ ብዅሉ መኣዝናት ሰፊሕ ጸረ-መጥቃዕቲ ስለዝወሰዳ፡ ጸላኢ እግረይ ኣውጽእኒ ኢሉ ናብ ባጽዕ ገጹ ተመርቀፈ።

ካብ መሰረቱ'ውን፡ ዕላማ'ዛ ውሑዳት ተጋደልቲ ኣሰሊፋ ንጸላኢ ክትሃጅም ዝተመዘዘት ጋንታና፡ ንበይና ንጨጓር-ታባ ተቘጻጺራ ጸላኢ ከተልቅቕ ዘይኮነ፡ እቲ ናብ ጸሊም-ጽርግያ ቀኒዑ ዝነበረ ከቢድ ብረቱን

ሓይሊ ሰቡን፡ በቲ በርቃዊ መጥቃዕቲ ተሰናቢዱ፡ ኣንፈቱ ናባና ክቕይር'ሞ፡ እተን ኣብ ጽርግያ ተዋጢረን ዝነበራ ሓይልታት፡ እስትንፋስ ረኺበን ንቕድሚት እንተሰጉማ ተባሂሉ ዝተወሰደ እዩ። ከምቲ ዝተሓሰበ ኰይኑ ድማ፡ ኣጽዋር ጸላኢ ብምልኡ ዒላማኡ ናብታ ሃጃሚት ጋንታና ቀንዐ። እታ ሃጃሚት ጋንታና ጠያይቲ ክትውድእን፡ ሓይልታት ተወርዊረን ንጨጓር-ታባ ደይበን፡ ነታ ድፋዕ ሃጂመን ኣብ ጉድንና ክሰለፋን ድማ ሓደ ኾነ።

መሬት ብጨጓር ዳንጋ ኣዕለቕለቐት፡ "ኣርክበን! በለን! ዕገተን! ቦምባ ደርቢ ሰዓበን!" ጥራሕ ኰነ። ቓዛፌ ምስቶም ዝተረፉ ውሑዳት ኣባላት ጋንታ ኰይኑ፡ ነዚ መስተንክር ቅያ ብኣድናቖት ክርእዮ ድሕሪ ምጽናሕ፡ ሓንቲ ረሻሽ ዝጸዓነት ታንክ፡ ጉተት እናበለት ንድሕሪት ክትሃድም ርእዩ፡ "ሃባ ኣርፒጂ! ኣርፒጂ!፡" ኢሉ ኣርፒጂ ካብ መድፍዓጂ መንጢሉ፡ ነታ ታንኪ ሰንሰለታ ክሃርምን ካብኣ ዝተተኮሰ ጥይት ኣብ ኣፍ-ልቡ ክሃርሞን ሓደ ኮነ" ዕድመ ተስፋኣለም (ቓዛፌ) (መበቆል ዓዱ ዓዲ-ጂን) ከኣ በዚ ኣብቀዐ።

እዞም በብመዓልቶም ዝተወልዱ፡ ግን ከኣ ዕላማ ዘራኸቦም ተጋደልቲ፡ ወዲ ብርሃነ፡ ሓምድ፡ ቓዛፌ፡ ዮሃንስ፡ እድሪስ ወዘተ. ኣፍ-ደገ ዓወት ከፊቶም ታሪኽ ሰሪሖም፡ 10 ታሕሳስ 1977 ህይወቶም በጃ ህዝቦም ወፍዮም ሓለፉ። እዛ ንእሽቶ ጅግንነታዊ ፍጻመ'ዞም ብጾት፡ ከም ሓንቲ ኣብነታዊት መወከሲት'ቶም ኣብ ውግእ ሰምሃር ዝተበጀዉ ተጋደልቲ ክትውሰድ ትኽእል።

ኢብራሂም ሳልም ኣባል ሓይሊ 4.32'ውን'ታ ፍጻመ መዓልቲ ክትርኽ እንክሎ!

"ሓይሊ 4.32 ምሉእ መዓልቲ ክትዋጋእ ውዒላ ጸሓይ ምስ በርትዐ፡ ኣብ እግሪ ጨጓር-ታባ ዓረደት። ንጨጓር-ታባ ድማ ክትሃጅም ትእዛዝ ተመሓላለፈ። ካብቲ ተኸዊላትሉ ዝወዓለት ሩባ ተበጊሳ፡ ጨጓር-ታባ ንምሓዝ ሰለስተ ግዜ ፈተነ ኣካየደት። እንተኾነ፡ እቲ ካብ ባረንቱን ከባቢኣን ዝመጽአ ሓድሽ ሓይሊ ጸላኢ፡ ከቢድ ክሳራ ኣውረደላን ካብዛ ሩባ ንቕድሚት ምዕይ ምባል ከልኣን። ኣብ ከምዚ ጽንኩርን ፈታንን እዋን፡ ሓንቲ ጋንታ ቀሺ፡ ካብ ንእሽቶ ኵጀት ተበጊሳ፡ ናብ ጨጓር-ታባ ክትሃጅም ተራእየት። ጸላኢ ምሉእ ሓይሉ ናብዛ ጋንታ ምስኣቕንዐ ድማ፡ ሓይሊ ሻግራይ፡ ብውሑድ ክሳራ ናብ ጨጓር-ታባ መሰስ በለት።" ብምባል ውዕሎኡ ኣዘንተወ።

ካብ ፍጻመ ጨጓር-ታባ ከይወጻእና፡ ምኵርን ገዲምን ማእከልነት

በጦሎኒ ከቢድ ብረት ተጋዳላይ ምሕሱን ዓሊ፡ ማዕረ መሳርዕ ተሰሊፉ፡ ነቶም ብድሕሪት ኰይኖም ናብ ጨጓር-ታባ፡ ከቢድ ብረት ዝትኵሱ ዝነበሩ ኣባላቱ፡ ሓበሬታ ንምሃብ ምስ ሓይሊ 4.31 ዓረደ። ኣብቲ ንጨጓር-ታባ ንምሓዝ ዝተገብረ ተደጋጋሚ ፈተን፡ ክልተ ተጋደልቲ ተስፋኣለምን ዛላምበሳን ዝበሃሉ ኣባላት መስርዕ ተኪኤ (ቀራይ) ተሰውኡ። ምሕሱን በቲ ኣብ ልዕሊ'ዛ ሓይሊ ዝወረደ መስዋእትን መውጋእትን ተናዲዱ፡ ናብታ ድሮ ሓይሊ 4.33 ነኺሶም ዝዋግኡላ ዝነበሩ ጨጓር-ታባ ተመርቀፈ። ምሕሱን ኣይጸንሐን ኣብ ውግእ ሰምሃር ኣብ መጥቃዕቲ ባጽዕ ኣሰር ብጾቱ ሰዓበ።

* * *

እተን ብውሑድ ክሳራ ንጨጓር-ታባ ዝተቘጻጸራ ሓይልታት 4.31ን 4,32ን፡ ንጸላኢ እግሪ እግሩ ሰዒበን ናብቲ ምብራቓዊ ጕላጕል (ሕጂ መንገዲ ሓድሽ መዓርፎ ነፈርቲ ዘሎ) ገጸን ኰብኰብኦ። እቶም ንጨጓር-ታባ ዝሃጀምና ሰለስተ መሳርዕ፡ በቲ ዝተረፈና ሓይሊ ሰብ ንቕድሚት ክንቕጽል ከም ዘይንኽእል ዝተገንዘበ ኮሚሳር ሓይሊ (ማንጁስ)፡ "ንስኻትኩም ነቶም ድሕሪት ዝገደፍናዮም ስውኣት ቀቢሩዎም፣ ንውጉኣት ናብታ ኣብ ዓባይ ቢንቶ ዘላ ሕክምና ቦጦሎኒ ኣብጽሑዎም። ኣብ ምምላስኩም ካብ ኤምዳድ ጠያይቲን ቦምባታትን ተማልኡ። መሬት ከምዛ ትርእዩዋ ዘለኹም'ያ፡ ካብ ኵሉ ጠያይቲ ካባኹም ኢና፣ ከይተግድዑና፡ ድኻምኩም ኣይትጸብጽቡ። ሃየ ኣይትሕመቑ ተበገሱ፡" ብምባል ከቢድ ሓላፍነት ኣሰከመና።

ሰዓት 4፡00 ድሕሪ-ቐትሪ፡ እዘን ሰለስተ መሳርዕ ናብቲ ስውኣትን ውጉኣትን ዝገደፍናሉ መበገሲ ቦታና ተመለስና። ነቶም ቅድሚ ቍሩብ ደቓይቕ ምሳና ዝዕንድሩ፡ ዝጨርቁን ዝስሕቑን ዝነበሩ ብጾትና፡ ብኽብሪ ንምቕባር፡ ምኹዓት ጉዳጉዲ ተተሓሓዝናዮ። እንተኹነ፡ እቲ ዝወደቑሉ መሬት ከውሒ ምዃኑ ጥራሕ ዘይኮነ፡ ድኻም'ውን ግደኡ ስለዝገበረ፡ ምስላጥ ኣበየ። ጽቡቕ ኣጋጣሚ ኰይኑ ግን፡ እቶም እግሪ እግሪ ተጋዳላይ እናኸዱ መግብን ጠያይትን ዘቀባብሉ፡ ውጉኣት ዝስከሙ መንእሰያትን ኣባላት ሓፋሽ ውዱባት ደቡብን ሰሚንን ከተፍ በሉ'ሞ። ስዉኣትና እንቐብረሉ ጕዳጉዲ ኣብ ምኹዓት ተሓጋገዙና። ሽውዓተ ጎዳጉዲ ምስ ተኺዕተ ነቶም ስውኣት፡ ከካብ ዝወደቕዎ ኣኪብና ሓመድ ኣዳም ኣልበስናዮም። ቅድሚ ገለ ደቓይቕ ከም ዑፍ ዝበርሩ ዝነበሩ ምዑታት ብጾት ሓንሳእን ንሓዋሩን ብዝኽሪ ሰማእታት ተሳናበትናዮም።

ኣብታ ረፍዲ፡ ካብ ሓይልና ሓሙሽተ መራሕቲ መሳርዕን ሰለስተ

መራሕቲ ጋንታታትን ተሰውኡ። ገለ ካብቶም ዝዝክሮም፡

1. ስዉእ ሓምድ፡ መራሒ ጋንታ 4.3.3.3
2. ስዉእ እስቲፋኖስ ብርሃነ፡ መራሒ ጋንታ 4.3.3.1
3. ስዉእ ተስፋኣለም ገብርኣብ ግርማይ (ቓዛፌ)፡ መራሒ ጋንታ 4.3.3.2
4. ስዉእ ዮሃንስ (ኮማንድስ)፡ መራሒ መስርዕ 4.3.3.3.2
5. ስዉእ ጭሩም፡ መራሒ መስርዕ 4.3.3.13.
6. ስዉእ እድሪስ 'ሓጭራይ'፡ ተራ ኣባል መስርዕ 4.3.3.3.2'

ዝኽሪ ኣብ ውሽጢ ዝኽሪ

ኣብ ውግእ ሰምሃር፡ ካብ ኣእምሮይ ዘይትርሳዕ ናይታ መዓልቲ'ቲኣ ፍልይቲ ፍጻመ፡ መውጋእቲ ናይ ፍጹም ገረዝጊሄር ተወልደ (ወደርባዕተ) እያ። ተጋዳላይ ፍጹም ቍመቱ ነዊሕ፡ ዘወናውን ኣካላት ዝውንን፡ ጋምባለ ካብ እግሩ ዘይፈሊ፡ ዓይንኻ ዝመልኣልካ መልክዐኛ ዕባይ ኣርባዕተ ኣስመራ ተጋዳላይ እዩ።

ፍጹም ኣብ ጋንታ ተስፋኣለም ከም መድፍዓኛ ብሬን-ናቶ ኰይኑ፡ ንብዙሕ ዓመታት ዝተመኰረ ሕዉስ ተጋዳላይ ነበረ። ንሱ ነታ ብልቡ ዘፍቅራ ብሬኑ፡ ንብጾቱ ኣረኪቡ፡ ንጨጓር-ታባ ክሃጅም ምኻኑ ምስ ተሓበሮ፡ ነታ ብረቱ ንኻልእ ብጻዩ ምርካባ ደስ ኣይበሎን። ብዝኾነ፡ ኣብ ህዝባዊ ግንባር ትእዛዝ ምኽባር ልዕሊ ኩሉ ስለዝኾነ፡ ፍጹም ሓደ ካብቶም ንምህጃም ዝተመርጹ ኰይኑ ኣብ መስርዕ ብምስላፍ፡ ክላሽን ዓጢቑ ንህጁም ተበገሰ። ነዊሕ ከይሰጐመ ግን፡ ኣብታ ቀላጥ ጐልጐል ኣብ ግንባሩ ተወጊኡ ኣብ መሬት ተጸጥሐ። ኰነታቱ ክንፈልጥ፡ ኣካላቱ ፈተሽናዮ። ህርመት ልቢ ዘይብሉ ኮይኑ ስለዝተሰመዓና ድማ፡ ምስ ሰውኣት ቈጸርናዮ።

ተራ ወደ-ርባዕተ ኣኺሉ። ተሰኪምና ናብታ ንዕኡ ተባሂላ ዝተኻዕተት ጉድጓድ ከነእትዎ ፈተንና። እንተኾነ፡ ንሱ ቈማት ስለዝነበረ እታ ተዳልያ ዝነበረት ጉድጓድ ኣይኣኽለቶን። ስለ'ዚ ግዜ ንኽንቁጥብ፡ እታ ጉድጓድ፡ ካልእ ስዉእ ከምዝቕበረላ ተገብረ። ነቶም ሰውኣት በብሓደ ሓመድ ኣዳም ምስ ኣልበስናዮም፡ ንፍጹም ዝኸውን ሓዳሽ ጉድጓድ ናብ ምኹዓት ኣተና።

መስርሕ ምኹዓት ጉድጓድ እናተኻየደ እንከሎ፡ ብኣጋጣሚ፡ ሓኪም ሓይሊ ናይታ ናብ ገርግሱም ገጻ ትምርሽ ዝነበረት ብርጌድ-8፡ ካብ መስርዑ

ወጺኡ ናብቲ ብነጸላ ተገኒዙ ክቕበር ተራኡ ዝጽበ ዝነበረ ፍጹም ቀረበ። ፍጹም ዝኾነ ምስትንፋስ ይኹን ምንቅስቓስ ኣይነበሮን። እንተኾነ እቲ ሓኪም ነብሱ ግዲ ነጊሩዎ የማናይ ኢዱ ናብ ክሳድ ሱር-ደም ፍጹም ብምግባር፡ ትርግታ ልቡ ኣድመጸ። ትሑት ህርመት ልቢ ከም ዘሎዎ ድማ ተገንዘበ። "እዚ ብጻይ ብህይወት'ዩ ዘሎ ከቢድ መውጋእቲ ርእሲ ስለዘለዎ፡ ናይ ምድሓን ተኽእሎኡ ጸቢብ'ኳ እንተኾነ፡ ዕድሉ ንኽርኢ ቀልጢፍኩም ናብዚ ከባቢና ዘሎ ሕክምና ቀዳማይ ረድኤት ውሰዱዎ፡" ኢሉ፡ ሳንጣኡ ኣልዒሉ ንቕድሚት ተመርቀፈ።

መውጋእቲ ፍጹም ኣብ ርእሱ ስለ ዝነበረ ናብ ዔላ-ገመል፡ ቀጺሉ ናብ ሕክምና ፍልፍል፡ ኣብ መወዳእታ ናብ ማእከላይ ሕክምና ውድብ ሰበርቀጠ (ሳሕል) ብህይወት በጽሐ። በብቐሩብ ህይወት እናሰኸዐን እናተመሓየሸን'ውን ከደ። ጸጋማይ እግሩን የማናይ ኢዱን ግን መልመስቲ ገደፈሉ። ጸገም ምዝራብ ስለዝነበሮ'ውን ናብ ንሃገረ ሱዳን ዝነበረ ክሊኒክ ህዝባዊ ግንባር (ትራንዚት) ተላእከ። ኣብ መወዳእታ ብድሕሪኡኸ ፍጹም እንታይ ኰነ፣ ዝብል ሕቶ ክልዓል ንቡር'ዩ።

ህዝባዊ ግንባር ነቶም ብሰንኪ ባርባራዊ ግፍዒ ጸላኢ ናብ ስደት ዘምርሑ መንእሰያትን ህጻናትን ናይ ትምህርቲ ዕድል ከፈተሎም። ኣነ ምስ ክልተ ብጾት ማለት ትካቦ ኣይሙትን ብርሃነ ኣስረስን ኣብ ፖርት ሱዳን ስሩዕ ትምህርቲ፡ ኣብ መጀመርታ 1980 ከፈትና።

"ሓደ መስከረም" ምጅማር ብረታዊ ቃልሲ ሰውራ ኤርትራ ንምብዓል፡ ኣባላት ቤት-ጽሕፈት ፖርትሱዳን፡ ብስንኩላን ተጋደልቲ "ትራንዚት" ዕድመ ተገበረልና። ነዞም ኣብ ንኡስ ዕድመኦም ዝሰንከሉ ተጋደልቲ ምስ ርኣኹ፡ ኣዝየ ጉሂኹ። በቲ ዝውንኑዎ ልዑል ሞራልን ሓቦን ግን እምብዛ ተመሰጥኩ። እቶም ስንኩላን ይኹኑ ኣለይቶም፡ ንኣጋይሽ ዝበቅዕ ኣቀባብላ ገበሩልና። ብሩዝን ተምርን ዝሰራሕ ኣፍንጫኻ ዝሰርስር ስዋ (ድሙ-ድሙ) ተዓደልና። ኣብ ከባብየይ ምስ ዝነበሩ ስንኩላት እናዕለልኩ፡ ሓደ ጸጋማይ ዓይኑን ኣፉን ዝተጐምጸጸ፡ ዘይንቡርን ርጉዲ ኣካላትን ዝነበሮ፡ የማናይ እግሩን ኢዱን ዝለመሰ ብጻይ፡ ብምርኩስ እናተደገፈ ብጥቓይ ሓለፈ። ዓይኒ ንዓይኒ ድማ ተራኸብና። ኣነ'ኳ ኣበይ ክብሎ ጋግየዮ፡ ንሱ ግን መን ምዃነይ ብቕጽበት ስለ ዘላለየኒ፡ ብታሕጓስ ከም ሕሱም ጨደረ። እዚ ክትብሎ ወይ ክትርድኦ ዘይትኽእል ቃላት ዓው ኢሉ ኣድመጸ። እቲ ኣብ ቅድመይ ዝጭድር ዝነበረ ስንኩል፡ እቲ ኣብ ህጁም "ጨንር-ታባ" ብህይወቱ እንከሎ ክቕበር ዝተሓሰበ ውጉእ፡ ፍጹም (ወደርባዕተ) ምዃኑ

ተረዳእኩ። ብኢደይ ወጢጡ፡ ብሓይሊ ጕቲቱ ናብቶም ካብ ዓራቶም ዘይትንስኡ ስንኩላን መዳቕስቱ፡ ወሰደኒ። ክዛረብን ሓሳባቱ ክገልጽን ይደሊ፡ ቃላት ወይ ዘረባ'ሞ ካበይ ይምጻእ! ብኢዱ ናባይ እናመልከተ፡ "እእእህ ብብጻጻይ!" ይብል፡ ኣነ ግን ዋላ ሓንቲ ክርድኣኒ ኣይከኣለን።

ፍጹም ብዘይ ምኽንያት ኣይኰነን ዝተሓጕሰን ዘዓለለን። ፍጹም ንብጾቱ ከም ሰብ መን ምዃኑን ኣበይ ከም ዝተወግአን ክርድኡሉን መንነቱ ክፈልጥሉን ዕድል ስለ ዘረኸበ ጥራሕ ነበረ።

እቶም ስንኩላን ብጾቱ፡ ብዘይካ ዝነበሮም መልመስቲ ኣካላት፡ ኣእምርኦም ምሉእ፡ ክዘክሩ፡ ክጨርቁን ክዛረቡን ዝኽእሉ ነበሩ። ኵሉ ግዜ ብዛዕባ ኣብ ድፋዕ ዘሕለፉዎ ግዜን፡ ኣበይ ከም ዝተወቕዑን ከዕልሉ እንከለዉ፡ ፍጹም ዝዛረብዎ ይሰምዖን ይርድኦን ስለዝነበረ፡ ንሱ'ውን ምስኦም ኣብቲ ዕላል ክሕወስ ይደሊ'ሞ፡ ሓሳባቱ ንምግላጽ ስለዘጸግሞ፡ ምስ ነብሱ ይብኣስ፡ ይጭነቕ'ውን። እቶም ብጾቱ ንጭርቃን ክብሉ፡ "ክላእ! ንስኻ ደኣ ዘይ ሓፋሽ ውድባት ኢኻ ነይርካ፡ ነፋሪት ኣብ ቢንቶ ተሓቢእካ ከለኻ እያ ሃሪማትካ፡" ይብሉዎ። ካልኦት'ውን፡ "ንስኻ ታዕሊም ከይወዳእካ ኢኻ ተወጊኣካ፡ ሓይሊ የብልካ ብርጌድ" ይብሉዎ። ገለ ተዋዘይቲ ስንኩላን ብጾቱ ድማ፡ "ንስኻ ደኣ ተጋዳላይ መሲሉዎም እዮም ኣልዒሎሙኻ እምበር፡ ሚሊሽያ ጸላኢ ኢኻ ወዘተ፡" ኢሎም ይጨርቁሉ።

ፍጹም ኣነ ናብ በትኦም ብምምጽአይ ክሳብ ክንድኡ ምሕጓሱ መን ምዃኑ ክገልጸሉ፡ ንብጾቱ ሓቀኛ ናይ ገድሊ ህይወቱ ክምስክረሉን ክበርሃሎምን ከም ዝደለየ ተረድኣኒ። እቶም ስንኩላን ተጋደልቲ፡ ካብ ዝተፈላለያ ኣሃዱታት ዝተኣኻኸቡ ስለዝነበሩ፡ ዋላ'ኳ ብመንነቱ እንተ ዘይተጠራጠሩ፡ ኣበይን ከመይን ከም ዝተወግአ ዝፈልጡዎ (ሓለፍቱ ገዲፍካ) ጉዳይ ኣይነበሮምን። ኣነ'ውን ንፍጹም ናይ ኣእምሮ ቅሳነትን ክሰምዖ ጥራሕ ዘይኰነ፡ ንሱ መን ምዃኑን፡ ኣብ ሓይሊ 4.33 ዝነበሮ ተራን ነቶም ስንኩላን ብጾቱ ክገልጸሎም ኣገዳስነቱ ስለ ዝገምገምኩ፡ ነቶም መዳቕስቱን መዋዕልቱን ስንኩላን ኣኪበ ከምዚ በልኩዎም፡

"እዛ መዓልቲ'ዚኣ ምስ ብጻይ ወደ-ርባዕተ ስለ ዘራኸበትኒ ርሕስቲ መዓልቲ እያ። ፍጹም ወደ-ርባዕተ ኣባል ብሪጊድ-4፡ በጦሎኒ 4.3ን ሓይሊ4.33ን እዩ ነይሩ። ኣብ ሓይልና ንፍጹም ብጕብዝናኡ ይኸውን ብቕርጺ ኣካላቱ ዝዳረጎ ሰብ ኣይነበረን። ቀዳማይ መድፍዓጂ ብሬን-ናቶ እዩ ዝነበረ። ብሰንኪ ወልፊ ሽጋራ፡ ቱምባኽን ስዋን ግን ብዙሕ ግዜ ይቕጻዕ ነይሩ እዩ። ካልእ ኣበር ግን ኣይነበሮን። ብ10 ታሕሳስ 1977

ሰዓት 3.00 ድ.ቐ ኣብ ውግእ ሰምሃር፡ ነታ ጽንክርቲ ድፋዕ ‘ጨጓር-ታባ’ ክሃድም እንከሎ እዩ ድማ፡ ኣብ ግንባሩ ተወጊኡ፡” ብምባል እታ ዝፈልጣ ሓቂ መስከርክሉ። ፍጹም ኮራርምቱ ክሳብ ዝርአ ካርካር ኢሉ ሰሓቐ፣ ገጹ ፍሽኽታ ዓሰሎን ሞራሉ ተሓደሰን።

* * *

እዞም ውጻእ መዓት ጨጓር-ታባ ዝኹንና ሰለስተ መሳርዕ፡ ዝቐበር ቀቢርና፡ ናብ ሕክምና ዝኸዱ ውጉኣት ብባሬላ ተሰኪምና፡ ዝተዋህበና ተልእኾ ፈጺምና ምሕዳርና ናብ ሓይልና ተበገስና። ብጥሜትን ጽምእን ተሰኒፍና፡ ስለዝነበርና ከኣ፡ ከነዕርፍ ሰጋእ-መጋእ በልና። እንተኾነ፡ እታ ተኸለ “ከይንጋዳዳዕ! ጠያይትን ቦምባታትን ካብ ኤምዳድ ሒዝኩም ቀልጢፍኩም ተመለሱ፡” ዝበላ ለበዋ ስለዝኸበደትና፡ ሳናዱቕ ጠያይትን ቦምባ ኣርፒጂን ተሰኪምና፡ ከየዕረፍና ናብቲ ሓይልና ዝዓረደቶ ድፋዕ ክንብገስ ግዴታ ኮነና።

ጉዕዞ ንሰሜናዊ ምብራቕ ገጽና ተተሓሓዝናዮ። ጸሊም ጽርግያ ንየማን ገዲፍና፡ ነዊሕ ተጓዓዝና። ብጾትና ኣብ ቅድመና ክጸንሑና’ዮም ኢልና ስለ ዝሓሰብና፡ ባና ወደባዊት ከተማ ምጽዋዕ ተኸቲልና፡ ብዘይ ዝኾነ ስክፍታ ኣንፈት ጉዕዞና ናብ ምብራቕ ገይርና ቀጸልና። ሕጂ’ውን መንገዲ ምውዳእ ኣበየና። ጉዕዞና ክሳለጠልናን ንምሕጻርን ሩባ-ሩባ ተጓዓዝና። ዝኾነ ኣሰር ብጾትና ስለዘይርኣና ግን ኣብ ጥርጣረ ኣተናን ኣብ ኢድ ጸላኢ ከይንወድቕን ሰጋእና። ኩነታት ክንከታተል፡ ኣነን ኪዳነን ‘ኣዓየ’ ንቕድሚት ሓለፍና። እተን መሳርዕ ድማ ኣብሮኻ። ‘ኣዓየ’ የማን ጸጋም እናጠመተ፡ “ኣንፈት ብጾትና ክንፈልጥ ኣይከኣልናን። ኪኖ’ዚ ምኻድ ከኣ፡ ናብ ሓደጋ ምውዳቕ’ዩ፡” በለኒ ኣነ ድማ፡ “እሞ እንታይ ምግባር ይሓይሽ፧” ኢለ ሓተቱኩዎ፡ ንሱ የማነ ጸጋም እናጠመተ “ኣብዚ በጺሕና ንድሕሪት ምምላስ ትርጉም የብሉን። ምናልባት ካብ ክልተኡ ኣንጻራት ዝሰማዕ ተኹስን ሓባሪ ጠያይትን ርኢና ምውሳን ይሓይሽ፡” በለ። ርእይቶኡ ከአ ቅቡል ኰይኑ ተሰምዓኒ። በዚ ሓሳብ ተሰማሚዕና ድማ፡

ናብ’ተን ንድሕሪት ዝገደፍናየን መሳርዕ ተመለስና። ብጾትና ነዚ ኣጋጢሙና ዝነበረ ወጥሪ ኣይሰሓቱዎን። ክመጽእ ዝኽእል ሓደጋ ንምምካት ኩልና ንነብስና ኣብ ተጠንቀቕ ኣእተናያ። ብዛዕባ’ቲ ዝተፈጥረ ኩነታት ንምርድዳእ፡ መሳርዕ ከም ግዓት ኣብ ሓደ ተኣከባ። ኪዳነ ኣብ ማእከል ደው ኢሉ፡ “ኣጋጢሙና ዘሎ ኩነታት ኵላትኩም በጺሕኩሞ ኣለኹም። ብጾትና

ዓሪዶምሉ ዘሎዉ ቦታ ክንፈልጦ ኣይከኣልናን። ምናልባት'ውን፡ ኣብ ናይ ጸላኢ ከበባ ኣቲና ክንከውን ንኽእል ኢና። ስለዚ፡ ክሳብ ዘኹነ ዝኸውን፡ ኣብዛ ቅድመና ዘላ ንእሽቶ ኲጀት ክንዓርድ ኢና። የማናን ጸጋምናን፡ ቅድመናን ድሕሬናን ንቈጻጸር። ናይ ነብስና ሓለዋ ባዕልና ኢና። ትኵራት ንኹን፡" በለ። ኩሉ ድማ ኣብ ሓለዋ ቀጽል ሓደረ።

ኣብ ከባቢ ሰዓት ኣርባዕተ፡ መሬት ገና ከይወግሐ፡ ካብ ማእከላይ ብረት ዝተተኮሰ ጠያይት፡ ካብ 500 ሜትሮ ካብ ዘይነውሕ ርሕቀት ንምዕራብ ኣስመራ ገጹ ብልዕልና ክሓልፍ ጀመረ። ጸላኢ ብቕድመና ከም ዘሎ ከኣ ተገንዘብና። ዋላ'ኳ ሓይሊ ወገን ግብረ-መልሲ ተኸሲ እንተዘይሃበ፡ ብጾትና ኣብ ከባቢና ከም ዘሎዉን ኣብ ተኣፋፍን ሓደገኛ ቦታ ከም ዘይበጻሕና ተረዳእና። ምድሪ ከይወግሐ ድማ ናብ ሓይሊ 4.33 ብሰላም ተጸንበርና።

ንጽባሒቱ 12 ታሕሳስ፡ 10፡00 ረፋድ ዝጀመረ ውግእ፡ ምሉእ መዓልቲ ብዘይ ምቍራጽ ቀጸለ። እዞም ን48 ሰዓታት ዓይንና ሰለም ከየበልና ተካል ዝወዓልናን ዝሓደርናን፡ ውግእ ብተዛማዲ ኣብ ዝሃድኣሉ ግዜ፡ ብረትና ተተርኢስና ፍግም ክንብል ወዓልና። ከባቢ 11.00 ቅድሚ ቀትሪ ኣቢሉ ይኸውን፡ ሓደ ካብ ዓዲተኬሌዛን ዝተሰለፈ ሓድሽ ብጻይ፡ ካብ ታዕሊም ካብ ዝሕወሰና ውሑዳት ሰሙናት ጥራሕ ዘቝጸረን ኮለይ ዝዓጠቐን ተጋዳላይ፡ ኣብ ከቢድ ድቃስ ተሸመመ። ብጾቱ ማይ-ሽኮር ክሰቲ ካብ ድቃሱ እንተበራበሩዎ፡ ጸላኢ ዝመጽእ መሲሉዎ ባዕጊጉ፡ ኣብ ሒደት ካልኢት ቦምባ-ኢድ ኣውጺኡ ቀለቤት ፈቲሑ ኣብ ኢዱ ዓተራ። ንቕድመኡ ከይድርብያ፡ ናይ ጸላኢ ድፋዕ ካባና 300 ሜትሮ ርሕቐት ስለዝነበሮ፡ ንሕና ነታ ቦምባ ከይንቐበሎ ወይ ከይንሕግዞ፡ እቲ ሓድሽ ተጋዳላይ ሰንቢዱን ተዳሂሉን ስለዝነበረ፡ ተጠማማሚትካ ቀባሕባሕ ኰነ። እታ ካብ ቦምባ ዝተመንጨተት ቀለቤት ብኸመይ ናብ ቦታኣ ትምለስ ሓርበተና። ረዘነ፡ እቲ ህዱእን ዓቃልን ኮሚሳር ጋንታና፡ ናብቲ ቦምባ ዓቲሩ ቀልባዕባዕ ዝብል ዝነበረ ብጻይ ቀሪቡ ከዝሕሎ ፈተነ። ምኽንያቱ፡ ኣብ ገጹ ናይ ፍርሕን ራዕድን ምልክት የርኢ ስለዝነበረ፡ ክይልክመልና ስግኣት ነይሩና። ረዘነ "ኣጆኻ ብጻይ ህድእ በል! ነዛ ቦምባ ዓትዒትካ ሓዛሞ! ደድሕረይ ሰዓበኒ፡" ኢሉ፡ ብጕምብሕ-ጕምብሕ ናብ ድሕሪ ድፋዕና ወሰዶ። ነታ ቦምባ ናብ መንገዲ ውሕጅ ደርቢዮማ ድማ ናብ ቦታና ብሰላም ተመልሱ።

ኣብ ሳልስቱ፡ 12 ታሕሳስ 1977፡ ጸላኢ ካብቲ ሃዲሙ ዝሓደረሉ ተኣኻኺቡ፡ ተደራቢ ሓይሊ ወሳሲኹ፡ ንዝገደፎ ዕርዲ ንምምላስ ተበገሰ። ኣንፈቱ ናብቲ ሓይልታት 4.31ን 4.32ን ሒዘናኦ ዝነበራ ኲጀታት

ኣምርሐ። እተን ሓይልታት ኣብቲ ክከላኸላሉ ዘኽእለን ቦታታት ሓዛ። ሓደ ካብቲ ንውግእ ሰምሃር ጽንኩር ዝገብሮ እንተ ነይሩ፡ ቅርጺ መሬት ናይቲ መከላኸሊ ጉቦታትን ኩጀታትን'ዩ።

ቅርጺ መሬት ንዓወትን ስዕረትን ውግእ ወሳኒ ኣይኸውን'ምበር፡ ዓቢ ተራ እዩ ዘለዎ። ቅርጺ መሬት ጉቦታት ሳሕል ኣብ ጫፉ በሊሕ'ዩ። ስለዚ ተጋዳላይ፡ ኣብቲ ናይ መወዳእታ ብልሒ ጉቦ ኩይኑ፡ ነቲ ከጥቅዖ ዝመጽእ ሓይሊ ጸላኢ፡ ብቐሊሉ ክከታተሎን ግዜ መሪጹ ብዳርባ ቦምባን ክላሽን ክስሃሎን ከጥቅዖን ጸገም የብሉን። ሳሕል ዝወረዱ ወተሃደራት ኢትዮጵያ'ውን ንስዕረቶምን ድኽመቶምን ንምሽፋን፡ "ንሰራዊት ኢትዮጵያ፡ ኣኽራናት ሳሕል ድኣ'ምበር ሰራዊት 'ሻዕብያ' ኣይሰዓሮን።" ክብሉ ተሰሚዖም'ዮም።

ኣብ ጉላጉል ሰምሃር ዘሎ ቅርጺ ናይቶም ኩጀታት ይኹን ጉቦታት፡ ንጸላኢ ከተጥቅዕ ይኹን ክትከላኸል ዘይምቹእ እዩ። ጫፍ ታባታት፡ ኩዕሶ መሰል ቅርጻ መሬት (Spherical) ስለዘለዎ፡ ጸላኢ ክሳብ ክንደይ ቀሪቡካ ወይ ርሒቑካ ከም ዘሎ ንኽትፈልጥ ኣጸጋሚ ጥራሕ ዘይኮነ ሓደገኛ'ውን'ዩ።

'ሻግራይ'፡ ብዛዕባ ዘይምችኡነት ቅርጻ-መሬት ሰምሃር ሓያል ተሞክሮ ከም ዝቐሰመሉ ዘኪሩ፡ ከምዚ ይብል፡

"ሓደ ጊዜ፡ ሓይልና ኣብ'ዚ ኩዕሶ ዝዓይነቱ ቕርጺ-መሬት ድፋዕ ሓዘት። ነቲ ናብ ድፋዕና ገጹ ተሃንዲዱ ዝመጽእ ዝነበረ ሓይሊ ጸላኢ፡ ክንከላኸሎን ሕርሕራይ ጌርና ክንቅጥቅጦን እንተኾይና፡ ነቲ ብእግሪ ድፋዕ ዝመጽእ ዝነበረ ጸላኢ ብኸሻፋ ክንሪኦ ነይሩና። እቶም ብየማንና፡ ብወገን ፎርቶ ዝነበሩ ሓለፍቲ በዓል በሪራይ፡ ሙሳ-ራብዓ፡ ሸንክሓይን ፊሊጶስን፡ ወዘተ ብራድዮ ገይሮም፡

"ሃለው! እዚ ዝጽግዓካ ዘሎ 'ጋሻ' ትርእዮዶ ኣለኻ፧" በሉኒ።

"ሃለው! ኣንታ ብወገንና ዝረኣየና ምንቅስቓስ ዛቱ የሎን፡" በልኩዎም። ጸላኢ ግን ዝኾነ ተቓውሞ ስለዘየጋጠሞ፡ በዚ ተተባቢዑ ነታ ጉቦ ኣፋረቓ።

"ሃለው! ባሩድ! ኣንታ ዋላ ሕጂ ነዘን ተጸጊዐናኻ ዘሎዋ ትርየን የሎኻን፧" ሕጂ'ውን እቶም ኣብ የማነ-ጸጋም ዝነበሩ ሓለፍቲ ሓተቱ።

"ዋላ ዋላ! ንርእየን የሎናን።"

"እሞ ኣብ ትሕቴኹም እንድየን ደኣ ተጸጊዐናኹም።"

"ዎላሂ! ንሕና ዝኾነ ተሓሩካት (ምንቅስቓስ) ንርኢ የሎናን።"

"በል ደሓን፡ ንሕና ብየማንኩም ኳንና ጽቡቕ ገይርና ንርእየን ኣለና፣

ኣብ ኣፍንጫኹም'የን ዘለዋ። ንስኻትኩም ጥራሕ ቦምባታትኩም ኣዳልዉ፣ ምስ ተጸጋዓኹም ክንሕብረኩም ኢና።"

"ተማም ባጋ! ከምኡ ግበሩ። ኣጸቢቖን ምስ ቀረባና ጥራሕ ሓብሩና በልኩዎም።" ኢሉ ኣዘንተወ።

እቶም ኣብ ከባቢ ዝነበርና ሓይልታት ግን፡ ጸላኢ ገዛኢ ቦታ ተቖጻጺሩ ከቢድ ክሳራ ከየውርድ ሰጋእና። ሓይሊ ሻግራይ፡ ኣብ ፍርቂ'ታ ንምዕራብ ወገን እትርከብ ታባ ዓሪዳ ሓበሬታ ናይ ወገን ተጸበየት። እቶም ብደቡብ ወገን ዓሪዶም ዝነበሩ ሓይልታት፡ ነቲ ናብ ድፋዕ ሓይሊ 4.32 ዝሓኩር ዝነበረ ጸላኢ ጽቡቕ ገይሮም ብኽሻፋ ይርእይዎ ስለ ዝነበሩ፡ ኣበይ በጺሑ፡ ክንደይ ርሕቐት ካብ ናይ ወገን ሓይሊ ተፈንቲቱ ኣሎ፡ ሓበሬታ ንሻግራይ ብደቂቕ ሃቡዋ። ኣብ ሞንጎ ጸላእን ሓይሊ ሻግራይን ዝነበረ ርሕቐት ኣዝዩ ተቐራረበ። ጸላኢ፡ ነታ ታባ ንምሕኳር ናይ 30 ሜትሮ ርሕቐት ምስ ተረፎ፡ እታ ታባ "ሰብ የብላን፣ ወንበዴታት ኣንሳሒቦም እዮም፡" ኣብ ዝብል መደምደምታ በጽሐ። ተጋደልቲ 4.32 ኣብታ ጉቦ ተላሒጎም፡ ድምጾምን ምንቅስቓሳቶምን ተቖጻጺሮም፡ ናይቲ ኣብ ትሕቲኦም ዝንቀሳቐስ ዝነበረ፡ ግን ከኣ ክርእዩዎ ዘይከኣሉ፡ ኵሉ ሓበሬታ ብራድዮ ብደቂቕ ተኸታተሉዎ። ጸላእን ሓይሊ ሻግራይን ኣዝዮም ተቐራረቡ።

"ሃለው! ባሩድ! በል ኣጋይሸኩም ተጸጊዖምኹም ኣለዉ። ሰቕ ኢልኩም ጥራሕ ንቕድመኹም ኩዓሳሱ (ቦምባታት) ደርብዩ፡" ዝብል ሓበሬታ ካብ'ቶም ምንቅስቓስ ጸላኢ ዝከታተሉ ዝነበሩ ተዋህቦም።

ተጋዳላይ ብዘሎዎ ሓይሊ ቀለቤት ቦምባታት መመንጪቱ ምድርባይ ኩነ።

ካብ ተጋደልቲ ዝተወርወሩ ቦምባታት ኣብ ማእከል ሰራዊት ደርግ ዓለቡ። ጸላኢ በቲ ዘይተጸበዮ መጥቃዕቲ በርጊጉ፡ ምዉታቱን ውጉኣቱን ራሕሪሑ እግረ ኣውጽእኒ ኢሉ፡ ንቑልቁል ሃደመ። ተጋዳላይ ናይ ዝሞቱ ንብረት ኣልዒሉ ብውሑድ ክሳራ፡ ናብታ ዝተበገሰላ እግሪ ጉቦ ተመልሰ።

ጸላኢ፡ ነታ ሓንቲ "ዝኸፈልካ ከፊልካ መስመር መንገዲ ኣስመራ ባጽዕ ምኽፋት፡" ትብል ሕልሙ ንምትግባር፡ መጥቃዕቱ ኣየቛረጸን። ተጋዳላይ ነዛ ካብ ተመኵሮኡ ዝተማህራ ውጽኢታዊት ሜላ፡ ንነዊሕ ግዜ ተጠቕመላ። እዚ ናይ ምድፋእን ምንስሓብን ውግኣት ኣብ ሞንጎ ጸላእን ተጋዳላይ ህዝባዊ ግንባርን ንሓደ ሰሙን መመላእታ ብዘይምቁራጽ ቀጸለ።

ዘስደመመትኒ ፍጻመ

ወጋሕታ 14 ታሕሳስ 1977፣ ወተሃደራት ኢትዮጵያ ኣጽዋራቶም ኣዋዲዶም፣ ኣብ ልዕሊ ዕርድታትና ጽዑቕ ደብዳብ ኣካየዱ። መሬት ካብ ጻትንጻት ብሓዊ ተለብለበት። ብጊሓቱ ጸላኢ ክሃጅም፣ ተጋዳላይ ክመልስ፣ ነዛ ማይ ዝሰትያ ግዜ'ኳ ሰኣነ። እዛ መዓልቲ'ዚኣ፣ ሓንቲ ካብተን ኣብ ውግእ ሰምሃር፣ ዘስደምምን ዘሰንብድን ፍጻመ ዝረኣኹላ ዕለት ነበረት። ኣብዛ ናይ ሳልሳይ መዓልቲ ውዕሎና፣ ንጸላኢ ክሳብ ኣፍ-ደገ ባጽዕ (ሕጥምሎ) ኣብጺሕና ናብ ጨጓር ታባ ተመለስና። ከባቢ ሰዓት 10፡00 ረፋድ፣ ጸላኢ ነዛ ወሳኒት ድፋዕ ንምሓዝ ብምሉእ ሓይሉ ተበገሰ። መስርዕና፣ ነዚ ወራሪ ሰራዊት ንምዕጋት፣ ኣብ ልዕሊ ጨጓር-ታባ ኣብ ቃልዕ ቦታ ዓረደት። ናይ ጸላኢ ቦምባታት ጸላኢ ኣብ ልዕልና ክዓልብ ጀመረ። ነቲ ናባና ዝግስግስ ዝነበረ ሽሾ ሰራዊት ንምዕጋት፣ ኣባላት ብርጌድ-76 "ዶሽካ" ኣብ መስርዕና ተኸሉዎ። እዞም ኣባላት ከቢድ ብረት፣ ንጸላኢ ዓቢ ክሳራ ኣውረድሉ። ኣብዛ ቀላጥ መሬት ንነዊሕ ሰዓታት ኣትኪሎም ክታኹሱ ዝከኣል ስለዘይነበረ፣ ግን ስርሖም ፈጺሞም ነታ ድፋዕ ገዲፎም ናብ ቦታኦም ተመልሱ።

ኣስመሮም (ወዲ-ማርቆስ)፣ ኲሉ ግዜ ፍሽኽታን ሰሓቕን ዘይፍለዮ፣ ነተን ዝርካበን ብራሾቶታት ማይ ኣኪቡ፣ ካብ ጎቦ ናብ ጎቦ ላዕልን ታሕትን እናተንቀሳቐሰ ንጋንታና ማይ ኣስተያ። ኣብታ ኣነን ረዘነን ዓሪድናላ ዝነበርና ሕውስ በለና። ደብዳብ መዳፍዕን ሮኬታትን እናሓየለ ስለዝኸደ፣ ኣብ ስግኣት ኣተና። ብፍላይ ረዘነ፣ ኣጋውል ናይቲ ደብዳብ ተዓዚቡ፣ "ስማዕ ግርማይ! ጸላኢ ኣጽዋሩ ናብ ጋንታና ዝገበሮ እዩ ዝመስል። ውሑዳት ሰባት ገዲፍና ንግዚኡ ንታሕቲ ንውረድ፣" በለኒ። ኣነ'ውን ናብ ኣስመሮም ቀርብ ኢለ፣ "ኣስመሮም፣ ጸላኢ ነዛ ድፋዕ ከቢድ ብረት ኣሲሩላ ኣሎ። ንግዚኡ ንድሕሪት ገጽና እልይ ንበል፣" በልኩዎ። ኣስመሮም ግን፣ ንውግእ ኣቃሊሉ ስለዝርእዮ፣ "ክላኣ እዚኤን ካስላናት'የን። ከምቲ ብዝሒ ቦምባ ዝትኮስኦ ደኣ መን ምተረፈ ይመስለካ! ግደፈን ጥራሕ፣ ዘይረብሪበን ክገድፍኦ እየን፣" በለ። ብትብዓቱ'ኳ እንተተመሰጥኩ፣ ነታ ቦታ ክንገድፋ ስለዝነበረና፣ "ምምልላስ'ሞ ግደፎ፣ ሕጂ ምእላይ ጥራሕ'ዩ ዘዋጽእ፣ ተበገስ፣" በልኩ ከም ሓውሲ ትእዛዝ። ኣስመሮም ክላሽኑ ተሰኪሙ ድፍዑ ለቒቑ ንድሕሪት ክብገስ እንከሎ፣ ናይ መድፍዕ ቦምባ ኣብ ጥቓና ዓለበት። ንሓድሕድና ክንርእአ ክሳብ ዘይንኽእል፣ ከባቢና ብደሮናን ትክን ተዓብለኸ። ካልእ

ቡምባ ሞርታር ከይዓለበና እንከሎ፡ ቦታ ክንቅይር ስለዝነበረና፡ "አስመሮም ንዓ ንውጻእ" በልኩ። መልሲ ግን ኣይነበረን። ኵነታቱ ንኽፈልጥ ኣዒንተይ ንጸጋም ኣቋመታ።

ርእሲ ኣስመሮም ካብ ክሳዱ ተፈልያ፡ ኣብ ትሕተይ ወዲቓ ርአኹዋ። ነቲ ብዓይነይ ዝርእዮ ዝነበርኩ ክዉን ነገር ምእማኑ ኣጸገመኒ። ከምዚ ዓይነት መስዋእቲ፡ ርእየ ስለዘይፈልጥ ድማ፡ ነብሰይ ኣንቀጥቀጠ። ኣስመሮም ባጽዕ ንምርኣይ ዝነበሮ ትምኒት ከይሰመረሉ፡ 14 ታሕሳስ 1977 ኣብ ጨንገር-ታባ ተሰውአ። መስርዕና ድማ ንግዚኡ ድፋዕ ገዲፋ ናብ ስንጭሮ ገጻ ኣበለት። ኣብ ውግእ ሰምሃር፡ ካብ ምሒር መውጋእትን መስዋእትን ዝተላዕለ፡ ተጋዳላይ ነዘን "ሞትን ህይወትን" ዝብላ ክልተ ሓረጋት ትርጕም ሰኣነለን።

ስሓቕ 'ሓሪቕ' ዝብሃል'ከ ኣሎ ድዩ፡

ኣብዛ መዓልቲ እዚኣ፡ ወደ-ምሓራይ ዝበሃል ቅንጹብ ጸሊም ተጋዳላይ ኣባል ሓይሊ 4.31፡ ኣብ የማናይ ጕድኒ ኣዜብ (ጫረ) ኰይኑ፡ ደው ኢሉ ክታኹስ ወዓለ። ኣብ መወዳእታ ግን ካብ ታንክ ዝተተኰሰት ቦምባ፡ ንእፍ ልቡ በሲዓ ከም ንፋስ ንድሕሪት ወርወረቶ። ኣዜብ ምስቲ ዝነበራ ትሑት ተመኵሮ፡ ውግእ እታ ቦምባ ብጕድና ተወንጨፋ ከም ዝሓለፈት'ምበር ህይወት ብጻያ ከም ዝለከመት ኣይተሰቈራን። ሳዕቤን ናይዛ ሰራም ቦምባ ዝረኣየ፡ ካሕሳይ ዝበሃል ወዲ መስርዓ፡ ነዚ ክፉእ ትርኢት መስዋእቲ ብጻዩ ርእዩ፡ "ኣዜብ! ኣዜብ! ወደምሓራይ ኣበይ ኣሎ፧ ርኢኺዮዶ፧" በላ። ንሳ ንኣበሃህልኡ ብዙሕ ግምት ከይሃበት፡ "እንታይ ሕቶኡ ድኣ'ዩ እዚ'ኸ! 'ወደ-ምሓራይ' ደኣ ብየማናይ ጕድነይ ኮይኑ ይደራገም ኣሎ'ምበር!" መለሰትሉ።

ካሕሳይ ርእሱ ንየማን ንጸጋም እናነቕነቐ፡ "በሊ፡ እዛ ብየማንኪ ዝሓለፈት ሰራም ታንክ ቦምባ፡ ንወደምሓራይ ፍርቂ ኣካላቱ ንድሕሪት ሰሊዓ ወሲዳቶ!" በላ። ኣዜብ ንየማን ገጻ ቍሊሕ እንተ በለት ምድሪ ብደም ጨቂያ ርኣየት። ወደምሓራይ ኣብ ድፍዑ ኣይነበረን። ካሕሳይ ዝበሎ ሓቂ ምዃኑ ኣረጋገጸት። ካሕሳይ ገጹ ጸዋዊጉ እንቅዓ እናስተንፈሰ ካዕካዕ ኢሉ ሰሓቐ። ኣዜብ ነገሩ ኣስደሚሙዋ ንካሕሳይ ኣፍጢጣ ጠመተቶ። በቲ ሓደ ዘሰቅቕ መስዋእቲ ብጻያ፡ በቲ ኻልእ ድማ ሰሓቕ ካሕሳይ ከም

ሓዳስ ተጋዳሊት ተሓዋወሳ። ነቲ ብእዝና ዝሰምዓቶን ብዓይና ዝረኣየቶን ዝሰምዓቶ ሰሓቕ ካሕሳይ ክትጻወሮ ኣጸገማ። ህርመት ልባ ክውስኽን ደማ ክፈልሕን'ውን ተሰምዓ፡ ኣንጸርጸሮታ ምቊጽጻር ስኢና፡ "ኣንታ ከመይ ዝበሉኻ ድንጋጸ ዘይብልካ ኣረሜን ኢኻ ወደይ! እዚ ናይ ብጸይና መስዋእትስ የሕዝንን የንብዕን'በር፡ የስሕቕ ድዩ!" በለቶ ዓይና ኣፍጢጣ።

ካሕሳይ ሰራውር ገጹ ተገተረ። ታሕተዋይ ከንፈሩ ብኣስናኑ ነኺሱ፡ ናብቲ ሰውእ ብጻይ እናጠመተ፡ "ኣንቲ ጫረ፡ ብጻየይ ብቦምባ ተመልዒሱ'ሞ፡ ከመይ ኢሉ ሰሓቕ ክመጸኒ ትሓስቢ። እዚ እቲ ንቡር ሰሓቕ ዘይኮነ፡ 'ሰሓቕ ሓሪቕን ቁጠዐን'ዩ!። የግዳስ፡ ጸላኢ ሓዘንናን ጓሂናን ከይርእዮ፡ ንውሽጢ ከብድና ንውሕጦ፣ ፍሽሕ ክንብል ከኣ ንግደድ። ንብዓል ወደምሓራይ ክንስዕቦም ምኽንና ስለእንርዳእ፡ ዕረ እናጠዓመና ክምስ ንብል። መስዋእቶም ንቕበሎ። ኣይነስተንትንን፡ ብኣንጻሩ ሞራል ንገብር፡" ምስ በለ፡ ኣዕይንቱ ንብዓት ቋጸራ። ገዲፋዋ ድማ ናብ ዝነበሮ ዕርዲ ተመልሰ። ንሱ ቃሉ ኣየዕበረን። ሓደ ሰዓት ኣብ ዘይመልእ ግዜ ድማ፡ ኣብ ግንባሩ ተወቒዑ፡ ኣሰር ወደምሓራይ ሰዓበ።

ኣዜብ (ጫረ) ኣባል ሓይሊ 4.31፡ ኣብዚ ዕረፍቲ ዘይነበሮ ውግእ ሰምሃር፡ ብዙሕ ተመኲሮ'ያ ቀሲማ። ብዘይካ መስዋእቲ ኮሚሳር በጦሎኒ በርሀ (ፖሊስ) እዛ መስዋእቲ ወደምሓራይ ንኻልኣይ ዝረኣየታ መስዋእቲ ብጻያ ነበረት። ምኽንያቱ ብጾታ ካብ ደብዳብ ክከላኸሉላ፡ ሰውኣት ከይትርኢ'ሞ ከይትድሃል፡ ዝገብሩዎ ዝነብሩ ምሕብሓብ ኣዝዩ ልዑል ነበረ።

ንጽባሒቱ ኣዜብ ኣብ ዘተኣማምን ቦታ ኰይና እናተታኾሰት፡ ጸላኢ ነታ ዝነበረታ ድፋዕ ረሻሽ ብረት ኣሲሩ ክሃርማ ምስ ጀመረ፡ ወዲ-ሳርዳርን ሃብትኣብ (ፖሊስ)ን ዝበሃሉ ደቂ መስርዓ፡ ኣብ ሓደጋ ከም ዘላ ኣስተውዒሎም፡ "ጫረ! ጫረ! ዘለኽያ ድፋዕ ጸላኢ ብረት ኣሲሩላ ኣሎ፡ ቀልጢፍኪ ግደፍያ፡ " በሉዋ። ንሳ ነታ ዝነበረታ ዕርዲ ገዲፋ ምስኦም ተሓወሰት። እንተኾነ፡ ኣብቲ ወዲ ሳርዳር ዝነበሮ ድፍዕ ምስ ከደት፡ ዘይተጸበየቶ ነገር ተዓዘበት። ዝተሰምዓን ዝርኣየቶን ስለ እትዛረብ፡ "እንታዋይ ቅሱን ደኣ እዩ እዚኸ! ክሳዕ ረፋድ ነጸላኡ ተጐልቢቡ ኣራጢጡ ዝድቅስ፣"

"ኣብ ስራሕ'ዩ ሓዲሩ፣ ደኺሙ ኣሎ፣ ከይተተስእዮ።" በላ ወዲ ሳርዳር። ንሳ ግን ብመልሱ ስለዘይዓገበት፡

"እምበኣር ጫረ'ያ ዘይትደክም፣ ሰብ ኣእዛና ብደብዳብ ጸሚማስ ንሱ ከኣ ድቃስ ተራእዩዎ! ከተንስኦ'የ፡" በለቶ ተሃንዲዳ።

ሳርዳር "ከይተተንስእዮ፣ ከይደቀሰ ኣብ ስራሕ'ዩ ሓዲሩ ንብለኪ ኣለና! ትሰምዒ ድኺ!" ኣትሪሩ ምስ መለሰላ፡ ዘረብኡ ከይተዕብር፡ ዕረ እናጥዓማ ክትሰምዖ ተገደደት። ናብታ ዝተዋህበታ ድፋዕ ኣትያ ድማ ናብ ጸላኢ ምቍማት ጀመረት።

እንተኾነ፡ ሽዑ'ውን፡ "ከመይ ኢሉ'ዩ ሰብ እናተጨፋጨፈት፡ ንሱ ኣብ ማእከል ውግእ ዝድቅስ! እንታይ ዓይነት ሞራል ዘይብሉ ሰብ'ዩ!" ብምባል ኣብ ኣእምሮኣ ጭንቀት ፈጠረላ። ኣዕይንታ ናብቲ ብነጸላ ተጐልቢቡ ዝነበረ ብጻይ ካብ ምቍማት ኣየዕረፋን፣ ሰሰሪቓ'ውን ጠመተቶ።

መሬት ጠለስ በለት። ምድረ-ሰማይ ክጽልምት ጀመረ። ኣዜብ ጫረ ናብቲ እግሪ ድፋዕ ገጻ ቀሊሕ በለት። ብጾታ፡ ኣብ እግሪ ድፋዕ፡ ጉድጓድ ክኹዕቱ ተዓዘበት። ብልባ፡ "መን ደኣ ተሰዊኡና ኰይኑ!" ብምባል ምስ ነብሳ ተዛረበትን ተጨነቐትን። ጉድጓድ ምስ ተኺዕተ፡ ኣርባዕተ ተጋደልቲ ናብቲ ነጸላ ተጐልቢቡ ዝወዓለ ብጻይ ገጾም ከምርሑ ምስ ተዓዘበት፡ ጉዳዩ ተወኻበራ። ኣብ መውዳእታ፡ ነቲ "ድቃሱ ድቃስ ኣደይ ኣይግበራ፡" ኢላ ክትረግሞ ዝወዓለት፡ ተጋዳላይ ተሰኪሞም፡ ናብ ጉድጓድ ከእትውዎ ምስ ረኣየት፡ ነብሳ ምግባር ኣብዩዋ፡ እቲ ስዉእ መን ምዃኑ ክትፈልጥ ናብቲ ጉድጓድ ቀረበት። ነቲ ተጐልቢብሉ ዝነበረ ነጸላ ቀሊዓ ምስ ረኣየቶ ከኣ፡ እቲ ብልቢ እትፈትዎን እተኽብሮን ኣብነታዊ ብጻያ "ዓማ" ኮይኑ ጸንሓ። ሽዑ ከይተፈለጣ ብመዓጓጉርታ ንብዓት ወረር ወረር በለት። ድቃስ'ዚ ብጻይ ናይ ሓንቲ ለይቲ ዘይኮነ ዘልኣለማዊ ምዃኑ'ውን ተገንዘበት። እቶም "ደቂሱ ኣሎ፣ ከይተተስእዮ፡" ዝበሉዋ ብጾታ ከኣ፡ ንሳ ከም መጠን ሓዳስ ተጋዳሊት ከይትሰምብድን ኢሎም ዝገበሩዎ ሓልዮት ምንባሩ ተገንዘበት። መሬት ክሳብ ዝመሲ ዝተጸበይሉ ምኽንያት ድማ፡ ጉድጓድ ንምፍሓር ዝኸውን ግዜ ስለዘይነበሮም ምዃኑ ኣረጋገጸት።

ድሕሪ'ዛ ናይ 'ዓማ' ፍጻመ፡ ኣዜብ ጫረ ኣብ ሳልስቱ ተመሳሳሊ ኩነታት ኣጋጠማ። ኣብታ ንጨጓር-ታባ ንምትሓዝ ዝተገብረ ምርብራብ፡ ሓንቲ ጋንታ ናይ 4.31፡ ጸላኢ ብተደጋጋሚ ስለዝሃጀማ፡ ከቢድ መስዋእቲ ከፈለት። ምድሪ ምስ መሰየ፡ ጋንታ ኣዜብ፡ ነቲ መስዋእቲ ዝተኸፈለሉ ድፋዕ ክዓጽዉ፡ ከም ተደራቢ ሓይሊ ምስ ብዓል ወዲ-ሳርዳር ነቲ ኣብ ጉድኖም ዝነበረት ዕርዲ ክሕዙ ተበገሱ። ወርሒ ቀሎ ክትመስል ብርሃና ደርጒሓቶ ነበረት። ኣዜብ ናብቲ ሓድሽ ድፋዕ እናተጓዕዘት እንከላ፡ ሓሙሽተ ሰባት ኣብ መሬት ተጸጢሖምን ብነጸላ ተሸፊኖምን ርኣየት። ብተፈጥሮኣ ህውኽቲ ስለዝኾነት፡ "እዞም ነጸላ ተሸፊኖም ዘለዉ ደኣ በዓል መን

እዮም!” ኢላ ንመራሒ መስርዓ (ወዲ-ሳርዳር) ሓተተቶ። ሕጂ'ውን ወዲ ሳርዳር ክይትስንብድ ኢሉ፡ “እዚኦም ወተሃደራት ኣምሓራ እዮም፡” ኢሉ መለሰላ።

‘ጫረ’ ኣሰናና እናሓርቀመት፡ “ሕራይ ኩኑ፡ በካዓት! ነዚኦም እዚ'ኳ ክውሕጾም፣ ወረ ገና ክንርእአ ኢና፡” ብምባል፡ ከምዛ ዝሰምዑዋ ዘለዉ፡ ኣብ ልዕሊ ጸላእታ ዝነበራ ጽልኢ ገለጸት። ምኽዓት ጉዳጉዲ ምስ ተጻፈፈ፡ ወዲ-ሳርዳር ዘለዎም ብርክት ዝበሉ ተጋደልቲ፡ ናብቶም ሓሙሽተ ነጸላ ዝተኸድኑ ገጾም ከምርሑ ተዓዘበት። ናብቲ ጉድጓድ ከእትዉዎም ምስ ርኣየት፡ ወዮም ነጸላ ዝተጉልበቡ፡ ወተሃደራት ጸላኢ ዘይኮኑ፡ እተፍቅሮም ደቂ ሓይላ፡ ብዓል እዝራ፡ ወዲ-መብራህቱ፡ ወዲ-ፖሊስ ምዃኖም ፈለጠት። ነዚ መርድእ'ዚ ክትጻወሮ ኣይከኣለትን። ነዚ ፍጻመ ክትፈልጦን ክትርድኦን ዘይምኽኣላ ከኣ፡ ንነብሳ ነዓቐታ፡ ምስ ነብሳ ተዛረበት፡ “አረ እንታይ ኰይነ እየ፡ እታ ክብርቲ ነጸላ ተጋዳላይ ምስ ርኣኹ፡ ሰዉኣት ተጋደልቲ ምዃኖም ዘይተሰቈረኒ! ካብ መዓስ'ከ እዩ! ሬሳ ኣምሓራይ ብነጸላ ዝሸፈን!” ብምባል፡ ገና ብዙሕ ተመኩሮ ከም ዝጐደላ ተገንዘበት። ብጾታ ነቶም ነጸላ ተኸዲኖም ዝነበሩ ሰውኣት ተጋደልቲ፡ “ወተሃደራት ጸላኢ እዮም” ምባሎም'ውን፡ ኣብ ልዕሊኣ ዘለዎም ሓልዮት ምንባሩ ኣይሰሓተቶን።

ደቀንስትዮ ተጋደልቲ ኣብ ኵነታት ሰምሃር፡ ድርብ ቃልሲ እየን ኣካይደን። በቲ ሓደ ማዕረ ብጾተን ኣንጻር ቀዳማይ ጸላኢ ዘርኣየኦ ጅግንነትን ሓቦን መዘና ኣይነበሮን። በቲ ካልእ ድማ ተፈጥሮ ዝዓደለን ባህርያዊ ጸገም'ዩ። ነቲ ባህሪያዊ ጸገም ግን፡ ንበይነን ኣይተቓለሰኦን፡ ደቂ ተባዕትዮ ብጾተን'ውን ንስቓየን ብማዕረ ተኻፈሎም'ዮም። ብፍላይ ኣብቲ ጽዕጹዕ ውግእ ሰምሃር፡ ሽንቲ ማይ ክኸዕዋ ኣብ ዝደልያሉ፡ በቲ ሓደ ብደቂ ተባዕትዮ ብጾተን ስለዝኸበባ፡ በቲ ኻልእ ብናይ ጸላኢ ዓረር ከይቀሉለባን ክጥንቀቓ ከቢድ ስቓይ ኣሕለፋ።

1. ተጋዳሊት ኣልጋነሽ ካሕሳይ፡ ገዲምን ምኩርትን ተዋጋኢት፡ ኣባል ሓይሊ 4.32 እያ ነይራ። ኣብ ጕላጉል ሰምሃር ደማዊ ውግኣት ኣብ ዝካየደሉ ዝነበረ እዋን፡ ኣልጋነሽ ካብ ትወግሕ ክሳብ 1:00 ድሕሪ-ቐትሪ ምስ ጸላኢ ክትረባረብ ወዓለት። ኣልጋነሽ ዋላ'ኳ ሽንቲ-ማይ እንተመጽኣ፡ ኵነታት ከባቢኣ ስለዘየፍቀደላ ክሳዕ ዝዓርብ ክትጻወሮ ፈተነት። እንተኾነ፡ ሽንታ ክትዓቕረሉ ኣብ ዘይትኽእል ደረጃ በጽሐት። ነዚ ጸገማ ዝተረድአ መራሒ ሓይላ መሓመድ ኣደም “ሻግራይ” ጸዊዑ ኣዘራረባ። ንሳ እውን ኣይሓብአትን ጸገማ ነገረቶ። መሓመድ ኣደም ነታ ኣብ ርእሱ ዝነበረት

ቊራጽ ዓለባ (ኮሹኽ) ሂቡ ኣብ ገምገም ከይዳ ኮሹኽ ተዓጢቓ ክትሽይን ሓበራ። ከምቲ ዝተባህላ ገይራ ከኣ፡ ጸገማ ኣቃሊላ ሓለዋኣ ቀጸለት።

ኣልጋነሽ ካሕሳይ ድሕሪ ስትራተጅያዊ ምዝላቕ፡ ኣብ ሰሜናዊ ምብራቕ ሳሕል፡ ብጅግንነት ኣሰር ስውኣት ብጾታ ሰዓበት።

ተጋዳሊት ኣልጋነሽ ተኸልኣብ ብ1977 ካብ ዝዓበየትሉ ዓዳ ዓዲንፋስ (ከባቢ ኣስመራ)፡ ናብ ሰውራ ተጸምበረት። ወተሃደራዊ ታዕሊም ወዲኣ፡ ኣብ ዓዲ-ቐይሕ ናብ ሓይልና 4.33 ተመደበት። ኣብቲ እዋን'ቲ ብዕድመ ንእሽቶ፡ ብተመኩሮ ሓዳስ ስለ ዝነበረት፡ ከም ጓለንስተይቲ መጠን፡ ንዓኣ ውግእ ሰምሃር በዳሂ እዩ ዝነበረ። እተን ነፈርቲ ውግእ፡ ቦምባ ወይ ፋክረስ'ምበር፡ ኣማኢት ቦምባ ኢድ (ብሪምሪም) ክድርብያ ምርኣይ በኹሪ ዓይና ነበረ።

16 ታሕሳስ 77፡ ካብ ወጋሕታ ዝጀመረ ደብዳብን መጥቃዕትን ጸላኢ፡ ክሳዕ ፍርቂ መዓልቲ፡ ኣብ ልዕሊ ጋንታ ኣልጋነሽ ብዘይ ምቊራጽ ወረደ። መስዋእትን መውጋእትን መንእሰያት ልዕሊ ዓቕን ኰነ። ጥሜትን ድኻምን ዶቡ ስለ ዝሓለፎን ንምቊጽጻሩ ስለ ዘይተኻእለን፡ ኣልጋነሽ ብቐትሩ ኣብታ ዝዓረደትላ ድፋዕ፡ ንሓጺር ግዜ ኣብ ከቢድ ድቃስ ተሸመመት። ኣብቲ ድቃስ ቀም ኣቢላትሉ ዝነበረት ድፋዕ፡ ደርጓዕጓዕ ድምጺ እግሪ ሰብ ሰምዐት፡ ገና ስለዘይተበራበረት ሕልሚ ከይኸውን ተጠራጠረት። እንተኾነ፡ ኣብ ከምዚ ዝበለ መሪርን ፈታንን እዋን፡ ሓሞት ሓደ ብጻይ ክዝረግ ርእየት።

እዚ ሓጺር ገድላዊ ተሞክሮ ዝነበሮ ተጋዳላይ ኪዳነ ተኸለሃይማኖት (ወዲ ቀሺ) መጠን፡ ከም ሓድሽ ተጋዳላይ ዓቕኑ ዝሓለፎ መስዋእቲ፡ መውጋእቲ፡ ሕጭጭታ ነፈርቲን ደብዳብ ከቢድ ብረትን ክጻወሮ ስለ ዘይከኣለ፡ ንጽንዓቱ ተፈታተኖ። መዓንጣ ስለዝተዘርገት፡ ክላሹ ናብ የማነይቲ ኢዱ ኣልጊቡ፡ ንኢዱ ባዕሉ ሃረማ። ኣልጋነሽ በቲ ዝሰምዓቶ ተኹሲ ካብ ማዓሙቕ ድቃሳ ተበራበረት። ኪዳነ ኢዱ ባዕሉ ከም ዝወግኣ ምስ ኣረጋገጸት፡ ውግእ ክሳብ ክንደይ ንወዲ-ሰብ ከም ዘጨንቖን ንሞራሉ ከም ዝፈታተኖን ተገንዘበት። ከም ሓዳስ ተጋዳሊት፡ ከምዚ ዓይነት ፍጻመ ካብ ሓደ ተጋዳላይ ዘይትጽበዮ ስለ ዝነበረት፡ ብስንባደ "እዋይ ጉድ ርእየ፡ ባዕሉ ንኢዱ ወጊኡ፡" ኢላ ጨደረት። መራሒ መስርዓ ኣፈወርቂ ገረዝጊሄር ፍስሃየ (ወዲ ጭዓይ)፡ ኣንፈት ተኹሲ ሰሚዑ፡ ናብ ቦታ ፍጻመ ደበኽ በለ። ኣልጋነሽ በቲ ኮነታት ተገሪማ ከተዕለብጥ ጸንሓቶ። ናብ ኣልጋነሽ ቅርብ ኢሉ፡ "ስቕ በሊ ያ ማንጁስ፡ ከምኡ ኣይበሃልን'ዩ። ንግዚኡ

ኣብ ልብኺ ጥራሕ ሓዝየ። ልብና ከነዕብን ኣእምሮና ከነስፍሕን ይግባእ። እዚ'ኳ ንሕና ሰብ ዕላማ ኴንና'ምበር፡ ምድረ-ሰማይ ብናፓልም ክትሓርርን ረመጽ-ሓዊ ክካዓዋ ርእያ፡ ትንፋስ ዝሓዘት ነብሲ ከመይ ዘይትስንብድ! ደሓር ከኣ ኣልጋንሸ፡ ኵሉ ሰብ ነናቱ ጸላም መዓልቲ ኣላቶ። ኪዳን ወዲ-ቐሺ ድማ ተጋግዩ ሕማቅ መዓልቲ ውዒሉ። ከብድና ግን መግቢ ጥራይ ዘይኮነ፡ ምስጢር'ውን ክዓቁር ይግባእ፡" ኢሉ፡ ልቦና ብዝመልአ ኣገባብ ገንሓ።

ኪዳን (ወዲ-ቀሺ) ናብ ሕክምና ተላእከን ዘድሊ ሕክምናዊ ረድኤት ተገብረሉን። ምስ ሓወየ ከኣ ናብታ ዝነበራ መስርዑ ተመሊሱ ቃልሱ ክቕጽል ናብ ሓለፍቱ ሕቶ ኣቕረበ። ብመሰረት ድሌቱ ናብ ሓይሉ ተመልሰ። ኣብታ ሓጻር ፈታኒት እዋን ዝፈጸማ ጉድለት ኣሪሙ፡ ታሪኽ ሰሪሑ፡ንብጾቱ ኣብነት ክኸውን ወሰነ። መንፈስ ቃልሱ ኣሐዲሱ ሓደ ካብቶም ብትብዓቶምን ጅግንነቶምን ከም ኣብነት ዝጥቀሱ ኮይኑ ድማ ውግእ ሰምሃር ወድአ። ንሱ፡ ኣብቲ ኣብ ሞንጎ ጸላእን ብርጌድ-ኣርባዕተን፡ ኣብ ጉላጉል ሳሕል ዝተኻየደ ደማዊ ናይ ምርብራብ ውግእ (እማዕሚደ)፡ ኣብነት ኮይኑ ክዋጋእ ድሕሪ ምውዓል፡ ታሪኽ ሰሪሑ ብጅግንነት ተሰውአ።

* * *

17 ታሕሳስ 1977፡ ህዝባዊ ግንባር ድሕሪ ነዊሕ ምርብራብ፡ ኣብ ልዕሊ ሰራዊት ደርግ ሰፊሕ ጸረ-መጥቃዕቲ ወሰደ ነቲ ምስ ጨጓር-ታባ ዝተኣሳሰር ሰንሰለታዊ ጉቦታት ተቘጻጸሮ፡ እቲ ዘመናዊ ኣጽዋር ተሓንጊጡ፡ ብማእለያ ዘይብለን ታንክታት ዝተሰነየ ሰራዊት ደርግ፡ ውጉኣቱን ምዉታቱን ገዲፉ፡ ክሳብ 'እምኩሉ' እግረይ ኣውጽእኒ ኢሉ ንድሕሪት ተመልሰ። በጦሎንና ድኻም፡ ጽምእን ጥሜትን ተጻዊራ፡ ነዚ ዝሃድም ዝነበረ ሰራዊት እግሩ እግሩ ሰዓበቶ።

እንተኸኑ፡ እቲ ብወገን ሰሜን (ሕጂ ሓድሽ መዓርፎ ነፈርቲ ተሰሪሑሉ ዘሎ ጉላጉል) ከምኡ'ውን ብወገን ደቡብ እንዳ ህበይ ዝነበረ ናይ ወገን ሓይሊ፡ ተቓውሞ ነፈርትን መዳፍዕን ስለዘበርትዖ፡ ከምቲ ዝድለ ክሰጉም ኣይከኣለን። ላዕለዎት ወተሃደራዊ ሓለፍቲ'ቲ ግንባር፡ ሓይልታት ብማዕረ ኣብ ሓደ መስርዕ ተሰሊፈን ንቕድሚት ክቕጽል ከም ዘይከኣላ ተገንዘቡ። ኪኖኡ ምኻድ፡ ካልእ ሳዕቤን ከኸትል ከም ዝኽእል ስለዝተረድኡ ከኣ፡ ተጋዳላይ ንድሕሪት ናብ ዝተበገሰሉ ክምለስ ኣዘዙ። በጦሎኒ 4.3 ጸላኢ ራሕሪሑዎ ዝሃደመ ማይ ዘይጥዓመ ኣማኢት ካላሽናትን ካልእ ኣጽዋርን ተሰኪማ ገፊፍ እናበለት ናብ ጨጓር-ታባ ተመልሰትን መሕደሪኣ ሓዘትን።

ተጋዳላይ ነቶም ከም ሕሱም ዝቅጥቀጡ ዝረግፋን ዝነበሩ 'ወዶ-ዘማች' ወተሃደራት ኢትዮጵያ፣ ከብኪቡዎም ንባጽዕ ክኣቱ ሞራልን ሓይልን'ኳ እንተ ነበሮ፣ ነታ "ተመለስ!" እትብል ወተሃደራዊ ትእዛዝ'ሞ መን ይሕለፉ!

ምድሪ ምስ መሰየ፣ እቶም ኣብ ውግእ ክፋለሙ ዝወዓሉ ክልተ ተጻረርቲ ሓይልታት መመሕደሪኦም ሓዙ። በታ ምሸት'ቲኣ፣ መራሕቲ መስርዕ ተኪኤ (ቈራይ)፣ ሰለሙን (ጫረ)፣ ኮሚሳር ጋንታ ተኸስተ (ዛቱ)፣ ከምኡ'ውን፣ መራሒ ጋንታ ተኪኤ (ኮማንድስ)፣ ኣብ ሓንቲ ድፋዕ ተራኺቦም ብዛዕባ ውዕሎኦም ዕላል ጀመሩ። ጓል ጕነጽ፣ ጸላም ተጕልቢባ፣ ድራር ለይቲ (ወተሃደራዊ መራኸቢ ምስጢር) ናብ ሓይሊ 4.32 ከተብጽሕ ብሓለፍታ ተላኢኸት። ገነት ብተፈጥሮኣ ዓውዓው በሃሊት ስለዝነበረት፣ ድምጻ ብማዕዶ ተሰምዐ። ዝተላኣከቶ ድራር ለይቲ፣ ንመራሒ ጋንታ ኣብጺሓ ከኣ፣ ቍሩብ ኣዕሊላ፣ ናብ ጋንታኣ ተመልሰት።

ኣብታ ህሞት'ቲኣ ከይተፈለጡ ናብ ድፋዕ ዝተጸግዑ ክልተ ወተሃደራት እቶም ኣብ ጥቓ ብዓል ተኸስተ (ዛቱ) ዓሪዶምነበሩ። ጸላኢ፣ ድምጺ ጓልጕነጽ ምስ ሰምዑ ካብቲ ኣብ ልዕሊ ደቂኣንስትዮ ዘለዎም ተባዕታዊ ልዕልነት ዝተበገሰ፣ ብዓቢኡ ድማ ገለ ሽልማት እንተ ረኸቡ፣ ንገነት ብኢዳ ክሕዙ፣ ዓይኒ የብለይ ስኒ የብለይ፣ ጠኒኖም ናብ ድፋዕ ብዓል ተኪኤ ተደቕደቑ።

ሸው እቶም ኣርባዕተ ተጋደልቲ ብዛዕባ ውዕሎኦም ኣልዒሎም፣ ኣብ ዓሚቝ ዕላል ጥሒሎም ነበሩ። መራሒ ጋንታ ተኪኤ (ኮማንድስ)፣ ብወገን'ቲ ድቕድቕ ጸላም ጣሕሸሽ ሰምዐ። ቀዳማይ ወተሃደር፣ ኣብ ኢዱ ካራ ዓቲሩ ናብታ ድፋዕ ተወርወረ፣ ምስ ተኪኤ (ኮማንድስ) ተጠማጠመ። እቲ ካልኣይ ወተሃደር'ውን ኣሰር ብጻዩ ስዒቡ ዘሊሉ ምስ ኮሚሳር ጋንታ ተኸስተ (ዛቱ) ምትሕንናቕ ኰነ። ተኪኤ (ቈራይ)ን ሰለሙን (ጫረ)ን እዚ ብሃንደበት ዝተፈጥረ ኵነታት፣ ኣሰደሚሙዎም ዝገብርዎ ጨነቖም። ጥምጥም ቀጸለ። መሬት ብጸልማት ስለ ዝተሸፈነ፣ ሓደ ካብቲ ሓደ ክፈልዩዎም ኣጸገሞም። ኣብ መወዳእታ 'ጫረ' ናብ'ዞም ተጠማጢሞም ዝቃለሱ ዝነበሩ ብምቕራብ፣ ነቲ ወተሃደር ካብ ብጻዩ ተኪኤ፣ ኣነጻጺሩ ፈልዩ ኣብ ኣፍ ልቡ ክልተ ጠያይቲ ኣጕሰሞ፣ ጕዳይ ተኪኤ ተፈትሐ።

እቲ ራብዓዮም ተኸስተ (ዛቱ) ናበይ ከም ዘበለ ሰኣኑዎ። ንቕድመኦም ቀሊሕ እንተ በሉ ተኸስተ ኰነ ወተሃደር ኣይነበሩን፣ ኵነታቶም ገረሞም። ካብ ደረት ዓይኖም ተኸዊሎም፣ ናብ ቅድመኦም ዝነበረ ስንጭሮ ሃፍ ኢሎም ጸዲፎም ተጠማጢሞም ክቃለሱ ጸንሑዎም። ብኸመይ ከም ዘገላግልዎም

ሓርበቶም። ነዚ ጽጋባ ወተሃደር ብህይወቱ ክማርኽዎ'ኳ እንተ ፈተኑ፡ ኣብ ጸጋመይቲ ኢዱ ካራ ስለ ዝነበሮ ኣጸገሞም። ተኽስተን እቲ ወተሃደርን እንቅዓ እናስተንፈሱ ተቓለሱ። ተኪኤን ሰለሙንን ተጣቢቦም ነቲ ወተሃደር ተኩሶም ቀተልዎ፣ ንብጻዮም ሒዞም ድማ ናብ ቦታኦም ተመልሱ።

* * *

ኣባጽሕ ስሓርትን ሰሜንን፡ ኣብ ዝባኖም እንጀራን ማይን ተሰኪሞም ናብ ድፋዕና ደበኽ በሉ። እዞም ድቕድቕ ጸላም ከይዓጀቦም፡ ዝተጸምበሩና መንእሰያት እቶም ኣብ ራህዋናን ጸገምናን ካብ ጐድንና ዘይፍለዩ ኣባላት ሓፋሽ ውድባት ምዃኖም ምስ ፈለጥና፡ ኵርዓትን ሓበንን ተሰመዓና። ንሳቶም፡ ካብቲ ኣብ ዝባኖም ዝተሰከሙዎ ቅጫ ሂቦም ዓንገሉና ማይ ኣስትዮም ኣርወዩና ዕማሞም ፈጸሞም ክምለሱ ከለው፡ ገለ ካብ ዓቕሞም ንላዕሊ ዝተማረኸ ብረት ተሰኪሙ፣ ዝተረፉ ድማ ውጉኣት ተጋደልቲ ኣብ ባሬላ ጸይሮም ናብ መበገሲኦም ተመልሱ። ነዚ ምስ ተዓዘብኩ፡ እዚ ህዝቢ'ዚ ክሳብ ክንደይ ምረት መግዛእቲ ከም ዝነበሮን፡ ንናጽነት ከም ዝሃርፋን ተገንዘብኩ።

በጦሎኒ 4.3 ድፋዓት ዓዲሓውሻ ካብ ትገድፎ ድሮ ሻዱሻይ መዓልታ ሒዛ ነበረት። ካብታ እግራ ኣብ ጐላጉል ሰምሃር፡ ኣብ 101 ኪሎሜተር መስመር ጽርግያ ኣስመራ ባጽዕ ዘንበረትሉ ህሞት ጀሚራ፡ ንሓንቲ መዓልቲ'ውን ይኹን ከየዕረፈት ጽዑቕ ውግኣት ኣካየደት። ሕጂ ድሕሪ ዓሰርተታት ዓመታት፡ ነቲ ፈታኒ መድረኽ ክትዝትየሉ ቀሊል ይመስል ይኸውን፡ እንተኾነ፡ ምረትን ጽንኩርነትን ውግእ ሰምሃር፡ ክፈርድን ክምስክርን ዝኽእል፡ እቲ ንስክላ ካብ መስዋእቲ ተሪፉ፡ ብህይወት ዘሎ ተጋዳላይን፡ ኣብ ጐድኒ ሰውራኡ እጃሙ ዘበርከተ ዝነበረ ህዝብን ጥራይ እዩ። ምኽንያቱ ብፍላይ ኣብ ኣእምሮ'ቶም ኣብቲ ውግእ ዝተሳተፉ፡ ዘይሃስስ ጦብላሕታን ስምብራትን ገዲፉ'ዩ።

ውግእ ሰምሃር እምበኣር፡ ከምቲ ፈጠራኣዊ ምዕራባዊ ፊልምታት፡ ዘይኮነ፡ ንእሰነቶም ዘይመነዉን ኣብ ኣብራኾም ዘተንፍሱን ኣማኢት ዕሸላት መስዋእቲ ዝኸፈሉሉ ምርብራብ'ዩ ነይሩ። ተጋዳላይ ኣብ'ዘን ውሑዳት መዓልትታት፡ ኣብ ልዕሊ ጸላኢ ዘውረዶ ናይ ዓሰርተታት ሚልዮናት ዶላር ሰባውን ንዋታውን ክሳራርታት እምበኣር፡ ንዘንተእለት ኣብ ልቢ ህልውን መጻኢን ወለዶ ህዝቢ ኤርትራ ተዘኪሩ ዝነብር'ዩ።

ሳሊና-77

ህይወት ሰብ ዝወሰደት ህጽጽቲ መልእኽቲ

እቲ ብ10 ታሕሳስ 1977 ካብ 101 ኪሎ ሜተር ዝጀመረ ደማዊ ውግእ፡ ተጋዳላይ ክደፍእ ጸላኢ ክድፋእ፡ ተመሊሱ ጸላኢ ክደፍእ ተጋዳላይ ክከላኸልን ክድፋእን ራብዓይ መዓልቱ ኮነ። ሓይልና ሓይሊ 4.33 ካብ ጽርግያ ኣስመራ-ባጽዕ፡ ንጸጋም ምስ ሓይሊ 4.32፡ ንጨጓር-ታባ ንድሕሪት ገዲፋ፡ ኣብቶም ንኣሽቱ ኩጀታት ክትኣስር ስለዝተሓበራ፡ ግዝያዊ ድፋዕ ንምስራሕ ኵዕታ ተተሓሓዘቶ።

ሓጕስ ጸጋይ ገብረማርያም (መበቆል ዓዱ ዓዲኮይታ) ብ30 ጥሪ 1976 እዩ ኣብ ህዝባዊ ግንባር ዝተሰለፈ። ወተሃደራዊ ታዕሊም ብግቡእ ወዲኡ ድማ፡ ኣብ ተኽሊጥ ናቕፋ ናብ ብርጌድ 4 ተጸምበረ። ሓጕስ ሓጺር ድልዱል፡ ዕጉስ፡ ፍሽኽታ ዘይፍለዮ፡ ኣብ ስርሑ ትጉህን ምስ ብጾቱ ሕዉስን ተጋዳላይ ነበረ።

ሓጕስ ኣብ ዓይኒ ሓለፍቲ ክኣቱ ግዜ ኣይወሰደሉን። ኣብ ውግእ ስሓርትን ሰምሃርን ከም ምኽትል መራሒ መስርዕ ዮሃንስ 'ኮማንድስ' ብምኳን፡ ኣብ ውግእ፡ ንዝደኸሙ ብጾቱ ኣብ ምእላይን ንሓደስቲ ተጋደልቲ ሞራል ኣብ ምሃብ ዓቢ ግደ ተጻወተ።

ሓይልና ኣብ ጽዑቕ ውግእ ተጸሚዳ ወዓለት። ጸሓይ ኣብ ምዕራባ ቀሸን ረዘነን ኣንፈቶም ናብታ መስርዕ ሓጕስ ዓሪዳትላ ዝነበረት ኣበሉ። ሓጕስ ገለ ነገር ከም ዘሎ ኣይዘንግየን። ከምቲ ዝሓሰቦ'ውን ዕቘባይ ሓንቲ ብስቴፕለር ዝተዓሸገት ቍራጽ ወረቐት ኣብ ኢዱ ሒዙ፡ "እዛ ህጽጽቲ መልእኽቲ ካብ ማእከልነት በጦሎኒ ዝመጽኣት'ያ፣ ናብቶም ኣብ ዓባይ ቢንቶ ዘለዉ ላዕለዎት ሓለፍቲ ግንባር ከተብጽሓ ኢኻ። ሃየ ተበገስ፡ " ዝብል ሓጺር ወተሃደራዊ ትእዛዝ ሃቦ። ስልሳይ ርእሱ፡ መልእኽቱ ኣብጺሑ፡ ምሕዳሩ ናብ ቦታኡ ክምለስ ድማ ተሓበሮ። እቶም ስለስተ ብጾት ዝተባሃሉዋ ንምፍጻም ኮለይ ዓጢቖም ንምዕራብ ገጾም ክኸዱ ተዳለዉ።

ከባቢ 16 ዓመት ዕድመ ዝነበሮ፡ ኣባል መስርዕ ኣዓየ፡ ኢብራሂም (ማንጆስ) ዕባይ ዓዲ ሹማ፡ ካብ መስርዕና ድማ ኣብ ቤተ-ክህነት ክሳብ ራብዓይ ክፍሊ ዝተማህረ፡ ብምሕራር ከተማታት ተጸልዩ፡ ደቈነቱ ጠንጢኑ፡ ኣብ መወዳእታ 1976 ዝተሰለፈ ዕባይ ሰንዓፈ ቍንጹብ መዓሾ ምስ ሓጕስ ዝተበገሱ እዮም። ሰለስተኦም ዝተዋህቦም መልእኽቲ ንምብጻሕ 6፡00 ድሕሪ ቀትሪ ነቐሉ።

እቶም ቅድሚ ቍሩብ ሰዓታት ኣብ ፈቖዶ ጕላጕል ሰምሃር፡ ፋሕ-ብትን ዝኣተዎም ወተሃደራት፡ ሓደጋ ምእንቲ ከየውርድሎም፡ ተፈናቲቶም ብጥንቃቐ ይጓዓዙ ነበሩ። ነዊሕ ከይተጓዕዙ ግን፡ ካብ ዕርዲ "ፎርቶ ምሸናቕ"ን ወደብ ባጽዕን ዝተተኰሰ ናይ መዳፍዓትን ሚሳይላት ቦምባታት፡ ኣብ ጥቓኦም ስለዝዓለበ፡ ምድረ ሰማይ ብደሮና ተዓብለኸ። እቲ ብብርቱዕ ድምጺ ዘሰነየ ዘራጊቶ ንሰለስተኦም ናብ መንገዲ ውሕጅ ደርበዮም፡ ካብ ሞት ግን ንስክላ ደሓኑ።

ሓጐስ ብዛዕባ'ታ ዝተዋህበቶ መልእኽቲ ስክፍታ ኣሕደሩ። ኣእዳዉ ናብ ጁባኡ ኣእተወን። እታ ወረቐት ኣብ መቓምጦኣ ከም ዘላ ምስ ኣረጋገጸ ድማ፡ ደሃይ ብጾቱ ክፈልጥ፡ "ኣንታ ደሓን ዲኹም ኢብራሂም፧" ክብል ሓተተ።

"ደሓን ኢና፣ ንጣር ስኬጆ በሲዑና ከይከውን ንነብስና ንፍትሻ ኣሎና።" መለሰ ኢብራሂም፡

"መዓሾ'ኸ፡ ደሓን ዲኻ፧" ደጊሙ ሓተተ ሓጐስ፡

"እንታይ ፈሊጠ፡ ተወጊኣ ድየ፡ ተሰዊአ፡ ምርዳእ ኣብዩኒ'ሎ፡ ንሰብ ከም ኩዕሶ ጠቕሊሉ ዝውርውር ቦምባ ኣሎ ድዩ ወደይ፧ እንቋዕ ከኣ እዚ ቁልዓ፡ ኣብ ንኡስ ዕድመኡ ቀጽይ ኣይበለ።" መለሰ መዓሾ። ኢብራሂም ትቕብል ኣቢሉ፡ "ኣንታ መዓሾ፡ እዚ ንሕና እንሓልፎ ዘሎና ህይወት፡ ሕጊ ተፈጥሮ ዝተኸተለ ኣይኰነን። ኣብ ውግእ ሞት ከከም ምርጫኻን ዕድመኻን ዘይኰነ ከከም ዕጫኻ እዩ ኩይኑ። መን ይሓልፍ መን ይተርፍ፡ ንሕና ንውስኖ ኣይኰነን፡" በለ።

መዓሾ ነገራቱ ኣስደሚሙዎ ርእሱ እናነቕነቐ። "ኣንቱም ሰባት፡ ኣብዛ ዓለም ዓገብ ዝብል፡ ሓቂ ዝፈርድ፡ ንዝበደለ ዝቐጽዕ፡ ዝተብኣሱ ዝዓርቕን ዘረዳድእን ለባም መንግስቲ የልቦን ድዩ፧ እዞም ኣብ ንሓድሕድና ክንጨፋጨፍ ምርኣይ ደስ ዝብሎም፡ ፈሪሃ እግዚሄር ዘይብሎም ክኾኑ ኣለዎም፡" በለ መዓሾ በቲ ደብዳብ ተዳሂሉ።

ሓጐስ ብዛዕባ ኣቃውማ እዛ ዓለም ንኽረድኦ፡ "ስምዓኒ'ሞ መዓሾ፡ ዓለምና ኣብ ክልተ ደንበታት ዝተመቕለት'ያ።። እቲ ሃጸያዊ ደንበ ዝበሃል፡ ረብሓ ውልቀ ሰባት ዝሕሉ ክኸውን እንከሎ፡ እቲ ማሕበርነታዊ ደንበ ዝበሃል ድማ፡ ሃብቲ ሃገር፡ ብሓባር ዝከፋፈለሉን ብማዕረ ዝንበሩሉን ስርዓት'ዩ"

ኢሉ ዘረብኡ ከይወድአ፡ መዓሾ ኣብ ሞንጎ ኣትዩ፡ “እሞ፡ እቲ ሃጸያዊ ዝበልካዮስ፡ ከም’ዞም ግብሪ ካብ ሓፋሽ እናገበሩ ዝነብሩ መሳፍንቲ ዓድና ምዃኖም በሪሁለይ ኣሎ። እንተ’ዞም ማሕበርነዊ መንግስቲ ዝበልካዮም ግን ‘ኣንጻር ጭቆና ንቃለስ ኢና፡ ንውጹዓት ንሕግዝ ኢና’ ዝብሉስ እንታይ ኲይኖም ኣባና ምስ በጽሑ ካብ ምሕጋዝና ሓንጊዶም፣ ንሕናስ ውጹዓትዶ ኣይኰናን፧” ዝብል ሕቶ ወሰኸሉ።

ሓጐስ ክምስ ኢሉ፡ “ኣገዳሲ ሕቶ ኢኻ ኣቕሪብካ። ህዝብና ዝሓልፎ ዘሎ ጽንኩርን በዳህን መድረኻት ቀሊል ኣይኰነን። ንሰውራና ካብ ካልኦት ሰውራታት ዓለም ፍሉይ ዝገብሮ፡ ሃጸይነቶም ይኹኑ ማሕበርነቶም ኣንጻርና ደው ምባሎም እዩ። እቲ ወሳኒ ግን፡ ደገፍ ህዝቢ ስለዝኾነ፡ ክሳብ ህዝቢ ኤርትራ ኣብ ጐድንና ዘሎ፡ ንዓወትና ዝዕንቅፍ ሓይሊ ኣይክህሉን’ዩ። በዚ ምኽንያት ኢና፡ “ቃልስና መሪርን ነዊሕን እዩ፣ ዓወትና ናይ ግድን’ዩ፡ ” እንብል በሎ ብሓበን። እዚ ኩሉ ከዕልሉ፡ መሓውራቶም ካብ ምስጓም ኣየቋረጸን።

ጸሓይ መዓልታዊ ዕማማ ዛዚማ፡ መሕደሪኣ ንምሓዝ፡ ንምዕራብ ኣንቈልቊለት። ሓጐስ ነዊሕ ጕዕዞ ይጽበዮም ከም ዘሎ ተረዲኡ፡ ብሓውሲ ዘብዘብ መንገዶም ናብ ደቡባዊ ምዕራብ መኣዝን መሪሑዎም ቀጸለ። ኣብ መንጎ፡ መዓሾ ድኻም ስለ ዘሰነፎ ካብ ብጾቱ ደሓረ። ከርክቦም እንተፈተነ’ውን፡ ኣእጋር ረሸሸ ኢለን ጠለማኦ። ሸዑ ማንጁስ፡ ንመዓሾ ሞራል ንምሃብ፡ “ኣጆኻ! ቀሪብና ኢና፣ ስንኻ ጥራሕ ንኸስ” በሎ።

ሓጐስ፡ ሓድሽ ሓሳብ ከም ዝመጾ ናብኦም ቍሊሕ ኢሉ፡ “ስምዑኒ ብጾት! ኣብ መንገድና ዘጋጥመና ነገር ኣይንፈልጦን ኢና። እዚ ደብዳብ መዳፍዕ፡ ዘቋርጽ ኣይመስልን ጥራሕ ዘይኮነ ሓይሉ እናወሰኸ ይኸይድ ኣሎ። እዛ ተዋሂባትና ዘላ ወረቐት’ውን ሓያል መልእኽቲ ዝሓዘት’ያ ትመስል። ስለዚ፡ ምናልባት ኣነ በዚ ኣብ ድሕሬናን ቅድመናን ዝወድቕ ዘሎ ቦምባ እንተተወጊአ ወይ እንተተሰዊአ፡ እዛ ወረቐት፡ ኣብዛ የማነይቲ ጁባ ጃኬተይ ኣላ’ሞ፡ ሓደራ ቀልጢፍኩም ኣብ ቦታኣ ኣብጽሑዋ ድማ!” በሎም። “ማንጁስ”፡ ሓሳብ ሓጐስ ኣይተቐበሎን። “እምበኣር ሎምስ መስዋእቲ ኣብ ድሌት ውልቀ-ሰባት ወዲቓ። ንስኻ ክትስዋእ ንሕና ክንሰርር፡ መን ዓዳላይ መስዋእቲ ገይሩካ እዩ፤ መስዋእቲ ናይ ግዜን ዕድልን ጕዳይ እዩ። ኣብ ስምሃር መስዋእቲ ማለት ዕረፍቲ እዩ ክትፈልጥ፡” በሎ። መዓሾ ኩላቶም፡

ዝዓበዩ ዝነኣሱ ንሞት ኣነኣኢሶም ምርኣዮም ገሪሙዎ፡ “ኣንታ ጸጽብቑ ዘይትምነዩ! ኩሉ ግዜ ብዛዕባ ሞት ጥራሕ ክትዛረቡን ብኣኣ ክትጨርቁን!” በሎም ቁጠዐ ወሲኹ።

“ንሞት ዝፈትዋ ወይ ዝብህጋ ተጋዳላይ የለን። እንተ'ኹኑ፡ መሰዋእቲ ዋላ ንሓንቲ ደቒቕ'ውን ካባና ዘይትርሕቕን መጓዕዝትናን'ያ ኮይና ዘላ። ነዚ ሓቂ እዚ ክንቅበሎ ጥራሕ'ዩ ዘሎና። ኣብ'ዘን ውሑዳት መዓልትታት ጥራሕ ክንደይ ምልምል ጀጋኑ ኢና ከፊልና ዘለና! መለሰ ሓጎስ።

ሓጐስ ዕላሎም ግዜ ከም ዝበልዐ ተገንዘበ፡ ዝተረፈ ክትየም ክቕጽልዎ ተረዳዲኦም ጕዕዞኦም ናብ ምዕራብ ገጾም ቀጸሉ። ደብዳብ ሓይሉ እናወሰኸ ከደ። ቦምባታት፡ ሓንሳብ ቅድመኦም ጸኒሑ ድሕሬኦም ዓለበ፣ መንገዶም ግን ኣየቛረጹን።

ማንጁስ ብዛዕባ'ታ ሓጐስ ከም ዋዛ ዝተዛረባ “ሕድርኹም” እትብል ቃል፡ ኣብ ኣእምርኡ ተመላለሰት። “እዞም ገዳይም ተጋደልቲ'ኳ ካብ ተመኩሮኦም ብዙሕ ስለ ዝተማህሩ፡ ዝዛረቡዎ ስቕ ኢልካ ንስለ ዘረባ ኣይኮነን፡” ብምባል ንበይኑ ተዛረበ።

ሓጐስ ኣብ መዓሙቕ ሓሳብ ጠሓለ። ነቲ ደብዳብ ይኹን ዘረባ ማንጁስ ግዲ ኣይገበረሉን። ኩሉ እንትናኡ ብዛዕባ'ታ ምስኡ ዘላ ወረቐት ናብ ኢድ ሓላፊ ኣብ እዋና ምብጻሕ ነበረ። ኣይጸንሐትን፡ ኣብ ጥቓኦም ቦምባ መድፍዕ ዓለበት። ኢብራሂም ማንጁስ “ኣይ! ሓጐስ! ተወጊኡ፡” ዝብል ናይ ቃንዛ ድምጺ ኣስሚዑ። ብኣፍ ልቡ ተጸጥሐ። መላእ ኣካላቱ ብደም ተሓጽበ። ኣዓይንቱ ንውሽጢ ጥሒለን፡ ህይወቱ ክትሓልፍ ትልኽ በለት። ሓጐስ ብማህረምቲ ማንጁስ ሰንቢዱ፡ “ኢብራሂም! ኣጆኻ ቍሩብ ጥራሕ ሓግዘኒ እምበር፡ ናብ ሕክምና ከብጽሓካ እየ ኣጆኻ! ቍሩብ ዕድል ሃበኒ፡ ” በሎ።

ኢብራሂም ማንጁስ እንትርፎ ቍሩብ ክምስታ፡ ክዛረብ ዓቕሚ ኣይነበሮን። እቲ ክምስታ ግን ንዘንብቦ ሓያል መልእኽቲ ነበሮ። ማንጁስ ብትሑት ድምጺ፡ “ሓጐስ” ዝብል ድምጺ ኣስምዐ። ሓጐስ ነቲ ትሑት ድምጹ ንምስማዕ፡ ኣእዛኑ ኣብ ኣፍ ማንጁስ ኣቕረቦ። ኢብራሂም ብትሑት ድምጺ፡ “ስማዕ ሓጐስ፡ ንዓይ ክትሕክሙ ግዜ ኣይትቕተሉ፣ ኣይትድከሙ። እታ ህጽጽቲ ወረቐት ጥራይ ቀልጢፍኩም ኣብጽሕዋ። ዓወት ንሓፋሽ!” ምስ በለ፡ ኣዒንቱ ሰለምለም ኣበለ። ክሳዱ ንምድሪ ጓዕጸጸ ድማ፡ ሓንሳብን ንሓዋሩን ካብዛ ዓለም ተሰናበተ።

ሓጐስ "ማንጁስ! ማንጁስ!" ብምባል ደጋጊሙ ጸውዐ፡ መልሲ'ሞ ካበይ ትምጻእ! ህርመት ልቢ ኢብራሂም ማንጆስ ክሰምዕ ኣፍ-ልቡ ምስ ከፈቶ፡ ጅላድ ቡምባ ሚሳይል ኣብ ከብዱ ኣትዩ ርእየ። ማህረምቲ ከቢድ ከም ዝኾነን ክድሕን ከም ዘይክእልን ድማ፡ ተገንዘበ። ጓሂኡ ንምግላጽ ርእሱ እናነቕነቐ ድማ፡ ነታ ኣብ ዕጥቁ ዝነበረት ነጸላ ፈቲሑ ኣብ ልዕሊኡ ኣውደቖሉ። ሓጐስ ብልቡ ሓዘነን ንውሽጢ ነብዐን።

መዓሾ፡ በቲ ካብ ኢብራሂም ዝፈሰሰ ዝነበረ ደም ሰንቢዱ ኣብ ዘለዎ ከም ጨው ዕንድ በለ። ምኽንያቱ መስዋእቲ ኢብራሂም ንመዓሾ በዅሪ ዓይኑ ነበረ። ከምታ ኢብራሂም ዝበላ፡ መስዋእቲ ብድሌትካ ተቐላጥፋን ተደንጉያን ወይ ትመርጸ ዘይኰነ፡ መሬት ንብዓል መዓልቲ ከም ትወስድ ተረጋገጸ።

ሽዑ ሓጐስ ክንፈሩ እናረምጠጠን ናብ መዓሾ እናጠመተን፡ "ኢብራሂም ብጠባዩ፡ ብኣተሓሳስባኡ፡ ብንእስነቱ፡ ብጭርቃኑን መልክዑን፡ ብዅሉ መለክዒታቱ ክነብር እትብህጎ ፍጥረት'ዩ ነይሩ። ከምቲ ዝበሎ ገድሊ መሪር'ዩ። እዚ ክዋዘየካ ዝጸንሐ ጅግና፡ ንዓለም ማንካ ከየልዓለላ፡ ኣብ ሰዊት ዕድመኡ፡ ሓንሳብን ንሓዋሩ ሓሊፉ፣ ንሕናው'ን ክንሰዕቦ ኢና። ኣነ ንሕድሪ ማንጆስ ንምትግባር፡ ነታ መልእኽቲ ኣብ ሰዓታ ናብ ቦታኣ ከብጽሓ ክብገስ'የ። ንስኻ ግን፡ ብግቡእ ቀቢርካ ቀልጢፍካ ኣርክበኒ፡" በሎም፡ ነቲ ዘጥፍኦ ግዜ ንምትካእ ናህሪ ወሲኹ ንምዕራብ ገስገሰ። ብዛዕባ ማንጁስ ሓሳባት እናውረደን እናደየበን፡ ከኣ ከይተፈለጦ ኣብታ ዝተሓበራ ቦታ በጽሐ። ኣብ መስመር ኣስመራ ባጽዕ እትርከብ ንእሽቶ ቢንቶ፡ ሓደ ምዕሩግ ጭሓም፡ ሽጉጥን ክልተ ቦምባ ቻይናን ዝዓጠቐ ኣባል ፖለቲካዊ ቤት ጽሕፈትን ላዕለዋይ ወተሃደራዊ ኣዛዚ ግንባርን (ኢብራሂም ዓፋ፡)[15] ኢዱ ላምፓዲና ወሊዑ፡ ራድዮ ሃለው ከፊቱ ክዘራረብ ተዓዘቦ። ዘረብኡ ክሳዕ ዝውድእ ሓጐስ ፍንትት ኢሉ ክጸንሕ መረጸ። ኢብራሂም ስርሑ ምስ ወድአ፡ ንሓጐስ ተደሃዩ'ሞ፡ "መን ሸምካ፤ ናይ እንዳ መን ኢኻ፤" ብምባል ኣከታቲሉ ሓተቶ።

"ሓጐስ ስሙ ነጊሩ ኣባል ብርጌድ ኣርባዕተ፡ በጦሎኒ 4.3 እየ፡" ኢሉ መለሰ፡

"ንስኻ ዲኻ ካብ እንዳ ኣርባዕተ መልእኽቲ ከተብጽሕ ዝተልኣኽካ፤" ደጊሙ ሓተተ ኢብራሂም።

"እወ፡ ኣነ እየ፡ እዛ ወረቐት ካብ ቫይናክ፡ ማእከልነት በጦሎኒ እያ

ተላኢኻ፡" መለሰ ብትሕትና። ሓላፊ ንሓጕስ ዓይኑ ዓይኑ እናርአየ፡ "ርኢኻ ብጻይ፡ እዛ መልእኽቲ ኣዝያ ህጽጽቲ እያ፡ ናይ ኩሎም ሓለፍቲ ተላኢኻ። ናትኩም ጥራሕ ቀርብ ብምድንጓያ ጸጊሙና ጸኒሑ፡ ሕጂ ግን ደሓን ኣብ ኢድና በጺሓ ኣላ። እንታይ ኴንካኸ ደንጒኻ፤ ሓለፍትኹም ኣበጊስናዮም ካብ ዝብሉ ነዊሕ ሰዓታት ሓሊፉ፤" በሎ ዕትብ ኢሉ።

ሓጕስ ጸጕሩ ሓኽፍ-ሓኽፍ እና'በለ፡ "እወ ሓቅኻ፡ ከም ዝደንጐኹ ይርድኣኒ እዩ። ምሳይ ዝተበገሰ ኢብራሂም ማንጁስ ዝበሃል ብጻይ ኣብ መንገዲ ብደብዳብ ከቢድ ብረት ተሃሪሙ ስለዝተሰውኣና፡ እቲ ኩነታት ከኣ ልዕሊ ዓቕምና ስለዝኾነና ስለ ዘጋጠመናን'ዩ፡" እየ ደንጒየ በለ ገጹ እስር ኣቢሉ።

እቲ ሓላፊ ርእሱ እናንቕነቐ፡ "ድሓን ብጻይ! ተረዲኣካ ኣለኹ፡ እዛ መልእኽቲ ኣዝዩ ረዚን ትሕዝቶ ኣሎዋ። ነዛ ወረቐት'ዚኣ ኣብ እዋና ኣብ ቦታኣ ንምብጻሕ መስዋእቲ ከፊልኩም። መስዋእቲ ናይዚ ጅግና ብጻይ፡ ጽባሕ ህይወት ብዙሓት ተጋደልቲ ከተድሕን እያ። እዚ ዝህበካ ዘሎኹ ወረቐት ንማእከልነት ቦጦሎኒ ሃቦ። ኣጆኻ ኣይትሕመቕ! ኣብ ዓወት የራኽበና!" ኢሉ ኣፋነዎ'ሞ፡ ኦፐረይተሩ ኣምሪሑ ናብቲ በረኽቲ ቦታታት ተበገሰ።

ሓጕስ ሞራሉ ተሓደሰ። ብፍላይ እተን፡ "መልእኽትኻ ኣብ እዋና በጺሓ ኣላ፣ ናይ ብጻይካ መስዋእቲ ህይወት ኣሽሓት ተጋደልቲ ከተድሕን'ያ!" ዝበለን ክልተ ሓረጋት ስምዒቱ ኣበራቢረን፡ ንሞራሉ ሰማይ ኣዕረግኦ። ዝተዋህቦ ዕማም ብዓወት ምዝዛሙ'ውን ቀሰኖ። ኣብቲ ዝካየድ ዝነበረ ደማዊ ግጥም ንእሽቶ ኣበርክቶ ብምግባሩ'ውን ሓበን ተሰምዖ። ኣብ'ቲ እዋን'ቲ ንሱ መግቢ ከይለኸፈ 18 ሰዓታት ኣቍጺሩ'ኳ እንተነበረ፡ ኣቓልብኡ ብዛዕባ'ታ ብዋሕዲ ሰብ ትሳቐ ዝነበረት መስርዕ ነበረ። ነዚ ክዉን ንምግባር ከኣ ጕዕዞኡ ዘብዘብ ወሲኹ ናብ መዓሾ ገስገሰ።

መዓሾ፡ ንማንጁስ" ሓመድ-ኣዳም ብምልባስ፡ ዝክረ ሰማእታት ብምግባር ዝተዋቦ ስራሕ ፈጸመ። ኣብ መዓሙቕ ሓሳብ ጥሒሉ ድማ፡ "እዞም ገዳይም ተጋደልቲ፡ ንኸም ብዓል ኢብራሂም ዝበሉ ብልቢ ዝፈትዉዎም ብጾቶም፡ ብመስዋእቲ ምስ ተፈለይዎም'ዮም እምበኣር ከብዶም እምኒ ዘእትዉላን ኣብዛ ዓለም ምንባር ትርጉም ከይሃቡ ንመስዋእቲ ዝቀዳደሙን። ስዉእ ኢብራሂም ብዕድመ ሳልሳይ ሞትሎይ እዩ ዝኸውን፡ ተመኵሮና ኣብ ቃልሲ እውን ዳርጋ ሓደ እዩ። እዚ ኵሉ ትብዓቱን ብልሓቱን ግን ደንጽዩኒ፡ ምናልባት ብዙሓት ብጾቱ ስለ ዝቐበረ ክኸውን ይኽእል" በለ።

ኣብ መንጎ ኣብቲ ድቕድቕ ጸላም መዓሾ ሸፋሕ ሸፋሕ እግሪ ሰምዐ። ምናልባት ብራርያ ወተሃደር ከይከውን ስጊኡ'ውን፡ ቦምባኡ ጨቢጡ ከኣ፡ "ደው በል መን ኢኻ!" በለ ብትሪ።

"ኣነ እየ።" መለሰ ሓጉስ።

"መን ንስኻ!" ደገመ መዓሾ።

"ኣነ ብጻይካ ሓጉስ'የ መዓሾ፡" መለሰ ሓጉስ። ዘረብኡ ብምቕጻል ከኣ፡

ድሕሪ ሓጺር ምልውዋጥ ሰላምታ፡ ንመዓሾ መንከቡ እናጠብጠበ፡ "ሰሊጡዶ!" ኢሉ ተወከሰ።

"እወ! እንታይ ደኣ ከምኡ እዩ! ኢብራሂም'ውን ኣብ ትሕቲ መሬት ሰፊሩ። ኣሕ! ዓለም ብላሽ'ያ በጃኻ ሓጉስ!" በሎ እናሰተንተነ።

ሓጉስ ትቕብል ኣቢሉ፡ "ኣብ ሰምሃር መስዋእቲ ናይ ቋሕ-ሰም ኲይና ኣላ። መስርሕ ሰውራ ከምዚ ዝረኣኻዮ እዩ። ንሕና'ውን ይንዋሕ ይሕጸር ክንሰዕቦ ኢና፡" በለ ድልውነቱ ንመስዋእቲ ንምርግጋጽ።

መዓሾ ውሽጣዊ ስምዒቱ ደፋፊኡዎ፡ "ምስ ኢብራሂም ኣብዛ ሓጻር ጉዕዞ ኢና ተላሊና። እተን ዘሰነቐኒ ተመኩሮን ዘሰከመኒ ለበዋን ግን ንመንፈሰይ ቀይረንኦ። ምሉእ ዕድመይ ዘይርስዖ ዝኽሪ'ውን ገዲፉለይ። 'ኲላትና ተጋደልቲ ደቂ ትሽዓተ ወርሒ ክነስና፡ ስለምንታይ ኢና ኣብ ውድባዊ ኣበርክቶና ንፈላለ' ዝብል ሓሳብ ንኣእምሮይ የጨንቖ ነይሩ። ሎሚ ግን ንሕቶይ መልሲ ረኺበሉ። ተጋዳላይ ህዝባዊ ግንባር ጸዋር፡ ተባዕ፡ ዓቃል፡ ጅግና ዝገብሮ ዘሎ፡ ዝፈትዎ ብጻዩ ብጥይት ክምንጠልን ንዘንተ-እለት ብመስዋእቲ ክፍለዮን ስለ ዝርኢ እዩ። ኣነ ድሕሪ ደጊም ሓድሽን ተመኩሮ ዘውሕዶን ተጋዳላይ ኣይኰንኩን። ነተን ካብ ኢብራሂም ዝወረስኩወን ብሉጻት ባህርያት ዓቂበ፡ ዕሜ ኢብራሂም ክሳዕ ትበጽሓኒ፡ ክቃለስ ምስ ነብሰይ መብጽዓ ኣትየ'የ መቐረት ብጻይካ ምስ ሓላፊ እዩ ዝስወጠካ፡" በለ ብምስቍርቋር።

ሓጉስ፡ ርዝነት'ቲ ካብ ልሳን መዓሾ ዝወጽእ ዝነበረ ቃላት ኣስደመሞ። ሰብ ኣብ መስርሕ ቃልሲ ከም ዝቕየርን ከም ዝበልሕን'ውን ኣረጋገጸ። እቲ ዕላል ኣስፍሕ ከብሎ'ውን ኣይጸልኣን፡ እንተኾነ፡ ናብ ብጾቶም ብእዋኑ ክምለሱ ስለዝነበሮም፡ ዕላሎም ኣቛሪጾም ወጋሕታ ናብ በትኦም በጽሑ። ሓጉስ ነታ ከቢድ መልእኽቲ ዝሓዘት ቍራጽ ወረቐት ንፃይናክ ኣረከቦ። ኣብ ልዕሊ መቓብር'ቲ ዕረ እናጠዓሞም ሓመድ ኣዳም ዘልበሱዎ ኢብራሂም

ደው ኢሎም ንኹሎም ሰማእታት እናዘከሩ ዝኽሪ ገብሩሞ ንቕሎ ናብ ቦትኦም ተተሓሓዙዎ።

ከባቢ ሰዓት ሽዱሽተ፡ ሓጕስ ተልእኾኡ ዛዚሙ ናብታ ኣነ፡ ኪዳነ ኣዓየን ረዘነን ኣብ እግሪ ንእሽቶ ጕላ ኮፍ ዝበልናላ መጺኡ ተሓወሰና። ስርሑ ወዲኡ ከም ዝመጽአ ድማ፡ ንረዘነ ሓበሮ። ረዘነ ኣብ ገጽ ሓጕስ ናይ ድኻምን ሓዘንን ምልክት ስለዘንበበ፡፡ "ሰሊጥኩምዶ፡ ኵልኹም'ከ ደሓንዶ መጺእኩም፧" በሎ እናሰግአ።

"እወ፡ ዝተዋህበና መልእኽቲ ፈጺምና መጺእና ኣሎና፣ ግን. . ." ምስ በለ፡ ልሳኑ ንኽትቕጽል ሓይሊ ሰኣነት። ሓጕስ ገለ ነገር ከም ዘጋጠሞ ረዘነ ንእለቱ ተረድኦ። ኣብ ውሽጡ ዘሎ ጓሂ ንኽወጽኣሉ ድማ ብህድኣት ክዛረብ ኣተባብዖ። ሓጕስ ካብ ዝብገሱ ክሳዕ ዝምለሱ ኣብ ጕዕዞ ዘጋጠሞም ዘበለ መኻልፋትን እንኮላይ መስዋእቲ ኢብራሂም ብዝርዝር ገለጸሉ። በቲ ክስተት ኩልና ጕሃና። ካብዚ ገና መዓንጣ ዘይቆጸረ፡ ዕሸል ከምዚ ዝበለ ትብዓት ምርኣይ፡ ኣብ ህዝባዊ ግንባር ቁራጽነት እናተወራረሰ ዝመጽኣን ቀጻልነት ዘለዋን ምዃኑ'ውን ተገንዘብና። እቲ ናይ ሓለፍቲ ኣኼባ ንሓጕስ ዝምልከቶ እኳ እንተ ነበረ፡ ቍሩብ ቀም ከብል ግን፡ ናብ መስርዑ ከደ።

ሓደ ስጉሚ ንድሕሪት፡ ክልተ ስጉምቲ ንቅድሚት

ጸላኢ ንመስመር ባጽዕ ኣስመራ ንምኽፋት ዝገበሮ ከንቱ ተደጋጋሚ ፈተነታት፡ ብሓያል ኒሕን ጽንዓትን ተጋዳላይ ስለ ዝበርዓን፡ ካብ ዝተፈላለዩ ኩርናዓት ኢትዮጵያ ብግፋ ኣኪቡ ዝዓለሞም ዓሰርተታት ኣሽሓት ሓደስቲ ወተሃደራት ካብ ዓሰብ ብመራኽብ ጽዒኑ ባጽዕ ኣራገፎም። በዞም ታዕሊም ዘይጸገቡ "ህዝባዊ ሰራዊት" ዝፍለጡ ሓደስቲ ወተሃደራት ድማ ሞራሉ ቍሩብ ተሓዲሱ ፎኒሕኒሕ ክብል ጀመረ።

17ን 18ን ታሕሳስ 77፡ ካብተን ቅድመኤን ዝሓለፋ መዓልትታት ፍሉይ ዝገብረን፡ ኣዘዝቲ ብርጌዳትን በጦሎንታትን ካብ ታባ ናብ ታባ እናተንቀሳቐሱ ኣተሓሕዛ ጸላኢ ስትራተጂ ክኸሽፉ፡ ተራእዩ። ተጋዳላይ ካብ ተመኵሮኡ፡ ከምዚ ዝኣመሰለ ምንቅስቓስ ክርኢ ከሎ ህጹጽ ወተሃደራዊ ስርሒት ከም ዝህሉ ምግማት ኣይጽገምን እዩ። ካብ ሓለፍቱ ዝኹነ መምርሒ ከይተጸበየ ድማ ዕጥቁ ከመዓራሪ ዝጀመረ። ምናልባት'ውን፡ መን ይፈልጥ፡ እታ ሂወት ኢብራሂም 'ማንጁስ' ተኸፊሉላ፡ ናብ ላዕለዋይ ሓላፊ ዝበጽሐት ምስጢራዊት ደብዳቤ ነዚ ጉዳይ እተሳልጥ ነይራ ትኸውን።

ኣብ ወተሃደራዊ ግጥማት፡ ዓወትን ስዕረትን ኣብ ግዜ ስለዝውሰን፡ ህዝባዊ ግንባር ንግዜ ከም ዓቢ ዕድል ተጠቒሙ ኣብ ረብሓኡ ንምቕያር፡ ዝነበሮ ሓይሊ ኣኻኺቡ ኣብ ልዕሊ'ቲ ሞራሉ ወዲቑ ዝነበረ ሰራዊት ኢትዮጵያ፡ ሰፊሕ ጸረ-መጥቃዕቲ ንምክያድ፡ ምድላውቱ ወድአ። ነፍሲ-ወከፍ በጦሎኒ እተጥቅዖ ዒላማን በየንን ምኣስን ከም እትኣቱን ዝገልጽ ንጹር መምርሒ ተዋሀባ፣ ሰዓት ተበገሰ ክትኣኽለላ ድማ፡ ብሃንቀውታ ተጸበየት።

ኣብዚ ንዓሰርተ መዓልትታት ዝተኻየደ መሪር ናይ ምርብራብ ውግእ፡ ሓይልና ተማህሊልካ ክምለሱ ዘይክእሉ፡ ተዋጊኣም ዘዋጋኡ ምኩራት መራሕቲ ጋንታታትን መሳርዕን ወፊያ ኢያ። ኣነ ብዝነበረኒ ውሑድ ገድላዊ ተመኩሮን ዕድመን፡ ኪኖ መስርዕ ሓሊፈ ንጋንታ ክመርሕ ወይ ክኣሊ ዘፍቅድ ዓቕሚ ኣይነበረንን። እንተኾነ፡ "ድሕሪ ኣቦኻ ሞት ግደኻ ስለዝኾነ"፡ ብሰንኪ'ቲ ለይትን መዓልትን ዝካየድ ዝነበረ ውግኣት፡ ቦታ ናይቶም ዝተሰውኡ ማእከልነታት ጋንታን መስርዕን ተኪእካ ወይ መሊእካ ክትጉዓዝ፡ ኵነታት ሰምሃር የገድድ ብምንባሩ፡ ንሰዉእ መራሒ ጋንታ ሓምድ ተኪአ ክዋጋእን ከዋግእን ተገደድኩ።

19 ታሕሳስ፡ ሰዓት 10፡30 ቅድሚ ቀትሪ ዕቑባይን ተኸለን ሓጺር መምርሒ ንምሃብ፡ ኣኼባ ሓለፍቲ ጋንታታት ኣኼባ ጸውዑ። ሽዑ ቀሺ "እምበኣር፡ እዛ ኣኼባና ሕጂ'ውን ሓጻር'ያ፣ ንሰሙናት ካብ ዕርድታትና ፈልከት ከይበልና ምስ ጸላኢ ቀጻልን ኣድካምን ውግኣት ነካይድ ኣለና። ክሳብ ሕጂ ዋላ'ኳ ውዱእ ጸብጻብ እንተዘይመጽኣና፡ ብጠቕላላ ኣብ ልዕሊ ጸላኢ ከቢድ ናይ ሰብን ኣጽዋርን ክሳራታት ወሪዱ ኣሎ። ድሕሪ ቍሩብ ደቓይቕ፡ ሓይልና ምስተን ካብ ቅጥራን ጽርግያ ኣስመራ-ባጽዕ፡ ንሰሜንን ደቡብን ተዘርጊሐን ዘለዋ ሓይልታት ተወሃሂድና፡ መጠነ ሰፊሕ በርቃዊ ጸረ-መጥቃዕቲ ኣካይድና ንድፋዕ ጸላኢ ከነፈርስ ኢና። ጸላኢ ተኾብኪቡ ናብ ባጽዕ ገጹ ክጽረግ'ዩ። እቶም ብደቡብ እንዳህበይ ዘለዉ ሓይልታት፡ እንዳ 70፡ 4.2ን 8ን፡ ነታ ጽንዕቲ ድፋዕ ፎርቶ-ምሸናቕ ደምሲሶም፡ ብኣጂፕን ኣየር-ፖርትን ተጠውዮም፡ ናብ ዕዳጋ ክወርዱ እዮም። ሓይልና ድማ፡ ብእምኩሉ ብሎኮ ባጽዕ ሰንጢቓ፡ ኣብ ዕዳጋ ክትሕወሶም እያ። ስለዚ፡ ነዚ ተዋሂቡና ዘሎ ስራሕ ብትብዓት ንምግጣም፡ ኩሉ ተጋዳላይ ምድላዋት ክገብር ይተሓበሮ። ወዲአ ኣለኹ፡" በለ።

ንዘረባ ቀሺ ብጽሞና ክከታተል ዝጸንሐ ኣዓየ ድምጹ ኣመዓራርዩ፡ "እሕሕ፡ ዕቑባይ ኣብዚኣሞ፡ ብዛዕባ'ቲ ንጸላኢ ጸራሪግካ ንባጽዕ ምእታው ዝበልካዮ፡ ካብቲ ዝተዋበና ግዜ ቅድሚኡ ክትግበር ምኳኑ ዘጠራጥር

ኣይኮነን፣ በዚ ኣይትሰከፍ። ስክፍታይ ግን፡ ብዛዕባ ናይቶም ዝተሰውኡ ማእከልነታት ጋንታን መሳርዕን'ዩ። ክሳብ ሎሚ፡ ተጋዳላይ ባዕሉ ንባዕሉ ክተኻኻእን ክተኣላለን ጸኒሑ ኣሎ። ሕጂ ግን. . ." ኢሉ ዘረብኡ ከይወድአ፡ ኮምሽነር ሓይሊ ተኽለ ማንጆስ ሓሳባቱ ተረዲኡዎ፡ "ኣዓየ፡ እዚ ትብሎ ዘሎኻ፡ ምምዳብ ሓደስቲ ሓለፍቲ ኣብ ስራሕና ዓቢ ኣገዳስነት ኣለዎ። ኣብ'ዘን ዝሓለፋ መዓልታት ብዙሓት ሓለፍትን ተራ ኣባላትን ተሰዊኦሙና ኣለዉ። እንተኾነ፡ ኣብ ቀጻሊ ውግእ ተጸሚድና ስለዘለና፡ ኣይኮነንዶ ሓደስቲ ሓለፍቲ ክንመዝዝ፡ ነዛ ገጽ ንገጽ ክንርእአ'ውን ግዜ ኣይነበረናን። ደሓር ከኣ፡ ንስራሕ ክጥዕም ተባሂሉ እዩ መራሒ መስርዕ ዝምደብ'ምበር፡ ኵሎም ኣባላት መስርዕ፡ ብኹሉ መለክዕታቶም መራሕቲ እዮም። ምስጢር ዓወት ህዝባዊ ግንባር ድማ እዚ እዩ። ስለ'ዚ እዩ'ውን ተጋዳላይ ትእዛዝ ሓለፍቱ ከይተጸበየ፡ ብረት ዝተሰውኡ ብጾቱ ኣልዒሉ፡ ብዘይ መራሒ ንሰሙናት መመላእታ ክዋግእ ዝቐነየ። ሕጂ ግን ከምቲ ቀሺ ዝበሎ ሰዓት ምብጋስ ይቀራረብ ስለ ዘሎ፡ ናብ ምድላዋትና ንኺድ፡" በለ።

ሰዓት 11.00 ቅድሚ ቀትሪ፡ ሰዓት ምብጋስ ኣኸለ። ካብ ሰሜን ጕላጕል እምበሬሚ ጀሚርካ ክሳብ ደቡብ ከባቢ ደማስ፡ ብግምት ንልዕሊ 25 ኪሎ ሜተር ተዘርጊሑ ዝነበረ ድፋዓት ተጋደልቲ፡ ብርጌዳት፡ 4፡ 70፡ 23፡ 44፡ 8 ከምኡ ናይ እንዳ 76 ከቢድ ብረት፡ ዝተሳተፍአ ዝተወሃሃደ ሰፊሕ በርቃዊ መጥቃዕቲ ተጀመረ። ጸላኢ ካብ ሕሉፍ ተመኩሮኡ፡ ካብ ወንበዴታት ዝወርዶ መጥቃዕቲ፡ ወጋሕታ እዩ ኢሉ ስለዝኣምን፡ ነዚ ዘይተጸበዮ መጥቃዕቲ ሓዲግ ሰዓታት ንወተሃደራዊ ስልቲ ህዝባዊ ግንባር ክርድኦን ክምክቶን ኣይከኣለን ።

ብመጀመርታ ብናይ ንኣሽቱ ብረት፡ ቀጺሉ ብተኹሲ ቦምባ-ኢድ፡ "በለን! ኣርክበን!" ድምጽን ዓውዓውታን፡ መሬት ተጨነቐት ብትክን ጨና ባሩድን ተዓብሎኾት። ወተሃደራት ደርግ ነዚ ሃንደበታዊ መጥቃዕቲ ክጻወሩዎ ስለዘሰኣኑ፡ ዝሕዝዎን ዝጭብጥዎን ጠፊኡዎም ብስንባደ ተዋሕጡ። ንሓጺር ግዜ ክከላኸሉ ምስፈተኑ ከኣናብቲ ኻልኣይ መከላኸሊ ዕርዶም፡ ንድሕሪት ገጾም ሃደሙ። ተጋዳላይ እግሪ እግሮም ብምስዓብ፡ ንዘማረኽ እናማረኸ፡ ዝወደቐ ብረት እናልዓለ፡ ንቕድሚት ገጹ ተወንጨፈ። እንተኾነ፡ ጸላኢ ኣብዚ ካልኣይ ድፍዑ ኣትኪሉ ተዋግአ። ምኽንያቱ፡ ነዚ ካልኣይ ድፋዕ ምስ ዝኽሰሮ፡ ክወርዶ ዝኽእል ሳዕቤን ስለ ዝተገንዘቦ፡ ኣትኪሉ ክዋጋእ ነይሩዎ፣ ከምኡ ከኣ ገበረ።

ኣብዚ'ውን ብተመሳሳሊ ከምቲ ኣብ ጨንር-ታባ ዘጋጠመ፡ ጸላኢ ነቲ ኣብ ቅጥራን ጽርግያ ኣስመራ-ባጽዕ ዓሪዱ ዝነበረ ሰራዊቱ፡ ካልእ ተደራቢ ሓይሊ ሞርታራትን ታንክታትን ወሳሲኹ ክከላኸል ፈተነ። ሓይሊ ወገን ተደጋጋሚ ህጁማት ኣካየደ። ንጸላኢ ካብቲ ዝሓዞ ቦታ ከልቅቖ ግን ኣይከኣለን። ኣብ መወዳእታ፡ እተን ብሰሜንን ደቡብን ጫፋት ዓሪደን ዝነበራ ሓይልታት ናይ ክልተ መጥቃዕቲ ሜላ ብምጥቃም፡ ንጸላኢ ንድሕሪት ገዲፈን፡ ንቅድሚት ገጸን ተወንጨፋ። እቲ ኣብ ማእከል ጽርግያ ዝነበረ ሰራዊት ኢትዮጵያ ከም ግዓት ይኸበብ ከም ዘሎ ስለ ዝተገንዘበ፡ ነቲ ካልኣይን ናይ መወዳእታን ድፋዑ ራሕሪሑ ኣጽዋሩ እናደርበየ ኣብ ኣፍ ደገ ባጽዕ፡ ከባቢ እምኩሉ፡ ማዕረ-ማዕረ ዕርዲ ፎርቶ ምሸናቕ፡ ኣብ ዝርከብ ሰጣሕ ጐላጕል ዓረደ። ኣብዚ ሓይሊ ወገን ክሳራኡ እናወሓደ ክሳራታት ጸላኢ እናተዓጻጸፈ ክኸይድ ግድነት'ዩ ነይሩ። ምኽንያቱ፡ ኣብ ወተሃደራዊ ግጥም እቲ ሞራሉ ዘውደቐን ሕቖኡ ዝሃበን ሓይሊ፡ ዓቕሚ ምውጋእን ምክልኻልን ኣልሚሱ ዒላማ እዩ ዝኸውን።

እቲ ካብ ሰሜናዊ ምዕራብ ጐላጕል ግርግሱም ክሳብ እምኩሉ ዝሃጀመ ተጋዳላይ፡ ነቲ ዝሃድም ዝነበረ ጸላኢ እናጸረገ ባጽዕ ከእትዎ ዘኽኣሎ ምሉእ ዓቕሚ ነበሮ። እንተኹነ፡ እቶም ንፎርቶ ምሸናቕን ኣጂፕን ከጥቅዑ ዝወፈሩ ሓይልታት፡ ተቓውሞ ጸላኢ ነቕ ከብሎም ስለዘይከኣለ፡ ብተናጸል ንቅድሚት ደፊእካ ባጽዕ ንምእታው ካብ ጥቕሙ ጉድኣቱ ከም ዝዓቢ ተገምጊሙ ኣይተመርጸን።

ቀዳማይ ፈተነ ህጁም ፎርቶ ከምቲ ዝተሓሰበ ኣይሰለጠን። ኣዘዝቲ ግንባር ንፎርቶ ከይሓዝካ፡ ኣብ ትሕቲ ፎርቶን ጐላጕል ጉርጉስምን ምዕራድ ሳዕቤኑ ከቢድ ክኸውን ከም ዝኽእል ስለዝገምገሙ፡ እቲ ኣብ ብሎኮ ባጽዕ በጺሑ ዝነበረ ሰራዊት፡ ንድሕሪት ተመሊሱ መሕደሪ ድፋዕ ክሕዝ ትእዛዝ ኣመሓላለፉ። እቲ ንባጽዕ ከድቕድቕ ዝተበገሰ ሰራዊት ወገን፡ ዕረ እናጠዓሞ ንጐልጐል ሰምሃር ንድሕሪት ገዲፉ፡ ኣብ ከባቢ ጨንር-ታባ፡ ኣብ ዘዝጥዕሞ ኩጆት ድፋዕ ሓዘ።

ጸሓይ፡ ነቲ ናይ ምሉእ መዓልቲ ደማዊ ውዕሎ፡ "ይኣክል!" ክትብል ዝደለየት ክትመስል፡ ሓይላ ጕደለ። ድሕሪ ውሑዳት ደቓይቕ ድማ ናብ ምዕራብ ገጻ ተዓዘረት። ቁሩብ ጸኒሑ ድማ፡ ምድረ-ሰማይ ነዛ ንዓይንኻ'ኳ ዘንቕረካ ክትርእየሉ ኣብ ዘይትኽእለሉ ደረጃ ብድቕድቕ ጸልማት ተሸፈነ፡ ተጋዳላይ ኣብ ሓለዋ ቀጽል ኣተወ። ዝዓረድናሉ ድፋዕ ሓውሲ ጕልጐል ስለ

ዝነበረ፡ ንጽባሒቱ ዝህሉ ውዕሎ ሓደገኛ ክኸውን ከም ዝኽእል ካብ ዓይኒ ኵላትና ኣይተኸወለን። ሓለፍቲ'ውን ብዛዕባ መጻኢ ስትራተጂ ክሕንጽጹን ክላዘቡን ግድነት ነበረ።

ኣሕመዲን መሬት ምጽልማታ ከም መኻልፍ ወሲዱ፡ "ወጣም ጸሓይ! ደሓን ኣይትእቶ፣ እንሓንሳእሲ ዘይስርሓ እያ ትገብር!" በለ። ኣብ ጥቓኡ ዝነበረት ገነት ትቕብል ኣቢላ፡ "ስቕ'ባ በል! ወጣም'ኳ ውሒዱዋ። በልስከ ነዘን ዘማች ኣብ ባሕሪ ከነእትወን ቀሩብ ጽንሕ ዘይትብል ኢልና፡ ኣይግድን! ኣግዲዓትና ምስ ወረርቲ ወጊና!" በለት፡ ብዘረባ ኣሕመዲን ተሓጒሳ ፍሽኽ እናበለት። ዕንድኵር ንዘረባ ገነት ቀንቀኛ ስለዘውጽኣሉ፡ "ኣንታ ሎሚኸ ጸሓይ እንታይ በዲላ፧ ካን ትዛረቡዎ'ምበኣር ስኢንኩም! ነቐፌታ ምስ ሰብ ወዲእኩም ምስ ጸሓይ ጀሚርኩም። እምበር ንሳስ ስርሓ እያ ዝገበረት። ደሓር ከኣ ገነት 'እናኽጥዕመካ ብኢድካ፡ ክጽግመካ ብማንካ' ኣይትግበርዮ!" ኢሉ ሕቖኡ ሃቦም።

"እንታይ ማለትካ'ዩ፧" ሓተተት ገነት።

"ማለተይዶ፡ ረሲዕኪዮ ዲኺ ኣብ ዓዲሓውሻ፡ ማይ ኣይሂ ምስ ዘነበ፡ ብቑሪ ከርዲድኪ፡ ክልተ ጸሓይ ክወጽኣልኪ ክትምህለሊ! ሕጂ ከኣ ጸሓይ ከዛብ'ያ፡ ከዳዕ'ያ እንታይ ኣምጽኦ፧ ኣሕመዲን ድማ፡ ዋላ'ኳ ደድሕሪ ጓል-ጉነጽ እንተኸድካ፡ እታ ደርባዊ ቦታኻ ኣይተፍቅደልካን'ያ። ናይ ቀደም መዕበይትካ 'ደርቢ ገባራይ' ትሕሸካ። ንኡስ ቡርጅዋ ምናልባት ድሕሪ ናጽነት ኤርትራ ደኣ ከም ገለ እንተ ኣድመዐት'ምበር፡ ንየው በላ! መሕሸኽኾሽኪት'ያ፡" በለ።

ኣነን በዓል ውቕባይን ረዘነን ንኽትዕ ብዓል ኣሕመዲን፡ ዕንድኵርን ገነትን ንሰምዖ ነበርና። ብፍላይ ረዘነ ንኵሉ'ቲ ጭርቃን ዝተሓወሶ ዕላል ተጋደልቲ ብጾቱ ብኣንክሮ ይከታተሎ ነበረ። ነቲ ኣብ ኣእምርኡ ተተመላሊሱ ድቃስ ዝኸልኦ ዝነበረ ሓሳባት መልሲ እንተ ረኸበሉ ናብ ቀሺ ቅርብ ኢሉ፡ "ስማዕ'ንዶ ዕቑባይ፡ ኣነ ኵሉ ግዜ ዝሓስቦ፡ ግን ከኣ መልሲ ዝስእነሉን ጉዳይኮ፡ እዚ ኣብ ተጋዳላይ ዘሎ ፍሉይ ባህሪን ጽንዓትን'ዩ፡" ድሕሪ ምባል ዝን በለ። ዕቑባይ በዚ ሃንደበታዊ ኣርእስቲ ረዘነ ተገሪሙ፡ ሓሳባቱ ክገልጸሉ፡ "እንታይ ሓድሽ ሓሳባት ደኣ ኣንቂልካ፧" በሎ መንቀል ዘረባን መማስይን ክኾነና። ረዘነ ሓሳባቱ ብምቕጻል፡ "እወ! እንታይ ይመስለካ ቀሺ፡ ወዲ-ሰብ ኣብዛ ዓለም ክሳብ ዘሎ፡ ብባህሪኡ ኣብ ሞንጎ እዞም ክልተ ተጻረርቲ ገጻት ህይወት፡ ህላወን ሞትን፡ ሰላምን ህውከትን፡ ሓጐስን ሓዘንን፡

ጽጋብን ጥሜትን፡ ቅሳነትን ሻቕሎትን፡ ሃብትን ድኽነትን፡ ኲይኑ እዩ ዝጓዓዝ። ካብኦም ወጺኡ ክነብር ኣይክእልን'ዩ። እቶም ቀዳሞት ቅጽላት ግን ንተጋዳላይ ኣይእንታዩን'ዮም። እንተ ደለዮም'ውን ኣይተዓደሎምን። ይኸን'ምበር፡ እቶም ጨቖንቲ ገዛእትና ምስ ምሉእ ትሕዝቶኦም፡ ክጭነቑን ክስተማስሉን ይርኣዩ። ተጋዳላይ ግን፡ ብጾቱ ብመስዋእቲ እናተፈልዩዎን ልቡ ብጓሂ እናተኹምተረን እንከሎ፡ ጓይላ ተኺሉ ይዘናጋዕ፣ ቊራስ እንጀራ ክይለኸፈ ብጥሜት ተላሒሱ እንከሎ ይስሕቕን ይጫረቕን፣ ንኽሰዋእ ካልኢት ተሪፉቶ እንከላ ኣብ ገጹ ፍሸኽታ ይንበብ፣ ምድረ-ሰማይ ከም ዕንቊ ጸቢባቶ እንከላ ዳእላን ጭርቃን የዘውትር፣ ኣብ ገጹ እንትርፎ ሞራልን ትብዓትን፡ ዝኾነ ናይ ፍርሒ ምልክት ዘይትርእየሉ ፍጡር'ዩ። ካብ ምንታይ'ዩ ግን እዚ ኵሉ ትብዓት፡ ተጻዋርነትን፡ ሞራልን። እዚ'ዩ ንዓይ ዘደንጽወንን ዝገርመንን፡" በለ።

ረዘነ ዘምጽኦ ምጉት ከቢዱና ንገለ ደቓይቕ ዝን በልና። ቀሺ ምስ ሓሳባት ረዘነ ከም ዝሰማማዕ ንምግላጽ ፍሽኽ እናበለ፡ "ረዘነ! ዓቢ ኣርእስቲ ኢኻ ኣልዒልካ! ትብዓት ተጋዳላይ፡ ይትረፍ ብዕላል ንዘሰምዖ፡ ንባዕልና ነቶም ሰራሕቱ እውን ይገርመና እዩ። እንተኾነ፡ ሕጂ ብቐሊሉ መልሲ ንረኽበሉ ኣይመስለንን። ዓሚቕ መጽናዕቲ ዝሓትት'ዩ'ሞ ንተመራመርቲ እንተገደፍናሉ'ም ይሓይሽ፡" በለ።

ኣነ እውን'ታ "ጸሓይ ኣግዲዓትና፣ ቀልጢፋ ዓሪባ፡" ንእትብል ምጉት ብዓል ገነት ብምዝካር፡ "እዚ ቀሺ ዝበልካዮ ሓቂ እዩ። እዞም ብጾት፡ 'ጸሓይ ግዜኣ ሓልያ ኣብ ግቡእ ሰዓታ እኳ እንተዓረበት፡ ምስ ጸላኢ ከም ዝወገነት ገይሮም ቈጺሮማ። መኽንያቱ፡ ጸሓይ እንተ ዘይትዓርብ፡ ንጸላኢ ኲብኲብና ባጽዕ ክነእትዎን ዝደለናዮ ሽቶ ክንወቅዕን ምኸኣልና ነይርና፡' ካብ ዝብል ዕላማ ሓርበኛነትን ትብዓትን ተበጊሶም'ዮም ከምኡ ዝበሉ። ብኣንጻሩ፡ ብወገን ወተሃደራት ጸላኢ ጸሓይ ምዕራባ ካብ ሞት ከምልጡ ዕድል ስለዝሃበቶም፡ ምናልባት ከም ዓቢ ዕድልን ጸሎትን ይውሰድ ይኸውን። ምኽንያቱ፡ ዓለምና ብስግንጢር ዝተመልአት'ያ በጃኹም!" በልኩ ብስምዒት።

ገነት፡ ነታ "ስግንጢር" እትብል ቃል ወሲዳ፡ "ሓቅኻ! እዛ ዓለም 'ስጊጢር'ኳ ውሒዱዋ! ሰራዊት ደርግ ብመግቢ ተኸቢቡ፡ ተጋዳላይ መግቢ ካብ ዘይለክፍ ሳልሰቲ ኣቑጺሩ፡ ንሳቶም ዘመናዊ ኣጽዋር ዓጢቖም፡ ንሕና ብረት ካብ ዝባኖም መንጢልና ንዘብጦም፡ ንሳቶም ልዕሊ ሓሙሽተ ሓያላን ሃገራት ኣብ ጉድኖም ኣሰሊፎም፡ ንሕና ግን ብዘይካ ህዝብና ካልእ ሓጋዚ

የብልናን፡ ንሳቶም በልስከ እዚስ ምስ ምንታይ ይቆጽር!" በለት ብምግራም።

ግዜ እናተዓዝረ ስለዝኸደ ቀሺ ነቲ ዝተበገሰ ወግዒ መዛዘሚ ክገብረሉ፡ "ብጾት! እዚ ኣብ ሰዊት ዕድመኡ ህይወቱ ዘወፈ ዘሎ ተጋዳላይ ንሓንቲ ዕላማ እዩ። ንሳ ድማ ባንዴራ ኤርትራ ኣብ መሬታን ኣየራን ክተንበልብል'ዩ። ይኹን'ምበር፡ ገድሊ ኣብ ምዕራፉ ዝበጽሓሉ፡ ሕሰምን ከርፋሕ ናብራን ዝውድኣሉ፡ ሰማእታትና ዝቐሰንሉ፡ ህዝብና ድኻሙ ዝሓፍሰሉን ሃገርና ምስ ዓለማ እትሰርዓሉን መዓልቲ ክትመጽእ ምኳና ግን ዘጠራጥር ኣይኩነን። እቶም ብዕድል ካብ መስዋእቲ ንስክላ ወጺኦም ናጽነት ክርእዩ ዝበቕዑ ዕማኾ ተጋደልቲ ግን ድርብ ሓላፍነት ክስከሙ እዮም። ነዚ ዝሰገር ዘሎ ጽንኩር መድረኽን ኣብ ነፍሲ-ወከፍ ደቒቕ ዝኽፈል ዘሎ ክቡር መስዋእትን ኣብ መዝገብ ታሪኽ ሰኒዶም ንመጻኢ ወለዶ ከሰግጋግሩ ዓቢ ስራሕ ክጽበዮም እዩ፡" ብምባል ሓሳባቱ ምስ ደምደመ፡ ነናብ መሕደሪና ከድና።

* * *

ኣብ መንጎ ድቃስና! ብሃንደበት ኣብቲ ኣብ ቕድሜና ዝነበረ ድቕድቕ ጸላም፡ ናይ ኣጋር ደርጓዕጓዕን ጨርባሕባሕን ብረት ሰማዕና። ኣነን ረዘነን ስለስተ ተጋደልቲ ሒዝና ናብ ቅድሚ'ቲ ድፋዕ ሓሊፍና ተጸናጸንና። ድምጺ ናባና ገጹ እናቐረበ መጽአ። ኣብቲ ድቕድቕ ጸልማት፡ ነቲ ብቕድሚት ዝመጽአ ጸላኢ፡ ብዝሖ ብዘየገድስ ክንገጥሞ ተዳለና። ካብ ዝገመትናዮ ኣይወጻእናን እቲ ድምጺ ቦታ ጠፊኡዎም ደርገፍገፍ ይብሉ ናይ ዝነበሩ ወተሃደራት ጸላኢ እዩ። እቶም ኣንፈቶም ዘጥፍኡ ወተሃደራት ብፍርሒ ተዋሒጦም፡ "ዝም በል ባክህ! ኣብዮታዊ ሰራዊታችን ኣልቋል፡ የቀረ የለም። ቅዱስ ጊዮርጊስ ነው ከሞት ያወጣን እንጂ፡" (ስቕ በል በጃኻ! ወተሃደር ኢትዮጵያ ሃሊቑ'ዩ፡ ቅዱስ ጊዮርጊስ'ዩ ካብ ሞት ዘውጽኣና) እናተበሃሃሉ ናብ ድፋዕና ቀረቡ። ረዘነ ዕባይ ኣዲስ-ኣበባ ምልከት ኣምሓርኛ ስለ ዝነበሮ፡ "ቁም ማን ነህ!" በሎም። ወዮም ወተሃደራት ኣብ መዓስከሮም ዝበጽሑ መሲሉዎም "እኛ የ23ኛ ሻለቃ፡ ሁለተኛ ሻምበል፡ የወገን ሰራዊት ነን" በሉ ብሓባር። ረዘነ ብምቕጻል፡ "ትጥቃችሁ ባላችሁበት ቦታ ትታችሁ ኣንድ በኣንድ ወደፊት ቀጥሉ፡" በሎም። እቶም ትሽዓተ ዝኾኑ ወተሃደራት፡ ኣብ መጻወድያ ተጋደልቲ ከም ዝወደቑ ፈለጡ። ብዘይካ ብሰላም ኢድካ ምሃብ ካልእ ምርጫ ስለዘይነበሮም ከኣ፡ ዝተብሃሉዎ ፈጸሙ። ነቲ ካድረታት ስርዓት ደርግ ብዛዕባ "ጭካነ ወንበዴታት" ዝህቡዎም ፖለቲካዊ ጉስጓስ ዘኪሮም ድማ፡ ብሓዊ ክነዱ ወይ ብካራ ክሕረዱ ተጸበዩ። እንተኾኑ፡

ተጋዳላይ ንዝጸንሖም ሓያል ጽምኢ ማይ ንምርዋይን ንምድዕዓሶምን፡ ነተን ዝርካበን ብራሾታት ምስኦም ብኹባያ ተማቓልናየን። ብሓለዋ ተኹብኩቦም ድማ ናብ መዓስከር ዶጎሊ ተላኣኩ።

እዚ ኣብ ብሎኮ ባጽዕ፡ ንኣባይቲ እምኩሉ ንድሕሪት ገዲፉ፡ ድፋዕ ሒዙ ዝነበረ ሓይሊ ጸላኢ ብፍርሒ ተዋሒጡ፡ ካብ መጥቃዕቲ ህዝባዊ ግንባር ሰጊኡ፡ ምሉእ ለይቲ ገምበል ክውልዕ ሓደረ። እንተ'ቲ ካብ መራኸብ ውግእ ዝውንጨፍ ሮኬታትን ስራሓት ሶቭየት ዝኾነ ናይ ቦምባታት ቢ-ኤምን ግን ንግዚኡ ዘሓለ። ምኽንያቱ፡ ንጸላኢ 300 ሜትሮ ጥራሕ ርሒቕና ስለ ዝተጐዝጐዝናዮ፡ ኣጽዋራቱ ንዓና ፈልዩ ክሃርመና ኣጸገሞ። መራሕቲ ደርግ ነዚ ተገንዚቦም እቲ ደብዳብ ደው ክብል ኣዘዙ። ይዝከረኒ ሽዑ፡ ኣብታ ጸባብ ናይ ድቃስ ግዜና፡ ጠያይቲ ክንመልእን ብረትና ብጸላም ክንወላውልን ዓይንና ሰለም ከየበልና ሰዓት 10፡00 ናይ ለይቲ ኰነ።

እቶም ዓንዲ ሕቖ ሰውራ ዝኾኑ ሓፋሽ ውድባት ህዝቢ ሰሓርትን ሓደስቲ ተዓለምትን፡ ከይንጠምን ከይንጸምእን ኣሰርና እናሰዓቡ፡ ነቲ ካብ ዝስንከት ሳልስቲ ገይሩ ናብ ምዕሳው ገጹ ዝኸደ ሃንዛታት ሃንዛ፡ ገለ ኣብ ሳንዱቕ ናይ ቦምባ፡ ገለ ብነጸላኦም ኣብ ዝባኖም ገይሮም፡ ናብቲ ዓሪድናሉ ዝነበርና ድፋዕ ብምእታው፡ ነቲ ከም ሽታ ማይ ሓሪሙና ዝነበረ ፍትፍት፡ ንገለና ኣብ ኢድና ንገለ ድማ ኣብ ነነጸላና ብኢዶም እናዓሞኹ፡ ዓደሉና። ምስቲ ዝቐነየና ጥሜት፡ ምህድሃድ ናይቲ ሃንዛ ኣድህቦ ኣይገበርናሉን። ልክዕ ከም ሓድሽ ሕምባሻ፡ ንእለቱ ኵልስ-ኵልስ ኣበልናዮ። ብራሾታት መሳርዕ ተኣኪቡ ማይ ከም መቝነን ብኹባያ መስተዩ ሻሂ ተዓደለ።

* * *

ህዝቢ ባጽዕ፡ ነቲ ካብ 12 ጥቅምቲ 1977፡ ካብ ድብያ ሰሓጢት ጀሚሩ ክሳብ ጋሕቴላይ (ድግድግታ) ድግድግታ ዝለሓመ ደማዊ ውግእን፡ ዝተሓፍሰ ዓወታትን ብቐረባ ይከታተሎ ነበረ። እቲ ውግእ ብዓወት ተጋደልቲ ደቂ ከም ዝዛዘም'ውን ጥርጣረ ኣይነበሮን። ካድረታት ደርግ ግን፡ ሞራል ህዝቢ ንምውዳቕ፡ በታ ካብ ኣስመራ እትፍኖ መደበር ራድዮን ጋዜጣ ሕብረትን ዝተፈላልዩ ናይ ሓሶት ወረታት ምፍናው መዓልታዊ ስርሖም ኰነ። “ወንበዴታት ኣብ ውግእ ማይኣጣል ተደምሲሶም፣ ብዶጎሊን ባጽዕን ዝተበገሰ ኣብዮታዊ ሰራዊትና ንተገንጸልቲ ደምሲሱ፡ መስመር ኣስመራ ባጽዕ ከፊትዎ። ሓይሊ ኣየርና ንናይ ሻዕብያ መካይንን መዓስከራትን ኣቃጺሉ። ህዝቢ ባጽዕ ኣብ ኣብዮቱ ዘሎዎ እምነት ዳግም ኣረጋጊጹ፣ ወዘተ፡ ” ዝብል ፕሮፓጋንዳ ሓሶት ስርሒይ ኢሉ ተተሓሓዞ።

ህዝቢ ባጽዕን ከባቢኣን በቲ ዝንዛሕ ዝነበረ ፕሮፓጋንዳ፡ ንሓንቲ መዓልቲ'ውን ትኹን ተደናጊሩ ኣይፈልጥን። ምኽንያቱ፡ እቶም ኣብ ወጋሕታ ሓድሽ ወተሃደራዊ ክዳን ለቢሶም፡ ዝንጸባርቕ ክላሽናት ተሓንጊጦም፡ ብመዳፍዓት ተሰንዮም፡ ኣብ ማእለያ ዘይብለን ታንክታትን ወተሃደራዊ ማካይንን ተጻዒኖም፡ "ኣይፈራም ኀበዝ፡ እምቢ ያለ ሰው ጥይት ኣጉሩሰው!" እናበሉ ብማእከል ከተማ ባጽዕ፡ ናብ ዓውደ-ውግእ ሰምሃር ክግስግሱ ብዓይኑ ዝረኣዮም፡ ንምሸቱ እተን ናብ ዓውደ ውግእ ዝወሰድኦም ወተሃደራዊ መካይን፡ ቴንዳ ተኸዲነን ጸላም ተጉልቢበን፡ ብደም ጨቅየን፡ ገለ ሬሳታት ጽዒነን፡ ገለ ድማ ብቓንዛን ኣውያትን ውጉኣት ወተሃደራት ተጨናኒቐን ናብ ሆስፒታል ግራር ክሓልፋ፡ ህዝቢ ብዓይኑ ይርእየን ነይሩ እዩ። ልዕሊ ኩሉ፡ ህዝባዊ ግንባር፡ ነቲ ኣብ ውሽጥን ወጻእን ዝነብር ህዝብን ኣባላት ግንባርን ብመንገዲ መጽሔት መሪሕ፡ እዋናዊ ፖለቲካውን ወተሃደራዊ ዓወታት፡ እቲ ቅኑዕ ሓበሬታ የመሓላልፍ ስለ ዝነበረ፡ ሓሶትታ ጸላኢ ፍረ ኣይነበሮምን።

ህዝቢ ባጽዕ ዓቢ ይኹን ንእሽቶ፡ ሰብኣይ ይኹን ሰበይቲ፡ ከተማ ባጽዕ ከምተን ካልኦት ከተማታት ኤርትራ ካብ ኢድ ዓመጽቲ ገዛእቲ ስርዓት ኢትዮጵያ ነጻ ወጺኣ ክርእያ፡ ናይ ናጽነት ኣየር ክተስተንፍስ በብእምነቱ፡ ኣብ ፈቐዶ መሳጊድን ቤተ-ክርስትያናትን ናብ ፈጣሪ ጸሎቱ የዕርግ ነበረ።

ምዕራፍ ሓሙሽተ

*

በርቃዊ መጥቃዕቲ ኣብ ልዕሊ ጸላኢ

19 ታሕሳስ 1977፡ ተጋዳላይ፡ ኣብቲ ንጸላኢ ብቐሊሉ ከጥቅዓሉን ካብ ጸላኢ ክከላኸለሉን ዘኽእሎ ስትራተጅያዊ ቦታ ከይበጽሐ፡ እቲ ዝርካቡ ከቢድ ብረት ወገን ክጻወደሉ ኣብ ዝኽእል ቦታ ከይተበጽሐን ምቹእ ቦታ ከይዓረደን እንከሎ ጸሓይ ስለዝዓረበት፡ ጸላኢ ፈታንን ሓደገኛን ዝኾነ ውግእ ክካየድ ይኽእል'ዩ፡ ካብ ዝብል ስግኣት፡ ሓለፍቲ ህዝባዊ ግንባር ኣብ ሻቕሎት ኣተዉ። እንተኾነ ንዝኾነ ክመጽእ ዝኽእል ፈተነ ወይ ስግኣት ኣቐዲምካ መፍትሒ ምንዳይ ፍሉይ መለለዪኦም ስለዝነበረ፡ ንጸላኢ ብምቕዳም፡ ሰፊሕ ጸረ-መጥቃዕቲ ክካይድ ኣብ መደምደምታ በጺሖም ሓደሩ።

እንተኾነ፡ ኣብ ወተሃደራዊ ግጥም፡ እቲ ካብ ቦታኡ ተበጊሱ ናብ ዕርዲ ጸላኢ ዘጥቅዕ ሓይሊ፡ ካብቲ ኣብ ቦታኡ ኲይኑ ዝጽበ፡ ዝበዝሐ ሰብኣዊ ክሳራ ከም ዝወርዶ ዝገምገመ፡ ሓለፍቲ ነዚ ወተሃደራዊ ፍልስፍና ኣብ ግምት ብምእታው፡ ንውስነኦም ዳግመግምት ገበሩሉ። ጸላኢ ንኽጥቅዕ ተጸቢኻ፡ ነቲ መጥቃዕቲ ንሓጺር እዋን ተጸሚምካ ድሕሪ ምክልኻሉ፡ ኣብ ዘጥዕመካ ቦታን ግዜን ብጸረ-መጥቃዕቲ ጸራሪግካ ናብ ባጽዕ ከተእትዎ፡ ዝሓሸ ስልቲ ምዃኑ'ውን ተረዳድኡ። ነዚ ሜላ ብዓወት ንምፍጻም፡ ተጋዳላይ ንነብሱ ካብ ደብዳብ ጸላኢ ዝከላኸለሉ ግዜያዊ ድፋዕ ክሰርሕ ድማ ኣዘዙ።

20 ታሕሳስ፡ ወጋሕታ ከም ልሙድ፡ ጀነራላት ኢትዮጵያ ብሶቭየታውያን ኣማኸርቲ እናተሓገዙ፡ ንገስጋስ ህዝባዊ ግንባር ከዓግቱን፡ ባጽዕ ኣብ ኢድ "ሻዕቢያ" ከይትኣቱን ብምባልን ዝርካቡ ሰራዊቶም፡ ዋላ'ውን ነቶም ብዕድመ ዝደፍኡ ብሎኮ ባጽዕ ዝሕልዉ ዝነበሩ ብስም "ኣባት-ጦር" ዝፍለጡ ወተሃደራት ከይተረፈ፡ ናብ ቅድመ ግንባር ንምስላፍ፡ ክሳብ ሰዓት 10፡00 ቅድሚ-ቐትሪ ሰራዊት ኣብ ምግዕዓዝ ተጸምዱ።

በታ መዓልቲ'ቲኣ፡ "ኤፍ-5" ከምኡ'ውን "ሚግ-21" ዝበሃላ ስራሓት ኣመሪካን ሕብረት-ሶቭየት ዝኾና ነፈርቲ ውግእ፡ ካብ ኣስመራ መዓርፎ ነፈርቲ ተበጊሰን፡ በብጽምዲ እናተመላለሳ፡ ልዕሊ ሰላሳ ግዜ ኣማኢት ኣዕነውቲ ቦምባታትን ናፓልማትን ብምድርባይ፡ ብሕጭጭታ ነፈርትን ደሮናን ባሩድን፡ መዳፍዕ ንጉላጉል ሰምሃር ብቐትሩ ናብ ጸልማት ቀየራኦ።

ተጋዳላይ ነዚ ንደብዳብ ሞርታራትን ነፈርትን ኣብ መሬት ተላሒጉ ኣብ ዝባኑ ኣጽሓየ። ፈጣሪ ንምህለላን ጸሎትን ኣደታት ኤርትራ ግዲ ሰሚዑዎ፡ እዚ ኩሉ ናይ ነፈርትን ቦምባታት ቢ-ኢምን፡ ገለ ኣብ መሬት ከይተፈንጀረ ክተርፍ ከሎ፡ ገለ ክንዮው ድፋዓት ተጋደልቲ ርሒቑ ወደቐ።

ሰራዊት ጸላኢ ኣብ ልዕሊ ከቢድ ብረቱን ነፈርቱን ልዑል እምነት'ዩ ዝነበሮ። ላዕለዎት ኣዘዝቲ ደርግ፡ ነቲ ሰንኮፍ ስምዒት ሰራዊቶም መዝሚዞም፡ ፈኲስቲ ይኹን ከበድቲ ኣጽዋራቶም ናብቲ ካብ ሰሜን ክሳብ ደቡብ ተዘርጊሑ ዝነበረ ድፋዓት ተጋደልቲ ኣቕንዕዎ። ኣብ ሓደ ህሞት ድማ ብዘይ ምቁራጽ ብንግሆኡ ደብደቡ። እተን "ኤፍ-5" ዝዓይነተን ነፈርቲ፡ ኣብ ልዕሊ እቲ ብትብዓት ኣብ ጉላጉል ሰምሃር ዝዋጋእ ዝነበረ ሓይሊ ወገን ንምድብዳብ፡ ዝገበራኦ በረራ ከም ኣብነት ምስ እንወስድ፡ ሓይሊ ኣየር ኢትዮጵያ፡ ካብ ሰዓት 9፡00 ቅድሚ-ቀትሪ ክሳብ ሰዓት 4፡00 ድሕሪ ቀትሪ፡ በብጽምዲ ልዕሊ ሰላሳ ግዜ በረራ ከም ዘካየዳ ብስም "ሲሲና" ዝጽዋዕ ናይ ጸላኢ ምስጢራዊ ሰነዳት ይሕብር።

ንሞራል ፓይሎታት ኢትዮጵያ ዘዳኸመ ግጉይ ሓበሬታ

ኣብ ውግእ ሰምሃር፡ ተጋዳላይ ነቲ ፊት-ንፊት ዝገጥሞ ኣጋር ሰራዊት ጸላኢ እንተዘይኩይኑ፡ ንደብዳብ ነፈርቲ ግምት ዝህቦ ኣይነበረን። ምኽንያቱ፡ እተን ስራሓት ሶቭየትን ኣመሪካን ዝኾና ነፈርቲ ውግእ፡ ነቲ ተሰኪመንኦ ዝመጽኣ ዝነበራ ቦምባታት፡ ኣብ ልዑል ብራኸ ኩይነን፡ ዒላማ ብዘየገድስ ብዓይኒ የብለይ ስኒ የብለይ እየን ዝድርብየኦ ዝነበራ።

ኣብቲ እዋንቲ፡ ኣነ ብወገነይ፡ ነቲ ዕላምኡ ዘይወቅዕ ዝነበረ ደብዳብ ነፈርቲ ብምዕዛብ፡ "በልስከ ታሕቲ ተነቐተን ዘይትኾሳ! ኣየናይ ምዕቡል ጸረ-ነፈርቲ ሃልዩና! ፈራሓት! ሮቃባት!" እብል ነበርኩ። መራሕቲ ነፈርቲ-ውግእ ኢትዮጵያ፡ ኣብ ሰማያት ኤርትራ፡ ክሳብ ክንድ'ዚ ተሸቚሪሮም ኣብ ልዑል ብራኽ ኲይኖም ዝበርሉ ዝነበሩ ምኽንያት ግን፡ ድሒረ ምስጢራዊ መዛግብ ጸላኢ ምስ ፈተሽኩ እዩ በሪሁለይ።

ኣብዚ ግዜ'ዚ፡ ካብ ምስጢራዊ ሰነዳት ጸላኢ ብዝተረኽበ ሓበሬታታት፡ ብ "ጥር/6/1970 ግእዝ፡ መዝገብ ቁጥር 15/ሀ/680/70 ከኮሎነል ሰለሙን ብጋሻው 'የ2ኛው ኣየር ክንፍ ኣዛዥ፡ ለሰሜን ዕዝና የ2ኛ እግረኛ ክ/ጦ ኣዛዥ፡" ዝተላእከት ምስጢራዊ ደብዳበ ከም ዘረጋግጾ፡ እቶም ኣብረርቲ ነፈርቲ፡ በቲ ባዕሎም ፈጠሩዎ ስነ ኣእምራዊ ጭንቀት ይሳቐዩ ከም ዝነበሩ እዩ ተረጋጊጹ። ትሕዝቶ ደብዳቤኦም ከኣ ከምዚ ይብል፦

"ወንበዴታት፡ ከም ብዓል ሶርያ ዝበላ ሃገራት ኣዕራብ፡ ዝለገሳሎም "Sum-7" ዝበሃል ዘመናዊ ጸረ-ነፈርቲ ሚሳይል ወኒኖም ስለዘለዉ፡ ህይወት ፓይሎታትና ኣብ ሓደጋ ወዲቑ ኣሎ። ስለዚ ንኣጋር ሰራዊት ከምቲ ዝድለ ሓገዝ ክንገብር ኣይንኽእልን ኢና፡"

እቲ ሓቂ ግን ብኣንጻሩ እዩ ዝነበረ። ኣብቲ እዋን'ቲ ህዝባዊ ግንባር ይትረፍዶ ሚሳይል-ሳም-7 ወይ ምዕቡል ጸረ-ነፈርቲ ክውንን፡ እቲ ዝርካቡ ሰለስተ ኣፉ ጸረ-ነፈርቲ (ሚምጣዕ)'ውን እንተኾነ፡ ጸገም መነጽርን ሕጽረት ጥይት ከም ዝነበሮን ንሰምዕ ነበርና።

ካብ ሰነዳት ዝተረኽበ፡

ብቋንቋ ኣምሓርኛ ዝተጻሕፈት ምስጢራዊ ሰነድ፡ ትርጉሙ ከምዚ ይብል፦

ጉዳይ፡ ብዛዕባ ኵነታት ምጽዋዕ

ናብ፡ ሰሜን እዝ፡ ናይ ካልኣይ እግረኛ ክፍለጦር ኣዛዚ ኣስመራ።

ቅልጡፍ ሰጕምቲ እንተዘይወሲድና፡ ወንበዴታት ንኽዓለዉ ዕድል ምሃብ'ዩ። ወንበዴታት ካብ ኣዕራብን ኢምፐርያሊስትን ዝተራቀቐ ኣጽዋር ረኺቦም ኣለዉ። "ሃገር ሶርያ ሳም-7" ዝበሃል ጸረነፈርቲ ሚሳይል፡ ኣዕጢቓቶም ኣላ። ሓይልና ኣብ ሓደጋ ወዲቑ ኣሎ፣ ሓይሊ ወገን ክንገብሮ እንኽእል ሓገዝ ኣድማዒ ኣይከኸውንን'ዩ። ስለዚ፡

ዘሎና ልዑል ስግኣት ኣብ ግምት ብምእታው፡ ሓይልና ብዝግባእ ክዓጥቕን ክዳሎን፡ ንዝምልከቶም ላዕለዎት ሰበስልጣን መተሓሳሰቢ ክወሃቦም እሓትት።

ኮሎነል ሰለሙን በጋሻው
ናይ ካልኣይ ኣየር ክንፊ ኣዛዚ
ክታም

ጀነራላት ኢትዮጵያ ይኹኑ ላዕለዎት ወጻእተኛታት ኣማኸርቲ ውግእ፡ ስነ-ኣእምሮኣዊ ኵነት ሰራዊቶም ኣዳቒቖም ኣጽኒዖም'ዮም። ነቶም ተራ ወተሃደራት ሞራል ንምሃብን ጠኒኖም ብዘይ ፍርሒ ንቕድሚት ናብ ሓዊ ከም ዝጥበሱ ንምግባርን፡ "ድሕሪ ደጊም ይትረፍ ወንበዴታት፡ ሓሰኻ'ውን እንተኾነ ብህይወት ክጸንሕ ኣይክእልን'ዩ። ነዚ ቦምባታት ታንክታትን ሮኬታትን ነፈርትን ዝጻወር ወንበዴ እውን ኣይክህሉን'ዩ፡" ብምባል ኣፋነዉዎም። እዚ ዘስደምም ደብዳብ ንሰዓታት ቐጸለ።

ዓሳክር ደርግ በቲ ብዓይኖም ዝረኣዩዎ ደብዳብ ከቢድ ብረትን ነፈርትን ብላዕለዎት ኣዘዝቲ ጀነራላት ዝተዋህቦም መደረ ፕሮፓጋንዳንን ከም ሓቂ ወሲዶም፡ ናብቲ "ዝኹነ ፍጡር የብሉን" ዝተባህልዎ ድፋዓት ተጋደልቲ ክሓኽሩ ጀመሩ።

ይኹን'ምበር፡ መሬት ከም ዝተጸበይዋ ኣይጸንሓቶምን። ከምቲ "ብቐርበት ኣድጊ ዝተሰርሐት ኮበሮስ፡ ድምጺ ዝብኢ እንተሰምዐት ትቕደድ፡" ዝበሃል፡ እዞም ሓደስቲ ወተሃደራት ደርግ፡ ገና ካብ ዓዶም ከይተበገሱ እንከለዉ፡ "ናብ ኤርትራ ዝኸደ ወተሃደር ብህይወት ኣይምለስን'ዩ፡" ዝብል ዕላል ይሰምዑ ስለዝነበሩ፡ ኮሎ ገና ሓሞቶም ፈሰሰ። ነዛ ንእሽቶ ኵጀት ክሓኹሩ ሰዓታት ወሰደሎም። ነቶም ኣብ የማነ ጸጋም ኣካላቶም ዝምልዓስ ዝነበረ ውጉኣትን ሬሳታትን ብምርኣይ፡ ንቕድሚት ክደፍኡስ ይትረፍ፡ ነታ ዝበጽሑዋ'ኳ ከውሕስዋ ኣይከኣሉን።

ተጋዳላይ ኣብ መከላኸሊ ዕርዱ ኰይኑ፡ ነቲ ክፍንጥስ ዝፍትን ዝነበረ ጸላኢ ክመልስ፡ ጸላኢ ክሃድም፡ ተጋዳላይ ክከላኸል ተረባረበ። ድሕሪ ነዊሕ ምርብራብ ግን፡ ተጋዳላይ ካብቲ ኣድብይሉ ዝወዓለ ስንጭሮታት፡ ናብ በረኸቲ ቦታታት በሎኽ በለ። ንወተሃደራት ጸላኢ ድማ ብተመልከተለይ፡ ብጠያይትን ቦምባ-ኢድን ኣርፒጂን ተሰሃሉ። ጸላኢ ከባቢ 3፡00 ድሕሪ-ቐትሪ ድማ፡ ከንቱ ፈተነ ዘፍ በለ። ላዕለዎት ወተሃደራዊ ሓለፍቲ ህዝባዊ ግንባር እቲ ናይ ጸላኢ ምህንዳድን ኣብ ልዕሊ ጸላኢ ዝወረደ ሰብኣውን

ሞራላውን ክሳራታት ብግቡእ ድሕሪ ምግምጋም፡ ተጋዳላይ ንሰፌሕ መጥቃዕቲ ክዳሎ ትእዛዝ ኣመሓላለፉ፡ ኩሉ ምድላዋት ምስ ተጻፈፈ ድማ፡ 3፡00 ድሕሪ-ቐትሪ ንህጁም ተበገሰ ኮነ።

እተን ሻምብቀታተን ሓዊ ክሳብ ዝመስል፡ ክትኮሳ ዝወዓላ ታንክታት ጸላኢ፡ ላዕልን ታሕትን ኣዕለበጣ፡ ካብ ክቱር ራዕዲ ዝተበገሰ፡ ካብቲ ሒዘንኦ ዝወዓላ ዘተኣማምን ድፋዓት ለቒቐን፡ ንኣጋር ሰራዊት ንድሕሪት ገዲፈን ናብ ባጽዕ ገጸን ተመርቀፋ። እዚ ተግባር'ዚ መራሕቲ ኢትዮጵያ ንኣጽዋራቶም ልዕሊ ሰራዊቶም ከም ዝሰርዑዎ ዝሕብር'ዩ። በዛ መዓልቲ'ዚኣ፡ ጸላኢ በቲ ካብ ሕብረት ሶቭየትን ካልኦት ማሕበርነታውያን ሃገራትን ዝተለገሰሉ ዝተፈላለየ ከበድቲ ኣጽዋርን ዘመናውያን ነፈርቲ ውግእን ንጉላጉል ሰምሃር ናብ ሲኦል ቀየሮ። ኣብ ነፍሲ-ወከፍ 50 ትርብዒት ሜትር ሓንቲ ቦምባ ወደቐት፣ ስንጭሮታትን ኵጀታትን ናፓልምን ተቓጸለ።

ሓይልታት፡ ካብቲ ዘሰካሕክሕ ደብዳብ ቦምባታትን ሮኬታትን ጸላኢ ክከላኸላሉ ዝወዓላ ድፋዓትን ንኣሽቱ ኮረቢትን ወጺአን፡ ከም ገበል ንቕድሚት ተወርወራ። እቲ ቅድሚ ቍሩብ ደቓይቕ፡ "ይትረፍዶ ሰብ፡ ጻጸ እውን ብህይወት ኣይተርፍን'ዩ፡" ዝተባህለሉ ጉላጉልን ኵጀታትን ሰምሃር፡ ካብ ሰሜን ክሳብ ደቡብ፡ ካብ ከባቢ ፎርቶ ምሸናቕ ክሳብ ጉላጉል ጉርጉሱም ብመቓልሕ ዕልልታን ጫውጫውታን ተናወጸ። ጸላኢ "ወንበዴታት ብደብዳብ ሞይቶም'ዮም፡ ደጊም ጸገም የሎን፡" ኢሉ ንነብሱ ኣእሚኑዋ ስለ ዝጸንሐ፡ ነቲ ብዓይኑ ዝርእዮ ዝነበረ ዝላን ምንቅስቓስን ተጋደልቲ ምእማኑ ጸገሞ።

ካብ ናይ ጸላኢ ሰነዳት ከም ዝተረጋገጸን ላዕለዎት ሓለፍቲ ስርዓት ደርግ ዝኣመንሉን'ውን፡ ጠንቂ ስዕረቶም ኢሎም ዝገለጹዎ፡ "ሰራዊቶም ኣብ ዓውደ-ውግእ፡ ዋላ ነታ ዝነኣሰት ደብዳብ ከቢድ ብረት ወንበዴታት ክጻወር ከም ዘይክእልን ከም ዝብርግግን፡ ብኣንጻሩ ሰራዊት 'ሻዕብያ' ንነዊሕ ሰዓታት ደብዳብ ከቢድ ብረትን ነፈርትን ናይ ምጽዋር ዓቕሚ ስለ ዘማዕበለ ምዃኑ፡ ምስጢራዊ ሰንዳቶም ይሕብር።

እዚ ቀጺሉ ዘሰዕብ ብ 8 ትሕሳስ 1970 ግእዝ ኣቈጻጽራ ቍ/መዝገብ 3/ም/46/4/004/ ዋረግ፡ ክ8ኛ ብርጌድ የዘመቻ መኰነን 'ጌታሁን እርቂ'፡ ለሰሜን ዕዝና 2ኛ ክ/ጦር ዋና ኣዛዥ ዝተላእከ ደብዳበ ከም ኣብነት ክውሰድ ይከኣል፡

"ወንበዴታት ብነፈርቲ፡ ታንክታት፡ ከምኡ'ውን ብቢ-ኤም መዳፍዕን

ሞርታራት እናተደብደቡ፡ ዕርዶም ከይለቐቑ ንመዓልታት ክዋግኡ እንከለዉ፡ ወተሃደራትና ግን፡ ብሓንቲ ናይ ቦምባ ሞርታር ወንበዴ ይሽበሩ።

* * *

ጸላኢ ተወዳዲቡ ዳግማይ መከላኸሊ ቦታ ሒዙ ንኸይዓርድ፡ ሓይልታት ካብ እግሪ'ቲ ዝሃድም ዝነበረ ዓስከር ደርግ ከይተፈለና ሰዓብናን። መሬት ከይጸልመተት እንከላ ዕማምና ከነሳልጥ፡ ምስ ጸሓይ ተቐዳደምና። ጸላኢ ሓንሳብ ሕቐኡ ስለዝሃበ፡ ምዉታቱን ቍስላቱን ገዲፉ ንድሕሪት ሃደመ። ኣብራኹ ዝጠለሞ ዘበለ ድማ፡ ብሰራዊትና ተማረኸ። ዘመናዊ ኣጽዋር ዓጢቑ መሬት ኣይትጽርን ክብል ዝወዓለ ሰራዊት ኢትዮጵያ፡ ከባቢ 7፡00 ድሕሪ ቀትሪ ኣብ ዝኣትዎ ጨኒቑዎ፡ ከም ደቂ ዛግራ ፋሕፋሕ ኣትዩዎ፡ ኣብ ጐላጉል ተበታተነ። ዝተረፈ ድማ፡ ተኣኻኺቡ ናብ ባጽዕ ሃደመ። እዚ ኩሉ ዓወታት ክጭበጥ ዝኸኣለ፡ ህይወትን ኣካልን ንመሬት ማንካ ዘየልዓሉ ዕሽላት ብምኽፋል ምዃኑ ንኹሉ ተጋዳላይ ብሩህ ነበረ። ኣብ መወዳእታ ተጋዳላይ ዘብዘብ ወዲኡ፡ መሕደሪኡ ዝኸውን ድፋዕ ሓዘ።

ኣብ ከምዚ ዝበለ ሓጒጽጒጽ፡ ኣብቲ ድቕድቕ ጸልማት፡ ኣሕመዲን ጓል ጉነጽን ጕፍ-ንጕፍ ተራኸቡ። ሽዑ ኣሕመዲን ገበታ እናርሃጸ፡ "መምህረይ! ከመይ ውዒሉ ዓጺድ፡" በላ።

"ትም'ባ በል! ሎሚ መዓልቲ ጸባ ሰቲና ውዒልና። ጽባሕ ድማ ጸሓይና ኣብርቕ ኣቢልና፡ ነታ ዝተረፈት ግራት ዕጽድ ዕጽድ! ኣሕጽር ኣሕጽር! ከነብላ ኢና፡" በለት ጓል ጎነጽ። ኣብ ገጻ ዝነበረ ርሃጽ እናደረዘት። ዕንድኵር ንዕላል ብዓል ኣሕመዲን ይሰምዖ ስለዝነበረ፡ ኣብ ሞንጎኦም ብምእታው፡ "ሎምስ እምበኣር ምስ ጸሓይ ተዓሪቕኩም፧" በሎም ብሃንደበት።

"ያ! ከዛብ! መዓስከ ተባኢስና ኢሎሙኻ፧" ንሕቶ ብሕቶ መለሰት ጓል ጎነጽ።

ጭርቃን ዘይጽልኦ ዕንድኩር እቲ ዋዛ ዝተሓወሶ ዘርርብ ክቕጽል ስለዝደለየ፡ "ትማሊ ምሸትዶ ንስኻን ኣሕመዲንን እዛ ወጣም ጸሓይ፡ እዛ መሻረዊት ወርሒ እናበልኩም ብዘይገበርኦ ሓጥያት ትሓምዩወን ኣይነበርኩምን! ዘወረደን ጸሓይን ወርሕን!" በለ ኣሽካዕላል ሓዊሱ።

መልሲ ዘይጠፍኦ ጓልጎነጽ "ሎምስ ጸሓይ መኣስ ኲይና ሓጊዛትና። ሕጂ እውን ካብኣስ ተሪፍና ነይርና። ባዕልና ደኣ መኺርና ነቲ ውግእ ኣሕጽር ኣሕጽር ኣቢናዮ እምበር፡ ንሳስ ሎሚ እውን ከም ኣመላ ገዲፋትና እንድያ ዓሪባ፡" በለቶ።

"ኣየ ንኡስ ቡርጅዋ! መልሲ እኳ ኣብዛ መልሓስኩም'ያ፣ ግልብጥ ግልብጥ! ዋይ ጉድ ርእየ፡ ወይዛ ቈልዓ!" ቀጸለ ዕንድኵር። ገነት ምስ ንኡስ ሓዋ ተዕልል ከም ዘላ ፍሽኽ እናበለት፡ "ኣንታ ሓለንጋይ! ንኡስ ቡርጅዋዶ ኣይኰነን ፖለቲካ ዝምህረካን ካብ መሃይምነት ኣላቒቑ ከተንብብን ክትጽሕፍን ኣብቂዑካ ዘሎ! እንተተወጊእካ ሓኪሙ፡ ህይወት ሰኹዑ፡ ዳግማይ ኣንጻር ጸላኢ ከም ትዳራገም ዝገብረካ። ንዓ እባ ኢድና ኣይትሰበረና!" ኢላ ሓያል መልሲ ሃቢቶ ጓል ጎነጽ።

ዕንድኵር መልሲ ገነት ዘተሓሳሰቦ ክመስል ሓንሰብ ሰቕ ድሕሪ ምባልን ክትዕ ምስ ገነት ከም ዘየዋጽኦ ብምርዳእን፡ "ኣንቲ ገነት፡ እታ መልሓሰይ ጽቡቕ ኣይትዛረቢ ኢልዋ እምበር፡ ምሳኹም ደኣ ከም ክልተ ገጽ ሓንቲ ቅርሺ እንድኣልና። እዛ ገድሊ ንስኹም ዘይብላ ከምዛ ጨው ዘይብላ ጸብሒ'ኳ ዘይትምቅር፣ ግዲ የብልክን! ሓደ መዓልቲ ገባሮን ንኡስ ቡርጅዋን ኪዳን ምግባርና ኣይተርፍን'ዩ፡ ከም ገለ ደኣ እቲ ሕማምኩም ከይደግሰኩም'ምበር!" ኢሉ ዘረብኡ ከይወድአ ገነት ኩለፈቶ።

"ኣንታ እንታይ ኢኻ ወደይ! ጽቡቕ ጸኒሕካስ ነዚ ዘረባ ትሓዋውሶ! ኣበርክቶና ትኣምነሉ እንተኼንካ ደግፎ፡ ተቓዋማይ እንተኼንካ፡ ድማ ጭቡጥ ምጉት ኣቕርብ፣ ሰቕ ኢልካ ግልብጥ ግልብጥ ኣይትበል!" በለቶ።

* * *

እዋኑ ጽኑዕ ሓለዋ ዘድልዮ ስለዝነበረ፡ ነናብ ድፍያም ኣምርሑ። ተጋዳላይ ካብ እምኵሉ ኣብ ሓደ ኪሎ ሜተር ዘይመልእ ርሒቑ መሕደሪ ዝኾና ድፋዕ ሓዘ።

እቲ ካብ እምኵሉን ብሎኮ ባጽዕን 6 ኪሎ ሜተር ንሸነኽ ምዕራብ መንገዲ ኣስመራ ወጺኡ ክዋጋእ ዝቐነየ ኣብዮታዊ ሰራዊት፡ ነቲ ረቂቕ ወተሃደራዊ ስልቲ ህዝባዊ ግንባር ክፈልጦን ክጻወሮን ስለዘይከኣለ፡ በቲ ሃንደበታዊ መጥቃዕቲ ተሰናቢዱ ውጉኣቱን ኣጽዋሩን ራሕሪሑ፡ እግረይ ኣውጽእኒ ኢሉ፡ ንብሎኮ ምጽዋዕ ኣስመራ ሕቖኡ ሂቡ ናብ ውሽጢ ባጽዕ ተመርቀፈ። እንተኾነ፡ እቶም ብማዕዶ ኣብ ቤተ-መንግስቲ "ግቢ" ኰይኖም ነቲ ውግእ ዝመርሑ ዝነበሩ ጀነራላት ስርዓት ደርግ፡ ነቲ ዝሃድም ዝነበረ ሰራዊቶም፡ ብኣድራጋ ጠያይቲ ተሰሃሉዎ። ወተሃደራት ኢትዮጵያ ኣብ ሞንጎ ክልተ ረመጽ ተቓርቀሩ። ንቕድሚት እንተ በሉ ሓዊ፡ ንድሕሪት እንተተመልሱ ናይ "ሻዕቢያ"[16] መቕዘፍቲ ኰኖም። ኣብ መወዳእታ፡ ከባቢ 6፡00 ድሕሪ ቀትሪ፡ እቲ ሞራሉ ወዲቑ ንባጽዕ ዝሃድም ዝነበረ ሰራዊት፡

ብሻምብቆ ብረት ተገዲዱ፡ ናብ ብሎኮ ባጽዕ ተመልሰን ኣብ ከባቢ እምኩሉ ዓረደን። እዞም ክልተ ተጻረርቲ ሓይልታት፡ ሓደ ኪሎ ሜተር ኣብ ዘይመልእ ርሕቐት ተፈናቲቶም፡ ግዜያዊ መከላኸሊ ዕርዲ ዝኹኖም ጕዳጕዲ ክኹዕቱ ጀመሩ።

ሕድሮ ተጋዳላይ ኣብ እምኩሉ

እቶም ኣብ ውሽጢ ባጽዕ ኩይኖም፡ ብረቂቕ ወተሃደራዊ መሳርሒታት እናተሓገዙ ነቲ ርሱን ዓውደ-ውግእ ዝመርሑ ዝነበሩ ላዕለዎት መኰንናት ሕብረት ሶቭየት ነበር፡ ነቲ 12 ጥቅምቲ ኣብ ሰሓጢትን ማይኣጣልን ዝጀመረ ክሳብ 19 ታሕሳስ ኣብ ጕላጕል ሰምሃር ዝቐጸለ ተደጋጋሚ መጥቃዕትታት ዝኹነ ፍረ ኣይረኸብሉን። ዋላ'ኳ ኣብ ጋሕቴላይ፡ መዓስከር ዶጎሊ፡ እምበረምን ከባቢ ደማስን ከምኡ ጨጓር-ታባ፡ ኣብ ልዕሊ ሰራዊቶም ዝወረደ ሰብኣውን ማተርያላውን ክሳራታት፡ ኣብ ቅድሚ ዓይኖም ይርእይዎን ይዕዘቡዎን እንተነበሩ፡ ካብ ዝነበሮም ትምክሕትን ኣንነትን ዝተበገሰ ስዕረቶም ክቕበሉ ኣይደለዩን። ዕላማ ዘይነበሮ ሓይሊ፡ እምነቱ ኣብ ኣጽዋር ስለ ዝነበረ፡ ዓጢቑዎ ዝነበረ ዓይነትን ብዝሕን ኣጽዋር፡ ዘሰለፎ ብዝሒ ሰራዊት፡ ዝመስረቶ ዘይቅዱስ ኪዳንን ዝርያን ደገፍን ወጻእተኛታትን ብዝኾነ መልክዒታት ምስ ሓይሊ ሻዕቢያ ዝዳረግ ኣይነበረን። እቲ ግጥም ከም ተምሳል ቅልስ ዳዊትን ጎልያድን ሓርማዝን ጻጸን እዩ ነይሩ እንተተባህለ ምግናን ኣይኩነን።

ዓቕምን ትሕዝቶን'ዞም ክልተ ተጻረርቲ ሓይልታት፡ ንምውድዳሩ ንጹር ኣሃዝ ክቐርብ'ኳ እንተዘይተኻእለ፡ ሰራዊት ደርግ ኣብ ግንባር ሰምሃር ልዕሊ 100 ሽሕ ኣጋር-ሰራዊት፡ ከባቢ 60 ታንክታት፡ 30 ዝግመት ናይ 40 ኣፉ ወንጫፊ ሚሳይላት (ስታሊን ኦርጋን)፡ ዝዓጠቐ ደገፍ ዝተፈላለያየ ወተሃደራውያን ኣማኸርቲ ዓበይቲ ሃገራት ከም ዝነበረ ሰነዳት እዋን'ቲ ይምስክሩ።

ኣብ 1977-78፡ ሕብረት ሶቭየትን መሓዙታን፡ ዝባነን ቀሊዐን ኣብ ጕድኒ ወተሃደራዊ ስርዓት ደርግ ተሰለፋን ክሳብ ዓንቀሩ ዘመናዊ ኣጽዋር የዕጠቕኦን። ናይ ኢትዮ-ሶማል (ኦጋዴን) ውግእ ምስ ተዛዘመ፡ ሕብረት ሶቭየት ከይወዓለት ከይሓደረት፡ ሰራዊታን ኣጽዋራን፡ ብመንገዲ ወደባት ዓሰብን ምጽዋዕን ናብ ኤርትራ ኣግዓዘቶ። ብሰለስተ ጕጅለ (squadron) ዝምርሓ፡ 24 ሚግ-21፡ 12 ሚግ-24፡ 5 ዓበይቲ መራኽብ ውግእ፡ ንኢትዮጵያ መጠወትላ። ስርዓት ደርግ፡ "ኣብ ምብራቕ ዝተሓፍሰ ዓወት ኣብ ሰሜን ክድገም'ዩ!" ዝብል ጭርሖ ብምልዓል፡ ምሉእ ኣድህብኡ ናብ ኤርትራ ቀየሮ። ኣብዚ ግዜ'ዚ፡ ሽሞንተ ላዕለዎት ጀነራላት፡ ወተሃደራዊ ኣማኸርቲ ዝነበሩዎም 1000 ሶቭየታውያንን 2000 ኩባውያንን ናብ ኢትዮጵያ መጽኡ፣ ብተወሳኺ 120 ደቡብ የመናውያን፡ ነፈርቲ ውግእን T-54 ዝዓይነተን ታንክታትን ከበድቲ መዳፍዓትን ዓጢቖም፡ ኣብ ጉድኒ ኢትዮጵያ ተሰሊፎም፡ ንህዝቢ ኤርትራ ከም ዝጨፍጨፎም ዝርሳዕ ኣይኮነን።

እቲ ዘገርም ግን፡ ሶቭየታውያን ብቢልዮናት ዶላራት ዝግመት ኣጽዋር እናሃቡን፡ ኣብቲ ውግእ ብኣካል እናተሳተፉን፡ "ሕብረት-ሶቭየት ንኢትዮጵያ ቴክኒካዊ ሓገዝ ጥራሕ እያ ትገብረላ፡" ምባሎም'ዩ። ገመል ሰሪቑካስ ጉምብሕ-ጉምብሕ'ዩ ነገሩ።

ተጋዳላይ ህዝባዊ ግንባር'ምበኣር፡ ነዚ መዳርግቲ ዘይርከቦ ቅያ ክፍጽምን ዓወት ኣብ ርእሲ ዓወት ክዓትር ዘኽኣሎ ምስጢር፡ "ክንዕወት ኢና" ዝብል ክምህ ዘይብል ጽኑዕ መትከልን ዕላማን ስለዝነበሮ እዩ። ብተወሳኺ ንቕሓትን፡ ጽኑዕ ዝምድና ተጋዳላይን መሪሕነቱን፡ ዘይነጽፍ ደገፍ ህዝቢ፡ ክእለትን ብስለትን ሚላ ውግእ፡ ውሕሉልን ስነ-ፍልጠታዊ ኣመራርሓ መሪሕነት ህዝባዊ ግንባርን ኣበርክቶኦም ኣብቲ ዓወት ወሳኒ ምንባሩ እዝክር።።።

ሰራዊት ሀ.ግ.ሓ.ኤ፡ ብዝቐሰሞ ተመኩሮ፡ ልዑል ናይ ምውጋእ ክለትን ብስለትን ኣረጋጊጹ እዩ። ኣብ ዝተፈላለዩ ግንባራትን ብዝተፈላለዩ ላዕለዎት ወተሃደራውያን መራሕቲ ኢትዮጵያ "ጥብቅ ምስጢር" ዝተጻሕፉ ጸብጻባትን ሰነዳትን ድማ ነዚ ሓቂ'ዚ መሰኪሮሙዎን ደሪዖሙዎን እዮም። 12 ሓምለ 1970 ብኣቈጻጽራ ግእዝ፡ ቁ 3/81 ግ.ከ/ም 4/417 ናብ` ላዕለዎት ናይ ሓለፍቲ ካልኣይ ኣብዮታዊ ሰራዊት ብኣምሓርኛ ዝተጻሕፈ ሰነድ ከም ኣብነት ንምጥቃስ፦

- 'ወንበዴ' በአንስተኛ ሃይል የማደናገርያ ቶክስ በመክፈት ግራ እያጋባ ቀይቶ፡ ከ10 እስከ 15 በማይበልጡ ወታደሮች አሰልፎ፡ የጎን ማጥቃት በማድረግ ሰብሮ ወደ ውስጥ ይገባል። (ካብ 10 ክሳብ 15 ዘይበዝሑ 'ሽፋቱ' ናይ ምድንጋር ቶኽሲ ብምኽፋት፡ ናይ ኲሊት መጥቃዕቲ ፈንዮም፡ ንቕድሚት ይግስግሱ።)
- የጥይት ክምችት፡ ስንቅ፡ የህክምና ተቋም ከውግያው ቦታ ከሰባት

እስከ አስር ኪሎ ሜተር በማይጠረጠሩ ስፍራ ያስቀምጣል። (ንውግእ ዘድልዮም ስንቂ፡ አጽዋርን ሕክምናን፡ ኣብ ከባቢ 10 ኪሎሜተር ኣብ ዘይጥርጠር ስፍራ የቐምጡ።)

- ወንበዴ ከቦታ ወደ ቦታ በፍጥነት ስለሚቀያየር የጠላት የጦር ብዛት ለማወቅ አልተቻለም። (ወንበዴ ካብ ቦታ ናብ ቦታ ብፍጥነት ስለዝቀያየሩ ብዝሒም ብልክዕ ክፍለጥ ኣይከኣልን)
- ረዳት ጦር በቅርብ ማስቀመጥና ተዋጊው ጦር፡ በተወሰነ ግዜ መለወጥና የደከመውን ማሳረፍ። (ተደራቢ ወይ ተሓጋጋዚ ሓይሊ፡ ኣብ ከባቢኡ የቐምጥ፡ ኣብ ዝተወሰነ እዋን፡ ንዝደኸመ ሰራዊቱ ብሓድሽ ሓይሊ ይትክእ።) ዝብል ተጻሒፉ ንረኽቦ።

እቶም ዓበይቲ ጀነራላት ሕብረት-ሶቭየትን መራሕቲ ስርዓት ደርግን ገና ዘይተረድእዎን ኣብ ኣእምርኦም ክስቀሮም ዘይከኣለ ነገር እንተ ነይሩ፡ ኣብ ዓውደ-ውግእ፡ ወሳኒ ግደ ዝጻወት ኣጽዋር ዘይኰነ ንቕሓትን መትከልን ምኻኑ እዩ። ናይቲ እዋን'ቲ ምኽትል ዋና ጸሓፊ ህ.ግ.ሓ.ኤ ተጋዳላይ ኢሳይያስ ኣፈወርቂ ኣብ ሓደ ኣጋጣሚ ዝገበሮ ቃለ-መሕተት፡ ነዚ መሰረታዊ ሓቒ'ዚ ብኸም'ዚ ዝስዕብ ገሊጽዎ ነይሩ፦

"... ኣብቲ ወተሃደራዊ ግጥማት ዝግበረሉ ግዜ ... እቲ ሓደ ክደፍእ፡ እቲ ሓደ [ካልእ] ንድሕሪት ክኸይድ ይኽእል ይኸውን። ... ኣብ መወዳእታ ግን፡ ሓጺር ናይ ምርብራብ ግዜ ምስ ሓለፈ፡ እቲ ኩነታት ንረብሓ ሰውራ ኤርትራ ከም ዝቕየር ኣየጠራጥርን።"[17]

እታ ውሩይ ስነጥበበኛ ተስፋይ መሓሪ (ፍሒራ) ኣብ 1980ታት ዝደረፋ "መትከል" እትብል ደርፊ ዝሓቖፈት፡ "መትከል! መትከል! ዝረገጸ ኣይስሕትን ሸትኡ፡ ንዝመጽእ ጕነጽ የትሕዞ ቦታኡ፡" እትብል ጥቕሱ'ውን ነዚ ሓቒ'ዚ እያ እተጕልሕ።

ስርዓት ደርግ፡ ልዕሊ 40,000 ሰራዊት ኣኽቲቱ፡ ኣብ ጕላጕል ሰምሃር ከካይዶ ዝቐነየ ተደጋጋሚ ህጁማት፡ ብቕልጽም ተጋዳላይን ህዝብን በርዓነ። ነዚ ዓርሞሸሽ ሓይሊ ጸራሪግና፡ ኣብ ከባቢ 6፡30 ድሕሪ ቀትሪ ኣብ ኣፍ ደገ ብሎኮ ባጽዕ ኣብ ሕንጥብሎ ዓረድና። ኣብ'ቲ እዋን'ቲ ንጸላኢ እግሪ እግሩ ሰዒብና ክሳብ ውሽጢ ባጽዕ ክንደፍእ ዘኽእል ዘተኣማምን ሓይሊ'ኳ እንተነበረና፡ ነቲ ካብ ሓለፍትና ዝተመሓላለፈ ትእዛዝ "ኣብ ዘለኻዮ ደው በል!" ምስጋሩ ስለዘይከኣል፡ ኣብቲ ዝበጻሕናዮ ከባቢ ሕንጥብሎ (ብሎኮ

ባጽዕ)፣ መሕደሪ ዝኾነና መከላኸሊ ድፋዕ ክንኮዕት ተገደድና።

ኣብዛ ሰላም ዝሰፈና 20 ታሕሳስ ምሸት፣ ብዛዕባ ብቕንያቱ ኣብ ውግእ ዘጓነፈና ፍጻመታት፣ ከምኡ ብዛዕባ መጻኢ ዕድል ወደባዊት ከተማ ምጽዋዕ፣ ኣተኲርና መምስ ጥቓና ዘሎ ሰብ ጉጅም ክንብል ዕድል ረኺብና። መሬት ጸልሚቱ ዓይኒ ምስ ሓዘ፣ ወርሒ ዘይከም ቀደማ፣ ነቲ ብዘይካ ህዝቡ ካልእ ሓጋዚ ወይ ዘራይ ዘይብሉ ተጋዳላይ ንምሕጋዝ፣ ጸልማት ቀንጢጣ ብርሃና ዓደለት። ዕቑባይ፣ ኣብ ሓንቲ ንእሽቶ ጉላ ጽግዕ ኢሉ ራድዮ ሃለው ከፊቱ ምስ ሓለፍቱ ነዊሕ ተዘራረበ። ነታ ላምፓዲና ብነጸላ ጉልቢቡ ድማ ንዝወሃቦ ዝነበረ መምርሒታት፣ ኣብ ቊራጽ ወረቐት ኣስፈሮ።

ቀሺ ስርሑ ወዲኡ፣ ነታ መልእኽቲ ራድዮ ናብቶም ንሱ ዘማእከሎም መራሕቲ ጋንታታት ዘብጽሓሉ ሰብ ሃሰስ በለ። ብትሑት ድምጺ ገነት! ገነት! ኢሉ ድማ፣ ተደሃየ። ገነት ድምጺ ዕቑባይ ምስ ሰምዐት፣ ደበኽ በለት'ሞ በቲ ህሮሩማ ጸሓይ ሰምሃር ገጻ ጸለሎ፣ ሰብነታ ጸማልያ መሲሉ ኣስተውዓለላ፣ ሞራል ንኽህባ ድማ፣ "ገነት ከመይ ውዒልና፧ እንታይ ደአ ዝን ኢልኪ፧" በላ እናሰሓቐ። ገነት ርእሳ ሓኸፍ-ሓኸፍ እናበለት፣ "ሰውራ ናር'ዩ በጃኻ! ነዛ ንፈጣሪና እንዝክረላ ግዜ'ኳ ስኢንና። ለይትን መዓልትን ምስ ሓውን ባሩድን ኲይኑ ህይወትና!" በለት።

ቀሺ ሓሳባታ ብምድጋፍ፣ 'ንሱስ ሓቅኺ፣ እዚ ናትና ወለዶ ጥዑም ክስተማቐር፣ ናብራ መስሪቱ ክወልድን ክዘምድን ኣይተዓደለን። እታ እንኮ ዕድሉ፣ ንሱ ንህዝቡ ብርሃን ሂቡ ከም ሽምዓ ምምካኽ እዩ፣" ምስ በለ፣ ንገነት ኣብ ዓሚቝ ሓሳብ ከም ዘእተዋ ኣስተውዒሉ፣ ነቲ ዕላል ናብ ዋዛ ንምቕያር፣ "መቸም ምሳኺ ዕላል መወዳእታን የብሉን፣ ኣቡ ካላም ኢኺ፣ ደሓር ንቕጽሎ። ሕጂ ግን ማይ እንተ'ሎኪ ቊሩብ ኣስትይና'ሞ፣ እዛ ወረቐት ናብ ኮሚሳር ጋንታኹም፣ ረዘነ ኣብጽሕያ፣" በላ። ገነት ነታ ወርቐት ተቐበለቶ።

ዕንድኮር ናብኦም ገጹ ክመጽእ፣ ገነት ብማዕዶ ኣስተውዓለት። ምሉእ መዓልቲ ከይተላኸፈቶ ስለዝወዓለት ተሓጒሳ ድማ፣ "እዚ ኮርማም ዕንድኮር ናባና ገጹ ይመጽእ ኣሎ፣ ኣየናይ ጥዑም ወረ ከየምጽእ ግን፣" ኢላ ዘረብኣ ከይወድአት፣ "ሰላማት ቀሺ ከመይ ውዒልካ፧" በለ። ንዓአ ከጓነዩ ሓሪቓ፣ "ኣንታ ሓለንጋይ፣ ካብ ከመይ ውዒልካስ ከመይ ውዒልኩም ዘይትብል! ኣነስ ምሳኻዶ ውዒለ እየ፧" በለቶ ብሓውሲ ቊጥዐ።

መልሲ ዘይሰኣኖ ዕንድኮር፣ "እንታይ ይመስለኪ ጓል ጉነጽ፣ ክከም

ኣተዓባብያኻ እዩ እቲ ነገር። ኣነ ዕባይ ሃገረ ሰብ እየ። ኣቦይ ኳዕናን ቀሺ፡ ዓጣኒ ደብሪ እዩ ነይሩ። ካብ ቤት ትምህርቲ ንገዛ ክኣቱ ከለኹ፡ መጀመርታ ንኣቦይ፡ ደሓር ንኣደይ፡ ቀጺለ ኣብ ገዛና ዝጸንሑ ኣጋይሽ ብሪጋ እሳለም ነይረ። ከምታ ኣቦይ ዝመሃረኒ ድማ፡ መጀመርታ ንሓላፊና ዕቑባይ ቀሺ፡ ደሓር ድማ ንዓኺ፡ እዚኣ ፍተውያ ጽልእያ ከምኣ እያ፡" በለ። ገነት ድምጻ ኣትርር ኣቢላ፡ "ተወሳኺ ዘረባ'ሞ ግደፎ፡ ንሕና ምሳኻ እናተጋደልናን ቅድመኻ እናተሰዋእናን ማዕርነት ደቀንስትዮ ኣይትኣምነሉን ማለት ድዩ፡ ንሰላምታ ድማ ሌላን ጉሌላን ገይርካሉ!" በለቶ። ቀሺ ዕላሎም መቂሩዎ ከምዛ ዘይምልከቶ ሰቕ ኢሉ ክሰምዖም መረጸ።

ዕንድኵር እዛ ዘረባ ናበይ ገጻ ትጥምዘዝ ከም ዘላ ቀብ ኣቢሉ፡ "መቸም ዓቕልኺ ዓቕሊ እንጣጢዕ'ያ። ደሓር ከኣ 'ኣናፍራ ቀቓሕ ዘይፈልጥሲ ኣይሃዳናይን፡' ፈሊጠኪ ኣለኹ። ነዛ ብዋዛ ዘልዓልናያ ዘረባ ናብ ቦለቲካ ጠዊኺ፡ ኣብዛ ትመጽእ ኣኼባ ሓይሊ፡ ኢሂ'ባ ማዕርነት ደቀንስትዮ ኣይኣምነሉንዩ! ከምዚ'ባ ከምቲ'ባ ኢልኪ መዓልተይ ደፊእኪያ ክትውዕልን መስሓቕ ሸራፋት ክትገብርኒ ከም ዝደለኺ ደኣ መዓስ ጠፊኡኒ። እንቋዕ ደኣ ነቲ ኣኼባ ዝመርሕ ሰብ ምሳና ሃለወ እምበር!" በለ ብሓውሲ ፍርሒ።

ገነት ከም ዝተዓወተትሉ ገምጊማ፡ "ዘድልየን ጥሒነንሲ ብዓለማርያም ይብላ። ንብጾትካ ኣቁናጺብካ ከተብቅዕ፡ ከም ዘየዋጽኣካ ምስ ፈለጥካ ሕጂ ናበይ ድሕርድሕር!" በለት ከም ዝደኸመላ ተረዲኣ። ሸው ዕንድኵር ቊውምነገሩን ዋዝኡን ተወጃቢሩዎ ወልደፍደፍ በለ።

"ኣነ ዕንድኵር ኣነ! ቀለይ ዘድሓርሕር'ኳ ኣይፈቱን! ዘልናሲ፡ ከከም ኣተዓባብያና ንኺድ። ከተማ ዝዓበኹም በታ ናይ ኣቦኹም፣ ኣብ ዓዲ ዝዓበና በታ ልምዲ ዓድና ንኺድ። ናብ ሰውራ ዘምጽኣናኮ ንጸላኢ ከም ተመን ዕዳጋ ብሓንሳብ ኴንና ኢደይ ኢድካ ኢልና ጠፋዕ-ጠፋዕ ክነብሎ'ዩ ይምስለኒ። ኢሂ'ታ ዕቑባይ ከምኡዶ ኣይኰነን!" ምስ በለ፡ ቀሺ ካብ ልቡ ሰሓቐ። ዕቑባይ ብዕላሎም ተመሲጡ ሰሓቑ ምቊራጽ ሰኣነ። እንተኾነ፡ ኣብታ ህሞት'ቲኣ ግዜ ብሰዓታት ዘይኰነ፡ ብኻልኢት ትልክዓሉ ስለዝነበረ፡ ዘረብኡ ኣዕትብ ኣቢሉ፡ "መቸም ዕላልኩም ኣይምኖን'ዩ። መሬት ካብ ትወግሕ ክሳብ'ዛ ግዜ'ዚኣ፡ ኣብ ሃልከትከት ውዒልና፡ ምድሪ ሰማይ ብዝነደደ ሬሳ ጸላእን ቦምባታትን ተበኪላ፡ ጽምእን ጥሜትን ተጋዳላይ ደረቱ ሓሊፉዎ፡ ብዙሓት ብሉጻት ከፊልናን ቀቢርናን። እንተኾነ፡ እዛ ምሳኹም ዘዕለልኩዋ ጭርቃንን ዋዛን፡ ንኹሉ'ቲ ምሳይ ዝዋዓለ ሰኽም ከም ዝርስዖ ገይራቶ። ንዓና ንተጋደልቲ ንቕድሚት ክንደፍእን ሕጉሳት ኴንና ክሳብ

ዕለተ መስዋእትና ክንቃለስን ዝገብረና፡ ከምዚ ናትኩም ጭርቃን፡ ፍቕሪ ሓድሕድ ምቕሉልነትን ምክብባርን እዩ። ሕጂ ግን ግዜ ስለ ዘይብልና ኣብ ሰስራሕና ንኺድ። እንተ'ዛ ክትዕኩም ነዚ ኣብ ቅድመና ዘሎ ጻዕዳ ሰራዊት ኣብ ባሕሪ ምስ ኣእተናዮ፡ ኣብ ናቫል በይዝ ወይ ኣብ ገምገም ባሕሪ ገርግሱም ጽማቑናን ቢራናን እናሰተና መደምደምታ ክንገብረላ ኢና፡ ” ብምባል ኣብቲ ዘምጽኦ ጉዳይ ኣተወ። ቀጺሉ ብትርር ዝበለ ድምጺ፡ “እሞ ጓል ጉነጽ! እዛ መልእኽቲ ህጽጽቲ እያ፣ ንኮምሽነር ጋንታኹም ረዘነ ኣብ ኢዱ ሃብዮ፡ ባዕሉ ናብ 2ይን ሳልሳይን ጋንታታት ከመሓላልፋ እዩ፡” ኢሉ ተፋነዎም። ንሳቶም ድማ ጭርቃኖም ኣቋሪጾም ነናብ ጉዳዮም ከዱ።

እታ ለይቲ'ቲኣ፡ ብዘይካ ካብ ርሑቕ ሖሓሊፉ ዝሰማዕ ዝነበረ ድምጺ ተኹሲ፡ መሬት ጸዋ ኢላ ነበረት። ኣብቲ ግንባር ዓሪዱ ዝነበረ ተጋዳላይ ኣብ ሓለዋ-ቀጽል ሓደረ። ጽንኩርነት ባህሪ፡ ኣብ ዓውደ-ውግእ፡ ኵሉ ይጸምእ፡ ይደምን ህይወት ይኸፍልን፣ ዝፈልዮም እንተነይሩ ዕላማ ዋራሕ'ዩ። ክንዲ ዝኾነ ተጋዳላይ ይኹን ወተሃደር ደርግ፡ እታ ትበርቕ ሓዳስ ጸሓይ፡ እንታይ መዘዝ ሒዛ ትቕልቀል ብዘየገድስ፡ ንኸዕርፍ ኣብ ዘዘሎዎ ግንብው በለ።

እታ ሰንካም ደብዳበ

በታ ለይቲ'ቲኣ ዕንድኵርን ኣሕመዲንን ኣብታ ዝኾዓትዋ ንእሽቶ ጉድጓድ ኰይኖም ሓለዋኦም ኣቋመቱ፡ ብዛዕባ ኣብ ነፍሲ-ወከፍ ካልኢት ኣብ ከባቢኦም ዝዓልብ ዝነበረ ቦምባ ተወንጨፍቲ ሮኬታትን ሚሳይላትን ቦምባ ኣስደሚሙዎም።

“ያ ዑዝቢላህ! ኣንታ ዓርከይ ትርእዮዶ ኣለኻ! ቀትሪ ከይኣኽለን፡ ለይቲ ደብዳብ ጀሚረን'ዘን ፈሰፍስ።”

“ሓቅኻ! ናይ ሎምስ ነገር ጣቋ ኣይኰነን። እዚ ከርናፍ መንግስቱ ዝሓሰቦ ኣለዎ። ነፈርቶም ብዂሌታና ከልዕላና ክሳብ ዝደልያ ዝወዓላ ከይኣክል፡ ሕጂ ድማ ብለይቱ ክስሃለና! ካብዛ ጉድጓድ ብኸሳድና ሓኒቖን ከውጽኣና ቍሩብ ተሪፍወን።”

“ናይዚኦም'ኮ ንበይኑ እዩ! በልስከ መሬት እንዳ መን ጨሪምና ምስ ወሰድና ኢና ክንድ'ዚ መዓት ዘውርዱልና፡ ንሕናስ ወደይ ኣብ መሬትና ኢና

ዘሎና። እዞም ሩስያውያንከ ቦምባታቶም መቐመጢ ስኢኖምሉ እንተኾይኖም ኣብ ባሕሪ ዘይድርብይዎ!" በለ ወዲ-ዕምሪ፡ ርእሱ እናነቕነቐ።

ክልቲኦም ብዛዕባ'ቲ ህይወት ወዲሰብ ንምጽናት ኣብ ልዕሌኦም ዝድርበ ዝነበረ ክላስተር ቦምባታት እና'ዕለሉ እንከለዉ፡ ኮሚሳር ጋንታ ረዘነ፡ ነታ ካብ ቀሺ ዝተላእከት ወረቐት ንምስላጥ፡ ጉምብሕ ጉምብሕ እናበለ ክሓልፍ እንከሎ፡ በቲ ነውጺ ናይቲ ኣብ ጥቕኡ ዝዓለበ ክላስተር ቦምባ ዝተላዕለ፡ ኣብታ ብዓል ዕንድኮርን ኣሕመዲንን ዝነበሩዋ ጉድጓድ ብርእሱ ቍልቍል ኣፉ ወደቐ'ሞ ኣካላቱ ብሓመድ ተሸፈነ።

ኣሕመዲን ብስንባደ፡ "ኣንታ ረዘነ ደሓን ዲኻ!" በሎ።

"ቦምባ ሶቭየት ተሰኪሙ ደርብዩዎ ደኣ እንታይ ክድሕን፡" ወሰኸሉ፡ ዕንድኮር በቲ ኩነታት ሰንቢዱ። ረዘነ ርእሱ እናነቕነቐ ምልክት "ደሓን'የ" ብኢዱ ሃበ። ገለ ጅላድ ቦምባ ረኺቡዎ ከይከውን ክልቲኦም ተተባራርዮም ኣካላቱ ፈተሸዎ፡ ዝኾነ ምልክት ግን ኣይረኸቡን።

"ኣንታ ረዘነ፡ እዛ መሬት ትርእያ ኣለኻ፡ ክሳብ ዝኾነ ዝኸውን፡ ኣብ ከውሊ ኮፍ ዘይትብል! ብሓደ ኣፌቱ! እንታይ ስርሑ ኢኻ ተርእየና ዘለኻ!" በለ ኣሕመዲን ብሓውሲ መግናሕቲ። ኣእዛን ረዘነ፡ በቲ ሓያል ድምጺ ቦምባ ንግዚኡ ተለኩታ። ረዘነ ክልተ ኣእዳዉ ናብ ኣእዛኑ ደጊፉ፡ "ኣሕመዲን ኣይሰምዓካን'የ ዘለኹ፡ እስከ ድገመለይ!" በለ።

ዕንድኮር በቲ ኣብ ልዕሊ ረዘነ ዝወረደ ኣደራዕ ሰንቢዱ፡ "ኣእዛን ተሎኩተን፡ በቃ ኣብቂዐን። በየናይ ኣዝኒ ደኣ'ዩ ሰብ ክኣልን ውግእ ክመርሕን። እዚ ክልተ ሸውዓተ ትምህርቱ ንብላሽ ኣብ ማይ ኣትዩ፡ ፍልጠቱ ኣይንዓና ኣይ ንዕኡ ቤርነንተ ተሪፉ፡" በለ ዕንድኮር ብኽቱር ሻቕሎት። ረዘነ በብቑሩብ ኣእዛኑ ተኸፊተን ድምጺ ክሰምዕ ጀመረ። ናይዞም ክልተ ብጾት ስንባደ፡ ንረዘነ ፍሉይ ስምዒት ኣሕደረሉ። ምስጢር ዓወት ተጋዳላይ፡ ኣብ ሓድሕድ ዘሎ ምትሕልላይ፡ ፍቕርን ምትእምማንን ምዃኑ'ውን ብዝያዳ በርሃሉ። ሓልየቶም ብልቡ ኣድነቐ። "ኣቫቚለኩምዶ!" በሎም'ሞ፡ ኣሕመዲን ጭንቀቱ ስለዝፈኸሰሉ፡ "ኡፍፍ! ተመስገን ያ'ረብ፡ እንቋዕ ደኣ ሕጂ ጸሚምካ ኣይተረፍካን እተን ምህሮኻ ብዘይ ቍውም-ነገር ኣይጠፍኣን'ምበር፡ ናይ ጽባሕ ደኣ 'መን ኣለኹም' ምስ በለና እዩ! ንብዓል ዮሃንስ፡ ኣፈወርቂ፡ ዓሊ፡ ኣስመሮም ዝበጽሑም፡ ንዓናስ ኣበይ ከይተርፈና!" በለ፡ ዕምሪ ተጋዳላይ ኣብ ውግእ ሰምሃር ናይ መዓልትታት ምዃና ንምግላጽ።

ረዘነ ምስኦም ቍሩብ ድሕሪ ምዕላል ናብ ጉዳዩ ተበገሰ። ብዓንተብኡ እውን፡ ደብዳብ ከቢድ ብረት ደኣሉ ናብ ዘይሓሰቦ ኣላጊሱዎ እምበር፡ ክንድኡ ዝኣክል ግዜ ከጥፍእ ሓሳብ ኣይነበሮን።

* * *

ላዕለዎት ኣዘዝቲ ስርዓት ደርግ፡ ኣብዘን ውሑዳት መዓልታት 19ን 20ን ታሕሳስ፡ ወንጨፍቲ መሬት መሬት ሚሳይላትን፡ መዳፍዕን ዘመናዊ ኣጽዋር ኣሰሊፎም፡ 30,000 ቦምባታት ከም ዝደርበዩ ንምድረ ሰማይ ብቐትሩ ከም ዘጸልመቱዋ፡ ሓደ ናይ ወጻኢ ሃገር ጋዜጠኛ ነቲ ብዓይኑ ዝርኣዮ ኣብ ጽሑፉቱ ኣስፊሩዎ ኣሎ።[18]

ጸላኢ ንገስጋስ ሰውራ ክምክቶን ደው ከብሎን ስለዘይከኣለ፡ ነቶም ኣብ ዝተፈላለዩ መንግስታዊ ኣካላት ንሓለዋን ካልእን ተዋፊሮም ዝነበሩ ሸማግለታት ወተሃደራት ይኹኑ፡ ነቶም ኣብ ሕክምና ፎኩስ መውጋእቲ ዝነበርዎም በታ ለይቲ'ቲኣ ኣብ መካይን ጽዒኑ ናብ ብሎኮ ባጽዕ ክጓርቶም ሓደረ። እተን ኣብ ገምገም ባሕሪ ዝዓረዳ ከም ብዓል ኤች.ኤም.ኤስ (H.M.S.) ዝበሃላ መራኽብ፡ ሰራሓት ኣመሪካ እውን እንተኾና፡ ወንጨፍቲ ሚሳይላትን መዳፍዕን ጽዒነን፡ ካብ ከባቢ እምበረምን ገርግሱምን ርሕቕ ኢለን ቦታአን ሓዛ። መራሕቲ ስርዓት ኢትዮጵያ ሕጂውን እንተኾነ! እታ እንኮ ምርጫኦም "ምቕጻል ውግእ" ኩነት።

ምዕራፍ ሽዱሽተ

*

መጥቃዕቲ ዕርዲ ፎርቶ-ምሸናቕ

ድሕሪ ምድምሳስ መዓስከር ዶጎሊ፡ ተጋዳላይ ካብ 10 ክሳብ 19 ታሕሳስ 1977፡ ንዓሰርተ መዓልትታት ብዘይምቁራጽ ጽዑቕ ውግእ ኣካየደ። እተን ኣብ ከባቢ ያንጉስን ደማስን፡ (ብወገን ደቡብ ንየማን ካብ ጽርግያ መስመር ኣስመራ) ዓሪደን ዝነበራ በራጊድ 70፡ 23 ከምኡ'ውን በጦሎኒ 4.2፡ ነቲ እልቢ ዘይነበሮ ዘመናዊ ኣጽዋርን ዓጢቑ ንቅድሚት ክደፍእ ዝህንደድ ዝነበረ ሓይሊ ጸላኢ፡ ከቢድ መስዋእትን መውጋእትን ብምኽፋል ናብ ባዕጽዕ ገጸን ጸራሪገን፡ 20 ታሕሳስ ኣብ ከባቢ 4፡00 ድ.ቀ ኣብ እግሪ ፎርቶ-ምሸናቕ ተጸግዓ። እተን ካብ ጽርግያ ኣስመራ ምጽዋዕ ንጸጋም ዓሪደን ዝነበራ ሓይልታት፡ ኣብ ከባቢ 5.00 ድ.ቀ ንጸላኢ ጸራሪገን ኣብ ኣፍ-ደገ ብሎኮ ባጽዕ ኣብጽሕኦ።

ጸላኢ፡ ነቲ ካብ ጉላጉል ሰምሃር ናብ ከተማ ባጽዕ ዝሃደመ ሰራዊቱ ከህድኦን ከደዓዕሶን ፈተነ። ገለ ክፋሉ፡ ምስቲ ኣብ ኣፍደገ ባጽዕ ዓሪዱ ዝዋጋእ ዝነበረ፡ ዝተረፈ ድማ ምስቲ ኣብ ፎርቶ-ምሸናቕ ከበድቲ ኣጽዋር ዓጢቑ ዝነበረ ሓይሊ ከቢድ ብረት ብምሕዋስ ንኸተማ ምጽዋዕ ንምክልኻል ክሳብ መወዳእታ ዓቕሙ ተዋግአ።

ጸላኢ፡ ነቶም ካብ ፎርቶ ንሰሜን ገጾም ዓሪዶም ዝነበሩ ሓይልታት ወገን፡ ብኸበድቲ መዳፍዓትን ረሻሻትን ከረኻኽበሎምን ክድብድብን ከም ዝኽእል ዝተረድኡ ላዕለዎት ወተሃደራዊ ሓለፍቲ ህዝባዊ ግንባር፡ ቅልጡፍ

መጽናዕቲ ብምግባር፡ በጦሎንታት 23ን፡ 70ን፡ 4.2፡ ጸሓይ ከይዓረበት እንከላ፡ እግሪ እግሩ ጸላኢ ሰዒበን ንፎርቶ ምሸናቕ ከጥቅዑ ትእዛዝ ተዋህቦም።

ማእከልነት ሓይሊ 70.13 ስምኦን ዑቕበ ቀላቲ (ርእሲ ምራኽ)፡ ንውዕሎ ቀዳማይ መጥቃዕቲ ፎርቶ-ምሸናቕ ብኸምዚ ይገልጾ፡

"እዘን ካብ ጽርግያ ኣስመራ-ምጽዋዕ ንደቡብ (ወገን የማን) እንዳ ህበይ ዘብል ወገን ዝዓረዳ ሓይልታት፡ ነቲ ጽኑዕ ዕርዲ ፎርቶ ምሸናቕን ኣጃፕን ኣጥቂዐን ንባጽዕ ክደፍኣ ዝተዋህበን ትእዛዝ ንምትግባር፡ ኣብ'ቲ ምዉት መሬት ተኣኻኺበን ንህጁም ተዳለዋ። ነዛ ስትራተጅያዊት ፎርቶ ምሸናቕ ኣብ ትሕቲ ቊጽጽር ንምእታው ጽፉፍ መጽናዕትን ከቢድ መስዋእትን ከም ዝሓትት ርዱእ ነበረ። ሓይልታት ሕቖአን ንዓራርቦ ጸሓይ ብምሃብ፡ ንዒላማታት ጸላኢ ኣንቃዕሪረን ጠመትኦ። ጨራ ጸሓይ፡ ተጋደልቲ ንጸላኢ ኣነጻጺሮም ክሃርሙ ክትሕግዞም እንከላ፡ ነቲ ኣብ ፎርቶ ዓሪዱ ዝነበረ ጸላኢ ግን ኣብ ደንበርበር የእተወቶ። ጸላኢ ብዘሎዎ ዓቕሚ ሰቡን ጸብለልትነት ኣጽዋሩን ተኣማሚኑ፡ ንፎርቶ ንምክልኻል ክሳብ መወዳእታ ዓቕሙ ተዋግአ። ኣነ (ርእሲምራኽ ማለት'ዩ) ድማ ኣብዚ ዉዕዉዕ ውግእ ተወጊእኩ።"

ብምባል ኣዘንተወ።

ሓይልና ሓይሊ 4.33 ካብ ፎርቶ ንወገን ሰሜን (ጸጋም) ርሒቕ ኢላ ዓሪዳ ስለ ዝነበረት፡ ኣነ ነቲ ንፎርቶን ኣጃፕን ንምሓዝ ዝግበር ዝነበረ መሪር ናይ ምርብራብ ውግእ፡ ብማዕዶ ይዕዘቦ'ኳ እንተ ነበርኩ፡ ኪኖ ምግማትን ዘይተጨበጠ ዕላልን ሓሊፉ፡ ሓቀኛ ስእሊ ክፈልጥ ኣጸጋሚ ነበረ። እታ እንኮ ዝፈልጣ ሓቂ ግን፡ ገለ ሓይልታት ናይ በራጊድ 70፡ ሓንቲ በጦሎኒ ናይ ብርጌድ-8ን በጦሎኒ 4.2ን፡ ነቲ መጥቃዕቲ ከም ዘካየድኦን ከቢድ መስዋእቲ ከም ዝኸፈላን ጥራሕ ነበረ። ዕሙቕ ዝበለ ሓበሬታ ንምእካብ ንገለ ካብቶም ኣብቲ ውግእ ብደረጃ ሓለፍትን ተራን ዝተሳተፉ ተጋደልቲ ኣባላት ብርጌድ 4ን ብርጌድ-70ን ክውከስ ግድነት ኰነ።

ብዛዕባ ውግእ ፎርቶ-ምሸናዕ፡ ዕሙቕ ዝበለ ጸብጻብ ንኽህበኒ ንማእከልነት ሓይሊ 4,21 ተጋዳላይ መብራህቱ ኪዳነ ተወኪሰዮ። ከምዚ ድማ በለ፡

"እቲ ኣብ ጉላጉል ሰምሃር ንዓሰርተ መዓልቲ ዝቐነየ ናይ ምድፋእን ምንስሓብን ውግእ፡ መሬት ከይመሰየት እንከላ፡ ሓደ መደምደምታ ክግበረሉ ከም ዘለዎ ብላዕለዎት ወተሃደራዊ ሓለፍቲ ተወሰነ። ካብ ሰሜን ክሳብ

ደቡብ ዘሎ ግንባር፡ ብሓባር ጸረ-መጥቃዕቲ ክወስድ ትእዛዝ ተመሓላለፈ። ብርጌዳት ዘጥቅዕእ ቦታታት ተዋሀበን። ኣብ ጸጋምና ዝነበረት ብርጌድ-70 ንፎርቶ፡ 4.2 ድማ ንኣጂፕ ዝጥምት ድፋዕ ጸላኢ ክሃጅማ ተነግረን።

5.00 ድ.ቐ፡ ላዕለዎት ወተሃደራዊ ሓለፍቲ ግንባር፡ ኣብ ልዕሊ ሰራዊት ጸላኢ ህጹጽ ጸረ-መጥቃዕቲ ክውሰድ ትእዛዝ ኣተሓላለፉ። ኣነን (ወዲኪዳነ ማለት'ዩ) ኮሚሳር ወዲ-ስዩምን፡ ንሓይሊ 4.21 መሪሕና ናብ ዴፖን ኣጂፕን ዝዓስከረ ሓይሊ ጸላኢ ተጸጋዕና። እንተኾነ፡ ብቐንዱ ዕርዲ ፎርቶ-ምሸናቕ ገና ስለዘይተታሕዘ፡ ረሻሻት ይኹን መዳፍዕ ጸላኢ፡ ናብ ሓይልና ቀንዐ። ኮሚሳር ሓይሊ "ወዲ ስዩም" ኣብ ምብጋሱ፡ ምስታ ዝመርሓ ጋንታ ኣብቲ ጉላጉል ተሰውአ። ዝተረፋ ክልተ ጋንታታት ናብ መበገሲአን ክምለሳ ስለዘይከኣላ፡ ክሳብ ዝጽልምት ንግዚኡ ኣብ እግሪ ጉቦ ፎርቶ ተጸጊዐን ኣምሰያ። 8፡00 ድሕሪ ቀትሪ መሬት ምስ ጸልመተ፡ ውጉኣትናን ስዉኣትናን ሒዝና ንድሕሪት ተመለስና። በዚ ድማ፡ ቀዳማይ ፈተነ ንምትሓዝ ዕርዲ ፎርቶ ምሸናቕ ዝተወሰደ ተበግሶ ድማ ከይቀንዐ ተረፈ።"

ብምባል ተሞክርኡ ገለጸ።

ኣብ ሳልስቱ፡ ሓይሊ ወዲ ኪዳነ ኣብ ካልኣይ ፈተነ ውግእ ፎርቶ ክትሳተፍ ምድላዋታ ወድኣት። እቶም ካብ ተ.ሓ.ኤ. ዝተፈልዩ ብስም "ፋሉል"[19] ዝጽውዑ 90 ዝኾኑ ምኵራት ተጋደልቲ፡ ኣብ በጦሎኒ 4.2 ምስ ተወዘዑ ሓይሊ ሰቦም ተመዓራረየ። ንመጥቃዕቲ ተዳሎ ኰነ። ሓይሎም "ንኣጂፕ" ዘይኰነ፡ "ንፎርቶ" ከም ትሃጅም ተነግሮም'ሞ፡ 7፡00 ድሕሪ ቀትሪ ተበገሱ።

ከባቢ ፎርቶ ምሸናቕ ብፈንጂ ተዘሪኡ መርገጺ ተሳእኖ። ንድሕሪት ገጽካ ምጥማት ኣይሕሰብን'ዩ፣ ምርጭኦም ንቕድሚት ምቕጻል ጥራሕ ኰነ። ኮሚሳር በጦሎኒ 4.2 ተሰፋልደት ጸጋይ ጉርጃን ማእከልነት ሓይሊ ወዲ-ኪዳነን፡ ንሓይሊ ኣብ ዘላቶ ከተብሩኽ ኣዘዙ። ክልቲኦም ካብተን ጋንታታት ንቕድሚት ፍንትት ኢሎም፡ ብዛዕባ'ቲ ኣብ ቅድመኦም ዝጽበዮም ዘሎ መሰናኽል 'ፈንጂ' ዘተዩ። ኣብ መወዳእታ፡ ነታ ሓይሊ ኣብ ዘላቶ ገዲፎም፡ ሓሙሽተ ተጋደልቲ ጥራሕ ሒዞም ንቕድሚት በጃ ክሓልፉ ኣብ ውሳነ በጽሑ። ስለዚ በቲ ዓይንኻ ዘንቍረካ ዘይትርእየሉ፡ 100 ሜትሮ ዝኸውን ናብ ጸላኢ ገጾም ሰጒሙ።

ካብ ዝፈርሑዎ ከይወጽኡ፡ ወዲ ኪዳነ ነታ ናይ ፈንጂ ገመድ ብእግሩ በተኻ። እታ ኤም-16 ዝዓይነታ ፈንጂ ከቢድ ሂምታ ገበረት። ወዲ ኪዳነ

ክልተ ኣእጋሩ ብኸቢድ ተሃሪሙ ወደቐ። ብዙሕ ደም'ውን ፈሰሶ። ይትረፍ ሸጉጡ ክዐምር፡ ነዛ ነብሱ ንምክልኻል'ውን ኣይከኣለን። ነቲ ዝፈሰሰ ዝነበረ ደም ክዓግት፡ ካብ ጃኬቱ ባንድጅ ኣውጺኡ ተቓለሰ። ሓይሉ ኣኻኺቡ፡ ናቱን ናይ ጉርጃን ራድዮ ብእምኒ ሓምሸሸን፡ ንኮዳት ሓይኹ ቈራረጾ። ጸላኢ ቃንዛ ውጉኣት ሰሚዑ፡ ካብ ዝነበሮ ጉዳጉዲ ወጺኡ ተጸግየም። ወዲ ኪዳነ ምስቶም ሰውኣት ተመሳሲሉ ትንፋሱ ሓብአ። ወተሃደራት ንወዲ ኪዳነ ከም ምዉት ቈጺሮም ናብቶም ውጉኣት ሓለፉ። ፍርሒ ስለ ዝነበሮም፡ ድማ ንውጉኣት ብጥይት ኣዳጊሞም ናብ ጉዳጉዶም ተመልሱ።

ዕድል ምስ ረኸቡ፡ እቶም ንድሕሪት ዝገደፍዎም ብጾቶም፡ ንኺዳነን ውጉኣት ብጾቶምን ኣልዒሎም ናብ እግሪ ፎርቶ ኣውረዱዎም። ኣብታ ውግእ፡ ኮሚሳር በጦሎኒ 4.2 ተሰፋልደት ጸጋይ (ጉርጃ)፡ ሳልሳይ ርእሱ ተሰውአ።

ጸሓይ ኣብ ምብራቓ፡ ሓይልታት እንዳ 23፡ 70 ከምኡ'ውን 4.2፡ ዳግማይ ተወዳዲቦም ንፎርቶ ተቘጻጸሩዋ። እታ ጽንዕቲ ዕርዲ ኣብ ትሕቲ ህዝባዊ ሰራዊት ወደቐት። እቲ ንብጾቱ ኣብነት ኩይኑ ክዋጋእን ከዋግእን ዝወዓለ ማእከልነት በጦሎኒ 4.2 ሸንክሓይ ሱሌማን ዓሊ'ውን፡ድሕሪ ቍሩብ ደቓይቕ ኣሰር ጉርጃ ሰዒቡ። ብ21 ታሕሳስ 1977 ተሰውአ። በጦሎኒ 4.2 ዋላ'ኳ ናይ መራሕቶም ተሰፋልደት ጸጋይ (ጉርጃ)፡ ሸንክሓይ፡ ወዲ ሰዩም (ኮሚሳር ሓይሊ)፡ መብራህቱ "ወዲ-ኪዳነ" ወዘተ መውጋእትን መስዋእትን እንተ ኣጋጠሞም፡ ጉዕዞኦም ከይተሰናኸለ፡ በቶም ዝተረፉ ታሕተዎት ሓለፍቲ እናተመርሐት ንዕርዲ ፎርቶ ኣፍሪሶም ንውሸጢ ባጽዕ ብምእታው ኣብ ዕዳጋ ዓረደ።

ነዚ ናይ ፎርቶ ምሸናቕ ውግእ ታሪኽ ዘራጉደ፡ ደራሲ ተጋዳላይ ሰለሙን ድራር እዩ። ንሱ ብ1975 ኣብ ተጋድሎ ሓርነት ኤርትራ ተሰሊፉ፡ ንኣመራርሓ ተ.ሓ.ኤ. ብምቅዋም፡ ምስቶም ብስም "ፋሉል" ዝጽውዑ ተጋደልቲ ናብ ህዝባዊ ግንባር ሓርነት ኤርትራ ኣብ 1977 ተጸምቢሩ፡ ኣብ ብርጌድ-70 በጦሎኒ 70.2፡ ተመደበ። ብሪጌዱ ኣብ ርሱን ወራር ሰምሃር 1977 ንጥምጥም ወረደት። ብዛዕባ ውዕሎ "መጥቃዕቲ ፎርቶ-ምሸናቕ" ከዋግዓኒ ምስ ሓተትኩዎ ከምዚ በለ፦

"እተን ካባና ንጸጋም ስግር'ቲ ጸሊም ጽርግያ ኣስመራ-ምጽዋዕ ዝዓረዳ ከም ብዓል ብርጌድ-4፡ 8፡ 23ን ክሳብ ገርግሱም ተዘርጊሐን ንጸላኢ ከም ሕሱም ክቕፍቅፍኦ ይዝከረኒ። ጸላኢ ንምጥቃዕ ናይ ዘሮ-ሰዓት እናተጸበና

እንከለና ሕማቕ ዕድል ኰይኑ፡ ነዞም ብረትና ኣዐሚርና፡ ናብ ጉዳጉድ ጸላኢ መጥቃዕቲ ከነውርድ ምድላዋት ዘወዳእና፡ ጸላኢ ኣብቲ ገዛኢ በሪኽ ቦታ ፎርቶ ኰይኑ ከሸፈና። ንመጥቃዕቲ ገና ከይተበገስና እንከለና፡ ሞርታራቱን መዳፍዑን ናባና ገጽ ስለዘቕንዖ፡ ድማ ሓላፊ ይኸውን ተራ ተጋዳላይ ተጣርዐ፡” ድሕሪ ምባል፡ ናብ ናይ ቀደም ተዘክሮታት ኣትዩ ንግዚኡ ዝን በለ። ናይ ገለ ብጾት ተዘክሮ ግዲ መጺእዎ እና ሰሓቐ፡ “ሽዑ ነቲ ውድብ ሓደሽ ስለ ዝነበርኩ፡ ንኹሉ'ቲ ናይ ሓለፍቲ ምንቅስቓስ ብኣንክሮ እየ ዝከታተሎ ዝነበርኩ። ኣብታ ፈታኒትን ጽንክርትን ሰዓት፡ ሓደ ሶታይ ዝበሃል ምልኩዕ ዕባይ ባርካ መራሒ ሓይሊ እንዳ-70፡ በቲ ኣብ ከባቢኡ ዝወድቕ ዝነበረ ቦምባታት መዳፍዕ ዓቕሉ ጸቢቡዎ፡ ንኽዋዘ፡ ‘ያ! ጀምዓ ኣንታ ገለ ዘይንገብር፡ በዚኣን ሰቕ ኢልና ዲና ክንመውት! ቀደም'ኳ ኣብ ባራት ኣስመራ ብጠራሙዝ ቢራ ጌርና ነህድመን ዝነበርና። ሕጂ እዚ ኩሉ ዶሽካታትናን ኣርፒጂታትና ዓጢቕና ኣብ ቅድመና ከኹድዳ! ገለ ዘይንገብር፤” እናበለ ናብ ላዕለዎት ሓለፍቱ ብሓውሲ ጭርቃን መልእኽቲ ራድዮ ኣመሓላለፈ።

እቶም ዝረኸቦም ሓለፍቲ፡ “ሰሚዕናካ ኣለና፡ ኵሉ ሰዓቱ ምስ ኣኸለ ክፍጸም'ዩ። መምርሒ ክሳብ ዝወሃበካ ኣብ መስመር ጥራሕ ጽናሕ!” ዝብል መልሲ ሃቡዎ። ብምባል ተዘክሮታቱ ኣካፈለኒ። ሰለሙን ዕላሉ ቀጸለ፡

“እቶም ኣብ ውሽጢ እቲ ኲናት ኣትዮም ነቲ ውግእ ዘመርሑዎን ዝከታተሉዎ ዝነበሩ ሓለፍቲ፡ ነቲ ኣብ ዕርዲ ፎርቶ ምሸናቕ ዝነበረ ሰራዊት ፊት-ንፊት ምግጣሙ፡ ከም ምስ ከውሒ ምርጻም ስለዝኾነን ዘይተደልየ ሰብኣዊ ክሳራ ከኸትል ከም ዝኽእል ብምርዳእን፡ ክሳብ ካልእ መንገዲ ዝጽናዕ፡ ሓይልና ንፎርቶ ምህጃም ኣቋረጸ፡ ናብ መበገሲኣ ክትምለስን ካብ ደብዳብ ከቢድ ብረት እትከላኸለሉ ግዜያዊ መሕደሪ ድፋዕ ክትኩዕትን ትእዛዝ ተዋህበ።

ጸላኢ ነቲ ኣብ ከባቢ 4፡00 ድሕሪ ቐትሪ፡ ንፎርቶን ዴፖ ኣጂፕን ንምሓዝ ዝተገብረ ቀዳማይ ፈተነ ብምክልኻሉን ብምፍሻሉን ሞራል'ኳ እንተ ገበረ፡ ካልእ ሓድሽ መጥቃዕቲ ክፍነዎ ምኻኑ ኣይተጠራጠረን። ዋላ'ኳ ዕርዱ ገና ኣይግደፍ'ምበር፡ በቲ ኣቐዲሙ ኣብ ከባቢ ሰዓት 4፡00 ድ.ቐ ኣብ እግሪ ፎርቶ ንምጥቃዑ ዝተገብረ ፈተነ ተዳሂሉ ነበረ። እቲ ሰዒቡ ዝመጽእ ሃንደበታዊ መጥቃዕቲ በየንን መዓስን ከም ዝጅመር ስለ ዘይፈለጦ፡ ሓለውኡ

ብዕጽፊ ኣዛየደ። ብፍርሒ ተዋሕጠ፡ ኣብ ቅድመኡ ብዘይካ ውሑድ ናይ ፎኩስ ብረት ተኸሲ፡ ዝኾነ ምንቅስቓስ ናይ ሰብ ስለዘይረኣየን ግብረ-መልሲ ስለዘይረኸበን ዝያዳ ተጨነቐ።

ጸሓይ ዓረበት፡ መሬት ጸጥ በለት፡ ኣዕዋፍ ድማ መሕደሪኦን ሓዛ። እዚ ክልተ ተጻራሪ ሓይሊ ከምዛ ተኸሲ ደው ክብል ዝተሰማምዐ፡ ድፋዓት ኣብ ምስራሕ፡ ተደራቢ ሓይልን ተተኳሲ ቦምባታትን ጠያይትን ኣብ ምጉራት፡ ማይን መግብን ኣብ ምቕራብ ስለ ዝተጸምደ፡ ብዘይካ ሓሓሊፉ ዝስማዕ ናይ ጸላኢ ናይ ከቢድ ብረት ድምጺ ተኸሲ፡ ምድረ-ሰማይ ጸጥ በለት!"

ሰለሙን ብዛዕባ ፎርቶ ንምድምሳስ ዝተገብረ ምቅርራብን ዝተወሰደ ሃንደበታዊ ስጉምትን ዘኪሩ ከትርኽ ከሎ፤

"ኣነ፡ ከም ሓድሽ ተጋዳላይ፡ ምስ ሓለፍቲ'ዛ ቦጦሎኒ ሌላ ስለዘይነበረኒ፡ በቲ ሽጉጥ ዓጢቑ፡ ራድዮ ኣብ ጸጋማይ ኢዱ ጨቢጡ፡ ውግእ ዝመርሕን ላዕልን ታሕትን ዝብል ዝነበረ ተጋዳላይ ኣቓልቦይ ተሳሕበ። መንነት'ዚ ሰብ ክፈልጥ፡ ነቲ ኣብ ጥቓይ ዝነበረ ብጻይ፡

"እዚ ራድዮ ኣብ ኢዱ ሒዙ ላዕልን ታሕትን ዝብል ዘሎ፡ ብዓል ቁምጣ-ስረ ተጋዳላይ ድኣ መን ይብሃል፧" ኢለ ሓተትክዎ። እቲ ብጻይ ብሕቶይ ተገሪሙ፡

"ኣይትፈልጦን ዲኻ!፧ ንሕቶ ብሕቶ መለሰለይ። ኣነ ናብ'ቲ ብዓል ሽጉጥ እናጠመትኩ፡ "ኣይፈልጦን'የ! መን ምዃኑ ጥራይ ንገረኒ።" በልክዎ።

"እዚ ደኣ 'እቲ ውጩ' ዝብሃል መራሒ ቦጦሎንና እኮ'ዩ፡" ምስ በለኒ፡ ኣብ ጉድኒ ከምዚኦም ዝኣመሰሉ ሓርበኛታት መራሕቲ ኣብ ቅድመ-ግንባር ምስላፈይ ንሞራለይ ሰማይ ኣዕረገ።" በለ። ሰለሙን ንድሮ መጥቃዕቲ ፎርቶ ምሸናቕ ዘኪሩ። ዕላሉ ቀጸለ፡

"ሓይልታት ካብቲ ጽዑቕ ናይ ጸላኢ ደብዳብ ንምድሓን፡ ንግዚኡ ንድሕሪት ኣዝለቕና። ብዛዕባ መጻኢ መደብ ክንፈልጥ ዓቕምና'ኳ እንተ ዘይነበረ፡ ንዝመጽእ ጸገማት ብኸመይ ክንብድሆ ከም ዘለናን፡ ንመጥቃዕቲ ጸላኢ ብኸመይ ከም ንገጥሞን ስነ-ኣእምራውን ኣካላውን ምድላዋት ወዳእና። ላዕለዎት ሓለፍቲ ግንባር'ውን ኣገዳስነት ምትሓዝ ዕርዲ-ፎርቶ ንዓወትና ወሳኒ ተራ ከም ዝነበሮ ብምርዳእ፡ እዚ ካልኣይ ፈተነ ውግእ ፎርቶ ኣብ ወጋሕታ ክግበር ኣብ ምርድዳእ በጽሑ!" በለ።

ሰለሙን ዕላሉ ቀጸለ፤

"21 ታሕሳስ፡ ኣጋ ወጋሕታ፡ እቶም ኣብ እግሪ ጕቦ ተጸጊዕና ዝሓደርና ሓይልታት፡ ናብቲ ምስ ፎርቶ ዝተኣሳሰረ ብእንዳ ህበይ ዝፍለጥ ሰንሰለታዊ ታባታት ደቡብ ብለይቲ ተጓዓዝና። ናይ ዜሮ ሰዓት ምስ ኣኸለ፡ ቀ'ርብ ንደቡብ ገጽና ፍንትት ኢልና በርቃዊ መጥቃዕቲ ብምውሳድ፡ ናይ ኩሊት መጥቃዕቲ ብምጥቃም፡ ናብ ዕርዲ ጸላኢ ተደቐደቕና። ኣብ ፎርቶ-ምሸናቕ ዓሪዱ ዝነበረ ሓይሊ ጸላኢ፡ መጥቃዕቲ ብቕድሚኡ እናተጸበየ እንከሎ፡ ብዘይተጸበዮን ዘይሓሰቦን ቦታ፡ ተኾሲ ብደቡባዊ ጫፍ ዕርዲ ፎርቶ ስለዝተጀመረ፡ ራዕዲ ኣተዎ። መሬት ብናይ ኢድ ቦምባታትን ተኾሲ ካላሽናት ሞጅሙዕ ተኾሲ ጠያይትን ተናወጸት። ናይቶም ኣብ ቀዳማይ ፈተነ ውግእ ፎርቶ ኣብ ጕላጕል ኣጂፕን፡ ብደብዳብ ሞርታራትን ነፈርትን ዝተሰውኡ ብጾትና ሕነ ንምፍዳይ፡ ኣብ ልዕሊ ድፋዕ ጸላኢ ብተመልከተለይ ተኲስናን ቦምባታት ወርወርናን። ነቲ ካልኣይ ዕርዲ ኣብ ትሕቲ ምሉእ ምቍጽጻርና ብምእታው ንጸላኢ ናብ ጕላጕል ኣጂፕን መዓርፎ ነፈርትን ኣጽደፍናዮ፡" ብምባል ናይ ቅድሚ 40 ዓመታት ፍጻመታት ውግእ-ሰምሃር ኣዋግዓኒ።

ጸላኢ ብበርቃዊ መጥቃዕቲ ፎርቶ ምሸናቕ ከም ዝተሰናበደን ኣንፈቱ ከም ዝሰሓተን፡ በቲ ካብቶም ኣብ ማእከል ውግእ ዝጥጠቑ ዝነበሩ ማእከሎት ሓለፍቲ ወተሃደራት፡ ናብ ላዕለዎት መራሕቶም ዝልእክዎ ዝነበሩ ደብዳቤታት ክፍለጥ ተኻእለ። ሓንቲ ካብተን ብዕለት 5/4/70 ኣቈጻጽራ ግእዝ፡ ዝተላእከት ምስጢራዊት ደብዳቤ፡ ብሓጺር ከምዚ'ትብል፡ "ካብ እዚ ሰሜን 2ይ ክፍለጦር ናብ ብሄራዊ ኣብዮታዊ ዘመቻ መምርያ ቁ/009/70 ምጽዋዕ ንምክልኻል ዝከኣለና ንገብር ኣሎና። ጸገምና ንመጥቃዕቲ 'ወንበዴታት' ክንከላኸሎ ዘይምኽኣልና'ዩ። ሰራዊትና ድፍዑ ገዲፉ ንድሕሪ ስለዝሃደመ፡ ጸላእቲ ንዕርድና ተቘጻጺሮሞ ኣለዉ። ብዙሓት መራሕቲ ስለዝተጐድኡና፡ ዝተረፉ ጃጅዮምን ፈዚዞምን ኣለዉ!"

ፈተነ ጸላኢ፡ ዕርዲ ፎርቶ ንምምላስ

እቲ ብወገን ደቡብ ማለት ጫፍ ዕርዲ ፎርቶ ኣብ ወጋሕታ ዝጀመረ ተኾሲ፡ ናብ ሰሜን ገጹ ክልሕም ዝተዓዘቡ ላዕለዎት ጀነራላት ፋሽሽታዊ ስርዓት ደርግ፡ እቲ ጉዳይ ነቲ ሓፈሻዊ ወተሃደራዊ ስትራተጂኦም ብኣሉታ ከም ዝጸልዎ፡ ሰራዊቶም ኣብ ሓደጋ ከም ዝወደቐን፡ ባጽዕ ኣብ ከበባ ከም

ዝኣተወትን ብኡንብኡ ስለዝተረድኡዎ፡ ነብሶም ዘድሕንሉ መንገዲ ሃሰው ክብሉ ጀመሩ።

ሓይልታት፡ ኣጋ ወጋሕታ ንዕርዲ ፎርቶ ምሽናቕ ምስተቐጻጸሩዋ፡ ጸላኢ፡ ሓይልታት ዓሪደናሉ ዝነበራ ድፋዓት ኣልሚሙ ብወንጨፍቲ ሮኬታትን ቢ-ኤም 21 መዳፍዕን፡ ዓይኒ የብለይ ስኒ የብለይ ብጽዑቕ ደብደቦን ሓረሶን። ደብዳብ ነፈርቲ፡ መራኽብ ከምኡ ኣጋር ከበድቲ መዳፍዕ ተወሃሂዱ፡ ካብ ግዜ ናብ ግዜ ሓይሉን ቅልጣፈኡን ወሰኸ። ብፍላይ ነቶም ናብ 21 ታሕሳስ 1977 ዘውግሑ፡ ንዕርዲ ፎርቶ ምሽናቕ ተቐጻጺሮም ንጸላኢ ሕማም መንሹሮ ዝኾኑዎ ተጋደልቲ ብርጌዳት 70፡ 23ን በጦሎኒ 4.2ን፡ ብደብዳብ ዓቕሎም ኣጽበበሎም። ነፍሲ-ወከፍ ስድሪ መሬት፡ ፍንጃራትን ቃልሃን ሮኬታት መልኣት፡ እቶም ከቢድ መስዋእቲ ከፊሎም፡ ዕርዲ ጸላኢ ዝተቐጻጸሩ ተጋደልቲ፡ ብናይ ሮኬታትን መዳፍዓትን ሃልሃልታን ድምጽን ኣእዛኖምን ተሎኮታ፣ ብባሩድን ትክን'ውን ኣፍንጭኦም ተዓብሳ።

ላዕለዎት ሓለፍቲ ስርዓት ደርግ፡ ነቲ ጽዑቕ ደብዳብ ክፍንዉዎ እንከለዉ፡ ክልተ ዕላማታት ነበሮም። እቲ ቀዳማይ ኣብ ልዕሊ ተጋደልቲ ህዝባዊ ግንባር ራዕዲ ፈጢርካ፡ ንዕርዲ ፎርቶ ዳግማይ ኣብ ቊጽጽርካ ምምላስን ጉዕዞ ዓወት ምዕንቃፍን ክኸውን ከሎ፡ እቲ ካልኣይ ድማ፡ ነቲ ተመኩሮ ውግእ ዘይብሉን ብራዕዲ ተዋሒጡ ንድሕሪት ዝሃድም ዝነበረን ሰራዊቶም፡ ሞራል ሂቦሞ ናብቲ ገዲፉዎ ዝሃደመ ድፋዕ ፎርቶ ምምላስ ነበረ።

ተጋዳላይ፡ ነዚ ካብ ብጊሓቱ ጀሚሩ ከም ማይ ኣይሂ ኣብ ዝባኑ ዝዘንብ ዝነበረ ደብዳብ ቦምባታት፡ ኣብቲ ዓሪድሉ ዝነበረ ድፋዕ ፎርቶ ኰይኑ፡ ተጸሚሙ ከሕልፎ ግድነት ነበረ፡ ካብቲ ጻዕቂ ደብዳብ ናይ ሕጭጭታ ነፈርትን ዝተላዕለ፡ ኣዕዋፍ ሰማይ'ውን ከይተረፉ፡ ህይወተን ካብ ዘድሕነላ ቦታ ንምርካብ ክዋናጨፋ ተራእያ። እንተኾነ፡ ፈጣሪ ነቲ "እዚ ናብ ደቅና ዝዘንብ ዘሎ ቦምባታት ኣብ ዕጨ-እምኒ የውዕሎ፡" ንጸሎት ኤርትራውያን ኣደታት፡ ዝብል ካብ ልቢ ዝነቐለ ጸሎተን ሰሚዑ፡ ኩሉ'ቲ ከም ማይ ኣይሂ ኣብ ዝባን ተጋደልቲ ዝዘንብ ዝነበረ ቦምባታት፡ ዝበዝሕ ከይተፈንጀረ ተተሸኺሉ ደኣ ተረፈ። ኰይኑ ግን፡ ገሊኡ ህይወት ንጹሃት ተጋደልቲ ወሰደ።

ወጋሕታ 21 ታሕሳስ 1977፡ ሓይልታት፡ ኣብ ልዕሊ ፎርቶ ሃንደበታዊ መጥቃዕቲ ፈንየን ንፎርቶ ምስ ተቐጻጸርኣ፡ እቶም ካብ ፎርቶ ንሸነኽ ጸጋም፡ ካብ ብሎኮ ኣስመራ-ባጽዕ ክሳብ ገርግሱም ዓሪድና ኣብ ተጠንቀቕ

ዝነበርና ተጋደልቲ ነቲ ውግእ ብማዕዶ ንከታተሎ ስለዝነበርና፡ ዕርዲ ፎርቶ ምሽናቕ፡ ገና መሬት ከይወግሐ፡ ሓዊ ክከዓዋን ብሓዊ ክትነድድን፡ ሰራዊት ጸላኢ ድማ ካብ ጉዳጉዶም ወጺኦም ክሃድሙ፡ ምስ ረአና፡ ብሓጉስ ፍንጭሕ በልና።

ኣብዛ መዓልቲ'ዚኣ ጸላኢ፡ ተራእዩ ዘይፈልጥ ደብዳብ ከቢድ ብረት ኣካየደ። ብፍላይ እተን ኣብ ወጋሕታ ንፎርቶ ምሽናቕ ሃጁመን ዝተቑጻጸራ ሓይልታት እንዳ 70፡ 23፡ ከምኡ ገለ ክፋል በጦሎኒ 4.2ን፡ ኣሎ ዝበሃል ከብድቲ ኣጽዋር ናብአን ስለ ዝቐንዐ፡ እቶም ኣብ ውሽጢ'ቲ ድፋዕ ፎርቶ ዓሪዶም ዝነበሩ ተጋደልቲ፡ ነቲ ደብዳብ ክጻወርዋ ኣብ ዘይክእለሉ ደረጃ ተበጽሐ፣ ህላወ'ዛ ዕርዲ ድማ ኣብ ሓደጋ ወደቐ።

ደብዳብ ፎርቶ ምሽናቕ ካብ ሰዓት ናብ ሰዓት እናወሰኸ ከደ። ሻይናክ ኣብታ ዝነበርናያ ድፋዕ ራድዮ ከፊቱ፡ ኵነታት ከባቢኡ ተኸታተለ። ኣብ ማዕበል ራድዮ ርክብ፡ ማእከልነት በጦሎኒ 70.2 ገረዝጊሄር 'ውጬ' ምስ ላዕለዎት ኣዘዝቲ'ቲ ግንባር ከምዚ ክብል ሰማዕናዮ፤

"ሃለው ትሰምዓኒዶ ኣለኻ!"

"እወ እሰምዓካ'ለኹ፡ መሬት ከመይ ኣሎ ብኣኻ፧"

"መሬት ደአ ባልባል ትብል ኣላ፡"

"እወ ንከታተሎ ኣሎና፡"

"ኣንታ እምበርዶ'ዚ ኣብ ልዕለና ዝዘንብ ዘሎ ትርእዩዎ ኣለኹም፧"

"እወ ቍሩብ ጥራሕ ዕድል ሃበና።"

"ኣንታ ንሰን እንዶ'ሞ ዕድል ከሊኣናና፡ ሃየ'ባ እባ ገለ ግበሩ! ሓዊ ኣብ ዝባንና ተኻዕዩና!"

"ደሓን ርክብ ጥራሕ ኣይተቋርጽ ሓዲኡ ክንገብር ኢና፡" ተበሃሃሉ።

ኣብ ልዕሊ ፎርቶ ዝዓልብ ዝነበረ ቦምባታት ጸላኢ፡ ነቶም ብጸጋሞም ዓሪድና ብማዕዶ እንዕዘብ ዝነበርና ሓይልታት ኣጨነቐና። ዕርዲ ፎርቶ ምሽናቕ ዳግማይ፡ ኣብ ትሕቲ ቍጽጽር ጸላኢ ምስ እትወድቕ፡ ኣብቲ ሓፈሻዊ ወተሃደራዊ ገስጋስ ክፈጥሮ ዝኽእል መሰናኽል ቀሊል ከም ዘይከውን ብሩህ ነበረ።

እቲ ዝነበረ ናይ ነፈርትን ከቢድ ብረትን ጽዑዕ ደብዳብን፡ ላዕለዎት ወተሃደራውያን ኣዘዝቲ፡ ብኣካል ተራኺቦም ብዛዕባ'ቲ ክውሰድ ዝነበሮ ህጹጽ ወተሃደራዊ ስጉምቲ ክመያየጡ ዕድል ዝህብ ስለዘይነበረ፡ በቲ

ዝረዳድኡሉ ወተሃደራዊ ቃላት (ኮድ) ተጠቒሞም፡ ካብ ጸሊም ጽርግያ ክሳብ ሓድሽ መዓርፎ-ነፈርትን ጕላጕል ጕርጕሱም ተዘርጊሖም ዝነበሩ ሓይልታት ብርጌዳት 4፡ 23፡ 8ን፡ ንሰፊሕ ጸረ-መጥቃዕቲ ኣብ ተጠንቀቕ ክጸንሑ ትእዛዝ ኣመሓላለፉ። በጦሎንታት 70.2፡ 23ን 4.2ን፡ ነቲ ከም ማይ-ኣይሂ ኣብ ድፋዖም ዝዓልብ ዝነበረ ቦምባታት፡ ሰኖም ነኺሶም መከትዎ።

ተጋደልቲ፡ ኣብ ጥርዚ ታባ ፎርቶ-ምሸናቕ ኰይኖም፡ ነቲ ንዕኦም ንምድሓን ዝውሰድ ስጕምቲ ብሃንቀውታ ተኸታተሉዎ። ኣብ መወዳእታ ግን ንሞራሎም ሰማይ ዘዕረገ ፍጻመታት ተጋህደ።

ናይ መወዳእታ ግዜ ህጁም 10፡00 ቅ.ቐ ተኣወጀ። ክንጽበዮ ዝጸናሕና ቃል "ህጆም!" ምስ ሰማዕና፡ እዞም ኣብ ነዊሕ ኪሎ ሜተራት ንጋድም ተዘርጊሕና ዝነበርና ሓይልታት፡ ላዕለዋይ፡ ማእከላይ፡ ታሕተዋይን ተራ ተጋዳላይን ብማዕረ፡ ብዕልልታ ከካብ ድፋዕና ዘሊልና፡ "ናብ ጓይላ ከም ዝኣቱ ብዓል ወኒ፡" ንቕድሚት መረሸና። እቶም ብሬናትን ኣርፒጂታትን ዓጢቖም፡ ኣብ ብርኽ ዝበለ ቦታ ኰይኖም፡ ነተን ዝሃጅማ ሓይልታት ጕልባብ ክገብሩ ዝተመዘዙ ሰባት'ውን እንተኾኑ፡ ዝተዋህቦም ዕማም ዕማኾ ከየልዓልሉን ብሬናቶም ሒዞም እግሪ እግርና ሰዓቡ። ተኹባኹብካ ድማ ጕዕዞ ናብ ውሽጢ ባጽዕ ኰነ። እታ ጸላኢ ዝንየተላን ዝኣምናን ጽንዕቲ ዕርዲ ፎርቶ ምሸናቕ፡ ኣብ ትሕቲ ምሉእ ምቍጽጻር ተጋዳላይ ምስ ኣተወት፡ እቲ ብወገን ሰሜን ገርግሱም ዓሪዱ ዝነበረ ሓይሊ ጸላኢ፡ ጽርግያ መስመር ገርግሱም ዕዳጋ ከይተዓጽወ እንከሎ፡ ጭርኡ ደጕሉ ውሽጢ ባጽዕ ክሃድም ተገደደ።

ሰለሙን ድራር ነታ ካብ ኣእምሮኡ ዘይትሃስስን፡ ዓቢ ፍስሃ ዝሃበቶን ፍጻመ፡ ምሉእ ግንባር ብሓደ ግዜ ተላዒሉ ንባጽዕ ዝኣተወላ ታሪኻዊት ፍጻመ ብኸምዚ ይገልጻ፤

"በጦሎንና፡ ነቲ ገዛኢ ቦታ ዕርዲ ፎርቶ-ምሸናቕ ምስ ተቘጻጸረት፡ ጸላኢ ንፎርቶ ዒላማ ገይሩ፡ ኣሎ ዝበሃል ከበድቲ ኣጽዋሩ ናባና ስለዝቐንዖ፡ ሕርብት በለና። እንተኾነ፡ እቲ ብጸጋምና ንኪሎ ሜተራት ኣብቲ ሰጣሕ ጕላጕል ካብ ጸሊም ጽርግያ ክሳብ'ዚ ሓድሽ ኣየርፖርት ተዘርጊሑ ዝዓረደ ህዝባዊ ሰራዊት ብሓባር ተገዲሙ፡ ንሸሾ ሰራዊት ደርግ ቀፍቂፉ ንቕድሚት ክሃጅም ምስ ርኣኹዎ፡ ፍረ-ጻማ'ቶም ኣብ ፎርቶ ዝተሰውኡ ብጾት ንእለቱ ብዓይነይ ስለ ዝረኣኹ፡ ሓጐሰይ ደረት ሰኣንኩሉ፡"

እዛ መዓልቲ'ዚኣ፡ ንዓይ'ውን ፍሉይ ተዘክሮ ገዲፋትለይ እያ። ተጋዳላይ ነቲ ኣብ ልዕሊ እቶም ኣብ ፎርቶ ምሽናቕ ዝዓረዱ ብጾቱ ዝወርድ ዝነበረ ቦምባታት ጸላኢ፡ ልክዕ ከም ኣብ ዝባኑ ዝወርድ ዘሎ ኰይኑ ተሰምዖ። ናይ ህጁም ሰዓት ምስ ኣኸለት፡ ካብ ጸሊም ጽርግያ ኣስመራ-ባጽዕ ክሳብ ሓድሽ መዓርፎ ነፈርቲ ብሓባር ተገዲምና ከነጥቅዕ ንቕድሚት ክንውርወርን ብዓይነይ ምስ ርኣኹ፡ ካብ ርእሰይ ክሳብ ጽፍሪ እግረይ ናይ ሓጐስ ስምዒት ወረረኒ። ኣብቲ እዋን'ቲ፡ ዝያዳ ዝመሰጠኒ፡ ዘሐብኑንን ሞራል ዝህቡንን ዝነበሩን ንዓወት ዓቢ ግደ ዝነበሮም፡ ላዕለዋይ መሪሕነት ህዝባዊ ግንባር ኣብ ቅድመ ግንባር ማዕረ ተራ ተጋዳላይ ኰይኖም፡ ንውግእ ብቐረባ ምእላዮም ነበረ።

ብኣንጻሩ፡ ሓደ ካብቲ ቀንዲ ጠንቂ ስዕረት ሰራዊት ስርዓት ደርግ ዝነበረ፡ እቶም መሪሕነት እዝን ቍጽጽርን ፡ ኣብ ኣስመራ ኰይኖም ንውግእ ሰምሃር ክመርሕዎ ይፍትኑ ምንባሮም'ዩ። ብሪጋዴር ጀነራል መርእድ ንጉሰ ናይ ሰሜን ካልኣይ ክፍለ-ጦር ኣዛዚ፡ ብ30/3/1970 ኣቈጻጽራ ግእዝ፡ ንናይ ብሄራዊ ኣብዮታዊ ዘመቻ መምርያ ሓለፍቲ፡ ዝለኣኻ ደብዳበ ጭቡጥ ኣብነት'ያ።

ትሕዝቶ ናይታ ደብዳበ ብሓጺሩ ከምዚ ዝስዕብ ትሕዝቶ ነበሮ።

"ኣብ ዶጎሊ ዓሪዱ ዝነበረ ሰራዊትና፡ ንዶጎሊ ለቒቑ 2 ኪሎ ሜተር ንድሕሪት ስሒቡ ኣሎ። ነዚ እተጻሪ ጕጅለ ልኢኸ ኣለኹ። ሓይሊ ወገን፡ ረዳት ስለዝሓተተ ዝከኣለኒ ክገብር'የ። ውግእ ደንጎሎ'ውን ኣብ 71 ኪሎ ሜተር ይቕጽል ኣሎ። ኣነ ድማ ናብቲ ዓውደ-ውግእ ከይመጽእ ቤት ጽሕፈተይ በይኑ ስለዝኾነ እዩ፡" ይብል።

ከምዚ ዓይነት ብልሸው ኣመራርሓ ገዛእቲ ስርዓት ደርግ፡ ኪኖ ኣሸካዕላልን ብህይወት ወተሃደራትካ ምልጋጽን ካልእ ትርጉም ክወሃቦ ኣይክእልን እዩ። ብ/ጀ መርእድ ንጉሰ ኣብቲ ብቐይሕ መንጸፍ ዘግየጸ ኣብ ኣስመራ ዝነበረ ቤት ጽሕፈቱ ኰይኑ ዘመሓድሮን ዘመሓላልፎ ወተሃደራዊ መምርሒታትንከ ክሳብ ክንደይ ምስቲ ኣብ ዓውደ-ውግእ ዘሎ ክውንነት ክሳነ ይኽእል! እዚ ኣመራርሓ ጻዕዳ-ሰራዊት ምስ ብስለትን ተወፋይነትን መሪሕነት ህዝባዊ ግንባር ከተዋዳድሮ ምፍታን፡ ብዝኾነ መስፈር ዝልካዕ ኣይኰነን።

ኣብ ከባቢ ኣማተረን ዕዳጋን ዓሪዱ ዝነበረ ሰራዊት ስርዓት ደርግ፡ ዋላ'ኳ ይንዋሕ ይሕጸር፡ ካብ ተጋደልቲ መጥቃዕቲ ክወርዶ ዝጽበዮ

እንተነበረ፡ ሓይሊ ወገን ዝመረጾ ግዜ መጥቃዕትን ወተሃደራዊ ሜላን ግን ሃንደበት ኮኖ። ነቲ ብዓይኑ ዝርእዮ ዝነበረ ሰፊሕ ጸረ-መጥቃዕቲ ምእማን ሰኣኖ። ተጋዳላይ፡ ነታ ኣብ ሞንጎኡን ሞንጎ ጸላእን ዝነበረት ካብ 300 ሜትሮ ዘይትነውሕ ርሕቐት ብናህሪ ተወንጪፉ፡ ካላሽኑ ብሞጅሙዕ ክትኰስን ቀለቤት ቦምባታት ኢድ መመንጨቱ ኣብቲ ጸላኢ ዓሪድሉ ዝነበረ ክድቕደቕን ተራእየ። ጸላኢ ነዚ ግሁድ ሓቂ ሕልሚ ክኸውን ተመነየ። ሕልምን ጋህድን በበይኖም ስለዝኾኑ፡ ግን ካብ ሕልሚ ቀትሪ ተበራቢሩ ከንቱ ፈተነ ምክልኻል ኣካየደ።

እቶም ኣፍ ደገ ባጽዕ ዝበጸሕና ሓይልታት፡ ሓንሳብን ንሓዋሩን ንባጽዕ ኣብ ትሕቲ ምሉእ ምቁጽጻርና ከነእትዋ ናህሪ ወሰኽና። ነቶም ኣብ ኣባይቲ ተሸጉጦም ዝነበሩ ወተሃደራት ከም ምዉታትን ምሩኻትን ቈጺርና፡ ብናህሪ ንቕድሚት ሓለፍና። ኣድህቦና ድማ ናብተን ብድሕሪት ኲይነን ዝትኰሳ ዝነበራ ታንክታት ኮነ። እተን ረሻሻት ዝጸዓና ኣምፊብያን ዝዓይነተን ታንክታት (ጎማ ዝእግረን ድሩዓት መካይን) ብድሕሪ ወተሃደራት ኲይነን ካብ የማን ንጸጋም እናተንቀሳቐሳን ከም ንፋስ እናተሓምበባን፡ ንሰራዊቶም ሞራል ክህብኦ ፈተና። ንጉደናታትን ኣባይትን ባጽዕ፡ ጉልባብ ተጠቒመን፡ ጉዕዞና ከተዓናቕፋ ጻዕሪታት ኣካየዳ። ነቶም ተሰፉ ተሓንጊጥና ንቕድሜና ንግስግስ ዝነበርና ከኣ ግዜያዊ ዕንቅፋት ኰነና።

እቶም ብብሎኮ ባጽዕ ዝኣተና ሓይሊ 4.3፡ ዝበዝሐ ሓይልና ናብ ጸጋም ክንቀሳቐስ እንከሎ፡ ገለ ክፋል ብርጌድ-23 ንየማን ወገን እግሪ ፎርቶ ምሽናቕ፡ ናብ መዓርፎ ነፈርቲ ተጸጊዐን ናብ ውሽጢ ባጽዕ ኣቕንዓ። እንተኾነ፡ ብርጌድ 23፡ እቲ ናይ ቀደም መዓርፎ ነፈርቲ፡ ጸረ ሰብ ፈንጅታት ከም ዘለዎ ምስ ፈለጠት፡ ኣንፈታ ናብዚ ናይ ሕጂ ኣዲስ-ኣለምን ዕዳጋን ዝበሃል ከባቢ ቀየረት።

ኣብ ብሎኮ ባጽዕ ዝጀመረ ውግእ፡ ካብቲ ኣብ ጉላጉል ሰምሃር ክካየድ ዝቐነየ ውግኣት ዝተፈልየ መልክዕ ሓዘ። ኣብ ዝሓለፉ ውግኣት ሰራዊት በብሓይሉን ጋንትኡን ተወዲቡ፡ ብናይ ቀረባ ሓለፍቱ ተማእኪሉ፡ ብጥርኑፍን ብዝተወደበ መንገድን ብሓባር የጥቅዕን ይከላኸልን ስለዝነበረ፡ ታሕተዎት ይኹኑ ማእከሎት ሓለፍቲ፡ ኣባላቶም ንምቊጽጻር ጸገም ኣይነበሮምን። ኣብዚ ናይ መወዳእታ ንውሽጢ ከተማ ባጽዕ ንምእታው ዝተወሰደ ጸረ-መጥቃዕቲ ግን፡ ሓይልታት ንእምኰሉን ብሎኮ ባጽዕን ምስ ሓለፉ፡ ብሓባር

ንምጉዓዝ ጅኦግራፊያዊ ኣቀማምጣ መሬት ስለዘየፍቀደ፡ ከም ደቂ-ዛግራ ፋሕፋሕ ኰነ። ውግእ ናብ ጭርጭር ዓበደ ተቐየረ። ታንክታት ጸላኢ ኣብ ፈቖዶ መናድቕ ኣባይቲ ኣዝጊበን ብምትኳስ ሓደጋታት ኣውረዳ። ስለ'ዚ ምትሕውዋስ ሓይልታት ግድነት ነበረ።

ብመሰረቱ'ውን ውግእ ከተማ፡ ዝተፈልየ ቅድን ፍሉይ ስልጠናን ዝጠልብ ብምዃኑ፡ ውግእ ውሽጢ ባጽዕ፡ ካብቲ ኣብ ጉላጉል ሰምሃር ክካየድ ዝቐነየ ዝተፈልየ ኮነ።

ሞራል ተጋዳላይ ሰማይ ዓረገ። ንሰራዊት ኢትዮጵያ እግሩ እግሩ እናሰዓበ ክቕሽምድ፡ ጸላኢ ንድሕሪት ከንሳሕብ ውግእ ማይዶ ጸባ ተለወጠ። ተጋዳላይ ብሰንኪ ባህሪ'ቲ ውግእ ዝፈጠሮ ጸገም ፍጹም ተሓዋወሰ። መን ኢኻ፧ ወይ ናይ እንዳ መን ኣባል ኢኻ፧ ዝሓትት ኣይነበረን፣ ብዙሕ ኣገዳስነት'ውን ኣይነበሮን። ከመይሲ ንተጋዳላይ ኣብ መሳርዕ ወይ ሓይልታት መቓቚልካ ምውዛዕ ማለት፡ ንውዳበን ወተሃደራዊ ድስፕሊንን ንኽጥዕም ብማለት'ዩ እምበር፡ ዘይፋለጡ ተጋደልቲ ብሓባር ተወሃሂዶም ንኽሰርሑ ዝኾነ ጸገም ኣይነበሮምን። ቅኒት ህርመት ልቡ፡ መትከሉን ንቕሓቱን፡ ከም ሓደ ኣካልን ሓደ ተምሳልን'ዩ ዝነበረ እንተ ተባህለ ምግናን ኣይኩነን።

ገስጋስ ሓይልታት ሓላፍን ተራን፡ መራሕን ተመራሕን ዘይብሉ ኣብ ሓደ ሰልፊ ተሰሊፉ፡ ብዘይ ምቍራጽ ናብ ውሽጢ ባጽዕ ቀጸለ። እቲ ሽዑ ቀሊል ዝመስልን ብዙሕ ግምት ዘይወሃቦን ዝነበረ ፍጻመታት ሎሚ ከም ታሪኽ ክትዝክሮ ዘገርመካን መልሲ ዘይትረኽበሉን እዩ። ዘማእከሎም ወይ ዝመርሖም ዘይነበሮም ተራ ተጋደልቲ፡ ኣብ ቅድመኦም ዘጋጥሞም ዝነበረ ወተሃደራዊ መሰናኽላት፡ ተሓጋጊዞምን ሓሳብ ንሓሳብ እናተወሃሃቡን፡ ብውሕልነትን ብተዓጻጻፍነትን እናኣለዩ ዘርእዩዎ ዝነበሩ ብስለት ዘደንቕ እዩ ነይሩ። ውግእ ሰምሃር፡ ተራ ተጋዳላይ ንነብሱ ጥራሕ ዘይኩነ፡ ንብጾቱ ናይ ምእላይ ሓላፍነትን ብቕዓትን ከም ዘሎዎ ዘመስከረሉ ህሞት'ዩ ዝነበረ። ካብዚ ሕሉፍ ተመኩሮ'ዚ ኣብ ሓንቲ መስርዕ ዝነበሩ ተጋደልቲ፡ ንውዳበ ክጥዕም ደኣ እዩ ንሓንቲ ማእከልነት ዝግበረሎም'ምበር ኵሎም ኣባላታ፡ “መራሕቲ መሳርዕ” እዮም ነይሮም ኢልካ ብተኣማንነት ክትድምድም ዝከኣል እዩ።

ምፍጣጥ ተጋዳላይን ጸላእን ኣብ ምጽዋዕ

ጸላኢ ዳግማይ ተወዳዲቡን፡ እስትንፋስ ረኺቡን፡ ነቲ መስዋእቲ ተኸፊልዎ ናጻ ዝወጽአ ዕርድታት ፎርቶ ምሸናቕን ከባቢኡን ናብ ኢዱ ከይመልሶ፡ ጕሮሮና ብንቕጹ፡ ከብድና ብጥሙዩ፡ ገጽና ብረሃጽ እናተሓጸብና፡ እንቅዓ እና'ስተንፈስና ብዘብዘብ ኣብ ኣፍ-ደገ ምጽዋዕ ተኣኻኺብና።

እቶም፡ ውግእ ጕላጕል ዛዚምና፡ ኣብ ብሎኮ ኣስመራ ምጽዋዕ ተኣኻኺብና ንቕድሚት እናመረሽና በብመዳይና ዝተራኸብና ሓለፍትን ተራን ተጋደልቲ፡ እንትርፎ ብዕላማን መትከልን፡ ብገጽ ተረኣኢና ዘይንፈልጥ'ኳ እንተነበርና፡ ኣብዛ ሓጻር ህሞት ድሮ ሓድሕድ ክንመያየጥ፡ ናይ ሓባር ወተሃደራዊ ስትራተጂ ክንሕንጽጽን ነቲ ኣብ ቅድመና ዝነበረ ሓይሊ ጸላኢ ከነጥቅዖን፡ ተወሃሂድና ክንሰርሕን ኣይጸገመናንን። ኣብ ከምዚ ዝበለ ጽዕጹዕ ዓውደ-ውግእ፡ ብኣካል ዘይፋለጥ ሰራዊት ተራኺቡ፡ ተወሃሂዱ፡ ስትራተጂ ሓንጺጹ፡ ንቕድሚት ክደፍእን ዓወት ክድረርን ቀሊል ነገር ኣይኩነን። ከምዚ ዝበለ ብስለትን ተወፋይነትን ሳሕቲ ጥራሕ እዩ ክርአ ዝኽእል።

እቶም ኣብ ጸሊም ጽርግያ ኣስመራ ባጽዕ ኣትኪልና ክንዋጋእ ዝቖነና ክልተ በጦሎንታት ብርጌድ 4፡ ምስ'ተን ፎርቶ ምሸናቕ ንምቁጽጻር ዝተዋህበን ዕማም ብዓወት ዛዚመን ዝወረዳ ሓይልታት ብርጌድ-70 ተወሃሂድና፡ ዓርሞሸሽ ሓይሊ ኣቖምና። ነዚ ከምዚ ዝኣመሰለ ማዕበላዊ ሓይሊ-ሰውራ ድማ፡ ደው ከብሎ ዝኽእል ሓይሊ ጸላኢ ኣይነበረን። ምስጢራዊ ሰነዳት ጸላኢ'ውን፡ ነዚ ሓቂ'ዚ ኣረጋጊጽዎ እዩ።

እቲ ብ20 ታሕሳስ 77፡ 11.00 ቅ.ቐትሪ ካብ ጫፍ ሰሜን ክሳብ ጫፍ ደቡብ፡ ብዝተወደበ መጽናዕቲ ዝተበገሰ ሰፊሕ ጸረ-መጥቃዕቲ፡ ናህሩ ከየጕደለ፡ ንሓይሊ ጸላኢ እግሩ እግሩ ሰዓበ፡ ጸላኢ ዳግማይ ንኽይውደብን ከይሓስብን ዕድል ከልአ። እተን ካብ በጦሎንና ዝዓረደትሉ ጽርግያ ኣስመራ ባጽዕ፡ ንወገን ጸጋም ክሳብ ሰሜናዊ ምዕራብ ገርግሱምን ዓሪደን ዝነበራ ብርጌዳት-44ን፡ 8ን ነቲ ኣብ ገርግሱምን ከባቢኡን ዓስኪሩ፡ ሞቱ ዝጽበ ዝነበረ ጸላኢ፡ በርቃዊ መጥቃቲ ወሰዳ። እንተኾነ፡ ጅኦግራፊያዊ ኣቀማምጣ መሬት፡ ዓይነት ኣጽዋርን ብዝሒ ሰራዊትን ኣብ ጕላጕል ገርግሱም ዝዓረደ፡ ብቐሊሉ ክድምሰስን ክድፋእን ኣጸገመ። እቶም ብብሎኮ ባጽዕ ዝኣተና ሓይልታት፡ ንዕዳጋ ከባቢ 5፡00 ድ.ቐ ክንረግጽን ክንቈጻጸራን እንከለና፡ ብወገን ገርግሱም ዘጥቅዑ ሓይልታት ግን፡ ቅርጺ መሬት ስለ ዝተጻብኦም

ክሳብ 8፡00 ድሕሪ ቀትሪ ገና ስርሑም ኣይዛዘሙን፣ ንገለ ክፋል ገርግሱም ግን ተቘጻጺሮሞ ሓደሩ።

ተጋዳላይ ህዝባዊ ግንባር ኣብ ጉልጉል፡ ጉቦታትን ስንጭሮታትን ዓሪድካ ምውጋእ እንተዘይኰይኑ፡ ብዛዕባ ኣብ ከተማታት ዝካየድ ሜላ ቅዲ ውግእ ተመኲሮ ኣይጸንሖን። ብዓይኒ ሞያ ውትህድርና ክትንተን እንከሎ፡ ኣብ ውግእ ሰምሃር፡ ተጋዳላይ ኣብ ውሽጢ ከተማ ባጽዕ ኣትዩ ብብቕዓት ንኽዋጋእ ዘኽእሎ ፍሉይ ናይ ከተማ ውግእ ስልትን ፍሉይ ስልጠናን ምድላዋትን ስለዘይገበረሉ፡ ሰጋእ-መጋእ ክብል ባህርያዊ ነበረ። እንተኾነ፡ ንዝኾነ ዘይተጸበዮ ሃንደበታዊ መሰናኽላትን ተርእዮታትን፡ ብተዓጻጻፍነት ሰጊርካ ናብ ሸቶኻ ምብጻሕ፡ ፍሉይ ሕላገት ህዝባዊ ሰራዊት ስለዝነበረ፡ ነቲ ኣብ ኣፍ ደገ ባጽዕ ዘጋጠሞ ዕንቅፋታት ንኽሓልፎ ኣብ ምብልሓት ኣተወ። ጸላኢ ንተቐማጦ እምኩሉ፡ ሕንጥብሎን ዕዳጋን ከም ጅሆ ሒዙ፡ ኣብ ገዛውትን መናድቕን ኣባይቲ ተኸዊሉ ተኹሲ ከፈተ። ተጋዳላይ ነቲ ዝሃድም ዝነበረ ሰራዊት ደርግ እግሩ እግሩ እናርከበ ንኽይንቕርስሞ፡ ህዝቢ ባጽዕ ኣብ ሞንጎ ምቕርቃሩ ኣጸገሞ፣ ንቕድሚት ንኽይሃጅም'ውን ዕንቅፋት ኮኖ።

ጸላኢ ከምቲ ዝተጸበዮ፡ ካብ ህዝባዊ ግንባር "ናይ ዓይኒ የብለይ ስኒ የብለይ" መልሰ ግብሪ ኣይረኸበን። ምኽንያቱ፡ ተጋዳላይ ሃንደፍ ኢሉ ኣብቲ መጻወድያ ጸላኢ ክኣቱ ኣይመረጸን። እቲ ዝለመዶ ናይ ጋድም፡ ትኹልን፡ ናይ ኲሊት ህጁማትን ስልትታት ቅዲ ውግእን ንግዚኡ ኣወንዚፉ፡ ምስ ናይ ከባቢ ጆኦግራፊያዊ ኣቀማምጣ መሬት ዝኸይድ ናይ መጥቃዕቲ ስልቲ ክበላሓት ግዜ ኣይወሰደሉን። እምኩሉ፡ ነቲ ኣብ ከርሳ ተወሊዱ ዝዓበየ ህዝቢ፡ ንኣባይ ኣሕሊፋ ኣይሃበቶን። ከምቲ "ስም ይመርሕ ጥዋፍ የብርህ" ዝበሃል "እምኩሉ" ብትግረይት፡ "ኣደ ኩሉ" ማለት ስለ ዝኾነ፡ ንተጋደልትን ህዝብን ኣደ (ጽላል) ክትከውን እንከላ፡ ነቶም መግዛእቲ ንምስፍሕፋሕን ዘይመሬቶም ክግብቱ ዝመጹ ደቂ ባዕዲ ግን እሾኽ ኰነቶም።

ንኽፈርሳ ዝተፈርዳ ቢብቶታት እምባትካላ

ዋሕዚ መንእሰያት ንገድሊ

ምዑታት ተጋደልቲ ፡ ኣብ ‘ዲብያ’ ማይ ኣጣል

በርቃዊ መጥቃዕቲ ሓይሊ 4.33 ንጨዳር ታባ

ህጁም ተጋዳላይ ንጨዳር ታባ-77

ተሳትፎ ህዝቢ ኣብ ዓውዲ ውግእ ስምሃር

ሃጀምቲ ቦጦሎኒ 70.2 ንሓይሊ ባሕሪ

ተጋዳላይ ኣብ ግራት ጨው ሳሊና

ሃጀምቲ ቦጦሎኒ 4.3 ኣብ ግራት ሳሊና

ተጋዳላይ ስኣላይ ኣብ ዓውዲውግእ

ውርሻን ለበዋን ስማእታትና

ዕጥቂ ስማእታት ሳሊና 77

መኻልፍ ዝፈጠረት ደንደስ ግራር ሳሊና

ጽኑዕ ዕርዲ ፎርቶ ምሸናቕ

ምእካብ ኣስከሬን ሰማእታት ሳሊና-77

ምዕራፍ ሸውዓተ

*

ሓድሽ ግንባር ኣብ ከባቢ ቤተ-ክስርትያን ቅዱስ ሚካኤል

ድሕሪ እቲ ዕረፍቲ ዘይህብን ህይወት ኣማኢት ካድረታት ዘወሰደን ጽዕጹዕ ውግእ ጉላጉል ሰምሃር፡ ንዘጋጥሙና ዝነበሩ መሰናኽላት ብብልሓት እናሰገርና፡ 21 ታሕሳስ፡ ከባቢ 5፡00 ድ.ቐ ዕዳጋ ኣብ ዝርከብ ቤተ ክርስትያን እንዳ ሚካኤል በጻሕና።

ኣብ ገርግሱምን ከባቢኡን ዓሪዱ ዝነበረ ሓይሊ ጸላኢ፡ ኣጽዋሩን መኽዘናቱን ኣብ ኢድ ህዝባዊ ግንባር ከይኣተወ እንከሎ፡ ነታ ካብ ገርግሱም ናብ ኣማተረን ዕዳጋን እተእቱ ጽርግያ ሒዙ፡ ፈተነ ምፍንጣስ ኣካየደ። ብዘይካ ክልተ ናይ ምድንጋር ጻዕዳ ጨርቂ እናንበልበላ፡ ታንክታት ብመንገዲ ገርግሱም ብሓይሊ ጠኒነን ዕዳጋን ስጋለት-ቀጣንን ሰጊረን ናብ ጥዋለት ዝሓለፋ፡ ዝተረፈ ንብረት ብምልኡ ኣብ ትሕቲ ቍጽጽር ሓይልታትና ኣተወ። ኣብቲ ከባቢ ዝነበራ ሓይልታት በጦሎኒ-8.2፡ ሓንቲ በጦሎኒ 23፡ ከምኡ'ውን ክልተ ሓይልታት ብርጌድ 44ን ክሳብ 8፡00 ድሕሪ ቀትሪ ንጸላኢ ኣብ ምቕራም ኣተዋ። ጸላኢ ኣብ ገርግሱም ዝወረዶ ክሳራ፡ ኣብቲ 16\4\70 (ብግእዝ) "ለምጽዋ ዘመቻ መስተባበርያ 4ኛ ክፍለጦር እና ለ6ኛ ብርጌድ መምርያ፡ ቁ/3/ም/84/4/02/በ12/4" ዝተላእከት ምስጢራዊ ደብዳበ ዝለኣኾ ተኣሚንሉ ኣሎ።

ገለ ካብ ትሕዝቶ'ቲ "ምስጢር" ዝብል ብሓጺሩ፤

"ብዕለት 16 ታሕሳስ 1970 ዓ.ም ግእዝ፡ ምስ 'ወንበዴታት' ኣብ ዝተገብረ ውግእ፡ ኩሉ'ቲ ኣብ ገርግሱም ዝነበረ ንብረት መንግስቲ ከም ዝተዘረፈ ንገልጽ። ብዝሕን ዓይነትን ግን ክነስዕበልኩም ኢና።" ይብል።

5፡00 ድ.ቐ፡ ዕዳጋን ከባቢኣን ብህዝባዊ ሰራዊት ኣዕለቕለቐት። ተቐማጣይ ህዝቢ ዕዳጋ፡ ናይ ደብዳብን ህልቂትን ጸላኢ ንምድሓን ተሓቢእሉ ካብ ዝቐነየ ጉዳጉድን ገዛውትን በብቕሩብ ከባቢኡ ክጽንዕን መሳኹቲ ፈንቂቑ ኮነታት ክከታተልን ጀመረ። ተጋደልቲ ውሽጢ ባጽዕ ከም ዝኣተዉ ምስ ኣረጋገጸ፡ ከካብ ዝነበሮ መሸጉራጉር ወጺኡ ዓለለን እኽለ-ማይ ኣቕረበን። ቈልዑ ብወገኖም ከተማ ባጽዕ ናጻ ከም ዝወጽኣት ክርድኦም'ኳ እንተዘይከኣለ፡ ካብቲ ንመዓልትታት ተሓቢኦሙሉ ዝቐነዩ፡ ምውጽኦም ግን ንዕኦም ናጽነቶም ስለዝነበረ፡ ከም ብተይ ክዘሉን፡ ንጭሕምን ጸጉርን ተጋዳላይ ክድህስሱን ተቐዳደሙ። ኣቦታትን መንእሰያትን ድሮ ካብ ገዛውቶም ወጺኦም፡ ገለ ውጉኣት ክስከሙ ገለ ነቲ ኣብ እንግድዓ ተጋደልቲ ዝነበረ ሰናዱቕ ጠያይትን ቦምባታትን ካብ ዝባኑ ኣውሪዶም ክስከሙን ክተሓጋገዙን ጀመሩ። ኣብ ሓጺር ግዜ ባርነትን ራዕድን ተቐንጢጡ ብሰላምን ቅሳነትን ክትካእ ግዜ ኣይወሰደን። ህዝቢ ባጽዕ ንጅግንነትን ቈራጽነትን ተጋዳላይ በብቛንቋኡ ገለጸ። ገለ ነቲ ብዓይኑ ዝዕዘቦ ዝነበረ ኰነታት ብርቂ ኰይኑዎ፡ መግለጺ ዝኾና ቃላት ግዲ ስኢኑ ተዓኒዱ ዝዕዘብ ሰብ'ውን ውሑድ ኣይነበረን።

ካብ ሰሜን፡ ደቡብን ምዕራብን ዝመጽአ ተጋዳላይ ኣብ ዕዳጋ ተኣኻኸበ። ዕዳጋ ናይቶም ካብ ጋንታቶምን ሓይልታቶም ተጣፊኦም ዝወዓሉ ተጋደልቲ መራኸቢት ማእከል ኮነት። እቲ ካብ ገዛውቱ ወጺኡ ዘዕልል ዝነበረ ህዝቢ ባጽዕ፡ ነቶም ተሓቛቚፎም ዝሰዓዓሙን ዝጫረቑን ዝነበሩ ተጋደልቲ ምርኣይ በኹሪ ዓይኑ ስለዝነበረ፡ ብኣንክሮ ቀው ኢሉ ጠሙቶምን በቲ ዝርእዩ ዝነበረ ሓድሕድ ምክብባርን ፍቕርን ብልቢ ተመሰጠን። ልዕሊ ኩሉ፡ ነተን ካብ ውሻጠ ገዛ ሓሊፈን ካልእ ቊውም-ነገር ክሰርሓ ዘይጽበዩወን ዝነበሩ ደቀንስትዮ፡ ኣብ መስርዕ ህዝባዊ ሰራዊት ተሰሊፈን፡ ቁምጣ ስረ ወድየን፡ ማዕረ ደቂ-ተባዕትዮ ምሉእ ዕጥቂ ዓጢቐን ምስ ጸላኢ ተሓናኒቐን፡ ነዚ ዓወት ከረጋግጻ ምኽኣለን ኣድነቖወን። ብዘይካ በቲ ሓደ-ሓደ ተፈጥሮ ዝዓደለን ኣካላዊ ፍልልያት ተሞርኪሶም እንተዘይኰይኑ፡ ንደቀንስትዮ ተጋደልቲ ካብ ብጾተን ደቂ-ተባዕትዮ ክፈልዩወን ኣጸገሞም።

ዕዳጋ ካብ ክትሕዞ እትኽእል ዓቕሚ ሰብ ኣኣንጊዳ ንላዕሊ ተጨናነቐት። “ጸላኢ ኣብ ልዕሊ እዚ ተኣኻኺቡ ዘሎ ተዋጋኢ ሓይሊ፡ ኣልማማ ደብዳብ ነፈረትን ከቢድ ብረትን ተጠቒሙ ጉድኣት ከውርድ ይኽእል'ዩ፡” ተባሂሉ ብላዕለዎት ወተሃደራዊ ሓለፍቲ ስለዝተገመተ፡ እተን ሓይልታት ንምብራቕ ወገን፡ ገለ ናብ እንዳ ሚካኤል፡ ገለ ናብ ፋብሪካ ስሚንቶ ገጸን፡ ዝተረፉ ድማ፡ናብ ገርግሱም ክዝርግሓ ትእዛዝ ተመሓላለፈ። መሬት ዓይኒ ከይሓዘት፡ ብኡ-ንብኡ ክልተ ሓይልታት በጦሎኒ 4.3 ኣብ ከባቢ ቅዱስ ምካኤል ናብ ፋብሪካ ስሚንቶ ዝወስድ ደንደስ መንገዲ ባቡር ዓስከራ፡ ዝተረፈት ሓንቲ ሓይሊ ናብ ሰሜናዊ ምብራቕ ገጻ ኣሰፉሕፍሐት።

ኣብ ዕዳጋ እግሩ ዘንበረ ተጋዳላይ፡ “ብጾት! ከመይ'ሞ ደሓንዶ፤ ተፈደሉ! ብርክኹም ስበሩ፡ ብደውኩም ጸባ ስተዩ፡ ብጻይ! ሳፋ ቱምባኽ'ባ እንተ'ለካ ርኣየልና፤ ብጻይ! በጃኻ ሽጋራ ተወሊፍና ሓንሳብ ጃራ ኣስሕበና ወዘተ፡ ” ክበሃሃል ጀመረ። ገለ ሓይሎም ወይ ጋንትኦም ጠፊኣቶም ዝተሻቐሉ ድማ፡ ያ ጀምዓ፡ ገለ እንዳ ኣርብዓን-ኣርባዕተ፡ ሓይሊ ዓጅዋ፡ ሓይሊ ቀሺ ስኢንናያ፣ ኣበይ ከም ዘላ ሓብሩና፣ እንዳ-ሰብዓ ኣብ ፋብሪካ ስሚንቶ ኣላ ሰሚዕና'ሞ፡ በየን'ዩ፤” ወዘተ. ዝብል ኣብ ፈቐዶኡ ተሰምዐ።

ተጋዳላይ ኣብቲ ካብ 10 ታሕሳስ ጀሚሩ ክሳብ 21 ታሕሳስ፡ ካብ 101 ኪሎ ሜተር ኣስመራ ምጽዋዕን ከባቢ ጨጓር-ታባን ተበጊሱ፡ እምኩሉ ሓሊፉ ዕዳጋ ንምብጻሕ፡ መሪር ናይ ኢድ ብኢድ ውግኣት ብምክያድን ሓያል መስዋእቲ ብምኽፋልን'ዩ ንዕርዲ ፎርቶ ምሸናቕ፡ ኣጂፕ፡ ብሎኮ ባጽዕ፡ ሕንጥብሎ፡ ኣማተረ፡ መዓርፎ ነፈርትን ዕዳጋን ክቈጻጸሮ ዝኸኣለ። ካብ ጨጓር-ታባ ተበጊሱ ክሳብ ዕዳጋ ዝበጽሕ፡ ኣብ'ዘን ውሑዳት መዓልታት፡ ብዙሓት ኣብ ብርኮም ዘስተንፍሱ፡ ዕድመ ንእስነቶም ዘይመነዉ ምልምል መንእሰያት ድማ ከፊሉ እዩ። ኣብ ህዝባዊ ግንባር፡ ብዝሒ ዝተሰውኡ ምንጋር ወይ ሓበሬታ ምሃብ (ብዘይካ ዝምልከቶ ኣካል) ከም ባህሊ ልሙድ ኣይኮነን። ስለዚ ተጋዳላይ፡ ብዘይካ ኣብ ጋንትኡ ዝተሰውኡ፡ ኪኖኡ ሓሊፉ ዝፍልጦ ኣይነበሮን ጥራሕ ዘይኮነ፡ ንኽፈልጥ ኢሉ ዝፍትን'ውን ኣይነበረን። ምኽንያቱ፡ ተጋዳላይ መጀመርታ ካብ ድርኩኺት ገዝኡ ክብገስ እንከሎ፡ ህይወቱ ንሃገር በጃዩዋ ስለዝወጽአ፡ ነታ ውዒላ ሓዲራ ዘይትተርፍ ዕለተ መስዋእቱ ሓንጎፉይ ኢሉ፡ ንብጾቱ ክብጆ ደኣ'ምበር፡ ነብሱ ዓቂቡ ናጽነት ክርእያ ዝሓሰበ ኣይነበረን። ኣእምሮኡ በዚ ዕላማ እዚ ስለዝተቓነየን ዝኣመነን፡ ዕለተ መስዋእቱ ትንዋሕ ትሕጸር ግዜኣ ሓልያ ክትመጽእ ምኳና

ዝጠራጠር ሰብ ኣይነበረን። ኵሉ ሰብ ድማ፡ ንመስዋእቲ መስርዕ ሓዘ። ነዚ ኣብነት እትኸውን፡ ኵሉ ግዜ ካብ ኣእምሮይ ዘይትሃስስ ፍጻመ፡ እዛ ኣብ ሓደ ረፍዲ ስለስተ መራሕቲ መሳርዕ ዝሰኣነትን ዘወፈየትን መስርዕ 4.3331 ክጠቅስ።

ተጋዳላይ ዮሃንስ (ኮማንድስ)፡ ካብቲ ኣብ 1977 ኣብ ተኸሊጥ ናቕፋ ዝተገብረ ምትሕንፋጽ ሓይልታት ኣትሒዙ፡ ክሳብ 10 ታሕሳስ 77 (ተኸሊጥ) ንመስርዑ 4.3331፡ ሓላፍነት ተሰኪሙ፡ ሓብሒቡ ክሳብ ውግእ ሰምሃር ኣብጺሑ፡ ኣብቲ ጽዕጹዕ ውግእ ምርብራብ ኣብ 'ጨጓር ታባ' ጉልጉል ሰምሃር ተሰውአ። ድሕሪ መስዋእቲ ዮሃንስ፡ ሓላፍነት ምምራሕ'ታ መስርዕ ዝተሰከመ፡ እቲ ካብ ከበባ ናቕፋ ክሳብ ምሕራር ናቕፋ ዝተቓለሰን፡ ብወልፌ ትምባኾን ጭርቃንን ውሩይ ዝነበረን ተጋዳላይ ዓሊዮ መሓመድ ነበረ። ዓሊዮ ነዛ መስርዕ መሪሑዋ ጨጓር-ታባ ክሳብ ከባቢ እምኩሉ ብውሕልነት ኣብ ምእላይ ልዑል ተራ ተጻወተ። መስርዑ መሪሑ ንብጾቱ ኣለይመለይ እናበለ፡ ገመድ ፈንጂ ብእግሩ ስለዝበተኸ፡ ንእለቱ የማነይቲ እግሩ ካብ ብርኩ ተቘርጸት። ሓኪም ሓይሊ ምስ ኮሚሳር ሓይሊ ተኸለ "ማንጁስ" ንምድሓኑ ዝከኣሎም ገበሩ። እንተኾነ፡ ዓቢ ሰራውር ደም ስለዝተበትከ፡ ኣብ ከባቢ 5፡00 ድ.ቐ ተሰውአ። ምትኽኻእ ሓያል ባህሊ ተጋዳላይ ስለዝነበረ፡ 'ዓማ' ዝብል ሳጓ ዝነበሮ ጉልቡት ቀዳማይ መድፍዕ-ዓጂ ኣርፒጂ፡ ንዕኡ ተኪኡን ናይ ምውህሃድን ምምራሕን ሓላፍነት ተሰኪሙን ጸሓይ ክሳዕ እትዓርብ ተንቀሳቐሰ። ተጋዳላይ ኣብ ዘዝነበሮ መሕደሪኡ ድፋዕ ክኾዕት ትእዛዝ ተመሓላለፈ። 'ዓማ' ንብጾቱ በቦታኦም ኣትሓዞም። ከባቢ 8፡00 ድሕሪ ቀትሪ፡ ምስ'ቶም ድፋዕ ዝኾዕቱ ዝነበሩ ኣባላት መስርዕ ኣብ ምትሕግጋዝ እንከሎ፡ ነታ ክንዲ ከብዲ ኢድ ዘይትኣክል፡ ጸላኢ ዝቐበራ PK ፈንጂ ብባዴላ ሑጻ ምስ ጸቐጣ ስለዝተተኮሰት፡ ንሱ'ውን ብድርቅምቃም ስኳጆን ሑጻን ተገሲሙ ገጹ ብባሩድ ነደደን ክልተ ኣዕይንቱ ተሃሪሙ ገጹ ብደም መርኣይ ተሳእኖ። ኣብ ባሬላ ተጻዒኑ ሕክምና ምስ በጽሐ ተሰውአ።

ነታ መከረኛ መስርዕ ኣድሓኖም ተረከባ። ኣብ ሓደ ረፍዲ ሰለስተ መራሕቲ መሳርዕ፡ ሓደ ድሕሪ ሓደ ተወፈዩ። ኣብዛ መስርዕ ዝተኸፍለ ጭቡጥ ኣብነት ርኢኻ፡ ኣብ ምሉእ'ቲ ግንባር ሰምሃር፡ ዝፈሰሰ ደምን ዝተኸስከሰ ኣዕጽምትን ኣዝዩ ከቢድ ምንባሩን ንምግማቱ ኣየጸግምን።

ኣብ'ዘን ውሑዳት ሰዓታት፡ ዓሰርተታት ሓርበኛታት፡ ተወጊኦምን ህይወቶም በጃ ህዝቦም ኣወፍዮም ሓሊፎምን'ዮም። ጸላኢ፡ ኣብተን ክልተ ናይ መወዳእታ መዓልትታት፡ ልዕሊ 30,000 ሮኬታት ናይ BM21

መሬትን-መሬት ሚሳይላት ኣብ ልዕሊ ተጋደልቲ'ኳ እንተኣዝነበ፡ ንገስጋስ ሓርበኛታት ግን ክቖጽዮ ኣይከኣለን። ብኣንጻሩ፡ ኣብ ልዕሊ ሰራዊት ኢትዮጵያ፡ ከቢድ ሰብኣውን ንዋታውን ክሰራታት ከም ዝወረደ፡ እቶም ታሕተዎት መኮንናት ደርግ፡ ኣብ ዓውደ-ውግእ ኰይኖም ንላዕለዎት ሓለፍቶም ዝልእኩዎ ዝነበሩ ይኸኑ ሰነዳት ውድብ ይምስክሩ።

ኣባላት በጦሎኒ 4.3፡ ነቲ 20 ታሕሳስ 1977፡ ፍርቂ መዓልቲ ዝጀመረ ናይ ከተማ ውግእ ሰጊርና፡ ኣብ ከባቢ ቤተ ክርስትያን እንዳ ሚካኤል ዝርከብ ናብ ፋብሪካ ስሚንቶ ዝወስድ 1.80 ሜተር ቊመት ዝነበሮ ደንደስ መንገዲ ባቡር ተኣኻኺብና። ርእስና ብምቕልቃል ድማ ገለና ነተን ኣብ ማእከል ባሕሪን መልሕቕ ሰዲደን ዝዓሸጋ ወተሃደራዊ መራኽብ ብምርኣይ ክንድነቕ፡ ገለና ንናቫል በይዝ፡ ገለ ንሓይሊ ኤሌክትሪክ ግራር ክንርኢ ውጥም ቀልቀል በልና። ብፍላይ እቶም ንባጽዕ ንፋልማይ ግዜ ንርእያ ዝነበርና ሰፍሓት ቀይሕ ባሕሪ፡ ዕቤት ናይ'ተን መራኽብ፡ ጽባቐ ናይ ወደባዊት ከተማ ምጽዋዕ ኣዝዩ መሰጠና። ካብቶም ኣብቲ ከባቢ ኳንና ንባጽዕ ንዕዘብ ዝነበርና፡ ወደብ ባጽዕ ከምዚ ዝበለ ባህርያዊ ትዕድልትን ጽባቐን ከምትውንን ዝፈልጥ ውሑድ ነበረ። ሃገርና ከምዚ ዝበለ ጸጋታት እናሃለዋ ነዚ ባህሪያዊ ሃብቲ'ዚ፡ ክሳብ'ታ ሰዓት'ቲኣ ብዓይንና ክንርእዮን ብኢድና ክንድህስሶን ዕድል ዘይምርካብና፡ ገዛእቲ ስርዓታት ኢትዮጵያ፡ ኣብ ልዕሊ ኤርትራዊ ዜጋ፡ ብሰዉርን ብግሁድን ዘውረዱዎ ሃሰያ ከቢድ ነበረ።

* * *

ጸላኢ ካብ ጊሓቱ ፋሕ ብትን ኣተዎ። ባሕሪ ሰንጢቑ፡ ናብ ናቫል በይዝ ክኣቱ ዝፈተነ ኣብ ባሕሪ ሰጢሙ ተረፈ። እቲ ካብ ሞትን መውጋእትን ዘምለጠ ሰራዊት ጸልማት ተጐልቢቡ፡ ናብ ሓይሊ ባሕሪ ክኣቱ ፈተነ። ንሱ'ውን ኣይሰለጦን። ከምቲ "ብተመን ዝፈርሐስ ብልሕጺ ተዳህለ" ዝበሃል፡ ኣባላት ሓይሊ ባሕሪ፡ ኢትዮጵያ ነቲ ሃሙን ቀልቡን ኣጥፊኡን ጭርሑ ደጒሉን ካብ ፎርቶን ገርግሱምን እግረይ ኣውጽእኒ ኢሉ ናብ መዓስከሮም ዝመጽአ ሰራዊቶም ብምርኣይ ሞራሎም ባይታ ዘበጠ።

ላዕለዎት ወተሃደራዊ መራሕቲ ደርግን ወጻእተኛታት ኣማኸርቶምን፡ በቲ በርቃውን ቅልጡፍን መጥቃዕቲ "ሻዕብያ" ተሰናበዱን ኣንፈት'ቲ ጉዕዞ ክፈልጡን ኣጸገሞም። ልዕሊ ኩሉ ዘሻቐሎም እንተ ነይሩ፡ ሞራል

ሰራዊቶም ብምንቅ'ልቃሉን ብምምህማኑ ስለ ዝነበረ፡ ገለ ነገር ክገብሩ ትጽበየ ጉዳይ እዩ።

ቀዳማይ ስጉምቲ ዝወሰድዎ፡ ኵሉ ወተሃደራዊ ዓቕሞም ኣብ ቅድመ ግንባር ኣሰሊፎም፡ ዘሎ ሎጂስቲካዊ መሳርሒታት ኣዋዲዶም፡ ኣብ ሳሊናን ኣብ ኣፍ ደገ "ናቫል በይዝ"ን መከላኸሊ ዝኸውን ጽኑዕ ጉዳጉዲ ክኾዕቱ ውሳነ ምትሕልላፍ ነበረ። ብቕልጡፍ ንኽትግበር ድማ ትእዛዛት ኣመሓላለፉ። እቲ ካልኣይ ምርጫ፡ ከበድቲ ዘመናዊ ረሻሻትን መዳፍዓትን ኣጽዋራቶምን ናብ'ተን ስራሓት ኣመሪካ ዝኾና ከም ብዓል ኤች.ኤም.ኤስ (HMS) ዓበይቲ መራኽብ ውግእ፡ ምጽዓን ነበረ። እዚ ድማ ካብ ምምራኽ እንተታት ንምድሓን ተሓሲቡ ዝተገብረ እዩ።

ኣዘዝቲ ሰራዊት ደርግ፡ ነዛ ናይ መወዳእታ መጣልዒት ካርታ ሒዞም ብዶዘራት ተሓጊዞም፡ ኣብ ኣፍ ደገ ፋብሪካ ጨው ሳሊና፡ ሓይሊ ባሕርን ሕክምና ግራርን ብህጹጽ ጉዳጉዲ ክኾዕቱ ተቐዳደሙ። ሰራዊቶም ነዚ ውጽኢት ይሃልዎ ኣይሃልዎ ዘይተፈልጠ ትእዛዝ ተቐቢሉ፡ ኣብ ምኹዓት ተጸምደ። ብመሰረት ትእዛዝ ጀነራላት ኢትዮጵያን ናይ ወጻእተኛታት ኣማኸርቶምን፡ ከባቢ 6፡00 ድሕሪ ቀትሪ፡ ኣብ ፋብሪካ ሳሊና ይኹና ኣብ ውሽጢ ባጽዕ ዝነበራ ዶዘራት፡ ናብ ቅድመ ግንባር ብምስላፍ፡ንታንክታት ከዐሽግ ዝኽእልን ቊመት ሰብ ዝውሕዋን ጉዳጉዲ ምኹዓት ተተሓሓዝኦ።

ዕላል ተጋደልቲ ኣብ ድሮ ውግእ ሳሊና

6፡00 ድሕሪ ቀትሪ፡ ጸሓይ ንምዕራብ ገጻ ኣንቈልቈለት። ሰማይ ብባሩድ ዝተሸልበበት ዓይኒ ክትመስል፡ ቀይሕ ቀለም ተለቕለቐት። መልእኽቲ'ቲ ሕብሪ፡ "ተጋዳላይ ከቢድ ዕማም ይጽበየ ከም ዘሎ፡ መሬት ገና ደም ሰብ ከም ዘይጸገበትን ክቐስን ከም ዘይብሉን" ንምእማት ይመስል። ኣብ ኣጋ ዓራርቦ፡ ኣብ ትሕቲ ሓንቲ ገረብ እና'ዋጋዕና፡ ኣካላት ክልተ ጨቓውቲ ብጥይት ተበሳሲዐ ተዓዚብኩ። ብሞት ጨቓውተን ዝሰምበዳ ኣደታተን፡ ነቲ ምኡዝ ዜማታተን ገዲፈን ኣብ ምቅዛም ኣተዋ። ሽዑ፡ "ውግእ ሰምሃር'ምበኣር፡ ህይወት ወዲ ሰብ ጥራሕ ዘይኮነ፡ ነተን ኣርማ ሰላም ዝኾና ኣዕዋፍ ሰማይ'ውን ቀዚፉ'ያ ዝብል ሓሳብ ኣብ እምሮይ መጽኣኒ" በልኩ ብልበይ።

ኣብታ ምሸት'ቲኣ፡ እተን ካብ ደጀን ሳሕል ተበጊሰን፡ ንዒላ ገመል፡ ማይኣጣልን ንጸጋም ገዲፈን፡ ካብ መዓስከር ዶጎሊ ዘይሓልፋ ዝነበራ

መካይንና፡ ድምጺ ሞቶርአን ኣትሒተን፡ ሓጺር መብራህቲ ወሊዐን ስንቅን ዕጥቅን ጽዒነን፡ ንጽርግያታት ዕዳጋ ዓንደራሉ። ዕዳጋ ብሰብን መካይንን ኣዕለቕለቐት።

ተጋዳላይ ግዜ ድቃስ ክሳብ ዝኣክል፡ ኣብ ፈቐድኡ በብዝጥዕሞ ጉጅለ ኲይኑ ብዛዕባ'ቲ ዝወዓሎ ውግእ፡ ብዛዕባ'ቲ ዝዕዘቦ ዝነበረ ኣቀማምጣ ቅዲ-መሬት ጽባቐ ከተማን ብምርኣይ ከዕልል ጀመረ። ህዝቢ ባጽዕ'ውን ዋላ'ኳ ምስ ደቁ ከዕልል ወጋሕ-ፈታሕ ከብላ እንተደለየ፡ መሬት ስለዝመሰየ፡ ንድሕነቶም ኣብ ግምት ብምእታው፡ ነናብ ገዛውቶም ክምለሱ ተነግሮም። እንተኾነ፡ እቲ ህዝቢ ትእዛዝ ኲይኑዎ እኳ እንተተቐበሎ፡ ንሱ እውን ኣብ ኣፍ ደገ ገዝኡ በብጉጅለ ኲይኑ፡ ነቶም ንዓመታት ብናፍቖት ክጽበዮም ዝጸንሐ ደቁ ኣማዕድዩ ተዓዘቦም። ዕዳጋ ብተጋዳላይ ኣዕለቅሊቑ ምስርኣየ፡ ምስቲ ኣብ ንግደት ኣስተርእዮ ማርያም ጥዋለት ዝግበር ምትእኽኻብ ነጋድያን ኣመሳሰሎ።

ኣብ ከምዚ ዝኣመሰለ ኩነታት፡ ስሩዕ ሰዓታታት ምሳሕን ድራርን ተሓዋወሰ። ኣብ መስርዕ ሓደ ዕዉት ስለዘይሰኣን፡ ድማ ኣሕመዲን፡ ነቲ ካብ መዓስከራት ጸላኢ ዝተመንዝዐ ኣስቃጥላ፡ ጉስማጥ፡ ቦሶ፡ ማይ-ሽኮር ኣዳልዩ፡ በብጉጅለታት ገይሩ "ድራር! ድራር! በብሓሙሽተ መኣዲ ተሰርዑ፡" በለ ብዓውታ።

ኩላ ተኣኻኺባ ድማ ዕላላ እናቐጸለት ተደረረት። ድራር ድሕሪ ምብላዕና፡ ግዜ ድቃስ'ውን ስለ ዘይኣኸለ፡ ኣሕመዲን (ወዲ ዕምረ)፡ ጉይትኦም (ወዲ ሊላይ)፡ ወዲ ጊለ፡ ዕንድኩር፡ ገነትን ዑመርን ዝነበሩዋ ጉጅለ፡ ብሰሓቕን ጫውጫውን ንኽባቢኣ ዓብለለቶ። እዞም ኣብ ተመሳሳሊ ዕድመ ዝነበሩ ተጋደልቲ፡ ብዛዕባ'ቲ ኣብ ብሎኮ ባጽዕ ምስ በጽሑ ዘጋጠሞም ሕልኽላኻት ከዕልሉ ጀመሩ። ኣነ'ውን ኩነታት ብተዛማዲ ሰላም ስለዝነበረን ወኻዕካያም ስሒቡንን ናብታ ጉጅለ ተጸምበርኩ።

ነቲ ዕላል ዝኸፈቶ፡ ካልኣይን ተሓጋጋዝን መድፍዓጂ ኣሕመዲን ዝነበረ ጉይትኦም ሊላይ'ዩ ። ንሱ ብተፈጥርኡ ተዋዛያይን ዕላሉን ሰብ ኣይነበረን። እንተኾነ፡ እቲ ብ20 ታሕሳስ 1977፡ ንውሽጢ ባጽዕ ክኣትዉ እንከለዉ ምስ ጸላኢ ዝገበርዎ ምትሕንናቕን ዝኸፈሉዎ መስዋእትን ዘኪሩ ገጹ ተጸዋወገን ብውሽጣዊ ስምዒት ተደፋፊኡ ርእሱ ነቕነቐን። ወዲ ሊላይ ከምዚ ክብል ዕላሉ ጀመረ፤

"እዛ ንሓድሕዳ ዘይትፋለጥ ኣብ ጉዕዞ ዝቈመት ጉጅለና፡ ኣብ ኣፍ

ደገ ባጽዕ፡ መሰናኽላት ሓሊፋ ጥራሕ ዘይኰነት፡ ርእሰ-መሰዋእቲ እውን ከፊላ እያ።” ምስ በለ፡ ታሕተዋይ ከንፈሩ ነኺሱ፡ ከምዚ ክብል ዕላሉ ቀጸለ፡ “እዛ ጉጅለ፡ ከባቢ ሰዓት ኣርባዕተ ኣቢሉ ይኸውን፡ ሓደ ኣብ ጉዕዞ ዘተጸንበረና ብጻይ፡ ንዓና ንምድሓን ህይወቱ በጃ ከፊሉ፡” ምስ በለ፡ ናይዚ ምእንቲ ድሕነት ብጾቱ ክብል ህይወቱ ዘበጀወ ብጻይ ታሪኽ ክንሰምዕ፡ መቐማምጦና ኣጣጢሕናን ኣእዛንና ጸሎናን። ንሱ ውዕሉ ንምዝንታው፡ ርእሱ እናነቕነቐ፡

“እዞም በጋጣሚ ካብ ዘተፈላለያ ብርጌዳት ዘተኣኻኸብና ብጾት፡ ነቲ ኣብ ቅድመና ዘጋጥመና መሰናኽል ንምስጋር ህድእ ኢልና እናተረዳዳእና ክንስጉም መረጽና። እዚ ስሙ ክፈልጦ ዕድል ዘይረኸብኩ ብጻይ፡ ኣብ ሓፈሻዊ ምንቅስቓሱ፡ ካብ ኲልና ዝሓሸ ብስለትን ተመኲሮን ከም ዘለዎ ተገንዚበኩ። ምናልባት’ውን ኮሚሳር ጋንታ፡ ከይከውን እጥርጥር። ብርዱእ ምኽንያት፡ ነዛ ጉጅለ ናይ ምእላይ ሓላፍነት ናብኡ ወደቐት። ነዛ ጉጅለ ናይ ምእላይ ሓላፍነት ናብኡ ምኻና ተረዲኡ ድማ፡ ‘ብጾት እዘን ኣብ ቅድመና ተገቲረን መኻልፍ ኰይነናና ዘለዋ ወተሃደራት፡ መናድቕ ድፋዕ ገይረን ይታኹሳ ስለዘለዋ፡ ኣይከሕልፋናን እየን። ሓንቲ ዘላትና ምርጫ፡ ብኣርቢጂ ገይርካ ነቲ መንደቕን ንዐኣንን ምድምሳስን’ዩ፡” በለና። ኣነ ካብ ኣሕመዲን (ቀዳማይ መድፍዓጂ) ዝፈላለ ሰዓታት ሓሊፉ ነበረ። ኣርቢጂ ምስ ክልተ ቦምባ ምሳይ ስለዝነበረት፡ እዛ ስራሕ ካባይ ኣይትሓልፍን’ያ ኢሉ፡ ‘እሞ ኣነ በዛ ኣርቢጂ ዘይፍትነላ!” በልኩ። ኮሚሳር ጋንታ፡ ናባይ ገጹ ቍሊሕ ኢሉ፡ “እወ፡ እዛ ዕማም ካባኻ ኣይትሓልፍን’ያ፣ ተዳሎ፡” በለኒ። ካብ ሳንጣይ ቦምባ ኣውጺአ፡ ኣብ ሻምብቆ ኣርቢጂ ኣእትየ፡ ብረት ኣዐመርኩ። ኣብ ሓንቲ ዝፈረሰት መንደቕ ደይበ፡ ካብ መዓንጣይ ንላዕሊ ኣብ ቃልዕ ወጻኣኩ። ነታ ወተሃደራት ጸላኢ ተዓቍቦሙላ ዝነበሩ፡ 3 ሜትሮ ንውሓት ዝነበራ መንደቕ ኣብ ዒላማ ኣእተኹዋ። ነቲ ኣብ ሞንጎይን ሞንጎ’ታ መንደቕን ዝነበረ ርሕቀቱ ገሚተ ልጓም ከፊተ፡ ኣጸብዕተይ ናብ ቃታ ኣምርሓኩ። ድሕሪ ቍሩብ ካልኢት፡ ብረት ሓዊ ክትተፍእን እታ መንደቕ ናብ ሓምኹሽቲ ክትቅየርን ሓንቲ ኰነት፡” ብምባል ወዲ-ሊላይ ተዘክሮኡ ኣዕለለና። ዕላሉ ግን ኣየብቀዐን።

ዘረብኡ ብምቕጻል “ናብቲ ዝፈረሰ መንደቕ ብቕጽበት ደበኽ በልና። ካብቶም ኣብታ መንደቕ ተጸጊዖም ዕንቅፋት ኮይኖምኒ ዝነበሩ ወተሃደራት፡ ካብ ሞት ዘምለጠ ዋላ ሓደ’ኳ ኣይነበረን። ስለዚ ሓደስቲ ካላሽናትን ኤም-14 ዝበሃል ስራሓት ኣመሪካ ብረት ኣብ ምእካብ ኣተና። ንዝተሰልበ ንብረት

እናኣረና ልሙድ ጭርቃን ጀመርና። ሓደ ተጋዳላይ ኣባል'ዛ ጉጅለ፡ "ኣንታ ንሕብረት ሶቭየት ምስ ኢትዮጵያ ኣሻርያ ኢልና ሰቐ ኢልና ንሓምያስ፡ ንዓና'ውን ትሕግዘና እባ እያ፡" በለ። ኣነ፡ ዘረብኡ ኣስደሚሙኒ፡ "ኣንታ ብጻይ ትዛረቦ ዘሎኻስ ይርደኣካ'ዶ ኣሎ! ድዩ፡ ሕብረት ሶቭየትስ ካብ መዓስ እያ ፈታዊትና ኰይና! ምስ'ተን ናይ ምብራቕን ምዕራብን መሻርኽታ ዘይቅዱስ ኪዳን ኣሲራ፡ ብናፓልምን ክላስተር ቦምባታትን ንህዝብና ትቐትልን ዓድታት ተባድም ዘላስ ሓጋዚትና ክትብላ!" በልኩዋ ብሓውሲ ቊጥዐ።

ካልእ ኣባል'ታ ጉጅለ ትቕብል ኣቢሉ፡ "'ህድእ እሞ በል ብጻይ፡ ከምኡ መበሊኡ ምኽንያት ምናልባት ዘንበቦ መጽሓፍ ይህልዎ ይኸውን፣ ቀስ ኢልና ዘይንሓቶ፤" በለ'ሞ ገጹ ናብቲ ዘይፈልጦ ብጻይ ኣቕኒዑ፡ 'ስማዕ'ሞ ብጻይ፡ እዚ ሓውና ዝበሎ ሓቁ እዩ። እዚ ዝበልካዮ ግን እንተ ተብርሃልና ጽቡቕ ነይሩ፤" ኢሉ ብትሕትና ሓተቶ።

እቲ "ሶቭየት ትሕገዘና እያ" ዝበለ፡ ናብኡ ቀው ኢልና ምጥማትና ኣርሚሙዎ ክምስ እናበለ፡

"ኣነስ ዘንበብኩዎ ይኹን ዝሰማዕኩዎ የሎን፣ ወሪዱኒ በየናይ ዓቕመይ! ከምኡ መበልየይስ ካብ ከበሳ ናብ ሰምሃር ክንወርድ ከሎና፡ ካባይ ጀሚርካ ዝኣረገ ካላሽናትን ጃኬትን ሒዝና ኢና ወሪድና። ሕጂ ግን ዘብለጭልጭ ካላሽናት ዓጢቕና። ስለዚስ ዋላ'ኳ ብወግዒ ኣይትሃበና፡ ብመንገዲ ስርዓት ደርጊ ንርከቦ ኣሎና ማለተይ እየ፡" ምስ በለና፡ ዘይተጸበናዮ መልሲ ሰሚዕና ብሓባር ሰሓቕና።

እቲ ብዕድመ ጥራሕ ዘይኮነ፡ ብተመኩሮ'ውን ዝመርሓና ተጋዳላይ፡ በቲ ናይዛ ጉጅለ ዋዛን ቊውም-ነገር ሓዘልን ተረካብ ዘረባን ተሳሒቡ፡ "ዕላልኩም ጽቡቕ ነይሩ፡ የግዳስ እዛ ግዜ ትርእዩዋ ኣለኹም፡ ኣብ ቅድሚና ብዙሕ ስራሕ ይጽበየና ኣሎ። ድሕሪ ምባል፡ እቲ ኣብ ቅድመና ተገቲሩ ዝጸንሐ ግዝያዊ ጸገም ብተባላሓትነት ፈቲሕናዮ ኣለና። ብሕጂ ዘጋጥመና ነገር ስለዘይንፈልጥ ግን፡ ኩሉ ግዜ ጥንቁቓት ንኹን፡' ነዚ እተነጸር ኣብ ተመኩሮ ዘጋጠመትኒ ሓቀኛ ፍጻሜ ከዕልለኩም ኢሉ ዘረብኡ ቀጸለ። ዘይተጸበናዮን ኣብ ኣእምሮና ዘይነበረን፡ ሓደ ዘሰንብድ ፍጻመ ተኸሲተ'ሞ" ምስ በለ እዞም ብጽሞና ነቲ ዕላል ንከታተል ዝነበርና መወዳእትኡ ክንፈልጥ ተረበጽና። ጉይትኦም ሊላይ ዝጀመሮ ውዕሎኡ ብምቕጻል፦

"ብስንባደ ንድሕሪት ቊሊሕ በልና። ሓደ ኣካላቱ ብደም ዝጨቀወን

ኣብ ኣፍ ሞት ዝበጽሐን ኣብ ውሽጢ ሬሳታት ተሓቢኡ ዝጸንሐን፡ ወተሃደር፡ ቦምባ ኢድ መንጨቱ ኣብ ሞንጎና ደርበያ'ሞ "ቃዕ" ዝብል ድምጺ ተሰምዐ። ኩልና በዚ ዘይተጸበናዮ ፍጻመ ዕንድ በልና። ከምዚ ዝኣመሰለ ሃንደበታዊ ወተሃደራዊ ኩነት ምስ ዘኽሰት፡ ክውሰድ ዝግብኦ ቅልጡፍ ስጉምቲ መልሰ-ተግባር፡ ኣብ ክፍሊ ታዕሊም ተማሂርናዮ እኳ እንተኾንና፡ ኣብ ኣእምሮና ዘይጸንሐ መልኣከ ሞት ስለዝመጽኣና ግን ተሰወረና።

"እዚ ስሙ እውን ክንፈልጦ ዕድል ዘይረኸብና ብጻይና፡ ኣብዛ ናይ ቋሕ-ሰም ግዜ፡ ኣዒንቱ ናብታ ኣብ ትሕቲኡ ዝተደርበየት ቦምባ-ኢድ ወርወረን። ምናልባት'ውን ነዛ ቦምባ ንጉላጉል ክድርብያ ሓሲቡ ነይሩ ይኸውን፡ መን ይፈልጥ። ምርጫ ስለዘይነበሮ ግን፡ ብዘይካ "ብጾት" ትብል ካልእ ቃል ከየውጸአ ንኽትትኩስ ካልኢት'ውን ዘተረፋ ቦምባ ኤፍ-ዋን ብኸብዱ ኣብ ልዕለኣ ክድቅሰን ክትትኩስን ሓደ ኮነ። ኣብቲ ከባቢ ዝነበርና ኣባላት'ታ ጉጅለ፡ በቲ ከቢድ ሂምታ ድምጺ ኣብ መሬት ተጸጣሕና። መን ንመን ከልዕልን ክሕግዝን፡ ኣብ ዘይፍለጠሉ፡ ኣብ ዘዝወደቕናሉ ተሰጣሕና። ንደቓይቕ መሬት ሰላም ሰፈና፡"

"ካብቲ ወዲቕናሉ ዝነበርና መሬት፡ በብሓደ ተንሲእና ኣካላትና ምስ ፈተሽና፡ ብደም ተሓጽበ። ካበየናይ ኣካላትና ይፈስስ ከምዝነበረ'ውን ክንፈልጥ ኣይከኣልናን። ኣነ ጠንቂ'ዚ ፍጻመ ክዝክርን ንኣእምሮይ ናብ ንቡር ክመልስን ፈተንኩ። ይሓልም ከይህሉን'ውን ተጠራጠርኩ። ኣብ መንኮብ'ቲ ሰዉእ ዝነበረት ወተሃደራዊ ሳንጣ፡ ብደም ጨቅያ ኣብ ጥቓይ ወደቐት። ውነይ ምስ ፈለጥኩ፡ ጠንቂ'ቲ ዝፈሰሰ ደም እንታይ ምዃኑ ክርድኦ ከኣልኩ። ይዝከረኒ ሽዑ፡ እታ ዘይተወድኣት 'ብጾት' ትብል ቃል ሰዉእ፡ ከም በርቂ ኣብ ኣእምሮይ ብልጭ በለት። ንኣካላተይ ዘጠልቀየ ደምን ዝተቘራረጸ ስጋን፡ ናይቲ ሰዉእ ብጻይ መኺኑ ተገንዘብኩ። ንብዓት ድማ፡ ሰዓረኒ። ዓው ኢለ ክበኪ'ውን ኣይምጸላእኩን። ኣብቲ ቦታ ዝነበርና ኩልና፡ በቲ ዘሕዝን ፍጻመን መስዋእቲ እዚ ጅግናን ኣብ ከቢድ ሓሳባት ጥሓልና፡" ኢሉ ዕላሉ ንግዚኡ ኣቛረጾ።

ተጋዳላይ ንውሽጢ እዩ ዝነብዕ። ናይ ከምዚ ዝበለ በጃ ብጾቱ ዝሰዋእ ገንሸል፡ ጓሂኡን ሓዘኑን ኣብ ባሕሪ ከብዱ ይኽዝኖን ይዓቕሮን። ጓሂ ኣብ ውሽጥኻ ምእታው፡ ሳዕቤኑ ዋላ እኳ ከቢድ እንተኾነ፡ ካልእ ምርጫ ግን ኣይነበረን።

ኣዕይንቲ ጉይትኦም ንብዓት ቋጸራ፡ ንደቓይቕ ቃል ከየምሎቐ'ውን

ናብ ምድሪ ተኸለን፡ ኣባላት እዛ ጉጅለ መደምደምትኡ ክንሰምዕ ብጽሞና ተኸታተልናዮ። ጉይትኦም ዕላሉ ቀጸለ፦

“እዚ ሃንደበታዊ ክስተት ኣብ እንግድዕኡ ከም ዝተሰከሞን፡ ብመሰዋእቱ ህይወትና ከም ዝተረፈትን ተገንዘብኩ። እቲ ሓደጋ ብዘይካ ኣብ ውሑዳት ፎኩስ መውጋእቲ፡ ዘጋጠሞም ብጾት፡ ካልእ ክሳራ ከም ዘይወረደና ኣስተውዓልኩ። ስምዒተይ ገንፈለ፡ ካብቲ ኣብ ጉድነይ ዝነበረ ብጻይ፡ ካላሽን መንዚዐ፡ ነቲ ብደም ተሓጺቡ፡ ትንፋሱ ትልኽ ዝብል ዝነበረ ወተሃደር ምስ ርኣኹዎ፡ ብኣድራጋ ጠያይቲ ኣቃበጽኩዎ፡” ምስ በለ፡ ሕጂ’ውን ኣብ ዓሚቝ ተዘክሮ ኣተወ። ቀጺሉ፤

“ሓደ ካብታ ጉጅለና፡ ትብዓት’ዚ ሰዉእ ብምድናቕ፡ ‘ነዚ ብጻይ፡ ጅግና ጥራሕ ኢልካ ታሪኹ ክትዛዝሞ ከቢድ’ዩ። ካልእ ልዕሊኡ ዝገልጽ ቃል ስለ ዘይብለይ ግን ‘ናይ ጀጋኑ ጅግና’ ኢለዮ ኣለኹ!” በለ። ሓደ ለይለይ ቈማት፡ ጸሊም፡ ጭሓም ኣባል’ዛ ጉጅለ ድማ ድምጹ ኣመዓራርዩ፤

“ኣነ ኣብ ህዝባዊ ግንባር ካብ ዝጽንበር፡ ውሑዳት ኣዋርሕ’ኳ እንተገበርኩ፡ 1975 እየ ኣብ ተ.ሓ.ኤ. ተሰሊፈ። ኣመራርሓ ተ.ሓ.ኤ. ብመትከል ስለ ዘይተቐበልኩዎ ግን፡ ምስቶም ብስም ‘ፋሉል’ ዝፍለጡ ተጋደልቲ፡ ኣብ ጉድኒ ህዝባዊ ግንባር ኰይነ ቃልሰይ ክቕጽል ናብዚ ውድብ ተጸንቢረ። እዚ ንዓና ከድሕን ህይወቱ ዝበጀወ ብጻይ፡ ኣብዛ ሓጻር ግዜ’የ ተዓዚበዮ። ኣብ ቃልሲ ብዙሓት ሓርበኛታት ርእየን ካብኦም ብዙሕ ተማሂረን ተመኲሮ ቀሲመን’የ’ሞ፡ ከምዚ ዓይነት ተወፋይነት ግን ሰሚዐን ርእየን ኣይፈልጥን። ምስ ከምዚኦም ዝመሰሉ ምእንቲ ፍቕሪ ሃገሮምን ብጾቶምን፡ ነታ ዘይትምለስ ክብርቲ ህይወቶም በጃ ዘወፍዩ ጀጋኑ ክስለፍ ምውሳነይ፡ ብሓቂ ቅኑዕን ዘኹርዕን ውሳነ እየ ወሲደ። እዚ ዝረኣኹዎ ንዓይ ዓቢ ተመኲሮን ሓላፍነት ዘሰከመኒ፡ ክሳብ ብህይወት ዘለኹ ካብ ኣእምሮይ ዘይሕከኽ ትምህርቲ እዩ፡” ምስ በለ፡ ኩልና ኣብ ዓሙቕ ሓሳብ ጠሓልና። ሓደ ክሳብ ሽው ቃል ዘየውጽአ ብጻይ፡ ትግርኛ፡ ትግረይትን ዓረብኛን ሓዋዊሱ፡ “ዎላሂ! እብ ኣማን እምንትሃገ ምን ገብእ፡ እሊ መልሀይ ‘ብጾት’ ትብል ቃል ልቤላ ብልቢ ዓጂባትኒ። እግል ሻዕቡ ዎ እግል ሑርየቱ ኣስተሽሃዳ። እትሊ ሄኒ፡ ዎ ንሕና ከማን ምዶል ነስተሽህድ እሙር ኢኮን። ይንዋሕ ይሕጸር ክንሰዕቦ ኢና። እዚ ጅግና ብጻይነት ብልዓመል ምሂሩና፡መስኡልየት ኣሰኪሙና እዩ፡ ሹፍታኬፍ! ማላኪን ህቱ ሩሑ እግልና ዘወፈያ፡ ንሕና ሑርየ ክንርኢ ኢኮን፡ ንዳል እግል ተስተምርቱ፡” ብምባል ዘረብኡ ወድአ።

(ትርጉም ትግራይት፡)

("ብስም ኣምላኽ! ብሓቂ ክዛረብ እንተኾይነ"። እዚ ብጻይ፡ ነታ 'ብጾት' እትብል ቃል ዘድመጸ ልበይ ተንኪፋትኒ። ንሱ ንህዝቡን ንናጽነቱ'ዩ ተሰዊኡ። ንሕና'ውን ምዓስ ንሰዋእ ኣይንፈልጥን። ይንዋሕ ይሕጸር ክንሰዕቦ ኢና። እዚ ጅግና፡ ትርጉም ብጻይነት ብግብሪ ምሂሩናን ሓላፍነት ኣሰኪሙናን'ዩ!። ንሱ ሂወቱ ንዓና ዘወፈያ፡ ንሕና ናጽነት ክንርኢ. ዘይኮነ፡ ቃልሲ ምእንቲ ከነቐጽሎ'ዩ።)

ኣብ ልዕሊ'ዚ ስዉእ ብጻይና ብዝሓደረና ኣድናቖትን ክብርን፡ ነናትና ውሽጣዊ ስምዒታት ክንገልጽ ኣይምጸላእናን። እንተኾነ፡ እቲ ብየማነ ጸጋሞም ዝሃምምን ዝበርቕን ዝነበረ ቦምባታትን ጠያይትን ከቢድን ፎኵስን ብረት፡ ንባጽዕ ገጹ ይግስግስ ከም ዘሎ ዝሕብር ስለዝነበረ፡ ኪኖ'ዚ ግዜ ክንቀትል ኣይደለናን። ንዝርካቡ ኣካላት'ዚ ስዉእ ብጻይ ኣኻኺብና ቀቢርና፡ ብዝከረ ሰማእታት ተፋኒና ክኣ፡ ናብ ውሽጢ ባጽዕ ኣምራሕና፡" ብምባል ወዲ-ሊላይ ኣዘንተወልና።

ወዲ ጊለ፡ ከምዚ ዝበለ ናይ ጭንቂ ዕላል ዘይፈቱ፡ ስለዝነበረ ምስቍርቋር 'ታ ጉጅለ ኣንፈቱ ንምቕያር፡ ካብቲ ኣብ ጥቕኡ ዝነበረ ድስቲ ታኒካ ስቃጥላ ከፊቱ፡ "ኣንታ ሰኣን ከምዚኣ ገይርካ ንጸላኢ ጠፋዕ-ጠፋዕ ምባልሲ፡ እዚ ኵሉ ሸሻይ ተኸዊሉና ነይሩ፡" በለ፡ ጉስማጥን ጸብሒ ስቃጥላን እናሓዋወሰ። ኣብ ኣፋ ዘሎ ኵላሶ ከይወሓጠ፡ ዘረብኡ ብምቕጻል፡ "ሳሊና ሰጊርና ናሻል በዝ ምስ ኣተና'ሞ፡ እንታይ ኢልካዮ ኢኻ! ቀይሕን ጻዕዳን ጮማ፡ ዊስኪን ቢራን እናጨለጥካ! ብላዕዎ ስተ ክኸውን'ዩ፡" በለ።

ገነት፡ እታ ተዋዛይትን ሕውስትን፡ ነቲ ወዲ ጊለ ንስለ ዕላል ኢሉ ዘቕረቦ ሓሳባት፡ ገለ ኣበር እንተረኸበትሉ፡ ፈርፊራ "ኣንታ ሃርጋፍ፡ ጽባሕ መዓስከር ናሻል ባይዝ ምስ ተቘጻጸርናያ፡ ምናልባት ጸላኢ ስሚ ክገብረሉ ስለዝኽእል፡ ኣብ ቅድመኻ ዝጸንሓካ ሃንደፍ ኢልካ ኣይብላዕን'ዩ፡" በለቶ።

ወዲ ጊለ ትቕብል ኣቢሉ፡ "ክሊ ግ ዳ! ጥራሕ ዝብላዕ ጮማ ይረኸብ'ምበር፡ ብዛዕባ ምስማም ምግብስ ሳላ ውግእ 1976 ከበባ ናቕፋ ብዙሕ ተማሂርና ኢና፡" ኢሉ መለሰላ።

ገነት ነቲ ዕላል ንምቕጻል "ኣብ ውግእ ናቕፋ ደኣ ብዛዕባ ምስማም እንታይ ዓይነት ኮርስ ምሂሮምኻ፧ ዘይትዛረቦ ንስኻ'ኳ የብልካን፡" በለቶ።

ዘረባ ዘይምነዎ ወዲ ጊለ "መቸም 'ንዘረባ ዘረባ የምጽኦ፡ ንእኽሊ ዱግሪ

የውጽአ'፡ እንድዩ ነገሩ፡ ሓንቲ ፍጻመ ብዛዕባ ምስማም ኣዘኪርክኒ። እዛ ዕላል ግን መሕለፊ ግዜ ክትኩነና ደኣ'ምበር፡ ዝሽረፍ ጓል መንገዲ ዘረባ ከይተምጽእላ፡ ኣውዓ!" ምስ በለ፡ ዕላሉ ንምጅማር ኣራጢጡ ኮፍ በለ።

"ኣብ መፋርቕ 1976 ኣብ በጦሎኒ 607 ምስ ተወዛዕኩ፡ ሓይልና ንሸዱሽተ ወርሒ ዝኣክል፡ ንናቕፋ ብጸቢብ ከበበታ። እዛ ከዕልለኩም ደልየ ዘለኹ ብዛዕባ'ቲ ዝተኻየደ መሪር ውግኣትን ዝተኸፍለ መስዋእትን ዘይኮነ፡ ምስ'ዛ ገነት ዘምጽኣታ ምስ ምስማም ዝተኣሳሰር ጉዳይ ንምዝካር እዩ፡" በለ።

ገነት ኣብ ሞንጎ ዘረብኡ ኣትያ፡ "ካባኻ እንቐስሞ ተመኩሮ እኳ ክንደየናይ ከይህሉ። ግን መማሰዪ ክኾነና ቀጽል ጥራሕ!" በለቶ ገጻ ኣሲራ። ወዲጊለ ናይ ኣሸካዕላል ክምስ ድሕሪ ምባል፡ ዕላሉ ቀጸለ።

"ኣብ መወዳእታ 1976፡ ጋንታና ብሸነኽ ሰሜናዊ ምዕራብ ናቕፋ፡ እንዳ 'ዓሊሒን' ዝበሃል፡ ከባቢ ዓሪዳ ነበረት። እቶም ወተሃደራት፡ ስንቆም ይኹን ዕጥቆም 'ኣንቴኖቭ' ብትበሃል ናይ ክራር ቅርጺ ዝነበራ ዓባይ ነፈርቲ ጽዕነት ይመጽኦም ነበረ። ነፋሪት ከም ኣመላ፡ ሰዓት 9፡00 ቅድሚ ቀትሪ ስንቅን ዕጥቅን ሒዛ ደበኽ በለት። ኣብ ሰማይ ኩይና ምስ ደርበየቶ'ሞ፡ ፍርቂ ኣብ ሕምብርቲ ናቕፋ፡ ዓሰርተ ዝኸውን ጃንጥላታት ድማ ኣብ ሞንጎናን ኣብ ሞንጎ ጸላእን ኣብ ቀላጥ ጉላጉል ወደቐ። ሽው፡ ነዚ ብጃንጥላታት ዝወረደ ሳናዱቕ መን ይወስዶ፡ ተቐዳደም ኮነ።

"መሬት ምስ ጸልመተ፡ ገለና ብረት፡ ገለና ድማ ኮለይ ዓጢቕና ናብ ውሽጢ ናቕፋ ኣተና። ይዝከረኒ ሽው ካብ ነፋሪት ዝተደርበየ ስቃጥላታት፡ ጉስማጥ፡ ስቴካታት ሽጋራን ኣብ ትሕቲ ቍጽጽርና ኣተወ። ኣይጸንሑን ሓለፍትና፡ "እዚ ሎሚ መዓልቲ ዝተደርበየ ጃንጥላታት፡ ዝተሰመመ መግቢ ምዃኑ ሓበሬታ በጺሑና ስለዘሎ፡ ዝኾነ ተጋዳላይ ኣብ ኣፉ ከይለኸፈ ናብ እንዳ ስንቂ (እምባልቀ) የብጽሓዮ። ዝብል ተሪር ትእዛዝ ኣመሓላለፉ፡" ምስ በለ፡ ሓደ ካብቶም ብጽሞና ዝከታተሉ ዝነበሩ ኣሕመዲን፡ "እቲ ዝተሰመመ መግቢ ደኣ ደሓር እንታይ ኮነ፧ ኣቃጸልኩሞዶ፧" ኢሉ ሓተተ።

ወዲ ጊለ ሕጂ'ውን ክምስ ኢሉ፡ "ጽናሕ ደኣ ኣይትተሃወኽ፡ ኣብኡ እንድዩ ዘሎ'ቲ ቍውም-ነገር። ኮላ'ታ ነቲ መሸማዓት ተሰኪማ ዝነበረት ተጋዳላይ፡ ዝተዋህባ መምርሒ ተቐቢላ፡ ናብ ኣብ እምባልቀ ዝነበረ ማእከላይ ቶሚን (እንዳ ስንቂ) ኣረከበቶ። ኣነ ግን፡ ካብቲ ተተማላሊስና እነብጽሖ ዝነበርና፡ ሓንቲ መሸማዕ ጉስማጥን ሓንቲ መሸማዕ ስቃጥላን፡ ጸላም

ተጕልቢበ፡ ኣብ ሃደሽደሽ ዝተባህለ ቦታ ኣብ መንገዲ ውሕጅ ቀበርኩወን። ስራሕና ወዲእና ናብ ድፋዕና እናተመለስና ከሎና፡ ካብቲ 'ስሚ' ኣሎዎ ተባሂሉ ዝተነግረና፡ ሓንቲ ስቃጥላ ስጋ ምስ ጉስማጥ ሓዋዊሱ፡ ንኽልቢ እንዳቦይ ዑመር ቋዕ ደርበኹላ። ከምዛ ሓንቲ ዘይገበርኩ ድማ፡ ናብ መስርዐይ ተመለስኩ፡" ብምባል ፍሽኽ በለ።

ካብቶም ከቢብና ዕላሉ ንሰምዕ ዝነበርና! ሓደ ብጻይ፡ "እሞ፡ እታ ከልቢ ደኣ ንእለቱዶ ሞተት፣" ዝብል ቅልጡፍ ሕቶ ሓተተ።

"ስቕ ኢልካ'ንዶ ጥራሕ ኣዋህልል። ወያ ከልቢ ነቲ ኣብ ስቃጥላ ዝነበረ መግቢ በሊዓ ዓገበት። ኣብ ነብሳ'ውን ዝኾነ ለውጢ ኣይመጽኣን። ስለ'ዚ ሞት የለ ምስማም የለ። እዚ 'ስሚ ኣሎዎ' ዝበልዎ ደኣ ዝቐትል እንተ ዝኸውን ነዛ ከልቢ ምቐተላ!" ኢለ ምስዛ ነብሰይ ተመራመርኩ። "ሞት እንተመጽኣት ንበይነይ ጥራሕ ክመውት፡" ኢለ ከኣ ጸብሒ ኣስቃጥላ ብጉስማጥ ገይረ ሓመድ ገበርኩዎ። ደሓን ስለዝሓደርኩ ድማ፡ ንጽባሒቱ ነቲ ዝተሓብአ ጉስማጣትን ኣስቃጥላታትን ኣውጺአ ንመስርዕና ዓደልኩም፡ መሬት ብላዕ ዎ ስተ ኩነት ንብለኩም፡" በለ።

ሕጂ'ውን ኣሕመዲን ጽን ኢሉ ክሰምዕ ድሕሪ ምጽናሕ፡ "ስማዕ'ባ ወዲ ጊለ፡ ስለምንታይ ደኣ'ዮም እቶም ሓለፍቲ፡ 'ስሚ ኣሎዎ' ዝበልኹም፣" ኢሉ ሓተቶ። ወዲ ጊለ ዘይተጸበዮ ሕቶ መጺእዎ፡ ብሓውሲ ፍርሒ፡ "ኣነ'ኳ እታ ጭብጥቲ ምኽንያት እዚኣ ኣይብላን'የ። ግን ጋንታና ዝኣኽላ በሊዓ ምስ ጸገበት፡ ምስ ደቂ መስርዕና ዝሓመናዮ እንተነይሩ፡ ቀዳማይ ውድባዊ ጉባኤ ህዝባዊ ግንባር ይቀራረብ ስለዝነበረ፡ ነቶም ካብ ወጻኢ ዝመጽኡ ዕዱማት ፈረንጂ፡ ቅጫ ወዲ-ዓከር ምብላዕ ከይጽግሞም'ሞ፡ ከም መቐበሊ ኣጋይሽ ክኹኖም ሓሲቦም ዶኾን ይኹኑ ኢልና ገመትና፡" በለ፡ ጥንቅቕ ኢሉ ዝመጽኦ ሳዕቤን ተረዲኡን ንገነት ዓይኒ ዓይና እናጠመታን።

ካብ ፍርሑ ግን ኣይወጽኣን፡ ካብ ገነት ዱቦላ ሕቶ ቀረበሉ፡ "ኣየናይ እዩ እቲ ተመኩሮ ክኹነኩም ዝበልካዮ፣ ኣይበርሃልናን፣" ሓተተት ገነት።

ወዲ ጊለ ወታእ ታእ እናበለ፡ "ንሱ ደኣ ጠፊኡኪዶ ኣንቲ ብጸይቲ! 'ሃንደፍ ኢልኩምን መግቢ ረኺብናን ኢልኩም ኣይትብልዑ፣ ሜላ ተጠቐሙ ማለተይ'ዩ። ከምቲ 'ዓሳ ምብላዕ ብብልሓት' ዝበልዎ፡ ንዓኺዶ ጠፊኡኪ! ምህርቲ እንድኺ! ንስኺ'ኮ ሰባብ ኢኺ፣ ኣጠማምታኺ ኣይፈተኹዎን፡" በለ።

ወጥሪ ወዲ ጊለ በዚ ኣየብቀዐን፡ ዘይተጸበዮ ሕቶ ካብ ዑስማን ወረዶ።

"ያ! ከዛብ ወዲ ጊለ! ንስኻ ፋሉል ኢኻ። ነቲ ብላዕለዎት ሓለፍትኻ ዝተዋህበካ ትእዛዝ ዘይምኽባርን ፎውዳ እዩ፡" በሎ ዝተቜጥዐ ክመስል።

ወዲ ጊለ፡ ነገር ኣብ ርእሲኡ ትጥምጠሞ ከም ዘላ ተረዲኡ፡ "ስማዕ ዑስማን፡ ነቲ ዘረባ በብዝጥዕመኩም ቊልብ ቊልብ ኣይተብሉዎ። ብዛዕባ እቲ ድስፐሊንን ትእዛዝን ካልእን፡ ሸዕኡ ግቡእና ወሲድናሉ ኢና፣ ምስ ዝምልከቶም ዓጺናዮ ኢና። ወይ ጉድ! ትም ጥዑም! ኣነሲ ወጣም ኲይነ እምበር፡ መን ከብደይ ምስ ጠወቐኒየኸ፡ ነቲ ኣብ ሓመድ ፈፊው ዝበልኩሉን ዝተቐጻዕኩሉን ሕሉፍ ታሪኽ ዘምጻእኩ!" ብምባል፡ ኲሪፍ ኢሉ ናብ ካልእ ገጹ ጠመተ።

ገነት ብግደኣ ነታ ነገር ከተዃህሀራ፡ ስለዝደለየት፡ "ካብዛ ዕላልካ ዝተመሃርናዮ ቊውም-ነገር እንተ ሃልዩ፡ እታ ትእዛዝ ሓለፍትኻ ዘይምኽባርን ፋሉል ምኻድን'ዩ፡" በለቶ ጭርቃን ሓዊሳ። ወዲ ጊለ ተሰጒዲሙ፡ "ጓልጒነጽ፡ ንስኽን እዝን ረኺብክን ደኣ ብቐሊሉ ኣካሪጅክና ኣለኺ! ደሓን ግን፡ ኣነን ንስኽን ድሕሪ ዓወት ሳሊና የራኽብና፡ ካብ ወዲ ጊለ ትወጽእ ቃል እንተሰሚዕኪ ኣይኣነን'የ!" ኢሉ እናሓንሓነ ናብ ድቃሱ ከደ።

ድሕሪ ዋዛን ቊውም-ነገር ሓዘል ዕላል ወዲ ጊለ፡ ሰዓት ድቃስ ክሳብ ዝኣክል፡ በብመዳይና ዘጋጠመና ኲነታት እናዘከርና ተተባራሪና ዕላል ቀጸልናየ። ገለ እቲ ዕላላት፡ "ጸላኢ ዋላ ሓንቲ ወተሃደራዊ ክእለትን ሜላ ውግእን ከም ዘይብሉ፡ ብቐሊሉ ክትማርኾ ከም እትኽእል፡" ብዝብል ዝተዓብለለ ነበረ። ኣባላት'ታ ጒጅለ፡ ኣብ ቃልሲ ሓደስቲ እኳ እንተነበርና፡ ኣነ ውሑዳት ዓመታት ቅድመኣም ዘዋህለልኩዎ ገድላዊ ተመኵሮ፡ ስለዝነበረኒ ብዓቢኡ ድማ ናብ ፍልይ ዝበለ ውግእ ከተማ ንኣቱ ስለዝነበርና፡ ከቢድ ብድሆ ይጽበየና ከምዝነበረ ገሚተ ትሕዝቶ'ቲ ዕላል ስክፍታ ኣሕደረለይ። ብፍላይ፡ እቲ "ንጸላኢኻ ኣመና ምንእኣስ፡" ዘይተደልየ ሳዕቤን ከየምጽእ ሰጋእኩ። ነቲ ኣባላት'ዛ ጒጅለ በብመዳዮም ዝህብዎ ዝነበሩ ርእይቶታት መፈወሲ እንተኾነ ኢለ ድማ፡ ኣብ 1976 ዘጋጠመትኒ ኲነታት፡ ከዕልሎም ወሰንኩ፡ ዘረባይ ንምጅማር ከኣ፡ "እዚ ዋዛን ቊውም-ነገርን ዘሎዎ ዕላልኩም መሳጢ'ዩ። ከምዚ ወዲ ሊላይ ዘዕለለና ዝጽበየና ዘሎ ውግእ ከተማ ቀሊል ስለ ዘይኰነ፡ ጥንቁቓት ክንከውን ኣለና። ሓደ ሓደ እዋን፡ ጸላኢኻ ዘይተጸበኻዮ ወተሃደራዊ ሜላ ክጥቀም ስለዝኽእል፡ ዓቕሚ ከም ዘይብሉ ኣነኣኢስካ ምርኣይ ሓደገኛ ሳዕቤን ስለዝህልዎ፡ ክንጥንቀቕ ኣለና፡ " ምስ በልኩ፡ እቲ ዘረባ ሓዲሸዎም፡ ከም ሓውሲ ተቓውሞ፡ "ክላ ግደፈና! ወተሃደራት ኣምሓራ ደኣ ዘይካስላናት'የን፣ ካብ መዓስ ደኣ'ለን ሜላ ውግእ

ዝተማህራን ዝተጠቐማን!" በለ ዕንድኮር። ኣነ ከምኡ ዓይነት ስምዒት ክመጽእ ይጽበየ ስለ ዝጸናሕኩ፡ ነታ ዘበገስኩዋ ሓሳብ ቀጸልኩዋ።

"ወዮ'ደኣ፡ ሎሚ ሰራዊት ኢትዮጵያ እናተጀለሐ ከይዱ'ምበር፡ እቶም ኣብ ስርዓት ሃጸይ ሃይለስላሰ ዝነበሩ ከም ብዓል ኣየርወለድ፡ ነበልባል፡ ጦር-ሰራዊት፡ ክቡር ዘብዐኛ፡ ኮማንድስ፡ ወተሃደራት ዝበለ፡ ከምዚ ናትና ናይ ክልተ ወርሒ ተብተብ ዝተሓወሶ ወተሃደራዊ ታዕሊም ዘይኮነ፡ ንልዕሊ ሰለስተ ዓመታት ብእንግሊዛውያንን እስራኤላውያንን ክኢላታት ልዑል ክልሰ-ሓሳባውን ግብራውን ወተሃደራዊ ትምህርቲ ዝወሰዱ እዮም ነይሮም። ጸላኢ ኣብ ኣካላዊ ጥንካረኡን ወተሃደራዊ ብስለቱን እንተመጺእና ዘይንዓቕ ተመኵሮ እዩ ዘሎዎ። እቲ ኣብ ሞንጎናን ኣብ ሞንጎኦም ንዘሎ ፍልልይ ግን፡ ወተሃደራት ኢትዮጵያ ንደሞዝ ኢሎም ዝዋጋኡ፡ ንሞት ቍሩብነት ዘይብሎም፡ ነብሶም ዝፈትዉን ኣብ መራሕቶም እምነት ዘይብሎምን ክኾኑ እንከለዉ፡ ተጋዳላይ ግን፡ ንጹር ዕላማን ራእይን ዘሎዎ፡ ምእንቲ ህዝቡ ንኽስዋእ ድሕር ዘይብል፡ ሓያል ንቕሓትን ድስፕሊንን ዘውንን ብምዃኑ ጥራሕ እዩ። ነዚ ፈሊጥና ኣብ እነካይዶ ውግእ ከኣ ጥንቃቓት ክንከውን ይግብኣና፡" በልኩ።

ሽሉ ንኸሳቶም ብኣዒንተይ ከለልኩዎም፣ እቲ ዕላል ናበይ ገጹ ምዃኑ ዝተረድኦም ኰይኑ ድማ ተሰምዓኒ። ስለ'ዚ ዕላለይ ቀጸልኩ፤

"ኣብ 1976 መስርዕና ኣብ ጉልጉል ሳሕል ኣብ 'ቀጣሪት' ዝበሃል ቦታ ብምዕስካር፡ ንሓይልና ዝኸውን ስንቂ ካብ ፈልከት ናብ ኣፍዓበት ተመላልስ ነበረት። ስርዓት ደርግ፡ ነቶም ኣብ ውሽጢ ናቕፋ ተኸርዲኖም ዝነበሩ ወተሃደራቱ ከድሕን፡ ዝከኣሎ ፈቲኑ ምስ ፈሸለ፡ 600 ዝኾኑ ኣየር ወለድን ኮማንድስን ኣብ 'ትክሰ' ዝበሃል ጉልጉል፡ ብሓሙሽተ ሄሊኮፕተራት ተመላሊሱ ኣውረዶም። እንተኾነ፡ ድሕሪ ክልተ ቅነ ዝወሰደ መሪር ናይ ምርብራብ ውግእ ኣብ ጉቦታት ናቕፋ፡ ተሳዒሮም ናብ ኣፍዓበት ገጾም ሃደሙ። ሽዑ ጸላኢ ተበታቲኑ ይሃድም ስለዘሎ ዕገትዎ ዝብል ናይ መልእኽቲ ራድዮ መጽኣና'ሞ፡ ኣብ ማእከል ሩባ ሞጋዕ ድፋዕ ሓዘና። እንተኾነ፡ ብድርኡ ምሸት 300 ወተሃደራት ሩባ ሰጊሮም ናብ ኣፍዓበት ገጾም ገስገሱ። እቲ ዝተበታተነ ተረፍ መረፍ ወተሃደር ግን፡ ገፊፍ እናበለ ኣብ ጉላጉል ቀጣሪትን ጉድን ተጸግዐ። መስርዕና ካብዞም ሸውዓተ ብራርያ ወተሃደራት ነቶም ሓሙሽተ ማረኸቶም። ሓደ ጉልቡት ቈማትን፡ ኣብ ርእሱ ሄልመት ዝነበሮን ወተሃደር ግን፡ ናብቲ ዓበይቲ ኣኻውሕ 'ጉድ' ገጹ

ሃደመ። ነዚ ወተሃደር ኣብ ትሕቲ ምቍጽጻርና ከነእትዎ'ኳ እንተ ተቓለስና፡ ዝተፈላለዩ ሜላታት ተጠቒሙ መዓልትና ደፊኡዋ ወዓለ። ኣነ፡ እድሪስ ሓጭራይን፡ ወዲ ጥሮታን ምስዚ ወተሃደር ተሃላለኽና። ነዚ ካብ ኢድና ዘምለጠ ኣየር ወለድ እግሩ እግሩ ሰዓብናዮ።

"ንሱ'ውን ይከታተለና ስለዝነበረ፡ ካብታ ተሓቢኡላ ዝነበረ ሩባ ወጺኡ ናብታ ጥቕኡ ዝነበረት ኵርባ ደየበ። ነዊሕ ከይከደ ድማ፡ ኣብተን ዓበይቲ ኣኻውሕ ኣትዩ ተሰወረ። ካብቲ ዝነበርናዮ 50 ሜትሮ ርሒቕ ኢላ፡ እታ ሄልመት ቈብዕ ናይቲ ወተሃደር ቅልቅል ኢላ ተዓዘብናያ። ኣነ ጕልባብ ክገብረሉ፡ ወዲ ጥሮታ ብድሕሪት ተጠውዩ ከቃብጾ ተሰማማዕና። ልኳም ብረትና ፈቲሕና፡ ናብታ ከውሒ ቅልቅል እንተ በልና፡ ወተሃደር የለ ገለ የለ። እታ ወተሃደራዊ ሄልመት ብዕንጸይቲ ተደጊፉ ንበይና ጥራሕ ተጸጊዓ ጸንሓትና። እዚ ድማ ንዓና ንምድንጋር ዝተጠቐመሉ ሜላ ምንባሩ ተረደኣና። በቲ ዝተጠቀመሉ ሜላ ከኣ ተገረምና። ወዲ ጥሮታ 'እዛ ወዛል ኣምሓራይ ሰሪሓትልና ኣምሊጣ፡" በለ። ኣነ'ውን ነቲ ዝተጠቀመሉ ወተሃደራዊ ብልሓት ብግደ ሓቂ ኣድነቕክዎ። ብልበይ ግን ኣጻምእ ሳሕል ሰጊሩ ኣበይ'ሞ ከይበጽሕ ክትሓዝዩ፡ እናበልኩ፡ ገና ሓሳበይ ከይወዳእኩ እንከለኹ፡ ወዮ ወተሃደር ካብቲ ዝነበርናዮ 200 ሜትሮ ርሒቑ ኣብ ጸግዒ ኵጀት ገፊፍ ኢሉ ክጕዓዝ ርኣናዮ'ሞ፡ ከነርክቦ ንቕድሚት ተወንጨፍና።

"ንሱ እውን ንከታተሎ ከም ዘሎና ኣማዕድዩ ስለዝረኣናዮ፡ ቦታ ቀየረ። ናበይ ከም ዘበለ ግን ክንግምት ኣይከኣልናን። ድሓር ግን፡ ካብ ሞንጎ ክልተ ኣኻውሕ ጸሊም ትኪ ንሰማይ ገጹ ክዓርግ ረኣና፡ 'እዚ ወተሃደር! ብዓል ስልጣን ክኸውን ኣለዎ። ገለ ኣገደስቲ ሰነዳት የቓጽል ኣሎ፣ ስለዚ፡ ቀልጢፍና ክንሕዞ ወይ ክነካርጆ ኣለና' ተበሃሂልና፡ ብቕጽበት ናብቲ ዝረኣናዮ ትኪ ኣምራሕና። መህደሚ ከይረክብ'ውን ናብ ክልተ መኣዝን ተመቓቒልና ናብታ ትኪ ኣምራሕና። በብቑሩብ እናተንፉሓኽና ቦምባናን ካላሽንናን ኣዋዲድና፡ 'ኢድካ ሃብ' እንተበልና፡ ሸዑ'ውን ወተሃደር ትመስክር። ኣብ ጅቡኡ ዝነበረ ቍራጽ-ምራጽ ደብዳበታት ብምንዳድ፡ ኣንፈቱ ናብ ጕላጕል ዕሙር ዓዳይ መፍገር-ገሊል ብምግባር ሃደመ፡" ብምባል ኣብታ ሰንካም መዓልቲ ዘጋጠመና ፍጻመ ኣዕለልኩዎም።

ነቲ ፍጻመ ብተመስጦ ክከታተሉ ዝጸንሑ፡ "ደሓር ደኣኸ፣ እዚ ከዛብ ካን ኣምሊጡ!" ዝብል ሕቶ ኣቕረቡ። ኣነ'ውን ዝጀመርኩዎ ዕላል መደምደምታ ክገብረሉ ስለ ዝነበረኒ ቀጸልኩ፤

"እዚ ታዕሊም ዝጸገበ ወተሃደር፡ ሩባ መፍገር ገሊል ተኸቲሉ፡ ናብታ

ኣብቲ ከባቢ ዝነበረት ህዝባዊ ዱኳን ገጹ ኣምርሐን ካብ ደረት ዓይንና ተኸወለን። ሓደ ኣባል ህዝባዊ ሚሊሻያ'ቲ ከባቢ፡ ነቲ ካባና ዘምለጠ ወተሃደር ናብታ ህዝባዊ ድኳን ገጹ ክኸይድ ርእዩ። ዝኾነ ጉድኣት ከየውረደ እንከሎ፡ ክከላኸሎ ስለዝደለየ ከኣ፡ ናብ ኣባላት ህዝባዊ ድኳን ዝነበራ፡ ዘይነብ በሽር፡ ምልእተ ፍትውን ሃይማኖትን ዝበሃላ ተጋደልቲ ከይዱ፡

"እግልኩም! እግልኩም! እሓዘ ሃሌኩ፡ ሓተ ዓስከር ኣምሓራ፡ ብዓል ሓተ ዴቡረት ዎ ኤም-ፎርቲን ልረፊዓ፡ ምን እሊ ዓዳይ ትሓቴኩም ልሃላ! ዲብኩም መጽእ ሃላ፡ ያላ ተሓረካ!" በለን። (ትርጉም፥ ናባኻን ኢየ መጺአ፡ ሓደ ወተሃደር ኣምሓራይ፡ ብዓል ሓደ ጽሩራ፡ ኤም ፎርቲን ዝተሰከመ፡ ናባኻን ይመጽእ ኣሎ'ሞ! ገለ ግበራ!) ዘይነብን ምልእተን ሕጽረት ተመኩሮ ውግእ ዝነበረን፡ ብዕድመ እውን ንኣሽቱ፡ ስለ ዝነበራ፡ መሬት ከም ኣፍዕንቍ ጸበበተን። በቲ ዝተፈጥረ ኩነታት ከይተሸበራ፡ ግን ነታ ዝርካበን እንኮ ቺኪ ዝዓይነታ ቦምባ ኢድ ብምዕጣቕ፡ "ከምዛ ደም ብጾትና ኣብ ናቕፋ ዝኸዓወ፡ ደሙ ኣብዛ ሩባ ከነፍስሰን ኣለና፡" ብምባል ተበገሳ።

"እንታይ ከም እንገብር እሞ ቀልጢፍና ንወስን፡" በለት ሃይማኖት እታ ብዕድመ ዝደፍኣት። ምልእተ ትቕብል ኣቢላ፡ "ሃይማኖት፡ ንስኺ ነዛ ቦምባን ገንዘብን ሒዝኪ ናብ ጎቦ ገጽኪ ህደሚ፡ ምናልባት እዚ ኣምሓራይ ናባኺ እንተመጸ ግን፡ ነብስኽን ኣምሓራይን ገንዘብክን በዛ ቦምባ ትካረጁ። ዘይነብ ድማ፡ ነዛ ዝዓከሰት ኣረጊት ኤም-ዋን ብረት ሒዝኪ ዝክኣለኪ ግበሪ። ኣነ ነዛ ዕንጨይቲ ብጨርቂ ጠቕሊለ ብረት ከም ዘሎኒ ከምስል'የ እየ። ኣብ'ዚ ከባቢ ብዙሓት ተጋደልቲ ከም ዘሎና ንምምሳል ድምጽና ዓውዓው ኣቢልና፡ ነዚ ወተሃደር ክንገጥሞ ኢና። መሬት ንሓዲኣ'ያ! ወይ ንዕወተሉ ወይ ከኣ ከም'ቶም ኣብ ናቕፋ ዝስውኡ ዘሎዉ ብጾትና ንስዋእ!" በለት።

"ኣነ ደኣ ብዘይካ ትግረይት፡ ኣምሕርኛ ኣበይ ኢለየ፡ ነዛ ትርግርኛ'ኳ ንጋዶ!" በለት ዘይነብ ሓርቢቱዋ። ምልእተ እናሰሓቐት፡ "ደሓን ኣብ ኣፍኪ ዝመጽኣኪ ቃላት ጥራሕ ዳሕድሕዮ። እዚ ኣምሓራይ ምስቲ ድኻሙን ፍርሑን ኣበይ ከየስተውዕለልኪ፣ ግዜ ኣይንቕተል ሃየ ንበገስ! ኣብ ዓወት ጥራሕ የራኽበና፡" በለት ብነብሰ ተኣማንነት።

ሰለስቲኣን በዚ ናይ ምልእተ ሓሳብ ተሰማምዓ። እቲ ወተሃደር ኤም-16 ብረቱ ኣብ ሞንኩቡ ተሰኪሙ፡ "ደጊም መሬት ሰላም'ዩ፡" ብምባል ቀሲኑ ንቕድሚኡ መረሸ። ኣካላዊ ቍመናኡ ምስዘን መዓንጣ ዘይቁጸራ ተጋደልቲ ክነጻጸር እንከሎ፡ ምስ ግጥም ዳዊትን ጉልያድን'ዩ ዝመሳሰል።

“ኣብቲ ዓቢ ሩባ መፍገር ገሊል ኣድቢየን ጸኒሐን፡ ‘ቁም! ኢድካ ሃብ! ብረትካ ኣውርድ!” በለት ምልእተ በተን እትፈልጠን ውሑዳት ቃላት ኣምሓርኛ። እቲ ወተሃደር ክቱር ድኻም፡ ጥሜትን ጽምእን ስለዝነበሮ፡ በቲ ካብ ክልተ ወገን ዝሰምዖ ዝተሓዋወሰ ድምጺ ተዳሂሉ ብረቱ ደርብዩ ኢዱ ንላዕሊ ሓፍ ከብል ኣገደዶ። ምልእተ ነታ ብጨርቂ ዝተሸፈነት ዕንጸይቲ ደርቢያ፡ ነታ ሓዳስ (M-14) ኤም-ሲክስትን ብረት’ቲ ምሩኽ ኣልዒላ፡ ኣብ ሕቖኡ ተኸለትሉ። ተሓጋጊዘን’ውን ኣእዳዉ ንድሕሪ ኣሰርኦ፡ ጫምኡ ኣውጺኣን፡ ከብኪበንኦ ድማ ብዓወት ናብ ዱኳነን ተመልሳ። ንሓደ ምሩኽ ዝግባእ ክንክን’ውን ገበራሉ። ሽዑ እቲ ምኮሕ ወተሃደር ብቕሩጽ ዕንጸይትን ብደቂ ኣንስትዮን ኣንስተይትን ምምራኹ ገሪሙዎ ርእሱ ነቕነቐ።

ብዓል ዘይነብ ኣብ ፈተነ ከም ዝኣተዋ፡ ህጽጽ መልእኽቲ ምስ መጽኣና፡ ነዛ መንገዲ 45 ደቒቕ ብርብዒ ሰዓት ወዲእና፡ ናብተን ምዑታት ዋዕሮታት ከተፍ በልና። ወዮ መዓልትና ደፊእዋ ዝወዓለ ወተሃደር፡ ብሰለስተ ብጾት ተጋደልቲ ኵርንኵሪት ተኣሲሩ ጸንሓና። ህዝቢ መፍገር ገሊል’ውን፡ ነዚ ምሩኽ ወተሃደር ክርኢ ሰብኣዩ ሰበይቱ ኣብታ ድኳን ተኣከበን ብጅግንነት ማረኽቱ ተሓበነን። ወዮ ምሩኽ ንምሸቱ ናብቲ ምሩኻት ዝእከብሉ ዝነበሩ ቀጣሪት ዝበሃል ስንጭሮ ተረከበ፡” ኢለ ዕላለይ ወዳእኩ። እንተኾነ፡ ገነት ካልእ ሕቶ ኣስዓበት፡

“እቲ ፍጻመ ብሓቂ ሰሓቢ እዩ። ግን ካብዚ እሞ እንታይ ኢና ክንምሃር፧” ድማ፡ በለት። ኣነ’ውን ንዝመጽእ ሕቶ ክምልስ፡ ቅሩብ ስለዝነበርኩ፡

“ኣብ ከተማ ባጽዕ ዝጽበየና ዘሎ ከተማን ጉደናታትን ስለ ዝኾነ፡ ንጸላኢና ኣነኣኢስና ክንርእዮ የብልናን፡ ማለት ከምቲ ንሕና ንጸላኢ ኣብ መጻወድያ ከነእትዎ እንጣበብ፡ ንሱ’ውን ብተመሳሳሊ ንዓና ኣብ ምቊጽጻሩ ከእትወና ከም ዝበላሓት ፈሊጥና ጥንቁቓት ክንከውን ኣለና፡” በልኩዎም።

* * *

ግዜ ከይተፈለጠና ሰዓት ሸሞንተ ስለዝኣኸለ፡ እዋን ድቃስ ተቐራረበ። ኣዓየ ንኵሉ’ቲ ዋዛን ቊውም-ነገርን ዕላላት ብቐረባ ይከታተሎ ስለዝነበረ፡ ገለ መልእኽቲ ከመሓላልፍ ደልዩ፡ “እሕሕ! ሳሕል ትኹን ጒላጒል ሰምሃር፡ እዛ ሃገር፡ መሬታ፡ ባሕሩ፡ ስንጩሮኣ፡ ኣኽራና፡ ኮታስ ጥይት ኣብ ቶግ ዝበለታ፡ ዘኹርዕ ታሪኽ ኣብ ከርሳ ቀቢራ ኣላ። እዚ ኣብ መላእ ኤርትራ ዝፍጸም ዘሎ ጅግንነትን ዝኽፈል መስዋእትን ቀሊል ኣይኮነን። ነዚ ከም ተራ ዕላል እንሓልፎ ዘለና፡ ኣብ መዝገብ ታሪኽ እንተዘሰፍር፡

ክንደይ ምጸበቐ! እንተኾነ፡ እዚ ዘለናዮ ህሞት ኣሽንኳይዶ ኣብ ወረቐት ክንሕንጥጥ፡ ነዛ ንጉሮሮና ብማዕጎ ማይ ከነተርክስ'ኳ ግዜ የብልናን። ዝኾነ ኮይኑ፡ እቶም ካብዚ መሪር ኵነታት ወጺኦም ናጽነት ክርእዩ ዝበቕዑ ዕማኾ ዘይኣኽሉ ብጾት፡ ከቢድ ሓላፍነት ክስከሙ እዮም። ከምይሲ ተጋዳላይ፡ ነዛ መሬት ክብል፡ ዝረግጾ ዘሎ ረመጽ ሓዊ፡ ዝሓልፎ ዘሎ መስገደላት፡ ንመጻኢ ወለዶ ከመሓላልፉዎ ከቢድ ብድሆ ክኾኑኖም'ዩ፡" ኢሉ ሓሳባቱ ዛዘመ።

ኣብታ ናይ ጉጅለ ዕላል ዝነበርና ተጋደልቲ፡ ካብ 101 ኪሎ ሜተር ኣስመራ ባጽዕ ጀሚርና ክሳብ'ታ ብሎኮ ባጽዕ ዝረገጽናላ ሰዓት፡ በብኸባቢና ዘጓነፈና ፍጻመታት፡ ገለ ዘስሕቕን ዘዘናግዕን፡ ገለ ባዛዕባቶም ምእንቲ ድሕነት ብጾቶም ክብሉ ፍሉይ መስዋእቲ ከፊሎም ዝሓለፉ ጀጋኑ ከነዕልል፡ ገለ ጨረቕቲ ድማ፡ መጻኢ ዕድል'ዛ ትወግሕ ዘላ መዓልቲ እንታይ ኰን ክኸውን'ዩ! እንታይ ሒዛኸ ክትመጽእ እያ!" ክንብል ወጋሕ-ፈታሕ ከነብላ ኣይጸላእናን። 9፡00 ምስ ኮነ። ግዜ ድቃስ ስለዝኣኸለ፡ ግን ነናብ ቦታና ተበገስና። ዝተዋህበና ምስጢራዊ ድራር ለይቲ ሰሚዕና፡ ነጸላና ብእስሩ፡ ግምብው በልና። ድቃስ'ሞ ካብይ ትምጻእ! ገለና ብዛዕባ እቶም ምሳና ክጫረቑን ክዋዘዩን ከም ዘይጸንሑ፡ ከምዛ ዋዛ ብመስዋእቲ ዝተፈልዩና ክንዝክር፡ ገለ እታ ትወግሕ ዘላ ረፍዲ እንታይ መዘዝ ሒዛ ኰን ትመጽእ ኢሉ ክሓስብ፡ ዝተረፍና ድማ 'ባጽዕ ጥራሕ ከይረኣናያ ከይንስዋእ! ወዘተ.' ዝብል ዝተፈላለዩ ሕዉስዋስ ሓሳባት ከነውርድን ክነደይብን ሓደርና።

ተጋዳላይን ሳሊናን ገጽ ንገጽ

22 ታሕሳስ፡ ጸሓይ ዕለታዊ ስርሓ ንምጅማር ከባቢ 5፡50 ብምብራቕ ተቐልቀለት'ሞ፡ ነቶም ድቃስ፡ ጭሕሚ ሰበይቲ ዝኾነትና፡ "ይኣኽለኩም፣ ዕረፍትን ድቃስን ግዚኡ ኣይኮነን፣ ተዕርፍሉ እዋን ገና ኣይበጽሐን፣ ንኸቢድ ዕማም ተዳለዉ፡" እትብል ክትመስል፡ ከካብ ዝደቀስናሉ ኣበራበረትና።

ተጋዳላይ ካብ ዝሓደሮ ጨዋም መሬት ተበራበረ። ካላሽኑ ብኣውሊ ከይትምርቶ፡ ጨርቂ ኣውጺኡ ብዘይቲ-ብረት ወልወላን ንዝመጽእ ስራሕ ንነብሱ ድልውቲ ገበራን። ኰይኑ ግን ብዘይካ "ካብ ከባቢ ኣይተርሕቑ!" ዝብል ሓፈሻዊ መምርሒ፡ ካልእ ዝተዋህበ ሓበሬታ ስለዘይነበረ፡ ንነብሱ ኣብ ተዛነ ኣእተዋ። ግዜ ከም ንፋስ ሓሊፉ ከባቢ ፍርቂ መዓልቲ ኰነ። ሽው'ውን ምልክት ተበገስ ኣይተራእየን። ዕቑባይ ኣብቲ ኣነን ኪዳነን ዝነበርናሉ መጺኡ፡ "ያ ጀምዓ! እዚግዜ እንተሓለፈልና፡ ንኺድ እስከ ናብቲ ባራካታት

ዕዳጋ ክንሸይን፡” በለ። ንሕና’ውን ሓሳቡ ኣይጸላእናዮን። ናብ ዕዳጋ ዘወስድ መንገዲ ንጸጋም ገዲፍና፡ ኣንፈትና ንሰሜን ኣበልና ከየርሓቕና ሸንና’ሞ፡ ኣብ ትሕቲ ገረብ ኣጽለልና ዕላል ሓዝና።

“ኣንታ ዕቝባይ! ኣብ ውግእ ሰምሃር ካን መሻይኖናን መዋዕሎናን ተሓዋዊሶም!” በልኩ ንዕላል ክኹነና።

ቀሺ ነዛ “መሻይኖ” እትብል ቃል ምስ ሰምዐ፡ ሓደ ነገር ዘኪሩ ክርትም ኢሉ እናሰሓቐ፡ “ ኣይ! እዛ መሻይኖናን መዋዕሎናን ተሓዋዊሱ ዝበልካያ፡ እታ እከይ ጓል ጉነጽ ኣብ ጨጓራ ታባ ዝሓጨጨትለይ እንድያ ኣዘኪራትኒ!” በለ። ነታ ጭርቃን ክንሰምዓ ተሃንጠና። ዕቝባይ ፍሽኽ እናበለ፡ “ሓይልና ጨጓር ታባ ሃጂማ፡ ንጸላኢ ናብ ጕላጕል ምስ ጸረገቶ፡ ምስ ብዓል ገነት ተጨቓጨቕና ድፋዕ ሓዝና። ሽዑ ይዝከረኒ ምሉእ መዓልቲ ላዕልን ታሕትን ክብል፡ ነተን ካብ ወጋሕታ ዝዓቕርኩወን ሽንቲ ማይ ንክኽዕወን ዕድል ሰኣንኩ። ፍሕኛይ ሽንቲ መሊኣ ቅብቅብ በለት። ንየማን እንተ በልካ ጥይት ጸላኢ ኣብዛ ግንባርካ፡ ንጸጋም እንተ በልካ ገነት ኣብ ጕድነይ ድፋዕ ሒዛ፣ መሬት ሕርብት በለትኒ፡” ምስ በለ፡ ኪዳነ ትቕብል ኣቢሉ፡ “ስቕ ኢልካሞ ዘትኽዕዎ፡ እንታይ ጸገም ነይሩዎ!” በሎ።

ዕቝባይ ሽዑ’ውን እናሰሓቐ፡ “ኣብ ኲናት ዘይወዓለ ይበልሕ፡” ናይ ሽንትስ ዘይፈተነ ደኣ ይፈትና፣ ኣብ ቅድሚ ገነት ከመይ ኢለ ክሸይን! ደሓርከ ዘይርኢይ ምስ ርኣየት፡ ጭርቃና ክሽፍኣኒ!” በለ ብሓውሲ ቍጥዐ።

“እሞ ደሓር ደኣ እንታይ ኲነ ንምሽቱ!” ሓተትኩዎ። ቀሺ ኣንፈት ገነት ንምቕያር ዝተጠቀመሉ ብልሓት ዘኪሩ፡ “ዎ ገነት! ጸላኢ ብየማን ናባና ገጹ ይንቀሳቐስ ኣሎ’ሞ፡ ኣመቱ ግበሪ። ኣጸቢቕኪ ተኸታተልዮ።” በልኩዋ። ኣብቲ መጀመርታ፡ ሓቂ መሲሉዋ ብረታ ኣዐሚራ ናብቲ ዝሓበርኩዋ ወገን ኣተኩራ ተኸታተለት። ንሳ ሕቘኣ ምስ ሃበትኒ፡ ኣነ ቀሲነ ክሸይን ጀመርኩ፡ ‘ሸራሕራሕ’ ዝብል ድምጺ ምስ ሰምዐት ግን፡ ናባይ ገጻ ግልጽ ምስ በለት፡ ኣነ ከምዛ መስታ-በርቂ ሕቘይ ዝሃረመኒ ቅዝዝ በልኩ። ዋጋዶ እሞ ሂባትኒ’ያ! ቅጭጭ ኣይበላን። ኣንታ፡ ኣረ ዳሕራይ ዘረብኣ ይገድድ፡” በለ። ድፍረታን ጭርቃናን ስለንፈልጦ፡ ዕላሉ ክቕጽለልና ርእስና ነቕነቕናሉ።

ቀሺ ክምስ እናበለ፡ “ኣየ ቀሺ! ኣብዚ ህሞት’ዚኮ ጓል ጉነጽ፡ በሊሕ ላማ ረጊጻ፡ ኣብ ኣፍ ደገ ሞትን ሕየትን እያ ዘላ። ውግእ ሰምሃር ነቲ ኣብ ሞንጎ ወዲ-ተባዕታይን ጓል-ንስተይትን ዘሎ ባህርያዊ ተፎጥሮኣዊ

ፍልልያትና ከም እንርስዕን ሰብኣዊ ስምዒታትና ትሕቲ መዓሙቕ ባሕሪ ከም እንቐብርን ገይሩና'ሎ። እዛ ሎሚ ምሸት እትዓርብ ዘላ ጸሓይ፡ ጽባሕ ክንርእያን ዘይክንርእያን ኣብ እንጠራጠረሉ ደረጃ፡ ጽባሕ እንታይ መዘዝ ሒዛ ከም እትመጽእ ኣብ ዘይንግምተሉ፡ ገጽ ትፈትዎ ብጻይካ ንእለቱ ኣብ ዝሰወረሉ ህሞት እንክሎናስ፡ እዚ ናትካ! ከይርእዩ ክንድ'ዚ ተሰኪፍካሉ። ንዓይ ኣብዚ ሰዓት'ዚ ትርጉም ኣይህበንን'ዩ። መን ኣቕሓ ቈጺርዎ ደኣ'ሉ ነዚኸ፡" በለትኒ ብኣቃጫጭ፡ ከምዛ ሓንቲ ዘይረኣየት።

ኣነ'ውን፡ እቲ ገነት ንዕቝባይ ዝሃበቶ መልሲ ኣስደሚሙኒ፡ "ኣየ ገነት ነብሲ፡ ኣባጅጎ እኮ ንተባዕታይ ኢሉ'ዩ ፈጢሩዋ። እንተ'ቲ ዝበለቶ ግን ሓቃ'ያ፡" ኢለ ዘረባይ ከይወዳእኩ፡ 'ቀሺ' ብቕጽበት ነዲሩ፡ "ከም ጨው ሕቐቕ፣ ኣየናይ'ዩ እቲ ሓቒ ኣንታ፣ ኣብ ውግእ እንተ'ለና'ሞ፡ እቲ እዝግሄር ዝዓደለና ሕጊ ተፈጥሮ ክንጥሕሶ! ካን! ተባዕታ'ዩ ኣይፍለጥ ኣንስተይቱ ዲና ኴንና!" በለ ኣንጸርጺሩ።

ኣዓየ ቀሺ ብሓውሲ ሕርቃን ይካታዕ ከም ዘሎ ፡ ተገንዚቡ፡ "ብዙሕ'ሞ ሕርቕ-ሕርቕ ኣይትበል ቀሺ። ጽባሕ ንግሆ ምስ ተወጋእካ ደኣ! ገነት ሰረኻ ቀሊዓ፡ ኮስትሞኻ ኣውጺኣ ክትሕክመካ ከይንርኢ፡" ምስ በሎ፡ ቀሺ ከም ዝተረትዐ ኣሚኑ፡ "ኣረ! ኣየውርድ! ኣንታ ንሱ እባ ከኣ ኣሎ ሓቅኻ። ማርያም ባዕላ ትሓልወና'ምበር፡ የግዲ ሰረኻ ቀሊዕካ ምሃብ'ዩ፡" ምስ በለ፡ እዋን ድራር ስለ ዝቐረበ እተን ዝርካበን ሸንቲ ማይ ክዒና ናብ ቦታና ተመለስና። ቀሺ ተሰናቢቱና ብዓል ኣሕመዲን ናብ ዝነበሩዋ ጉጅለ ተጸምበረ። ዕቝባይ ዕላልን ጭርቃንን እዞም ክልተ ብጾት ስለዝናፍቕ፡ "እንታይ ደኣ ተማዕድዉ ኣለኹም፡ ምንቅስቓስ ጸላኢ ትከታተሉዎዶ ኣለኹም!" በሎም።

ብዓል ወዲ-ዕምረ ውሸጣዊ ስምዒቶም ዝገልጽሉ ዕድል ረኺቦም፡ "ንሬሳ ደኣ እንታይ ምክትታል ኣድልይዎ! እግሪ እግሩ ስዒብካ ምቑሻማዱ ጥራሕ'ዩ ነይሩ፡" ብሓባር መለሱሉ።

ዕንድኰር ኣስዕብ ኣቢሉ፡ "በል'ስከ ቀሺ ባዕልኻ'ሞ ፍረዶ! ካብቲ ብኽንደይ ሊቃውንቲ ጣልያን ዝተሰርሐ ዕርዲ ፎርቶ ምሽናቕ፡ ብካሌትኣን ከነውጽኣን ዘይጸገመናስ ያኢ! ሕጂ ብኣፍራዛ ጉዳጉዲ ኲዒትካ ሳሊና ክትከላኸለለይ! ሰይ ኮታ! ብልሓት ሶቬታውያን!" ምስ በለ፡ ወዲ ዕምረ ትቕብል ኣቢሉ፡ "ይሃመናን! ትብል ባዕልኻ ከምዚ እንተረኺብካ! ጸላኢ

ኣጽዋር እንተኹመረ፡ ኣማኸርቲ እንተዓደመ፡ ናብ ዘብሎ የብሉን፡” ኢሉ ነቲ ደንደስ ብሰደፍ ካላሸኑ ዲዝ ኣበሎ'ሞ ብምቕጻል፡ “ዘይመራሕትና መን ኣግዲዑና!” በለ ብሓውሲ ድፍረት።

ቀሺ ቅንዕንኦም ርእዩ፡ ፍሽኽ እናበለ፡ “መራሕትና ደኣ እንታይ በዲሎም ወደይ!” ተመሊሱ ሓተቶም።

“ስማዕ ቀሺ ናይ ልብናዶ ክንዛረብ፧” ዕንድኮር ደጊሙ ሓተተ።

“ጸገም የሎን፣ ዕንድኮር ቦሎ'ንዶ ዳሕድሓዮ፡” በለ ዕቑባይ።

“ሓቂ ተዛሪብካ ኣብ መንገዲ ባቡር ደቅስ እንድዩ ነገሩ፡ ካብ ደፋፋእካና ናይ ልብና ክንዛረብ። በል ስማዕ! ትማሊ ምሸት እግሪ እግሪ'ዘን ዘማች ስዒብናየን እንተንነብር፡ ትኹርምየኒ እብለካ'ለኹ ቀሺ፡ ሎሚ ኣብቲ ብማዕዶ ዝርኣየና ዘሎ፡ ጕላጕል ገርግሱም ምበጻሕና። በቲ ዕላማና ምወቓዕና፡ በቲ ካልእ ከኣ ብጨና ዘለዎ ሳሙና ፈረንጂ ምተሓጸብና፡ ንህዝብና ከ ዓወት መበሰርናዮ!”

“እሞ መን ከልኪሉካ፣ እግሪ እግረን ዘይሰዓብካ፧”

“ኤሀሀ! ዓሻ ድየ ዕንድኮር! ኣብ ሻዕቢያ ብወተሃደራዊ ድስፕሊን ጸወታ የሎን። ሓፋሽ ኣብ ነቐፌታ ብህየተይ ቀርበተይ ቀሊጣ ምዕልተይ ደፊኣቶ ክትውዕል! ኤሀ!” በለ።

ቀሺ ክርትም ኢሉ ድሕሪ ምስሓቕ፡ ሕትኡ ብምቕጻል፡ “ኣንታ ሓለንጋይ፡ ትማሊ ደኣ'ሞ መሬት ኣብ ምዕራቡ እግሪ እግረን ስዒብና ሳሊና ንምእታው፡ እቲ ኩነታት የፍቅድ ነይሩ ኢልካዶ ትግምት፧” ካልኣይ ተደራቢ ሕቶ ወሰኸሉ።

ዕንድኮር ርእሱ እናነቕነቐ፡ “ሕራይ ናይ ትማልስ ኣይጠዓመን፣ ደለ ይኹን፡ ሎሚኸ እንታይ ክንባቐዋ ኢና ውዒልና። ንሰን ክኹዕታ፡ ንሕና ትም ኢልና ክንርእየንን ከነንባሁቕንዶ ይሓይሽ፧ዶ! እቶም ውድዓውያንን ባዕላውያንን ኩነታት ትብሉዎም ኣይበሰሉን'ዶ ኰይኖም፧” በለ።

ኣሕመዲን ኣዋድቓ ዘረባ ዕንድኮር ገሪሙዎ፡ “ኣንታ ዓርከይ፡ እዚ ኩሉ ቦለቲካ ደኣ ኣበይ ተቐቢሩ ነይሩ፧ ነዚ ዘረባስ ተረርተረር፡ ኣብዛ ጕላጕል ሳሊና ግዲ ክትተርፍ ኢኻ፧” ኢሉ ዘረብኡ ከይወድኤ፡ ዕንድኮር ገጹ ኣዕቲቡ፡ “ትም በል ንስኻ! ምስ ሓለፍትና ብዛዕባ 'ሞጕት' ኢና ንዘራረብ ዘለና። ንስኻ ኣበይ ኢልካዮ ሓሻካ! ናይ 'መለይን ገረን ጽውጽዋይ መጽሓፍ' ከተንብብ፡ ባቡር ሰውራ ሓዲጋትካ!” ብምባል ዕንድኮር ኣሽካዕለለሉ።

ቀሺ ኣብ ግዜ ሰላም ይኹን፡ ዋላ'ውን መሬት ከም ኣፍ-ዕንቍ ኣብ ትጸበሉ እዋን ገጹ ፍሽኽታ ኣይፍለዮን'ዩ። ነቲ ዝጀመሩዎ ዕላል መደምደምታ ክገብረሉ፡ "ሓቅኹም ኢኹም፡ እዚ ውድብ'ዚ ንዓቢ ይኹን ንእሽቶ፡ ንወዲ ይኹን ጓል፡ ንገዲም ይኹን ሓድሽ ተጋዳላይ፡ ካብ ከተማ ይምጻእ ካብ ገጠር፡ ብዘይ ኣፈላላይ ከም ካራ ኣብሊሑዎ እዩ። ስለዚ ኩልና ተጋደልቲ፡ ሓለፍቲ ንኹን ተራ፡ ካብ ላዕለዎት መራሕትና መምርሒታት ከይተጸበና፡ ኣብ ጉዕዞና ንዘጋጥሙና ወተሃደራዊ ማሕለኻታት፡ ከከም ኣመጻጽኣኦም እናፈታሕና፡ ንጸላኢ ኣብ ድርኮኺት ስዕረት ኣብጺሕናዮ ኣለና፡" ድሕሪ ምባል፡ ንሓጺር እዋን ኣብ ሓሳብ ጠሓለ'ሞ ዘረብኡ ብምቕጻል፡ "ብዛዕባ'ቲ ንጸላኢ እግሪ እግሩ ሰዒብና ንሳሊና ዘይምእታውና ግን፡ ጸላኢ ሃዲሙለይ ኢልካ ደድሕሪኡ ምስዓብ፡ ሓድሓደ እዋን ከቢድ ሰብኣዊ ክሳራ ከስዕበልካ ይኽእል'ዩ። ኣብ ሰውራ ህይወት ሰብ ክቡር'ዩ። ላዕለዎት መራሕትና'ውን ነዚ ውግእ ንግዚኡ ደው ኣቢሎሞ ዘለዉ ብዘይ ዕላማ ኣይኮኑን። ሓይሊ ጸላኢ ንምምዛን፡ ኣቀማምጣን ኣተሓሕዛን ሓይሊ ጸላኢ ንምጽናዕ፣ ከምኡ'ውን፡ ዝጉደለ ሓይሊ ሰብናን ዕጥቅናን ንምምላእ ክኽውን ይኽእል። ብጾት፡ ጸላኢ በዚ ይኹን በቲ፡ ይሕጸር ይንዋሕ፡ ካብ ገጽ መሬት ኤርትራ በርቍቕና ከነውጽኦ ምኳንና ዝኾነ ጥርጣረ ክህልወና የብሉን። ሕጂ ግን ካልእ ስራሕ ስለዘሎኒ፡ ከይደ! በብዘለናዮ ኣይንሕመቕ!" ኢሉዎም፡ ናብ ዕዳጋ ዝወስድ መንገዲ ተኸቲሉ ካብ ገጾም ተኸወለ።

ቀሺ ምስ ሰባት ዝነበሮ ምቕሉልነቱ፡ ንዕኦም ሓድሽ ኣይነበረን። ኣብታ ሓጻር እዋን ዝሃቦም ትምህርቲ ብምዝካር፡ "ኣሕ! ከምዚኦም ዝኣመሰሉ ምቕሉላትን ኣብነታውያንን መራሕቲ፡ ብጥይት'ዘን ዘይጠቕማ ደረብይ ዘማች ክጠፍኡኻ ከለዉስ ክሳራዶ ኣይኮነን!" በለ ኣሕመዲን። ዕንድኮር፡ "ብርግጽ! እዚ ክሳራ ጥራሕ ዘይኮነ፡ ክልተ ሞት'ዩ። እዛ መሬት ደም ትጸግብ ኣይትመስልን እያ" ምስ በለ፡ ነታ ኣብ ጽንኩር እዋን ዝደርፋ፡ ብሰውእ ግርማይ ገብረመስቀል ተገጢማ፡ ብምሕረትኣብ ወዲ-ገብርኣብ ዝተደርፈት ከም ሓውሲ ምቕዛም፡ "ኣበይ ኣሎ ብጻይ ተጋዳላይ፡ በረኻ ዝወጽአ ብመን ሕራይ፡ ንኹሉ ጭቆና ተጻራራይ፡ መጻኢ ዕድልና ኣበሳራይ፡ " ብምድማጽ፡ ኣብ ፋጻ ኣተወ። ከምዚ ኢሎም እናዕለሉ እንከለዉ፡ ግዜ ምሳሕ ኣኺሉ፡ ውራይ ከብዶም ገበሩ።

ድሕሪ ምሳሕ፡ ኣብ ዘዘለናዮ ንዝመጽእ እንተታት ቀሩባት ንኽንከውን፡ ዕጥቅና ከነመዓራሪ፡ ዝጉደለ ጠያይትን ቦምባታትን ክንመልእ፡ ብረትና

ክንውልውል፡ ዝተበትከ ሽዳታት ክንልግብ ከም ዘለና፡ ካብ ሓለፍትና ተነግረና'ሞ። ዝተዋህበና ወተሃደራዊ መምርሒ ንምትግባር ናብ ሽበድበድ ኣተና። እቶም ናይ ውልቀም ስራሕ ብእዋኑ ዝወድኡ ተጋደልቲ፡ ኣብቲ ደንደስ መንገዲ ባቡር እንዳ ምካኤል ክሳዶም ኣቐልቂሎም፡ ኣቀማምጣ መሬት ከባቢኦም ክዕዘቡን ነቲ ዝጽበዮም ዘሎ ግጥም ከስግሮም ዝኽእል ዝመሰሎም ስትራተጂ ክሕንጽጹን ተራእዩ።

* * *

ካብ ጊሓቱ፡ ሓደ ጕጅለ ላዕለዎት ወተሃደራውያን ሓለፍቲ ህዝባዊ ግንባር፡ ካብ ሲኔማ ኣይዳ ተበጊሶም፡ እንዳ ሚካኤልን ዕዳጋን ሰጊሮም፡ ክሳብ ፋብሪካ ስሚንቶን ገርግሱምን ክንቀሳቐሱ ኣርፈዱ። እዚ ምንቅስቓስ'ዞም ሓለፍቲ፡ ዕላምኡ እንታይ ምንባሩ ካብ ተጋደልቲ ዝተሰወረ ኣይነበረን። የግዳስ፡ ኣበይ ጸኒሖም፤ ናበይ ገጾም'ዮም፤ እንታይ ይገብሩ ኣለዉ፤ ወዘተ. ዝብሉ ሓሳባት እናልዓለ ብጻዩ፡ ምዕላል ርእዩ ከም ዘይረኣየ፡ ብጕቦ ዓይኑ እና'ቋመተ፡ "ጽባሕሲ ሓያል ጓይላ ይጽበየና ኣሎ፡" ኢሉ ብልቡ ዘይሓስብ ኣይነበረን።

ከባቢ 3፡00 ድ.ቐ፡ መሬት ጠለስ ምስ በለ'ውን፡ እታ ላዕለዎት ሓለፍቲ ዝሓዘት ጕጅለ፡ ገለ ዘይተወድአ መጽናዕቲ ግዲ ነይሩዋ፡ ወይ ነቲ ከተጽንየ ዝወዓለት መዛዘሚ ክትገብረሉ ግን ደልያ፡ ካልኣይ ዙርያ ዑደታ ካብ ከባቢ ሲኔማ ኣይዳ ጀሚራ ብዕዳጋ ሓሊፉ፡ ቤተ ክርስትያን እንዳ ሚካኤል ንየማን ገዲፋ፡ ናብ ፋብሪካ ስሚንቶን ገርግሱምን ኣቢላ ተነቕነቐት። ንዓና፡ እዛ መዓልቲ'ዚኣ እውን ብዘይ ቁውምነገር ዝሓለፈት ኮይኑ ተሰመዓና።

ግዜ ድራር ኣኸለ። ካብ መዓስከራት ጸላኢ ዝተማረኸ ጉስማጥ፡ ጸብሒ ኣስቃጥላ፡ ማይ ሽኮር ተዋሂቡና፡ ኣብ ዘዝጥዕመና ክቢ ዓሲልና እናተዋዘና ነብስና ክነዕንግል ጀመርና። ወዲ-ጊለ ኣብ ኣፉ ጉሳማጥ ወቲፉ፡ "ኣንቱም ሰባት፡ እዞም ሓሳኹ ከብድናስ፡ ከምዛ ከሸግሩና ዘይቀነዩ፡ ዝብላዕ ሸሻይ ምስ ረኽቡ ቀሲኖም። ካን ህጣሞም ኣጥፊኦም!" ምስ በለ፡ ኣሕመዲን ተቐቢሉ፡ "ጥሜት ቍልቍል ኣፋ ትደፋእ። ሳላ ጸላኢ ዝተሳእነ የሎን። መሬት ጽጋብ ንጽጋብ ኰይና። ቀዳማይ ደረጃ ቦሶ፡ ካልኣይ ደረጃ ኮረሾ፡ ሳልሳይ ደረጃ ድማ ዝቐነየ ፍትፍት ዓዶሮሶ፡" ምስ በለ፡ እዛ ሓውሲ ግጥሚ እትመስል ኣበሃህላ ደስ ስለ ዝበለትና፡ ደጋገምናያ።

ዕንድኾር ነቲ ዝተቐረበ መኣዲ ግዲ ከይገበረሉ ካባና ፍንትት ኢሉ፡

ኣብ ውራይ ምውልዋል ብረቱ ኣተወ። ኣሕመዲን፡ ዝፈትዎ መጫርቕቲ ዓርኩ፡ ዕንድኩር ካብ መስርዑ ርሒቑ፡ ኣብ ስርሑ ተጸሚዱ ከም ዘሎ ኣስተውዓለሉ።

"ኣንታ ንስኻትኩም ክንደይ ትሓስሙ! ብጻይኩም ረሲዕኩም ክትበልዑ! ከመይ ኢሉ'ኸ ብዘይ ዕንድኩር ይወርደልኩም ኣሎ!" ድሕሪ ምባል፡ ናብ ዕንድኩር ቀሪቡ፡ "ዎ ዕንድኩር! ድራር ከይትወድቕ!" በሎ።

ዕንድኩር ግን፡ ድራር ከም ዝተሓሰመ ጓሳ፡ ስጉድም ኢሉ፡ ከምዛ ዘይሰምዖ ውራይ ምውልዋል ብረቱ ቀጸለ። ኣሕመዲን ነብሱ ምግባር ኣብዩዎ፡ "እዚ ዓርከይ ዋላ ይሰምዕ የሎን፣ ከይተደረረ ክሓድር'ዩ፡" ብምባል፡ መኣዲ ገዲፉ ናብ ዓርኩ ኣምርሐ። ዕንድኩር ግን ኣሕመዲን ናብኡ ገጹ ይመጽእ ከም ዘሎ ተረዲኡ፡ ከምዛ ስራሕ ዝበርትዖን ከም ዘየስተብሃለሉን ከምስል፡ ነታ ዝፈትዋ ደርፉ ብፋጻ ኣሰንዩ ክደርፋ ጀመረ።

"ኣንታ ሕጂኸ እንታይ ጽንኩር ኰነታት ተፈጢሩ ደኣ ነታ ናይ ምቁዛም ደርፍኻ ትደጋግማ ኣሎኻ፣ ደሓንዶ ኣይኰንካን፣ ገንትዶ በዚ ሓሊፉ ነይራ'ያ!" በሎ ከዛርቦ ደልዩ። ዕንድኩር ሽዑ'ውን ከምዛ ዘይሰምዖ፡ ካላሽኑ እናʼገላበጠ ወላወላን ነታ ፋጻ ዓው ኢሉ ቀጸላን።

"ኣንታ ንዓኻ'ንድየ! ውሓጥዮ እንተ በልኩዋስ ትጉስሞ! ኣይትድረረን ዲኻ!"

"ኣይድረርን ኣታ! ትሰምዕ ዲኻ!"

"ኢሂ! እንታይ ከፌኡኒ'ልካ!"

"ከፊኡኒ ትብል ቃል ሰሚዕካ! ኣብ ዘይምልከተኩም ወጠምጠም ኣይትበሉ ኮይስ! ስራሕ እንተ'ሎካ ስራሕካ ግበር!" በሎ።

ኣሕመዲን ኣብ ኣእምሮኡ ዝተፈላለዩ ሓሳባት መጽኡዎ። "እንታይ ደኣ ኰይኑ'ዚ ዓርከይ ዘይኣመሉ! ምናልባት ምስ ገለ ሰባት ተኺርዩዶ ይኸውን፧ ወይ እዚ ናይ ጽባሕ ውግእ ሻቕሎት ፈጢሩሉ፧" ብምባል ብዙሓት እንተታት ኣደየበን ኣውረደን። እታ ምኽንያት ባዕሉ ዕንድኩር ጥራሕ'ዩ ዝፈለጣ።

ኣሕመዲን ገና ካብ ስክፍታ ስለዘይተላቀቐ "ደሓን በል፡ ምኽራይካስ ባዕልኻ ትፈልጥ፣ ምናልባት እዚ ቦሶ ጸሊእካዮ ከይትከውን ግን ኣብ ነጻላይ ገይረ ቀጫ ፍትፍት ዓዲሮሶ'ዶ ከምጽኣልካ፧ ቅድሚ ዝኣገረ ጥሜት ከይትመውት ሰጊአ ኣለኹ።" ኢሉ ንድሕሪት ናብቲ መኣዲ ገጹ ብግስ

ክብል፡ ዕንድኵር ብቕልጹሙ ሒዙ፡ "እንታ ሓውና፡ ይትረፍዶ ኣነ ኣብ ኣፈይ መግቢ ክለክፍ፡ እቲ ናታትኩም ምብላዕ'ኳ ኣጽሊኡኒ'ዩ ዘሎ!" በለ ብነድሪ።

ኣሕመዲን ብዘረባ ዕንድኩር ተገሪሙ፡ "ወይ ጉድ፡ 'ኣቦይ ቀሺ ዘበልዕዎስ ነደይ ኢታይ ኣጒሰዐን' ዝበሃል ደኣ ከምዚ ምስ ተረኽበ እንድዩ። ናትካ ዘይምብላዕሲ ደሓን ባዕልኻ ትፈልጦ ወደይ፣ እቲ ኣብ ክብድና ዝኣቱን ባዕልና እንስከሞ እንጀራን ደኣኸ ስለምንታይ እዩ ኣገሪሙካ፧" ኢሉ ተመሊሱ ሓተቶ።

ዕንድኵር ካብቲ ኣራጢጡ ኮፍ ኢልዎ ዝነበረ መሬት ብሃንደበት ብድድ ኢሉ፡ "በል ስማዕ ኣሕመዲን፣ ሳሊና እዘን ክልተ ቃድራ ግራት ጨው ስግር ኢልካ ድያ ሓቀይ፡" በሎ ኣጻብዕቱ ናብ ሳሊና እና'ወጣወጠ።

ኣሕመዲን ገሪሙዎ፡ "ሳሊና ሕጂ ዲኻ ፈሊጥካ ኣብ ቅድመና ከም ዘላ። እዚ ጉዳይ፡ እንታይ ምስ ድራር ዘራኽብ ኣለዎ፧" ንሕቶ ብሕቶ መለሰሉ፡ እንታይ ክብል ከም ዝደለየ ክፈልጥ ተረቢጹ።

ዕንድኩር ገጹ ኣዕትብ ኣቢሉ፡ "ግርም! በል ሓዘኒ፡ ኣዋህልል፣ ኵልፍ ኵልፍ ኣይተብለኒ። እዛ ሳሊና፡ ኣብ ኣፍንጫና'ያ ዘላ። ሎሚ ምሸት ወይ ጽባሕ ንግሆ መሬት ወጊሓ፡ ጥይት ቶግ ክትብልን ዕንድኵር ድማ ጉላጉል ሳሊና ስግር ኢሉ ናብ ሳሊና ንእለታ ክድርገምን ናይ ቋሕ ሰም'ያ። በቃ!" ምስ በለ፡ ኣብ ገጹ ፍሽኽታ ዓሲሉዎ ዘረብኡ ብምቕጻል፡ "ስለዚ፡ ኣነ ዕንድኵር ኣነ፡ ኣብ ቅድመይ ከመይ ዝበለ ጮማ፡ ቅልዋ ዝግኒ፡ ባስታ፡ ቢራን እናተጸበየንስ፡ ዓይነይ እናረአኹ ነዚ ዝዓሰወ ፍትፍት ዓዶሮሶ ክበልዓልክን! ክሳደይ ንኻራ!" ብምባል ናብ ምውልዋል ብረቱ ተመልሰ።

ኣሕመዲን እቲ ዘይተጸበዮ መልሲ ዕንድኵር ኣስደሚሙዎ፡ ርእሱ እናነቕነቐ፡ ናብ ብጾቱ ተመልሰ። ኵሉ'ቲ ዝሰምዖ ንጋንታ ምስ ነገራ ከኣ፡ እታ ዕላል ብኡ-ንብኡ ናብ ሓይሊ ተዘርግሐት። ድሮ መዋዘዩ ኲይና፡ ናይ ሎሚ ድራር ለይቲ (ወተሃደራዊ ምስጢር) "ቅልዋን ዝግንን" እያ ብምባል መጭረቕት ኲነት።

ከባቢ 5፡00 ናይ ድ.ቐ ምስ ኰነ፡ ንጋንታና ዝመሓላለፍ መልእኽቲ ስለዝነበረ፡ "ኲልኻ በብመስርዕካ ተሰራዕ! ተሰራዕ!" በልኩ። ኲሉ ኣባል ኣብ ውሽጡ ዝጽበዮን ድልውን ስለዝጸንሐ፡ ክሰራዕ ግዜ ኣይወሰደን፣ በብመስርዖም ተሰለፉ። ብምቕጻል፡ "ኣኼባና ሓጺር'ዩ። ሕጂ'ውን ሓድሽ ዝመጸና መምርሒ የለን። እንተዀነ፡ ንሰራሕ እንብገሰሉ ሰዓት

ይቀራረብ ስለዘሎ፡ ዕጥቅና ኣጻፌፍና ኣብ መመስርዕና ኣብ ተጥንቀቕ ክንጸንሕ ተሓቢሩና ኣሎ፡” ስለ’ዚ ኣብ ቅድመና ከቢድ ስራሕ ይጽበየና ኣሎ’ሞ ድሉዋት ኮይንና ክንጸንሕ ኣለና ብምባል እዋናዊ መልእኽተይ ኣመሓላለፍኩ።

ድሮ መጥቃዕቲ ሳሊና

ካብታ “ኩሉ ሰብ ካብ መስርዑ ኣየርሕቕ፣ ንስራሕ ድልዋት ንኹን” ዝተባህለላ ሰዓት ጀሚርና፡ ሕጂዶ ደሓር ንመጥቃዕቲ ሳሊና ንብገስ ክንብል ክንርበጽ ኣምሰና። 22 ታሕሳስ’ውን፡ ከም’ተን ቅድሚኣ ዝሓለፋ መዓልትታት ብዘይ ቍውም-ነገር ከይትሓልፍ ሰጋእና። ኰይኑ ግን፡ 7፡ 00 ድሕሪ ቀትሪ፡ መራሒ ሓይልና ዕቝባይ፡ ካብቲ ብወገን ምዕራብ ዕዳጋ ዝወዓሎ ቦታ፡ ናብቲ ሓይልና ዝነበረቶ ቦታ ብዘብዘብ ክመጽእ ተዓዘብናዮ። ኣብቲ ከባቢ በብጕጅለ እነዕልል ዝነበርና፡ ዘብዘብ ቀሺ ነገር ከም ዘለዋ ገመትና። ቀሸን ተኸለን ንመራሕቲ መሳርዕ፡ ጋንታታትን ኮሚሳራትን፡ ናብ ሽነኽ ዕዳጋ ዝወስድ መንገዲ መሪሖሙና ከዱ’ሞ ኣብ ሓንቲ ዑና ገዛ ተመራሪሕና ኣተና። ቅድሚ ዓሰርተ መዓልቲ ገዲምን ምኩርን ማእከልነት ጋንታ ሓምድ፡ ጨጓር ታባ ኣብ ምሓዝ ስለዝተሰውኣ ኣነ፡ ንቦታ ሓምድ ተኪኣ ቀረብኩ። ዕቝባይ ካብ ዕጥቁ ላምፓዲና ኣውጺኡ ወልዐ። ካብ ጁባ ጃኬቱ ኣውጺኡ ሓንቲ ቍራጽ ወረቐት ኣብ ኢዱ ብምሓዝ፡ ህላወና ንምርግጋጽ፡ የማን ጸጋም ጠመተ።

“ግርም! ኵላትና መጺእናዶ!” ኢሉ መጀመርታ መልሲ መራሕቲ ጋንታታት ተጸበየ። መራሕቲ ጋንታታት ህላወ ኣባላቶም ኣቐዲሞም ኣረጋጊጾም ስለ ዝነበሩ፡ “እወ፡ ኣለና፡” ዝብል ናይ ሓባር መልሲ ኣቃልሑ። ኩልና ከኣ ንዝወሃብ ወተሃደራዊ መምርሒ ክንሰምዕ ተሃንጠና።

ቀሺ ርእሱ ብምቕናዕ ዘረብኡ ጀመረ፡ “ሕራይ’ምበኣር፡ እዚ ኣኼባና ሓጺር’ዩ፣ ግን ከኣ ኣገዳሲ ናይ ስራሕ መምርሒ ክወሃበና ስለዝኾነ፡ ብምሉእ ኣቓልቦ ክትሰምዑ ይግባእ። ምኽንያቱ፡ እቲ ዝወሃብ ወተሃደራዊ መምርሒ ነናብ ጋንታኹምን መስርዕኩምን ኬድኩም ክትገልጹን ብዓቢኡ ድማ ተግባርቲ ስራሕ ንስኹም ስለዝኾንኩም፡” ኢኹም፡ በለ’ሞ ነታ ግን ከኣ ዓቢ ቍውም-ነገር ዝሓዘለት ወረቐት ክንብባ ኣብ የማነይቲ ኢዱ ገይሩ “ብጾት! ከም ንፈልጦ፡ ሓይልና ካብ ግንባር ስሓርቲ ወሪዳ ኣብ ውግእ ሰምሃር ካብ እትጽንበር ከባቢ ክልተ ሰሙን ኣቍጺራን ብዙሓት መረርቲ

ውግኣት ኣካይዳን ኣላ። ኣብ ዘካየድናዮም ውግኣት፡ ድኽመታትናን ሓያል ጉድንናን ብእዋኑ ክንግምግሞም ዝግባእ'ኳ እንተነበረ፡ ለይትን መዓልትን ዕረፍቲ ኣብ ዘይብሉ ከቢድ ስራሕ ስለዝተጸመድና፡ ስራሕና ክንቅጽል መሪጽና፣ ሕጂ'ውን፡ ገምጋም ንገብረሉ ግዜ ኣይኮነን፡" በለ። ሓሳባቱ ንምጥርናፍ ከኣ ንኻልኢት ተዛነየ'ሞ ናብቲ ቀንዲ ቊውም-ነገር መልእኽቱ ብምእታው መደረኡ ቀጸለ፡

"ዕምሪ ጸላኢ ንምሕጻር፡ ኣብ ከቢድ ስራሕን ምርብራብን ተጸሚድና ኣለና። ምናልባት ሎሚ መዓልቲ፡ ኣብ ልዕሊ ጸላኢ ገለ ስጉምቲ ክውሰድ ትጽቢት ኵላትና ነይሩ ክኸውን ይኽእል'ዩ። ከምቲ 'ድሕሪ ስጋ ዓጽሚ፡ ድሕሪ ውዕል ፈጽሚ' ዝበሃል፡ ላዕለዎት ሓለፍትና ካብ ደርሆ-ነቀ ክሳዕ ጸሓይ ትዓርብ ውሸጣውን ግዳማውን ኩነታት ጸላኢ፡ ኣቀማምጣ መሬት ከባቢና ኣጽኒዖም ስለዝወድኡ፡ ኣብ ትግባረ ክንኣቱ ኢና። እዚ ሕጂ ዝወሃብ መግለጺ፡ ውጽኢት ናይቲ ወተሃደራዊ መጽናዕቲ ኰይኑ፡ ንትግባረኡ ብዝለዓለ ክንንቀሳቐስ ኢና። እቲ ዝወሃብ መግለጺ ንምርድኡ ዘጸግም ኣይኮነን፣ ምኽንያቱ፡ ኣብ'ዘን ዝሓለፉ መዓልታት ኣቀማምጣ መሬት ሳሊናን ናሻል በይዝን ብደቂቕ ከነጽንዖ ዕድል ረኺብና ኢና።" ምስ በለ፡ ኣብ ቀንዲ ትሕዝቶ ናይቲ መልእኽቱ ኣተወ።

"መጥቃዕቲ ሳሊና ጽባሕ 23 ታሕሳስ፡ ወጋሕታ 6.00 ክጅመር ብላዕለዎት ሓለፍቲ ተወሲኑ ኣሎ። ነዚ መጥቃዕቲ ዘካይድኦ በጦሎኒ 4.3፡ ከምኡ'ውን፡ በጦሎኒ 70.2ን እየን። በጦሎኒ-4.3 ካብ ጫፍ ቤተ ክርስትያን እንዳ ሚካኤል ዘሎ ደንደስ ተበጊሳ፡ ናብ ሓይሊ መብራህቲ ግራር እትወስድ ጸሊም ጽርግያ ተጉዝጉዛ፡ ንምብራቕ ገጻ ክትሃጅም'ያ። ሓይልታት በጦሎኒ 70.2 ካባና ጸጋም ወገን ንናሻል በይዝ፡ 70.1 ድማ፡ ብወገን ሲኔማ ኣይዳ ኣሲረን ከጥቅዓ እየን። ሓይልና ነዚ ኣብ ቅድመና ዘሎ ጉላጉል ሰጊራ፡ መጀመርታ ንሳሊና ክትቈጻጸር እያ። በጦሎኒ 70.2 ድማ፡ ንእዚ ናሻል በይዝ ብምጥቃዕ፡ ኣብ ትሕቲ ምሉእ ምቊጽጻራ ከተእቱ እያ።" በለ።

ኪዳነ (ኣዓየ) ብዛዕባ'ቲ ቅድሚ ሳሊና ዝርአ ጉልጉል ኣተሓሳሲቡዎ፡ ኣብ ሞንጎ መግለጺ 'ቐሺ' ኣትዩ፡ "እዚ ኣብ ቅድሚ ፋብሪካ ሳሊና ዘሎ ደረቕ ጻዕዳ ጨው፡ ምትራሩ ከመይ እዩ፤ ንምስጋሩ ዘጸግም ኣሎ ድዩ፤" ሓተተ፡ ድምጹ ኣትሕት ኣቢሉ።

"ጽቡቕ ሕቶ'ዩ። ብዛዕባ'ዚ ደረቕ ጻዕዳ ጨው ትሕዝትኡ ወይ ዓይነቱ ብዙሕ ንዓና ዘገድሰና ኣይኮነን። እቲ ዝበልካዮ ጻዕዳ ሕብሪ ዝመስል

ንቝጽ-ጨው ክንሰግሮ ግን ምንም ጸገም ዘፈጥረልና ኣይኰነን። ንዕኡ ረጊጽና ብቕጽበት ናብቲ ተዋሂቡና ዘሎ ዒላማ ክንበጽሕ ኢና፡” ብምባል ዑቕባይ ብሩህ መልሲ ሃቦ።

ካልኣይ ሕቶ ብወዲ-ፋይድ ዝቐረበት፡ “ጽባሕ፡ ነዚ ዓይንኻ ዝደጉሕን ደረቕ ማዕድን ጨው ረጊጽና፡ ናብ ናቐል በይዝን ሳሊናን ክንሃጅም ማለት ድዩ፧ ኢሉ ምስ ሓተተ፡ ተስፋኣለም (ራያ) ንኽጨርቀሉ፡ ኣብ ሞንጎ ኣትዩ፡ “ወዲፋይድ ዓርከይ! ሕጂዶ'ሞ ጉልጉል ስሓርቲ ተረሺቡ፡ ከም ጡብ ኣደኻ ጥራሕ ረሰዓዮ። ንነብስኻ ኣብ ጉልጉል ዓዲሓውሻ ከም ዘለኻ ገይርካ ምእማና'ዩ ዘዋጽእ፡” ኢሉ ሓጨጨሉ። እታ ጭርቃን ካብ ሓሳብ ኣበራበረትና።

ቀሺ ዘረብኡ ቀጸለ፡ “ኣባላት ከቢድ ብረት፡ ኣብ ከባቢ ፋብሪካ ስሚንቶን ዕዳጋን ኣሲሮም፡ ከበድቲ ኣጽዋር ከም 81ን 82ን ሞርታራት፡ መዳፍዕ ቢ.-ቴንን 106ን (ሞቶ-ስድስት)፡ 75 ሚሊ.-ሜተር፡ 120 ሚ.ሜተር ከምኡ'ውን፡ ማሕታን ካልእን ገይሮም ንሳሊናን ናቐል በይዝን ቃልቃል ኩብልወን እዮም። ርሕቐት ናይዛ ከቢድ መስዋእቲ ከፊልና ክንሓልፉ ዘለና ግራት ሳሊና፡ ካብ 800 ሜትሮ ኣይትሓልፍን'ያ። ብዝወሓደ ሰብኣዊ ክሳራ ብዓወት መሰስ ክንብላ ኢና። ኩሉ ዓይነት ሜላ ቅዲ ውግእ ክንጥቀምን ብልዑል ቑራጽነት ክንመርሖም ኣለና። እዚ ዘለናዮ ቦታ ብጋንታ ይኹን ብሓይሊ ኣኼባታት ክነካይድ ምቹእ ስለዘይኮነ፡ ነዚ ዝወሃብ ዘሎ ወተሃደራዊ መምርሒ፡ ተጋዳላይ እኹል መረዳእታ ከም ዝህልዎን ንጽባሕ ወጋሕታ ንስራሕ ድሉው ክምዝኸውንን ይተሓበር። ኣብ ዓወት የራኽበና፡ ይሃመናን!” ኢሉ መደርኡ ዛዘመ።

መራሕቲ ጋንታታትን መሳርዕን ንዝተዋህበና መምርሒታት ንምትግባር፡ ብጋንታ ደረጃ ህጹጽ ኣኼባታት ኣካየድና። ተጋዳላይ ንመስዋእቲ ድልውነቱ ኣረጋገጸ። መሬት ብኸቢድ ጸልማት ተሸፈነት። ጸላኢ በቲ ጸላም ተዳሂሉ፡ “ወንበዴታት” ጸልማት ተጉልቢቦም ከይሃጅሙዎ፡ ብራዕዲ ተዋሕጠ። ከባቢኡ ንምቍጽጻር፡ ምሉእ ለይቲ “ገምበል” ናብ ሰማይ ብምትኳስ፡ ነቲ ድቕድቕ ጸልማት ናብ ቀትሪ ቀየሮ። ዝኾነ ናይ ተጋደልቲ ምንቅስቓስ ስለዘይረኣየ ግን ቀሰነ።

ተጋዳላይ ነዛ ሓጻር ግን ከኣ ወሳኒት ደረቕ ግራት ሳሊና ብትብዓትን ብሜላን ክሰግራ፡ ስነ ኣእምራዊ ምድላዋቱ ስለዘወድአ፡ ናይ ምድቃስ ትእዛዝ ክሳዕ ዝመሓላለፍ ኣብ ከባቢኡ ምስ ዝነበረ ብጻዩ ከዕልል ጀመረ።

ነቲ ዝተዋህቦ መግለጺታት ብምዝካር፡ ነዚ ደረቕ ጨው፡ ብኸመይን ክሰግሮ ከም ዘሎዎ ከውርድን ከደይብን ኣምሰየ። ምስ ኣብ ጥቕኡ ዘሎ ብጻዩ ድማ ሓሳብ ንሓሳብ ተለዋወጠ፡ 23 ታሕሳስ 1977 እንታይ ዕድል ሒዛ ከም ትመጽእ፡ ካብ ምግማት ሓሊፉ ዝፈልጥ ኣይነበረን። ኣእምሮ ወዲ-ሰብ ብተፈጥሮኡ ናይ ዝሓለፈ ክዝክር፡ ህልው ክትንትን እምበር፡ መጻኢ ዕድሉ ብጭቡጥ ክፈልጥ ፈጣሪ ክእለት ኣይዓደሎን።

ኣብ ውግእ ሰምሃር፡ ሞትን ሕየትን፡ መውጋእትን መሰዋእትን ተቓራረባን ብሓደ ተሰርዓን። ብመውጋእትን መሰዋእትን ምውዛይን ምጭራቕን ከኣ ከም ተራ ዕላል ተቘጽረ። መስዋእቲ ከም ዕረፍቲ ዘልኣለም ዝውሰደሉ ግዜ እውን ኰነ። ከመይሲ፡ ንዓመታት ምሳኻ ሓቢሮም ክጉዓዙ ዝጸንሑ፡ ደቒቕ ኣብ ዘይትመልእ ግዜ “ዓወት ንሓፋሽ” ኢሎም ሓንሳብን ንሓዋሩን ክፍለዩኻ፡ ሩባን ኵርባን ዝወናጨፉ ዝነበሩ ለይለይ ኣባጽሕ፡ ኣእዳዎምን ኣእጋሮምን ክምልዓሱ፡ ኣዕይንቶም ስኢኖም ክዓውሩን መዓናጡ ምስ ሓመድ ተሓዊሱ ምርኣይን ንቡር ተርእዮ እዩ ነይሩ። ኣብ ከምዚ ዝበለ ጽንኩር ገድላዊ ፈተነ፡ እታ ዝቐለለትን ናብ ተጋዳላይ ዝቐረበትን ብህይወት ምንባርን ብዛዕባ መጻኢ ዕድልካ ምሕሳብን ዘይኰነ፡ ንነብስኻ ንመስዋእቲ ድልውቲ ምግባር፡ ታሪኽ ገዲፍካ ምሕላፍን ኣሰር ብጾትካ ምስዓብን ጥራሕ ነበረት።

እታ ኩሉ ግዜ ዘይትፈላለ ሕጉስቲ ጉጅለ ብዓል ጓል ጉነጽ ምድላዋታ ስለ ዝወድኣት፡ ሓደ ክልተ ሰባት ንሓለዋ መዲባ ናብ ዕላል ኣተወት። እንተዀነ ቀሺ ጭርቃን ብዓል ዕንድኵር ከም መግቢ ስለዝሃርፎ፡ ናብታ ጉጅለ ተጸምበረ። ቀሺ ምስ ተጸምበሮም ኵሎም ሰቕሰቕ ስለዝበሉ፡ ከም መኽፈቲ ዘረባ ክኹኖ፡ ናብ ዕንድኩር እናጠመተ “ኣንታ ሓለንጋይ፡ እንታይ ወረደካ ደኣ መግቢ ተሓሲምካ ምብላዕ ኣቢኻ ኢሎሙኻ፧” በሎ።

ዕንድኵር ወረ ናብ መላእ ሓይሊ ከም ዝበጽሐት ተረዲኡ፡ “ድሮ እምበኣር ኣብጺሑናልካ እዘን ፈሸኳላት መበጻጸሕቲ! ከምዚ እንተኹይኑ ደኣ፡ እዘን ራድዮ ሃሎው እንታይ ክሰርሓ እየን፧” በለ መላገጺ ጋንታኡ ኩይኑ ብምውዓሉ ጉህዩ።

ገነት ከተዛርቦ ደልያ፡ “እሞ እዘን ናይ ሓለፍትና ራድዮ ሃለው መበጻጸሕቲ እየን ማለትካ ድዩ፧” በለት።

ዕንድኵር ዝመጽእ ሰበብ ፈሊጡ፡ “ኣነ ከምኡ ኣየልኩን፣ ኣይወጻንን፣ ኣነ ደልኩ ነዘነ ጭጭ ዝብላ ናይ ባሕሪ ራድዮ እየ። ንስኺ ግን ትብሊ'ለኺ። ደሓር ከኣ ገነት ንእሽቶ ምላቕ ቃል እንተ ረኺብኪ፡ ከምዛ ፍሕኛ፡

'ዕበይለይ ዕበይለይ' ምባል ኣመልኪ እዩ። ንዓኽስ ወደይ ናብ እንዳ-ዜና ግዳ ዘይሰዱኺ!" በላ፡ ኣንጸርጺሩ። ገነት ሸው'ውን ካብ ርእሱ ምውራድ ኣብያ፡ "እንዳ ዜና እንታይ ድዩ፧" ሓተተት።

ዕንድኵር ዝምልሶ ጠፊእዎ፡ "ወይ ጉድ! 'ነገር ዘይጸገበስ ጓል ዋጣ ይሕጸ" ዝብሉዎ ከምዚ ምስ ተረኽበ እኮ እዩ!" ምስ በለ፡ ካልእ ነገር ከይተምጽኣሉ ሰጊኡ፡ ብረቱ ኣልዒሉ ቦታ ክቕይር ብድድ በለ። ገነት ከተሕርቖ፡ "ጽናሕ'ባ ናይ ሎሚ ድራር ለይቲ ክንነግረካ፣ 'ቅልዋ ጥብሲ' እያ፡" በለቶ።

ዕንድኵር ተቘጢዑ፡ "ደሓን፡ ኣፍኪ ዝሃበኪ ጥራሕ ተዛረቢ። ኣነን ንስኽን ኩማደረ ክንማሰል ኢና! እዚ ወጠምጠም መልሓስኪ ኣበይ ከብጽሓኪ እዩ ክንርእአ ኢና! ጽባሕ ንግሆ ጥራሕ ኣብዛ ጐላጉል ሳሊና የራኽበና፡" በላ ፈኸራ ሓዊሱ።

ገነት ዝያዳ ከተረሳስኖ ስለዝደለየት፡ "እንታይ'ሞ ጽባሕ፧" በለት።

ዕንድኩር ዓይኒዓይና እናጠመተ፡ "መሬት እኮ ንርእሳ ኢላ ጽባሕ ክትወግሕ እያ። ነዘን ክልተ ቃድራ ሳሊና ሰጊሩ መን ቀዲሙ ይድቕደቕ ክንርእዮ ኢና!" በላ ገና ነድሩ ከይዝሓለ፡ ዕንድኵር ኣንጸርጺሩ እንከሎ ክፍለያ ኣይደለየትን። ብኢዱ ሒዛ፡ "ኣንታ ዕንድኵር ሓወይ፡ ክትኩሪ ከለኻስ ዘየጸብቐልካ! ብዘይ ብኣኻ ኣይትውጋሕ ኣይትምሰ!" ኢላ ሕቝፍ ኣቢላ ወጢጣ ኣብ ሞንጎኦም ኮፍ ኣበለቶ።

ውዕሎ ተጋዳላይ ኣብ ድርኩኺት ሳሊና

ባጽዕ ካብ ካልኦት ከተማታት ዝፈልያ፡ ብባሕሪ ዝተኸበበት ምዃና ጥራሕ ዘይኮነ፡ ፈላሚት ብርሃን ጸሓይ እትረክብ ከተማ ምዃና እዩ። ከንዲ ዝኾነ፡ 23 ታሕሳስ 1977 ጸሓይ ከም ልማዳ ንግሆ ብወገን ምብራቕ ተቐልቀለት። በብቑሩብ ድማ ምሉእ ብርሃና ለገሰት።

ኣሕመዲንን ዕንድኵርን ወጋሕታ ደርሆ ነቓ ካብ ድቃሶም ተበራበሩ። ጸሓይ ክትብርቀሎም ከይተጸበዩ ነቲ ኣብ ብረቶም ዝወረደ ኣውሊ፡ ብዘይቲ ብረት ወላዊሎም፡ ዕጥቀም ዓጢቖም ንስራሕ ድልዋት ኰኑ። ነታ ካብ መንጋጋ ጸላኢ ሓራ ከውጽእዋ ዝቃለሱላ ዘለዉ ወደባዊት ከተማ፡ "ከመይ ሓዲርኪ፧" ዝብሉ ክመስሉ፡ ቅድሚ-ሰብ ኣንጊሆም ናብቲ ደንደስ መንገዲ ባቡር፡ ጐድኒ እንዳ ቅዱስ ምካኤል ክሳዶም ኣቐልቂሎም ናብ ጐላጉል ሳሊና ኣቛመቱ።

ዕንድኵር ነቲ ብዓይኑ ዝርእዮ ዝነበረ ዝተወጃበረ ስእሊ ግን ከአ ሓቂ ክኣምኖ ኣጸገሞ። ገና ኣብ ድቃሱ ዝሓልም ዘሎ ኰይኑ ስለዝተሰምዖ፡ ንነብሱ ክቘንጥዋ ተደናደነ። እንተኾነ፡ ነገራት ካብ ሓቀም ስለዘይሓልፉ፡ እቲ ፍጻመ ሕልሚ ዘይኰነ፡ ውዱእ ሓቂ ምንባሩ ንእለቱ ተሰወጦ። ተጋዳላይ ባህጉን ድሌቱን ስለዘይሰመረሉ፡ ብውሽጡ ሕርር-ኵምትር በለ። ኪኖ ገጹ ምእሳር፡ ርእሱ ምንቕናቕን ምሕንሓንን፡ ካብ ኣፉ እትወጽእ ናይ ተስፋ ምቍራጽ ቃል ግን ወይከ!

ዕንድኵር፡ “ኣንቱም ሰባት፡ እንታዩ ነገሩ! ዋላ'ኳ ኣነስ ተሓዋዊሱኒ'ዩ ዘሎ። እዘን ኣምሓራ ድየን ወይስ ንሕና ኢና ቦታ ቀይርና ሓዲርና፧” በለ ብምግራም።

በዚ ዘይተጸበናዮ ሓድሽ ክስተት ደንጺዩና፡ ንሕቶ ዕንድኵር ግዲ ዝገበረሉ ሰብ ኣይነበረን። ዕንድኵር ኣብ ገጹ ምልክት ሕርቃን ወሪሩዎ፡ በቲ ሓደ ወገን ከይተደረረ ስለዝሓደረ ብጥሜት ተላሒሱ፡ በቲ ካልእ ድማ፡ በዚ ሓድሽ ተርእዮ ተጨኒቑ ዝዛረቦ ስኢኑ፡ “ኣንታ ሕቶይ'ባ መልሱለይ!” በለ።

ወዲ ጊለ ንባዕሉ በዚ ሓድሽ ክስተት ተገሪሙ፡ “ኣንታ ንሕና ሓሻካ! እንታይ ኢልና ኢና'ሞ ክንገልጸልካ፧ እዚ ባሕሪ ካበይ መጺኡ፧ ናይ እንዳ መን'ዩ፧ ናበይ እዩ'ሽ፧ ከብርሁልካ ነቶም ምሁራት ብዓል ረዘነን ገነትን ተወከሶም፧” በሎ ተቘጢዑ። ገነት'ውን በቲ ጸላኢ ዝፈጠሮ ግዜያዊ መሰናኽል ኣንጸርጺራ፡ “ንሰን እንታይ ገይረን፡ ናትና ጉድለት'ዩ። ክዳለዋ ዝኣክል ግዜ ሂብናየን። ትማልን ቀድሚኡን እንታይ ንንባቘጥ ኔርና! እግሪ እግረን ስዒብካ፡ ንሕና ብሳሊናን ናሻል በይዝን ዝተረፈ ድማ ብሰጋለት ቀጣን ድርግም ምባል'ዩ ነይሩ። ሕጂዶ'ሞ ይሓይሽ! ግራት ሳሊና ብማይ ኣዕለቕሊቓ!” ብምባል ነቲ ዘረባኣ መጅሙዕ ደርጒሐቶ።

ኣሕመዲን ብግድኡ እናፈርሐ፡ “እዚ ውሕጅ ባሕሪ ክሳብ ዝሓልፍ ወይ ዝነቅጽ እንተ ጸናሕናኸ፧” ሓውሲ ርእይቶን ሕቶን ኣቕረበ።

ምኽትል መራሒ መስርዕ ሓጐስ፡ በቲ ኵነታት ተቘጢዑ፡ “ወዲ-ዕምረ! እዚ'ኮ ከም ሩባ ሓዳስ ወይ ሩባ ዓንሰባ ዝመጽእን ዝኸይድን ኣይኰነን፡ ቀይሕ ባሕሪ'ዩ። ካን ኩሉ ነዚ ባሕሪ ደልዩ ሰላም ክኸልኣና፧ ዓበይቲ ደናጉላ መሊእካ ግጥም እንተተብሎ ንኹላትና ፍታሕ ምኾነ!” በለ ከንፈሩ እናረምጠጠ። “'ገበል ዝወረደካ ተቐበል' እንድዩ ነገሩ፡ ሕጂ ጥራሕ ከመይ ገይርና ነዘን ቃድራታት ግራት ሳሊና ንሰግረን ምሕሳብ'ዩ!” በለት ገነት።

ጉይትኦም (ፋሉል)፡ ኣብ ዕላላት ሃንደራእ ኢሉ ዝዛረብ ሰብ ኣይነበረን። እንተኾነ፡ እዚ ዘይተጸበዮ መሰናኸል ግራት ሳሊና፡ ንዕኡ'ውን ከቢድ ጸቕጢ ፈጢሩሉ'ኳ እንተ ነበረ፡ ንዓና ንምትህድዳእ፡ "ብጾት! ጸላኢ በዚ ፈጢሩዎ ዘሎ ግዜያዊ ዕንቅፋት፡ ካብ ስዕረቱ ከምልጥ ኣይክእልን'ዩ። ካብ ድርፎ ክሳብ ውሽጢ ባጽዕ ክንደይ መስገደላት ሰጊርና፡ ኣብዚ ከም ዝበጻሕና ንዘክር ኢና። ሓለፍትና ነዚ ዘይተጸበናዮ መሰናኸል ብኸመይ ክስገር ከም ዘሎዎ ይሓስብሉ ይህልዉ። ንሕና ንዝመጽኣና ወተሃደራዊ መምርሒ ንምስላጥ ጥራሕ ድልዋት ንኹን፡" ምስ በለ ነዛ ርእይቶ ከም መዛዘሚ ክትዕና ተቐቢልና ናብ ቅድመና ምቁማት ቀጺልና።

* * *

ጀነራላት ስርዓት ደርግ፡ ገስጋስ ህዝባዊ ሰራዊት ንድሕሪት ክመልሱዎ ከም ዘይክእሉን ብኣንጻሩ'ኳ ደኣ ናህሩ ይውስኽ ከም ዘሎ ስለዝተገንዘቡ፡ ምስ'ቶም ናይ ወጻኢ ተኛታት ወተሃደራዊ ኣማኸርቲ ኰይኖም፡ ይጠቅም'ዩ ዝበሉዎ ወተሃደራዊ ስልትን ቅዲ ኩናትን ኣብ ምሃብ ምሉእ ለይቲ ከደይቡን ከውርዱን ሓደሩ። ዘመናዊ ኣጽዋሮምን ሸሾ ሰራዊቶምን ንህዝባዊ ሰራዊት ክዓግት ከም ዘይክእል ስለ ዝተገንዘቡ፡ ንቐይሕ ባሕሪ ከም ካልኣይ መከላኸሊ ዕርዲ ክጥቀምሉ ወሰኑ። እቲ ቅድሚ ቁሩብ ሰዓታት ደረቕን ጉልጉልን ዝነበረ ግራት-ሳሊና፡ ናብ ሰልሚ ረግረግ ጭቃ ክቕይርዎን ምስ ቀይሕ ባሕሪ ክሕውስዎን ምሉእ ለይቲ ከይደቀሱ ሓደሩ። ነቲ ንኣዋርሕ ተዓጽዩ ዝነበረ ካናለታት ሳሊና ከፊቶም፡ ንጉላጉል ሳሊና ካብ ጸት ንጸት ብማይ ባሕሪ ብለይቲ መሊኦሞ ሓደሩ። ኣብ ዕርዲ ዘሎ ተጋዳላይ ግን፡ ነዚ ንህልቂቱ ተዋዲዱ ዝነበረ መፈንጠራ ከይፈለጦ፡ ነቲ ብሓለፍቱ ኣብ ኣኼባ ዝተነግሮ መምርሒታት፡ ብኸመይ፣ መዓስ፣ ኣበይ፤ ወዘተ. ክትግበሩ እዮም ዝብሉ ሕቶታት ጥራይ ኣልዒሉ፡ ክሓስብ ከይደቀሰ ሓደረ።

* * *

ተጋዳላይ፡ ብተግባራት ጸላኢ ዝተፈጥረ ዕንቅፋት ኣብ ገጹ ይንበብ ነበረ። ከምዚ ዝበለ ስምዒት ክህሉ ድማ ባህርያዊ እዩ። ምኽንያቱ፡ ባጽዕ ሓራ ምስ እትወጽእ፡ ጸላኢ ነቲ ኣብ ግንባራት ሰሜን፡ ደቡብን ድግድግታን ጸቕጢ ንምፍጣር ዘካይዶ ዝነበረ ደማዊ ውግእ ከም ዘፍኩሶ ርዱእ'ዩ ነይሩ፡ ህዝቢ ኤርትራ ከኣ ዓወት ምጽዋዕ ተበሲሩ ጸባ ክሰቲ ምኳኑ ዘጠራጥር ኣይነበረን።

ኣነ'ውን ብወገነይ፡ ከም ኵሉ ተጋዳላይ ካብ እምኵሉ ተበጊስና፡ ኣብ ዕዳጋን ደንደስ ጽርግያ ከባቢ እንዳ ምካኤልን ምስ ተጸጋዕና፡ "እግሪ እግሪ ጸላኢ ስዒብና፡ ናብ ናቕል በይዝን ፋብሪካ ሳሊና ክንኣቱ ነይሩና፡" ዝብል ስምዒታት ነይሩኒ። ስለምንታይ ጭርሖ ሒዝና ንሳሊና ዘይኣተና ግን፡ ኪኖ ግምት ሓሊፉ ዝፈልጦ ነገር ኣይነበረንን ጥራሕ ዘይኮነ፡ ውሱንነት ፍልጠተይን ጽፍሒ ሓላፍነተይን ነዚ ዝምልስ ኣይነበረን። ክሳብ'ዛ እዋን'ዚኣ እውን እንተኾነ፡ ብዙሓት ኣብ ውግእ ሳሊና ዝተሳተፉ ብህይወት ዘለዉ ተጋደልቲ፡ "ሸው እግሪ እግሪ ጸላኢ ስዒብና እንተንኸውን፡ እዚ ኵሉ መስዋእቲ ኣይምተኸፍለን፡" ይብሉ እዮም። እዚ ሕቶ'ዚ ናይ ኵሉ ተጋዳላይ እዩ ዝነበረ። ኣብቲ እዋን'ቲ፡ ኣብ ውግእ ሰምሃር ዝተሳተፈ፡ ንኹነታት በብናቱ መነጸር ክርእዮን ዘዝመስሎ ክዛረብን ክትንትንን እትጽበዮ እዩ። ነዚ ኣብ ኣእምሮይ ንነዊሕ ዓመታት ዝጸንሐ ዘይተመለሰ ሕቶ፡ ቅኑዕን ኣዕጋብን መልሲ ክረኽበሉ፡ ነቶም ናይቲ እዋን'ቲ ላዕለዎት ወተሃደራዊ ኣዘዝቲ፡ መሓመድ ስዒድ "ሸነቲ"፡ ብሪጋደር ጀነራል ተኽለ ማንጁስ፡ ብሪጋደር ጀነራል ተኪኤ ብላታ፡ ብሪጋዴር ጀነራል ስምኦን ዑቕበ ቀላቲ (ርእሲ ምራኽ)፡ ማእከልነት ሓይሊ መሓመድ-ኣደም 'ሻግራይ' በብእዋኑ ተወኪሰ ኣዘራሪበዮም'የ። ከምዚ ዝስዕብ ድማ መሊሶም፤

• እዚ ኣርእስቲ'ዚ፡ ኵሉ ኣብ ሰምሃር ዝተሳተፈ ተጋዳላይ ዝብሎን ዘዕልሎን እዩ። ነቲ ናይ ሸውኡ መድረኽ ሕጂ ድሕሪ 40 ዓመታት ተመሊስካ ክትርእዮ ቀሊል ይመስል። እቲ ሓቂ ግን፡ ኣብቲ እዋን'ቲ ብዙሓት ዘይተመለሱ ሕቶታት፡ ክማልኡ ዝግብኦም ምድላዋትን ስለዝነበሩ፡ ምናልባት እግሪ እግሪ ጸላኢ ምእታውና እውን ጉድኣት ከውርድ ምኽኣለ ነይሩ ይኸውን። በጦሎኒ 23.2 ምስ ገለ በጦሎንታት እንዳ-70 ኣብ ኣፍ ደገ፡ ስጋለት ቀጣን ስለዝነበራ፡ ንጸላኢ ክስዕብኦ ፈተና። ጸላኢ ግን ንስጋለት፡ ከምዛ ኣብ 1990 ዝገበራ ብኸበድቲ ኣጽዋር ዓጽዩዋ ስለዝነበረ፡ ተቓውሞ ምስ በርትዐ፡ ካብ ፍርቂ መንገዲ ተመሊሰን፣ ኣብ ከባቢ ሲኔማ ኣይዳ ክዓርዳ ተገደዳ። ካልእ'ውን፡ እተን ንሓይሊ ባሕሪ፡ ፋብሪካ ስሚንቶን ሳሊናን ዝግስግሳ ዝነበራ ሓይልታት፡ ኣብ ሓደ መስርዕ ተሰሊፈን፡ ብማዕረ ንቕድሚት ክስጉማ ኣይከኣላን። ብዓቢኡ እዚ ንኽልተ ቅነ ብዘይ ምቍራጽ ዝተኻየደ ናይ ምርብራብ ውግእ፡ ኣብ ሰብ ይኹን ዕጥቂ ምድኻም ስለዝፈጠረ፡ ናይ ባዕሉ ጸገም ነይሩዎ። ልዕሊ ኩሉ ድማ፡ ጸላኢ ክወስዶ ዝኽእል ወተሃደራዊ ስልቲ፡ ነቲ ኣብ ዕዳጋ ዓሪዱ ዝነበረ ሓይሊ፡ ብወገን ገደም ተጠውዩ ክኸርድኖ ይኽእል'ዩ ዝብል ጥርጣረታት ስለ ዝነበረ፡

ጸላኢ ሃዲሙ ኢልካ ደድሕሪኡ ምስዓብ ሳዕቤን ከኸትል ከም ዝኽእል ተገምጊሙ፡ ደቂቕ መጽናዕቲ ንምግባር ገለ ውሑዳት መዓልታት ክብላዕ ኮነታት ኣገዲዱ'ዩ።

• እዚ ስምዒት'ዚ ኣብ ኣእምሮ ብዙሓት ተጋደልቲ ነይሩ እዩ። እዚ ሕቶ'ዚ ግን ሃንደራእ ኢልካ ብስምዒት ዝምለስ ኣይኮነን። እተን ንውሽጢ ዕዳጋ ዝገሰገሳ ቀዳሞት ሓይልታት፡ ከባቢ ሰዓት 5፡00 ድሕሪ ቀትሪ፡ ኣብ ሲኔማ ኣይዳ በጺሐን ነበራ። ኣብታ ግዜ'ቲኣ ንሳሊናን ሓይሊ ባሕርን ብቐጥታ እንተዝእቶ፡ ካብ ጥቕሙ ጉድኣቱ ምዓበየ ነይሩ። ምኽንያቱ፡ ሓይልታት እናተዋግኣ ነዊሕ ተጓዒዘን ናብ ዕዳጋ ስለዝመጽኣ፡ ምጉዳል ዕጥቂ ነይሩወን። ብኻልእ ወገን'ውን፡ ጸላኢ ነዘን ክልተ ወሰንትን ስትራተጅያውያን ዓበይቲ መዓስከራት ንምክልኻል ናይ ሞትን ሕየትን ውግእ ከካይድ ግድነት'ዩ ነይሩ። ብሓጺሩ ተጋዳላይ ምስቲ ዝነበሮ ድኻምን ሕጽረት ዕጥቅን፡ ዓይኒ የብለይ ስኒ የብለይ ኢሉ ናብ ሳሊናን ሓይሊ ባሕርን ምእታው፡ ከቢድ ጸገማት ከውርድ ብዙሕ ተኽእሎ ነይሩ እዩ።

• ናብ ሳሊና ምድቕዳቕ ኩሉ ዝምነዮ'ኳ እንተ ነበረ፡ ንኹሉ ሰብ ዘይተራእዮ ግን ካልእ ጸገም ነይሩ'ዩ። ኣብ ውግእ ሰምሃር፡ ብፍላይ ናይ ከተማ መጥቃዕቲ፡ ጸላኢ ሃዲሙለይ ኢልካ ደድሕሪኡ ምስዓብ ካብ ጥቕሙ ጉድኣቱ ዝዓቢ'ዩ ዝነበረ። ቅድሚኡ'ውን ሓይልታት፡ ኣፍደገ ባጽዕ በጺሐን ናብ ጉላጉል እምኩሉ ዝተመልሳሉ እዋን ነይሩ'ዩ። እዚ ባህሪ ናይቲ ውግእ ዝፈጠሮ እዩ። ሓይልታትና ካብ ብሎኮ ባጽዕ፡ እግሪ እግሩ ተኸቲለን ናብ ናቕፋ በይዘ ዘይኣተዋሉን ኣብ መንገዲ ባቡር እንዳ ምካኤል ክዓርዳ ዘገደደን ምኽንያት፡ እተን ካብ ፎርቶ ምሸናቕ ናብ ወገን ደቡብ ዝዓረዳ ገለ ሓይልታት ናይ በራጊድ-8ን 23ን፡ ነቲ ኣብ ቅድመኣን ኣትኪሉ ዝዋጋእ ዝነበረ ሸሾ ሰራዊት ደምሲሰን፡ ማዕረ'ቲ ኣብ እንዳ ምካኤል ዝበጽሐ ሰራዊት ህዝባዊ ግንባር ክሳብ ዘይበጽሓ፡ ሓደ ሓይሊ ንበይኑ ናብ ሓይሊ ባሕሪ ወይ ሳሊና ምህጃም፡ ዘይተደልየ ክሳራ ከስዕብ ተኽእሎ ነይሩ'ዩ። እዚ ብልሒ ናይቶም ሽው ዝመርሑ ዝነበሩ ላዕለዎት ኣዘዝቲ የመስክር።

• ታሕሳስ 19፡ 10፡00 ቅ.ቐ ኩሉ'ቲ ካብ ሰሜን ጫፍ ጉርጉሱም ክሳብ ደቡብ እንዳ ህበይ፡ ዓሰርተታት ኪሎ ሜትር ተዘርጊሑ ዝነበረ ግንባር፡ ብሓባር ጸረ-መጥቃዕቲ ኣብ ልዕሊ ጸላኢ ወሰደ። ሰዓት 4.20 ድ.ቐ፡ በጦሎኒ-4.3 ምስ ገለ ሓይልታት ብርጌድ-70፡ ሕንጥብሎ፡ ኣማተረ፡ ዕዳጋ ሰጊራ፡ ቤተ ክርስትያን እንዳ ምካኤል በጽሐት። ምስ ጸላኢ ተጉዝጒዛ ንፋብሪካ ሳሊና ይኹን ሓይሊ ባሕሪ ንምእታው ይክኣል ነይሩ ይኸውን።

እንተኾነ፡ እተን ብወገን ጉርጉሱምን ሓድሽ መዓርፎ ነፈርትን መጥቃዕቲ ዝፈነዋ በርጌዳት 8ን 44ን፡ ነቲ ጸላኢ ዓሪዱሉ ዝነበረ፡ ብከበድቲ ኣጽዋር ዝተጻወደሉ ሰዋ ዝበለ ጉልጉል ብቐሊሉ ሰይረን ንቕድሚት ክሰጉማ ኣይከኣላን። ቅልጡፍን ጽፉፍን መጽናዕቲ ድሕሪ ምውሳድ ግን፡ ኣብ ከባቢ 8፡00 ድሕሪ ቀትሪ ንገርግሱምን ፋብሪካ ስሚንቶን ብምቊጽጻር ልዕሊ 800 ወተሃደራት ማረኻ። ንጽባሒቱ 21 ታሕሳስ 1977 ንገርግሱምን ከባቢኣን ምሉእ ብምሉእ ናጻ ገበርኦ። ስለዚ፡ ጸላኢ ብድሕረኻ ገዲፍካ ንውሽጢ ሳሊና ጠኒንካ ምእታው፡ ንሰራዊትካ ኣብ ትሕቲ ከበባ ጸላኢ ምእታውን ሳዕቤኑ ከቢድ ክኸውን ስለ ዝኽእልን፡ እቲ ንሳሊና እግሪ እግረን ሰዒብካ ዘይምእታው ምኽንያት እዚ ክኸውን ይኽእል።" ዝብል ኣዕጋቢ መልሲ ረኺብኩ።

ዕልቕልቕ ማይ ኣብ ግራት ጨው ሳሊና

ናብ 23 ታሕሳስ 1977 ዘውግሐ ለይቲ፡ ጸላኢ ንግስጋሰ ተጋደልቲ ንምዕንቃፍ፡ ነቶም ሰለስተ ክፋላት ሳሊና፡ ማለት ብመኸዘኒ፡ መህፈፍን መርግእን ዝፍለጡ ዓበይቲ ቃድራታት፡ በተን ሰለስተ ዓበይቲ ጀነሬተራት ተጠቒሙ፡ ካብ ባሕሪ ብምጭንጓዕ፡ ንጉላጉል ሳሊና ክሳብ ዓንቀሩ መልእን ምስ ባሕሪ ሓወሶን።

ኣብ ፋብሪካ ሳሊና ነዊሕ ተመኩሮ ስራሕ ዘሎዎ፡ ዋና ኣካያዲ ስራሕ ፋብሪካ መፍረ ጨው (ሳሊና) ተጋዳላይ ነጋሲ ጉይትኦም[20]፣ ከምኡ'ውን፡ ኣብ 1977 ሰራሕተኛ ፋብሪካ ሳሊና ዝነበረ ኣቶ ብርሃነ ተስፋዮናስ፡ ብዛዕባ'ታ ንተጋዳላይ ኣደዳ ጥይት ጸላኢ ዝገበረቶ ጸላም መዓልቲ፡ ደረጃታትን ስራሕን ሳሊና፣ ከምኡ'ውን፡ ብዛዕባ ምኽፋት ካናለታት ግራት ሳሊና ሰፊሕ መብርሂ ሂቦሙኒ።

ንሳቶም፡

"ግራት ጨው ሳሊና ኣብ ሰለስተ ደረጃታት ዝተኸፍለ'ዩ ዝነበረ። ቀዳማይ ደረጃ "መኸዘኒ" ብወገን ገርግሱምን ፋብሪካ ስሚንቶ ዝርከብ ከባቢ 40 ግራውቲ ጨው ዝነበሮ እዩ። ዕምቈቱ ክሳብ ክልተ ሜትሮ ኮይኑ ብሰልሚ ረግረግ ጭቃ ዝመልአ'ዩ። እቶም በዚ ወገን ዝሃጀሙ ተጋደልቲ፡ ኣድህቦኦም ናብ ጸላኢ ጥራሕ ስለዝገበሩን ናይቲ ኣፍልጦ ባሕሪ ስለዘይነበሮምን፡ በብቑሩብ ኣብቲ ሰልሚ ተዋሒጦም ኣብ ሓደጋ ወደቑን ከቢድ መስዋእቲ ከፈሉን። እቲ ካልኣይ ደረጃ "መህፈፊ"

(መሕፈሲ)፡ ኣብ ከባቢ እንዳ ሚካኤል ቤተ ክርስትያን ይርከብ። ዕምቈቱ ካብ 80 ሰ.ሜ ክሳብ ሓደ ሜትሮ ኰይኑ ዓሰርተታት ግራውቲ ይሕዝ። እቲ ሳልሳይ፡ "መርግኢ'' ድማ ተመሳሳሊ ቃጽያታት ግራት ዝነበሮ፡ ዕምቈቱ ካብ 50-60 ሰ.ሜ እዩ። ኣብ ከባቢ ሲኔማ ኣይዳ ድማ፡ ይርከብ። በዚ መንገዲ'ዚ ካብ ፈሳሲ ናብ ደረቕ ዝቕየረሉ ኣገባብ እዩ።" ብምባል ሰፊሕ መግለጺ ሃቡኒ። እዞም ምኩራት ሰራሕተኛታት ዕላሎም ብምቕጻል፡

"22 ታሕሳስ ኣጋ ምሸት፡ ከተማ ባጽዕ ብኸቢድ ድነ ጸላም ተሸፈነት። ላዕለዎት ሓለፍቲ ደርግ፡ ንሞቶረስታ ኣቦይ ሃብቶም፡ ከምኡ'ውን፡ ነቶም ሰለስተ ኢጣልያውያን ሰራሕተኛታት ሳሊና፡ ማለት ጆቫኒ፡ ካርዲልን ጆሜትራ ፈሊቸን ዝበሃሉ፡ ካብቲ ኣብ ውሽጢ ባጽዕ ዝነበራ መንበሪኦም፡ ብሸጉጥ ኣገዲዶም ኣብ ጃልባ ጽዒኖም ብመንገዲ ናቫል በይዝ ኣቢሎም ናብ ግራር ኣሰገሩዎም። ነቲ ካብ ተጋደልቲ ክመጽኦም ዝኽእል መጥቃዕቲ ንምክልኻል፡ ነተን ክልተ ዓበይቲ ካናለታት (Floodgate) ብልዑል ናህሪ ኣብ ዝሓጸረ ግዜ ንግራት ሳሊና ክሳብ ዓንቀሩ ብማይ ባሕሪ ክመልኡዎ ኣዘዙዎም።"

"እቶም ኢጣልያውያን ሰራሕተኛታት፡ ነተን ሰለስተ ጨንጓዕቲ ሞቶረታት ልዑል ሓይሊ ፈረስ ተጠቒሞም፡ ኣብ ውሽጢ ውሑዳት ሰዓታት ንግራት ጨው ሳሊና፡ ማይ-ባሕሪ መልኡዎ። እቲ ግራት ጨው ኣብ ዝሓጸረ ግዜ ልዕሊ ዓቕሙ መልአ። እቲ ደረቕ ጨው ዝነበረ ንእለቱ ናብ ጭቃ ተቐየረ። ስለ'ዚ እቶም ብወገን ምዕራብ ፋብሪካ ሰሚንቶ ዘሎ "መኸዘኒ" ዝሃጀሙ ተጋደልቲ፡ ኣብቲ ክልተ ሜትሮ ዕምቈት ዝነበሮ ቦታ ምስኣተወ፡ ክሳብ ብርኮም ብጭቃ፡ ካብኡ ሓሊፉ ክሳብ ኣፍ ልቦም ብማይ ባሕሪ ተዋሕጡ።"

ብምባል ገለጹለይ።

ቅድመ ምድላው ነውግእ ሳሊና

23 ታሕሳስ 1977 7፡00 ቅድሚ ቀትሪ፡ ሓለፍቲ ግንባር ራድዮታት ከፊቶም፡ ብዛዕባ ኣብ ጐላጉል ሳሊና ዝተፈጥረ ሓድሽ ኩነታት ሓበሬታት ክለዋወጡ ጀመሩ። ነቲ ሓውሲ ቅሉዕ ምልውዋጥ ሓበሬታታት ሓለፍቲ

ርክብ ራድዮ ንከታተሎ'ኳ እንተ ነበርና፡ ስምዒታትና ኣብ ውሽጥና ቀቢርና፡ ሓሳባት ከነውርድን ከነደይብን፡ ነናትና ትንታነ ክንገብረሉን ጀመርና። ትሕዝቶ'ቲ ንመራሕቲ በጦሎንታትን ሓይልታትን ዝተዋህበ መልእኽቲ ብሓጺር፡ "መጥቃዕቲ ሳሊና ምቅይያር ሰዓታት ከም ዝተገብረሉ ደኣ'ምበር፡ እቲ መጥቃዕቲ ከም ዘይተርፍን ሓላፊ ይኹን ተራ ተጋዳላይ ኣብ ተጠንቀቕ ክጸንሕ ከም ዝግበኣን፡" ዝገልጽ መምርሒ ነበረ። እዚ መልእኽቲ'ዚ፡ ካብ ላዕለዎት ክሳብ ታሕዎት ሓለፍቲ ሰንሰለቱ ሓልዩ ወረደ።

ሽዑ'ውን እዛ ዕለት'ዚኣ ብዘይ ቍውም-ነገር ከይትሓልፍ ፈራሕና። ናብ ከባቢ 9፡00 ረፋድ ተቐራረበ። ተጋዳላይ ኣብ ሓሳባት ጥሓለን ሻቕሎተን ስምዒታቱ ገንፈለን። ትርግታ ልቡ ካብ ንቡር ንላዕሊ ወሲኹ ናብ ጥርዚ በጽሐ። ንየማንን ጸጋምን ኣቋመተ። ደብዳብ ከቢድ ብረት ይኹን ኣንፈት ምብጋስ ወይ ምህጃም ግን ኣይተረኣየን። ተጋዳላይ ተጠራጠረ። "መጥቃዕቲ ተሪፉ ደኣ ኰይኑ፧ መጥቃዕቲ ብስጋለት-ቀጣን ደኣ ክጅመር ከይከውን፧ ተደራቢ ሓይሊ ክመጽእዶ ንጽበ ንህሉ፧" ዝብሉ ሓሳባት'ውን ንኣእምሮኡ ኣጨነቕዎን።

ጸሓይ ካብ ወገን ምብራቕ ተበጊሱ፡ ኣብ ጸጋማይ ገጽና ዓለበ። ሃምናን ቀልብናን ግን ናብቲ ዝጽበየና ዝነበረ ውግእ ስለዝነበረ፡ ነቲ ካብ ግንባርናን መታልሕናን ዝዛሪ ዝነበረ እንቅዓ ርሃጽ ግዲ ኣይገበርናሉን። "ሕጂዶ ንብገስ ደሓር" ብምባል፡ ንኽብድና ፈጺምና ረሳዕናያ፣ ሸውሃትና ፍጹም ተዓጽወ። እቲ ኣብ ቅድመ ምጅማር ውግእ ዝርእ ግዜያዊ ስምዒታት ተርባጽን ሓቦጭቦጭን፡ ምስቲ ናይ ምብጋስ ሰዓታት ምድንጓይ ተወሲኹዎ፡ ተጋዳላይ ኣብ ሻቕሎት ኣተወ።

ግዜ በብቑሩብ እናተዓዝረ ከባቢ 9.30 ምስ ኰነ፡ ናይ ሓለፍቲ ከምኡ'ውን ናይ ወጻኢ ጋዜጠኛታት ምንቅስቓስ ብግዕዶ ርኣና። ኣብ ወተሃደራዊ ስትራተጂ ሳሊና፡ ሓድሽ መጽናዕቲ (ተኽሊጥ) ይግበር ከም ዝነበረ ንምግማቱ ኣየጸገመናን። እቲ ተጋዳላይ ክበጽሖ ዘይከኣለን መፍትሒ ዝስኣነሉን ግን፡ ግራት ሳሊና ብኸመይ'ዩ ክሰገር፧ እንታይ ሓድሽ ዓይነት ስልትን ቅዲ-ኲናትን ኢና ክንጥቀም፧ እቲ ውግእ ዝወስዶ ግዜ ክንደይ ክኸውን'ዩ፧ ጥራሕ ነበረ። ንዓወትና ግን ኣብ ምልክት ሕቶ ዘእተዎን ዝተጠራጠረ ሰብ ኣይነበረን።

ተጋዳላይ፡ ነቶም ኣብ ሞንጎ ሓለፍቲ ዝግበሩ ዝነበሩ "እወ እሰምዓካ ኣለኹ፣ ተቐቢለካ'ለኹ፣ ጸገም የሎን፣ እዝስ ኣየናይ ኰይኑ፣ ደሓን ናባና

ግደፎ ጥራሕ፣ ካልኣይ ርክብና ኣብ ውሽጢ ባጽዕ'ዩ ወዘተ. ዝብሉ፡" ክትሰምዖም ጥራልካ ሓፍ ዘብሉን ወኒ ዘበራብሩ ምቅብባል ሓበሬታታትን ሰሚዑ፡ ብረቱ ኣብ ምውልዋልን ዕጥቁ ኣብ ምጽፋፍን ኣተወ።[25]

ተጋዳላይ ህዝባዊ ግንባር፡ ዋላ'ኳ ኣብ ልዕሊ መራሕቱ ልዑል ምትእምማን እንተነበሮ፡ ብኣጋጣሚ ንዝቕልቀሉ ወተሃደራዊ ምቅይያራት ወይ ወጥርታት፡ "ኩሉ ነገር ባዕሎም ኣለዉዎ፡" ኢሉ ኢዱን እግሩን ኣጣሚሩ፡ መምርሒ ወይ መፍትሒ ዝጽበ ዓይነት ሰራዊት ኣይነበረን። ኣብ ቅድሚኡ ዝገጥሞ ብድሆታት፡ ብኸመይ መኪቱ ናብ ረብሓኡ የውዕሎም፡ ካብ ምሕሳብ ዓዲ ኣይውዕልን'ዩ። ኣብ መወዳእታ ድማ፡ እቲ "መፍትሒ ክኸውን ይኽእል'ዩ፡" ኢሉ ዝገመቶ እንተታትን ትንታነታትን፡ ምስቲ ካብ ላዕለዎት ሓለፍቱ ከም ትእዛዝ ወይ መምርሒ ኰይኑ ዝመጽእ፡ ተቓራራብን ዝጋጠምን ኰይኑ ይጸንሕ። ተጋዳላይ ህዝባዊ ግንባር እምበኣር፡ ከምዚ ዓይነት ባህሊ ስለዘማዕበለን ዘይነጽፍ ኒሕ ስለ ዝዓጠቐን'ዩ ኣንጻር እቶም ብሓይሎም ዝምክሑ ልዕለ-ሓያላን ሃገራት ገጢሙ ናብ ዓወት ዝበጽሐ።

ኣብ ከባቢ ቤተ ክርስትያን እንዳ ሚካኤል፡ ሲኒማ ኣይዳን ዕዳጋን ናይ ተጋደልቲ ላዕልን ትሕትን፡ ውረድ ደይብን ክርአ እንከሎ፡ ብኣንጻሩ፡ ኣብ ፋብሪካ ጨው ሳሊናን ናቫል በይዝን ዓሪዶም ዝነበሩ ወተሃደራት ስርዓት ኢትዮጵያ ግን ምቅርራባቶም ስለዝወድኡ፡ ብዘይካ ውሑዳት ምንቅስቓስ ተሸከርኪሮም፡ ይኹን ሰብ ኣይነበሮን። ኣብ ሜትሮን ፈረቓን ዕምቈት ዝነበሮን ዘተኣማምንን ጕዳጕዲ ዓሪዶም፡ ብየማኖምን ጸጋሞምን ታንክታትን ሞርታራትን ዓጢቖም፡ ነቲ ብዘይ ዝኾነ መከላኸሊ ብጕልጕል ሳሊና ዝመጽኦም ተጋዳላይ ናብ ምቍማት ጥራሕ ኣተዉ።

ሓደስቲ ተዓለምትን ኣባላት ሓፋሽ ውድባትን፡ ፍትፍት ቅጫ ኣብ ሳናዱቕ ጥይት፡ ተሰኪሞም ደበኽ በሉ። እቲ ግዜ ዝወሰደን ጣዕሙ ዝቐየረን ቅጫ ንመሳርዕ ተዓደለ። እንተኾነ፡ ተጋዳላይ ድርኩኺት መስዋእቲ ረጊጹ፡ ኣብ ተፋጠጥ ስለዝነበረ፡ ዋላ ፈውሲ ማሕላ ናብ መኣዲ ተወስ ትብል ኢድ በየን ትምጻእ! እንጀራ ምስ ተጋዳላይ ከብድን ሕቖን ኰነ። ይዝከረኒ ሽዑ፡ ነታ ከም መግደፍ ኣብ ኢዱ ዝተዓደለቶ ዝዓሰወት ፍትፍት ጥዒሙ ናብ መሬት ደርበያ።

11.00 ቅ.ቐ፡ መራሕቲ ጋንታታትን መሳርዕን ሓይሊ 4.33፡ ሓድሽ ወተሃደራዊ መምርሒታት ክንቅበል ናብቲ ብመራሒ ሓይልን ኮሚሳርን

ዝተጸውዐ። ህጹጽ ኣኼባ ንምስታፍ ተመራሪሕና ናብ ዕዳጋ ገጽና ኣምራሕና።

መልእኽቲ እቲ ኣኼባ ሓጺር፡ ግን ዓሚቝ ነበረ። ኣዕይንቲ ተኸለ፡ ናብታ ቍራጽ ወረቐት ኣተኲረን ብምጥማት፡ "ከመይ ኣርፊድኩም፣ ሕጂ ነዊሕ መግለጺ ዝወሃበሉ እዋን ኣይኮነን። ንመጥቃዕቲ ክንብገስ ተሪፉና ዘሎ ግዜ ሓጺር'ዩ። ብደረጃ ጋንታ ወይ ሓይሊ ኣኼባታት ንምክያድ ዕድል የብልናን ጥራሕ ዘይኮነ፡ ኣብ ኣፍንጫ ጸላኢ ዓሪድና ስለዘለና፡ ዘይተደልየ ክሳራ ከየጋጥመና ካብ ዝብል ስግኣት'ዩ፡" ምስ በለ፡ ሓሳባቱ ንምጥርናፍ ቍሩብ ካልኢታት ዕረፍቲ ወሰደ።

መግለጺኡ ቀጸለ፡ "ከም ትፈልጡዎ፡ ዝነበረ ወተሃደራዊ መደብ፡ ነዚ ኣብ ቅድመና ዘሎ ጕላጕል ጕልጎል ሳሊና ሰጊርና፡ በጦሎንና ንሳሊና፡ በጦሎኒ 70.2 ንናቫል በይዝ፡ ገለ ክፋል ናይ 70.1 ድማ ብወገን ሲኔማ ኣይዳ ንምህጃም'ዩ ነይሩ። እንተኾነ ጸላኢ፡ ብለይቲ ነቶም ዓበይቲ ካናለታት ሳሊና ከፊቱ፡ ንጕልጕል ሳሊና፡ ብማይ መሊኡ ምስ ባሕሪ ብምሕዋስ ምስንኻል ስለዝፈጠረ፡ ኣብቲ ዝተሓሰበ ሰዓት ክንብገስን ዕማምና ክነሰላስልን ኣይከኣልናን። ነቲ ኵነታት፡ ብውድዑነት ጠሚትካን ገምጊምካን ምግጣሙ ዝሓሸ ስለ ዝኾነ፡ ንሕና ኒሕን ሓቦን ተቐኒትና፡ ነዚ ፍሹል ወተሃደራዊ ሜላ ጸላኢ ክነበርዕዎ ኢና። እዚ ከንቱ ፈተንኡ ካብ ስዕረቱ ከናግፎ ኣይኮነን። ነዚ ዕማም ብዓወት ክንዛዝሞ እንተ ኼንና፡ ዝወሃበና ወተሃደራዊ መምርሒ ስንና ነኺስና ምስ እነተግብር ጥራሕ እዩ። እቶም ክንፈልጦም ዘሎና መምርሒታት፡"

1. ከቢድ ብረት ንሳሊና ብጻዕቂ ክድብድብ'ዩ። ደብዳብ ምስ ተወድኣን ትእዛዝ ምስ ተዋህበን ንህጁም ንብገስ።

2. ኵላትና ምሉእ ዕጥቂ ንዓጥቕ፡ ንጕዕዞና ዝዕንቅፍ ኣብ ዝባንና ዝኾነ ነገር ከይንስከም።

3. እቶም ነዊሕ ስረ ዝለበስና፡ ኣብ እዋን መጥቃዕቲ ከየጸግመና፡ ተቘሪጹ ናብ ሓጺር ስረ ይቀየር።

4. ጕዕዞና ከይንትዓናቐፍን ሳእንና ኣብ ጭቃ ከይተርፍን ምስ እግርና (ዳንጋና) ብባንደጅ ወይ ብገመድ ኣትሪርና ንእሰሮ።

5. ውጉኣት ንምእላይ ሓላፍነት ዝወሰደ ሓይሊ ብድሕረና (ኣባላት ክፍሊ ታዕሊም ማለት'ዩ) ስለዘሎ፡ ኣብ ቅድመና ንዝጸንሕ ውጉእ ንምሕካም ግዜ ኣይነጥፍእ።

6. ኣብ ናቫል በይዝ ምስ ኣተና፡ ልዑል ወተሃደራዊ ድስፕሊን ነርኢ፡ ጥንቁቃት ንኹን። ዝብል ነበረ።

ኣኼባ ኣብ ውሽጢ ርብዒ ሰዓት ተወድአት'ሞ ድሕሪ ኣኼባ ነናብ ጋንታታትናን መሳርዕናን ብጉያ ተመለስና። ኣሳጉማና ኣዝዩ ህዉኽን ተብተብ ዝተሓወሶን ስለዝነበረ፡ ነዚ ዘብዘብ ዝተዓዘበ ተጋዳላይ፡ "ዕጠቕ" ዝብል ወተሃደራዊ ትእዛዝ ከይተጸበየ፡ ነብሱ ንስራሕ ድልውቲ ገበራ። ኣኼባታት በብመሳርዕ ተኻየደ። ነቲ ዝተዋህበ ወተሃደራዊ መምርሒታት ንምትግባር ተጋዳላይ ኣብ ከቢድ ስራሕ ተጸምደ።

ዝተዋህበና ወተሃደራዊ መምርሒታት ንምትርጓም፡ ሓንቲ ሰዓት ጥራሕ ስለ ዝነበረት፡ ኣብ ተብተብ ኣተና። ውልቃዊ ሳንጣታት ድሕሪ ቤተ ክርስትያን ተኣከበን ከም ጉቦ ተኾመረን። ዕጥቂ ልዕሊ ዓቕሙ ጠያይቲ መልአ። ኣብ ውግእ ንዝፈስስ ደም ንምዕጋት ጃኬት ተጋዳላይ ብኣጭርቕትን ባንደጅን ተጠርነቐ። ካብ እሾኽን ባሕሪ በላሕቲ ጽንጽሕለን ንምክልኻል፡ ሽዳ ተጋዳላይ ብባንደጅ ምስ ዳንግኡ ተኣስረ፣ እቶም ሰብ ሓጺር ስረን ጨጓር-ዳንጋን እናሰሓቑን እናጨረቑን ነቶም ሰብ ነዊሕ ስረ፡ ስረኦም ኣብ ምቕራጽ ተሓጋገዙዎም፣ ብፍላይ እተን ካብ ነዊሕ ግዜ እንትርፎ ነዊሕ ስረ፡ ቍምጣ ዘይለመዳ ገለ-ገለ ደቀንስትዮ ኣብ ስክፍታ ኣተዋ።

ወዲ ጊለ፡ ኣሕመዲንን ዕንድኵርን ኣብ ዓዲ ይኾን ኣብ ሜዳ፡ ሓጺር ስረ እንተዘይኰይኑ ነዊሕ ስረ ኣይፈልጡን'ዮም። ነቲ ናይ ብዓል ገነት፡ ኣልጋነሽ ተኽልኣብ፡ ስሉስን፡ ጓህሪ ዝመስል ዳንጉአን ሰለፍን ብምርኣይ ኣብ ምጭራቕ ኣተዉ። ሰሓቕ ብጾተን ዘቈጥዐን ብዓል ኣልጋነሽ፡ ንዳናጉኦንን ሰለፈንን ብጭቃ ባሕሪ ብምልካይ፡ ከም ሰበን ክመስላን ካብ ዓይኒ ብጾተን ክኽወላን ከጸልምኦን ተቓለሳ።

ጋንታታት ኣብ ሰዓተን ኣብ በቦታአን ተረኽባ። ናብ ሳሊና ቅድሚ ምብጋስና፡ ኣነ ናይ ስዉእ ሓምድ፡ ኪዳነ ኣዓየ ናይ ስዉእ እስቲፋኖስ ወዲ-ብርሃነ ካልኣይቲ ጋንታ፡ ሓጉስ መስርዕ ስዉእ ዮሃንስ ፡ ወዲ ፋይድ ድማ ናይ 'ኣዓየ' መስርዕ ከም ዝመርሑወን ተገብረ። ሓጉስ ናይዛ ሓዳስ መስርዑ

ቅሩብነት ንምርግጋጽ ኣዕይንቱ ካብ የማን ናብ ጸጋም ወርወረን። እቲ ክመሓላለፍ ዝተደልየ ወተሃደራዊ መምርሒ ኣቐዲሙ ወዲእዎ ስለዝነበረ፡ ኵነታት ጥዕና ኣባላቱ ኣብ ምቍጽጻር ኣተወ።

"ቅድሚ ምብጋስና ዝተጸልአ ሰብ እንተ'ሎ፡ ሃየ ይውጻእ፣ ግዜ ኣይነጥፍእ።" በሎም። ዕንድኵርን ገነትን ኣብ ጉዕዞ ቃልሶም፡ ጽቡቕ ይኹን ሕማቕ፡ ዘሐጕስ ይኹን ዘጕሂ ናይ ልቦም እዮም ዘዕልሉን ዝሜረቑን ዝነበሩን። ቅድሚ ቍሩብ ሰዓታት፡ ገነት ብዛዕባ ኵነታታት ጥዕናኣ፡ (ማለት ናይ ኣዴታታ ወርሓዊ ጽግያት ከም ዝመጻ) ጫፍጫፉ ንዕንድኵር ኣካፊላቶ ስለዝነበረት፡ ኣብታ ህሞት'ቲኣ ኵነታት ጥዕንኣ ንሓለፍቱ ከይሕብር'ሞ፡ ካብ ውግእ ሳሊና ከየባኹራ፡ ገነት ኣብ ውሽጣ ዓቢ ስክፍታ ኣሕደረት። ኣዕይንቲ ክልቲኦም ተጋጠማ፡ ሽዑ ገነት ብዓይና ናይ ልማኖን ጭንቀትን ዝመስል ምልክት ገበረትሉ።

"በጃኻ! ዕንድኵር ሓወይ፡ እዛ ዝነገርኩኻ ኵነታተይ ኣብ ክልቴና ጥራይ ትኹን፡" ትብሎ ከም ዘላ ካብ ገጻ ነበቦ። ዕንድኵር ኣብ ሞንጎ ክልተ ምርጫታት ተቐርቀረ። እቲ ቀዳማይ ምርጫ፡ ኣብ ጉድኑ ኩይና ምእንቲ ክትዋጋእ፡ ዝፈልጦ ምስጢር ኣብ ልቡ ሒዙ ንሓለፍቱ ከይሓበረ ስቕ ክብል፡ እቲ ካልኣይ ድማ ኵነታት ጥዕናኣ ሓቢሩ ካብ መስርዕ ከውጽኣን ካብ ውግእ ሳሊና ከትርፋን። ሓንቲ ክመርጽ ነይሩዎ። ሽዑ ምስ ነብሱ ተዛረበ፡ ኣብ መወዳእታ ግን፡ "ንሳ እንተ ተጋገየት ኣነ ክጋገ፣ ውግእ መዓስ ኣብ ባጽዕ ክውዳእ ኩይኑ! ገነት ዝበለት ትበል፡ ንሓጕስ ሓቢረ ካብዛ ውግእ ከትርፋ ኣለኒ፡" ኢሉ ደምደመ። ንገነት ብጉቦ ዓይኑ ሰሪቑ ጠመታ። ገና ኣዕይንታ ንዕንድኵር ካብ ምቍማት ከም ዘይተፈልያ ተዓዘበ። ነታ ዊጥ ከብላ ደልዩ ዝነበረ ጸብዕቱ መለሳ። ከምዚ'ሉ ኣብ ሓደ ውዱእ መደምደምታ ከይበጽሐ ነግ-ፈረግ እናበለ እንከሎ፡ ሓጕስ፡ "ሓፍ በል! ተበገስ!" በለ። ዕንድኵር ኣብ ዝነበራ ከም ሽምዓ መኺኹ ተረፈ።

ምዕራፍ ሸሞንተ

*

ናይ ዜሮ ሰዓትን ንቕሎ ናብ ንሳሊናን

ቅድሚ ናብ ሳሊና ምብጋስና ዝተመሓላለፈ ወተሃደራዊ ትእዛዝ ብቐንዱ ዝሕብሮ መልእኽቲ ኣብ ሳሊና ከቢድ ብድሆ ይጽበየና ከም ዘሎ ፈሊጥና፡ ንኽመጽእ ዝኽእል እንተታት ክንምክቶ፡ ንመስዋእቲ ድልዋት ክንከውንን ስነ-ኣእምርኣዊ ምቅርራብ ንኽንገብርን ዝገልጽ ነበረ። እቲ ሓጺርን ንጹርን ወተሃደራዊ ትእዛዝ፡ ኣብ ሰልሚ ጨው ብዘይ መከላኸሊ ዕርዲ ኣንጻር ጸላእን ባህርን ክንዋጋእ ምዃንና፡ ኣብ ውሽጢ ባሕሪ በላሕቲ ጽንጽሕለን ጭቃን ከሽግሩና ምዃኖም፡ እግሪ እግርና መጺኡ ዘዕጥቖና ሓይሊ ከም ዘየሎ፡ ክሳብ ንውጋእ ወይ ንሰዋእ ንቕድሚት ክንምርሽ ምዃንና ዝብል ነበረ። እቲ ትእዛዝ፡ ንሓሞትና ኣብ ክንዲ ዝፈታተኖን ዘጨንቖን መሊሱ ደአ ኣትረሮ። ነቲ ብኣስገዳድ ዝዋጋእ ዝነበረ ዕሱብ ሰራዊት ደርግ ግን ከምዚ ዝበለ ትእዛዝስ ክንደይ ኰን መርዓዶን ሓሞቱ መፍሰሶን!

ሽዑ'ውን፡ ነታ ናይ ህጁም ሰዓት ብሃንቀውታ ተጸበናያ። ይኹን ድኣምበር ተጋዳላይ'ውን ከም ዝኾነ ፍጡር ነብሲ ስለ ዝሓዘ፡ ቅድሚ ምጅማር ውግእ ዝመጽእ ናይ ሓቦጭቦጭን ቅልውላውን ስምዒታት ኣብ ቦታኡ ነበረ። ተጋዳላይ፡ ካብ ብጻያዊ ፍቕሪ ዝብገስ ናፍቖት፡ ምድፍናቕ፡ ምትሕቕቛፍ ምልውዋጥ ሰላምታን ወዲኡ መዛግቡ ሓዘ። ድሕሪ ውሑዳት ደቓይቕ፡ እታ እንኮ ህይወቱ ተበገሰ። ንህዝብን ሃገርን ንምብጃው ብሓጉስ ተጸበያ። ኣብ ኣፍደገ ሞትን ሕየትን ረጊጹ፡ ነቲ ኣብ ቅድመኡ ተገቲሩ

ዝጽበዮ ዝነበረ ሰልሚ ግራት ሳሊና ከይዓጀቦ፡ ገለ፡ "ሳሊና! ግዚኡ ኣኺሉ ገጽ ንገጽ ተረኣኢና፡" ዝብል፡ ገለ "ዘማች! ደጊም ድራር ዓሳ ክትኮና ኢኽን፡" ኢሉ ዝፍክር፡ ዝተረፈ ድማ፡ "ህዝቢ ኤርትራ፡ ዓወት ክትብሰር ኢኻ፡" ክብል በብመዳዩ ተሰምዐ።

ኣባላት ክፍሊ ዜና'ውን፡ ነዚ ታሪኻዊ ፍጻመ እዚ፡ ኣብ መዝገብ ታሪኽ ንኽሰፍሩ ካሜራታቶምን ወረቓቕቶምን ኣዋዲዶም፡ ኣብ ቅድመ ግንባር ማዕረ ብጾቶም ተሰለፉ።

* * *

ኣብ ውግእ ሰምሃር ዝተሳተፉ በራጊድ ብቝጽሪ ብዙሓት እየን። ተሳትፎን ኣበርክቶን ኩለን፡ ኣብዛ ንእሽቶ ጽሑፈይ ብዝርዝር ክትርኽ ድማ፡ ኣይምጸላእኩን። እንተኾነ ዝከኣል ኣይኮነን። ብሪጌድ 70 (ብፍላይ ቦጦሎኒ 70.2ን ሓይሊ 70.13)፡ ግን ኣብ ቀዳማይ መጥቃዕቲ ሳሊና ምስ በጦሎንና ስለ ዝተሳተፈት፡ ውዕሎኣ ኣብዚ መጽሓፍ'ዚ፡ ብኽፊል ምትንካፉ ኣገዳሲ ኮይኑ ረኺበዮ። እዛ በጦሎኒ'ዚኣ ኣብ ውግእ ሰምሃር ዘካየደቶ ፍጻመ ብዝርዝር ንምግላጽ ዘጸግም'ኳ እንተኾነ፡ ኣብ እዋን ቀዳማይ መጥቃዕቲ ሳሊና ዝነበረ ወተሃደራዊ ስትራተጂ ኣተኩረ ብኽፊል ክትርኽ ግን ፈቲነ ኣለኹ።

ኣባላት ሓይሊ 70.13 ብሪጋዴር ጀነራል ስምኦን ዑቕበ ቀላተ (ርእሲ ምራኽ)፡ በላይ ተስፋዮናስ በራኺ (ፍሩም)ን ኣብርሃም ዘርኣይ ገብርኣብን፡ ብሪጌድ 70 ኣብ ቀዳማይ መጥቃዕቲ ሳሊና-77 ዝሓለፈቶ መስገደል፡ ዝኸፈለቶ መስዋእትን ኣተሓሕዛ ስትራተጅን፡ ብኸምዚ ይገልጹዎ።

"ኣብ ፍርቂ ወርሒ ጥቅምቲ 1977፡ በጦሎኒታት 70.2ን 70.3ን ናብ ውግእ ሰምሃር ከርክባ ካብ ገረሚ (ከበሳ) ኣቐዲመን ወረዳ። በጦሎኒ 70.1 ግን ንናይ ተ.ሓ.ኤ. ተጻብኦታት ንምግታእን ንጸላኢ ንምክልኻልን ኣብ ከበሳ (ድንበዛን) ተሪፋ ነበረት። ውግእ ሰምሃር ምስ ጻዕጽዐ ግን በጦሎኒ 70.1 እውን ብመግኣን ሰለሙናን ኣቋሪጻ ሰምሃር ወረደት። እንተኾነ፡ ምስ ብሪጌድ 70 እኳ እንተተጸምበረት፡ ውግእ ሰምሃር ግን ተፋሪቑ ድኣ ጸንሓ። በጦሎንታት 70.2ን 70.3ን ኣብ ከባቢ ጸሊም ጽርግያ ኣስመራ ባጽዕ ክሕዛ እንከለዋ፡ 70.1 ድማ ንወገን የማን ንሸነኽ ፎርቶ ዓረደት።

ኣብ'ቲ ብ20 ታሕሳስ 1977 ዝተወስደ መጠነ ሰፊሕ መጥቃዕቲ፡ ብሪጌድ 70 ውግእ ማይኣጣል ተጀሚሩ'ኳ እንተጸንሓ፡ ምስ ከባቢኣ ዝነበራ

በራጊድ ተወሃሂዳ፡ ነቲ ዓርሞሸሽ ወተሃደራዊ ሓይሊ ኢትዮጵያ ንውሽጢ ባጽዕ ጸራሪጋ፡ ኣብ ቤተክርስትያን እንዳ ሚካኤልን ሲኔማ ኣይዳን ዓረደት።

እታ ብገረዝጊሄር ውጨ እትምራሕ በጦሎኒ 70.2 ካብ እንዳ ሚካኤል ንወገን ምብራቕ ናብ ሓይሊ ባሕሪ፡ በጦሎኒ 4.3 ጎድኒ እንዳ ሚካኤል፡ እታ ብማእከልነት ሓይሊ ስምኦን ዑቅበ (ርእሲ ምራኽ)ን ኮሚሳር ሓይሊ ኣተውብርሃን ቀለታ ተስፋስላሰ (ሩጥባ)ን እትምራሕ ሓይሊ 70.13 ድማ፡ ካብ ሲኔማ ኣይዳ ንምብራቕ ወገን (ንየማን) ብምዕራድ ንሳሊናን ሓይሊ ባሕርን ንምጥቃዕ ምድላዋተን ወድኣ። ናይ ነገር ኣጋጣሚ ኮይኑ፡ ቦጦሎኒ 4,3ን 70.2ን ዝሃጀማሉ፡ ብማይ ከዕለቕልቕ እንከሎ፡ ሓይሊ 70.13 ዝኣተወትሉ ግን፡ ጌና ደረቕ ጨው ነበረ።"

ብምባል ውዕልኦም ኣዘንትዉ።

ፍርቂ መዓልቲ ምስ ኮነ፡ ጸሓይ ምሉእ ሓይላ ፈነወቶ። ምድረ ሰማይ ብሓዊ ክትልብለብ ከም ዘይቀነየት ሰላም ሰፊኑዋ ጸጥ በለት። እተን ሕጭጭታ ነፈርቲ፡ ፓልም ብሂምታ መዳፍዕን ተተኰስቲ ሮኬታትን መዕቀቢ ስኢነን ተጨኒቐን ዝቐነያ ኣዕዋፍ ከይተረፋ፡ ግጥም'ዞም ክልተ ተጻረርቲ ሓይልታት ዝዕዘባ ክመስላ መውዓሊአን ሓዛ። እቶም ድምጺ ሚሳይላት ርዒዶም ውጥም ቅልቅል ክብሉን ክነብሑ ዝወዓሉ ኣኽላባትን'ውን ጠፍአ።

ቦምባ ሞርታር፡ ኣበሳሪት ንምጅማር ውግእ ሳሊና

ህርመት ልብና ካብ ንቡር ንላዕሊ ወሰኸ። ናብታ ኣብ ኢደይ ዝነበረት ሰዓት ብቐጻሊ ብምርኣይ፡ ኩሉ ነገር ካብኣ ደለኹዎ። ሓንቲ ደቒቕ ናብ ሓንቲ ሰዓት ተመጠጠት። መጽለሊ ኣብ ዘይብሉ ሰጣሕ ጉልጉል ተገዲምና፡ ትእዛዝ ተበገስ ተጸበና። ጸሓይ ምቼታ ብዘይንሕሰያ ኣብ መንበሰበስትና ኣዕለበቶ። ርሃጽ ብኽልተ መታልሕና ወሪዱ ንኣፍ ልብና ኣጠልቀዮ። የግዳስ ሃምናን ቀልብናን ምስ ሞት ሳሊና ተፋጢጥና፡ "ንሰርርዶ ንመውት! ውግእ ሳሊና ብዓወት ወገን'ዶ ይውዳእ ወይ . . . " ኣብ ዝብል ሓሳብ ስለዝተዋሓጥና፡ ርሃጽና ንምድራዝ ግዲ ኣይገበርናሉን። ከብዲ ተጋዳላይ ኩሉ ግዜ ንዋንኣ ምስ ኣማረረት'ያ። ኣፍ ኣውጺኣ እንተትዛረብ "ስሚ ነብሱ" ኢላ ምወቐሰቶ። ብዘይካተን ኣብ ወጋሕታ ዝለኸፈናየን ዕማኾ ቦሶን ማይ ሸኮርን፡ ብጥሙይ ከብድና ፍርቂ መዓልቲ ኮነ። ካብ ጊሓቱ፡ "ሕጂዶ ንብገስ ደሓር" ክንብል፡ ኣብ ውራይ ምድልዳል ዕጥቅን ካልእን ስለዘድሃብና፡

መግቢ ከይለኸፍና ናብ ንምእታው ተዳለና። ጉራዕራዕታ ከብድና ግዲ ከይገበርናሉ፡ ኣዕይንትና ዋላ ንሓንቲ ደቒቕ'ውን ትኸን ንሳሊና ካብ ምቊማት ኣይተፈልያን። ማይ ሳሊና ነጸብራቕ ጽሓይ ተወሲኹዎ ዓይንና ደጕሑ፡ ዘተወኻበረ ዘይንቡር ስእሊ ከርእየና ጀመረ።

23 ነሓሰ 1977፡ 02፡10 ድ.ቐ፡ ውግእ ከም እተጀመረ እተበስር በዅሪ ቦምባ ሞርታር ተሰምዐት። ኣብ ከባቢ ፋብሪካ ስሚንቶን ዕዳጋን ዓሪዱ ዝነበረ ከቢድ ብረት ህዝባዊ ግንባር፡ ንሳሊናን ናቫል በይዝን ክድብድብ ጀመረ። ጸኒሑ ነዊሕ ርሕቐት ዝኸይድ ሰለስተ ኣፉን (ሚምጣዕ)፡ ኣብ መዓስከር ጸላኢ ዶጎሊ ዝተማረኸ ከቢድ ብረትን ብሓባር ደብደቡ። ተጋዳላይ እቲ ንቡር ስምዒት ምርባጽ ኣብ ገጹ እናተራእየ፡ "ዓሸ! ዓሸ ያሆ! ውግእ ተጀሚሩ። ደጊም ሳሊና ብደብዳብ ቦምባታት ክትነድድ'ያ!" በለ። ኣባላት ከቢድ ብረት፡ ኣብ ምሕራር ከተማታት ናቕፋ፡ ኣፍዓበት፡ ከረን፡ ንመዓስከራት ጸላኢ ዒላማታቶም ከይስሓቱ ዘርኣዩዎ ምልከት ኣብ ግምት ብምእታው፡ "ብጾትና ንሳሊናን ናቫል በይዝን ቃልቃል ኣቢሎም ናብ ረመጽ ሓምኹሽቲ ክቕዩርወን'ዮም። ዘማች ኣብ ጕዳጕደን እንከለዋ ብሓዊ ክልብለባ'የን፡" ብዝብል ተስፋ ተጸበና። እንተኾነ፡ ትጽቢትን ክውንነትን ሕቘን ከብድን ደኣ ኰኑ።

ኣነ ብዛዕባ ኣሰላልፋ እዋን'ቲ፡ ዓቕምን ትሕዝቶን ኣጽዋር ህዝባዊ ግንባር ኣፍልጦይ፡ ኣብ ግምታት ዝተሞርኰሰ ስለዝነበረ፡ ንዝነበረ ዕጥቂ ውድብን ሓቅታቱን ንምፍላጥ፡ ንሓደ ካብቶም ኣብቲ እዋን'ቲ ላዕለዋይ ሓላፊ ብርጌድ 76 ዝነበረ፡ ብሪጋዴር ጀነራል ተኪኤ ርእሶም (ብላታ) ተወኪሰ እዚ ዝስዕብ ሓበሬታ ረኺበ፤

"ህዝባዊ ግንባር፡ ነቶም ኣብ ምሕራር ከተማ ከረን ዝማረኾም ከበድቲ ኣጽዋር (ዶሽካ፡ ብራውን፡ B-10፡ 75 ሚ.ሜ መዳፍዕ)፡ ከይወዓለ ከይሓደረ ኣብ ውግእ ማይኣጣልን ኣብ ዝቐጸለ ውግኣት ሰምሃርን፡ ብዝለዓለ ደረጃ ተጠቒምሎም'ዩ። ቅድሚ 1977፡ ኣብ ሞንጎ ህዝባዊ ግንባርን ጸላእን ዝተጋነነ ፍልልይ ትሕዝቶ ኣጽዋር ኣይነበረን። ድሕሪ ሓጺር እዋን ግን ጸላኢ ካብ ሕብረት ሶቭየትን ካልኦት ማሕበርነታውያን ሃገራትን ብመንገዲ የመንን ካልእን ዝረኸቦ ናይ 85 ሚ.ሜ፡ 122ን መዳፍዕ፡ BM-21፡ ናይ 23ን፡ 14.5ን ረሻሻትን ታንክታትን ብምዕጣቕ ናይ ምትኳስ ዓቕሙ ተዓጻጺፉን ሓይሊ ሚዛን ኣጽዋር ተቐየረን። ኣብ

ውግእ ሰምሃር፡ ከቢድ ብረት ውድብ፡ ምስቲ ኣብ ዓይነትን ብዝሕን ኣጽዋር ዝነበሮ ድሩትነት፡ ሓይሊ ጸላኢ ኣብ ምድኻም ተራኡ ዓቢ እዩ ነይሩ ኢልካ ክዝረብ ይከኣል። እዘን ኣብ ውግእ ሰምሃር ዝተሳተፋ ሓይልታት ከቢድ ብረት፡ ኣብ ርእሲ'ቲ ኣቐዲመን ክጥቀማሉ ዝጸንሓ ኣጽዋር፡ ተወሳኺ "ነጥብ ኣራት፡" ዝበሃል ካብ ኢትዮጵያ ዝተማረኸ ሞርታር፡ ሰለስተ ኣፉ፡ ናይ 122 ሚ.ሜ ሞርታር፡ 20.3 ከምኡ'ውን፡ ናይ 23.2 ረሻሻት ብምዕጣቕ ግዲኦም ኣበርኪቶም'ዮም።" ብምባል ተራ ከቢድ ብረት ኣሰፊሑ ገለጸለይ።

እቶም ኣብ መንገዲ ባቡር ጥቓ እንዳ ምካኤል ተሰሊፍና ንህጁም ንጽበ ዝነበርና፡ ናይ ሞርታራት ደብዳብ ምስ ሰማዕና፡ ኣካላትና ፍሉይ ስምዒት ወረሮ። ከቢድ ብረት ወገን ክወቕዖ ዝግብኦ ዒላማታት፡ ከምቲ ዝተሓበረና ብኣድማዕነት ዘይምህራሙ፡ ስምዒታትና ክንቈጻጸሮ ኣጸገመናን ዓቕልና ኣጽበብናን።

ቀዳሞት ቦምባታት ወገን፡ ገለ ኣብ ከባቢና ክወድቁ እንከለዉ፡ ገለ ድማ ኣብ ጥርሑ ጉልጉል ሳሊና ወደቑ። ተጋዳላይ በቲ ዝድለ ዒላምኡ ዘይወቅዕ ዝነበረ ደብዳብ ከቢድ ብረት ጥራሕ ዘይኰነ፡ ብዋሕዱ እውን ጋን ኰነ። ምኽንያቱ፡ ኣብ ኣኼባ ብወግዒ ዝተነግረና፡ "ከቢድ ብረትና ንሳሊና ብደብዳብ ቃልቃል ክብላን ክጸልምታን'ዩ፡" ዝብል ነበረ። ኣብ ባይታ ግን፡ ከምቲ "ኣደኻ ዝለኣኽትካ ዘይኰነ፡ ዕዳጋ ከም ዝሃበካ፡" መሰለ። ተጋዳላይ፡ ኣብ ዓቕምን ምልከትን ኣባላት ከቢድ ብረት ምንም ጥርጥጣረ ኣይነበሮን። እዚ ግን ምናልባት ካብ ሰፍሓትን ርሕቀትን ሓይሊ ባሕርን ፋብሪካ ሳሊናን፣ ከምኡ'ውን፡ ዓይነት ብረት ክኸውን ይኽእል፡ ዝብል ናይ ባዕለይ ትዕዝብትን ግምትን ነበረ።

ሓላፊ ይኾን ተራ ተጋዳላይ፡ ካብ ሲኔማ ኣይዳ ተበጊሱ፡ ቤተ ክርስትያን እንዳ ምካኤል ዝርከብ ደንደስ መንገዲ ባቡር ሓሊፉ፡ ክሳብ ሓይሊ ባሕሪ (ምዕራባዊ ወገን ከባቢ ፋብሪካ ስሚንቶ)፡ ኣብ ሓደ መስርዕ ንመጥቃዕቲ ተገደመ። ኣነ ምስ'ቶም ኣብ የማነይን ጸጋመይን ዝነበሩ፡ ኣሕመዲን፡ ገነት፡ ጉይትኦምን ካልኦትን ሓንሳብን ንሓዋሩን ምስ ሳሊና ገጽ ንገጽ ተፋጠጥና። እንተኾነ፡ ነታ ህጀም! ተበገስ! እትብል ወተሃደራዊ ትእዛዝ ብሃንቀውታ'ኳ እንተተጸበናያ፡ ኣይከም ተጋዳላይ ጉይትኦም (ፋሉል)ን። ጉይትኦም መትንታት ኣካላቱ ተገታቲሩ ውሽጣዊ ስምዒቱ ኣብ ገጹ ይንበብ ነበረ። ነቲ ናይ ጉይትኦም ናይ ውግእ ተርባጽ ንምርግጋጽ ብሓውሲ

መግናሕቲ፡ “ጕይትኦም ስምዒትካ ተቘጻጸር! ሀድእ በል፣ ኵሉ ሰዓቱ ሓልዩ ክመጽእ'ዩ። ነዘን ቀሩብ ደቓይቕ ተዓገስ፡” በልኩዎ። ጕይትኦም ንዘረባይ ሰሚዑ ክትግብር'ኳ እንተፈተነ፡ ነብሱ ምግባር ኣብዩዎ፡ “ንሱስ ሓቕኻ ነይርካ፡ ግን ውሑድ'ኮ ኣይተጸበናን። ግዜ ንተጸባያይ ነዊሕ'ዩ። ክሳዕ መዓስ ኢናኸ ክንጽበ! ከቢድ ብረትና ዓቕሙ ገይሩ ኣሎ፣ ተሪፉ ዘሎ ግደ ካላሽንን ቦምባ ኢድን እዩ። ብኡ ኸኣ ምስለጠ ይመስለኒ፡” በለ።

ጕይትኦም ኣብ ተዛማዲ ሰላም ይኹን ኣብ ጽንኩር ኩነታት ብቐጻሊ ዘዘውትራ ዝነበረ ደርፊ “ዕድል ኣሎኒ፡ ግንባር ኣሎኒ ኣብ ህዝባዊ ግንባር ዘሰለፈኒ” ነበረት። ኣብቲ ናይ ንቕሎ ሰዓት'ውን ከይተረፈ ከም ቀደሙ ከይተፈለጦ ነታ ብልቡ ዝፈትዋ ደርፊ ብትሑት ድምጺ ክደርፋ ጀመረ። ኣብ ከምዚ ዝበለ ጽንኩር ኩነት እንከሎ ተፈሲሁ ምድራፉ ገረመኒ። ነቲ ኣብ ገጹ ዝርአ ዝነበረ ጸቕጢ ውግእ ንኸረሳርሶ ኢለ፡ “ኣንታ 'ፋሉል' ኣብ ኣፍ-ደገ ሞትን ሕየትን ረጊጽካ እንከለኻስ ደርፊ ተራእዩካ፡” በልኩዎ።

ጕይትኦም ንሰባት ብሳጓ ምጽዋዕ ስለዘይፈቱ፡ ፍሽኽ እናበለ፡ “ብጻይ ግርማኣለም! እዛ ደርፊ እዚኣ ንዓይ ዓቢ ትርጉም'ዩ ዘሎዋ። ነዛ ደርፊ ብልበይ ደኣ'ምበር ንስለ ደርፊ ኣይኰንኩን ዝዝይማ። እቲ ኣብ ሞንጎይን ሞንጎኹምን ዘሎ ፍልልይ'ኮ፡ ንስኻትኩም ብዘይካ ህዝባዊ ግንባር ካልእ ትፈልጡዎ ውድብ ስለዘየሎ ኣይተስተማቕርዎን ትኾኑ። ኣነ ግን፡ ኣካይዳን ኣመራርሓን ክልተ ውድባት ክመዝን ዕድል ረኺበ እየ። ኣብ መወዳእትኡ ግን ሃመይን ቀልበይን ዝስሕብ፡ ድሌተይ ዘማልእን ምስ ዕላማይ ዘሳንን ውድብ ብምርካበይ ዕድለኛ እየ። ልዕሊ ኩሉ ንስምዒተይ ዝተንከፈኒ ግን፡ ሓለፍትናን ተራ ተጋደልትናን ብሓባር ተር ከም ዓተር ተሰሊፍና፡ ናብ ረመጽ ሓዊ ክንቀዳደም ምርኣየይ እዩ። ነዛ ሃገር ዝኸፍሎ መስዋእቲ ሓላል'ዩ። ደጊም ሞት ከም ኣዳም!” ምስ በለ፡ ብኣገላልጽኡ ኣዝየ ተመሰጥኩ። እቲ ዕላል ክቕጽል'ውን ምደለኹዎ እንተኾነ፡ ኪኖ'ዚ ከነዕልል ግዜ ስለ ዘየፍቅድን ዝጽበየና ዝነበረ ከቢድ ዕማም ኣብ ግምት ብምእታውን፡ ኣድህቦና ናብቲ ከም ነጎዳ ዘጋውሕ ዝነበረ ደብዳብን ናይ ነፈርቲ ሕጭጭታን ከም ዝኸይድ ገበርኩ።

ላዕለዎት ወተሃደራዊ ሓለፍቲ ግንባር፡ እቲ ደብዳብ ከቢድ ብረት፡ ብዙሕ ለውጢ ከምጽእ ከም ዘይክእል፡ ኪኖ'ዚ ምጽባይኣን ንረብሓና ከም ዘይኮነ ተረድኡ፡ ንጸላኢ ዕድል ዝህብን ካልእ ዘይተገመተ ሓድሽ ኩነታት ንምፍጣር ዝዕድምን ምዃኑ'ውን ተገንዘቡ። ቅልጡፍ ውሳነ ክወስዱ ከኣ ግድነት ኮነ።

ምሉእ ኣቓልቦና ናብ ጸላኢ እንከሎ ዕንድኮር ተሓወሰና'ሞ እቶም ብልቢ ዝፋቐሩን ዝወሃሃዱን ክልተ ኣዕሩኽ፡ ብኣጋጣሚ ኣብዛ ደንደስ መንገዲ ባቡር ንሓጻር ግዜ ተራኸቡ። ቀው ኢሎም ዓይኒ ንዓይኒ ተጠማመቱ። ርክቦም ናይ መወዳእታ ከይትኸውን ፈርሑ። ኣሕመዲን መኽፈቲ ዘረባ እንተኾኑዎ ድምጹ እናተቘራረጸ፡ "ኣንታ ዕንድኮር ዓይነይ፡ ናይ ብሓቂ'ኮ እየ ናፊቐካ ውዒለ!" በሎ።

"ኣነስ ከምኡ እንድኣለይ ኣንታ ወዲ ዕምረ! እንታይ'ሞ፡ 'ሰውራ የፋቅር'ምበር ኣየማኑን' ኢሎሞ፡" በለ ዕንድኮር።

ኣሕመዲ ተደፋኒቑ ርእሱ እናነቕነቐ፡ "ሎሚ ውግእ ሳሊና ንሓዲኣ እያ። ክሳብ'ዚ ደብዳብ ከቢድ ብረትና ዝውድእ ግን፡ እታ ኩሉ ግዜ ተስምዓኒ ዝነበርካ ግጥምኻ፡ 'ዕጫይ በጺሓ እንተተሰዋእኩ 'ወየ' ትኹነኒ፡ ንስኻ እንተተሰዊእካ ድማ ንዓይ 'መዘከርታ' ክትኩነኒ ኣስማዓኒ፡" በሎ ብሓውሲ ልማኖ።

ኣነ ኣብ ሞንጎኦም ኣትየ፡ "ካብ መዓስ ደኣ ዕንድኮር 'ኣውሎ' ይኸውን 'ማሰ' ዝበለ ወደይ!" በልኩ።

ዕንድኮር ንዘረባይ ደጊፉ፡ "ሓራም በል፡ እዝጊ'ፍለጠካ! ንሱ'ኳ ይላገጽ እዩ ዘሎ። ዕንድኮር ደኣ ካብ ምጭራቕ ሓሊፉ፡ ግጥሚ ወዲ ግጥሚ ኣየናይ ኢሉዎ!" በለ።

ኣሕመዲን ንዕንድኮር ኣብ ክሳዱ ሒዙ ርእሱ እናደረዘ፡ "ረሲዕኪያ'ምበር፡ እታ ኣብ ዓዲሓውሻ ዓሪድና እንከለና ዝገጠምካያ። ሕጂ ምስ ዘለናዮ ኩነታት ሰምሃር፡ ኣተኣሳሲርካ ክሳብ ተበገሰ ዝበሃል ኣስምዓኒ።" ብምባል ኣጥቢቑ ለመኖ።

ዕንድኮር ድሌት ዓርኩ ከማልእ፡ ነታ ኣብ ስሓርቲ ንዋዛ ኢሉ ዝገጠመሉ ምስ ውግእ ሰምሃር ኣዛሚዱ ከምዚ'ሉ ማሰ በለሉ፡

ኣሕመዲኖ እንዲኻ ኣሕመዲን ወዲ-ዕምረ
ዘይሰበር ከውሒ ከም እምኒ-ዓረ
ጅግና ኢኻ ብዓል ሓቦ፡ ብዓል ቊምጣስረ
ኣብ እጋሩ ጊተር፡ ኣብ ኢዱ ቦምባ ዝዓተረ
ሳሕል ተመሲሑ ሰምሃር ዝተደረ
መዓስከራት ደጎልን ማይኣጣልን ብቕልጽሙ ዝሰበረ፡
ንፈተውቱ መዓር ንጸላኣቱ ዕረ
ተስምዓና ግዲ ትኸውን ጥዑም ወረ።

ዘራያትዶ ኣብዚሑ ኣለናልካ ዝብሉ ምሳኻ
ሓደ'ኳ ክትሰእን ደው ዝብል ኣብ ጉድንኻ
የግዳስ እምነትካ ካብ ኩነ ኣብ ህዝብኻ
ዘበት ኣይከኣሉን ከድንኑ ርእሰኻ።

ኣሕመዲኖ በል ኣስተማቕሮ'ዚ ቀይሕ ባሕርና
ኣብ ግንባርካ ጥይት፣ ኣብ ዳንጋኻ ጭቃ-ሳሊና
ሰዓቱ ኣኺሉ ኣፍ ሞት ካብ ረገጽና
ናይ ምስንባት ደኣ ከይትከውን'ዛ ዕላልና።

ድሕሪ ምባል፣ ግጥሙ ገና መዛዘሚ ከይገበረላ እንከሎ፣ ካብ ጻት ንጻት፣ "ህጀም! ተለዓል! ተበገስ፣" ዝብል ድምጺ ተቓልሐ'ሞ። እታ ልምድቲ፣ 'ኣብ ዓወት የራኽበና' እትብል ሓረግ'ውን ከይተበሃሃሉ ተፈላለዩ።

02፣15 ድ.ቐ ካብ ምብራቓዊ ሸነኽ ስኔማ ኣይዳ ክሳብ ከባቢ ፋብሪካ ስሚንቶ ዓሪደን ዝነበራ ሓይልታት፣ ብዝተዋህበን ቦታታት መጥቃዕቲ ክብገሳ፣ ህጀም! ተበገስ! ዝብል ትእዛዝ ካብ ጫፍ ንጫፍ ተመሓላለፈ። በጦሎኒ 4.3ን 70.2ን ካብቲ ዓሪድናሉ ዝወዓልና ደንደስ መንገዲ ባቡር ብቕጽበት ተበገስና። ሓንቲ ሓይሊ በጦሎኒ 70.1 ድማ፣ ካብ እንዳ ሚካኤል ክሳብ ሲኔማ ኣይዳ ተዘርጊሓ፣ ንስጋለት ቀጣን ንየማን ሓዲጋ ንቕድሚት ገስገሰት። ተጋዳላይ፣ ከም ኣብ ገዝኣ ተኣሲራ ዝወዓለት ብተይ፣ "ሕጂ ሕራይ ኩነ! ሕጂ ሓዘት!" እናደበለ ተሰራሰረን ዓንደረን።

ካብ መንገዲ ባቡር ሚእቲ ሜትሮ ዝኸውን ንውሽጢ ሳሊና ገጽና ምስ ተጓዓዝና፣ ምስ ሓደ ነዊሕ ገድላዊ ተሞክሮ ዝነበሮ፣ ኮሚሳር ሓይሊ 4.31 ኣማኑኤል (ወዲ-ጠሊፋ)፣ ቅድምን ድሕርን ኴንና ጉዕዞ ጀመርና። ንሱ ካባይ ንጸጋም ንወገን ምብራቕ ኣቢሉ ንበይኑ ፍንትት ኢሉ፣ ካብ ሓይሉን ጋንትኡን ተፈልዩ መረሸ። ግደ ሓቂ ንበይኑ ምኻዱ ደስ ኣይበለንን። ኣነ ድማ፣ "ኣንታ ወዲ-ጠሊፋ እንታይ ደኣ ካብ ሰብካ ተፈሊኻ በይንኻ ንምብራቕ ገጽካ ትጓዓዝ፧ ከምኡ ይሓይሽ፧" በልኩዎ።

ወዲ-ጠሊፋ እናሰሓቐ ብሓውሲ ጭርቃን፣ "ወዲ ዕንጸይቲ ኣይፈለጥካያን እምበር፣ ሞርታር ጸላኢ ኣብ እኩባት ሰባት እያ ትወድቕ። ኣብ ሳሊና ንበይንኻ እልይ ኢልካ ምጓዓዝ እያ ተዋጽእ፣" በለ።

ብመልሱ ስለ ዘይዓገብኩ፣ "ክላ ሰቕ በል! መዓልትኻ እንተኣኺላ፣ ቦምባ

ጸላኢ ተፈንቲትካ ኣይትገድፍ ተኣኪብካ፡ ኵሉ ሓደ እዩ፡" ምስ በልኩዎ፡ ተዀሰ ጻዕዲዑ ናበይ ኣቢሉ ከም ዝተሰወረ ኣይዝክሮን።

* * *

ንሕና ክንብገስ እንከለና፡ ሓደ-ክልተ ጋዜጠኛታት ወጻኢ፡ ኣብ ደንደስ መንገዲ ባቡር ከባቢ እንዳ ምካኤል ኲይኖም ካሜራታቶም ኣዋዲዶም ክስእሉ ጀመሩ። 'ሳይሞን ድሪንግ'[22] ጋዜጠኛ ቢቢሲ፡ ኣብ ውሽጢ'ቲ ርሱን ዓውደ-ውግእ ኲይኑ ኣብ ካሴት ዝቐረጾ፡ ድሒሩ ብመንገዲ ራድዮ ቢቢሲ World service for Africa ብዛዕባ ውግእ ሳሊና ንዓለም ከምዚ ክብል ኣቃልሐ።

"ሕጂ ልክዕ 2፡15 ድ.ቐ እዩ ዘሎ። ተጋደልቲ ህዝባዊ ግንባር ካብ ከባቢ ቤተ ክርስትያን እንዳሚካኤል ተበጊሶም ናብ ሳሊናን ናሻል በይዝ ገጾም ይምርሹ ኣለዉ። ከቢድ ብረት ህ.ግ.ሓ.ኤ. ንሳሊና ይድብድብ ኣሎ። ተጋደልቲ ናብ መዓስከር ሓይሊ ባሕርን ፋብሪካ ጨውን ገጾም ይግስግሱ ኣለዉ። ነቲ ኣብ ቅድሚኦም ዘሎ ድፋዓት ኢትዮጵያ ንምፍራስ ትሑት ግምት ዝሃቡዎ ይመስሉ። ኣብቲ ግንባር ዘለዉ ሶቭየታውያን ኣማኸርቲ ብቛንቋ ሩስያ ገይሮም ንሓድሕዶም ክራኸቡ ብናይ FM ሜተር-ባንድ ራድዮ ገይረ እሰምዖም ኣለኹ። እቲ ዘገርም መራሕቲ ኢትዮጵያ ንቖራጽነትን ትብዓትን ተጋደልቲ ከም ናይ ውግእ ውሉፋት ገይሮም ምርኣዮም'ዩ፡"።

ክልተ ወርሒ ድሕሪ ውግእ ሳሊና፡ ኣዳላዊ'ዛ "Network Africa፡" ነቲ ኣብቲ እዋን'ቲ ኣብ ዓዲ እንግሊዝ ዝነበረ ምኽትል ወጻኢ ጉዳይ ምኒስተር ሜጀር ዳዊት ወልደገርጊስ ረኺቡ፡ ኣብ መደብ ራድዮ ቢቢሲ፡ ቃለ-መጠይቕ ገይሩሉ ነበረ። ነቲ ጋዜጠኛ ሳይሞን፡ ምስቲ ኣብ ውሽጢ ሳሊና ኲይኑ ዝልኣኾ ዜና ኣዛሚዱ፡ ድማ፡ ብዛዕባ ተሳትፎ ሓይሊ ወጻኢ ኣብ ኤርትራ፡ በዳሂ ሕቶታት ኣቕረበሉ። ሜጀር ዳዊት ወልደገርጊስ ነቲ ጋዜጠኛ ብዘይ ሕንከት፡ ከምዚ ክብል መለሰ፤

"ሶቭየታውያን፡ ኲባውያን ይኹኑ የመናውያን ወተሃደራት ኣብ ሰሜን (ኤርትራ ማለቱ'ዩ) ይኹን ኣብ ምብራቕ ኢትዮጵያ (ኦጋዴን) የለዉን። ብሓጺሩ፡ ኣብ ክፍለ ሃገር ኤርትራ ናይ ወጻኢ ሓይሊ ዝበሃል የልቦን። ነዚ ኣብ ኤርትራ ዘሎ ምንቅስቓስ ውሑዳት ሸፋቱ ንምሕምሻሽ፡ ኢትዮጵያ ሓይሊ ወጻኢ ኣየድልያን'ዩ። ብኣንጻሩ ግን ወንበዴታት፡ ብሃገራት ሶርያ፡

ሰውድያን ዒራቕን ተሓጊዞም ንኽፍለ ሃገር ኤርትራ ምስ ዓረብ ክጽንብርዋ ይዋግኡ ኣለዉ፡"።

ውሩይን መሓዛ ሰውራ ኤርትራ ዝነበረ ኣመሪካዊ ጋዜጠኛ ዳን ኰነል![23] ኣብቲ ንሳሊናን ሓይሊ ባሕርን ንምሓዝ ዝተገብረ ቀዳማይ መጥቃዕቲ ሳሊና ዝተዓዘቦ ከምዚ ክብል ገሊጾ፤

"23 ታሕሳስ 1977 ምስ ሳይሞን ድሪን ከምኡ'ውን፡ ሚካኤል ዌልስ ዝበሃሉ ጋዜጠኛታት ቢቢሲ ኰይነ፡ ኣብ ደንደስ መንገዲ ባቡር፡ ፊት ቤተ ክርስትያን እንዳ ምካኤል፡ ንስርሐይ ዝጥዕመኒ ቦታ ሒዘ፡ ነቲ ስርሒት እከታተሎ ኣለኹ። ኣብ ሓይሊ ባሕሪ ሳሊናን ፋብሪካ ስሚንቶን ከባቢ 6000 ሰራዊት ኢትዮጵያ ኣሎ። እታ ካብ ብጊሓቱ ሰላም ሰፊኑዋ ዝወዓለት ከተማ ባጽዕ፡ በቲ ካብ ድሕሪት ዕዳጋ ዝፍኖ ዘሎ ሞርታራት ህዝባዊ ግንባር ትናወጽ ኣላ። ደብዳብ ከቢድ ብረት፡ ከም ኣብ ድሮ "ሓድሽ ዓመት" ዝትኰስ ናይ ደስደስ "ርሺት" ኰይኑ ተሰሚዑኒ። ክልተ ሰኣልቲ ክፍሊ ዜና ህዝባዊ ግንባር ተጸምቢሮሙና ኣለዉ። ሕጂ ከባቢ 2፡30 ድ.ቐትሪ'ዩዘሎ። ደቀንስትዮ ተጋደልቲ ዘለዎ፡ ሓይልታት ህዝባዊ ግንባር ካብቲ 2.6 ሜትሮ ብራኸ ዝነበሮ መንገዲ ባቡር ገምገም ሳሊና ተበጊሱ፡ ንናሻል ባይዝን ሳሊናን ንምጥቃዕ ንቕድሚት ይምርሽ ኣሎ። ተጋደልቲ ጉዕዝኦም ንቕድሚት'ዩ ዘሎ። ሓንቲ ጂፕ ናይ 105 ሚ.ሜ ዝጸዓነት ወተሃደራዊ ማኪናን ከምኡ'ውን ክልተ ኣውቶብሊንዳ ታንክታት፡ ካብቲ ቅድሚ ፋብሪካ ሳሊና ዘሎ ስርሓት ጣልያን ስራሓት ህንጻ (ካስቴሎ) ወጺኦን ሻምብቆታተን ናብ ተጋደልቲ ኣቕኒዐን ክትኩሳ ይርአያ ኣለዋ። ብሰማይ F5፡ Mig-21 ከምኡ'ውን፡ ካምቤራ ስራሓት ሶቭየት ነፈርቲ፡ ብደቡብ የመናውያን ኣብረርቲ እናተመርሓ፡ ኣብ ልዑል ብራኸ ኰይነን ቦምባታት ኣብ ልዕሊ ተጋዳላይ፡ ከም ማይ የዝንብኦ ኣለዋ። በቲ ኵነታት ተመሲጠ ካብ ዝነበርኩዎ ጉድጓደይ ወጺአ ስእሊ ክወስድ ጀመርኩ። በቲ ኣብ ጥቓይ ዝዓለበ ድምጺ መድፍዕ፡ የማነይቲ እዝነይ ንግዚኡ ካብ ምስማዕ ስርሓ ኣቋሪጻ ኣላ። ውጉኣት ተጋደልቲ ናብቲ ዝተበገሰሉ ናብ ዕዳጋ ገጾም ንድሕሪት ብብዝሒ ክግዕዙ ምስ ርኣኹ፡ ተጋደልቲ ከምቲ ዝሓሰቡዎ ከም ዘይቀንዖም ተገንዘብኩ፡"

* * *

2፡30 ድ.ቐ'ዩ፡ ጸሓይ ድሮ ካብ ምብራቕ ናብ ምዕራብ ገጻ ክትዛዙ ጀመረት። ጮራ ብርሃን ጸሓይ ካብ መንበስበስትና ሓሊፉ ንየማናይ ክፋል ገጽና ኣጥቀዐ። ነቲ ካብ ገጽና ዝውሕዝ ዝነበረ ርሃጽ ብኸብዲ ኢድና

እናደረዝና፡ ኣእጋርና ንቕድሚት፡ ኣዕይንትና ከኣ ክሳብ ደረት ትርኢት ፋብሪካ ጨውን ናቫል በይዝን ካብ ምቍማት ኣየቋረጻን። ተጋዳላይ ምስ ሞት ተፋጠጠ። ብዓወት ክዛዞሞ ምኳኑ ግን፡ ቅንጣብ ጥርጥር ኣይነበሮን።

ኣባላት'ዛ ከቢድ መስዋእቲ ዝኸፈለት ሓይሊ 70.13 (ስምኦን ርእሲምራኽ፡ ኣብርሃም ዘርኣይ፡ በላይ ተስፋዮናስ) ናይዛ ጸላም መዓልቲ ውዕሎ፡ እናስተንተኑ ብኸምዚ ገለጹዎ፡

"ሃጀምቲ ተገዲምና ጉዕዞ ንመስዋእቲ "ሀ" ኢልና ፈለምናዮ። እዛ ካብ ሲኔማ ኣይዳ ንምብራቕ ወገን ጸሊም ተጉዝጕዛ፡ ብየማንና ወገን ኣሲራ ንሳሊና (ግራር) ትምርሽ ዝነበረት ሓይሊ 70.13 ጎዕዞ ኣፋረቐቶ፡ ጸላኢ ማይ ባሕሪ ስለ ዝፈነወልና ድማ፡ ኣብ ሓደጋ ወደቕና። ዕምቛት ባሕሪ እናወሰኸ ከደ። ናይ ባህሪ ተጻብኦ ጥራይ ከይኣክል፡ ብወገን ስጋለት ቀጣን ዝዓረደ ጸላኢ'ውን፡ ብጎድኒ ስለ ዘጥቅዓና፡ ልዕሊ ፍርቂ ኣባላት'ዛ ሓይሊ፡ ማለት ከባቢ 64 ዝኾኑ ኣብ ባሕሪ ጠሊቖም ተሰውኡ። ኮሚሳር ሓይሊ ኣተወብርሃን ኣብ ግራት ሳሊና ኣብ እግሩን ኢዱን'ኳ እንተተወግአ፡ ንቕድሚት ካብ ምምራሽ ደው ኣይበለን። ኣባል'ዛ ሓይሊ ኣብርሃም ዘርኣይ፡ ንኮሚሳር ሓይሊ ኣተውብርሃን ቀለታ (ሩጥባ) ካብ ሰልሚ ጨው ሳሊና ኣውጺኡ ሂወት ክሰኹዓን ክሕግዞን ተቓለሰ። እንተኾነ ኣብርሃም ዘርኣይ ፍረጻምኡ ኣይረኸበን። 'ሩጥባ' ንሳልሳይ ግዜ ኣብ ከብዱ ስለ ዝተወግአ፡ ደሙ ወዲኡ ኣብ ካናለታት ሳሊና ተሰውአ።" በሉ።

ኣቓልቦና ናብ ጸላኢ ስለ ዝነበረ፡ ንዕምቈት'ቲ ባሕሪ ግዲ ከይገበርናሉ ጉዕዞ ቀጸልና። ፍሽኽታ ዘይፍለዮ ገጽ ተጋዳላይ ንእለቱ ተቐየረ። መትንታትን ጭዋዳታትን ተገተሩ። ዕምቈት ማይ ባሕሪ ስርሑ ኣይገደፈን። ካብ ክሩኹሮ እግርና ናብ ዳንጋና ገጹ በጽሐ። ሽዑ'ውን ጉዕዞ ንቕድሚት ቀጸለ። ዕምቈት ባሕሪ ካብ ዳንጋ ናብ ብርኪ ደየበ፣ ነቲ ጨርባሕባሕ ብረትን ድምጺ ከቢድ ብረትን፡ ጨብረቕረቕ ባሕሪ ተወሲኹዎ መሬት ተናወጸት። ካላሽናት ማይ ጨው ከይኣትዎ ልዕሊ ኣፍ ልቢ ተዓትዒቱ ብልዑል ጥንቃቐ ተታሕዘ።

መሬት ተሓዋዊሳ'ያ! ኣልገብካ ጥራይ ህረም!

እቲ ብሰንኪ ረስንን ጽፍሪ ብረት ምስባርን ኣቋሪጹ (ዓኪሱ) ዝጸንሐ ደብዳብ ከቢድ ብረት ስርሑ ክቕጽል ምድላዋቱ ወድአ። እንተኾነ፡ ሓይልታት ጉዕዞ ኣፋሪቐንኦ ስለዝነበራ፡ ሓለፍቲ ከቢድ ብረት ደብዳብ

ክቅጽሉ ኣሽገሮም። እቲ ደብዳብ ክቕጽል ድዩ ወይስ ክቋርጽ ዝውስኑ፡ እቶም ኣብ ውሽጢ ዓውዲ ውግእ ዝነበሩ ሓለፍቲ ስለ ዝኾኑ፡ ፍቓድ'ቶም ኣብቲ ቅድመ ግንባር ኲይኖም ውግእ ዝመርሑ ዝነበሩ ላዕለዎት ሓለፍቲ ክረኽቡ ነበሮም።

ተጋዳላይ ስብሃቱ ጎይትኦም (ድንሽ)፡ ነታ ፍልይቲ ፍጻመ ዘኪሩ ከምዚ ይብል፦

"ኣነ ከም መራሒ መኪና ከቢድ ብረት ብርጌድ-76፡ ምስ ቀዳማይ መድፍዓጂ መምህር በራኽን፡ ካልኣይ ተሓጋጋዚ ብኣለይ-መለይ ዝፍለጥን ኴንና፡ ነቲ ብስም 'ማሕታ ሽውዓተ' ዝፍለጥ ክልተ ኣፉ (ዙ23) ጉቲትና፡ ካብ ውግእ ሰሓጢት ክሳብ ዕዳጋ፡ ማዕረ ኣጋር ሰራዊት ተሰሊፍና ተዋጊእና። ካብ ምሒር ምትኳስ ጠያይቲን ሻምብቆ ብረት ምርሳንን መልሓስ'ቲ ብረት ተሰይሩ ዓከሰ። ሽዑ ብናይ ቀረባ ሓላፊና፡ ጉይትኦም መንግስቱ (ቓይንዝ) ቅያር ከነምጽእ መምርሒ ተዋሂበና'ሞ። ኣብ ውሽጢ ውሑዳት ደቓይቕ ዝተዋህበና ተልእኾ ኣማሊእና ተመለስናን ንዝመጽእ ስራሕ ተዳለናን። ሃጀምቲ ሓይልታት ግን ድሮ ንጉላጉል ሳሊና ኣፋረቕዎ። ካብቶም ኣብ ዓውደ-ውግእ ማዕረ ብጾቶም ተሰሊፎም ምስ ጸላኢ ዝተሓናነቑ ዝነበሩ መራሕቲ ውግእ፡ ፍቓድ ምርካብ ግድነት ስለዝነበረ፡ ሓላፊ ከቢድ ብረት ምስ ኣዛዚ በጦሎኒ ገረዝጊሄር ውጩ ብራድዮ ተራኸበ። ገለ ካብ ትሕዝትኡ፡ 'ሃለው! ሃለው! ትሰምዓኒዶ ኣለኻ፧ ኣነ ማሕታ ሽውዓተ'የ'

'እወ እሰምዓካ ኣለኹ! ቀጽል።'

'ኵነታት ከመይ ኣሎ፧'

'ግርም ግርም።'

'እሞ! እቲ ትፈልጦ ሻምብቆ ተዳልዩ ኣሎ፣ ክንቅጽልዶ፧"

'ቀጽል! ቀጽል! ቦሎ ደስቀ።'

"ንስኹም ደኣ እሞ! ምስኣን ተሓዋዊስኩም እንዲኹም ዘለኹም፣ ክንሃርም ከጸግመና'ዩ። ከመይ'ሉ ክጥዕመና፧"

'ደሓን ዓርኩ! መሬት ተሓዋዊሳ'ያ ዘላ። ሕጂ ንድሕሪት ምምላስ የሎን። ንኹላትና ምስኣን ሓዋዊስካ ኣልሚምካ ጥራሕ በለና ቓው፡' ምስ በለ፡ ገረዝጊሄር 'ውጩ' ራድይኡ ዓጽዩ፡ ጉዕዝኡ ንቕድሚት ቀጸለ።"

ካልኦት፡ ኣብ ጥቕኡ ዝነበሩ ክልተ ላዕለዎት ሓለፍቲ፡ ኣብዛ "ኣልሚምካ ህረመና" እትብል ዘረባ ተመሳሳሊ ሓሳባት ኣቕሪቦም።

"ተጋደልቲ በጦሎኒ 4.3ን 70.2ን፡ ካብ ከባቢ እንዳ ምካኤል ብሓባር ንሳሊናን ናቫል-በይዝን ህጁም ተበገሱ። ነቲ ኣብ ቅድመኦም ዘጸንሖም መስገደላት ስጊሮም ምስ ጸላኢ ተሓዋወሱ። ተጋዳላይን ጸላእን ክትፈልዮ ኣብ ዘይትኽእለሉ ደረጃ ድማ ተቐራረቡ። ኣባላት ከቢድ ብረት ህዝባዊ ግንባር ኣዘዮም ተሸገሩ። ኣብዚ'ዩ ድማ ማእከልነት በጦሎኒ-70.2 ገረዝጊሄር (ውጩ)[24]፡ "ንሕና ምስ ጸላኢ ተሓዋዊስና ኣለና። ንጸላኢ ፈሊኻ ክትሃርም ስለ ዘይትኽእል፡ ንኹላትና ኣልሚምካ ህረመና፡" ዝበለ። ከምዚ መበሊኡ፡ ንጸላኢ ካብ ተጋዳላይ ፈሊኻ ክትሃርሞ ኣብ ዘይከኣለሉ ደረጃን ስለዝተበጽሐ፡ ኣብ ካናለታት ሳሊና ኣቲኻ፡ ብጥይት ጸላኢ ይኹን ብደብዳብ ከቢድ ብረት፡ ኩሉ ሞት'ዩ፡" ካብ ዝብል እምነት ዝተበገሰ ምንባሩ ይግልጹ።

ኣብቲ ኣቐዲሙ ዝተላዕለ ዓቢ ኣርእስቲ (ውግእ ሳሊና) ክምለስ። ሓይልና ኣብ ጉላጉል ሳሊና ዝጀመረቶ ምረሻ ከይተዓናቐፈትን ተኾሲ ፎኩስ ብረት ጸላኢ ከይሰምዐትን ንቕድሚት ቀጸለት። ሚእቲ ሜትሮ ዝኸውን ንቕድሚት ምስ ተጓዕዘት፡ ጥልቀት ባሕሪ ወሰኸ። ማይ ባሕሪ ካብ ዓንካር ዓንካሪትና ልዕሊ ዳንጋና በጽሐ፣ ሰልሚ ጨው ሳሊና ምስ እግርና ከም ኮላ ተጣቢቑ ንምንቅስቓስ ኣጸገመና። ጉያን ዘብዘብን ተሪፉ፡ ናብ ዘርጠብጠብን ሰለይ ምባልን ገጹ ተቐየረን ናህርና በብቑሩብ ነከየን።

ሰልሚ-ባሕሪ ምስ ድኻም ተደማሚሩ ንጉዕዞ ዓንቃፊ ኰነ። ሓደ ፍሉይን ዘይንቡርን ፍጻመ ኣብ ቅድመይ ክርኢ ምስ ጀመርኩ፡ ኣብ ዘይውጻእ መስገደል ንእቱ ከም ዘሎና ተረደኣኒ። ወዲ ሓይለይ ይሕደጎ (ወዲ-ኣቡን)፡ ኣብ ጭቃ ሳሊና፡ ከም እግሪ ዝተክል ቁልዓ ክወድቕን ክትንስእን መላእ ኣካላቱ ብጭቃ ክቆማጣዕ በቲ ሓደ፡ ደም ተጋዳላይ ናብ ባሕሪ ክፈስስን ማይ ባሕሪ ሕብሩ ናብ በለቕ ገጹ ክቕይር በቲ ኻልእ ምስ ተዓዘብኩ፡ ኣብ ቅድመና ዝጽበየና ዝነበረ መሰናኽል ኣዝዩ ከቢድን መስዋእቲ ዝሓትትን ከም ዝኸውን ኣይተጠራጠርኩን።

ይሕደጎ ኣቡን ወልደገርግሽ (ወዲ-ኣቡን)፡ ካብ ተኽሊጥ ናቕፋ ጀሚሩ ኣብ 4.33 ጋንታ "ቓዛፊ" ኣባል ሳልሳይ ጋንታ ነበረ። ወዲ ኣቡን ሕብሩ ናብ ጽልሚ ዝኸደ፡ ጽሙእ ነብሲ ዝውንን፡ ጥዕና ዝጉደሎ፡ ግን ከኣ ብሓቦን ኒሕን ዝቃለስ፡ ብዕድመ ዝደፍአ፡ ዝበዝሕ ግዜ ናይ ኮለይ ዕጥቂ ዘዘውትር ሓቦኛ ተጋዳላይ'ዩ ዝነበረ። ብግምተይ ኣብቲ እዋን'ቲ 30ታት ረጊጹ ነይሩ ይኸውን እብል።

ቅድሚ ናብ ሳሊና ምብጋስና፡ ብመሰረት ዝተዋህበ ወተሃደራዊ መምርሒ፡ ተጋዳላይ ነዊሕ ስርኡ ክቖርጽ እንከሎ፡ ወዲ-ኣቡን ግን ከም'ቶም ደቂ

ጋንትኡ ዘወናውን ቅርጺ ኣካላት ስለዘይተዓደሎ፡ ብጾቱ ከይጨርቁሉ ካብ ዝብል፡ ምናልባት'ውን ኣብ ሳሊና ምስውኣይ ኣይተርፈንን'ዩ ብምባል ሓሲቡ ይኸውን፡ ነዊሕ ስርኡ ከይቈረጸ እዩ ናብ ህጁም ሳሊና ዝኣተወ። ማይ ባሕሪ ካብ ዳንግኡ ናይ ብርኩ ምስ በጽሐ፡ ጭቃ ባሕሪ ኣብ ስርኡ ተለጢፉ ክብደት ወሰኸሉ። ኣብ መዓጥቖኡ ብዘይካ ዓጽሚ (ዕባራ ነብሲ)፡ ስጋ ስለ ዘይነበሮ፡ ስርኡ ከይተፈለጦ ንታሕቲ ስለዝወረደት፡ ብኽልተ ኣእዳዉ ደጊፉ፡ ናብ መዓንጥኡ ገጹ ኣደየባ። ወያ ተካሊት ስረ ኣይጸንሐትን ናብታ ዝነበረታ ናብ ብርኩ ገጻ ወረደት። ሕጂ'ውን ኣይረብረበን፡ ንስርኡ ብጸጋማይ ኢዱ ደጊፉ ሓፍ ኣበላ። ንሱ ስርኡ ከደይብ ሰልሚ ሳሊና ንስርኡ ከውርዳ ተረባረበ።

ጉዕዞና ቀድሚትን ድሕሪትን ስለዝነበረ፡ ወዲ ኣቡን ምስ ስርኡ ክቃለስ እንከሎ ይዕዘቦ ነበርኩ። ኣብ ዝኾነ ኣጋጣሚ ኣብ እንራኸበሉ ግዜ ንጨራረቐ'ኳ እንተነበርና፡ ኣብ ሳሊና ግን ኣብ ኣፍ-ሞት ኴንካ'ሞ ጭርቃን በየን ትምጻእ! ነገር ተጋዳላይ ዋዛ ከይተርፍ፡ በዛ ኣጋጣሚ ኣብ ህጁም ሳሊና ዝተዓዘብኩዋ ንእሽቶ ፍጻመ ክጨርቀሉ ኢለ፡ "ኣንታ ወዲ-ኣቡን! ከም ሰብካ ግዳ ስረኻ ዘይትቘርጾ ነበርካ። ሕጂዶ ይሓይሸ፡ ከም ክዳን ዝገፍሖ ቈልዓ ምስ ስረኻ ምብኣስ፤ ወይስ እዘን ስልኪ ዝመስላ ዳናጉኻ የሕፈረናኻ እየን፧" በልኩዎ ጉድኒ-ጉድኒ እናመረሽና። ወዲ-ኣቡን ብድኻም ተኻኢሉ ስለዝነበረ ቅጭ መጺእዎ፡ "ክላ ስቕ በል! ንስኻ ከኣ ጭርቃን ተራእዩካ፡ ኣርኪብካሉ። ሳሊናዶ ከምዚ ገይራ ትሓዋውሰና መሲሉኒ! ከም ዝኾነ ውሕጅ ንሓልፎ በልኩ'ምበር!" በለ። ወዲ-ኣቡን ብኸምዚ መንገዲ ንቕድሚት ክቕጽል ስለዘይከእል፡ ሽግሩ እንተ ተቓለሉ ብማለት፡ "በል ኮስትሞኻ ከይመሎቐት እንከላ፡ ነዛ ብጭቃ ተለዋዊሳ ዘላ ነዋሕ ስረኻ ኣብ ባሕሪ ደርቢኻ፡ ነታ ኣብ ርእስኻ ተጠምጢምካያ ዘለኻ ኵሹኽ ኣብ ሞንጎ ክልተ ሰለፍካ የሕሊፍካ ከም ኣገልድም (ስረ)፡ ተዓጠቓ" ምስ በልኩዎ፡ ተኾሲ ጻዕጽዐ'ሞ፡ ብኸመይ ከም ዝተፈላለና ኣይፈለጥን።

* * *

ጸላኢ ኣብ መጻወድያኡ ክሳብ እንበጽሕ፡ ኣብቲ ብዶዘራት ዝኾዓቶ ሓድሽ ዕርዲ ሳሊና ኲይኑ ኣድብዩ ንግስጋስና ብደቂቕ ተኸታተሎ። ኣብ ጉዳጉዱ ኲይኑ፡ ንመጥቃዕቲ ኣብ ዝጥዕም ቦታ ክሳብ ንበጽሕ ብዙሕ ጥይት ኣይተኵሰን። ገለ ገለና፡ "እምበርዶ ጸላእስ ኣሎ'ዩ፣ እምበርዶ ክገጥመና'ዩ፧" ብምባል ብህላወኡ ተጣራጠርና።

ዕቍባይን ተኽለን፡ ኣብ ማእከል ሓይሊ ኲይኖም ምስ ቀዳሞት ሃጀምቲ ተገዲሞም ንቅድሚት መረሹ። ንቐዳማይ ግራት ጨው ሳሊና ብሓባር ሰገርናዮ። ነዊሕ ከይከድና፡ ከባቢ 2፡35 ድሕሪ ቐትሪ ይኸውን፡ ቀሺ እታ ጥዕይቲ የማነይቲ ኢዱ ብጥይት ክትህረም እንከላ፡ ኮምሽነር ሓይሊ ተኽለ ኣብ እግሩ ተወግአ።

ዝተጀመረ ጉዕዞ ሳሊና ኣብ መዕለቢኡ ክበጽሕ ስለዝነበሮ፡ ራድዮ ካብ ዑቕባይ ተረከብኩዋ። ተኽለ ብኢደይ ሒዙ፡ "በል ንኹሉ ሰብ ዝበጽሖ ዕጫ በጺሑና እዩ - ኣይትሕመቐ ድሀኽ! ድሀኽ! ኣብሉወን፡" በለኒ። ኣነ'ውን፡ ነታ ኣብ ምብጋስና ዝተዋህበትና "ንውጉእ ክትሕክም ዘይምፍታን፣ ገዲፍካዮ ንቅድሚት ቀጽል፡" እትብል ትእዛዝ ከኽብራ ስለ ዝነበረኒ፡ ንጭርቃን ዝኣክል፡ "በሉ ብጾት፡ ዝሕክሙ ብድሕሪት ይመጽእኹም ኣለዉ። እንተ'ቲ ንጸላኢ ምድሃኽ ግን ቅሰኑ፡" ኢለዮም መንገደይ ቀጸልኩ። ቀሽን ተኽለን ሓያል ወልፊ ሽጋራ ስለዝነበሮም፡ ተኽለ ብኢደይ ሒዙ፡ "ስማዕ! ሽጋራ ከይትርስዕ፣ ያ ዞል! በጃኻ ሓንቲ ስቴካ ሓዘልና ኢኻ፡" በለኒ፡ ናቫል በይዝ ከም ትተሓዝ ውዱእ ወሲዱ። ኣነ ነታ "ክንብርኩት ዘይክንብርኩት ኣብ ሩባ ንብጸሕ" እትብል ምስላ ዘኪረ፡ "ኣጆኻ ንሱስ ትሑዝ'ዩ!" ንምባል ርእሰይ ነቕነቕኩሉ። ሃጀምቲ ሓድሕድና እናተረኣኣናን እናተሓጋገዝናን ተገዲምና ንቅድሚት ቀጸልና።

ኣብ ውሽጢ ሳሊና ምስ ኣተና፡ ኣብ ሓደ ህሞት ኣንጻር ክልተ ዓበይቲ ተጻብኦታት ገጠምና። ገና ኣብ ዕላማና ከይበጻሕና ንጉዕዞና ዝፈታተን ብሰማይ ምቼት ጸሓይ፣ ብባሕሪ ዳናጉና ዝውሕጥ ጭቃን ኣዛሒት ባሕርን፣ ከምኡ'ውን፡ ናብ ኣዕይንትና ዝኣቱ ማይ ጨው ክኸውን እንከሎ ካልኣይ ድማ፡ እቲ ካብ ኣፍ ሻምብቆ ዘመናውያን ታንክታት ናብ ግንባርና ቀኒዑ ዝትኩስ ዝነበረ ጠያይቲ እዩ።

ነዊሕ ከይመረሸኩ፡ ኣብ የማነይቲ እግረይ ዝነበረት ሽዳ ከምዛ ንኣዋርሕ ከተሳልየኒ ዘይጸንሐት፡ ስልሚ ጭቃ ሳሊና ውሒጡዋ ካብ እግረይ ወጺኣ ተሸመመት። ጉዕዞይ ከቕጽል እንተኹይነ፡ ናብቲ ስልሚ ኢደይ ሰዲደ ሃሰስ ክብላ ነይሩኒ። ነታ ካብ ዑቕባይ ዝተረከብኩዋ ራድዮ፡ ብጸጋማይ ኢደይ ንሰማይ ገጸይ ኣንቃዕሪረ፡ ምሉእ ኣካላተይ ክሳብ ክሳደይ ኣብ ባሕሪ ጠለቕኩ። የማናይ ኢደይ ኣብቲ ማይ ባሕሪ ሰዲደ ከነናድያ ሃሰው በልኩ። ኪኖ'ዚ ንውሽጢ ባሕሪ ክጠልቕ ስለ ዘይክእልን ልምዲ ምሕንባስ ስለዘይጸንሓንን፡ ሽዳይ ከም ጡብ ኣደይ ቀቢጸኩዋ። ተቓውሞ ጸላኢ በርትዐ። ነታ ኣብ ምብጋስና ዝተዋህበትና "ክሳብ ትውጋእ ንቅድሚት

ቀጽል" እትብል ትእዛዝ ከኽብር፡ ምስ ብጾተይ ተመዓራሪየ ኣንጻር ኵሎም መሰናኽላት እናገጠምኩ ጉዕዞይ ክቕጽል ግድነት ኰነ።

ዕምቈት'ቲ ከቢድን ፈታንን ስልሚ፡ ካብ ብርክና ናብ ሕምብርትና በጽሐ። እቲ ዘብዘብ ኣካይዳና ምሉእ ብምሉእ ኣቋረጾ። ተጻብኦ ባህሪ፡ ንኣቓልቦናን ምቍማትናን ስለዘዳኸሞ፡ ኣብ ልዕሊ ጸላኢና ክንገብሮ ዝግብኣና ግብረ-መልሲ ተኸሲ ክንትግብሮ ኣጸገመና። ኣእምሮና ተፈራረቐ፡ በቲ ሓደ፡ ነቲ ኣብ ባሕሪ ዝሰጠመ ጫማና ክንፍትሽ፡ ብረትና ማይ ከይኣትዎ ክንከላኸልን ብማይ-ባሕሪ ከይንግፋዕን፡ በቲ ኻልእ ዒላማ ጸላኢ ከይንኸውን ክንከላከልን ክንጥንቀቕን ኣብ ከቢድ ሻቕሎት ኣተና። እቶም ምሉእ ኣካላቶም ኣብ ጕዳጕዲ ተቐቢሮም ክጽበዩና ዝጸንሑ ወተሃደራት ጸላኢ፡ ኣብ ዝጥዕሞም ቦታ ከምዝበጻሕና ምስ ኣረጋገጹ፡ ዒላምኦም ኣነጻጺሮም ንምውቃዕ ምቹእ ዕድል ረኸቡ። ንተጋዳላይ ብተመልከተለይ መሪጾም ኣብ ግንባሩን ኣፍ-ልቡን ክትኰሱን ክጥቅዑን ጀመሩ።

ዕንድኵር መልኣከ-ሞት ኣንጸላሊዩዎን ምሉእ ኣካላቱ ብጭቃ ሳሊና ተሓዋዊሱን እንከሎ፡ ምስ ገነት ንሓጻር ግዜ ተራኸቡ። ገነት በታ ካብ ገጻ ዘይትፍለ ፍሽኽታ ክምስ ኢላ፡ ኣብ እዝኑ ብምቕራብ፡ "ዓርከይ! ኣብ ሳሊና ጨብረቕረቕ'ሞ ከመይ ኣሎ!" በለቶ። ዕንድኵር ብሃሩርን ማይ ጨውን ገጹ ማዳ መሲሉ ከይኣኽሎ ጭርቃን ገነት ተወሲኹዎ፡ "ሰሓቕ ተራእዩኪ ኣንቲ ዕደ! ንስኺ'ኳ ምሕንባስ ተላሚድክዮ ጸኒሕኪ! እንታይ ከይትኹኒ፡ ንዓና ደኣ በልልና'ምበር፡ ከም ህጻን ኣብ ሳሊና ጨብረቕረቕ ንብል ዘለና። ኣየ ተካል ምዕልቲ! ኣየውርድ'ዩ ገነት። ምስ'ዘን ደቂ ተካሊት ግን ደሓን ክንርኣአ ኢና፣ ንማይ ባሕሪ ጕልባብ ገይረን ነብሰን ዘድሕና መሲሉወን ኣሎ። ቀለብ ዓሳታት እንተዘይገይርናየን ዕንድኵር እዛ ስረ ኣይዓጠቕኩዋን!" ምስ በለ፡ ኵነታት ስለዝጸንከረ ሰላምታ ከይተለዋወጡ ተፈላለዩ።

እዞም ካብ እንዳ ምካኤልን ከባቢ ፋብሪካ ስሚንቶን ዝተበገስና ሓይልታት፡ 300 ሜትሮ ንውሽጢ ሳሊና ደፋእናን ጕዕዞ ሳሊና ኣፋረቕናዮን። ጸላኢ፡ ኣብቲ ዘጻወደልና መፈንጠራ ምስ በጻሕና፡ ሓደ ክትኣምኖ ዘጸግም፡ ኣብ ሓሳብና ዘይነበረን ኣብ መጽናዕቲ ዘይተሓቕፈን ኣብ እንተታት'ውን ቦታ ዘይተዋህቦ ሓድሽ ወተሃደራዊ ኵነታት ተኸሲተን ኣሰካፊ ነገር ተጋህደን። ከምቲ ኣሜሪካዊ ጋዜጠኛ 'ዳንኮኔል' ዝበሎ፡

ክልተ ረሸራሽ ብረት ዝጸዓና፡ ስራሓት ኣመሪካ ዝኾና ኣውቶብሊንዳ ዝዓይነተን ታንክታት ጸላኢ፡ ካብቲ ተኸዊለናሉ ዝወዓላ ህንጻ - በሎኽ በላ።

ፍርቂ ኣካላተን ኣብ ጉድጓድ ቀቢረን፡ ሻምብቆ ብረተን ብምቕልቃል፡ ፊት ንፊት ኣብ ቅድመና ተገተራ። ምድሪ ሰማይ ከም ኣፍ ዕንቍ ጸበበትና። ሕጂ'ውን ኣእጋር ተጋዳላይ ንቕድሚት ካብ ምኻድ ኣየቋረጻን። እዘን ሰራማት ታንክታት፡ ኣብቲ ናይ ሓፈሻዊ ወተሃደራዊ መጽናዕቲ ወገን ዝኣተዋ ኣይመስላን። ህላወአን ኣቐዲሙ ተፈሊጡ እንተዝኸውን፡ ገለ ብልሓት ምተሓስበለን ነይሩ እብል። መኽንያቱ፡ ኣብ ልዕሊ ተጋዳላይ ዘውረድኦ ክሳራ ቀሊል ኣይነበረን።

እዘን ታንክታት ቅድሚ'ቲ ኣብ ጉድጓድ ዘድበየ ኣጋር ሰራዊት ደርግ ዓረዳ። ኣብ ልዕሊ'ቶም ብዘይ ዝኹነ መከላኸሊ ንቕድሚት እንግስግስ ዝነበርና ተጋደልቲ፡ ጠያይተን ከም ማይ ኣይሂ ከዓውኦ። ኣብ ሞንጎናን ኣብ ሞንጎ'ዘን ታንክታትን ዝነበረ ርሕቐት እናተቐራረበ ብዝኸደ መጠን፡ ዒላምአን ክስሕታ ዘበት'ዩ ነይሩ። ሻምብቆ ብረተን ኣነጻጺረን ንተጋዳላይ ብተመልከተልይ ክወቕዓ ጀመራ፡ ኣብታ ህሞት'ቲኣ ዝነበረትና እንኮ ምርጫ፡ ኣብ ጉዕዞ ከጋጥም ዝኽእል መሰናኽላት ብሜላን ትብዓትን ንቕድሚኻ እናፈታሕካ ምምራሽ ጥራሕ ነበረት፡ ካልእ ዘጋላብጥ ኣማራጺታት'ውን ኣይነበረን።

ሰራዊት ኢትዮጵያ'ውን እንተኾነ፡ ነቲ ኣብ ቅድሚ ዓይኑ ዝርእዮ ዝነበረ ናይ ተጋዳላይ ትብዓትን ቈራጽነትን ክኣምኖ ኣጸገሞ። ተጋዳላይ ኣብ ቃልዕ ጉላጉል ተገዲሙ፡ ነዚ ሓዊ ዝተፍእ ዝነበረ ሻምብቆ ብረትን በዲሁ ናብ ጉዳጉዶም ገጹ ክምርሽ ምስ ተዓዘቡ፡ ከምቲ ኣብ 1977 ዓ.ም ሓደ ላዕለዋይ ኣዛዚ ስርዓት ደርግ፡ ኣብ ምሕራር ከረን ኣብ ቃለ-መጠይቕ፡ "ሰራዊትኩም [ንተጋዳላይ] ገጽ ንገጽ ንዕርዲ ፎርቶ ከረን ምስ ሃጀመና፡ እዚኦም ወይ ሰኺሮም ኣለዉ ወይ ከኣ ሓሺሽ ወሲዶም ክኾኑ ኣለዎም ኢልና፡" ዝበሎ፡ ናይ'ዞም ኣብ ሳሊና ዓሪዶም ዝነበሩ ወተሃደራት ደርግ'ውን ካብዚ ዝፍለ ሓሳባት ዝነበሮም ኣይመስለንን። ጸላኢ ከምኡ እንተሓሰበ'ውን ዘገርም እይኮነን። ሓደ ሰራዊት ከምዚ ዝበለ ትብዓትን ተበጃውነትን ንመስዋእቲ ክቀዳደም ምርኣይ ኣብ ዓለምና ዝውቱር ኣይኩነን።

ኣብ ጉልጉል ሳሊና ኣብ ሞንጎ ሰራዊት ደላዩ ፍትሕን ሰራዊት መግዛእትን ናይ ደም ምፍሳስን ተሓናነቕ ግጥም ተኻየደ፡ ሕጭጭታ ነፈርቲ፡ ድምጽ መዳፍዕን ረሻሻትን ድማ፡ ነቲ ከባቢ መሊሱ ሃወኾ። ኣብ ከባቢ ሳሊና ኣማዕድዩ ዓሪዱ ዝነበረ ተጋዳላይን ሓይሊ ጸላእን ድማ፡ ተዓዛብን ደጋፍን ጸወታ ኩዕሶ ክመስል፡ ኣብ ሞንጎዞም ክልተ ተፋለምቲ ሓይልታት ዝካየድ

ደማዊ ግጥም፡ ናይ መወዳእታ ውጽኢት ክርኢ ብሃንቀውታ ተጸበየ።

ጸሓይ ስራሓ ኣየቋረጸትን፡ እኳ ደኣ እናበርትዐት መጽኣት። ጨራ ጸሓይ ኣብ መንበስብስትናን ግንባርናን ምስ ዓለበ፡ ካብ ክልተ መታልሕና ዝፈሰሰ ርሃጽ ንምሉእ ኣካላትና ኣጠልቀየ። እቲ ካብ ነብስና ዝወጽአ ርሃጽ፡ ምስቲ ጨው ባሕሪ ተደሚሩ፡ ገጽና ናብ ሓምኾሸቲ ቀየሮ። ጨው ባሕርን ርሃጽናን ተሓዋዊሱ ናብ ኣዕይንትና ብምእታው፡ ይትረፍ ናብ ጸላኢ ክንትኩስ፡ ንቕድሚና ምምራሽ'ኳ ንጋዶ ኮነ። ገጽ ተጋዳላይ ናብ ከሰል ተቐየረ። ቊጽሪ'ቶም ኣብ ካናለታት ኣትዮም ብወቕዒ ሃለዋቶም ኣጥፊኦም ኣብ ባሕሪ ጸምበለል ዝብሉ ብጾት እናወሰኸ ከደ። ሽዑ'ውን ተጋዳላይ ኣንፈቱ ከይሰሓተ ሃሙን ቀልቡን ባሕሪ ሰጊርካ ሳሊናን ናቫል በይዝን ምቊጽጻር ስለ ዝነበረ፡ ምሉእ ኣቓልቦኡ ናብቲ ቅድመኡ ዝነበረ ዒላማ ጥራሕ ገበሮ።

ናብ ውሽጢ ሳሊናን ናቫል በይዝን ገጽና እናተጸጋዕና ብዝኸድና መጠን፡ መውጋእትን መስዋእትን ብጾት ተዓጻጸፈ። ጸላኢ ኣብ ውሽጢ ሜትሮን ፈረቓን ዝቑመቱ ጒድጓድ ተቐቢሩ፡ ርእሱ ጥራሕ ብምቕናዕ፡ ነቶም ካብ ጽፍሪ እግርና ክሳብ ጸጕሪ ርእስና፡ ብዘይ ዝኾነ መከላኸሊ ንቕድሚት ንግስግስ ዝነበርና ተጋደልቲ ኣጥቀዐን ከቢድ ሰብኣዊ ክሳራ ኣውረደን። እተን ረሻሽ ዝጸዓና ክልተ ታንክታት ጸላኢ'ውን ብግዷአን ሓያል ጒልባብ ገበራሎም። ጸላኢ በዚ ተተባቢዑ፡ ካብ ጒዳጒዲ ርእሱ ኣቕልቂሉ ብተመልከተለይ ክትኩስ ተራእየ። እቲ ካብ ሻምብቆ ታንክታትን ጠበናጁን ጸላኢ ዝወጽእ ዝነበረ መርዛም ጠያይቲ፡ ሕጂ'ውን ኣብ ግንባርን ኣፍ ልብን ተጋዳላይ ዓለበ። ብጻይካ ኣብ ግንባሩን ኣፍ ልቡን ተሃሪሙ ክወድቕ ምርኣይ ንቡር ኰነ።

ሳህለ ከምኡ'ውን ተስፋይ ኢሳቕ ሃይለ (እቲ ጒልቡት ንብሬን ከም ሻምብቆ ዘነቅዋ) ዝብሃሉ ኣባላት 4.31፡ ነቲ ሓዊ ዝተፍእ ዝነበረ ሻምብቆ-ብረት ጸላኢ ግምት ከይሃቡዎ፡ ተመራሪሖም ንቕድሚት ደፍኡ። ሳህለ የማናይ ኢዱ ተወጊኡ ወደቐ'ሞ፡ ናይ ብጻዩ ተስፋይ ሓገዝ ተጸበየ። ተስፋይ ዋላ'ኳ እታ እንኮ ምርጫኡ ንቕድሚት ምምራሽ ጥራሕ እንተ ነበረት፡ ነብሱ ምግባር ኣብዩዎ ናብ ሳህለ ተመልሰ። ነቲ ካብ ሳህለ ዝፈሰሰ ዝነበረ ብዝሒ ደም ክዓግት ተቓለሰ። ኣብ ሳሊና ግን ጥይት በየን ትሃርመካ ኣይፍለጥን'ዩ። ተስፋይ'ውን ዕሜ ሳህለ በጺሑዎ፡ ኣብ ርእሱ ተወጊኡ ሃለዋቱ ኣጥፊኡ ኣብ ጭቃ ሳሊና ተጸጥሐ። ሳህለ ብግድኡ ነቲ ሃለዋቱ

ዘጥፍአ ብጻዩ ተስፋይ ንክሕክሞ ተረባረበ። ሳህለ ነቲ ካብ ተስፋይ ዝፈስስ ዝነበረ ደም ርእዩ፡ "ሰብ ክንድዚ ደም ፈሲሲሱዎ ክሰርር ኣይክእልን'ዩ።" ካብ ዝብል ግምት፡ ንውጉእ ብጻዩ ተስፋይ ከም ሰዉእ ቈጺሩ ንቕድሚት ገጹ ገስገሰ።

ሓኪም ሓይሊ ፍጹም ገረዝጊሄር፡ ከምኡ'ውን ሳንጣ ኣርቢጂ ዝተሰከመ ሓደ ሓድሽ ተጋዳላይ ግን ከአ ምኩርን ወተሃደር ደርግን ዝነበረን፡ ክሳብ ክልተ ሚእቲ ሜትሮ ንውሽጢ ሳሊና ብሓባር ተጓዕዙ። ካብ መዓስከር ሓይሊ-ባሕሪ ዝተተኵሰት ናይ ዶሽካ ጥይት ግን፡ ነቲ ኣብ ሕቑኡ ዝነበረ ቦምባታት ኣርቢጂ በሲዓ ኣቃጸለቶ'ሞ፡ ኣብ ሕቑኡ ዝነበረ ቦምባ ተተኩሱ፡ ሰግኡን ኣዕጽምቱን ተረፋቲቱ ከም ዝናብ ኣብ ዝባን ብዓል ፍጹም ገረዝጊሄር ረገፈ። ፍጹም ነዚ ዘሰደምም መስዋእቲ'ዚ ብጻይ ብምርኣይ፡ ሳሊና ከቢድ መስዋእቲ ክትሓትት ምዃና ተገንዘበ።

ውግእ ሳሊና መራሒን ተመራሒን፡ ሓላፍን ተራን ዘይብሉ፡ ብሓባር ተገደመን ንመስዋእቲ መስርዕ ሓዘን። እቲ ዓቃልን ህዱእን ኮሚሳር ጋንታ 4.333 ረዘነ ተኽላይ፡ ንሓንቲ ኣብ ካናለ ተጸጊዓ ኣንፈታ ዘጥፍአት ጉጅለ ተጋደልቲ፡ ጸላኢ ከም ዕስለ-ንህቢ፡ ጠያይቲ ከዘንባ ተዓዘበ። ነቲ ክሳብ መዓጥቖኡ ዝበጽሕ ማይባሕሪ ከይዓጀቦ፡ "ብጾት! ኣብ'ዚ ዝኾነ መከላኸሊ ዘይብሉ ካናለ ኲንና ክንዋጋእ ኣይንኽእልን ኢና። እታ እንኮ ዘላትና ምርጫ ንቕድሚት ምቕጻል ጥራይ'ዩ! ቀሪብና ኢና! ኣጆና! ሃየ ሰዓቡኒ" ኢሉ፡ ቦምባ ቻይና ኣብ ኢዱ ጨቢጡ መርሑዎም ንቕድሚት ቀጸለ። እዛ ጉጅለ ዘርኣየቶ ትብዓት "እደ ወሊዳ ትምከን'ዩ" ዘብል እዩ። እንተኾነ ሳሊና! ምስ ጸላኢ ወጊና! ኣይሓገዘቶምን። ኣብ ሳሊና ዕድመ ተጋዳላይ ናብ ቋሕሰም ስለዝተቐየረት፡ ረዘነ ብናይ ታንክ ጥይት ኣፍ-ልቡ ተወጊኡ ኣብ ካናለ ግራት ሳሊና ተሰውአ።

ውግእ ካብ ግዜ ናብ ግዜ እናጻዕጸዐ ከደ። ተጋዳላይ ካብ መራሕቱ መምርሒ ከይተጸበየ፡ ነቲ ኣብ ቅድሚኡ ዘጋጠሞ መኻልፍ ንምስጋር ተወሃሂዱ ንቕድሚት መረሸ። መራሒ መስርዕ ኣፈወርቂ "ወዲ-ጭዓይ" ንብዓል ኣልጋነሽ ተኽልኣብ፣ ከምኡ'ውን፡ ነቶም ካብ ዝተፈላለያ ሓይልታት ኣብ ጉዕዞ ዝተኣኻኸቡ ተጋደልቲ ሞራል እናሃበ ንቕድሚት መረሸ። ኣብ ቅድሚኡ ሓደ ሰዉእ ተጋዳላይ ብማይ ባሕሪ ተገፊዑ ጉፍ በሎ። ነቲ ሰዉእ ኣተኩሩ ጠመቶ። ቅድሚ ቍሩብ ደቓይቕ ዝተሰውአ ኮሚሳር ጋንታ ረዘነ ምዃኑ ምስ ኣስተውዓለ፡ ሕርቃኑ ሰማይ ዓረገ። ነታ ብኢዱ ዓትዒቱ

ሒዙዋ ዝነበረ ቦምባ ኢድ ጨቢጡ ንብዓል ኣልጋነሽ መሪሑ ንቅድሚት ሃጀመ። ኣፈወርቂ ጭዓይ'ውን ነዊሕ ከይሰጎመ ኣብ ግንባሩ ተሃሪሙ ብ23 ታሕሳስ 1977 ኣብ ጋብላ ሳሊና ተሰወአ።

ምድረ ሰማይ ናብ ረመጽ ሓዊ ተቐየረት። ብረት ጸላኢ፡ ኣብ ርእሰን ኣፍ-ልብን ተጋዳላይ ስለዝተኣሰረ፡ ሓደ ድሕሪ ሓደ ሰዓበ። መውጋእትን መስዋእትን መጠኑ ምስ ሓለፎን ቍጽሪ ሃጃማይ እናወሓደ ምስ ከደን፡ ተጋዳላይ ገለ መኸወሊ እንተረኸበ ብምባል፡ ካብቲ ግራት ሳሊና ወጺኡ፡ ናብቲ ክሳብ ኣፍ-ልቡን ሕምብርቱን ዝበጽሕን፡ ብዓል ኢጣልያዊ ጆሜትራ “ፈሊቸ” ዝፈነዉዎ 150 ሰንትሜተር ዝዕምቈቱ ካናለታት ማይ ባሕሪ ኣተወ።

ኣብ ቅድሚት ዘሎ ሓርበኛ ተወጊኡ ወይ ተሰዊኡ፡ ብማይ ባሕሪ ተገፊዑ ጸምበለል እናበለ ብቕድሚት ይመጽኣካ። ምስ ትንፋሱ እንተ'ሎ ካብቲ ባሕሪ ኣልዒልካ ናብቲ ደንደስ ንቑጽ ግራት ኣጕምብው ኣቢልካዮ ትሓልፍ። ህይወቱ ዝሓለፈት ስዉእ እንተኾይኑ ድማ፡ ክሳብ ንዓኻ ከም ናቱ ዕጫ ትበጽሓካ፡ ነዚ ቅድሚ ውሑዳት ደቓይቕ ምሳኻ ዝዘልልን ዝጨርቕን ዝነበረ ብጻይካ ንጕድኒ ተጸጊዕካ ትሓልፎ። ብረትካ ኣብ ሞንኰብካ ተሰኪምካ ናብ ዒላማኻ ትጓዓዝ፤ ቀዳማይ ይውጋእ፡ ካልኣይ ይስዋእ፡ ሳልሳይ ይስዕብ፡ ራብዓይ፡ ሓሙሻይ ከምኡ እናበለ ቍጽሪ ስውኣት ጥርዚ በጽሐ። ተጋዳላይ ንመውጋእትን መስዋእትን መስርዕ ሓዘ። መውጋእትን መስዋእትን ደረት ተሳእኖ። ደም ተጋዳላይ ናብ ባሕሪ ከም ውሕጅ ፈሰሰ። ማይ ባሕሪ ተፈጥሮኣዊ ሕብሩ ኣጥፊኡ፡ ናብ ቀይሕ በለቕ ተቐየረ።

ንምግናን ዘይኰነ፡ ብዛዕባ “ሳሊና” ክዝክር እንከለኹ፡ ክሳዕ ሕጂ ካብ ኣእምሮይ ክልተ ዘይሕከኻ ጦብላሕታታት ቅጅል ይብላኒ። ቀዳመይቲ፡ ኣብ ባሕሪ ሳሊና ዝፈሰሰ ደም ሓርበኛ ነቲ ኣብ ካናለታት ዝነበረ ሕብሪ ማይ ናብ ቀይሕ በለቕ ምስ ቀየሮ፡ “ለካ ደም ተጋዳላይስ ንንቑጽ መሬት ጥራሕ ኣይኰነን ኣጨቂዩዎ! ናብ ቀይሕ ባሕሪ'ውን ከም ውሕጅ ፈሲሱ'ዩ፡ ” እብል። ካልአይ ድማ፡ እቲ ክቡር ደም ስዉእ፡ ኣብ ባሕሪ ፈሲሱ፡ ንካናለታት ናብ ቀይሕ በለቕ ክቕይሮ ምስ ተዓዘብኩ፡ ናብቲ 'ዝዓበኹሉ ከባብን ተዘክሮ ንእስነተይን መሊሱ፡ ነቲ ካብ እንዳ ‘ማቸሎ’ (ምሕራድ ስጋ ኣስመራ) ተሓጺቡ ናብ ማይ በላ ዝፈስስ ዝነበረ በለቕ ሕብሪ ማይ ኣዘኻኸረኒ። ኣብ ባሕሪ ዝፈሰሰ ደም ጀጋኑና፡ ንዘንተ-እለት ዋሕስ ህላወ ቀይሕ-ባሕርና፡ ክኸውን ከምዘኾነ ውግእ ሳሊና ‘77’ ኣመስኪሩ'ያ።

ኣጆኹም!! ቀጽሉ! ክንዕወት ኢና!

መስዋእቲ መስርዓ ሓልያ ክሳብ ትመጽኣና፡ ብማይ ኣብ ዝመልኣት ካናለ ኣቲና ንነብስና እናተኸላኸልና ከሎና፡ ንኽትርእዮ ዘሕዝን ዱቦላ ኣጋጠመኒ። ዓሰርተ ሜትሮ ዝኸውን ካባይ ርሒቑ፡ ሓደ ጉልቡት ጭሓም ተጋዳላይ፡ ብማይ ተገፊዑ ጸምበለል እናበለ ናባይ ገጹ ክመጽእ ብማዕዶ ተዓዘብኩ። እዚ ብማይ ተገፊዑ ኣብ ጐድነይ ዝተጸግዐ ብዓል ሻም ብጻይ፡ እቲ ኣብ መዓልታዊ ንጥፈታት ገድሊ ብቖዳምነት ከም ኣብነት ዝስራዕን፡ መስርዕ ኣብ ምእላይ ከም ምኽትል መራሒ መስርዕ ኰይኑ ዝተሓጋገዘኒ ዝነበረ ክብረኣብ ኰይኑ ረኺብኩዎ። ክብርኣብ ካብ ገጹ ፍሽኽታ ዘይፍለዮ፡ ተሓፋራይ፡ ጉልቡት፡ ቀይሕ ዝሕብሩ፡ ደረቱ ሰፊሕ፡ ምሉእን ጽቡቕን ኣካላት ዘውንን፡ ደኺመ ዘይትወጽኦ፡ ብጉልበቱን ሓይሉን ዝተኣማመን ምልኩዕ፡ ሕቡን ብዓል ግርማን ዕባይ ደቀምሓረን እዩ ዝነበረ።

ክብረኣብ ከብዱ ተወጊኡ፡ መዓናጥኡ ተበታቲኹ ንግዳም ወጺኡ ይቕንዞ ነበረ። ትንፋሱ ትልኽ ትብል፡ ምሉእ'ውን ብምሉእ ሃለዋቱ ኣየጥፍኣን። ብህይወት ናይ ምጽናሕ ዕድሉ ውሑድ ምንባሩ ግን ኣይሰሓትኩዎን። ነቲ ብትሑት ዘድምጾ ዝነበረ ክሰምዕ፡ ናብ ኣፍ ልቡ ቀረብኩ፤ "ኣጆኹም! ቀሪብኩም ኢኹም! ቀጽሉ!" ይብል ምንባሩ ድማ ኣረጋገጽኩ። ክብረኣብ ትንፋሱ ክትሓልፍ ደቓይቕ ተሪፋቶ እንከላ፡ ንዓይ ከተባብዓንን ሞራል ክህበንን ምስ ርኣኹ፡ ብኽልተ መዓጕርተይ ንብዓት ወረር በለ። ብዛዕባ ፍጥረት ተጋዳላይ ክሓስብ ንኣእምሮይ ኣጨነቕኩ። ኣብቲ ህሞት'ቲ፡ ይትረፍ ንኸምዚ ዝበለ ከቢድ ሕቶ ክትምልስ፡ ንነብስኻ እውን ፍጡር ወዲ ኣዳም ምዃንካ እትጠራጠረሉን ብህይወት ምንባር ትርጉም እትስእነሉን ፈታኒ እዋን ስለዝነበረ፡ ካብ ከምዚ ዝበለ መልሲ ብቐሊሉ ዘይትረኽበሉ ሓሳብ ክወጽእ ተቓለስኩ። ክብረኣብ ትንፋሱ ገና ስለ ዘይሓለፈት፡ ምናልባት ገለ ቀዳማይ ረድኤት እንተረኸበ ብምባል፡ መዓናጥኡ ኣኪብና ናብ ከብዱ መሊስና፡ ብጨርቂ ጀኒንና ናብ'ቲ ንቑጽ ደንደስ ግራት-ሳሊና፡ ኣጎምቢው ኣቢልናዮ ጉዕዞና ንቕድሚት ቀጸልና።

ላዕለዎት ሓለፍቲ ማዕረና ተሰሊፎም ንውግእ ይመርሑዎ ስለ ዝነበሩ፡ ነዚ ኣብ ዓውደ-ውግእ ዘጋጠመ ማሕለኻታትን ክሳራን ገምገሙዎ። ኪኖ'ዚ ስቕ ኢልካ ንቕድሚት ምቕጻል፡ ካብ መኽሰቡ ክሳርኡ ከም ዝመዝን ድሕሪ ምስትውዓል፡ "ኵልኻ! ካብ ካናለታት ወጺእካን! ንቕድሚት ምኻድ ኣቛሪጽካን፡ ናብ የማንካን ጸጋምካን ግራት ሳሊና ፋሕ ኢልካ ድፋዕ

ሓዝ!" ዝብል ህጹጽን ሓጺርን ትእዛዝ ኣመሓላለፉ። እቶም ኣብ ካናለታት ተኣኪብና፡ ኣብ ሰፊሕ ቦታ ተዘርጊሕና ንህጁም እንግስግስ ዝነበርና ሓይልታት'ውን ንቅድሚት ምምራሽ ከም ዘየዋጽእ ድሮ ገምጊምናዮ ስለዝጸናሕና፡ ንዝተዋህበ መምርሒ ንምትግባር ካብ ካናለታት ወጺእና ናብ የማንናን ጸጋምን ንምዝርጋሕ ግዜ ኣይወሰድናን።

ከባቢ 3፡45 ድ.ቐ፡ ኣብ የማን-ጸጋም ግራውቲ ሳሊና ተገዲምና መከላኸሊ ድፋዕ ሓዝና። ኣብዛ 150 ትርብዒት ሜትር ዝስፍሓታ ግራት ጨው፡ ካብ ዝተፈላለያ ሓይልታት ዝተኣኻኸብና ዓሰርተ እንኸውን ተጋደልቲ ዓረድና፣ ክሳብ ዝኾነ ዝኸውን ከኣ ኣትኪልና ክንዋጋእ ምስ ነብስና መብጽዓ ኣተና።

ምስ ቫይናክ ኣብዛ ግራት ጨው ብወዝቢ ተራኺብና። እታ ኣብ ኢዱ ዝነበረት ብቑርበት ዝተሸፈነት ራድዮ-ሃለው፡ ናይ ዕቑባይ ምኽና ስለዘለለያ። "ቀሺ ተሰዊኡ ድዩ!" በለኒ። ኣነ ድማ "ኣይፋሉን! ሕጂ'ውን ኣብታ ህርምቲ ኢዱ ተወጊኡ ድሕሪት ተሪፉ ኣሎ፡" ብምባል መለስኩሉ። እታ ራድዮ፡ ድሕሪ ዕቑባይ ክሕዛ ዝነበሮ'ውን ተኸለ'ዩ። ስለዚ፡ "ማንጁስ'ውን ገለ ኰይኑ ኣሎ" ካብ ዝብል ኣተሓሳስባ ይኸውን፡ "ማንጁስከ ኣበይ ኣሎ!" እናተረበጸ ሕቶ ኣሰዓበ። "ንሱ'ውን ኣብ እግሩ ተወጊኡ'ሎ፣ ደሓን'ዩ ግን፡" በልኩዎ። ቫይናክ ኣብ የማነይቲ ኢዱ ሽጉጥ፡ ኣብ ጸጋመይቲ ኢዱ ራድዮ ርክብ ሒዙ ታሕተዋይ ከንፈሩ ብኣስናኑ ነኺሱ፡ "እዚ ኵነታት ከምቲ ዝሓሰብናዮ ኣይከደን፣ ተቐያይሩ እዩ። ሕጂ ግን በብዘለናዮ ከባቢና ጥራሕ ንቈጻጸር። ክሳብ ዝኾነ ዝኸውንን መሬት ዝጽልምትን ኣብዚ ግራት-ጨው ክንዓርድ ኢና። ኣይንሕመቕ!" በለ። ኣይጸንሐን ራድዮኡ ከፊቱ ምስ መዛኑኡ ክራኸብ ጀመረ።

ስፍሓት'ታ ዓሪድናላ ዝነበርና ግራት ጨው ብሓርፋፍ ገምጋም፡ ቍመታ 15 ሜትሮ ጐድና 10 ሜትሮ ኰይና ትስምዓኒ። ናይቲ ዝሕዞ ማይ ዕምቈት ብግምት 90 ሰንቲ ሜተር ይበጽሕ። እዚ 90 ሰንቲ ሜተር ዕምቈት ናይ ሓንቲ ግራት ጨው ክሳብ ደፍደፍ ብማይ ዝመልአ ኣይነበረን። እቲ 60 ሰ.ሜ. ብማይ ክመልእ እንከሎ፡ እቲ ዝተረፈ 30 ሰ.ሜ. ግን ነጻ ነበረ። እዚ ግራት ጨው ሳሊና ክሳብ ዓነቀሩ ማይ ዘይምምላኡ፡ ንዓና ጽቡቕ ኣጋጣሚ ኰነ። ምኽንያቱ፡ ኣብታ 30 ሰ.ሜ ካብ ማይ ነጻ ዝኾነት ቦታ፡ ርእስና ኣቐልቂልና ንመጥቃዕቲ ጸላኢ ክንከላኸል ኣኽኣለትና። እቲ ካብ መዓንጣና ንታሕቲ ዝተረፈ ኣካላትና፡ ኣብቲ 60 ሰ.ሜ. ማይ ተዋሒጥና ከባቢና ንኽንቈጻጸር ዕድል ሃበና።

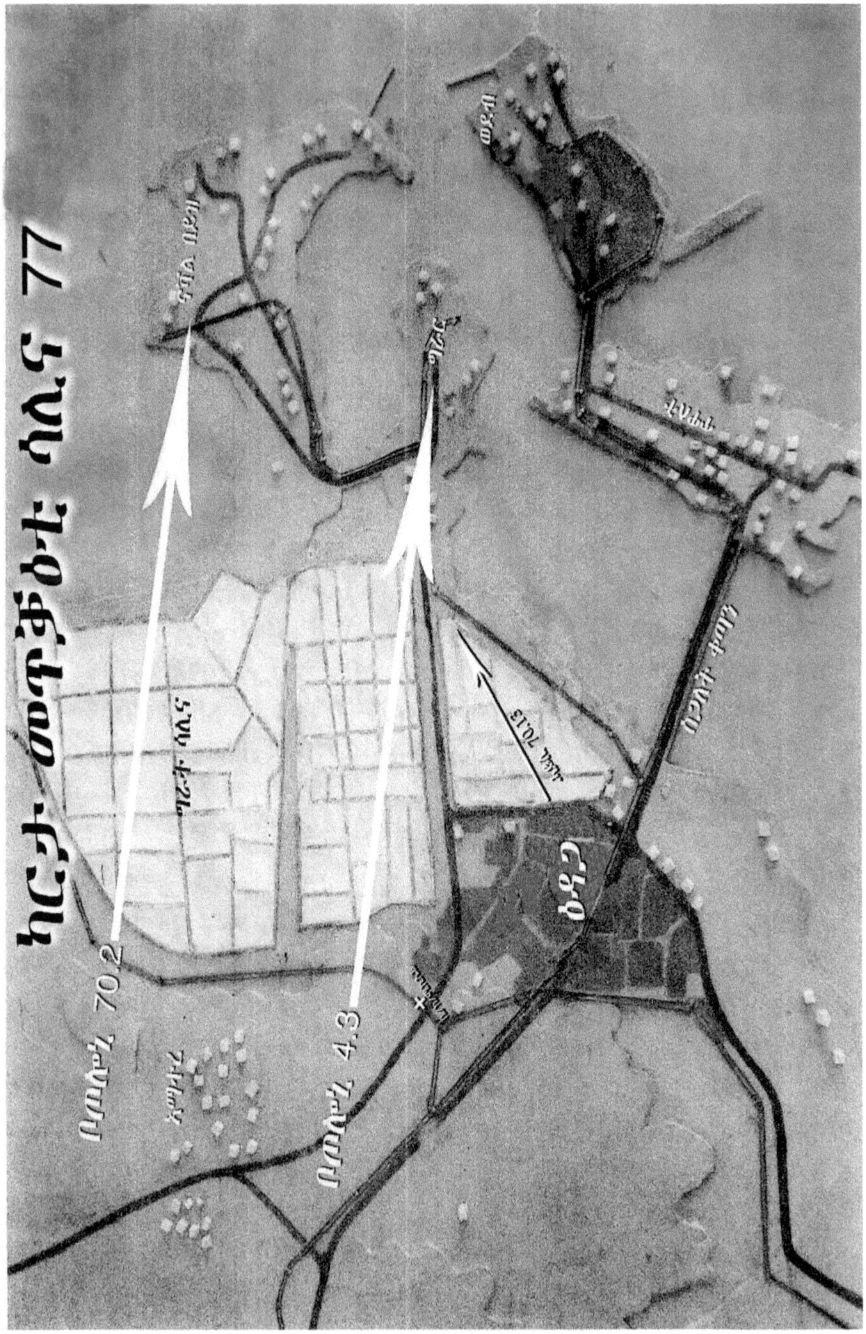
ካርታ መጥቃዕቲ ሳሊና 77

ሓይልና ዓሪዳትሉ ዝነበረት ግራት ሳሊና ከም ዝኾነ ማይ ባሕሪ ኣይነበረን። እቲ ብስም "መህፈፌ" ዝፍለጥ ግራት ጨው፡ ሓፊስ፡ ልዑል ትሕዝቶ ማዕድን ጨው ዘሎዎን ናብ ጭቃ ገጹ ዝቐረበ ስለዝነበረ፡ ነቲ ግዳማዊ ቀርበት ኣካላትና ሓሊፉ ንስጋናን የዕጸምትናን በልዖ።

ኣብ ካናለታት ሳሊና ርእስና እነዕቍበላ ዕድል ምስ ረኸብና፡ እተን ብተመልከተለይ ኣብ ግንባርናን ኣፍ ልብናን ክሃርማና ዝጸንሓ ታንክታት ጸላኢ ዕድለን ስለዝተቐጽየን ኣዕለበጣ። መጠን መውጋእትን መስዋእትን ንግዝኡ ነከየ። ኣብ ሞንጎ ጸላእን ናይ ወገን ሓይልን ዝነበረ ርሕቐት ካብ 100 ክሳብ 150 ሜትሮ ዝነውሕ ኣይነበረን። ዝሓሸ ዕርዲ መከላኸሊ ስለዝሓዝና፡ ኣብ ዘዘሎናዮ ኴንና ብካላሽናት፡ ናቶን፡ ብሬናትን፡ ኣብ ልዕሊ ድፋዓት ጸላኢ ግብረ-መልሲ ወርወርና። ነዊሕ ከይጸንሐ ግን እቲ ካባና ክፍኖ ዝጸንሐ ተኾሲ ብረት እናተዳኸመን ከደ።

ኣዘዝቲ ሰራዊት ደርግ፡ ነቲ እናሓደረ ዝዳኸም ዝነበረ ናይ ወገን ግብረ-መልሲ ኣብ ሓጺር እዋን ኣስተብሃልሉ። ምናልባት ካብቲ ሽው ዝሃቡዎ ግምታት ክኸውን ዝኽእል፡ ጸረ-መጥቃዕቲ ክንገብር ስለእንኽእል፡ ኣብ ምቍጣብ ጠያይጥና ኣቲና ከም ዝኣተና ገምጊሞም ይኾኑ። ካልእ ድማ፡ ሕጽረት ምትኳስ ዓቕምን ሓይሊ ሰብን ገጢሙና ክኸውን ከም ዝኽእል ጠርጢሮም ክኾኑ ይኽእሉ። በዚ ኮይኑ በቲ፡ ሓይሊ ወገን ግብረ-መልሲ ዘይምሃብ ግን ካብዚ ኣብ ላዕሊ ዝተባህለ ወጻኢ ነበረ። ንሱ ድማ፡ ሓይልታት ካብ ደንደስ መንገዲ ባቡር ካብ እንብገስ ክሳብ ኣብ ግራት ጨው ሳሊና እንዓርድ፡ ኣብ ምምራሽ ጥራሕ ስለዝወዓልና፡ ንኽንትትኩስ ዝኾነ ዕድል ስለዘይረኸብና ዕጥቅና ምሉእ'ዩ ዝነበረ። ጠያይቲ ንምቍጣብ ዘገድድ ኵነት ኣይተፈጥረን። ንተጋዳላይ ካብ ምትኳስ ዝዓንቀፎ ግን፡ ይንኣስ ይዕበ ሻምብቆታት ብረት፡ ማይ ጨው ኣትዩዎ፡ ድሮ ምምራት ስለ ዝጀመረ፡ "ክላሽን ሓዋይ" ክይተረፈት ዓኪሳ ስለዝጠለመት ነበረ። ኣብዘን ውሑዳት ደቓይቕ፡ ተጋዳላይ ብረቱ ፈቲሑን ወላዊሉን ናብ ጸላኢ ኣቓመተ። ድሕሪ ናይ ሓደ ክልተ ጠያይቲ ምትኳስ፡ ክላሽኑ ሕጂ'ውን ዳግማይ ጠሊማቶ ቁም በለት። ብገምጋም ካብ ሓሙሽተ ካላሽናት ክልተ ጥራሕ ክትኩሳ ተሰምዓ።

ነዛ ግዜያዊት ጸገምና ንምምዝማዝ ኣዘዝቲ ሰራዊት ደርግ፡ "ሻዕብያ ከቢድ ሰብኣዊ ክሳራን ጠያይቶምን ወዲኦም ኣለዉ። ቅልጡፍ ጸረ-መጥቓዕቲ ወሲድና ንወንበዴታት ናብ ዝተበገሱሉ ይመለሱ፡" ዝብል ትእዛዝ ኣተሓላለፉ። እንተኾነ፡ እዞም ኣዘዝቲ፡ ሰራዊቶም ይትረፍ ግራት

ሳሊና ሰጊሩ ንተጋዳላይ ከጥቅዕ ኣብታ ዝነበራ ጉድጓድ ብራዕድን ሸበራን ተዋሒጡ ከም ዝነበረ ተረድኡ። ግብረ-መልሲ ወገን ከም ዝተዳኸመ ምስ ተገንዘቡ፡ ነዚ ሓሞትን ተወፋይነትን ዝጐደሎ ሰራዊቶም ሞራል ሂቦም ንጸረ-መጥቃዕቲ ኣዳለዉዎ። ኣብ መወዳእታ፡ ነቲ ካብ ግራር ሓይሊ መብራህቲ፡ ናብ ቤተ ክርስትያንን ዕዳጋን ዝወስድ ጸግዒ ጸግዒ ደንደስ ቅጥራን ተኸዊሎም፡ ሃንደበትነት ተጠቒሞም ናይ ኵሊት መጥቃዕቲ ክገብሩ ምድላዋቶም ወድኡ።

እንተ'ቶም ሓልፋይ ዘይብልና ተጋደልቲ፡ ከብድና ብጥልቅዑን ክዳንና ብጥልቅዩን፡ ካብቲ ብማይ ጨው ዝመልአ ካናለታት ባሕሪ ወጺእና፡ ነብስና ኣብ እንከላኸለሉን ኣብ ዘዝጥዕመና ኣከባቢ ድፋዕ ሓዝና። ኣቀማምጣ መሬት ሳሊና ንኹላትና ሓዋዊሱና'ዩ። መስርዐይ፡ ጋንታይ፡ ሓይለይ ወይ ብርጌደይ ዝበሃል ኣይነበረን። እታ ተወሃሂድካን ተዋሓሒጥካን ምውጋእ እትብል ባህሊ ህዝባዊ ግንባር ግን ኣብ ቦታኣ ነበረት። ጸሓይ ክሳዕ እትዓርብ ኣብቲ ክሳብ መዓንጣና ዝበጽሕ ግራት ጨው ሳሊና ተኣሊኽና ዕርድና ኣደልዲልና ክንከላኸል ብዝነበረና ዓቕሚ ክንዋጋእ፡ ሸዑ'ውን ምስ ነብስና ኪዳን ኣተና።

ሻይናክ ናብ ጽርግያ እናቋመተ፡ "እዛ ብየማንና ዘላ፡ ናብ ፋብሪካ ሳሊና እትእቱ ደንደስ ቅጥራን-ጽርግያ፡ ኣስተውዒልኩምላ'ዶ ኣሎኹም፧ ከውሊ ስለ ዝኾነት ጥንቁቕ ሓለዋ ግበሩላ፡" ዝብል ትእዛዝ ሃበ። ሰራዊት ጸላኢ፡ ዋላ'ኳ በቲ ናብ ግራርን ሳሊናን ዝወስድ ጸሊም ጽርግያ ክመጽእ ይኽእል'ዩ ኢልካ ዘይሕሰብ እንተነበረ፡ ንስለ እንተታት ግን፡ ዕንድኩር፡ ተኽልማርያም 'ከራር'ን ከምኡ ጎይትኦም "ፋሉል"ን ንምሕላዋ ሓላፍነት ተሰከሙ።

ዕንድኵር ኣብዛ ሓያል ስራሕ እትሓትትን ተኣፋፊትን ድፋዕ ምስ ሓዘ፡ ኣነ ንስለ ዕላል ክብል ናብ እዝኑ ቅርብ ኢለ፡ "በል ሃየ! ዕንድኵር! እዛ ገምገም ጽርግያ ናባኻ ገዲፍናያ ኣለና፣ ኣይትዳህለል፡" በልኩዎ። ዕንድኩር ንቕድሚኡ እናቋመተ፡ "ደሓን፡ በዚስስ ቅሰን፡ ኣሸንኳይዶ፡ ኣምሓራይ ጽንጽያ'ኳ ክትሓልፍ ኣይኮነትን፡" ብምባል ናብ ጸላኢ ምቅማት ተተሓሓዘ።

እዞም ሰለስተ ብጾት፡ ምሉእ ኣቓልብኦም ናብ'ዛ ደንደስ-ጽርግያ ገይሮም ንነዊሕ ደቓይቕ ንጸላኢ ተኸታተሉዎ። እንተኾነ፡ ከራራይ ተኽልማርያም ዝኾነ ናይ ሰብ ምንቅስቓስ ስለዘይርኣየ፡ "ክላእ! እዘን ፈሸኳላት፡ ቀትሪ-ምድሪ በዚ ሰጣሕ ጸሊም-ጽርግያ፡ ክንደየናይ ደፊረን ከይመጻ!፡" በለ። ዕንድኩር ግን ዋላ'ኳ ጭርቃን ዝፈቱ እንተነበረ፡ ኣብ ወተሃደራዊ ኣካይድኡ

ጥንቁቕ ስለዝኾነ፡ "ያ! ያእ! ከምኡስ ኣይትበል! ዝተዋህበና ሓላፍነት'ኮ ቀሊል ኣይኮነን።" ብምባል፡ ናብ ጸላኢ ምቁማት ቀጸለ።

ጸላኢ፡ ነቲ ብታንክታቱ ገይሩ ኣብ ዝባን ተጋዳላይ ዘውርዶ ዝነበረ ናይ ሮኬታትን መዳፍዕን መጥቃዕቲ ስርሑ ከም ዝወድኣን ብኻልእ ኣጽዋር ክትካእ ከም ዘሎዎ ተገንዘበ። ንእለቱ ብናይ 81 ሚሊ. ሜተር ሞርታር፡ ላውንቸር፡ ኤነርጋታት ተክአ። ብሓደ ህሞት ግራት ጨው ሳሊና ነደደትን ናብ ረመጽ ሓዊ ተቐየረትን። ብፍላይ ናይታ ስሚ ተጋዳላይ ዝኾነት ናይ 81 ሞርታር (ሃውን) ቦምባታት ኣብ ከባቢ ጸሊም ጽርግያ ከም ማይ ተኻዕወ። ሓንቲ ቦምባ ሞርታር፡ ኣብቲ ዕንድኮር ዓሪድሉ ዝነበረ ግራት ጨው ዓለበት። እታ ኣብ ጥቕኡ ዝዓለበት ቦምባ ሞርታር፡ ከቢድ ድምጺ ፈጢራ ንዕንድኮር ናብ ባሕሪ ደርብያ ምስ ጭቃ ሓዋወሰቶ፣ ሃለዋቱ ድማ ኣጥፍአ። ድሕሪ ቊሩብ ደቓይቕ ግን ሃለዋቱ ፈለጠ። ነብሱ ሓደ ብሓደ ፈተሸ፡ ኣብ ሰለፉ ብዓቢ ጅላድ ሓጺን ከም ዝተበስዐን ደሙ ይፈስስ ከም ዝነበረን ተገንዘበ። ምናልባት ካብ ከባቢኡ ሕክምናዊ ረድኤት እንተ ረኸበ፡ "ዶክቶር! ዶክቶር!" ዝብል ድምጺ ኣቃሊሑ ነይሩ ይኸውን። መን'ሞ ይሰምዓየ፧ ኲሉ ኣብ ዘዝነበሮ ግራት፡ እቲ ንህልቂትን ጥፍኣትን ደቂ ሰባት ተባሂሉ ብሕብረት ሶቭየት ዝተሰርሐ መርዛም ቦምባታት ይዘንቦ ስለዝነበረ፡ መን ንመን ክረድእ፣ መን ንመንከ "ኣጆኻ" ኢሉ ከተባብዕ፧ እታ እንኮ ምርጭኡ ኣብ ሰልሚ ተላሒጊካ፡ ዝወረደካ ምቕባል'ያ ዝነበረት።

ዕንድኮር፡ ኣብ ከባቢኡ ተመሳሳሊ ናይ ርድኡኒ ቃንዛ ስለዝሰምዐ፡ እቲ ናይ ከቢድ ብረት ደብዳብ፡ ኣብ ምሉእ'ቲ ግንባር ይካየድ ከም ዝነበረ ንምርድኡ ኣይጸገሞን። ስለዚ'ውን ህጹጽ ሕክምናዊ ረድኤት ክረክብ ከም ዘይክእል ገምገመ። ሓኪም ህይወቱ ባዕሉ ብምዃን፡ ካብ ጃኬቱ ባንደጅ ኣውጺኡ ነቲ ካብ ሰለፉ ዝፈስስ ዝነበረ ደም ብምእሳር ተቘጻጸሮ፡ ጸሊም ጽርግያ ንምቊጽጻር ዝተዋህቦ ሓላፍነት ንምትግባር ናብታ መከላኸሊት ድፍዑ ክምለስ ተቓለሰ። እንተኾነ፡ ማህረምቱ ከቢድ ስለዝነበረ፡ ካብታ ዝወደቐላ ተወስ ክብል ኣይከኣለን። ብረቱ ኣብ ኢዱ ዓትዒቱ ብኾፉ ንቕድሚኡ ኣቋመተ፣ ኣብታ ዝነበራ ኮፍ ክብል ነብሱ ኣይገበረሉን።

ዕንድኮር ብቕድሚኡ ድምጺ ናይ ኣጋር ዶርጓዕጓዕ ስለዝሰምዐ፡ ናብቲ ብቐረባ ንጸላኢ ከድምዓላ ዝኽእል ቦትኡ ክምለስ ሕልንኡ ከየዕረበ ብዙሕ ተቓለሰ፣ ግና ኣይከኣለን። ሽዑ'ውን ካብ ብጾቱ ሓገዝ ክረክብ ኣድሚጹ ይኸውን። ተጋዳላይ ኣብ ዘዝነበሮ ብደብዳብ ኣእዛኑ ጸሚሙን ኣደዳ መውጋእቲን መስዋእትን ኲይኑ ስለዝነበረ፡ ግን ካብ ከባቢኡ ረድኤት ክረክብ

ኣይከኣለን። ናይ ባዕሉ ጸዕሪ ቀጸለ፣ በየናይ ሓይሊ'ሞ ናብታ መታኹሲ ክትኩኖ ዝሃቀና ድፋዕ ክበጽሕ፧ በታ ዝነበራ ቦታ ነኺል ከይትኸፈት'ሞ ብጾቱ ከይግድዑ ሰግአ። ድሕሪ ነዊሕ ቃልሲ፡ ቃንዝኡ ንውሽጢ ውሒጡ፡ ክልተ ኣእዳዉ ኣብ ብረቱ ተደጊፉ፡ ነታ ጸጋመይቲ ህርምቲ እግሩ ጉሰስ እናበለ፡ ኣብታ ቅድም ዝነበራ ድፋዕ በጽሐ፣ ሩፍታ ድማ ተሰምዖ።

እቶም ብደንደስ ጽርግያ ግራር፡ ጉምብሕ ጉምብሕ እናበሉ፡ ካብ ፋብሪካ ሳሊና ዝተበገሱ ወተሃደራት ኣብ ጥቃ ድፋዕ ዕንድኵር በጽሑ። እቲ ንጉልባብ ከም ማይ ዝዘንብ ዝነበረ ቦምባታት ጸላኢ ንግዚኡ ሃድአ። ወተሃደራት ጸላኢ፡ ካብቲ በጺሖሞ ዝነበሩ ደንደስ ጽርግያ፡ ተንፋሒኾም ናብታ ዕንድኵር ዓሪዱላ ዝነበረ ጫፍ ድፋዕ ተጸገዑ። ኣብ ጉድኒ ዕንድኵር ዓሪዱ ዝነበረ ጉይትኦም "ፋሉል" እውን እንተኾነ፡ ንጉልጉል ሳሊና ገጹ ጥራሕ የቛምት ስለ ዝነበረ፡ ነዚ ንምሉእ ግንባር ኣብ ሓደጋ ዘውድቕ ዘሎ ኲነታት ኣየስተወዓለሉን። ዕንድኵር ድምጺ ኣጋር ይጽግዮ ከም ዘሎ ኣይዘንግዐን።

ልጓም ብረቱ ከፈተ፣ ብረቱ ኣዐመረ፣ ማእከላይ ኣጻብዕቱ ኣብ ቃታ ኣእቲዩ ተጸበየ። ካብቲ ዝፈርሖ ኣይወጽኣን፡ እቲ መራሒ ወተሃደር ተቐልቀለ፡ ዕንድኵር ነዚ ወተሃደር ብጥይት ኣብ ግንባሩ መንከሎ፡ ወተሃደር ኣብ እግሪ ዕንድኵር ተጸጥሐ። ካልኣይ ወተሃደራት'ውን ኣሰር ቀዳማይ ሰዓበ። ዝተረፉ ንቕድሚት ቀጸሉ። ዕንድኵር ከም ቀደሙ ክትኩስ ቃታ ሰሓበ። እንተኾነ፡ ብረቱ ብጨው ባሕሪ ስለ ዝጠልቀየት ቂም በለት። እቶም ቀዳሞት ብፍርሒ ተዋሒጦም ናብታ ድፋዕ ዝተቐልቀሉ ወተሃደራት፡ ዕንድኵር ምስ ብረቱ ክቃለስ ዝረኣዩ፡ ከይቅድሞም ኣብ ኣፍ-ልቡ ብኣድራጋ ተኩሱሉ። ዕንድኵር ኣየምለሰን፡ ኣብ ከባቢ 4፡00 ድ.ቐ፡ ብ23 ታሕሳስ 77 ኣሰር ሰውኣት ብጾቱ ሰዓበ። ጸላኢ ንዕርዲ ዕንድኵር ተቘጻጸራ። ትልኽ ዝብል ዝነበረ ተኽልማርያም፡ ወተሃደራት ናብኡ ገጾም ክመጹ ምስ ርኣየ፡ ዝሞተ ክመስል ትንፋሱ ስለዝሓብአ ከም ምዉት ቆጺሮም፡ ናብ ካልኣይቲ ድፋዕ ገጾም ኣምርሑ።

ኣብ ዓውደ-ውግእ መጥቃዕቲ ኲሊት ኣዝዩ ሓደገኛ ስልቲ ስለዝኾነ፡ ጸላኢ ንድፋዕ ዕንድኵር ምስ ተቘጻጸራ፡ ነታ ጥቓኣ ዝነበረት ካልኣይቲ ድፋዕ ናይ ጉይትኦም ንምጥቃዕን ንምፍራስን ኣይተጸገመን። ኣብታ ካልኣይቲ ግራት ዓሪዱ ዝነበረ ጉይትኦም'ውን ዕጫ ዕንድኵር በጽሖ። ብጉድኑ ተወጊኡ ተሰውአ። መጥቃዕቲ ጸላኢ ከምኡ እናበለ ናብ ሳልሳይ፡ ራብዓይ፡ ሓሙሻይ፡ ለሓመ። ሙሉእ ግንባር ሳሊና ድማ ኣብ ሓደጋ ወደቐ።

ሓይልታት ምስቲ ብቕድሚና ዝነበረ ሓይሊ ጸላኢ እናተዋጋእና እንከለና፡ ብዘይተጸበናዮ ብምዕራብ ብጉድኒ ጠያይቲ ስለዝዘነበና፣ ኣብ ሞንጎ ክልተ መጻወድያ ተቐርቀርና። ንኽልቲኡ ኣብ ሓደ እዋን ክንገጥሞ'ውን ኣጸገመና። ድሕሪ ቍሩብ ምክልኻል፡ እቶም ኣብ ውሽጢ'ቲ ውግእ ኩይኖም ነዚ ደማዊ ግጥም ዝመርሑዎ ዝነበሩ ሓለፍቲ፡ ኣብ ከበባ ጸላኢ ከይንኣቱን ካልእ ዘይተደልየ ሳዕቤን ከየኸትለልናን፡ ከየርሓቕና ንድሕሪት ተመሊስና ክንዓርድ ትእዛዝ ኣመሓላለፉ። ስለዚ ሒዝናዮ ዝነበርና ድፋዕ ገዲፍና 70 ሜትሮ ንድሕሪት ኣዝሊቕና፣ ኣብ ተመሳሳሊ ግራት ጨው ዓረድና። ጸላኢ ግን ዋላ'ኳ ነቲ ዝነበርናዮ ድፋዕ እንተተቘጻጸሮ፡ ኣብቲ ጨው ኩይኑ፡ ምሉእ ኣካላቱ ኣብ ማይ ጥሒሉ ክዋጋእ ቀሩብነትን ትብዓትን ስለዘይነበሮ፡ ብኡንብኡ ናብቲ ዝነበሮ ጉዳጉዲ ተመለሰ። ውጉኣትናን ስውኣትናን ከኣ፡ ኣብ ሞንጎናን ኣብ ሞንጎ ጸላእን ተቐርቂሮም ተረፉ።

ቁሩብ ንድሕሪት ተመሊስና ሓድሽ ድፋዕ ምስ ሓዝና፡ ብዘይ ቃል-ዓለም ተደራቢ ናይ ደገፍ ሓይሊ ክመጽኣና ብልቢ ተመነና፣ እዚ ግን ብዘይ ምኽንያት ኣይነበረን። እቲ ቅድሚ ቍሩብ ደቓይቕ፡ ብጸላኢ ዝተፈነወ መጥቃዕቲ ኵሊት ደብዳብ ከቢድ ብረትን፡ ንሓይሊ ሰብና ብርኡይ ስለዘጉደሎ፡ ንዝገደፍናዮ ቦታ ክንመልስ፡ ውጉኣትናን ስውኣትናን ክንኣልን እንተ'ኼንና ተደራቢ ሓይሊ የድሊ ስለዝነበረ'ዩ።

ኣብ ሞንጎናን ኣብ ሞንጎ ጸላእን ዝነበሩ ውጉኣት ተጋደልቲ፡ ዘስምዕዎ ዝነበሩ ቃንዛ ምጻር ሰኣንናዮ። ንቕድሚት ኣጥቂዕና ከይነውጽኦም መሬት ቃልዕ ኮነትን ከምኡ'ውን ክላሽን ጠለመትን። እቲ ዝመጽእ ረዳት ወገን'ውን እንተ'ኹኑ፡ ካብቲ ደንደስ መንገዲ ባቡር፡ ከባቢ እንዳ ምካኤል ተበጊሱ፡ ነቲ ከባቢ 400 ሜትሮ ዝግመት ጉላጉል ሰንጢቑ ናብቲ ዝዓረድናዮ ክበጽሖ ዝነበሮ ተኽእሎ ኣዝዩ ጸቢብ ነበረ። ነዚ ክጻወሩዎ ዘይከኣሉ "ኣንቱም ገለ ዘይንገብር፡ ዘሎዋና ጥዑያት ብረት ኣኻኺብና ዘይንሃጅም፡" ዝብሉ'ውን ተጋደልቲ ብዙሓት ነበሩ።

ሻይናክ ንስምዒታትና ንምህዳእ፡ "ርግእ ንበል! ኣብ ስምዒት ተሞርኩስካ ምህጃም ፋይዳ የብሉን፣ ስምዒትና ንቈጻጸር። ነዞም ኣብ ቅድመና ዘለዉ ውጉኣትና ኣብ ኢድ ጸላኢ ከይወድቁ ጥራሕ ኣብ ዘለሎናዮ ኴንና ንከላኸለሎም። ጸሓይ ኣብ ምዕራባ'ያ፡ ድሓር ሓዲኡ ክግበር'ዩ፡" በለ። ኣብቲ ከባቢ ዝነበርና ነቲ ሓሳብ ተቐበልናዮ፡ ካልእ ኣማራጺታት'ውን ኣይነበረናን።ተጋዳላይ ኣብቲ ሓድሽ ድፋዕ ኩይኑ የማኑ ጸጋሙ ተቘጻጸረን ተረጋግኣን።

“ኣብ ሳሊና! ዘቕልስን ዘዋግእን'ዩ ዘድልየና!”

ምቑት ጸሓይ ነከየ፣ ምድረ ሰማይ ዘሓለ፣ ጸሓይ ንምዕራብ ገጻ ክትንቈት ተቓራረበት። ከባቢ 5.00፡ ድሕሪ ቀትሪ እቶም ኣብታ ሓንቲ ግራት ጨው፡ ዝተኣኻኸብና ተጋደልቲ፡ ቃል ዘውጽእ ኣይነበረን። ጭርቃን ወኻዕካዕ ዓዱ ኣርሒቑ ህጣሙ ጠፍአ። ገነት'ኳ ዕላል ተሓሪሙዋ፡ ገጻ ጸዊጋ ናብቲ ቅድመና ተገቲሩ ዝነበረ ጉዳጉዲ ጸላኢ ጥራሕ ኣቋመተት። መን ክዛረብ፡ መንከ ክምልስ፤ መን ጨሪቑ፡ ንመንከ ክስሕቕ፤ ተጠማሚትካ ስቕ ኩነ።

ምድረ-ሰማይ ንግዚኡ ተረጋግአ። ሓለፍቲ ራድዮኦም ከፊቶም ኣንቴናታት ዘርጊሖም ርክባት ጀመሩ። ኮሚሳር ሓይሊ 4.32 ተኽለ “ቀሺ” ምልሙል፡ ከደራይ፡ ጭሓም ኣብ 1972 ናብ ገድሊ ዝተጸምበረ፡ ምኩርን ገዲምን ሓርበኛ እዩ። ሻይናክ ኣብ ማዕበል ራድዮ ምስ ተኽለ ተራኸበ፤

“ሃለው ማሕታ ትሰምዕዶ ኣሎኻ፤” (ሻይናክ)

“ሃለው በርቂ ይሰምዓካ'ሎኹ ቀጽል።” (ተኽለ “ቀሺ”)

“ኩነታት ከመይ ኣሎ ብኣኹም፤”

“ወርቂ! ብኣኹም'ከ፤”

“ደሓን'ዩ ከምቲ ትፈልጦ'ዩ፡ ኣበይከ ኣለኻ፤”

“'ካብቲ ዘለኻዮ ንምዕራብ ጸጋምካ ዘላ ግዓት፡”

“ተረድአካ! ኣለኹ! በል እዛ ኣብ ኢድካ ዘላ ኣይትዕጸዋ ርክብ ኣይተቋርጽ።”

“ሕራይ፡ ከምኡ ክገብር'የ ኣብ ርክብና።”

ክልቲኦም ራድዮ ድሕሪ ምዕጻዎም፡ ሓንቲ ደቒቕ ኣብ ዘይትመልእ ግዜ፡ በወገን ብዓል ተኽለ ቀሺ፡ ዘሰንብድ ከቢድ ሂምታ ተሰምዐ። ከባቢ ብኸቢድ ትክን ዶሮናን ተዓብሎኸ። እታ ኮሚሳር ሓይሊ 4.32 ምስ ሓሙሻይ ርእሱ ተኸዊሉላ ዝነበረ ብሳዕሪ ዝተሰርሐት ኣጉዶ፡ ብመድፍዕ ተወቒዓ ናብ ሓምኹሸቲ ተቐየረት።

ሻይናክ ራድዮኡ ከፊቱ፡ “ሃለው ቀሺ! ሃለው ማሕታ!” እንተ በለ፣ ወይከ መልሲ። ደጋጊሙ፡ “ሃለው! ሃለው!” መን'ዩ'ሞ ክምልስ። እታ ካብ ቅድሚኦም ዝተተኰሰት ቦምባ መድፍዕ፡ ንእለቱ ህይወት ሓሙሸተ ተጋደልትን ተኽለ ቀሽን ቀዘፈት። እዚ ኣብ ቅድሚ ዓይንና ዝተፈጸመ

ትራጀዲ፡ ምስቲ ኣብ ሳሊና ዝወዓልናዮ ተወሲኹ፡ ኣብ ርእሲ ዝነበረታ ተወሰኽታ ኮይኑ ኣሰንበደና። እዛ ቅድሚ ቍሩብ ደቓይቕ ሞራልን ተስፋን እተድምጽ ዝነበረት ልሳን ቀሺ ሓንሳብን ንሓዋሩን ህጣማ ጠፍአት።

ሻይናክ ብሕርቃንን ነድርን ሰራውር ደሙ ተገተረን ኵነታቱ ብርኡይ ተቐየረን። ቃላት ካብ ኣፉ ምውጻእ ሓርበቶ። "ዋይ ብጾተይ! በዚአን ክንድ'ዚ ጅግና ክጠፍእ!" ድሕሪ ምባል፡ ነታ ዝጀመራ ሓሳባት ከይወድኣ፡ ሽጉጡ ኣብ የማናይ ኢዱ ዓትዒቱ፡ ራድዮኡ ደርብዩ፡ ካብቲ ደንደስ ግራት ጨው ሳሊና ንቕድሚት ገጹ ናብ ዕርዲ ጸላኢ ተወርዊሩ ክወጽእ ብድድ በለ። ገነት ኣብ ጉድኑ ስለዝጸንሐት ግን፡ ብእግሩ ወጢጣ ናብቲ ዝነበሮ ማይ ባሕሪ መለሰቶ። ካልኣይ ፈተነ ከይደግምን ከየዘንግዓናን ከቢብና ሓዝናዮ። ብፍላይ ገነት በቲ ክወስዶ ዝሓሰበ ስጉምቲ ተቘጢዓ፡ "ስምዓኒ ሻይናክ፡ ቅድሚ ቍሩብ ደቓይቕ እንታይ ክትብለና ጸኒሕካ፧ 'ስምዒትኩም ተቘጻጸሩ'ዶ ኣይበልካን፡ ንስኻኸ ስምዒትካ ክትቈጻጸር ኣይትኽእልን! ካብዚ ተበጊስካ ኣበይ ኢኻ ክትበጽሕ፧ ኣብዛ ሰዓት'ዚኣ ዝዋጋእ ጥራሕ ዘይኰነ፡ ብቐንዱ፡ ግደ ናይ ዝቕልስ፡ ዝመርሕን ዘዋግእን'ዩ ዘድልየና ዘሎ፡" ድሕሪ ምባል፡ ብሕርቃን ድምጻ እናተቘራረጸ ከደ። በብዘሎናዮ ንሓሳባት ገነት ዝድርዕ ሓሳባት ተግሳጽ ኣቕረብና።

ሻይናክ ንኹሉ'ቲ ቀዲሙን ድሒሩን ዝሰዓበ ኩነታት ፍጹም ምጽዋሩ ስኣነ። ኣዒንቱ ንብዓት ቈጸራ። እቲ ንብዓት ግን ክቱር ብጻያዊ ፍቕርን ሓልዮትን ደኣ'ምበር፡ ናይ ፍርሒ ወይ ዓቕሊ ጽበት ኣይነበረን። ሻይናክ ናብ ንቡር ክምለስ ግዜ ኣይወሰደን። "ሓቅኹም ኢኹም! ስምዒትካ ምቍጽጻር ልቦና'ዩ። የግዳስ፡ ናይ'ዞም ኣብ ቅድመና ዝቐንዘዉ ዘለዉ ብጾትና ከይኣኽለና፡ ናይ ብዓል ተኽለ ቀሺ መስዋእቲ ተደሚርዎ፣ ኣሕ!" ድሕሪ ምባል ዘረብኡ ኣቋረጸ።

ጸሓይ ናብ ምዕራብ ገጻ ኣንቈልቈለት፣ መሬት ጸልመተ። ሻይናክ ናብ ንቡር ተመሊሱ ራድዮ ከፌቱ ርክብ ጀመረ። እቲ ኣብ ሓድሕዶም ዝመላለሱዎ ዝነበሩ ብምሉኡ'ኳ ኣይስመዓዮ'ምበር፡ ካብ ኣበሃህላኦም ገለ ስጉምቲ ክውሰድ ምኳኑ ተረዳእኩ። ሽው ምስጢር ዝበሃል ኣይነበረን። ኵሉ መልእኽቲ ዳርጋ ክፉት'ዩ ዝነበረ።

"ሃለው ባርካ!"

"ሃለው ይሰምዓካ'ለኹ መን ኢኻ፧"

"ኣነ'የ በርቂ፣ ስምዓኒ፡ እዛ ኣብ ልዕለና ዘላ ኩዕሶ ቦታኣ ምስ ሓዘት

[ጸሓይ ምስ ዓረበት] ዘለኩም ኣባትር [ብረት] ኣኻኺብኩም ንቕድሚት ድፍኡ፡"

"ተረዲኣካ'ለኹ! ክንብገስ ኢና! ኣብ ርክብና፡" ብምባል ተረዳድኡ።

ሻይናክ ነቶም ኣብ ጥቕኡ ዝነበርና ኣኪቡ፡ "እምበኣር! መሬት ምስ ጸልመተ፡ ንቕድሚት ሃጂምና፡ ነቲ ቅድሚ ሰዓታት ዝገደፍናዮ ድፋዕ ተቘጻጺርና፡ ውጉኣትናን ስውኣትናን ብድሕሪና ገይርና፡ ክነውጽኦም ኢና። ክሳብ ሽው ግን፡ ከባቢና ንቈጻጸር፡" ዝብል ንጹር ትእዛዝ ኣመሓላለፈ።

"እዛ ዓወት ከይትሓልፈኩም! ሃየ ድኣ ሰዓቡኒ!"

ሓላፊ ይኹን ተራ ተጋዳላይ፡ ተጻብኦ ባህሪ ኣብ ዝባኑ ጸዊሩ ተዋግአ። ኵነታት እናጸንከረ ብዝኸደ መጠን፡ ተወፋይነት ካድራትን ሓለፍትን ጉሊሑ ተራእየ። ነቲ "ንስኻ ጽናሕ ኣነ ክሓልፍ፣ ንስኻ ስተ ኣነ ክጸምእ፣ ንስኻ ኣዕርፍ ኣነ ክሰርሕ፡" ዝብል ባህሊ ህዝባዊ ግንባር፡ ብግብሪ ኣመስኪሮም ሓለፉ። መራሒ መስርዕ ተስፋኣለም (ራያ) ኣብ ሳሊና ዘርኣዮ ጅግንነትን ተወፋይነትን ናይዚ ጭቡጥ መርኣያ'ዩ።

ተስፋኣለም (ራያ) ቀጢን፡ ነዊሕ፡ ለማሽ ጸጉሩ፡ ብዓል ንእሽቶ ሽክና ርእሲ፡ ክላሽን ተዓጻፊ ካብ ነብሱ ዘይፈሊ፡ ተዋጊኡ ዘዋግእ ተባዕ ብጻይ'ዩ ዝነበረ። ኣብ ውግእ ሳሊና ንብጾቱ ኣብነት ኰይኑ፡ ብትብዓት ክዋጋእ ወዓለ።

ጸላኢ በታ ኣብ ገምገም ጽርግያ መንገዲ ግራር ዝፈነዋ ናይ ኵሊት መጥቃዕቲ፡ ንፋስ ስለ ዘእተወልና ንገለ ቍሩብ ሜትሮታት ንድሕሪት ክንምለስ ተገድደና። ነዊሕ ከይረሓቕና ብቕጽበት ሓድሽ ድፋዕ ኣብቲ ጨው ሳሊና ሓዝና። ይኹን ደኣ'ምበር፡ ገለ ውሑዳት ካብ ክፍሊ ታዕሊም ዝመጽኡና ሓደስቲ ተዓለምቲ፡ በዚ ናይ ሳሊና ውግእ ተሰናቢዶምን እቲ ውግእ ልዕሊ ዓቕሞም ስለ ዝኾኖምን፡ ብፍኑው መልክዕ በርጊጎም፡ ናብቲ ዝተበገስናሉ ቤተ ክርስትያን እንዳ ሚካኤል ዝተመልሱ (ዝንሰሓቡ) ኣይተሳእኑን። ተስፋኣለም ኣብታ ምስ ብዓል ሻይናክ ዝነበርናያ ግራት ጨው ተጸምበረና።

ተስፋኣለም (ራያ) ንዝነበረና ዋሕዲ ሰብ ኣብ ግምት ኣእትዩ፡ "ኣነ ነዞም በዚ ኵነታት ተሰናቢዶም ንድሕሪት መንገዲ ባቡር ገጾም በርጊጎም ዘለዉ ተጋደልቲ ክመልሶም ክኸይድ'የ፡" በለ። እቶም ኣብኡ ዝነበርና

ብጾት፡ ንሓሳባቱ'ኳ እንተ ደገፍናዮ፡ ትግባረኡ ቀሊል ከም ዘይከውን ግን ተገንዘብና። ምኽንያቱ፡ እቲ ቦታ ቃልዕ ብምዃኑ ጥራሕ ዘይኮነ፡ ጸሓይ'ውን ገና ስለዘይዓረበት፡ ንተስፋኣለም (ራያ) ቀሩብ ክዕገስ ሓበርናዮ። ንሱ ግን ዝሓሰባ ከይገበረ ዘይምለስ ሰብ ስለዝነበረ፡ "ደሓን ብጾት! ብዙሕ ኣይትሰከፉ! ሽንቲ ብዕራይ ገይረ ነዛ ጉልጉል ክሰግራ'የ፡" ክብልን ክብገስን ሓደ ኮነ። ከምቲ ዝበሎ'ውን ነቲ ዝዘንቦ ዝነበረ ጠያይቲ ጸላኢ፡ ሓያል ስልቲ ተጠቒሙ እናተጠዋወየ ናብ ዕላምኡ በጽሐ። ነቶም ኣብ ደንደስ መንገዲ ባቡር ዝረኸቦም ተጋደልቲ ሞራሎም ንምሕዳስ፡ "እዘን ተርኢሳት ዘማች ዋላ ሓንቲ ዓቕሚ የብለንን። እምነተን ኣብ ከቢድ ብረት ጥራሕ'ዩ። ንባዕለን ርኢደን ኣለዋ። ሕጂ ጸረ መጥቃዕቲ ገይርና ንሳሊና ተቘጻጺርና ንዕኦን ናብ ባሕሪ ክነጥሕለን ኢና። እዞም ኣብ ውሽጢ ድፋዕ ዝገደፍናዮም ብጾት፡ ሰብ የድልዮም ኣሎ። እዛ ዓወት ከይተምልጠኩም፡ ሃየ ደኣ ስዓቡኒ ንበገስ!፡" ብምባል ፍናን ኣስነቐም።

እዞም ሓደስቲ ተጋደልቲ ከምቲ ተስፋኣለም (ራያ) ዝገብሮ የማን ጸጋም እናተወናጨፉ ደድሕሪኡ ሰዓቡ። ተስፋኣለም ነቶም ኣብ መበገሲ መንገዲ ባቡር ዝጸንሑዎ፡ ካብ ዝተፈላለያ ሓይልታት ዝተኣኻኸቡ፡ ካብ 15 ዘይውሕዱ ተጋደልቲ ጠርኒፉ ጉላጉል ሳሊና ሰጊሩ፡ ኣብታ ናይ መወዳእታ ድፋዕ ክበጽሕ ተቐራረበ። እንተኾነ፡ ኣብ ሳሊና ዕድመ ተጋዳላይ፡ ንእለቱ ጥራሕ ስለ ዝነበረት፡ ብጸጋማይ ክሳዱ ዝኣተወት ጥይት፡ ብየማን በሲዓ ወጽኣት። ቃል ከየምሎቐ ድማ ኣብ ኢድና ተሰውአ።

እቶም መስዋእቲ'ዚ ጅግና ብዓይኖም ዝረኣዩ ሓደስቲ ተጋደልቲ፡ ውግእ ሳሊና ምስ ተዛዘመን ሓይልና ኣብ ድግድግታ ንዕረፍቲ ምስ ከደትን፡ ዕላሎም ብዛዕብኡ ጥራይ ኮነ። ሓደ ካብኣቶም፡ "ኣነ ነዛ ሓይሊ'ዚኣ ሓድሽ ስለዝነብርኩ፡ ንተስፋኣለም ቅድሚ መስዋእቱ እየ ፈሊጠዮ። ሽዑ በቲ ዝሃበና ሞራልን ዘስነቐና ትብዓትን ተተባቢዕና፡ እግሩ እግሩ እናሰዓብና ናብቲ ዝገደፍናኩም ቦታ ከም ንምለስ ገይሩና። ንዓይ ከም ሓድሽ ተጋዳላይ ዓቢ ትምህርትን ሓላፍነትን ኣስኪሙኒ እዩ ሓሊፉ። ብህይወት ክሳብ ዘለኹ ናቱ ኣርኣያነት ተኸቲለ፡ ናይ'ዞም ኣብ ጉልጉል ሳሊና ዝቐበርኩዎም ብጾተይ፡ ሞሳ ክኸፍል ክሳብ መወዳእታ ክቃልስ'የ፡" በለና። እዚ ሓድሽ ተጋዳላይ ከምዚ ክብል ምስ ሰማዕኩዎ፡ "ለካስ መስዋእቲ ጅግና፡ ዓሰርተታት ጀጋኑ ሓድጊ ይገድፍ'ዩ ዝበሃልሲ ሓቂ'ዩ፡" በልኩ ብልበይ።

ከባቢ 7፡00፡ ጸሓይ ጠቕሊላ ምስ ዓረበት፡ ቫይናክ ናብቲ ውጉኣትን ስውኣትን ዝገደፍናሉ ድፋዕ መሪሑና ተበገሰ። በተን ዝርካበን ክትኮሳ

ዝኽእላ ክላሽናት እናተኵስና ንቕድሚት ኣምራሕና። መሬት ዳግማይ ናብ ሓዊ ተቐየረት። ነቶም ቅድሚ ክልተ ሰዓታት ዝገደፍናዮም ውጉኣትናን ስውኣትናን ሰጊርና ኣብ ጥቓ ጸላኢ ዝርከብ ግራት ጨው ድፋዕ ሓዝና። ላዕለዎት ኣዘዝቲ ሰራዊት ኢትዮጵያ፣ “ሻዕብያ ሓድሽ ተደራቢ ሓይሊ ረኺቡ ከጥቅዓና'ዩ፡” ካብ ዝብል ፍርሒ ሰማይ ብገምበል ናብ ብርሃን ጸሓይ ቀትሪ ቀየሩዋ። ተጋዳላይ ኣብ ዘዝነበሮ ኣብ ምድሪ ከም ጠበቕ ተላሕገ። ገምበል ስርሑ ወዲኡ ብርሃኑ ኣጥፍአ። ጸላኢ ብፍርሒ ተዋሒጡ ናይ ዓይኒ ብለይ ስኒ የብለይ ተኹሲ ቀጸሎ። እቲ ተኹሲ ግን፣ ኣብ ጉድጓድ ተሸጉጡ ዝፍንዎ ስለዝነበረ፣ ብዙሕ ጉድኣት ኣየውረደን። ኣብ ዘተኣማምን ቦታ ምስ በጻሕናን የማናን ጸጋምናን ምስ ተቛጻጸርናን፣ ሻይናክ ነቶም ኣብ ከባቢኡ ዝነበርና ብትሑት ድምጺ፣ “እምበኣር ሕጂ ውጉኣትና ንምውጻእን ስውኣትና ንምቕባርን ሃየ ንጓየ!” በለ።

እቲ ዝርካቡ ካብ ሞት ዝተረፈ ውሑድ ሓይልና ኣብ ክልተ ተኸፋፈለ። ገለና ንስውኣት ክንቀብርን ውጉኣት ክነልዕልን እንከለና፣ ዝተረፉ ናብ ጸላኢ ገጾም ብምቅማት ስራሕ ጀመርና። መሬት ብጸልማት ተሸፈነት። ነቶም ህይወቶም ገና ትልኽ እትብል ዝነበረት ብቐዳምነት ህጹጽ ረድኤት ክወሃብ ተሓበረ። እዞም ኣብ ግራት ጨው ሳሊና ኣብ ሞንጎናን ሞንጎ ጸላእን ተወጊኦም ብህይወት ዝተረፉ ተጋደልቲ፣ ሓይልታት ንድሕሪት ከም ዝዝለቓን፣ ህጹጽ ሕክምናዊ ሓገዝ ብቐሊሉ ከም ዘይረኽቡን ስለተገንዘቡ፣ ነቲ ዝተጉድአ ኣካላቶምን ዝፈሰሰ ዝነበረ ደምን፣ ባዕላቶም ብዝረኸቡዎ ጨርቅን ባንደጅን ንምዕጋትን ህይወቶም ንምድሓንን ነዊሕ ተቓለሱ፣ ብርክት ዝበሉ'ውን ካብ መስዋእቲ ደሓኑ።

እቶም ኣብቲ ድቕድቕ ጸላም፣ ነዚ ስራሕ ከነካይድ ዝተመዘዝና ተጋደልቲ፣ መላእ ኣካላት ናይ'ዞም ውጉኣትን ስውኣትን ኣብ ጭቃ ስለ ዝተለዋወሰ፣ ኣየናይ'ዩ ብህይወት ዘሎ ኣየናይ'ዩ ስዉእ ክንፈላልዩም ዓቢ ጸገም ኲነና። ኣብ መወዳእትኡ ግን ዝረኸብካዮ ውጉእ ይኹን ስዉእ ተሰኪምካ ናብ ውሑስ ቦታ ምልዓል እቲ ዝሓሸ ኣማራጺ ኰይኑ ረኺብናዮ፣ ከምኡ ድማ ገበርና።

ነቶም ውጉኣት ኣብ መንኩብና ጸዊርና ንድሕሪት ኣብ እነብጽሓሉ፣ ጸላኢ ገምበል (ብርሃን) ንሰማይ ይትኩስ'ሞ፣ ኣብቲ ጭቃ ተሰቲና ነሕልፎ ነበርና። ልዕሊ ኩሉ ዝገርም፣ እዞም ውጉኣት ቃንዛኦም ንውሽጦም ውሒጦም፣ እቶም ነውጽኦም ዝነበርና ውጉኣት፣ “ብጾት! መጺእኩም'ምበኣር፣ ከም

ትምለሱና'ኺ ኣይተጠራጠናን። ንዓና ክትብሉ ህይወትኩም ኣብ ሓደጋ ከተእትዉ! ንዓና ግደፉና ነብስ'ኹም ጥራሕ ኣውጽኡ፡" እናበሉ ፍናን ይህቡና ነበሩ። ኣብ ኣፍ-ሞት እንከለዉ፡ "ኣነ ደሓን'የ፡ ነቶም ህሱያት ጥራሕ ቀዳምነት ሃቡዎም ዝብሉ ውጉኣት'ውን ነይሮም እዮም፡" ነቲ ከምዚ ዝበለ ብጻያዊ ፍቕርን ዘይጽንቐቕ ኒሕን ሓቦን ተጋዳላይ ተድንቐ። ነቶም ኣካላቶም ብቦምባ ዝተበሳሰዑ ስዉኣት፡ ተሰኪምካ ንድሕሪት ክትመልሶም ብኹሉ መዳይ ጽቡቕ ስለዘይነበረ፡ ከየርሓቕና፡ ኣብ ዘዝወደቕዎ ጉዳጉዲ ብምኽዓት ቀበርናዮም።

ገዲም ተጋዳሊት ኣዜብ (ጫረ) ኣባል ሓይሊ 4.31 ብዛዕባ ህጁም ሳሊና ውዕሎኣን ኩነታት ውጉኣት ከተዕልል እንከላ፤ "ድሮ መጥቃዕቲ ሳሊና፡ የማነ ገብረመስቀል (ኣውሊያይ)፡ ዝብሃል ብጻይና፡ 'ጽባሕ ኣብ ሳሊና ወይ ብቢራ ወይ ብደም ነብስና ክንሕጸብ ኢና፡ በቃ ኡኖ ዳ ዱወ እያ!' በለ። ከምታ ፋሉ ድማ፡ ነብሱ ብደም ተሓጺቡ ኣብ ግራት ሳሊና ተሰውኡ፡" በለት። ኣውሊያይ ንስለ ጭርቃን ዝበሎ፡ ኣዜብ፡ ብጻያ ብደም ተሓጺቡ ምስ ርኣየቶ፡ ኣዝዩ ኣስደመማ።

ኣዜብ ንስዉእ ኣውሊያይ ተፋኒያ፡ ጉላጉል ግራት ሳሊና ኣፋሪቓ ናብ ፋብሪካ ሳሊና ክትጽጋዕ ቊሩብ ተረፋ። እቶም ኣባጽሕ ተጋደልቲ ነቶም ልዕሊ ሓደ ሜትሮ ጉድኒ ዝነበሮም ካናለታት ሳሊና ዘሊሎም ሓለፍዎ፡ ንሳ ግን ምስ ዕጥቃ ክትነጥሮ ዓቕሚ ስለ ዝሰኣነት፡ ናብ ካናል ክትኣቱ መረጸት።።

ውግእ ሳሊና ንኣዜብን ብጾታን ከም ሓደስቲ ተጋደልቲ በዳሂ እዩ ዝነበረ። እቶም ኣብ ጭቃ ሳሊና ተወጊኦም ሓገዝ ዝሓቱ ዝነበሩ ብጾታ ሰሚዓ ከብዳ በልዓ። ብፍላይ ገለ ገለ ቃንዝኦም ልዕሊ ዓቕሞም ዝነበሩ ውጉኣት፡ ነቲ ንድሕሪት ምንስሓብ ዘገደደ ሓድሽ ኩነታት ዘይተረድኦም፡ "ኣንታ ገለ'ባ ግበሩ! ከተውጽኡና ኣይት'ኽእሉን ዲ'ኹም፤ እምበኣር ብጻይነት ኣብ ሳሊና ተሪፉ፡" ምስ በሉዋ፡ ዝኾነ ሓገዝ ክትገብረሎም ብዘይም'ኽኣላ ምስ ነብሳ ተማረረት። እዛ ዘረባ'ዚኣ ድማ ክሳዕ ሎሚ ከም እትሓቕያ ተዕልል።

ኣብታ ሓጻር መስርሕ ምዝንባልን ምንስሓብን ዘጓነፈት ህሞት፡ ኣብ ተኣፋፊት ድፋዕ ዝሓደግኩዎም ሰለስተ ብጾት ድሃዮም ስለዘሰኣንኩ፡ ብኹነታቶም ስለ ዝተሻቐልኩን ብህላዌኦም ስለዝተጠራጠርኩን፡ ናብ ድፍዖም ከምርሕ ግድነት ኮነ። ዋላ'ኳ ምድረ-ሰማይ ብጸላም ተሸፊኑ እንተነበረ፡ ንዕንድኩር ካብ'ቶም ኣብ ውሽጢ'ቲ ድፋዕ ዝወደቑ ክልተ ሬሳታት

ኣምሓራ ክፈልዮ ግን ኣይጸገመንን። ጉይትኦም'ውን ዕድል ዕንድኩር ኣጋጢሙዎ፡ ኣሰር ዕንድኩር ስዒቡ ጸንሓኒ። ንዕንድኩርን ጎይትኦምን ካብ ከባቢ ከይርሓቕና፡ ኣብ ሓንቲ ጉድጓድ ቀበርናዮም። ሳልሳዮም ከራሪ-ተኽልማርያም፡ ዋላ'ኳ መውጋእቱ ከቢድ እንተነበረ፡ ብሂወት ከምዘሎ ንምሕባር፡ ፍሕትሕት በለ። ኣባላት ክፍሊ ታዕሊም ተሰኪሞም ድማ ንሕክምና ወሰዱዎ። ኣብ ሓጺር እዋን ሓውዩ፡ ናብ ሓይሉ ተመልሰን ንኹሉ'ቲ ምስ ዕንድኩር ዝሕለፎ ጸበባ፡ ንብጾቱ ክጸውየሉን በቒዐ።

ከባቢ 9:00 ድሕሪ ቀትሪ፡ ዕማም ምግዕዓዝ ውጉኣት ገና ከይተፋረቐ እንከሎ፡ ብርክት ዝበሉ ሓፋሽ ውድባት ሰሜንን ደቡብን፣ ከምኡ'ውን ሓደስቲ ተጋለምቲ፡ ብሸንቲ ብዕራይ ዝዓይነቱ ወተሃደራዊ ኣካይዳ፡ ጉምብሕ ጉምብሕ እናበሉ ናብቲ ዓሪድናሉ ዝነበርና ድፋዕ ደበኽ በሉ። ንእለቱ ድማ፡ ንውጉኣት ናብ ስቱር ቦታ ከባቢ ቤተ ክርስትያን ኣግዓዙዎም። ናብ'ተን ኣብ ውሽጢ ዕዳጋ ዝጽበይኦም ዝነበራ ኤነ-ትረ ናይ ጽዕነት መካይን ብምጽዓን ከኣ፡ ብህጹጽ ናብ ኣሃዱ መጥባሕቲ ዔላገመል ከም ዝልኣኹ ተገብረ።

ተራን ኣበርክቶን'ዞም ኣባጽሕ መንእሰያት ሓፋሽ ውዱባት ደቡብን ሰሜንን ዝርሳዕ ኣይኰነን:::: እዞም ኣብ ብርኮም ዘስተንፍሱ መንእሰያት፡ ዝኾነ ወተሃደራዊ ተመኩሮ ዘይብሎም ክንሶም፡ ኣብቲ ዝጸንከረ ቦታ ውግእ ኣትዮም፡ ውጉኣትን ስውኣትን ኣብ ምልዓል ዘርኣዩዎ ጅግንነትን ቈራጽነትን ኣብ ታሪኽ ሰምሃር ብሓፈሻ፡ ኣብ ውግእ ሳሊና ድማ፡ ብፍላይ ዓቢ ግደ ተጻዊቶም'ዮም። ቀጽሮምን መንነቶምን ደኣ ክፈልጥ ኣይክእልን'ምበር፡ ኣብቲ ጽንኩር ዓቕልኻ ዘጸንቅቕ ህሮሩማ ጸሓይ፡ ዝተወግኡን ህይወቶም ዘወፈዩን መንእሰያት ሓፋሽ ውዱባት ከም ዝነበሩ'ውን እዝክር። እዚ ፍጻመ'ዚ፡ ድሕሪ 40ታት ዓመታት ክትጸውየሉ ቀሊል ይመስል ይኸእል ይኸውን። ብኹሉ መለክዕታት፡ ርዝነት እቲ ፍጻሜቲ ግን ንዘንተዕለት ዝርሳዕ ኣይኮነን።

ውጉኣትና ኣፋኒና ስውኣትና ምስ ቀበርና፡ ሻይናክ ኵነታት ከባቢና ንምፍላጥ ራድዮኡ ከፈተ። ነቲ ንሰዓታት ደሃይ ኣጥፊኡ ዘወዓለን ምስ ስውኣት ዝተጸብጸበን ኮሚሳር ሓይሊ 4.31 ኣማኑኤል (ወዲ-ጠሊፋ) በጋጣሚ ኣብ ማዕበል ራድዮ ረኸቦ። ወዲ-ጠሊፋ ብህይወቱ እንከሎ ንሸዱሽተ ሰዓታት ዝኣክል ራድዮ ምጥፍኡን ደሃይ ዘይምግባሩን፡ ሻይናክ ነዲሩ፡ ታሕታይ ከንፈሩ ብኣስናኑ ነኺሱን ርእሱ እናነቕነቐን፡ "ስምዓኒ

ወዲ-ጠሊፋ! ተጋደልቲ ኣላዩ ሰኢኖም ባዕሎም ንባዕሎም ክተኣላለዩ፡ ንሰኻ ድማ ንሰዓታት ራድዮ ኣጥፊእካ ምውዓልካ ኣይተረድኣንን። ሕጂ ንመላለሰሉን ካባኻ መልሲ ዝጽበየሉን ግዜ ኣይኮነን፡ ምስ ተራኺብና ንዘራረብ። ሕጂ ግን ነቶም ኣብ ከባቢኻ ዘለዉ ደሃይ ግበረሎም፡" ብምባል፡ ካብ ኣማኑኤል መልሲ ከይተጸበየ ራድዮኡ ዓጸዋ። ኣነ'ውን ከም ሻይናክ ተመሳሳሊ ርእይቶ'ኳ እንተነበረኒ፡ ንቑጥዐኡ ነዳዲ ከይውስኽሉ ሰጊአ ስቕ ክብል መረጽኩ። ምኽንያቱ፡ ኣብ እዋን ምብጋስና፡ ወዲ-ጠሊፋ ዘርኣዮ ተግባር፡ ካብ ሓደ ሓላፊ ትጽበዮ ኣይነበረን።

ዕማም ምጽፋፍ ውጉኣትን ስውኣትን ከባቢ 11፡00 ድሕሪ ቀትሪ ተወድአ። ተጋዳላይ ጠያይቱ ክቑጥብን፡ ኣብ ዘዝነበሮ ዕርዲ ዕጥቁ ከይፈትሐ ኣብ ሓለዋ ቀጽል ክሓድር ትእዛዝ ተመሓላለፈ። ስለዚ ኩሉ ኣብ ሳሊና ምሉእ ኣካላቱ ክሳብ ኣፍ-ልቡ ተዋሒጡ፡ ርእሱ ጥራሕ ኣብ ደንደስ ግራት ጨው ብምቕልቃል ንጸላኢ ናብ ምቁማት ኣተወ። ብኣንጻሩ ሰራዊት ጸላኢ፡ ኣብ ዝዓረዶ ጉዳጉዲ፡ ሳናዱቕ ጠያይትን ቦምባታትን ተዓዲሉዎ ከብቅዕ፡ ካብ ፍርሕን ራዕድን ግን ነጻ ክኸውን ኣይከኣለን።

ፍርቂ ለይቲ፡ ኣብ ሓለዋ ዝነበረ ተጋዳላይ ነቲ ብድሕሪት ድምጺ ደርጓዕጓዕ ሰሚዑ ሓበሬታ ኣመሓላለፈ። ብድሕሪት ክመጽእ ዝኽእል ጸላኢ ከም ዘየሎ'ኳ እንተተኣማመንና፡ ንምርግጋጽ ዝኣክል ግን 50 ሜትሮ ንድሕሪት ተመሊስና ኣቓመትና። እቲ ድምጺ በብቑሩብ ናባና ገጹ ተጸገዐ። ኣብ ሓዲግ ሰማይ፡ ሓዲግ ምድሪ፡ ጽላሎት ጉምብሕ ጉምብሕ እናበሉ ዝመጽኡ ሰባት ተዓዘብና። ቀስ ብቐስ ድማ፡ ናብቲ ዓሪድናሉ ዝነበርና ድፋዕ ተጸገዑ።

ምስ ቀረቡና፡ እቶም ካብ ዕዳጋ (ከባቢ እንዳ ምካኤል) ዝተበገሱ ኣባላት ሓፋሽ ውዱባትን ተዓለምትን ምዃኖም ኣረጋገጽና። ኣብ ነጸላን ኣብ ሳናዱቕን ቦምባ መግቢ ተሰኪሞም ብትሑት ድምጺ ናብ ድፋዕና ኣተዉ። ኣነ ምስ ካልኣየይ፡ "እንቋዕ ብደሓን መጻእኩም፡ ተሰኪምኩሞ ዝመጻእኩም መግቢ ኣብዚ ክትገድፉዎ ኢኹም። ምኽንያቱ ካብዚ በጺሕኩሞ ዘለኹም ንደሓር ምእታው ሓደገኛ እዩ፡" በልናዮም። ንሳቶም ግን ነቲ ዝተሰከሙዎ መግቢ ክሳብ'ቲ ተጋደልቲ ዝነበርዎ ድፋዕ ከብጽሑዎ ከም ዝደልዩ ብትሪ ተዛረቡ። ሓደ ካብኣቶም፡ "ስምዑ ብጾት! እዚ ትዛረቡዎ ዘለኹም፡ ኣብ ልዕለና ዘለኩም ሓልዮት ምዃኑ ይርድኣና እዩ። የግዳስ ንስኹም'ኳ ን12 ሰዓታት ኣብ ባሕሪ ጠሊቕኩም፡ ከይበላዕኩም ከይሰተኹም ትሳቐዩ

ዘለኹምስ፡ ንሕና ደኣ ንፍርቂ ሰዓት እንታይ ከይንኸውን፡ ፍናን ክኹነና ምሳኹም ናብ ውሽጢ ድፋዕ ክንኣቱ ኣፍቅዱልና፡” በሉና። ምስቲ ምሳይ ዝነበረ ብጻይ ድሕሪ ምዝርራብ፡ “በሉ ካብ ደለኹሞ ደሓን ንውሽጢ ድፋዕ ምሳና ክትኣትዉ ኢኹም። ናብ ኣዝዩ ሓደገኛ ቦታ ትኣትዉ ስለዘለኹም ግን ነብስኹም ሓሊኹም ጥንቁቓት ክትኩኑ ኣለኩም። ተሰማሚዕናዶ፧” ድሕሪ ምባል መሪሕናዮም ናብ ድፋዕ ተበገስና።

ጸላኢ ናይ ሰብ ምስሊ ብማዕዶ ርእዩ ገምበል ወሊዑ፡ ምድሪ ናብ ጸሓይ ቀትሪ ቀየራን ብተኹሲ ሓዊ ገበራን። እቶም መንእሰያት፡ ሽሕ'ኳ እዚ ክመጽእ ይጽበዩዎ እንተነበሩ፡ ጠያይቲ ምስ ተኻዕዎም፡ ንምጽማሙ ካብ ዓቕሞም ንላዕሊ ስለዝኾኖም፡ ነቲ ዝተሰከሙዎ ሳናዱቕ ናብ ምድሪ ደርብዮም፡ ህይወቶም ከድሕኑ ኣብቲ ሰልሚ ጠንቀላዕላዕ በሉን ክዳውንቶም ብጭቃ ተቑማጥዐን። ተኹሲ ዝግ ምስ በለ፡ ነቲ ምስ ጭቃ ዝተሓዋወሰ እንጀራ ኣኻኺቦም ናብ ድፋዕ በጽሑ፣ ሩፍታ ድማ ተሰምዖም።

እቶም ጸልማት ተኸዊሎም ብትብዓት ኣብ ውሽጢ ሳሊና ዝበጽሑ መንእሰያት፡ ከብዲ ተጋዳላይ ብምዕንጋሎምን ተልእኾኦም ብዓወት ምዝዛሙን ሓጒሶም ወሰን ኣይነበሮን። ፍሽኽ ፍሽኽ እናበሉ ድማ፡ ናብቲ ዘዕርፉሉ ውሑስ ቦታ ከባቢ ዕዳጋ ተመልሱን መመደቀሲኦም ሓዙን። ንጽባሒቱ ወጋሕታ፡ እቶም ናብ ሳሊና ክእትዉ ዕድል ዘይረኸቡ፡ ምስ ሓካይም ዝተሓጋገዙ ዝነበሩ ብጾቶም፡ ክዳውንቲ'ቶም ብለይቲ ናብ ውሽጢ ድፋዕ ሳሊና ኣትዮም ስንቂ ዘብጽሑ መንእሰያት፡ ብጭቃ ተለዋዊሱ ምስ ረኣዩ ሰንበዱ። ሓደ ካብቶም ኣብ ዕዳጋ ክጽበ ዝጸንሐ መንእሰይ፡ “ኣንቱም እንታይ ወሪድኩም፧ ኣብ ውሽጢ ሓንቲ ሰዓት ዘይትኣክል ክምዚ ኢልኩም ብጭቃ ተሓዋዊስኩም ወጺእኩም! እንታይ ድዩ ኣጓኒፉኩም፧” በሎም። ካልእ መንእሰይ ርእሱ እና'ወዛወዘ ብምግራም፡ “ንስኹም ክምዚ ዝኹንምኩም ደኣ እቶም መዓልትን ለይትን ኣብ ውሽጢ ሳሊና ዘለዉ ተጋደልቲ ኣብ ከመይ ኵነታት ኣለዉ ማለት'ዩ!” ዝብል ንኹሎም ኣብ ሓሳብ ዝሸምም ከቢድ ሕቶ ኣቕረበሎም። ዘጓነፎምን ዝረኣዩዎን ሓደ ብሓደ ከዘንትውሎም'ውን ኣጥቢቖ ሓተቶም። እቶም ድፋዕ ዝበጽሑ መንእሰያት፡ እቲ ሕቶ ከቢዱዎም ሓድሕዶም ተጠማመቱ።

ሓደ ካብቶም ናብቲ ድፋዕ በጺሖም ዝተመልሰን ንምረት ሳሊና ዘስተማቐረን መንእሰይ፡ “ሕቶኻ ኣገዳሲዩ። እዛ ንሕና ኣብ ድፋዕ ዝጸናሕናያ ሓጻር እዋን፡ ነብስና ብጨው ተበሊዑን ኣእዛንና ብተኹሲ ጸሚሙን ንስክላ ኢና

ወጺእና። መሬት ከም ዕንቍ ጸቢባትና ኣብ እንኣትዎ ጨኒቑና ነይሩ። እቶም ዝረኣናዮም ተጋደልቲ ግን፡ ኣብ ገጾም ብዘይካ ተስፋን ብሩህ ገጽን፡ ካልእ ዝርአ ተርባጽ ይኹን ሻቕሎት ኣይተዓዘብናን። ተጋደልቲ፡ ከማና ነብሲ ስለዝሓዙ፡ ዝጸምኡ፡ ዝደኸሙ ዝጠምዩ ፍጡራ'ት እዮም። ጨው ባሕሪ፡ ስግኦም ሓሊፉ ኣዕጽምቶም ከም ዝበልዖ ተዓዚብና። እንተኾነ፡ ሰብ ዕላማ ስለዝኾኑ፡ ባህርያዊ ጸገማት ኣብ እንግድዓኦም ተሰኪሞም ክጋደሉ ብዓይንና ርኢና፡" ብምባል፡ ዝረኣዮ ነገሮም መስከረ።

ማእከልነት ጋንታ ሰለሙን ወዲ ሓጐስ፡ ኣብ ሳሊና ቀሊል መውጋእቲ ኣጋጢሙዎ ኣብቲ ብሓካይም ብርሃነ ገብረትንሳኤን ኣፈወርቂ በርሀን ዝእለ ዝነበረ ሕክምና ቦጦሎኒ 4.2ን 4.3ን ስለዝነበረ ንዕላላት'ቶም መንእሰያት ክሰምዖ ዕድል ረኺበ። በቲ ዝርኣዩዎ ከይሰንብዱን ሞራሎም ከየውድቑን ሰጊኡ ድማ፡ "እዚ ከተዕልሉ ዝጸናሕኩም ክከታተሎ ጸኒሐ እየ። ኣብ ሰውራ ኩሉ ግዜ ኣይትዕወትን ኢኻ። ሓደ ሓደ ግዜ፡ ሓደ ስጉሚ ንድሕሪት ምምላስ ኣሎ። ደሓር ግን ዓጸፋ ንቕድሚት ትዘልል። ሳሊና ሎሚ እንተ ዘይሓዝናያን፡ ጽባሕ ንሕዛ! ሎሚ ንሕና እንተ ዘይተቖጻጺርናያ፡ ጽባሕ ንስኹም ትዕወቱላ። ስለዚ፡ እዚ ኣብ ዘጋጠመ ሳሊና መሰናኽል ከተሓሳስበኩም የብሉን፣ ግዜያዊ እዩ፣ ሕራይዶ!" በሎም።

እቶም ንዕላል ወዲ-ሓጐስ ብጽሞና ዝሰምዑ ዝነበሩ መንእሰያት፡ ብጽንዓት ተጋዳላይ ተሓበኑ። ናይ ዝወደቑ ኣያታቶምን ኣሕዋቶምን ብረት ክስከሙን ኣሰሮም ክስዕቡን ብልቦም ቃል ኣተዉ። ካብቶም ናይ ሽዑ ኣባጽሕ፡ ንሜዳ ወሪዶም ከቢድ ሓላፍነት ተሰኪሞም ተዋጊኦምን ኣዋጊኦምን ናጽነት ዘምጽኡ ውሑዳት ኣይኮኑን።

እቲ መዓልታት ዘቍጸረ ሩዝን እንጀራን ዐዕማኾ ኣብ ኢድና ተዓደለና። እንተኾነ፡ ጉሮሮና ብማይ ባሕርን ምቖት ጸሓይን ነቒጹ፡ ኣፍንጫና ብባሩድን ትክን ተዓቢሱ፡ ኣእዛንና ብድምጺ ቦምባታት ጸሚሙ ሽውሃትና ተዓጽዩ ስለ ዝነበረ፡ ንፈውሲ ማሕላ'ውን ትኾን ኣብ ኣፍና ከየቕረብና ናብ ባሕሪ ጉሓፍናዮ።

ፍርቂ ኣካላትና ኣብ ማይ ጨው ጥሒሉ ሰለም ክነብል ፈተና። ድቃስ እሞ በየን ትምጻእ። እቲ ድቃስ ዝኣበዮ ዘበለ፡ መምስ ከባቢኡ፡ ብዛዕባ እቲ ውዕሎ ከዕልል ፈተነ። እንተኾነ፡ ኣዕይንትናን ኣእዛንናን ጽቡቕ ክርእያን ክሰምዓን ስለዘይወዓላ፡ ሰሓቕ ጭርቃን ጠፊኡ፡ ትም ክንብል መረጽና። ኣቓልቦና እታ ድሮ ገለ ሰዓታት ተቖርሚሙዋን ድሕሪ ቍሩብ ህሞት

እትመጽእን ሓዳስ መዓልቲ 24 ታሕሳስ፡ እንታይ መዘዝ ሒዛ ክትቅልቀል'ያ፤ ዕድሉን ዕድል ሳሊናን ከመይ ክኸውን'ዩ፤ ንዝብሉ ሕቶታት ናብ ምምላስ ኣድሃብ፡ ነቲ ቦታ ከም ዘይገድፎን ኣብ ጨው ሳሊና ዓሪድና ከም ንውዕል ትሑዝ ስለ ዝገበርናዮ፡ ስዒቡ ንዝመጽእ ጥሜት፡ ጽምኢ መውጋእትን መስዋእትን ተዳለና።

ኣብታ ለይቲ፡ ኩሉ ተጋዳላይ ክላሽኑ ጠሊማቶ ከም ዘይትትኩስን፡ "በቃ ይኣኽለኒ" ከም ዝበለትን እናፈለጠ፡ ብድሕሪት ረዳት ክመጽእ ተስፋ ኣብ ዘይብሉ፡ ኣብ ሰልሚ ጨው ኣካላቱ ተቘማጢዑ፡ ከብዱን ጉሮሮኡን መግቢ ከየሕለፉ ዓሰርተታት ሰዓታት ኣቐኢሩ ክነሱ፡ ንጸላኢ ብርእሰ ተኣማንነት ክምክቶን፡ ነታ እንኮ ዘውንና ትንፋሱ፡ ከም'ቶም ቅድሚ ቁሩብ ሰዓታት ዝሓለፉ፡ ንሱ'ውን ህይወቱ ንመስዋእቲ ድልውቲ ገበራ። ብዘይካ'ቲ ሓጺር ናይ ውግእ ተመኩሮ ዝነበሮ ሓድሽ ተጋዳላይ፡ እቶም ዝበዝሕና፡ እዛ ሓዳስ እትበርቕ ጸሓይ፡ ዓቢ ስራሕን ከቢድ መስዋእትን ክትሓትት ምዃና ኣይሰሓትናዮን። ምኽንያቱ፡ ደብዳብ ጸላኢ ክትከላኸለሉ ኣብ ዘይትኽእል ቀላጥ ጉልጉል ዓሪድካ፡ ነተን ክትኮሳ ኣይተኮሳ ዘይተፈልጣ ክላሽናት ተሓንጊጥካ፡ ደገፍ ወገን ኣብ ዘይትረኽበሉ መጻብቦ ኴንካ፡ ንዝመጽእ ጽንኩር ኩነታት ክትገጥሞን ንነብስኻ ኣእሚንና ድልው ከምትኸውን ካብ ምግባር ሓሊፉ፡ ካልእ ኣማራጺ ኣይነበረን። ካባቢ 2፡00 ድሕሪ ቀትሪ፡ ኣብ ዘዘለናዮ ግምስስ ግምስስ በልና።

ድርብ ቃልሲ ኣንጻር ባህርን ጸላእን ኣብ ሓደ ህሞት

24 ታሕሳስ 77፡ 5፡00 ወጋሕታ፡ ተሓዝ ሰዓት "ተንስእ! ተንስእ! ተበራበር!" ዝብል ወተሃደራዊ ትእዛዝ ኣመሓላለፈ'ሞ ኩልና ካብቲ ተገምሲስናሉ ዝሓደርና ማይ ብቕጽበት ተንሲእና፡ ኣቓልቦና ናብቲ ደንደስ ግራት ብምግባር ንቕድሚና ኣቓመትና።

ሳሊና፡ ነቶም ከም ልሙድ ከይወግሐ ኣብ ምጭራቕ ዝኣትዉ ዝነበረ፡ ተጋደልቲ ነዛ መጓዕዝቶም ዝኾነት ዋዛን ዕላልን ነፈገቶም፡ ርእሶም ብምንቕናቕ ጥራይ ተጠማሚቶም ሰላምታ ተለዋወጡ። ርእሲ ምንቕናቕ ንባዕሉ፡ "ኣይሞትናን፣ ኣለና፣ ክንህሉ ኢና፡" ዝብል ትርጉም ነበሮ። እቲ "ከመይ ሓዲርኩም!" ዝበሃል ቃል ዘየድመጸ'ውን፡ ምናልባት ለይትን መዓልትን ፍልልይ ስለ ዘይረኣየሉ፡ ስለ ዝተሓዋወሶን ብኾፉ ስለ ዝሓደረን፡ "ኣይሓደርናን" ንምባል ክኸውን ይኽእል።

ጸሓይ ልሙድ መዓልታዊ ስርሓ ንምጅማር፡ ብወገን ምብራቕ ተቐልቀለት። ምቼት ጸሓይ እናወሰኸ ከደ። ነቲ ብኣውልን ማይን ጠውሊጉ ዝሓደረ ኣካላትና ምቼት ስለዝሃቦ ፍሉይ ፍስሃ ሃበና። እንተ'ቲ ክዳውንትና ግን ናብ ወጮ ተቐየረ። ኣሕመዲን ንገነት ካብ ጽፍሪ እግራ ክሳብ ጸጕሪ ርእሳ ኣተኲሩ ተዓዘባ። በቲ ሓደ ወገን ኣብ ልዕሊ ጓለንስተይቲ ብጸይቱ ከምዚ ዝበለ ኣደራዕ ምውዳቑ ኣሕዘኖ፡ በቲ ካልእ ክዳውንታ ብጭቃ ምቕምጣዑ ሰሓቕ መለቖ። ጭርቃን ከይተርፎ፡ ከኣ "ኣንቲ መምህረይ! እንታይ ክፉእ ትርኢት ደኣ'ዩ'ዚኸ፣ ካን ብሓደ ኣፈቱ ኣብ ጭቃ ከተንገርግር ዝወዓለት መፍለስ መሲልኪ!" በላ።

ጓል-ጉነጽ ንኣሕመዲን ዘስሕቖ ዘሎ ተረዲኣ፡ ርእሳ እናነቕነቐት፡ "ደሓን'ዩ ኣሕመዲኖ! ኣይንሕሾ ኣይንሓምቀ እዩ ነገሩ። ንስኻ እንቋዕ ንነብስኻ ኣብ መስትያት ኣይትርእያ! ኣብ ሓምኹሽቲ ከንገርግር ዝወዓለ ኣድጊ ኢኻ መሲልካ ዘለኻ!" በለቶ። ዝነበርናዮ ህሞት፡ ዋላ'ኳ ንሰሓቕን ጭርቃንን ዝዕድም እንተ ዘይነበረ፡ በቲ ዝሃበቶ መልሲ ክምስ በልና፡ ንሳ'ኳ ንጋዶ።

ካብ ብጊሓቱ፡ ኣዘዝቲ ስርዓት ደርግ ኣብቲ ዓበይቲ ህንጻታት ግራርን ሓይሊ ባሕርን ኲይኖም፡ ከምኡ'ውን ብሄሊኮፕተር ተሓጊዞም፡ ዓሪድናሉ ዝሓደርና ድፋዕ ሳሊና ብደቂቕ ኣጽንዑዎ። ኣብ ሞንጎናን ሞንጎ ጸላእን ዝነበረ ጅኦግራፊያዊ ርሕቀት መሬት ከባቢ 200 ሜትሮ ጥራይ ስለዝነበረ፡ እቶም ኣብ መራኸብ ውግእ ተጻዊዖም ዝነበሩ ይኹኑ ኣብ ናቫል በይዝ ዝተተኸሉ መዳፍዓት 120፡ መሬት መሬት ወንጨፍቲ ሚሳይላት (ስታሊን ኦርጋን)፡ ዝኣመሰሉ ስትራትጅያውያን ዝተራቐቑ መሳርያታትን ደብዳብ ነፈርቲ ኣብ ውግእ ሳሊና ክጥቀምሎም ከም ዘይክእሉ ተረድኡ። እቲ ደብዳብ ንዓና ጥራሕ ዘይኮነ ንወተሃደራቶም'ውን ብማዕረ ክድብድቦም ስለ ዝኽእል፡ ካልእ ኣማራጺ መንገድታት ክኣ ሃሰው በሉ። ስለ'ዚቶም ሓጺር ርሕቐት ዝሸፍኑ ከም 81፡ 82 ሚ.ሜተር ሞርታራት፡ ኤነርጋታት፡ ላውንቸራት ዶሽካታት ወዘተ ኣብ ሳሊና፡ ናቫል በይዝ ኣገዲሞም ንደብዳብ ተዳለዉ።

ጸላኢ ካብ ምብራቓዊ ወገን ሓይሊ ባሕርን ምዕራባዊ ደንደስ ሲኔማ ኣይዳን፡ ቦምባታቱ ዝወድቀሉ ቦታታት ንምጽናዕን ኣጽዋሩ ኣብ ዘድልዮ ዒላማ ንምእሳርን፡ ብውሑድ ዓቐን ደብዳብ ጀመረ። ብዝነበረና ሕሉፍ ተመክሮ፡ እዘን ሓሓሊፈን ካብ ቦታ ጸላኢ ዝትኰሳ ዝነበራ ናይ ሞርታር

ቦምባታት፡ ነቲ ክህረም ዝድለ ዝነበረ ዒላማታት የነጻጽርን ከቢድ ብረት ይኣስረሉን ምንባሩ ኣይዘንጋዕናዮን። እተን ኣብ ድፋዕና ዝወደቓ ቦምባታት ካብ ምብራቕ ክሳብ ምዕራብ ንጋድም ተር ከም ዓተር ሃረማ፡ ኣብ ዝባንና ኣጽዋር ከም ዝተኣሰረልና ከይተጀመረ ዝገመትናዮ እዩ ነይሩ። እቲ ክንምልሶ ዘይከኣልና ሕቶ ግን፡ ነዚ ሰዒቡ ካብ ጸላኢ ዝመጽእ ባርዕ ሓዊ ብኸመይ ክንምክቶን ክንቃለሶን ዝብል እዩ።

ምቑት ጸሓይ፡ መልክዕና ከም ሻሙ ከደውኖ ምኳኑ ተቐቢልናዮ ኢና። እቲ ዝዓበየ ሻቕሎትና ግን ጉልጉል ሳሊና ኣብ ኣፍንጫ ጸላኢ ምህላዋ ጥራሕ ዘይኮነ፡ ካብ ደብዳብ ጸላኢ ክንከላኸለሉ እንኽእል ዕድል ዘይምህላዉ እዩ። ከቢድ ብረት ወገን'ውን እንተኾነ፡ ሻቕሎትና ክፈትሓልና ከም ዘይክእል ተገንዘብና። እታ እንኮ ምርጫና ስንኻ ነኺስካ ንኹሉ እንተታት ምጽባይ ጥራሕ ኮነት።

ደብዳብ ጸላኢ፡ ኣብቲ ዝኣሰረሉ ዕርድታት በብቑሩብ ካብ ደቒቕ ናብ ደቒቕ ሓይሉ እናወሰኸ ከደ። እዛ ናይ 81 ሚሊ-ሜተር እትበሃል ሞርታር፡ ይትረፍዶ ኣብቲ ዝኾነ መከላኸሊ ዘይብሉ ሰጣሕ ጉላጉል ሳሊና፡ ኣብ ዘተኣማምን መከላኸሊ ዘሎዎ ድፋዕ ኄንካ እውን ኣብ ጁባኻ እትኣቱ ንሕስያ ዘይብላ ኣዝያ ሓደገኛን ከቢድ ክሳራ እተስዕብን ስለዝኾነት፡ ካብተን ንተጋዳላይ ዘጨንቓን ዘይትፍቶን ጽልእቲ ብረት እያ። ቦምባ ገና ካብ ሻምብቆ ብረት ክትብገስ እንከላ ስለትስማዕ፡ "ኣብ ርእሲ መን ኮን'ያ ትዓልብ" ኢልካ ትሸቑረር። ንብዓል መዓልቲ ድማ፡ ብዘይ ንሕስያ ዕድመኡ ተሕጽሮ።

ሳሊና፡ ብደብዳብ ዝተሓዋወሰን ዝተወሃሃደን ዓይነት ኣጽዋር ጸላኢ ተጨነቐት። ደብዳብ ሳሊና ካብ ካልኦት ዓውዲ ውግኣት ዝተፈልየ ነበረ። ዘይከም ጉቦታት ሳሕል፡ ብሑጻን ጭቃን ዝተኸበበ ስለዝኾነ፡ እቲ ቦምባታት ዓቕሙ ምፍንጫሉ ትሑት ነበረ። ሳዕቤን'ቲ ዝወድቓ ቦምባታት፡ ብኡኡ መጠን ይጉድል። ቦምባታት ብጻዕቂ ኣብ ግራት ሳሊና ክወድቓ ምስ ጀመረ፡ "ዶክቶር! ዶክቶር! ተወጊኦ!" ዝብል ሕክምናዊ ረድኤት ዝደሊ ድምጺ ኣብ ነፍሲ-ወከፍ ግራት ብብዝሒ ተሰምዐ። ሓካይም ሳንጣታቶም ተሰኪሞም፡ ህይወት ብጾቶም ንምድሓን፡ ብጉምብሕ ጉምብሕ ንየው ነጀው በሉን ካብን ናብን ተንቀሳቐሱን። ሃይለ፡ ሓኪም ጋንታና፡ ሳንጥኡ ተሓንጊጡ ናብ ሓንቲ ግራት ጨው ክኣቱ እንከሎ፡ ጸላኢ ነታ ሳንጣ ብተኹሲ መንፊት ገበራ። ገለ ካብቶም ኣብ ውሽጢ'ቲ ሳንጣ ዝነበሩ መድሃኒታት

ከኣ ጥቕሚ ወጻኢ'ኳ ኮኑ። እንተኾነ ንሱ፡ በቶም ዝተረፉ መድሃኒት ገይሩ ነቶም ውጉኣት ቀዳማይ ረድኤት ገበረሎም።

ሓንቲ መንእሰይ ተጋዳሊት፡ ኣብታ ኣዝጊባትላ ዝነበረት ድፋዕ እንከላ ተወግአት፡ ከቢድ ቃንዛን ኣውያትን ኣስምዐት። እዛ ተጋዳሊት ኣብ ጉላጉል ሳሊና ዝተጸንበረትና ኣባል በጦሎኒ 70.2 እያ። ቃንዛ'ዛ ዋዕሮ፡ ነቶም ኣብ የማናን ጸጋማን ዝነበርና ኣብ ከቢድ ሻቕሎት ሸመመና። መውጋእታ ኣብ ከብዳ ስለዝነበረ፡ መዓንጥኣ ንደገ ወጽአ። ኣብ ጥቓኣ ዝነበሩ ብጾታ፡ ህይወት ብጸይቶም ንምድሓን ነጸልኦም ቀዲዶም፡ ከብዳ ብምጥቕላል ዝከኣሎም ገበሩ። እቲ ስራሕ ልዕሊ ዓቕሞም ምስ ኰኖም፡ “ዶክቶር! ዶክቶር!” ዝብል ጻውዒት ሓገዝ ኣቃልሑ።

ሃይለ፡ ሓኪም ጋንታ፡ ነቲ እናሳዕ ዝቃላሕ ዝነበረ ናይ ጻውዒት ረድኤትን ቃንዛ ውጉኣትን ክጻወሮ ዓቕሚ ሰኣነ። ነቶም ኣብታ ግራት ጨው ዝነበሩ ብጾቱ፡ “ብጾት! ኣነ ነዚ መሪር ቃንዛ'ዛ ብጸይቲ፡ ብእዝነይ እናሰማዕኩ፡ ኮፍ ክብል ሕልናይ ክጻወሮ ኣይከኣለን። ስለዚ፡ ዝገበርኩ ገይረ ናብኣ ክበጽሕ ኣለኒ፣ እንተክኢልኩም ጉልባብ ግበሩለይ፡” በሎም።

ንሳቶም ኣብ ክልተ ተቐርቀሩ፡ በቲ ሓደ ወገን እዛ ትቕንዞ ዝነበረት ብጸይቶም ሕክምናዊ ረድኤት ረኺባ ክትፍወስ ደለዩ። በቲ ካልእ ድማ እዚ ካብ ሞት ዝወጽአ ዶክቶር፡ ኣብ ዕላማኡ ከይበጽሐ፡ ኣብ ሰጣሕ ጉላጉል ንኽንቱ ከይጠፍኦም ሰግኡ። መራሒ ጋንታ ኪዳነ ዘርኡ፡ ኣዓየ፡ ነቲ ብየማነ ጸጋምዝወናጨፍ ዝነበረ ጠያይቲ ጸላኢ እናቋመተ፡ “ዶቶር! እዚ ትብሎ ዘለኻ ሓቂ'ዩ። ቃንዛ'ዛ ብጸይትና፡ ከብድና በሊዑና ኣሎ። ዝኾነ ሓገዝ ክንገብረላ ብዘይምኽኣልና'ውን ነብስና ኣጽሊኡና'ሎ። ሓገዝ ክንገብረላ ምደለና፣ እንተኾነ፡ ኣብቲ ዘላቶ ድፋዕ ከይበጻሕካ ብጥይት ጸላኢ ክትምንጠል ኢኻ፡” በሎ።

ሓኪም ሃይለ ግን፡ ንዘረባ መራሒ ጋንታ ኪዳነ ግዲ ከይገበረሉ፡ ሳንጥኡ ሓቝፉ ብድድ ኢሉ ንጸጋም ገጹ ተመርቀፈ። ሳንጣኡ ኣብ ኣፍ ልቡ ሓቝፉ፡ ብሸንቲ ብዕራይ ተጠቒሙ ንሓንቲ ግራት ሰገረ። ጸላኢ ዘሎ ጠያይቲ ኣብ የማኑ ጸጋሙ ከም ማይ ስለዝኸዓወሉ። ተኾሲ ክሳዕ ዝሃድእን ንጸላኢ ከደናግርን ንግዚኡ ኣብ ሓንቲ ድፋዕ ኣዕረፈ። ጸላኢ፡ እዚ ሳንጣ ተሰኪሙ ላዕልን ታሕትን ዝብል ዝነበረ ሰብ፡ ሓኪም ክኸውን ከም ዝኽእል ኣይሰሓቶን። ነታ ሃይለ ኣዕሪፉላ ዝነበረ ድፋዕ ዶሸካ ኣሰረላ። ሃይለ ተኾሲ ከም ዝሃድአ ኣረጋጊጹ፡ ነቲ ሓደገኛ ጉዕዝኡ ቀጸሎ። ብልዑል ፍጥነት ካልኣይቲ ግራት ጨው ሰጊሩ፡ ናብ ሳልሰይቲ ዘሊሉ ክኣቱ እንከሎ፡

ብየማነይቲ ጉድኑ ዝኣተወት ጥይት በሲዓ ብጸጋም ወጽአት። ብኣፍ-ልቡ ተሰጢሑ ድማ ኣብ ጥቓ'ታ ውግእቲ ብጸይቱ ወደቐ። ብኡንብኡ'ውን ተሰውአ።

እታ ውግእቲ ብጸይቲ ነዚ ዘሕዝን ፍጻመ ብዓይና ተዓዘበቶ። ቃንዝኣ ንውሽጢ ውሒጣ፡ "ዋይ ሓወይ! ለኪመካ! ንዓይ ከተድሕን ህይወትካ በኛ ከፊልካ!" ምስ በለት፡ ቃንዛን ምቐት ጸሓይን ተደራሪቡዋ ኣብ ሃለፍታ ኣተወት።

ውዕሎ ምስ ሰዉእ ኣብ ግራት-ሳሊና

ኣብቲ ህሞት'ቲ ኣሞራ ኬንካ ወይ ድማ ከምዚ ኣብ 21 ክፍለ ዘመን ዝፈረየ ቴክኖሎጂ ድሮን ሃልዩካ፡ ካብ ሓደ ድፋዕ ናብ ካልእ እናበረርካ፡ ንኹሉ'ቲ ዝፍጸም ዝነበረ ቅያን፡ ኣብ ዝባን ተጋዳላይ ዝወርድ ዝነበረ ኣደራዕን ክትዕዘብን ክትሰንድን እንተዝክኣል፡ እቲ ካብ ጫፍ ናብ ጫፍ ግራት ጨው ሳሊና ዝተፈጸመ ታሪኽ ምተመዝገበን ንዘልኣለም ህያው ኮይኑ ምስ ተሰነደን።

ደብዳብ ጸላኢ ከም ማይ ኣይሂ ክዘንብ ጀመረ። እቶም ኣብ ሓንቲ ግራት ዝተኣኻኸብና ሸውዓተ እንኸውን ተጋደልቲ፡ ቃንዛ ናይ'ዞም ውጉኣት ምስ ሰማዕና፡ ሽግሮም ንምፍዋስ ክንገብሮ እንኽእል ነገር ብዘይ ምንባሩ፡ ጓሂና ሰማይ ዓረገ። ኣብ ሳሊና ሓንሳብ ምስ ኣተኻ ናብ ትኸዶ ቦታ የብልካን። በቃ ማሕዩር ናኸራ እያ! ቫይናክ ዋላ'ኳ ዝተረጋግአ ክመስልን ንብጾቱ ሞራል ክህብን ፍሽኽ ይብል እንተነበረ፡ ሓሓሊፉ ውሽጣዊ ኵነታቱ ይግንፍሎ'ሞ፡ ብዘይካ "ኣሕ!" ካልእ ተወሳኺ ቃላት ኣየድምጽን።

ኣሕመዲን ዓብደላ ኣደም፡ ፍርቂ ኣካላቱ ኣብ ማይ ባሕሪ፡ ብረቱ ኣብ ደንደስ ግራት ገይሩ ናብ ጸላኢ ገጹ ጠመተ። ገነት ኣብ ጥቕኡ ምህላዋ ፈኺሉዎ፡ "ኣንቲ ገነት ክሳዕ መዓስ ደኣ ኢና ጓለይ ንሰን ክድስቓና! ንሕና ሕቖና ሂብና ክንድሰቕ። ካን ኮይኑወን ንዒቖናና!" በላ ንቕድሚኡ እና'ቋመተ።

ገነት ምዝራብ ሰልክዩዋ፡ "ክሳብ ንሰን ቦምባታተን ዘውድኣን ሓለፍትና ዘበግሱናን፡" በለቶ ብውሑዳት ቃላት።

"እንታይ ማለትኪ እዩ፣ መዓስ'ዮምከ ሓለፍትና ዘበግሱና፣" ቀጸለ፡ መልሳ ስለዘይተዋሕጠሉ።

ገነት፡ ሕጂ'ውን ንሕቶኡ ብሓጺር መልሲ፡ "ሓደ ቈልዓስ ምስ ኣደኡን ኣቡኡን ንርሑቕ ዓዲ ገይሹ ንብለካ። እቲ ቈልዓ ኣዝዩ ስለ ዘደኸመ፡ 'ኣደ ኣበይ ኢና ንድቅስ!' ኢሉ ሓተታ። ኣደኡ ድማ፡ 'ኣቦኻ ኣብ ዘደቀሱና' በለቶ ይበሃል። ሕጂ'ኸ ሰሚዕካኒዶ ብጻይ!" ምስ በለቶ።

"ኦ ኦ! መምህረይ ሎሚ ኣይደሓንክንን ኢኸን!" ኢሉ ካልእ ከይወሰኸ ውራይ ሓለውኡ ገበረ። ሻይናክ፡ ሓጺር መልሲ ገነት ዓጂቡዎ ርእሱ ነቕነቐ። ዘረባ ጓል-ጐነጽ ድማ፡ ካብቲ ዝነበሮ ጸቕጢ ንግዚኡ ኣገላገሎ።

ጸላኢ በቲ ዝሰምዖ ዝነበረ ቃንዛ ውጉኣትን ድኹም ተኹሲ ግብረ-መልስን፡ 11፡00 ፍርቂ መዓልቲ ኣብ ልዕሌና መጥቃዕቲ ክወስድ ተደናደነ። ውሕዳት ወተሃደራት ደንደስ ጽርግያ ከም መኸወሊ ተጠቒሞም ናባና ገጾም ተበገሱ። ድሕሪ ቍሩብ ምቅብባል ተኹሲ፡ ገለ ካብተን ክትኩሳ ዝጸንሓ ክላሽናት፡ ኣብ ዓንቀር ጥይት ቀርቂረን ስርሐን ኣቋረጻ። ጸላኢ ነዚ'ውን ዝተገንዘቦ ክመስል፡ ሓይሉ ወሲኹ ናባና ገጹ ተንቀሳቐሰ። ሻይናክ ካላሽናት ከም ዝዓከሰን ከም ዘየድምዕን ተገንዚቡ፡ ጥቕኡ ንዝነበረ መድፍዓኛ ኣሕመዲን፡ ኣርቢጂ ክዳሉ ሓበሮ።

ኣሕመዲን ንእለቱ ካብተን ሰለስተ ቦምባታት ሓንቲ ኣውጺኡ፡ ኣብ ሻምብቆ ኣእቲዩ ተደቢሩ መስፈር ኣመዓራረየ። ነቶም ውጉኣትን ስውኣትን ብጾቱ ዘኪሩ፡ ካብ ክቱር ሕርቃን፡ "ዋይ ኣነ ወዲ-ዕምረ! ክሳብ ክንድ'ዚ ዲና ተደፊርና!" በለ። ሓባሪቶ ኣጻብዕቱ ኣብ ቃታ ኣንበራ፡ ክሳብ ዝጥዕሞ ትንፋሱ ሓቢኡ ተጸበየ። እቶም ወተሃደራት ኣብ ሓንቲ ቦታ ዓሰሉን ከም ግዓት ተኣከቡን። ኣሕመዲን ኣነጻጺሩ ቃታ ሰሓበ፡ ቦምባ ኣርፒጂ ኣብ ማእከሎም ዓለበት፡ ብዘይካ ውሑዳት ብምልኣም ብሓዊ ተቓጺሎም ቃንዛን ኣውያትን ኮኑ። ኣብቲ ከባቢ ዝነበርና ብጾት፡ "ዓሸ ወዲ ዕምረ! ጸባ ኣስቲኻና ያሆ! ኣንበሳ ኣሕመዲኖ!" በልና።

እንተኾነ፡ እቶም ኣብ በረኸቲ ኣባይቲ ግራር ኲይኖም ከም "ኣስተኳሽ" ነቲ ውግእ ዘመሓድሩን፡ ነቲ ከቢድ ብረት ሓበሬታ ዝህቡ ዝነበሩ ላዕለዎት ኣዘዝቲ ደርግ፡ እታ ኣብ ልዕሊ ሰራዊቶም ከቢድ ጉድኣት ዘውረደት ቦምባ ኣርፒጂ ካበይ ከም ዝተተኰሰት ብደቒቕ ተኸታቲሎዋ። ኣብ ግራት ጨው ዝነበርና፡ ገና ብዛዕባ ኣሕመዲን ዝፈጸሞ ቅያ ዕላልና ከይወዳእና፡ ናይ 81 ሚሊ. ሜተር ሞርታር ቦምባ፡ በዚ መጽኣት ዘይተባህለት ኣብ ማእከልና ወዲቓ "ሂም!" በለት። እዞም ኣብዛ ግራት ዝነበርና ኣብቲ ሰልሚ ተደርበና። ድሕሪ ቍሩብ ደቓይቕ ኣብ ወንና ምስ ተመለስና ነብስና ሃሰስ በልና። ነትጕ'ቲ ኣብ ሞንጎና ዝዓለበ ቦምባ መሊሱ ተደራቢ ጭቃ ንኣካላትና

ወሰኽሉ። ገነት ኣብ ጥቓ'ቲ ዝወደቐ ቦምባ ጸኒሓ ብጭቃን ደምን መርኣዩ ኣይነበራን። ብህይወት ትሰርርያ ዝብል ግምት'ውን ኣይነበረንን። እቲ ኣብ ዝባንና ዝዓለበ ጭቃ ከም ንቡር ወሰድናዮ። እንተ'ቲ ደምን ቅንጥብጣብ ስጋን ግን ካበይ ከም ዝመጽአ ገረመና። ለካ! ኣካላትና ብደምን ቅንጥብጣብ ስጋን ዝተገጨብናስ፡ ኣካላት'ቲ ቅድሚ ቍሩብ ደቓይቕ ቅያ ዝፈጸመ ጅግና ኣሕመዲን ኢዩ ዝነበረ።

እዛ ሰራም ቦምባ ሞርታር-81፡ ኣብ ሕቖ ኣሕመዲኖ ዓሊባ ኣብ ክልተ መቐለቶ። ከምዚ ዝበለ ዘሕዝን ፍጻመ፡ ይትረፍዶ ኣብ ቅድሚ ዓይነይ ክርእዮን ኣብ ልዕሊ ብጻየይ ክወርድን፡ ከም ዕላል'ውን ሰሚዐዮ ኣይፈልጥን ነበርኩ። ስለ'ዚ ድማ፡ ከም ዓንዲ ጨው ደረቕኩ። ብፍላይ ገነት፡ እቲ ብልቢ እትፈትዎ መጫርቕታ ብጻያ፡ ኣብ ቅድመኣ ብዘስካሕክሕ ኣገባብ ምስውኡ ኣዝያ ጕሃየት።

ሕርቃና ምቍጽጻር ስኢና፡ ብኽልተ መዓጓጕርታ ንብዓት ዝሕው በለ። ኵላትና ኣብ ዓሚቝ ሓዘንን ሓሳብን ጠሓልና። ነዚ መፈጠርካ ዘጽልእ ትራጀዲ ዝተዓዘበ ሻይናክ፡ ነታ ኣብ ርእሱ ዝነበረት ኰሹኽ ኣልዒሉ ኣብ ልዕሊ ወዲ-ዕምረ ኣንበራ። ስሚዒቱ ንውሽጢ ውሒጡ ድማ፡ "ብጾት፡ ኣሕመዲን ዝወሰዶ ተባዕ ስጕምቲ፡ ንጸላኢ ካብታ ዝነበራ ድፋዕ፡ ምዕይ ከም ዘይብል ጥራሕ ዘይኰነ ከቢድ ክሳራ እውን ኣውሪድሉ እዩ። ተባዕ ስጕምቲ ስለዝወሰደ ጸላኢ ክደፍረና ኣይከኣለን፣ ኣይክደፍረናን'ውን እዩ። ጅግና ታሪኽ ገዲፉ'ዩ ዝሓለፍ። ንሱ ኦሮማይ ሓሊፉ'ሎ፣ ንሕና ድማ ይንዋሕ ይሕጸር ክንስዕቦ ኢና። ሓለዋና ጥራሕ ነደልድል፡" ብምባል ኣጸናንዓና። ኪኖ'ዚ ሓንቲ ቃል ከየምሎቐ ገጹ ከይንርእዮ ናብ ጸላኢ ገጹ ኣቋመተ።

ገነት ኣብ ደንደስ ድፋዓ ኰይና ንጸላኢ እና'ማዕደወት፡ ንኹሉ'ቲ ካብ ተኽሊጥ ናቕፋ ክሳብ'ዛ ህሞት'ዚኣ፡ ምስ'ቶም ብልቢ ተፍቅሮም ከም ብዓል ስዉእ ኣሕመዲን፡ ስሉስ፡ ዕንድኵር፡ ዓሊ፡ ኣስመሮም፡ ወዲጊለ፡ ወዘተ. ብጾታ ዘሕለፈቶ ምቁር ህይወት ኣብ ቅድመኣ ቅጅል በላ። ታሕተዋይ ከንፈራ ብኣስናና ብምንካስ ርእሳ ብዘይምቍራጽ ነቕነቐት። ካብ ዝነበረቶ ሓሳብ ከውጽኣን ቍሩብ ሞራል ክህባን ስለዝደለኹ ድማ፡ ናብኣ ቀርብ ኢለ፡ "ስምዒ ገነት፡ ካብታ ካብ ገዛና ዝወጻእናላን ካብ ስድራና ዝተፈላለናን መዓልቲ፡ ኣትሒዝና ይንዋሕ ይሕጸር መሰዋእቲ መካይድና ምዃና ንፈልጥ ኢና። ተጋዳላይ ካብ ገዝኡ ንበረኻ ወጺኡ ማለት ድማ፡ ተሰዊኡ ማለት'ዩ። ስለዚ. . ." ኢለ ዘረባይ ከይወዳእኩ፡ ኣብ ሞንጎ ኣቋርጽ ኣቢላ፤

"መስዋእቲ ከም ጽላሎት እግሪ እግርና ከም እትስዕብ ደአ ፍሉጥ እንድዩ ኣንታ ሓወይ! እንተኸ'ኑ፡ ቅድሚ ቍሩብ ደቓይቕ ምሳኻ ክዘልሉ፡ ክታኹሱ፡ ክጨርቁ፡ ክጻወቱ ጸኒሖም፡ ከምዚ ኢሎም ክፍለዩኻ፡ ኣእምሮኻ ከመይሉ'ሞ ክቕበሎ! ደሓር ከኣ ናይ ኣሕመዲንስ ከም ጡብ-ኣደና ቀቢጽናዮ። እቶም ካልኦት ብጾትክ! ሳሊና ውሒጣቶም'ዶ ትኸውን፡ ወይስ ብህይወት ይህልዉ፤ ድሕሪ ብጾትካ ምትራፍ ንሱ'ዩ ትርፉ! እንድዒ በጃኻ፡ ዓለም ክዛብ'ያ። እዋኑ ዘይምንባር ትመርጸሉ ግዜ'ዩ ወዲ ዕንጸይቲ!" ምስ በለት፡ ናብ ደመኛ ጸላኢኣ እናማዕደወት፡ ምንካስ ከናፍራን ምንቕናቕ ርእሳን መሊሳ ወሰኸትሉ።

ኣነ'ውን ስምዒተይ ብውሽጢ ሓቢኣ'ምበር፡ ካብ ናታ ዝፍለ ሓሳብ ኣይነበረን። ብልበይ፡ "ሓቃ'ያ ገነት፡ ምሳኻ ዝስሕቑን ዝጨርቁን፡ ከማኻ ጉቦን ስንጭሮን ዝጠሓሕሱ፡ ዝሓሰቡ፡ ዝትንትኑ፡ ዕላማን ራእይን ዝነበሮም ከም ብዓል፡ ረዘነ፡ ዕንድኮር፡ ሓምድ፡ ጉይትኦም (ፋሉል)፡ ኣፈወርቂ፡ ወዘተ፡ ኣብ ሓንቲ ረፋድ ክስወሩኻን ከም ዕንጸይቲ ክደርቁን ክትርኢስ ምስ ምንታይ ይቑጸር!" ብምባል ኣብ ትዝታ ኣተኹ። ኣብ'ተን ዝተሳተፍኩወን ውግኣት፡ ብዙሕ መስዋእቲ ርእየ'ሞ፡ መስዋእቲ ኣሕመዲን ግን ክጻወሮን ክውሕጦን ኣጸገመኒ። ንመጻኢ ጉዕዞይ ከይዕንቅፈንን ጭንቀት ከየስዕበለይን ስለዝፈራሕኩ ነቲ ኣብ ጥቓይ ተጉዝጉዙ ዝነበረ ሬሳ ብጻየይ ዳግማይ ከይጥምቶን ብዛዕብኡ ከይሓስብን ንነብሰይ ባዕለይ ንባዕለይ ኣምሓልኩዋ። ብሓቂ ናብ ጽላለ ከየድህበለይ ሰጋእኩ። ካብቲ ዘሰቅቕ ትርኢትን ሓሳባትን ንምውጻእ ንኣእምሮይ ናብ ጸላኢ ምቍማትን ምፍጣጥን ይጸምዶ'ሞ፡ ምስ ግዜ ምንዋሕን ምዕልባጥን፡ ተመሊሰ ነቲ ካብ ፍርቂ ኣካላቱ ኣብ ክልተ ዝተመቕለ ሬሳ'ቲ ጅግና ብጻየይ ብጉቦ ዓይነይ እርእዮ። ብዛዕባ ሕጊ ተፈጥሮ ደቂ-ሰብ ሓሳባት እናዘርዘርኩ፡ ኣብ ዘየድሊ ሓሳባትን እኣቱ። ኣብዛ ዓለም ኣብ ሞንጎ ምንባርን ዘይምንባርን፡ ህላወን ሞትን፡ ሓጕስን ሓዘንን፡ ሰሓቕን ሓዘንን፡ ፍልልይ ስኢነሉ፡ ምንባረይ ጸላእኩ። ንሳሊና ሽዑ "ኢድኪ ኣይትስኣኒ!" ኢለ ደጋጊመ ረገምኩዋ። መኽንያቱ፡ ሬሳ ብጻይካ ኣብ ጉድንኻ ተዘርጊሑ፡ ንሰዓታት ገጽ ንገጽ ተጠማሚትካ ኮፍ ክትብል፡ ስዉእ ብጻይካ ብህሮሩማ ጸሓይን ማይ ባሕርን፡ ንቡር ቀብሪ ስኢኑ ክጥውልግ ክትርኢ፡ ኣብ ልዕሊ ጸላኢኻ ጥራሕ ዘይኮነ፡ ነቶም ነዚ ንህልቂት ወዲ ሰብ ኢሎም መርዛም ኣጽዋር ሰሪሖም ንስርዓት ደርግ ዝደገፉ 'ማሕበርነታውያን በሃልቲ'ውን ከይተረፈ ኣልሚምካ ትጸልኦም። እዚኦም

ኣብ ደምበ “ማሕበርነት” ዘይኰኑ ኣብ ደምበ “ፋሽስትነትን ሰይጣንነትን” ክኾኑ ኣሎዎም ኢልካ ትኸንኖም።

ኣብ ሳሊና፡ ሓንቲ ሰዓት ክንዲ ሓደ መዓልቲ ተመጠጠት። ግዜ ምሕላፍ ኣበየ። ዕላል ወይ ጭርቃን ዝበሃል ኣይሕሰብን'ዩ። ምስ መንከ ክትጨርቕ፧ ኵሉ ነገር ሕቖን ከብድን ኮነ። እታ እንኮ ትገብራ፡ ተዘክሮታት ቀደም ኣምጺኣካ ምስ ነብስኻ ምዕላል'ዩ። ንሳ'ውን ከይጸንሐት ትውዳእ። መብረ እንተኾነካ ንጉድኒ ትድቅስ ትደክም ትርብርብ። ሓንሳብ ብኣፍ ልብኻ ምስቲ ጭቃ፡ ሓንሳብ ጥንቅልዒት ናብ ሰማይ ተንቃዕርር። ገጽካ ብምቈት ጸሓይ ምስ ተለብለበን ምስ ሓረረን ብኸብድኻ ትድቅስ፣ ዘደዓዕስ ቃላትን ተስፋን እንተ ረኸብካ ናብ ጥቓኻ ዘሎ ብጻይካ ቍሊሕ ትብል። ንሱ'ውን ካባኻ ዝገደደ ኣብ መዓሙቕ ሓሳብ ጥሒሉ ትረኽቦ። ከም ገለ ርእስኻ ካብታ ደንደስ ግራት ጨው ቅልቅል እንተኢላ ምንጥል! ኣብ ጕልጕል ሳሊና ኩሉ ወዮ ኮነ።

ሰዓታት ሓለፈ። ነታ፡ ናብ ኣሕመዲን ገጸይ ዳግማይ ንኸይርኢ ምስ ነብሰይ ዝኣተኹዋ ማሕላ ንሳልሳይ ግዜ ኣፍረስኩዋ። ብኸመይ ግን ኣይተረደኣንን። ሰሪቐ ናብኡ ይጥምት፡ ንነብሰይ ምእማን ይስእና። “ይሓልም ድዩ ዘሎኹ ወይ ጋህዲ'ዩ፧ እዚ ብሓቂ ዝፈልጦ ኣሕመዲን ድዩ፧ ከምዚ ዓይነት መስዋእቲኸ ኣሎ ድዩ፧” ብምባል ቀው ኢለ ኣተኲረ እጥምቶ። ሕልሚ ክኾነለይ እምነ፣ ግን ኣይኰነን ግሁድ ሓቂ'ዩ። “ኣማውታ እውን'ምበኣር መልክዕ ኣሎዎ!” ኢለ ተመሊሰ እሓስብ። “ካብ ከምዚ ዝበለ ዘሕዝን ነገር ክንርኢ ንውዕል፡ ዝገበርና ገይርና ሓመድ ኣዳም ከነልብሶ ኣለና፡” እብል። “ኣበይ ኢናኸ ክንቀብሮ፧” ኢለ ድማ ንነብሰይ ተመሊሰ እሓትታ። “ኣብዚ ሰልሚ ጨው-ባሕሪ! ተገይሩ ዘይፈልጥ፡” ኢሉ፡ ባዕለይ ንባዕለይ ምልሰላ። ኣብ መወዳእታ፡ ካብ ጭንቀት ክድሕን ኢለ ኣንፈተይ ናብቶም ህሉዋት ብጾት ኣዘርኩ።

ዋላ'ኳ ወርሓቱ ድሮ ክራማት እንተነበረ፡ ምቈት ሽው መዓልቲ ግን እንድዒ! ከባቢ 1፡00 ድ.ቐ. ኣብ ርእሲ'ታ ዘላታ ተወሰኸታ ኮይኑ፡ መሬት ናብ መቐሎ ተቐየረት። በቲ ዝነበረ ምቈት ጸሓይ፡ ኣካላትና ብርሃጽ ክጥልቂ ምተገብኣ። እንተኾነ፡ ፈሳሲ ውሽጣዊ ኣካላትና ተጸንቂቑ፡ መናፊት ቀርበትና ተኸፊቶም ግትር በሉ።

ጕሮሮና ብጨና ባሩድን ረመጽ ሓውን ነቒጸ። ሓሳኹ ከብድና ዝብላዕ ስኢኖም ተጣርዑ። ዝነበረትና እንኮ ምርጫ ንዝወረደካ ምቕባልን ክሳብ ዝኾነ ዝኸውን ተጸሚምካ ምሕላፉን ጥራሕ ኮነ።

ኣብ ሳሊና ጽቡቕ ኣሎ ድዩ፧

ገነት ካብቲ ዓሪዳትሉ ዝነበረት ደንደስ ግራት ወረደት። ነዊሕ ከይጸንሐት ግን፡ ናብታ ዝነበረታ ደንደስ ተመልሰት። ገጻ ክቀያየርን ክጨማደድን፡ ይረአ። ንዓና ክትርእይ እንከላ፡ ኣብ ንቡር ከም ዘላ ከተምስል ክምስ ትብል። ነቲ ዝቀያየር ገጻ ንዕዘቦ'ኳ እንተ ነበርና፡ ሻይናክ ግን ፍሉይ ቈላሕታ ገበረላ'ሞ ገለ ጸገም ከም ዘሎዋ ተገንዘበ። እቲ ጉዳይ ምስ ተደጋገመ፡ ሻይናክ ጸውዓ። ገነት ተንፋሒኺ ብበጠበጥ ምስ ቀረበቶ፡ "እሂ ገነት ጸቡቕ የለኽን፣ እንታይ ኢኺ ኼንኪ፧" ኢሉ ሓተታ።

ገነት ከም ዘስተወዓለላ ፈሊጣ፡ "እንታ ብጻይ! ኣብ ሳሊና ጽቡቕ ኣሎ ድዩ፧ መን ጽቡቕ ምስ ሃለወ ደኣ'ያ ገነት ንበይና ጽቡቕ ክትህሉ! ደሓር ከኣ ኣብ ሳሊና ኼንካ ብዛዕባ ጽቡቕ ክትሓስብን ጽቡቕ ክትረክብን ከመይ ኢሉ'ዩ፡ ዝኸውን!" ኢላ ንሕቶ ብሕቶ መለሰትሉ።

ሻይናክ ከህድኣ ኢሉ፡ "ንሱስ ሓቅኺ፣ ግን እዚ ምዕልባጥኪ ኣይፈተኹዎን። ናይ ነገር ደሓን ኣይኰነን፧" በላ ዝሕል ኢሉ።

ገነት ካልእ ሕቶ ከይሰዕበላ፡ "እወ! ሓቂ ንምዝራብ ቍሩብ ቅርጸት ይስምዓኒ'ሎ፡" መለሰት ናብ ጸላኢ እናጠመተት።

ሻይናክ ብመልሳ ስለ ዘይዓገበ፡ "ጠንቁ ደኣ እንታይ'ዩ፧" ሕቶ ወሰኸ።

ገነት ድንን ኢላ፡ "እንታ ንስኻስ ዘይሕተት እባ ኢኻ ትሓትት፣ ኣግሂደ ድየ ክነግረካ። ትማሊ ቅድሚ ናብ ውግእ ምብጋስና፡ እቲ እትፈልጦ ናይ 'ኣደታት' ጀሚሩኒ ነይሩ። ኣነ ድማ ካብዛ ውግእ ምእንቲ ከይተርፍ ምጽማም መሪጸ ተበጊሰ። እዚ ጨው ሳሊና ድማ ግዴኡ ገይሩ በሊዑኒ፡" በለት ብሓውሲ ሕፍረት።

ሻይናክ ሕማማ ሓቢኣ ናብ ውግእ ምእታዋ ኣቐጢዕዎ፡ "እዚ ፎውዳ'ዩ! እዚ ንብጾትካ ምግዳዕ'ዩ። መን'ዩ ውግእ ኣብ ሳሊና ክውዳእ'ዩ ዝበለኪ! ውግእ ገና ንኹላትና ከረኻኽበልና እዩ፡" በላ ገጹ ኣሲሩ።

ገነት፡ እቲ ሻይናክ ዝበሎ ቅኑዕ ምዃኑ ትርድኣ'ኳ እንተኾነት፡ ነቲ ኣብ ጉድና ዝነበረ ዝተበጣጠሰ ኣካላት ኣሕመዲን ርእያ ገጻ እስር ኣቢላ፡ "ስማዕ'ሞ ሻይናክ! ይትረፍዶ ኣብ ዕዳጋ ኩይነ ንሳሊና ከፋንወኩም፡ ኣብ ግራት ሳሊና ኣትየ'ውን ኣይቀሰንኩን። ሕጂ'ውን፡ ድሕሪ መስዋእቲ ብዓል ኣሕመዲን ኣብዛ ከዛብ ዓለም ምትራፈይ ዕረ እናጠዓመኒ ጸይረዮ

እኸይድ ኣለኹ፡” ምስ በለት፡ ቫይናክ፡ ውሽጣዊ ስምዒታታ ኣስተውዒሉን ካብ ውሽጢ ልባ ትዛረብ ከም ዘላን ስለ ዝተረድኦ፡ ካልእ ዘረባ ምውሳኽ ትርጉም ስለዘይነበሮ፡ ስቕታ መረጸ።

ተጋዳላይ ኣብ ልዕሊ ደቀንስትዮ ብጾቱ ዝነበሮ ኣኽብሮትን ሓልዮትን ወሰን ኣይነበሮን። ኣነ'ውን ኣብ ልዕሊ እዛ ብጸይቲ ክልተ ስምዒት ተፈራረቐኒ። በቲ ሓደ ደቀንስትዮ ተጋደልቲ መውጋእትን መስዋእቲ ከፊለን ብስሪአን ዘረጋገጽኦ ማዕርነተን ኣዝየ ኣድነቕክወን። በቲ ኻልእ ከም ሰብ ደንገጽኩለን። ምኽንያቱ፡ ነቲ ከም ብጾተን ካብ ጸላኢ ዝወርደን መግዛእታዊ ኣደራዕ ከይኣኽለን፡ ተፈጥሮ ዝዓደለን ባህርያዊ ጾታዊ ጸገማት ተጻዊረን፡ ካብ እግሪ ብጾተን ከይተርፋ፡ ኒሕ ተቐኒተን ማዕረ ደቂ ተባዕትዮ ምቅላሰን'ዩ። ካብዚ ብምብጋስ እዩ ተጋዳላይ፡ ንደቀንስትዮ ብጾቱ ኣብ ልቡ ልዑል ቦታ ዝሀበን።

ቫይናክ፡ ንገነት ዘጋጠማ ጸገም ገለ ፍታሕ ንምንዳይ ብልቡ ሓሰበሉ። ድሕሪ ቍሩብ ደቓይቕ ናብ እዝነይ ቅርብ ኢሉ፡ “ስምዓኒ! መን ኣሎ ብራሾ ማይ ዘለዎ!” ኢሉ ሓተተኒ። ኣነ ድማ ሓንቲ ብራሾ ጥራሕ ከም ዘላ ነገርኩዎ። ሰዓቱ ብምርኣይ፡ “ደሓን ግዜ ናብ ምዕራቡ'ዩ። እታ ብራሾ ማይ፡ ገነት ትጠቐመላ ሃቡዋ፡” ዝብል ሓልዮት ዝመበገሲኡ ትእዛዝ ኣሕለፈ።

ገነት ነታ ንጽንኩር ኵነታት ተባሂላ ዝተዓቀበት ሓንቲ ብራሾ ማይ፡ ንነብሳ ክትጥቀመላ ፍቓደኛ ኣይነበረትን ጥራሕ ዘይኮነ፡ ነቲ ሓሳብ'ውን ፈጺማ ኣይተቐበለቶን። ንኽነእምና ዘዝመስለና ተዛረብና። ንሳ ግን ክሳደይ ንኻራ በለት። ኣብ መወዳእታ ቫይናክ፡ “እዚ ገነት ዘረባ ሰብ ዘይትሰምዒ!” በላ። ገነት ገጻ ጸዋዊጋ፡ “ስማዕ'ንዶ ቫይናክ! ተጋዳላይ ንጉሮርኡ ንጣብ ማይ ስኢኑ፡ ኣነ ክሕጸበሉ! እዚ'ሞ ፍጹም ዘይከውን'ዩ! ክሳደይ ንኻራ” ኢላ ዘረብኣ ከይወድኣት፡ ቫይናክ ብቑጥዐ ኣብ ሞንጎ ኣትዩ፡ “ያላ! ያላ! ካላስ! ኣይበዝሓንዶ! ዘረባ ሰብ ስምዒ፣ ፈልሰፋ ኣይተብዝሒ! እዚ ትብልዮ ዘለኺ ንዓና ሓድሽ ኣይኰነን፣ ንፈልጦ'ዩ። ጽምኢ፡ ድኻም፡ ጥሜት መጓዕዝትና እዮም። እዚ ናትክን ተፈጥሮ ዝዓደለክን ጸገም ግን ይትረፍዶ ኣብ ውሽጢ ሳሊና፡ ኣብ ንቡር ግዜ'ውን ክጽወር ዘይከኣል'ዩ።። ግዜ ከይወሰድኪ፡ ውራይ ጽሬትኪ ግበሪ!” ምስ በላ፡ ካልእ ሰበብ ከይመጽኣ፡ ቃል ከየምለቘት ነታ ፍርቂ ብራሾ ማይ ተቐበለታ። ብጾታ በቲ ኣብ ልዕሊኣ ዝነበሮም ዓሚቝ ሓልዮትን ኣኽብሮትን ድማ ተሓበነት፣ ብጻያዊ ፍቕራ ዝያዳ ሰማይ ዓረገ።

ገነት፡ ኣብ እዋን ጽሬት ነብሳ ክልተ መኻልፍ ኣጋጠማ። በቲ ሓደ ስረኣ ክትፈትሕ ቍርብ ሓፍ እንተ በለት፡ ብጥይት ጸላኢ ርእሳ ከይትምንጠል

ሰግአት። በቲ ኻልእ፡ ኣብ ማእከል ደቂተባዕትዮ ስለዝነበረት፡ ስረኣ ከተውጽእ ሕፍረት ተሰምዓ። ኣብ ጥቕኣ ዝነበርና ብጾታ ጸገማ ተረዳእናዮ። ነታ ገነት ኣብ ጨጓር-ታባ፡ ኣብ ልዕሊ ቀሺ ዝተዛረበቶ ኣሽካዕላል ዘኪረ ድማ፡ "ኣየ ገነት ንስኺ ደኣ ካብ መዓስ ትሓፍሪ! ኣብ ጨጓር-ታባዶ ስምዒትኪ ኣብ ትሕቲ ማዓሙቕ ምድሪ ኣይቀበርክዮን። ንሕና'ውን፡ ኣብ ሳሊና ዓሪድና ብዛዕባ ስምዒታትና እንሓስበሉን እነቕልበሉን ግዜ ኣይኰነን። ስቕ ኢልኪ ጥራሕ ውራይ ጽሬትኪ ግበሪ፡" ምስ በልኩዋ፡ ንቐሺ ዝተዋዘየትሉ ዘኪራ ፍሽኽ በለትን ርእሳ ነቕነቐት። ተጣቢባ ስረኣ ፈቲሓ ድማ ዝግበር ገበረት።

* * *

ጸሓይ ስርሓ ኣይገደፈትን። ከባቢ 2:00 ድ.ቐ. ኣብ ኣካላት ተጋዳላይ ዝነበረ ፈሳሲ ሃፈፈ። ኣብ ርእሲ'ቲ፡ ብሰንኪ'ቲ ከም ማይ ዝዘንብ ዝነበረ ቦምባታት ሞርታር ዝወስዶ ዝነበረ ህይወት ሰብ፡ ቍጽሪ'ቶም ብወቕዒ ዝጥቀዑ ግዳያት ወሰኸ። ህይወት ተጋዳላይ ኣብ ፈተነ ወደቐት። ብራሾታት ማይ ተጸንቀቐ። ኣብ መወዳእታ ንጽንኩር እዋን ተባዚላ ኣብ ዕጥቂ ሓኪም ዝተዓቀበት ብራሾ፡ ዝሓዘት ማይ ተጠቒምካ ነቶም ግዳያት ወቕዒ ብመኸደን ብራሾ፡ ኣብ ከናፍሮም ብምትርካስ ንምድሓኖም ተፈተነ። በዘን ነጠብጣብ ማይ ንስክላ ካብ ሞት ዝደሓኑ እውን ውሑዳት ኣይነበሩን። እዚ ፍጻመታት'ዚ ክሳብ 4:00 ድ.ቐ ቀጸለ። ኣብ ግራት ሳሊና ዘሕለፍኩዎ ስቓይን መከራን፡ ካብቶም ኣብ ወተሃደራዊ ተመኩሮይ ብዝለዓለ ዝዝክሮ ዓቢ ቦታ ዝሓዘ ፍጻመ'ዩ።

ግዜ ካብ ካልኢት ናብ ደቓይቕ፡ ቀጺሉ ሰዓታትን ኣቝጸረ። ኣብ ከባቢ 5:00 ድ.ቐ. መሬት ጠለስ በለት። ጸሓይ ብርሃና ነከየት። ሃዋህው ምንባር ተስፋን'ውን ተሰምዓና። እታ እንኮ ካብዚ ደልሃመት እንናገፈላ እዋን፡ ጸሓይ ናብ መሕደሪኣ ምስ እትንቈትን ምድረ ሰማይ ብጸላም ምስ ዝሸፈንን ጥራሕ ነበረ። ነዚ ድማ ብሃረርታ ተጸበናዮ። "ሕጅስ ጸሓይ ክትዓርብ ቀሪባ'ያ፡ ቍሩብ ትንፋስ ግዲ ንረክብ ንኸውን" ኮነ ጸሎትና። እዚ ግን ንነብስና ክጥዕመና ጥራሕ ኣይነበረን። ነቶም ንልዕሊ ዓሰርተ ሰዓታት፡ ህይወት'ቶም ኣብ ፈቐዶ ግራት ጨው ሕክምናዊ ረድኤት ስኢኖም ክሳቐዩ ዝወዓሉ ውጉኣት ብጾት ንምድሓንን ነቶም ንቡር ቀብሪ ዝተነፍጎም ስውኣት ግቡእ ሓመድ ኣዳም ንምልባስን ነበረ።

7:00 ድ.ቐ. ምድረ-ሰማይ ምሉእ ብምሉእ ጸልመተ። ሸው'ውን ነቲ ከቢድ መስዋእቲ ዝኸፈልናሉ ዕርድታት ሳሊናን ናቫል በይዝን ክንገድፎ

ዲና ወይስ ኣብቲ ረግረግ ሳሊና ከነትክል ንፈልጦ ኣይነበረን። ክፍጠሩ ንዝኽእሉ እንተታት ክንምክት ግን፡ ንነብስና ድልውቲ ገበርናያ። ብወገን ሰሜን መንገዲ ባቡር፡ ብርሑቕ ቦምባታት ኣጋር ደርጓዕጓዕ ተሰምዐ። ቊጽሮም ክንድ'ዚ ክብል'ኳ እንተዘይከኣልኩ፡ መኸዓቲ፡ ባሬላ፡ ባዴላ ወዘተ. ዝተሰከሙ ሓደስቲ ተዓለምቲ ናብ ድፋዕና ገጾም ኣምርሑ። ነቲ ኣብ ሳሊና ዘጋጠመና ጸበባ፡ ኣብ ባይታ ምስ ርኣዩ፡ ስምዒታትቶም ክጻወሩዎ ኣይክኣሉን። ገለ ሓዘኖም ኣብ ከብዶም ጸይሮም፡ ንጅግንነት ተጋዳላይ ከድንቑ እንክለዉ፡ ገለ ድማ፡ ነቶም ኣብ ፈቐዶኡ ተዛሕዚሖም ዝነበሩ ስውኣትን ውጉኣትን ብምርኣይ፡ ዝርንዛሕ ነብዑን ኣብ ልዕሊ መግዛእቲ ዝነበሮም ጽልኢ ሰማይ ዓረገን። ንዕላማ'ቶም ዝወደቑ ሰማእታት ኣብ መዕለቢኡ ንምብጻሕን ብረቶም ክጾሩን ድማ፡ ምስ ሕልንኦም ቃል ኣተዉ።

ብኡንብኡ ኣብ ዘምጽኦም ስራሕ ብምእታው፡ ነቶም ብህይወት ዝተረፉ ውጉኣት ብጾት፡ ቀዳምነት ብምሃብ፡ ብባሬላታትን ነጸላታትን ተሰኪሞም እናተመላለሱ ብጥንቃቐ ናብ ዕዳጋ ኣብጽሑዎም። ስዒቡ ግደ'ቶም ኣብ ባሕሪ ተኣሊኾምን ኣብ ሰልሚ ተዋሒጦምን ንቡር ስርዓተ ቀብሪ ስኢኖም ዝወዓሉ ስውኣት ኮነ። ነዚ ኣብ ጉድነይ ምሉእ መዓልቲ ተሰጢሑ ዝወዓለ ስዉእ ኣሕመዲን፡ ንዝተበታተኸ ኣካላቱ ኣብ ነጸላ ኣኻኺብናዮ። ናብ ዕዳጋ ወሲድካ ሓመድ-ኣዳም ምልባሱ ትርጉም ስለዘይነበሮ፡ ነዊሕ ከይረሓቕና፡ ንቑጽ መሬት ረኺብና ቀበርናዮ። መስርሕ ምጽራይ ሰለስተ ሰዓት ወሰደ። 10፡00 ድሕሪ ቀትሪ ስውኣትናን ውጉኣትናን በቦታኦም ኣትሓዝናዮም። ተጋዳላይ ኣብ ዝባኑ ዝወዓለ ሸኽም ስለዘራገፈ፡ ዓቢ ሩፍታን ቅሳነትን ተሰምዖ።

ሸውዓተ ኣንፈት ጉዕዞና ናበይ ገጹ'ዩ ዝፍለጥ ኣይነበረን። ከቢድ ጾር ኣብ መዕለቢኡ ስለዝበጽሐ፡ ግን ኣብ ሳሊና እንተ ቀነና'ውን ግዲ ኣይገበርናሉን።

ሻይናክ ምስ ዝምልከቶም ላዕለዎት ሓለፍቲ ብራድዮ መልእኽቲ ተለዋወጠ። ናብታ ዓሪድናላ ዝወዓልና ግራት ተመሊሱ፡ “እምበኣር ጉዳይ ስውኣትናን ውጉኣትናን ተሰላሲሉ ስለዘሎ፡ በብቕሩብ ንድሕሪት ናብ መበገሲና ‘ዕዳጋ’ ብኣገባብ ነዝልቕ፡ ሃየ ተበገሱ፡” ብምባል ትእዛዝ ኣመሓላለፈ። ጸላኢ ነቲ ዝወዓልናሉ ቦታ ንገድፎ ከም ዝነበርና ምእንቲ ከይፈልጥ፡ በተን ውሑዳት ዘይዓከሳ ካላሽናት ኣወሃሂድና ሃንደበታዊ ተኹሲ ከፈትና። 10፡00 ድሕር ቀትሪ፡ ነታ ብደም ንጹሃት ዝጨቀወት ሳሊና፡ “ቀሲንኪ ኣይትሕደሪ! ሓደ መዓልቲ ክንምለሰኪ ኢና!” ብምባል

ረገምናያ። ሕቆና ሂብናያ ድማ ናብቲ ቅድሚ ዓሰርተታት ሰዓታት ዝገደፍናዮ መበገሲና ደንደስ መንገዲ ባቡርን እንዳ ምካኤልን ተመለስና።

ብዝሒ ኣብ ሳሊና ዝተሰውኡ፡ ብልክዕ ክፍለጥ'ኳ እንተዘይተኻእለ፡ ኣነ ክሳብ ሕጂ ብዝገበርኩዎ ዳህሳሳዊ መጽናዕቲ ግን፡ ከባቢ ሚእትን ሓምሳን ተጋደልቲ፡ ንስለ'ዛ መሬት ኣብ ግራት ሳሊና ከም ዝተሰውኡ ተረጋጊጹ ኣሎ። (ዝርዝር ኣስማቶምን ካልእን ከም ጥብቆ ተጻሒፉ ኣሎ።)

* * *

ተጋዳላይ ስዉኣቱ ቀቢሩ፡ በብዝነበሮ ኣብ ዕዳጋ ተኣኻኸበ። ተጋዳሊት ለተብርሃን ጓል-ካሕሳይ ካብዚ ሕሰምን መከራን ወጺኣ፡ ድሃይ ጋንትኣ ክትገብር፡ እግራ ናብ ዝመርሓ ናብ ቤተክርስትያን እንዳሚኪኤል ኣምርሐት። ነቲ ዝተደወነ መልክዕ ተጋዳላይ፡ ሕሰምን ዝተደወነ ዘኪራ ከምዚ ትብል፡

"እቶም ኣብኡ ዝተኣኻኸብና፡ ካብ ዝተፈላለያ ብርጌዳት ዝመጻእናን ሳሊና ዝኣኻኸበትና ስለዝነበርና፡ ነንቅድመኻ ዝገጠመካ ሰብ፡ "ብጾት ናይ እንዳ መን ኢኹም፧ እንዳ ኣርባዕተ፡ እንዳ ሰብዓ ኣበይ ኣለዋ፡" ወዘተ. ምትሕታት ኩነ። በብቑሩብ ድማ ተጋዳላይ ኣብ ሓሓይሉ ተጸምበረ።

መሬት ብኸቢድ ድነ ጸልማት ተሸፊነት። እቲ ኣብ ጭቃ-ባሕሪ ኣትኪሉ ክዋጋእ ዝወዓለ ውጻእ-መዓት፡ ጥራሕ እግሩ ወይ ሓንቲ ሸዳ ወድዩ፡ ኣብ እግሩ ባንደጅ ጨርቂ ጠምጢሙ፡ ዕጥቁ ኣብ ዝባኑ ተሰኪሙ፡ ክላሽን ብዘይ ዕጥቂ ወይ ዕጥቂ ብዘይክላሽን ጸዊሩ፡ ክዳውንቱ ተበጃጂሉ፡ ምስ ጥልቁይ ነጸልኡ ጕተት እናበለ፡ ኣብ ዕዳጋ ምስ ተኣኻኸበ፡ ንእለቱ ኣብ ውራይ ምስዕዓምን ምትሕቝቛፍን ኣተወ። እቲ ንስክላ ካብ ሞት ዘምለጠ ተጋዳላይ፡ ግዳማዊ መልክዑ እንታይ ይመስል ከም ዝነበረ፡ ሳሊና ክሳብ ክንደይ ነቲ ግሩም መልክዑ ከም ዝደወነቶ ይርድኦ'ኳ እንተነበረ፡ ግዲ ግን ኣይገበረሉን። ነቲ ዝቖምሰላ ግዳማዊ መልክዑ ዝተዓዘበ ሰብ ግን፡ ውግእ ሳሊና ክሳብ ክንደይ መሪር ምንባሩ ንምግማቱ ኣየጸግምን። እተን ሸኮ ኣእጋሩ፡ ብድኻምን ጥሜትን ተኻኢለን ንኣካላቱ ምጻር ሰኣንኦ። እተን ምድረ ሰማይ እንተ ተኣየደ እውን ዘይቅየራን ዘይነጽፋን ናይ ቃልሲ ወኑን ፍሕሹው ገጹን ግን ኣይተቐየራን፡" ብምባል፡ ውዕሎ ሳሊና ገለጸቶ።

ሳሊና ኣብ ልዕሊ ተጋዳላይ ዘውረደቶ ኣደራዕ፡ ንሞራል'ቲ ኣብቲ ኮነታት ዘይነበረ ተጋዳላይን ህዝብን ብኣሉታ ክጸሉ ስለዝኽእል፡ ክሳብ'ተን መካይን ጽዕነት ዝመጽኣ፡ ኣብ ከውሊ ቦታ ተኣሊና ከም ንጽንሕ ተገብረ።

ክልተ-ሲሶ ዝኸውን ተጋዳላይ፡ ኣብ ሳሊና ብመውጋእትን መስዋእትን

ጉደለ። ፍርቂ ለይቲ፡ 24 ታሕሳስ ብርክት ዝበላ ኤነ-ትረ ዝዓይነተን መካይን ጽዕነት ድምጸን ኣትሒተን፡ ሓጺር መብራህቲ ወሊዐን ናብ ዕዳጋ ደበኽ በላ። እቶም ካብ መውጋእትን መስዋእትን ዝተረፍና ዝርካብና ኣባላት በጦሎኒ 4.3፡ ናብ ድግድግታ (ማይኣጣል)፡ ቦጦሎኒ 70.2ን ሓይሊ 70.13 ድማ ናብ ያንጉስ ንግዜያዊ ዕረፍቲ ክንከይድ ተዳለና። ሓይሊ 70.13፡ ከባቢ ሱሳ ተጋደልቲ ስዉኣት ከፊላ፡ ዕስራን ኣርባዕተን ዝኾኑ ተጋደልቲ ጥራይ ሒዛ ወጸት። ከም ውጽኢት ናይዚ ደማዊ ውግእ ድማ፡ "ሓይሊ መስኪን" ዝብል ሳጓ ተጠመቐት።

እተን ናብ ድግድግታ ዝወስዳና መካይን፡ ድምጸን ኣትሒተንን ተሰሪዐን መጽኣ። ሻይናክ ናብ'ዘን መካይን ጽዕነት ክንሰቀል ሓበረና። እቶም ካብ ሳሊና ብህይወት ዝተረፍና ኣባላት በጦሎኒ 4.3፡ ኣብ ክልተ መካይን ጥራሕ ተጻዓንና። ሻይናክ ራድዮ ከፊቱ ክራኸብ ጸኒሑ፡ ናብ'ተን መካይን ኣምርሐ። እተን ዝተረፋ ክልተ መካይን ሰብ ከም ዘይተጻዕነን ምስ ተዓዘበ፡ "ዘይመጽኣ ጋንታታት ከይህዋ፣ ቀልጥፉ ተደሃዩወን!" በለ።

"ኩላትና መጺእና ኣለና፣ ዝተረፈ ሰብ የሎን፡" መለሰሉ ተኽለኣብ "ዓወር"።

"እንታይ ኢኻ ትብል!" ሻይናክ ደጊሙ ሓተቶ።

"እዛ ዝብለካ'ያ። ግዜ ኣይነጥፍእ ጥራሕ ኣበግሰና፡" በለ ዓወር ገጹ ኣሲሩ።

ሻይናክ በቲ ዝወረደና ክሳራ ኣመና ጉሃየ። ርእሱ ንየማን ንጸጋም እናነቕነቐ፡ ገዲፉና ናብ ጸላም ገጹ ተዓዝረ። ምናልባት'ውን ብጸይነት ዝመበገሲኡ ነቢዑ ይኸውን። ተኽልኣብ መንስ ግርሙ ስምዒታቱ ተረዲኡ እግሩ እግሩ ሰዓቦ። ድሕሪ ቍሩብ ደቓይቕ ተተሓሒዞም ተመልሱ።

እቶም ዝርካብና፡ ኣብ ክልተ መካይን ተጻዒንና ንድግድግታ ገጽና ክንብገስ ቍሩብ ደቓይቕ ተረፈና። ጓል-ጉነጽ ካብ ማኪና ወሪዳ ንተኪኤ ክንፈ (ቁራይ) ጸውዓቶ። ተኪኤ ገለ ከም ዝኾነት ተገንዘበ። ካብኡ ዝድለ ሓገዝ እንተ'ሎ ክሕግዛ ካብ መኪና ወሪዱ፡ "ኢሂ ጓል-ጉነጽ ደሓን ዲኺ!" ሓተታ።

"ደሓን ዘለኹዶ ይመስል! ኣብ ሳሊና ደሓን ኣሎ ኢልካ ትሓስብ!"

"ንሱስ ሓቂኺ፣ ግን ካብ መዓስ ደኣ ገጽኪ ከምዚ ተጸዊጉ ይፈልጥ!"

"ጓለንስተይቲ ኰይነ ምፍጣረይ፡ ሳሊና ኣጽሊኣትኒ በጃኻ።"

"ሓቅኺ፣ ውግእ ሳሊና ንኹላትና ኣረኻኺባትልና'ያ።"

"ኣየ ቁራይ! ውግእ ደኣ ዝላደናሉ እንደኣሉ ኣየናይ ኩይኑ!"

"ዝኸፈልናዮ መስዋእትስ መዓስ ቀሊሉ ኣንቲ ገነት!"

"ንዓይ መስዋእቲ ዘይኩነ 'ፐርየድ' እዩ ተጻዊቱለይ። ንነብሰይ ጥራሕ ከይኣክል ንብጾተይ ኣሸጊረዮም።ብጾተይ ንጉሮርኦም ማይ ስኢኖም፡ ንዓይ ብራሾ ማይ ወፍዮሙለይ። ኣሕ! ዋይ ጓል-ጉነጽ!"

"እንታዩ እዩ እዚ 'ፔርየድ' ኣይተረድኣንን!"

"ኣንታ፡ ገና ማንጁስ እባ ኢኻ ዘለኻ፣ ናይ ኣደታትናዶ ክብለካ፡" በሉቶ።

ደቀንስትዮ ተጋደልቲ ብዘይካ'ቲ ምስ ብጾተን ብሓባር ዝምክትኦ ጥሜት፡ ድኻም፡ ዕርቃን፡ ጽምኢ ወዘተ. ከምዚ ዝበለ ባህርያዊ ጸገም ተጻዊረን ይጉዓዛ ከም ዝነበራ ተኪኤ ሓሲብሉ ኣይፈልጥን ጥራሕ ዘይኩነ ዕድመኡ'ውን ዝሕግዝ ኣይነበረን። ተጋደልቲ ደቀንስትዮ ክሳብ ክንደይ ድርብ መከራን ሕሰምን ጸዊረን ይቃለሳ ከም ዝነበራ፡ ንተኪኤ ቁራይ ሽዑ በርሃሉን ኣብ ልዕሊኣን ዝነበሮ ሓልዮት ብዝያዳ ተደርዐን። ካልእ ዘረባ ከየድገመ፡ ካብ ገዛውቲ ዕዳጋ ብቍራጽ ገረወኛ ገይሩ ማይ ኣምጽኣላ'ሞ። ኰሹኽ ተዓጢቓ ውራይ ጽሬታ ገበረት። ተሓጻጺባ ድማ፡ ናብ ጋንትኣ ተጸምበረት።

ኣብ ዓውደ-ውግእ ኩሉ ግዜ ኣይትስዕርን ኢኻ። ሓደ ትስዓረሉ፡ ትድፍኣሉን ትፈሸለሉን ግዜ'ውን ኣሎ። ሓደ ሰራዊት ነቲ ሓያል ጉድኑ ብምዕቃብን ነቲ ድኹም ጉድኑ ብምእራምን ኣብ ዳግማይ ግጥም ክዕወት ይኽእል። ህዝባዊ ግንባር በዚ ኣገባብ ቅዲ ኩናት'ዚ ስለ ዝተመርሐ'ዩ ናብ ዓወት ዝበጽሐ።

ኣነ ንውግእ ሳሊና ድኻማቱን ብልጫታቱን ብወተሃደራዊ ስነፍልጠት ደፊረ ክትንትኖንን ክግምግሞን የጸግመኒ'ዩ። ምኽንያቱ፡ ዓሚቍ ወተሃደራዊ ተመኩሮን ፍልጠትን የብለይን። እንተኾነ፡ ውግእ ሳሊና 40 ዓመታት ምስ ኣቍጸረ ክሓስቦ እንከለኹ፡ እቲ ውግእ ጸገማት ከም ዝነበሮ እግምግም።

ኣብ 1977 ሰራዊት ህዝባዊ ግንባር ካብ ደባይ ናብ ተንቀሳቓሲ ሓድሽ ቅዲ ኩናት ዝተሰጋገረሉ መድረኽ ስለዝነበረ፡ ሕጽረታትን ድኻማትን ክህልዎ ባህሪያዊ እዩ። ልዑል ድሌት ምውጋእ፡ ንቑሕን ድስፕሊን ዝውንን ሰራዊት፡ ውህደት መሪሕነትን ተጋዳላይን፡ ሓያል ጥርናፈን ተሳትፎን ህዝቢ፡ ገለ ካብቶም ሓያል ጉድንን ንዓወታት ህዝባዊ ግንባር ዘረጋገጹ እወታዊ ነጥብታት ነበሩ።

ህዝባዊ ግንባር ኣብ ውግእ ሳሊና ዝጋነኑ'ኳ እንተ ዘይኮነ ነቲ ንቕድሚት ዝውርወር ዝነበረ ተጋዳላይ ጉልባብ ዝገብረሉን፡ ንሓይሊ ጸላኢ ዒላማ ገይሩ ዝሃርመሉን ዘዳኽመሉን ትሕዝቶ ከቢድ ኣጽዋር ዘይምንባሩ፡ ሕጽረት ኣብ ስነ ፍልጠት ዝተመርኰሰ ብቕዓት ኣመራርሓ ገለ ካብቶም ክጥቀሱ ዝግብኦም ድኻማት እዮም። እቲ መጥቃዕቲ ናይ ሳቦያ (ብዝሒ ሰብ) ባህሪ ስለዝነበሮ፡ ከቢድ መስዋእቲ ክንከፍል ግደ ከምዝነበሮ'ውን ክዝንጋዕ የብሉን። ምውናን ከቢድ ብረት ኣብ ውግእ፡ ዓቢ ግደ ከም ዘለዎ፡ ናይ 1990 "ስርሒት ፈንቅል" ዘረጋግጾን ዘራጉዶን ሓቂ እዩ። ህዝባዊ ሰራዊት ኣብ ናይ 1990 ዕዉት ስርሒት ፈንቅልን ኣብ ዛዛሚ ውግእን (1991) ዘካየዶ ግጥም፡ ከበድቲ ኣጽዋር፡ ከምኡ'ውን ስነፍልጠታዊ ኣመራርሓ ውግእ፡ መስዋእቲ ኣብ ምውሓድ ልዑል ተራ ከም ዝተጻወቱ ተመስኪሩ እዩ።

ህዝባዊ ግንባር ሓርነት ኤርትራ፡ ከም ኣብ ኵሉ ዓውደ-ውግእ (ከበባ ናቕፋ 1976፡ ምሕራር ከረን፡ ግንባራት ሰሜን፡ ደቡብን ምብራቕን)፡ ኣብ ውግእ ስምሃር'ውን፡ ነቲ ሸቶ ሰራዊት ደርግ ከጥቀዕ ዝኽእል እኹል ሓይሊ ሰብ ኣሰሊፉን ደቂቕ ወተሃደራዊ መጽናዕቲ ኣካይዱን እዩ። ኩነታት ሳሊና ግን ዝተፈልየ ምንባሩ እግምት። ብኣረኣእያይ፡ ኣብዚ ክልተ ፈተነታት፡ ንሳሊናን ሓይሊ ባሕርን፡ ኣብ ኢድና ከኣትዋን ክንቈጻጸረን ዘይምኽኣልና፡ ነዚ ኵሉ ሓሳረ መከራ ክኽሰትን ከቢድ መስዋእቲ ክኽፈል፡ ተጋዳላይ ናብ ዓዘቕቲ ሰልሚ ክኣቱ ጠንቂ ዝኾኑ ሰለስተ ዓበይትን መሰረታውያንን ምኽንያታት ዝብለን እዘን ዝስዕባ እየን፤

1. ኣብቲ ሓፈሻዊ መጽናዕቲ ዘይተሓቝፈ፡ ሃንደበታዊ ምኽፋት ዓበይቲ ካናለታትን፡ ምፍናው ማይ ባሕሪ ናብ ጉላጉል ግራት ሳሊና፣
2. ኣብ ስነ ፍልጠት ዝተመርኮሰ ናይ ኣመራርሓ ብቕዓት ገና ስለ ዘይተመልከ፡ (እቲ መጥቃዕቲ ናይ ሳቦያ ባህሪ ዝነበሮ፡)
3. ሰራዊት ጸላኢ፡ ኣብ ሳሊናን ሓይሊ ባሕርን ሓድሽ ድፋዕ ክኹዕት፡ ርሒብ ናይ ግዜ ዕድል ምሃቡ፣
4. ነቲ ከቢድ መስዋእቲ ከፊልና ዝበጻሕናዮ ድፋዕ ግራት ሳሊናን ከባቢ ሓይሊ-ባሕርን፡ ነተን ኣብ ካልኣይ መጥቃዕቲ ሳሊና ዝሃጀማ ብርጌዳት 44ን 58ን ከየረከብናና፡ ናብ ከባቢ ቤተ ክርስትያን እንዳ ሚኪኤል ጠቕሊልና ምምላስና
5. ንናይ ጸላኢ ዒላማ ክወቕዕን ከድምዕን ዝኽእል፡ ኣድማዒ ናይ ወገን ከቢድ ብረት ዘይምንባሩ እዩ ዝብል ግምታት ክህብ እደፍር።

ዶክቶር ተኸስተ ፍቓዱ፡ ኣብታ “ጉዕዞ ካብ ናቕፋ ናብ ናቕፋ” (Journey from Nakfa to Nakfa) እትብል ናይ ቋንቋ እንግሊዝ መጽሓፉ፡ ብዛዕባ'ቶም ኣብ ውግእ ሳሊና ዝተወግኡ ተጋደልትን ንምሕካሞም ዘጋጠሞም ብድሆታትን ተጋደልቲ ዘሕለፉዎ ስቓይን መከራን፡ ምሉእ ብምሉእ ገሊጹዎ እዩ። ገለ ካብቲ ብሰፊሑ ዝጸሓፎ፡ ኣብ'ዘን ዝስዕባ ጸሚቚ ተርጉመየን ኣለኹ። “ኣብታ ምሸት'ቲኣ ብዙሓት መካይን ጽዕነት ካብ ሳሊና ውጉኣት ጽዒነን ሕክምና ቀዳማይ ረድኤት ዔላ-ገመድ መጽኣ። እዞም ውጉኣት ሳሊና ካብቶም ቅድመኦም ዝመጽኡና፡ ብኸሉ እንትንኦም ዝተፈልዩን ትርኢቶም ዘሰንብዱን ነበሩ። ክዳውንቶም ብጭቃ ባሕሪ ቀርቢውን ናብ እምኒ ተቐይሩን፡ ሽድኦም (ኮንጎኦም) ምስ ዳንጋኦም ብፉሻ-ባንድጅ ተጠማጢሙ፡ መጀነኒ ፉሻ ጨርቂ ምስ ቊስሎም ተጣቢቑ ስለዝነበረ፡ ካብ ነብሶም ኣውጺእካ ንምሕካሞም ዓቢ ጸገም ኮነና። ለቢሶሞ ዝነበሩ ክዳውንቲ ንምውጻእ፡ ገለና ብኻራ፡ ገለ ብመቐዝ፡ ገለ ብላማ ተፈተነ። በዚ ስለዘይሰለጠ ድማ፡ ናብ ህጹጽ መጥባሕቲ ክንኣቱ ስለዝነበረና፡ ነቲ ጨውን ጭቃን ካብ ኣካላቶም ክዳውንቶምን ንምፍላይ፡ ምሉእ ኣካላቶም፡ ምስ ንቕስሎምን ክዳውንቶምን ብጽሩይ ማይ ሓጸብናዮም። እዚ ኣገባብ'ዚ ብስነፍልጠት ዋላ'ኳ ዝድገፍ ስጉምቲ ኣይኾን፡ ነቲ ሽግር ንምፍታሕ ክንወስዶ ተገደድና። ህይወት ናይ'ዞም 15 ከቢድ ናይ ከብዲ መውጋእቲ ዝነበሮም ጀጋኑ ንምትራፍ፡ በታ ለይቲ'ቲኣ ን24 ሰዓታት ብዘይምቊራጽ መጥባሕቲ ኣካየድና። ዝበዝሑ ስውኣት ሳሊና፡ ንቡር ስነ-ስርዓት ቀብሪ ከይረኸቡ፡ ኣብ ሳሊና ተዋሒጦም ተሪፎም እዮም። እንተኾነ፡ ስውኣትና ኣብ ሓርነታዊ ቃልስና ዝለዓለ ክብሪ ተዋሂቡዎም፡ ተዘኪሮምን ታሪኾም ድማ ንዘልኣለም ብወርቂ ቀለም ተጻሒፉን ክነብር እዩ።

(Doctor Tekeste Fekadu. Journey from Nakfa to Nakfa; 2002.)

ኣብ ቀላጥ ጉላጉል ሰምሃርን ሳሊናን ኣብ ዝተኻየዱ ግጥማት፡ ክትጸውየሎም ዘጸግሙ ተኣምራት ተፈጺሞም'ዮም። እቲ ዝተጸውየ ግን ሕፍንቲ'ኳ ኣይከውንን። እቲ ምንታይሲ ኵሉ'ቲ ኣብ ውዕሎ ሰምሃር ዝተሳተፈ ተጋዳላይ፡ ዝሓለፎ መስገደላትን ዘጋጠሞ መሰናኽላትን በብመዳዩ እንተዝጸዊ፡ ሓደ መጽሓፍ ጥራሕ ዘይኮነ መጻሕፍቲ እውን ኣይምኣኽሉን። እቶም ህሉዋት ፈጸምቱን ተሳተፍቱን፡ ነዚ ዘሕብን ታሪኽ፡ ኣብ ኣእምሮኦም ጥራሕ ሒዞሞ ኣለዉ። ኣብ ጽሑፍ ክሳብ ዘይሰፈረን ዘይተዘንተወሉን ድማ፡ ኣፋዊ ዛንታን ዕላልን ጥራይ ኮይኑ'ዩ ክተርፍ። ምስ ምንዋሕ ግዜ፡

መጻኢ ወለዶ "ገድሊ ኤርትራ'ዶ ከምዚ ዝበለ ቅያ ሰሪሑ'ዩ!" ብምባል ኣብ ጥርጣረ ከእትውዎን፡ እቲ ዝተፈጸመ ጅግንነት "ነበረ ያ ነበረ" ክኸውን ዘሎ ተኽእሎ ዓቢ ከም ዝኾነ ምግንዛብ ኣገዳሲ እዩ።

* * *

ናቫል በይዝን ሳሊና ንምሓዝ ዝተገብረ ቀዳማይ ውግእ ሳሊና፡ ዋላ'ኳ ብዓወት ሓይሊ ወገን ኣይዛዘም፡ ኣብ ልዕሊ ጸላኢ ከቢድ ክሳራ ወሪዱ እዩ። ካብቶም ብምስጢር ዝተታሕዙ ሰነዳት ጸላኢ፡ ብ15 ሚያዝያ 1970 ግእዝ "ከሰእ2ኛ ክ\ጦአ ኣዛዥ" "ለብሄራዊ ኣብዮታዊ ዘመቻ መምርያ ቁጥር 033\70 ከ13፡15 እስከ 17፡00 ሰኣት ዝተላእከ ምስጢራዊ ደብዳበ ከም ዝሕብሮ፡ ኣብ ልዕሊ ሰራዊቱ ከቢድ ሰብኣዊ ክሳራ ከም ዘወረዶ ተኣሚኑ ኣሎ። ኣብቲ 'ምስጢራዊ ደብዳበ' ነቲ ከም መማቕርቲ ተጻሒፋ ዘሎ ንጉድኒ ገዲፍና፡ ካብ ወተሃደራት ኣባላት ናይታ ሁለተኛ ሻምበል 249 ወተሃደራት ምዉታትን ውጉኣትን እንተ ደአ ኰይኖም፡ ዝተረፈ ወተሃደር፡ ይትረፍ ክዋጋእ ንነብሱ ክከላኸል'ውን ከም ዘይክእልን'ዩ። ንተጋዳላይ ካብ ዓወት ሳሊና ዝዓገቶ እምበኣር፡ ምክልኻል ዓቕሚ ሰራዊት ደርግ ዘይኰነ፡ ማይ ባሕሪ ዝፈጠሮ መሰናኽል ምንባሩ፡ በዛ ንእሽቶ ሰነድ ጸላኢ ክረጋገጽ ይከኣል።

ኣብ ውግእ ሳሊና፡ ኣብ ልዕሊ ተጋዳላይ ዝወረደ ስቓይ፡ ብዘይካ ህይወት ዘይብሉ ደረቕ ነገር፡ ስጋ ዝለበሰ ፍጡር፡ ንኸም'ዚ ዝበለ ሕሰምን መከራን ንዓሰርተታትሰዓታት ኣብ ዝባኑ ተጻዊሩ ክብድሆ ይኽእል'ዩ ኢልካ ምሕሳብ ኣጸጋሚ'ዩ። ከምቲ፡ "ዝወዓለን ይንገርካ ዝተጋገየን ይምከርካ" ዝበሃል፡ እዚ ኣብ ላዕሊ ተጠቒሱ ዘሎ ፍጻመታት፡ ካብቲ ኣብ ውሱን ክፋል ሳሊና ብኣካል ዝተሳተፍኩዎ፡ ከምኡ'ውን ካብቶም ኣብቲ ውግእ ኣብ ጉድነይ ዝወዓሉ ብጾተይ ዝተኣከበ ሓቀኛ ፍጻመታት እዩ። ኣነ ብዛዕባ ውግእ ሳሊና፡ ዝርዝራዊ'ኳ ኣይኹን'ምበር፡ ብዘሎኒ ድሩት ተዘክሮታት፡ ብመጠኑ ሓደ ስእሊ ናብ ኣንባቢ ከቕርብ ፈቲነ ኣለኹ።

ግዜያዊ ዕረፍቲ ኣብ ድግድግታ

ሳሊና ንምሓዝ ዝተገብረ ቀዳማይ ፈተነ ውግእ ኣይተዓወተን። 24 ታሕሳስ 1977 11፡00 ድሕሪ ቀትሪ፡ እቶም ካብ ሳሊና ንስክላ ዝደሓንና ውጻእ መዓት ተጋደልቲ በጦሎኒ 4.3፡ ኣብ መካይን ጽዕነት ተወጢሕና

ድግድግታ በጻሕና። ግዳማዊ ትርኢትና ኣሰካፍን ሞራል ሰብ ዝትንክፍን ስለዝነበረ፡ ከምቲ ኣብ ዕዳጋ ባጽዕ ዝተገብረ፡ ኣብ ድግድግታ'ውን ንርዱእ ምኽንያት፡ ምስቶም ኣብ ጋሕቴላይ ዝዓረዱ ተጋደልቲ ብርጌዳት 44ን 58ን ከይንራኸብ፡ ኣብ ጸባብ ሕሉም ግዜያዊ መዕረፊ ቦታ ተዋህበና።

ሻይናክ ነቶም ዝርካብና ካብ መውጋእትን መስዋእትን ዝተረፍና ማእከልነታት ሓይልን ጋንታን ኣኪቡ፡ "ቅድሚ ነናብ ጋንታኹም ምኻድኩም ሓበሬታ ኣሎኒ። ናብ ድግድግታ መምጽኢና ምኽንያት፡ ኣብ ሕክምና ዘለዉ ብጾትና ክሳብ ዝምለሱናን ካብ ክፍሊ ታዕሊም ሓደስቲ ተጋደልቲ ክሳብ ዝምደቡናን፡ ንግዚኡ ኣብዚ ክነዕርፍ ተባሂሉ እዩ። ብርጌድ 44 ነዚ ድፋዕ ድሮ ገዲፋቶ ተንቀሳቒሳ ኣላ። ብርጌድ 58ን ድማ ጽባሕ ንግሆ ድፍዓ ንዓና ኣረኪባ፡ ምሸት ንሰራሕ ናብ ካልእ ቦታ ክትንቀሳቐስ'ያ። ስለዚ፡ ጽባሕ ክሳብ እተን ሓይልታት ዝብገሳን መሬት ዝመስይን፡ ኩሉ ተጋዳላይ ኣብ ዝተዋህቦ ስንጭሮ ተኸዊሉ ክውዕል እዩ። መሬት ርፍድ ምስ በለ፡ ድፋዓት ክንርከቦም ስለ ዝኾንና፡ ጽባሕ ንግሆ ኣብዛ ቢንቶ ንራኸብ። ካብ ከባቢና ኣይነርሕቕ፡" በለና።

ተጋዳላይ፡ ኣብ ዝተዋህቦ ከውሊ ቦታታት ኣዕረፈ። ዝልከፍ መግቢ ከይተጸበየ፡ ነታ ብማይ ባሕሪ ዝጠልቀየት ነጸልኡ ፈቲሑ፡ ንእለቱ ኣብ ዘዘዝነበሮ ግምቡው በለ።

ንጽባሒቱ ረፋድ፡ መራሕቲ ጋንታታት ምስቲ ሓድሽ ድፋዕ ድግድግታ ንኽንላለ፡ ብሻይናክ ተመሪሕና ተበገስና። ብርጌድ-58 ኣብ መበል 73 ኪሎ ሜትር መስመር ባጽዕ ኣስመራ፡ ካብ ጸሊም ጽርግያ ንሰሜን ወገን ኣብ ዘለዉ ብልሙዓት ኣግራብ ዝተሸፈኑ ንኣሽቱ ኵጀታት፡ ዓሪዳ ጸንሓትና። ጅኦግራፊያዊ ኣቀማምጣ'ቲ ከባቢ ሰጥ ዝበለ ጐላጉል ስለዝነበረ፡ ኣብዚ ሰጣሕ ጐላጉል ኳንካ መጥቃዕቲ ጸላኢ ምክልኻል ክኸብድ ከም ዝኽእል ገመትና። ብርጌዳት 58ን 44ን ኣብ ከምዚ ዝበለ ስትራተጂ ዓሪደን፡ ኣንጻር'ቲ ዘመናውን ስትራተጅያውን ኣጽዋር ዓጢቑ፡ ካብ ዶንጎሎ ዝተበገሰ ሽሾ ሰራዊት መኪተን ክዋግኣ፡ ሓያል ትብዓትን ተጻዋርነትን ከም ዝሓተተትንን ከቢድ መስዋእቲ ከም ዝኸፈላሉን ንምርዳእ ኣይጸገመናን። ኣብዚ ድፋዕ ኲይነን ንሰሙናት መመላእታ መኪተን ንጸላኢ ኣላሽ ብምባለን ኣድነቕናየን። መራሕቲ ሓይልታትን ጋንታታትን ካብ ድፋዕ ናብ ድፋዕ ኣብ እንንቀሳቐሰሉ ዝነበርና እዋን፡ ዘይተጸበኹዎ ዘሐጕስ ኵነታት ጐፍ በለኒ። ምስቲ ካብ 1975 ጀሚርና ኣብ በጦሎኒ 607 ኣብ ሓንቲ ጋንታን መስርዕን ብሓባር ዝተጓዕዝና ብጻየይ ተጋዳላይ ገብረስላሰ ነጋሽ (ገሬ)

ተራኽብና። ኣብ ጽዑቕ ስራሕ ስለ ዝነበርና፡ ሓጺር ሰላምታ ተለዋዊጥና፡ ድሕሪ ምዝዛም ስራሕና ክንራኸብ ተቛጸርና።

ስነስርዓት ምርኽካብ ምስ ተፈጸመ፡ ናብ ገብረስላሰ ኮሚሳር ጋንታ በጦሎኒ 58 ከድኩ። ገሬ ግዳማዊ ኵነታተይ ገሪሙዎ፡ ገላቢጡ ጠመተኒ። ጸጸኒሑ ካብ ምዕዝበይ'ውን ኣየቋረጸን። በቲ ኣብ ሳሊና ዝወረደና ኣደራዕን ዘጋጠመና መስገደልን ኣዝዩ ሰንበደ። ካብ ሓንቲ መስርዕ፡ ኩባያ ሻህን ቅጫን ኣምጽኣለይ። ንእለቱ ጉምድ ጉምድ ኣበልኩዎ። እታ ኣብ የማናይ እግረይ ዝነበረት ሽዳ ሓንትን ዝተበጣጠሰት ምንባራን ተዓዚቡ፡ ካብቲ ንጋንታኡ ዝዓደሎ ገለ ተርፍ ግዲ ጸኒሑዎ ሓድሽ ሽዳ ሃበኒ። ግዳማዊ መልክዐይ ብምርኣይ፡ ከቢድ ሽግርን መከራን ከም ዘሕለፍና ስለዝተገንዘበን ስለዝበጽሖን ክሓተኒ ኣይደለየን። ድሕሪ ቍሩብ ሰቕታ ግን የማኑ ጸጋሙ ድሕሪ ምርኣይ፡ "ሕማቕ ረኺብኩም፣ ኣይግድን፡ ከመይ ድዩ ነይሩ ሳሊና፣" ሓተተኒ ርእሱ እናነቕነቐ።

ከምቲ፡ "ንዓሻ ደርጉሓሉ ንለባም ኣፍእመሉ" ዝበሃል፡ ኵነታትና ተረዲኡዎ ከም ዘሎ ተገንዚቡ፡ "ኣይሰለጠናን በጃኻ! ደሓር ከኣ ጠፌኡካዶ ጉዕዞ ገድሊ. ሓንሳብ ትኸስብ ሓንሳብ ትኸስር፡ ሓንሳብ ትደፍእ ሓንሳብ ድማ ከም እንደ ነገሩ ገይርካ ትሓልፎ። ናይ ሳሊና ውግእ ሕጂ ጸዊኻ ዝውዳእ ኣይኮነን። ከቢድ'ዩ፣ ዘኢትነገር ጥራሕ ኢልና እንተሓለፍናዮ ይሓይሽ፡" ኢለ ሓጺር መልሲ ሃብኩዎ። ገሬ ብውሽጡ ሓሪሩ እንክሎ ፍሽኽ በለ። ኪኖ'ዚ ግን ክሓትት ኣይደለየን። ድሕሪ ሓጺር ዕላል፡ ሰዓቱ እናረኣየ፡ "ናበይ ምኺንና'ኳ ኣይፈለጠናን'ምበር፡ ድሕሪ ቍሩብ ሰዓታት ክንብገስ ኢና። ደሃይ ኣይተጥፍእ ቻው፡" ምስ በለ፡ ኣመት ጋንትኡ ንምግባር ካብ ድፋዕ ወሪዱ ናብ ጸሊም ጽርግያ ገጹ ተበገሰ።

5፡00 ድ.ቐ. መሬት ዓይኒ ክትሕዝ ምስ ጀመረት፡ እተን ንዓና ሒዘን ዝመጽኣ መካይን ጽዕነት፡ ሞቶረአን ኣተንሰኣን፡ ጥሩምባ ተዳሎ ነፋሓን። ኣባላት በጦሎኒ-58፡ ናብ ጸሊም ጽርግያ ወረዱ፡ ንብረቶም ጽዒኖም ኣንፈት ጉዕዞኦም ናብ ባጽዕ ገይሮም ካብ ደረት ትርኢትና ተኸወሉ። ኣብ ሰንጭሮ ተኸዊላ ዝወዓለት በጦሎኒ 4.3፡ ድማ ንብርጌድ-58 ኣፋንያ፡ ሓድሽ ድፋዕ ንምሓዝ፡ ካብቲ ተኸዊላትሉ ዝወዓለት ሰንጭሮታት ወጺኣ ምስ ከባቢኣ ክትላለ ውጥም-ቅልቅል በለት።

ምዕራፍ ትሸዓተ

*

ካልኣይ ፈተነ ውግእ ሳሊና 1977

ሳሊና ንምሓዝ ዝተገብረ ቀዳማይ ፈተነ መጥቃዕቲ፡ ብኣካል ስለ ዝተሳተፍኩዎ፡ ንምጽዋዩ ጸገም ኣየጋጠመንን። ከም'ቲ 'ላም ፍርቁ ጉድና ጥራይ ዘይትሰብሕ፡ ንውዕሎ ካልኣይ ፈተነ ውግእ ሳሊና ኀሲኻ፡ ታሪኽ ሳሊና ምሉእነት ክህልዎ ከምዘይክእል ስለዝተረዳእኩ ነቲ ብኣካል ታሪኽ ምሉእነት ምእንቲ ክህልዎ፡ ነቶም ኣብ'ቲ ውዕሎ ዝተሳተፉ ሓለፍትን ተራ ኣባላት ብርጌዳት 44ን 58ን ብምውካስ፡ ሓቀኛ ታሪኽ ነቲ ብኣካል ዘይተሳተፍኩዎ ካልኣይ ውግእ ሳሊና ክምዝግብ ክኢለ።

ብርጌድ 44፡ ቅድሚ ናብ ሰምሃር (ግንባር ምብራቕ) ምውራዳ፡ ኣብ ካርነሽም (ከበሳ) ዓሪዳ፡ ነቲ ካብ ኣስመራ ናብ ከረን ገጹ ዝብገስ ዝነበረ ገዚፍ ሓይሊ ጸላኢ ዓገታ ከቢድ ክሳራ ኣውረደትሉ። ኣብ ጥቅምቲ 1977 ድማ፡ ውግእ ሰሓጢት ንምስታፍ ናብ ማይኣጣል ገጻ ተጓዕዘት'ሞ። ኣብ 73 ኪሎ ሜተር መስመር ባጽዕ ኣስመራ፡ በጦሎኒ 44.1 ብየማናይ ወገን፡ በጦሎኒ 44.3 ብጸጋም ድፋዕ ሓዛ።

እታ ኣብ ተኸሊጥ ናቕፋ፡ ብስም ብርጌድ-58 ዝቘመትን ብዓሊ ቢላል ኩቦኒን ኮሚሳር ተኽለ መስፉንን እትምራሕ በጦሎኒ'ውን፡ ብዙሓት ተጋደልቲ ደቂ ደንከል ሒዛ፡ ካብ ተኸሊጥ ናቕፋ ናብ ፎሮ ኣምርሐት። እንተኾነ፡ ውግእ ሰሓርቲ ስለዝተጀመረ፡ መደባ ሰሪዛ ኣብ ዕርድታት

ዓዲሓውሻ ብምዕራድ ነቲ ካብ አስመራ ተበጊሱ ንደቡብ ዝንቀሳቐስ ዝነበረ ሰራዊት ደርግ ዓጊታ ናብ ዝተበገሰሉ ብተደጋጋሚ መለሰቶ።

ጸላኢ፡ ካብ ዶንጎሎ ሽሾ ሰራዊትን ማእለያ ዘይብሉ አጽዋርን ዓጢቑ፡ ነቲ ንመዓስከር ዶጎሊ ዘጥቅዕ ዝነበረ ሓይሊ ወገን፡ ብድሕሪት ብዶንጎሎ አቢሉ ንክኸርድን መደብ ከም ዝነበሮ ምስ ተፈልጠ፡ በጦሎኒ-58 ካብ ሰሓርቲ ብተብተብ ተበጊሳ፡ ዓዶሮሶ ሰንጢቓ፡ እንኮዒላን ባዓረዛን አኳሊማ ምስ ብርጌድ 44 (ብጸጋም) አብ ድግድግታ ብሓባር ዓረደት። እዘን ሓይልታት፡ ነቲ "አትንኩኝ!" እናበለ ካብ ዶንጎሎ ላዕላይ ተበጊሱ፡ ንጽርግያ መስመር አስመራ ባጽዕ ጥሒሱ ብሓይሊ ክኸፍቶ ዝፍትን ዝነበረ ሓይሊ ጸላኢ፡ ንልዕሊ ሰለስተ ሰሙን ቀጥቂጠን አላሽ አበልአ። ማእከልነት ብርጌድ 44 ሽኽ ዑመር የሕያን ማእከልነት በጦሎኒ ዓሊ ቢላል ኩቦኒን አብ ቅድመ ግንባር ምስ ሓይልታት ብማዕረ ተሰሪዖም፡ አብ ደማስን ድግድግታን አብነት ኩይኖም በጃ ህዝቦም ብጅግንነት ሓለፉ።

እተን አብ ጋሕቴላይ ዓሪደን ዝነበራ ሓይልታት ብርጌዳት 44ን 58ን፡ ነቲ ንአዋርሕ ዝዓረዳሉ ድፋዓት፡ ንብርጌድ 4 (በጦሎኒ 4.3) አረኪበን ናብ ካልአይ ፈተነ ውግእ ሳሊና ንኽሳተፋ ምድላዋተን ወድአ። እቶም ንአዋርሕ አብ ጋሕቴላይ ዓሪዶም ዝነበሩ ተጋደልቲ፡ ነቶም አብቲ ዘይሰለጠ ቀዳማይ ፈተነ ውግእ ሳሊና ተሳቲፍና ንዕረፍቲ ናብ ድግድግታ ዝመጻእና ተጋደልቲ በጦሎኒ 4.3፡ ብጭቃ ተቑማጢዕናን ጸለሎ መሲልናን ምስ ርአዩና ብልቢ ሓዘኑ። እዚ ሕማቕ ፍጻመ ግን ንሞራሎም አብ ክንዲ ዝትንክፍ መሊሱ ሰማይ አዕረጎ። ናይ'ዞም አብ ሳሊና ዝወደቑ ብጾት ሞሳ ክመልሱ ድማ፡ ቃል አተዉ። 25 ታሕሳስ አጋ ዓራርቦ ነቲ ናይ ድግድግታ ድፍዖም ንበጦሎኒ 4.3 አረኪቦም አብ መካይን ተጻዒኖም ናብ ባጽዕ ገስገሱ።

ላዕለዎት ወተሃደራዊ ሓለፍቲ ውድብ፡ ንሳሊናን ከባቢአን ከጽንዑን ስትራተጂ መጥቃዕቲ ክሳዕ ዝሕንጽጹን፡ ሓይልታት አብ ውሽጢ ባጽዕ አብ ከባቢ ቤተ ክርስትያን እንዳ ሚካኤል፡ ንሓደ ሰሙን ዝኸውን ዓረዳ። ነዞም አብ ካልአይ ፈተነ ውግእ ሳሊና ዝተሳተፉ፡ ዝተዋህበ ወተሃደራዊ መምርሒ፡ ካብቲ ናይ ቀዳማይ ውግእ ሳሊና ዝፍለ አይነበረን። አብ አተአታትዋ ሓይልታት ግን ፍልይ ዝበለ አወዳድባ ተገብረ። እቶም ሃጆምቲ አብ ሰለስተ ማዕበላት ማለት፡ ቀዳማይ ማዕበል ክልተ ሓይልታት 44ን 58ን ንመስዋእቲ፡ ካልአይ ማዕበል ተደራቢ ክልተ ሓይልታት፡ ሳልሳይ አጥቃዒ ተባሂሎም ተኸፋፊሎ ብምእታዉ ጥራይ ነበረ።

ናይ ዜሮ ሰዓት ተቐራረበ። ተጋዳላይ ነዊሕ ስርኡ ክቑርጽ፡ ጫምኡ ምስ ዳንግኡ ብጨርቂ ክኣስርን ትእዛዝ ተመሓላለፈ። ህይወት ዝሓዘ ሰብ፡ ኣብ ውግእ ኣብ ዝኣትወሉ፡ ክሳብ'ቲ ውግእ ዝጅመር ብውሽጡ ናይ ሓቦጭቦጭ ስምዒት ክሓድሮ ንቡር እዩ። ቅድመ ውግእ ዝፍጠር ንቡር ተርባጽ፡ ኣብ ገጽ ነፍሲ-ወከፍ ተጋዳላይ ተራእየ። 6 ጥሪ 1978 ልክዕ 6፡00 ቅድሚ ቀትሪ፡ መጀመርታ ንግራር፡ ሰዒቡ ንናቕል በይዝ ንምጥቃዕ ናይ "ተበገስ! ህጀም!" ኣዋጅ ተቓልሐ። ብኣጋጣሚ ተጋዳላይ ንሳሊና ዝሃጀመላ "ብዓል ልደተ-ክርስቶስ" ስለ ዝነበረት፡ እዋናዊት ጭርሖ መዓልቲ፡ "ወይ ሓድሽ ክዳን ወይ ሓድሽ ሓመድ፡" ኰነት።

ሓይልታት፡ ነቲ ኣብ ቀዳማይ ፈተነ ውግእ ሳሊና ዘጋጠመ መሰገደል ክሰግርኦ ብምሉእ ርእሰ ምትእምማን ተበገሳ። ንዕርድታት ጸላኢ ስጊረን፡ ናብቲ ዝተዋህበን ዒላማ ግራርን ሓይሊ ባሕርን ብናህሪ ተወንጨፋ። ኵነታት ግን ከምቲ ዝተሓሰበ ኣይሰለጠን። ግራት ሳሊና፡ ሓድሽ ማይ ባሕሪ ተወሲኽዎ፡ ምስ ጭቃ ተሓዋዊሱ ንጉዕዞ ኣተዓናቐፎን። ካናለታት ሳሊና ብማይ ኣዕለቕሊቑን ወሲኹን ስለዝጸንሐ፡ ማይ ባሕሪ ካብ ዳንጋ ሓሊፉ ናብ ብርኪ በጽሐ። እቲ ብጨርቂ ምስ ዳንጋ ዝተኣሰረ ጫማታት ኣብ ጭቃ ተረፈ። ቀዳማይቲ ማዕበል ጉዕዝኣ ገና ከየፋረቐቶ እንከላ ብሓይሊ ሰብ ተጓደለት። ኣብ ካልኣይ ማዕበል ዝተመደቡ ተበገሱ። ምስ ቀዳማይቲ ማዕበል ተሓዋዊሶም ድማ ቀጸሉ። ኣብ ሰጣሕ ጉላጉል ይጓዓዙ ስለዝነበሩ፡ ጠበናጁ ጸላኢ ብተመልከተለይ ኣብ ኣፍ ልቦም ቀንዐ። ዝተዋህበት መምርሒ "ቀጽል!" ስለዝነበረት ግን፡ ጉዕዞ ንቕድሚት ኣየቋረጸን።

እቲ ካብ ቀዳማይ ፈተነ ውግእ ሳሊና ዝተመኩረን ንሓደ ሰሙን ዝኣክል ውራይ ምኸዓት ጉዳጉዲ ክገብር ዝቐነየን ጸላኢ፡ ካልእ ሓድሽ ስትራተጂ ሓንጸጸ። ነቲ ኣብ ጉዳጉዲ ኰይኑ ዝዋጋእ ሓይሊ ንምሕጋዝ፡ ብርሕቀት ዒላማኦም ክሃርሙ ዝኽእሉ ረሻሻት ኣጽዋር፡ ዝዓጠቐ ወትሃደራት ኣብ ናሕስታትን መሳኸትን ህንጻታት ሆስፒታል ግራርን ሓይሊ ባሕርን ከም ዝዓርዱ ብምግባር፡ ኣነጻጺሮም ግንባር ተጋዳላይ ክወቕዑ ኣኽኣሎም። ተጋዳላይ ግን ንሓንቲ ደቒቕ'ውን ትኸኑ ምረሸኡ ከየቋረጸ ኣብ እግሪ'ቲ ህንጻታት በጽሐ። እቲ ዝርካቡ ከቢድ ብረት ወገን፡ በቲ ውሑድ ዓቕሙ ጉልባብ ክገብር ፈቲኑ፡ እንተኾነ ዘምጽኦ ለውጢ ኣይነበረን።

መሰዋእትን መውጋእትን በዝሐ። ልዕሊ ዓቐን ኰነን ካላሽናት ማይ ኣትዩዎ ዓከሰ። ንቕድሚት ክደፍእ ትጽቢት ዝተገበረሉ ሓይሊ ተዳኸመ። እቶም ንግዚኡ ካብ መውጋእትን መሰዋእትን ዝደሓኑ ተጋደልቲ፡ ኣብ

ከባቢኦም ንዝነበረ ካናለታት፡ ከም መከላኸሊ ዕርዲ ክጥቀምሉ ተገደዱ። እቶም ኪኖ'ዚ ክኸየድ ከም ዘይከኣል ዝተዓዘቡ መራሕቲ፡ ተጋዳላይ ኣብ ዘዘለዎ ንጸላኢ ክከላኸልን ክምክትን ሓበሩ። ከምኡ ድማ ተገብረ። ክዳውንቶም ብጭቃ መርኣዩ ኣይነበሮን። ውጉኣት ዝሕክሞም ስኢኖም ብቓንዛ ኣእወዩ። መን ንመን'ሞ ይርዳእ! ተጋዳላይ ኣብ ዘዝነበሮ ብሞርታራትን ረሻሻትን ተደብደበ። እቲ ጽቡቕ ነገሩ ግን ግራት ሳሊና፡ እንትርፎ ጭቃ ባሕሪ፡ ኣኻውሕ ስለዘይብሉ፡ ብዘይካ ኣብ ዝባንካ ዝወድቁ ቦምባታት፡ ዝበዝሑ ኣብ ባሕሪ ከይተፈንጀሩ ሰጢሞም ይተርፉ ነበሩ። 1፡00 ድ.ቐ.፡ ቍጽሪ ውጉኣትን ስውኣትን በዝሐ። ጸላኢ ነዚ ምድኻም ሓይሊ ሰብ መዝሚዙ፡ ኣብ ልዕሊ'ቲ ኣብ ምክልኻል ዝነበረ ተጋዳላይ፡ ጸረ-መጥቃዕቲ ወሲዱ፡ ናብ ዕዳጋ ከይመልሶ ስለ ዝተሰግአ፡ ሓንቲ ሓይሊ ብርጌድ 70 ብመራሒ ሓይሊ ሶታይን መራሒ ጋንታ ወዲ-ጭማርን ተመሪሓ፡ ቀትሪ ምድሪ መስዋእቲ እናኸፈለት፡ ጕልጕል ሳሊና ጥሒሳ፡ ከም ተደራቢ ሓይሊ ኣብ ጐድኖም ዓረደት። ኣብዚ ናይ ተሓናነቕ ውግእ፡ መራሒ ሓይሊ ሶታይ እግሩ ክቝረጽ እንከሎ፡ ወዲ-ጭማር ብኸቢድ ቈሰለ።

እቶም ብማይ ባሕሪ ተገፊዖም ኣብ ካናለታት ጸምበለል ዝብሉ ዝነበሩ ውጉኣት፡ ገሊኦም ኣብ ባሕሪ ክጥሕሉ ከለው፡ ዕድል ዝረኸቡ ድማ ኣብ ደንደስ ባሕሪ ተጸግዑ። እቲ ገና ዘይተወግአ ንቕድሚት ዝምርሽ ዝነበረ ተጋዳላይ፡ "ኣጆና! ኣጆኹም!" ክብል ይጸንሕ'ሞ፡ ንሱ'ውን ብጥይት ተመንጢሉ ካብ ዓይንኻ ይሰወር። ነቶም ኣብ ጉዕዞ ዝጸንሑኻ ውጉኣት ብጾት፡ ንኻልኣይ ግዜ ብጥይት ጸላኢ ንኸይድገሙን ዕድሎም ንኽርእዩን ተባሂሉ፡ ካብቲ ማይ ዝመልአ ካናለታት ኣውጺእካ፡ ኣጸጊዕካዮም ንቕድሚት ትሓልፍ። ኣብ ዳንጋኦም ጋምባለ ዝኣሰሩን ርኢኻ ዘይጽገቡን ኣባጽሕ ሰብ ቍምጣ፡ ቀቅድመኻ እናኸዱ እንከለዉ፡ መድፍዕ "ኣምሳ ሰባት" ኣብ ሞንጎኦም ትዓልብ'ሞ፡ ኣበይ ከም ዝተኸወሉ ኣይትፈልጥን።

ውግእ ሳሊና ዕድመን ጾታን ዘይፈሊ፡ ፈታንን ከቢድ መስዋእቲ ዝሓትትን እዩ ዝነበረ። ኣብቲ ሳሊና ንምሓዝ ዝተገብረ ቀዳማይን ካልኣይን ውግኣት፡ ደቀንስትዮ ተጋደልቲ ካብ ጐድኒ ብጾተን ከይተፈልያ፡ ንኸጽወር ዘይከኣል መሰናኽላት በዲህን መስተንክር ሰሪሐን ሓሊፈን'የን።

ተጋዳሊት ፍረወይኒ ተስፋይ ወልደሚካኤል ንሳ፡ ጌና ጓል 17 ዓመት እንከላ እያ፡ ብ4 ለካቲት 1975፡ ናብ ህ.ሓ.ሓ.ኤ ዝተሰለፈት። ኣብ ሳሕል ናይ ክልተ ወርሒ ወተሃደራዊ ታዕሊም ድሕሪ ምውሳዳ ናብ በጦሎኒ-3

ተመደበት። ምስ ምቛም ብርጌዳት፡ ኣብ ብርጌድ 44 ከም ጋዜጠኛ ኩይና ንፍጻመታት ውግእ ሰምሃር፡ ንምስናድ ተበገሰት። ኣብ ማእከል ውግእ ሳሊና ኣትያ፡ ሰልሚ ባሕሪ ከይዓጀባ፡ ነቲ ዘሰደምም ፍጻመታት፡ ብትብዓት ኣብ መዝገባ (ድያሪኣ) ኣስፈረት። ሃለዋት ናይቲ ኣብ ጉድና ኩይኑ፡ ብካሜርኡ ዝሰእል ዝነበረ ብጻያ ኣማኑኤል ሓድጉ ክትፈልጥ፡ ረመጽ ሓዊ እናሰገረት፡ ናብ ግራት ሳሊና ደበኽ በለት። ንሱ ኣብ ኣፍ ልቡ ተወጊኡ ክስሓግ ረኸበቶ። ስርሓ ክትቅጽል ስለ ዝነበራ፡ ዕጭኣ ክሳብ ዝበጽሓ መዝገባ ኣውጺኣ ምሕንጣጥ ቀጸለት። ነቲ ኣብ ግራት ጨው ሳሊና ዝፍጸም ዝነበረ ቅያ ኣብ ወረቐት ኣስፈራ ከይወድኣት ግን ግንባራ ተወቒዓ፡ ኣፍ-ደገ ሞት ረገጸት። ኣብ ባሬላ ተጸይራ ናብ ሕክምና ዔላ-ገመድ እናተጓዕዘት ድማ ኣብ ዕዳጋ ባጽዕ ምስበጽሐት፡ ኣብ ንእሽ ዕድመኣ ተሰውአት።

* * *

"ተጋዳሊት ሮዚና ፍቓዱ ድራር'ውን ካልእ ኣብቲ ስርሒት ጅግንነት ዝፈጸመት ብጸይቲ እያ። ንሳ ኣባል ብሪጌድ 44፡ ኮይና ዋላ'ኳ ሓጺር ገድላዊ ተሞክሮ እንተነበራ፡ ኣብ ቅድመ ግንባር ብቦምባ ክትደራገም ወዓለት። እንተኾነ፡ መሰናኽል ስለዝበዝሓ፡ ካብ ዝበጽሓቶ ንቕድሚት ክትደፍእ ኣይክኣለትን። ስለ'ዚ ምስ ብጾታ ኣብ ግራት ጨው ድፋዕ ክትሕዝ ተገደደት። ኣብ'ቲ ስጋኻ ዝበልዕን ዓጽምኻ ዝግህጽን ጭቃ-ሳሊና፡ ክሳብ ሕምብርታ ተዋሒጣ፡ ኣትኪላ ተዋግአት። ከባቢ ፍርቂ መዓልቲ ከኣ ብንጣር ቦምባ ማህጸና ተወግአት። ኣብ ከባቢኣ ዝነበሩ ብጾታ ተንፋሒኾም፡ ካብ ታኼላ ከውጽእዋ፡ ብእግራ ክስሕቡ፡ ንሳ ድማ ሕፍረታ ከይትርኣ ስርኣ ክትስሕብ ተረባረቡ። ብጾታ ሂወታ ንምትራፍ ዝክኣሎም'ኳ እንተጸዓሩ፡ ፍረ ግን ኣይተረኸቦን። እቲ ዕሽል ከፍሪ ብፈጣሪ ዝተዓደላ ቅዱስ ማህጸና፡ ነዛ መሬት ወፈየቶ። ደም'ዛ ዋዕሮ ኣብ ሳሊና ተጸንቀቐ። ብዕለት 6 ወርሒ ሓደ 1978 ድማ ተሰውአት።

* * *

ዛህራ መሓመድ ዓሊ (ደንከላይት)'ውን፡ ብንእስነታ እንከላ፡ ጸላኢ ነቲ ኣብ ልዕሊ ህዝቢ ዘውርዶ ዝነበረ ግፍዒ ትዕዘብ ስለዝነበረት፡ ተጋደልቲ ህዝባዊ ሓይልታት ኣብ ከባቢ ዓዳ፡ 'ኢራፋለ' ይንቀሳቐሱ ኣብ ዝነበርሉ፡ ኣብነታውያን ተጋደልቲ ደቀንስትዮ ስለዝተጸልወት፡ ግዜ ከይወሰደት ኣንጻር መግዛእቲ ንምቅላስ፡ ናብ ህዝባዊ ሓይልታት ተሰለፈት፡ ናብ በጦሎኒ-58

ከአ ተመደበት። ዛህራ ብ10 ሓምለ 1975 ናብ ብርጌድ-58 (በጦሎኒ ዓሊ ቢላል ኩቦኒ) ዝተመደበትሉ ምኽንያት፡ ንደቀንስትዮ ዓፋርን ከባቢኡን ከተንቅሕን ጾልዋ ክትገብርን ተባሂሉ ነበረ።

በጦሎኒ ዓሊ ቢላል ኩቦኒ 6 ጥሪ ናብ ካልኣይ ፈተነ ውግእ ሳሊና ኣተወት። ዛህራ ሕነ'ቶም ኣብ ቀዳማይ ህጁም ሳሊና ዝወደቑ ተጋደልቲ ንምፍዳይ ንቕድሚት ተወንጨፈት። ብየማናይ ኢዳ ቦምባ ዓቲራ፡ ንድሕሪት ከይጠመተት፡ ክሳብ ሜፍ ግራር በጽሐት። ሽዑ'ውን ጸላኢ ኣብቲ ሰብ ዝውሕጥ ጉዳጉዲ ኩይኑ፡ ጠያይቲ ከም ማይ ከዓዎ። ዛህራ ጉዕዞኣ ከይተኹልፈ፡ ንዘጋጠማ ፈተነታት ጸዊራ፡ ኣብ ድፋዕ ጸላኢ ተጸግዐት። ነታ ኣብ ኢዳ ንደቓይቕ ዓትዒታ ሒዛታ ዝወዓለት ቦምባ ቺኪ፡ ናብ ጉዳጉዲ ጸላኢ ደርበየታ። ኣብ ውግእ ሰምሃር ብህይወት ናይ ምጽናሕ ዕድል ጸቢብ ስለዝነበረ፡ ዛህራ ኣብ ልዕሊ ደቀንስትዮ ዓፋር ጽልዋ ከተሕድርን ክትውድብን ዕድል ኣይረኸበትን። ኣብ ግንባራ ብጥይት ጸላኢ ተሃሪማ፡ ኣብ ግራት ጨው ወደቐት። ኣብ ሓጺር ገድላዊ ዕድመኣ ድማ፡ ኣብዛ ጸላም መዓልቲ ብ6 ጥሪ 1978 በጃ ህዝባ ሓለፈት።

* * *

ኣብ በጦሎኒ-44.1፡ ተጋዳላይ ነጋሲ ዝበሃል ጽቡቕ ቍሞና ዝነበሮ ምልምል ተጋዳላይ፡ ናይ ቦምባታትን ወንጨፍቲ ሮኬታት ቦምባታት፡ ከም ማይ ኣብ ጥቕኡ ስለ ዝዓለበ፡ ንእለቱ ጸመመ። ከም ዝጸመመን ግን ኣይተረድኦን። ሰብ ብጅላድ ቦምባታት ክትብሳዕን ክትወድቕን ምስ ርአየን ገሪሙዎ፡ “ኣንታ እንታይ ኲይና እያ'ዛ ሰብ ትወድቕ ዘላ፣ ናይ ጸላኢ ከቢድ ብረት'ኳ ዘየሎ፣ ኣቋሪጹዶ ኣይኩነን!” ምስ በለ፡ የእዛኑ ከም ዝጸመመ ብጾቱ ተረዲኦም፡ ዳግማይ ንኸይውቃዕ ብኢዱ ወጢጦም ርእሱ ኣድኒንዎ ናብ ውሑስ ቦታ ወሰዱዎን።

* * *

ጸላኢ ኣብ ዘተኣማምን ዕርዲ ኩይኑ ኣብ ልዕሊ'ቲ ብቑራጽነት ንቕድሚት ዝግስግስ ዝነበረ ተጋዳላይ ከቢድ ክሳራ ኣውረደ። ኣባል በጦሎኒ-58፡ መራሒ መስርዕ፡ ተስፎም መሓሪ ብ“ወዲ ሃገረይ” መስርዑ እናኣለየ ኣብ ካናለታት ሳሊና ተዋግአ። ኣብ ሓደ ረፍዲ፡ ክልተ ማእከልነት ሓይሊ፡ ሰለስተ መራሕቲ ጋንታታትን ሸሞንተ መራሕቲ መሳርዕን ስውኣትን ቁሱላትን ኮኑ። ሓይሊ ዝመርሓን ዝኣልያን ስኢና ኣብ ሕማቕ ከይትወድቕ፡ ወዲ

ሃገረይ ኣብ ልዕሊ መሰርዑ፡ ናይ'ዞም ኣብ ሳሊና ዝተሰውኡን ዝተወግኡን መራሕቲ፡ ሓላፍነት ወሲዱ ከም መራሒ ሓይሊ ክሳብ ጸሓይ እትዓርብ ተዋግአን ኣዋግአን።

* * *

ገብረስላሰ ነጋሽ (ገሬ) ጋንትኡ መሪሑ ኣብ ዕዳጋ ደበኽ በለ። ንሱ፡ ኣብቲ ካልኣይ ገጽ ጽዕጹዕ ውግእ ንምስታፍ ጋንትኡ ሒዙ ሃጀመ። ገብረስላሰ ነጋሽ፡ ካብዛ ዘይዕውቲ ጸላም መዓልቲ ብሰላም ክወጽእ ግን ኣይከኣለን። ናይ ጸላኢ ጥይት ብጸጋማይ መንጋግኡ ኣትያ ብየማን ወጽኣት። ደም ብብዝሒ ስለ ዝፈሰሶ ሃለዋቱ ኣጥፊኡ ኣብ ግራት ሳሊና ተጸጥሐ። ማህረምቱ ከቢድ ስለ ዝነበረ፡ ብጾቱ ብሂወት ክሰርር'ዩ ዝብል ግምት ኣይነበሮምን። ኣብ ሕክምና ከረንን ሰቐርቐጠን ንኣዋርሕ ሓያል ሕክምናዊ ክንክን ምስ ተገብረሉ ድማ፡ ሓውዩ ቓልሱ ክቕጽል በቕዐ። ሳሊና ግን፡ ኣብ ገጹ ከቢድ በሰላ ገዲፋትሉ ድኣ ሓለፈት።

ምእካብ ኣስከሬን ስውኣት ሳሊና-77

ህዝቢ ባጽዕ በቶም ኣብ ፈቐዶኡ ተበታቲኖም ንቡር ወግዒ ቀብሪ ዘይረኸቡ ስማእታት ሳሊና፡ ኣብ ልቡ መሪር ጓሂ ስለዝሓደሮ፣ ንሓንቲ መዓልቲ'ውን ትኹሩን ቀሲኑ ኣይደቀሰን። ነቲ ንቡር ሓመድ-ኣዳም ዘሰኣነ ሬሳታታት ሳሊና እናረአየ ጕሃየን ተሳቐየን። ስቕ ከይብል ሕማቕ ርእዩ፣ ከይቀብሮም ንደርጋውያን ፈሪሑ። ኣብ መንጎ ተቖርቀረ። ኣብ ፍርቂ 1978፡ ስርዓት ደርግ፡ ንባጽዕ ምሉእ ብምሉእ ምስ ተቘጻጸራን ወተሃደራዊ ኵነታት ምስ ተረጋግአን፡[29] ኣቶ 'ዘን' ዝበሃል ንደርጋውያን ወኪሉ ምስ ሰራሕተኛታት ሳሊና ክዘራረብ ካብ ኣዲስ ኣበባ ናብ ኣስመራ ተላእከ። ንሰራሕተኛታት ሳሊና ኣኪቡ፡ "ፋብሪካ ጨው መዓልታዊ ስርሑ ክጅምር እንታይ ክግበር ኣለዎ!" ኢሉ፡ ተወከሶም። እዛ ምስ ደርጋውያን ዝገበሩዋ ኣኼባ፡ ህዝቢ ኣስከሬን ደቁ ንምእካብን ኣብ ውሑስ ግዜያዊ መኸውሊ ቦታ ንምቕባርን ዓባይ ዕድል ፈጠረትሉ። ኣቦይ ቀሺ ተኪኤ ዝብሃሉ ብዓልጸጋ ዕድመን ብዓል ግርማን፡ ንላዕለዎት ሓለፍቲ ደርግ፡ ከምዚ ክብሉ ብድፍረት ተዛረቡ፦

"ንሕና ሰራሕተኛታት ፋብሪካ ጨው-ሳሊና፡ ስራሕና ክንጅምር ድልዋት ኢና። ኣብ ሃይማኖት ምስልምና ይኹን ክርስትና፡ ሬሳ ሰብ ክቡር'ዩ።

ኣብ ልዕሊ ሬሳ ወዲ ሰብ ምንቅስቓስ ኣብ ባህልና ነውሪ'ዩ። ቅድሚ ንቡር ስራሕና ምጅማር ግን፡ እዚ ኣብ ጕላጉል ሳሊና ተበታቲኑ ዘሎ ኣስከሬን ከነልዕሎ ይፍቐደልና፡" ብምባል፡ ብጕልባብ እምነት፡ ሕቶኦም ናብ ደርጋውያን መራሕቲ ኣቕረቡ። ሓለፍቲ ስርዓት-ደርግ፡ ስርሖም ክጅምሩ እንተኾይኖም፡ ነዛ ሕቶ ዕረ እናጠዓሞም ብእወታ ክምልስዋ ተገደዱ። ኣብ መወዳእታ ድማ፡ ኣስከሬን'ቶም ኣብቲ መኸዘኒ ዝበሃል ግራት ጨው፡ ማለት ጥቃ ሓይሊ-ባሕርን ሆስፒታልን ዝጠሓሉ፡ ባዕላቶም ወተሃደራት ከልዕልዎም፡ እቶም ኣብ መርግእን መህፈፍን ግራት ሳሊናን ካልእን በጃ ህዝቦም ዝሓለፉ ስውኣት ሳሊና ህዝቢ ከልዕሎም ተሰማምዑ። ህዝቢ ባጽዕ ሓንቲ መዓልቲ ናጽነት ክትመጽእ'ያ ብዝብል ተስፋ፡ ንኣስከሬን ስዉኣቱ፡ ኣብቲ ንሱ ዝፈልጦ ስቱር ጋህሲ፡ ብልዑል ተገዳስነት ዓቂቡዎም ክጸንሕ ተሰማምዐ። ስውኣት ሳሊና ንቡር ቀብሪ ብምርካቦም ድማ እፎይታ ተሰምዖ።

ኣብ ርሱን ውግእ ሳሊና ዝተሳተፈ ተጋዳላይ ይኹን ዓቕሙ ዘበርከተ ሓፋሽ ህዝቢ ኣብቲ በብዓመቱ ንዝኽሪ ስርሒት ፈንቅል ዝግበር ጽምብል ንምስታፍ ዕድል ኣብ ዝረኽበሉ፡ ሕልንኡ ንምቕሳንን ሰማእታት ሳሊና ንምዝካርን ናብቲ ኣብ 1977 ውግእ ዝተገብረሉ ቦታ ጅግንነት ሳሊና ይበጽሕ። ነቶም ኣብኡ ዝቐበሮም ብጾቱ ይዝክርን ጸሎት ሕልና ይገብርን። ልዕሊ ኩሉ፡ ነቲ ብዘይ ዝኾነ መከላኸሊ ዝሃጀምሉ ጕላጉል ሳሊና ይዕዘቦ'ሞ፡ ናይቶም ኣብቲ እዋን'ቲ ዝወደቑ፡ ትብዓትን ቈራጽነትን ብጾቱ የድንቕ። ናይዛ ሃገር ባሕራን ምድራን ንዘንተእለት ክከላኸለላ ድማ ምስ ነብሱ ቃል ይኣቱ።

ተራ ተጋደልቲ ተ.ሓ.ኤ. "ፋሉል"
ኣብ ውግእ 'ሰምሃር-77'

ኣብ 1976-77፡ ኣብ ሞንጎ መሪሕነት ተ.ሓ.ኤ.ን መሰረታት ተጋደልትን ዝነበረ ግርጭት ኣብ ዝለዓለ ጥርዙ ምስበጽሐ፡ እቶም ብቕጽል ስም "ፋሉል" ዝፍለጡ ተጋደልቲ፡ ኣብ ውሽጢ ጀብሃ ኩይኖም፡ ንመስመር ተ.ሓ.ኤ. ክእርሙ ከም ዘይክእሉ ተገንዘቡ። ንዝጀመሩዎ ቃልሲ ንምቕጻል ድማ፡ 1700 ዝኾኑ ተጋደልቲ፡ ብገዛእ ድሌቶም ናብ ህዝባዊ ግንባር ተጸምበሩ። ነቲ ኣብ ሞንጎ ህ.ግን ተ.ሓ.ኤ.ን ዝነበረ ፖለቲካዊ ፍልልያት ንኽበርሃሎምን

ንቕሓቶም ክብ ክብልን፡ ኣብ ዜሮ ዝበሃል ቦታ ጽዑቕ ፖለቲካዊ ትምህርቲ ተዋህቦምን ኣብ ሓጺር ግዜ ወድእዎን።

እቲ ንነዊሕ እዋን ክምነዩዎን ክሓልሙዎን ዝጸንሑ፡ ጋህዲ ዝኾነሉ እዋን እናተቐራረበ መጽአ። ህዝባዊ ግንባር፡ ኣብ መላእ ኤርትራ፡ ኣብ ሰፊሕ ወተሃደራዊ ግጥም ኣተወ። ውግእ ሰምሃር ተደራቢ ሓድሽ ሓይሊ ሰብ ይሓትት ስለዝነበረ፡ እዞም ተጋደልቲ ተ.ሓ.ኤ ነበር፡ ገለ ብኣጋር ገለ ኣብ መካይን ጽዕነት ተወጢሖም፡ ናብ'ተን ኣብ ከባቢ ባጽዕ ዝነበራ ብርጌዳት ደበኽ በሉ። ኣብ ነፍሲ-ወከፍ ብርጌድ፡ ብገምጋም 270 ኣባላት'ፋሉል' ስለ ዝተመደቡ፡ ሓይልታት ዝነበረና ሃጓፋት ሓይሊ ሰብ ኣብ ምሽፋን ዓቢ ኣበርክቶ ገበሩ። ኣብቲ እዋን'ቲ ብቑመናን ወተሃደራዊ ክእለት'ዞም ተጋደልቲ ዘይድንቕ ተጋዳላይ ህ.ግ. ኣይነበረን። ኣብ ውግእ ሰምሃር ዘርኣዩዎ ጅግንነትን ጽንዓትን፡ ኣብቲ ዓውደ-ውግእ ዝነበረ ተጋዳላይ ናይ ዓይኒ ምስክር እዩ። ብዓይኒ ሓቂ'ውን፡ እዞም ካብ ሓንቲ ኤርትራዊት ማህጸን ንሓንቲ ባንዴራ ዝወጽኡ ተጋደልቲ፡ ዋላ'ኳ ኣብ ዝተፈላለያ ውድባት ይሰለፉ፡ ኣብ ቈራጽነቶምን ትብዓቶምን ክመሳሰሉን ሓደ ክኮኑን ትጽበዮ'ዩ። እቲ ፍልልይ፡ ኣብ መንጎ ክልቲአን ውድባት ኣብ ዝነበረ ዕላማን ኣካይዳን እዩ ዝጋሃድ ነይሩ።

ብዓቢኡ መንእሰይ ኤርትራ ካብ ውሽጢ ኤርትራ ይኹን ካብ ሃገራት ወጻኢ ብኣሽሓት ናብ ሜዳ ዝውሕዘሉ እዋን ስለ ዝነበረ፡ ሓይሊ ሰብ ሓንቲ ጋንታ ካብ 40 ናብ ከባቢ 60 ክብ በለ።

ተጋዳላይ በላይ ተስፋዮናስ በራኺ (ፍሩም) ምስ 'ፋሉል' ኣብ ህ.ግ. ዝተሰለፈ ኮይኑ፡ ከምዚ ክብል ተሞክሮኡ ገለጸ፡

"ኣብ ዜሮ (ሳሕል) ዝብሃል ቦታ፡ ናይ ሰለስተ ወርሒ ጽዑቕ ፖለቲካዊ ትምህርቲ ብላዕለዎት መሪሕነት ተዋህበና። ይኹን ድኣምበር፡ ከም ብዓል ወዲ ቐሺ ዝብሃሉ ካድረታት ተ,ሓ,ኤ፡ ኣንጻር'ቲ ብህ.ግ ዝውሃብ ዝነበረ ፖለቲካዊ ኣስተምህሮ፡ ኣብ ሞንጎና ብስዉር ይጉስጉሱ ነበሩ። ድሓር ግን፡ ብዙሓት ከም ብዓል ወዲ ቐሺ ዝኣመሰሉ ተጋደልቲ፡ በቲ ኣብ ሳሊና ዝርኣዩዎ ናይ ተጋዳላይን መሪሕነቱን ተወፋይነት፡ ኣብ ልዕሊ'ዚ ውድብ ዝነበሮም ጥርጣሬ፡ ከም ግመ በነነ። እዚ ብሕቡእ ኣንጻር'ዚ ውድብ ዝጉስጉስ ዝነበረ ወዲ ቐሺ፡ ኣብቲ ኣብ ዓዲወገራ (ዓዲቐይሕ)፡ ብማእከልነት ቦጦሎኒ 70.3 እስማዒል 'ጉልጅ' ዝምራሕ፡ ሰፊሕ ናይ ቦጦሎኒ ኣኼባ፡ ከምዚ ክብል ተናስሐ፡

"እነ! ኣብ'ዚ ውድብ ምስ ሙሉእ ስክፍታን ጥርጣረን ኢየ ተጸምቢረ። ድሓር ግን ላዕለዎት መራሕትን ተራ ተጋደልትን፡ ብማዕረ ተሰሊፎም ንመስዋእቲ ክቀዳደሙ፡ ማለት ማእከልት ሓይሊ ስምኦን 'ርእሲ ምራኽ' ኣብ ውግእ ፎርቶ ክውጋእ፡ ኮሚሳር ሓይልና ኣተውብርሃን 'ሩጥባ' ካልኦት ብጾትን ድማ፡ ክስውኡን ክውግኡን ብዓይነይ ምስ ተዓዘብኩ፡ ኣተሓሳስባይ ተቐየረ። ድሕሪ ደጊም፡ ዘልዕሎ ዝነበርኩ ፖለቲካዊ ፍልስፍናታት ኣወጊነ፡ ንመስዋእቲ ድሉው ኮይነ ኣሎኹ። ቅኑዕነት'ዚ ውድብ ድማ ኣማን ብኣማን ተረዲኡኒ ኣሎ።' በለ። ወዲቐሺ ዝኣተዎ መብጽዓ ከየዕበረ፡ ድሕሪ ቁሩብ ኣዋርሕ ኣብ ዓዲቐይሕ ብጅግንነት ተሰውአ። እቲ ብካድረታት ተ.ሓ.ኤ ዝፍኖ ዝነበረ፡ ማለት፡ 'ህ.ግ. ንተጋደልቲ ፋሉል፡ ኣብ ውግእ ሰምሃር የእቲያ የህሊቓቶም።' ዝብል ጸለመ፡ ውጹእ ሓሶት ምንባሩ፡ ባዕለይ ናይ ዓይኒ ምስክር'የ።"

ብምባል ተሞክሮኡ ኣካፈለ።

* * *

ኣብ ውግእ ሰምሃር እቲ ዘገርም፡ ካብ ሓንቲ ማህጸን ዝወጽኡ ክልተ ኣሕዋት፡ ገለ ካብ ተ.ሓ.ኤ. (ፋሉል)፡ ገለ ካብ ወጻኢ ሃገር፡ ገለ ካብ ውሽጢ ኤርትራ፡ ናብ ህዝባዊ ግንባር ተሰሊፎም፡ ኣብ ሓንቲ ዓውዲ-ውግእ ውዒሎም ከብቅዑ፡ ገጽ ንገጽ ከይተረኣኣዩን ናፍቖት ስድርኦም ከየውጽኡን ግቡኦም ፈጺሞም ዝተሰውኡ ውሑዳት ኣይነበሩን። ኣብነት ንምጥቃስ፤

ታሪኽ ሃብተ ሓድጉ ወልደዮሃንስ ነዚ ሓቂ'ዚ እዩ ዘጉልሕ። ንሱ ካልኣይ ደርጃ ትምህርቱ ንምቕጻል ኣብ ኣስመራ ዛዚሙ ናይ ዩኒቨርስቲ ትምህርቱ ናብ ኣዲስ-ኣበባ ተሰዲዱ። ኣብ ዓውዲ ማሕበራዊ ስነፍልጠት ድማ ብጅኦግራፍ ብዲግሪ ተመረቐ። እቲ ዝሰርሓሉ ዝነበረ ትካል ተወሳኺ ትምህርቲ ክቕጽል ዕድል ስለዝኸፈተሉ ካብ ኢትዮጵያ ናብ ዓዲ እንግሊዝ ለኣኾ። ነዊሕ ከይጸንሐ'ውን ናብ ሽወደን ሰገረ። ኣብ ሽወደን ብዛዕባ ጉዳይ ሃገሩ ከይተሸቑረረ ክዝትየሉን ክመያየጠሉን ዕድል ረኸበ። ዓሚቝ ፍልጠት ምስ ኣከበ፡ ከም ኵሎም መሓዙቱ ንጉዳይ ሃገር ቀዳምነት ሂቡ፡ ኣብ 1977 ናብ መሳርዕ ህዝባዊ ግንባር ተጸንበረ። ተጋዳላይ ሃብተ ሓድጉ፡ ምዕባዩ ሓዉ'ቲ ካሚራኡ ሒዙ ንውግእ ሳሊና እናሰነደ ዝተሃርመ ኣማኑኤል ሓድጉ እዩ። ኣማኑኤል፡ ሃብተ ሓዉ ኣብ ሽወደን ይነብር ከም ዝነበረ እዩ ዝሓስብ ዝነበረ። ንሱ ግን ድሮ ተሰሊፉን ታዕሊም ወዲኡን፡ ኣብ ብርጌድ-58 ተመደበን ኣብቲ ርሱን ዓውዲ ኲናት ጉላጉል ሰምሃር ኣርከበን። ክልቲኦም

ኣብ ውግእ ጋሕቴላይ ኣንጻር ናይ ሓባር ጸላኢ ክዋግኡ ወዓሉ። ሃብተ፡ ምስ ሓዉ ኣማኑኤል ከይተራኸበን ሕውነታዊ ሰላምታ ከይተለዋወጠን፣ ብዛዕባ ሃለዋት ስድርኦም ከየዕለለ፣ ናፍቖቱ ከየውጽአ ከይተረኣኣየን፣ ኣብ ክልተ ወርሒ ገድላዊ ዕድመኡ 8 ታሕሳስ 1977 ኣብ ጋሕተላይ ተሰውአ።

* * *

ኣብ ውግእ ሰምሃር፡ ተራ ናይቶም ብስም ፋሉል ዝፍለጡ ተጋደልቲ ተ.ሓ.ኤ. ነበር፡ ሓቂ ብሓቂ ኣብቲ ጽንኩር ህሞት ንዝነበረ ሃጓፋት ሓለፍቲ ይኸውን ተራ ተዋጋኣይ፡ ዓጽዮም እዮም። ሓደ ካብቶም ከም ኣብነት ዝዝከሩ፡ "ጀርመን" ዝበሃል ምኩር ተጋዳላይ፡ ኣብ ሓይሊ 23-13 ከም መራሒ ጋንታ ኰይኑ ብተወፋይነት ተዋጊኡን ኣዋጊኡን። ናይቶም ኣብ ቅድመ-ግንባር ዝተሰውኡ ሓለፍቲ ሃጓፍ ተኪኡ ብኣርኣያነት ክዋጋእ ወዓለ። ኣብ ሓጺር ውድባዊ ተመኩሮኡ ድማ፡ ኣብ ሳሊና ብጅግንነት ተሰውአ። እዚ ከም ኣብነት ደኣ ይዝከር ኣሎ እምበር ብዙሓት ከም 'ጀርመን' ኣርኣያ ኰይኖም ሓሊፎም'ዮም።

* * *

ጕይትኦም 'ፋሉል'፡ ኣባል ሓይሊ 4.33፡ ነታ ኣብ ሳሊና ዝተዋህበቶ ተኣፋፊት ድፋዕ ከየድፍርን፡ ንብጾቱ ንፋስ ከየእቱ ክብል፡ ነብሱ ብቦምባ ተበሳሲዑ እንከሎ፡ ክሳብ መወዳእታ ትንፋሱ ትሓልፍ ተዋጊኡን፡ ንሓደስቲ ብጾቱ ኣብነት ኰይኑን ሓሊፉ'ዩ። ከምዚኦም ዝበሉ ተዋጊኦም ዘዋግኡ ፋርሳት ተጋደልቲ ተ.ሓ.ኤ.፡ ኣብ ውግእ ሰምሃር ከም ዝቐበርና፡ ኣብ ሰምሃር ዝተሳተፈ ዝምስክሮ ሓቂ እዩ። ከምኡ'ውን ገለ ካብቶም ምስ ስርዓት ኢትዮጵያ ከም ወተሃደራት ኰይኖም ንህዝቦም ዘድመዩን ኣንጻር ኣሕዋቶም ኣብ ዓውደ-ውግእ ንዓመታት ዝተታኾሱን ኤርትራውያን ኮማንድስን ሓይሊ ፖሊስን፡ ኣብ ጐድኒ ኤርትራውያን ኣሕዋቶም ብምስላፍ፡ ብረቶም ኣንጻር ስርዓት ደርግ ዘቕንዑን፡ ህዝቦምን፡ ሰውርኦምን ክሒሶም፡ ኣብ ሰምሃር ከቢድ መስዋእቲ ከፊሎም ዝሓለፉን ዝሰንከሉን ምዝካር ኣገዳሲ'ዩ።

ድርብ ጾር ሓካይም ኣብ ውግእ ሳሊና 77

ኣብ ብረታዊ ቃልሲ ህዝቢ ኤርትራ ብሓፈሻ፡ ኣብ ውግእ ሰምሃር ድማ ብፍላይ፡ ኣጋር ሓካይምን ዓበይቲ ሓካይምን መስተንክር ብምስራሕ፡ ኣብ

ምዕዋት ሰውራ ዓቢ ግደ ኣበርኪቶም እዮም። ተጋዳላይ ኣብ ልዕሊ ሓካይም ብጾቱ ካብ ዝነበሮ ልዑል እምነት ዝተበገሰ፡ "ህይወትካ ኣብ ኢድ ሓካይም ጥራይ ትብጻሕ'ምበር፡ ትድሕን ኢኻ፡" ይብል ነበረ። ኣበርክቶ ሓካይም በዛ ንእሽቶ ሕጡበ-ጽሑፍ ጥራሕ ዝግለጽ ኣይኮነን። እቲ ኣብ ዔላ-ገመድ፡ ፍልፍል፡ ሓራ ዝወጸ ከተማታት፡ ማእከላይ ሕክምና ሰብርቀጠ፡ ዓረርብ (ሳሕል) ወዘተ... ዝወሃብ ዝነበረ ተኣምር ዝኾነ ሕክምናዊ ኣገልግሎት ዓብን ታሪኻውን ክፋል ገድልና ስለ ዝኾነ፡ ኣብዚ ሓጺር ዛንታ ከቋስሎ ስለዘይደሊ ነቶም ነቲ ዓውዲ ዝፈልጡ ብጾት ክገድፈሎም እየ።

ብዛዕባ ኣበርክቶ ሓካይም ገለ ንኽብል ዘንቀለኒ፡ ኣብ ተራን ኣበርክቶን ሓካይም ቦጦሎኒ፡ ሓይልን ጋንታን፡ ኣብ ዓውደ-ውግእ ሰምሃርን ሳሊናን ኣተኩረ ጥራሕ ክምስክር ስለዝደለኹ እየ።

ኣብ ጉላጉል ሰምሃር፡ ሓካይም ጋንታ ይኹኑ ሓይሊ፡ ኣብታ ዘላቶም መባእታዊ ፍልጠት ሕክምና ተሞርኩሶም፡ ህይወት ብጸቶም ንምድሓን ህይወቶም በጃ ወፊዮም እዮም። ኣብቲ እዋን'ቲ ዝተበጃጀለ ስጋን ዝተሰባበረ ኣዕጽምትን ተጋዳላይ ክጽገን ድዩ ክጉሓፍ፡ ህይወቱ ክትሰርር ድያ ክትሓልፍ፡ ኣብቲ ብሓኪም ጋንታ፡ ሓይልን ቦጦሎንን ዝግበር ቀዳማይ ረድኤት ይምርኰስ ነበረ።

ነዚ ሓቂ'ዚ ንምርግጋጽ፡ ተመኩሮ'ቶም ኣብ ውግእ ሰምሃርን ሳሊናን፡ ኣብ ንጡፍ ስራሕ እንከለዉ ዝተወግኡ ሓካይም፡ ፍጹም ገረዝጊሄር፡ ዮሴፍ ተወልደን ኤፍሬም መለስን (በጦሎኒ 4.3፡ በጦሎኒ 58ን፡ ክፍሊ/ሃንደሳን) ዝኣክል፡ ምጥቃስ ኣኻሊ እዩ።

1. ሓኪም ሓይሊ 4.33 ፍጹም ገረዝጊሄር፡ ሳንጣ ሓኪም ተሰኪሙ ማዕረ ብጾቱ ተሰሪዑ ናብ ውሽጢ ሳሊና ኣተወ። ከቢድ ብረት ጸላኢ ብጻዕቒ ደብደበ። ጉዕዞ ገና ከየፋረቐ እንከሎ፡ ብንጣር ስኬጅ ኣብ ግንባሩ ተሃርመ። መውጋእቱ ዓቕሙ ስለ ዝነበረ ግን ባዕሉ ንባዕሉ ብባንደጅ ሓኪሙ ጉዕዞ ንውሽጢ ሳሊና ቀጸለ። ኣብ መንገዱ ኣጋር ሓኪም ሃንደሳ ተጋዳላይ ኤፍሬም፡ ኣብ ምሕኹልቱን መዓጥቕኡን ብኸቢድ ተወጊኡ ደሙ ክፈስስ ስለዝጸንሖ፡ ሳንጥኡ ኣውሪዱ ክሕክሞ ጀመረ። ካብ ሓኪም ፍጹም ዝፈስስ ዝነበረ ደም ኣየቋረጸን። ንሱ ንሓኪም ኤፍሬም መለስ እናሓከሞ እንከሎ፡ ውጉእ ሓኪም ኤፍሬም ብግደኡ፡ ነቲ ካብ ግንባር ፍጹም ዝፈስስ ዝነበረ ደም ንምዕጋት፡ ካብ ሳንጥኡ ባንደጅ ኣውጺኡ፡ ጠቕለለሉ። ኣብ ግራት

ሳሊና፡ ሓደ ውጉእ ሓኪም፡ ንኸምኡ ውጉእ ሓኪም ኣብ ሓደ ህሞት ንሓድሕዶም ተሓኻኸሙ።

ሻይናክ ኰነታቶም ክፈልጥ ቅርብ በለ። ኣዕይንቱ ናብታ ፍጹም ሒዙዋ ዝነበረ ቦምባ-ኢድ (ብተጋደልቲ 'ፌያስኮ' ተባሂላ እትጽዋዕ ስራሓት ሶቭየት) ኣተኲራ። እታ ቦምባ፡ ኣብቲ ተነቃፊ ኣካላታ፡ ብጥይት ጸላኢ ተሃርመት። ናይ ምፍንጃር ተኽእሎኣ ዓቢ ስለዝነበረ ናብ ምፍንጃር ተቐራረበት። ይኹን'ምበር፡ ሓኪም ፍጹም ምንም ኣየስተብሃለለን። እዛ ቦምባ ካልእ ሳዕቤን ከይፈጠረት እንከላ፡ ሻይናክ፡ ብቐጽበት ካብ ዕጥቂ ፍጹም ፈቲሑ፡ ተድምዕ ኣይተድምዕ ብዘየገድስ፡ ናብ ካናል ሳሊና ገጹ ደርበያ።

2. በጦሎኒ-58ን 44ን፡ ነቲ ካብ ጊንዳዕን ዶንጎሎን ተበጊሱ፡ መስመር ኣስመራ ባጽዕ ብሓይሊ ሰይሩ፡ ምጽዋዕ ክድረር ዝህንደድ ዝነበረ ሽሮ ሰራዊት ደርግ፡ ኣብ ጸጋማይ ወገን ድግድግታ (ጋሕቴላይ) ዝርከብ ኵጀታትን ጉቦታትን ብምዕራድ፡ ልዕሊ 14 ድግምጋም ውግኣት ብምክያድ፡ ዓሰርተታት ኣማኢት ወትሃደራት ጸላኢ ቀተላን ኣማኢት ዘመናዊ ኣጽዋር'ውን ማረኻን።

እዘን ክልተ ብርጌዳት፡ ነቲ ንኣዋርሕ ዝዓረዳሉ ድፋዓት ድግድግታ፡ ንብርጌድ 4 ኣረኪበን፡ ኣብ ባጽዕ ከባቢ ዕዳጋ ዓረዳ። ዮሴፍ ተወልደ ኣብ በጦሎኒ-58 ከም ሓኪም ጋንታ ኲይኑ፡ ናብ ካልኣይ ፈተነ ውግእ ስሊና ንኽሳተፍ ናብ ባጽዕ ገስገሰ። ብርጌዳት 58ን 44ን፡ ንሳሊናን ሓይሊ ባሕርን ንምቁጽጻር፡ ናይ ካልኣይ ፈተነ ውግእ ሳሊና ምድላዋተን ወድኣ። 6 ጥሪ 1978 ከባቢ ሰዓት 6፡00 ናይ ንግሆ ንህጁም ተበገሳ።

ተጋዳላይ ረመጽ ሓዊ ስጊሩን መስዋእቲ ከፊሉን፡ ኣብቲ ተጋደልቲ ኣብ ቀዳማይ ፈተነ ውግእ "ሳሊና-77" ዝበጽሕዎ ድፋዕ ረገጸ። እንተኾነ፡ ብሰንኪ'ቲ ዘይምቹእ ኣቀማምጣ መሬት ሳሊና፡ ነቶም ኣብ ካናለታት ሳሊና ተወጊኦም ጸምበለል ዝብሉን ረድኤት ስኢኖም ዝቕንዘዉን ዝነበሩ ብጾቱ ርእዩ ጉሃየ። ብላዕለዎት ኣዘዝቲ ዝተመሓላለፈ መምርሒ፡ "ውጉእን ስዉእን ገዲፍካ ንቕድሚት ቀጽል፡" ጥራሕ ይብል ስለ ዝነበረ፡ ከም ዘይርኣዮምን ዘይምልከቶን፡ ናብቲ ዝጽበዮ ዝነበረ ሓዊ ንቕድሚት ተወንጨፈ።

ኣብ ጉዕዞ 'ዶክቶር!' ዝብል ኣውያት ስለዝሰምዐ፡ ሳንጥኡ ተሰኪሙ ናብቶም ዝጣርዑ ዝነበሩ ብጾት ተበገሰ። ኣብ መንገዱ ጸጋማይ ኢዱ፡ ጸጋማይ እግሩን ኣፍ ልቡን ስለዝተወግአ፡ ንነብሱ ባዕሉ ንባዕሉ ሓከማ።

ሓደ ተጋዳላይ ብበጠበጥ ናብታ ዮሴፍ ዝነበራ ግራት ጨው መጺኡ፡ "ዶክቶር! ዶክቶር! 'ኩዋኛ' ተወጊኡ ይሳቐ ኣሎ። በኛኻ ንዓናይ ገለ ግበር!" በለ። ዮሴፍ መውጋእቱን ቃንዝኡን ጸይሩ፡ ናብቲ ኩዋኛ ዝነበሮ ድፋዕ እናወደቐ እናተንሰአ፡ በጽሐ።

ኩዋኛ፡ ኣብ ከብዱ ተወጊኡ ክሰሓግ ጸንሖ። ማህረምቱ ኣዝዩ ከቢድ ስለ ዝነበረ፡ ዝኾነ ሓገዝ ከይገበረሉ ኣብ ኢዱ ተሰውአ።

ቀጺሉ፡ ገለ እፎይታ እንተረኸበን ካብ ጭንቀት እንተወጸን ኢሉ፡ ናብቲ ኣብ ደንደስ ግራት ጨው ኲይኑ ንጸላኢ ዘቋምት ዝነበረ ኣማኑኤል ማንጁስ ዝብሃል ብጻዩ ተጸግዐ። ኣማኑኤል ንቕድሚኡ የቋምት ስለዝነበረ፡ ዮሴፍ ናብ ድፍዑ ምምጻእ ግዲ ኣይገበረሉን ጥራሕ ዘይኮነ ኣይተገደሰሉን'ውን። ሓኪም ጋንታ ዮሴፍ ሞራሉ ንምሕዳስ ተንፋሒኹ ናብ ኣማኑኤል ቀረበ። ዮሴፍ ብትሑት ድምጺ፡ "ኣማኑኤል! ኵነታት ጸላኢ ከመይ ኣሎ!" በለ። ካብ ኣማኑኤል ግን መልሲ ኣይረኸበን። ዮሴፍ ምጽቃጥ ኣማኑኤል ኣስደሚሙዎ፡ ዳግማይ "ኣንታ ንዓኻ'ንድየ! ትሰምዓኒ'ዶ ኣሎኻ! ምንቅስቓስ ጸላኢ ከመይ ኣሎ እኮ'የ ዝብለካ ዘሎኹ!" ሓተቶ። ሕጂ'ውን ኣማኒኤል መልሲ ከይሃበ ውራይ ምቁማት ጸላኢ ገበረ። ዮሴፍ ዓቕሉ ጸንቂቑ፡ ንኣማኒኤል ብመንኩቡ ሰሓቦ። ኣማኒኤል ኣብ ግንባሩ ተሃሪሙ፡ ክዳውንቱ ብደም ጨቅዩ ናብ ሑቕፊ ዮሴፍ ወደቐ። ዮሴፍ ሂወት'ዚ ብጻይ ንምድሓን ዝከኣሎ ገበረ። እንተኾነ፡ ኣማኒኤል ኣብ ድፍዑ እናተታኾሰ እንከሎ ካብ ዝሰዋእ ደቓይቕ ኣቑጺሩ ነበረ። እታ ክንዲ ፍረ-ዓተር እትኸውን ኣብ ግንባር ኣማኒኤል ዝተሸኸለት ንጣር ቦምባ (ስኬጆ)፡ ጠንቂ ናይ መወዳእታ ሕልፈቱ ኮነት። ዮሴፍ፡ ናብ ኣማኒኤል ዝኸደ፡ ገለ ድሃይ ብጻዩ ሰሚዑ ሓንጎሉ ንምሕዳስ ድኣ'ምበር ስቓይ ንምውሳኽ ኣይነበረን።

ሸዑ'ውን ንዮሴፍ መውጋእቲ ኣይተጋደፎን። ንጣር ስኬጆ ንዓጽሙ ሰይሩ፡ ጅማውቱ በቲኻ ብጸጋም ወገን ወጽአት። ዝሕክሞ ኣካል ከይተጸበየ ነብሱ ባዕሉ ሓከማ። ፍርቂ ኣካላቱ ኣብ ማይ ጨው ኣትዩ፡ ዝተረፈት ርእሱ ኣብ ተረተር ግራት ጨው ኣቐልቂሉ ንጸላኢ ምቍማት ቀጸለ። ምቔት ጸሓይ ከኣ እናወሰኸ ከደ።

ካብ ማዕዶ፡ 'ዶክቶር! ዶክቶር!' ዝብል ጻውዒት ኣብ እዝኑ ኣቃልሐ። ቃንዛ እግሩን ኢዱን ጸዊሩ፡ ሳንጥኡ ጕስስ እናበለ ናብቲ ውጉእ ብጻዩ በጽሐ። እቲ ተዋጊኡ ዘይደክምን ተኩሱ ዘይስሕትን ዓይኒ ጋንታ፡ (ቀሓይን)፡ ፍርቂ

ኣካላቱ ኣብ ማይ ጨው ጥሒሉ ብቓንዛ ክልሎ ጸንሖ። ጥይት ብየማን ወገን ኣፍ-ልቡ ኣትያ፣ ንገለ ክፋል ሳምብኡ በሲዓ ብሕቖኡ ወጽኣት። ስርዕተ ምስትንፋስ ስለ ዝተመዛበለ ናብ ምሕርናኽ ገጹ ዝኸደ ናይ ፋጻ ድምጺ ኣስምዐ። ቀሓይን ነታ ናይ ሕቖኡ ነ'ኳል ክዓብሰሉ ንዮሴፍ ሓበሮ። ዮሴፍ ተወልደ ጸጋማይ ኢዱ ካብ ጥቕሚ ወጻኢ ስለ ዝኾነቶ፣ ብየማናይ ኢዱ ጨርቂ (ጎዝ) ጠቕሊሉ፣ ነታ ነ'ኳል ዓበሳ፣ ቀሓይን ድማ ንቡር ከስተንፍስን ክዛረብን ጀመረ። እንተኾነ፣ እታ ጨርቂ ብደም ጨቂያ ንግዳም ወጽኣት፣ ከም ቀደሙ ክግዕር ጀመረ። ዮሴፍ ነታ ነ'ኳል ብሓድሽ ጨርቂ ክዓብስ፣ እታ መዕበሲት ጨርቂ (ጎዝ) ስርሓ ወዲኣ ንግዳም ክትወጽእ ተረባረቡ። ዮሴፍ ኣብ ልዕሊ መውጋእቱ፣ ናይ ቈሓይን ተወሲኹዎ፣ መሬት ሕርብት በለቶ።

ቀሓይን እናተዳኸመ ከደ። ዮሴፍ ንቐሓይን ንምድሓን ዝከኣሎ ገበረ፣ ፍረ ጻማኡ ግን ኣይረኸበን። ብትሑት ድምጺ፣ ቀሓይን "ኣጆኹም ኣይትሕመቑ!" ምስ በለ፣ ዝጀመራ ቃል ከይወድአ ክሳዱ ዓጺፉ ንዘልኣለም ዓረፈ። እቲ ኣብ ባሕሪ ዝፈሰሰ ደሙ ግን፣ ንዮሴፍን ብጾቱን ኒሕን ሓቦን ወሲኹ ንቕድሚት ክቕጽሉ ደፋፍኦም።

ዮሴፍ ህይወት ብጾቱ ንምድሓን ላዕልን ታሕትን እናበለ ተንቀሳቐሰ። ቃንዛኡ ግን ልዕሊ ንቡር ኮነ። መውጋእቱ ጥራሕ ከይኣኽሎ፣ እቲ ን10 ሰዓታት ኣብ ገጹ ዝዓለበ ምቈት ጸሓይ፣ ከም ፍሓም ጸለሎ ኣምሰሎ። ከባቢ 7፡00 ድሕሪ ቀትሪ ምስ ኮነ፣ ምድሪ ተረጋግአ። እቶም ኣብ ራህዋኡን ሕሰሙን ዘይፍለዩ ኣባላት ሓፋሽ ውዱባት ድማ፣ ኣብ ውሽጢ ዕርዲ ሳሊና ኣትዮም ንውጉእ ዮሴፍ ብባሬላ ተሰኪሞም ናብ ሕክምና ወሰዱዎ።

ዮሴፍ ተወልደ፣ ቅድሚ ናብ መጥቃዕቲ ሳሊና ምብጋሱ ዝርኣዮ ዘኪሩ ከምዚ በለ፣ "ብጾትና ኣብ ሳሊና ከቢድ መስዋእቲ ከም ዝኸፈሉ፣ በጦሎኒ 4.3 ንዕረፍቲ ናብ ድግድግታ ምስ መጽኣት'ዩ ክርድኣኒ ዝኽእል። እቲ ኣብ ከበባ ናቕፋ 1976 ዝፈልጦ ወዲዕንጨይቲ፣ ስርኡ ተቐዳዲዱ፣ ነብሱ ብጭቃ ተቜማጢዑ፣ ሓንቲ እግሩ ጥራሕ ጫማ ወድዩ፣ ዳንግኡ ብፋሻ ተጠማጢሙ፣ ዕጥቁ ወጃሃላይ ኰይኑ ምስ ርኣኽዎ፣ ውግእ ሰምሃር ከቢድ ዋጋ ከ'ክፍለና ም'ኳኑ ተገንዘብኩ" ብምባል ተሞክርኡ ኣካፈለ።

3. "ነብሪ" ወተሃደራዊ መጽውዒ ሓይሊ ሃንደሳ ነበረ። መራሒ መስርዕ ኤፍረም መለስ ዝነበረ፣ "ሸላል ኣልሃዲ"፣ ዝብሃል ገዲም ተጋዳላይ፣ ሸውዓተ

ሰባት ሒዙ ናብ ምጽራይ ፈንጂታት ተበገሰ። እዛ ጋንታ ሃንደሳ ነቲ ኣብ ኣጂፐ ዝተቐብረ ፈንጅታት ናይ ምውጻእ ስራሕ ገዲፋ፡ ምስተን ብ23 ታሕሳስ 77 ሳሊና ንምጥቃዕ ዝሃጀማ ክልተ በጦሎንታት 4.3ን 70.2ን ተሰለፈት። ሓኪም ጋንታ ኤፍረም መለስ፡ ተመስገንን ኣብራሃምን ዝብሃሉ ኣባላት ሃንደሳን ምስ በጦሎኒ 4.3፡ ተጸምበሩ። ሻይናክ ማእከልነት በጦሎኒ 4.3፡ ውግእ ቅድሚ ምጅማሩ፡ ነዞም ኣባላት ሃንደሳ ከምዚ በሎም፡

“ንስኻትኩም፡ ኣብ'ዚ ውግእ ሳሊና መሳተፊኹም ምኽንያት፡ ነቲ ኣብ ቅድሚ ተጋዳላይ ተቐቢሩ ዝጸንሕ ፈንጂታት ንምውጻእ ዘይኮነ፡ ተጋዳላይ ኣባላት ሃንደሳ ምህላዎኩም ምስ ዝፈልጥ፡ ፍናን ክኾናን ከምኡ ናይ ፈንጂ ስግኣቱ ምእንቲ ክንከ እዩ። ስለ'ዚ ቀቅድሚ ተጋዳላይ እናኸድኩም ፈንጂ ከተውጽኡ፡ እቲ ቅዲ-ኩናት ዘፍቅድ ኣይኮነን፡” በሎም።

ዕለት 23 ታሕሳስ፡ 2.15 ድ.ቐ፡ ንመጥቃዕቲ ተበገሰ ኮነ። ጉጅለ ኤፍሬም፡ ካናለታት ሓሊፉ ኣብ ዝተመደበላ ክትበጽሕ ቍሩብ ሜትሮታት ምስ ተረፋ፡ ምካኤል ፍስሃየ (ወዲ ደቀምሓረ)ን ጸጋይን ዝበሃሉ ኣባላት 4.3 ክውግኡ እንከለዉ፡ ተመስገን ኣብርሃ (ኣባል ሃንደሳ) ኣብ ግንባሩ ብጥይት ተወጊኡ ኣብ ሳሊና ንእለቱ ተሰውአ።

ሓኪም ጋንታ ኤፍሬም፡ ንውጉእ ምካኤል ቀዳማይ ረድኤት ገይሩ፡ ጉዕዞኡ ናብቶም ካልኦት ሕክምናዊ ሓገዝ ዝጽበዩ ዝነበሩ ውጉኣት ኣቕንዐ። ደብዳብ ጸላኢ ካብ ደቒቕ ናብ ደቂቕ እናወሰኸ ከደ። እታ ዝተዋህበት መምርሒ “ንቕድሚት ቀጽል” እትብል ዘኪሩ፡ ጸላኢ፡ ነቲ ኣብ ልዕሊኦም ዘውረዶ መጥቃዕቲ ከቢድ ብረትን ዶሽካታትን ተጸሚሙ እናኸደ እንከሎ፡ ጸጋማይ ምሕኮልቱ ተወጊኡ፡ ኣብ ሳሊና ተጸጥሐ። ንሱ ሕክምናዊ ረድኤት ክህብ ዝግብኦ፡ ንባዕሉ ሓገዝ ሓኪም ተጸበየ። እንተኾነ፡ ኣብ ውግእ ሳሊና፡ ሓገዝ ሓኪም ክትረክብ ኣሸጋሪ ስለዝነበረ፡ ካብ ሳንጥኡ ባንደጅ ኣውጺኡ ባዕሉ ንባዕሉ ተሓከመ። ነቲ ድሮ ጀሚርዎ ዝጸናሐ ምዕጋት ደም፡ ሓኪም ሓይሊ ፍጹም ገረዝጊሄር፡ ተወሳኺ ፋሻ ገይሩ ተወሳኺ ሕክምና ገበረሉ። ኤፍሬም'ውን ብግድኡ፡ ነቲ ካብ ግንባር ፍጹም ጸረር ዝብል ዝነበረ ደም፡ በታ ትጽንቀቕ ዝነበረት ሓይሉ፡ ተጸጊሙ ክዓግቶ ተቓለሰ፡ ተዓወተ ድማ። ኣጋር ሓኪም ኣብ ውግእ ድርብ ሓላፍነት ስለዝሰከም፡ ተራኡ ዕዙዝ'ዩ። በቲ ከም ሰቡ ብረት ኣልዒሉ ኣንጻር ጸላኢ ይዋጋእ፣ በቲ ካልእ ንህወቱ ኣብ ሓደጋ ኣእቲዩ፡ ንውጉኣት ቀዳማይ ረድኤት ብምሃብ ህይወት ንምድሓን ይቃለስ። ኣብ ውግእ ሰምሃር፡ ብዙሓት ሓካይም ዝተዋህቦም ዕማም ኣብ ምፍጻም እንከለዉ፡ ተሰዊኦምን ብኸቢድ ተወጊኦምን'ዮም። ኣብ ምሉእ'ቲ

ግንባር፣ ካብዚ ዝተጠቕሰ ንላዕሊ፣ ዘደንቕን ዘሐብንን ታሪኽ ሰሪሖም ዝሓለፉ ሓካይም ጋንታን ሓይልን ከም ዝነበሩ ዘጠራጥር ኣይኮነን።

ደርፌ "ሳሊና" ሓወልቲ ሰማእታት'ያ

'ሳሊና' እትብል ኣብ እዋን ኲናታት ሰምሃር 1977 ዝተደርፈት፣ ሰሚዑ ዘየስተንትንን ኣብ ከቢድ ተዘክሮ ዘይኣቱን ተጋዳላይ ኣይነበረን። ብፍላይ እቲ ብቐረባን ብርሑቕን ዝዋሳእ ዝነበረ ተጋዳላይን ሓፋሽ ህዝብን፣ ንዝተኸፍለ መስዋእቲ ዘኪሩ ንብዓት ይቛጽርን ሕንቕንቕ ይብልን።

ተኽለ ክፍለማርያም (ወዲ ትኹል) ገና ወዲ 15 ዓመት እንከሎ'ዩ ምስ ክራር ዝተላለየን ምድራፍ ዝተለማመደን። ፈላሚትን መላመዲትን ደርፉ፤

ኣቦይ ኣረጋዊ'የ ኣቦይ ኣረጋዊ'የ

ባዕሎም ማይ ይወርዱ ባዕሎም ይጋግሩ'የ

ንሱ ክገብሩ'ዮም ጭሕሞም ዝሓረሩ'የ።

እትብል፣ ብኽራር ኣሰንዩ ኣብ ዓዲ ይደርፋ ነበረ።

ወደብቲ ኣካላት ደቡብ (06)፣ ነቲ ሕቡእ ስነጥበባዊ ዝምባለኡ ርእዮም፣ ዓሚቕ ትሕዝቶ ዘለዋ "ታሪኽ ምዝካረ" እትብል ግጥሚ ክደርፋ ብጽሑፍ ሃቡዎ። ንሱ'ውን ኣይሓመቐን፣

ኲላ ዓደይ ክንደይ ዝነበረ
ደብረ ሳላ ናይ ወኪ ዛግረ
ደብረ ዊና ናይ ደብረ ምዓረ

ድሌት ተበለጽቲ ከይሰመረ
ሓሳብ መጸ ሸግር ከቃልለ።
ኣብ ኣዶብሓ ኣብቲ ገረግረ
ክንደይ ጅግና ኣብ ሓመድ ተቐብረ
ወይ ክሓስም ታሪኽ ምዝካረ
ደም ዘንብዕ ዘጉስዓካ ዕረ።

ብዓል ወልዳይ ግደይ ናበይ ኣበሉ
ብዓል ኪዳነ ክፍሉ ናበይ ኣበሉ
ብኻራ ቀንጸልቲ ዝተቐትሉ።

ሳሊና-77

እዛ ኮላ ጅግና ኮላ ጅግና
ኣብ ጉቦታት ዝኸስከሰቶ ዓጽማ
ኣብ ሩባታት ዘፍሰሰቶ ደማ
ሰውራ ተኺሎም ናቶም ግርማ
ወይከ ፈልኮት ካብ ግንባር ዕላማ
ካብ በረኻ ኣቲና ንኸተማ።

ኢሉ ምስ ደረፈ፡ ኣብ ህዝቢ ዓቢ ተፈላጥነትን ተቐባልነትን ረኸበ። ነታ "ኣብርሃም ነጋሲ ተወልዋሊ ዘይቲ ሒኛ ተሪፉዎ ክኸውን ሰበይቲ" እትብል፡ ምስ ደረፈ ግን፡ ኣብ ዓይኒ ካድራት ጀብሃ ኣተወ። ልዕሊ 12 ግዜ ብተ.ሓ.ኤ ኣብ ዝተፈላለየ ቦታታት ከም ብዓል ዓዲ ጉላጉል፡ እንዳደቀ፡ ጉራዕ፡ ወዘተ ተኣሰረ። ግፍዕን ማእሰርትን ጀብሃ ምስ መረሮን ምጽዋሩ ምስ ሰኣነን ከኣ፡ ብሚያዝያ 1977 ኣብ ንእሱ ዕድመኡ (16 ዓመት) ናብ ህ.ግ.ሓ.ኤ ክስለፍ ተገደደ። ኣብ እማህሚመ (ሳሕል) ናይ ክልተ ወርሒ ወተሃደራዊ ታዕሊም ድሕሪ ምውሳድ ከኣ፡ ናብ በጦሎኒ 4.2፡ ሓይሊ ሳልሕ ማጁስ ተወዘዐ።

ወዲ-ትኹል ኣብታ ፋልማይ ውግእ ዝተሳተፈላ፡ ብ4 ነሓሰ 1977 ኣብ እምበይቶ ብደብዳብ ነፋሪት ተወግአ። ቍስሉ ምስ ሓወየ ከኣ፡ ኣብ ሕዳር 1977፡ ምስ በጦሎኒኡ 4.2፡ ናብ ሰምሃር ወረደ።

ማእከልነት በጦሎኒ ሸንክሓይ፡ ኮሚሳር ተስፋልደት ጸጋይን (ጉርጃ)፡ ወጋሕታ ንፎርቶ ምሸናቕ ክሃጅሙዋ ምዃኖም ንብዓል ወዲ ተኹል ገለጹሎም። ንሰራዊት መሪሖም ክኣትዉ እንከለዉ፡ ተስፋልደት ጸጋይ 'ጉርጃ' 20 ታሕሳስ 1977፡ ሸንክሓይ ሱሌማን ዓሊ ድማ፡ 21 ታሕሳስ 1977 ሓደ ድሕሪ ሓደ ተሰውኡ። ናይዞም ኣርካናት መስዋእቲ ግን ንወዲ-ትኹል ሓይልን ጽንዓትን ደኣ ወሰኸሉ። ኣብዚ ናይ ክልተ ቕነ መሪር ውግእ ሰምሃር፡ ብዙሓት ብጾቱ ካብ ጉድኑ ብቦምባታትን ጠያይትን ክምልዓሉ ርአየ።

ንፎርቶ ተቘጻጺሮም፡ ንሳሊና ገጾም እናገስገሱ፡ ወዲ-ትኹል'ውን ኣይጸንሐን፡ ዳግማይ ኣብ ዕርዲ ፎርቶ ምሸናቕ ተወግአ። መውጋእቱ ከቢድ ስለ ዝነበረ፡ ናብ ሕክምና ዒላ-ገመድ ተላእከ። ወዲ-ትኹል ኣብ ጉላጉል ሰምሃርን ፎርቶን ብዓይኑ ዝርኣዮ መስዋእቲ ብጾቱ፡ ምስቲ ኣብ ሕክምና ዘዕለሉዎ ተወሲኹዎ፡ ጽንኩርነት ውግእ ሳሊናን ዝተኸፍለ

መስዋእትን ተደማሚሩ ድቃስ ከልኦ። እግሪ ተጋዳላይ ክምልዓስ፡ ኣእዳው ክቑረጽ፡ ኣዒንቲ ክነቑራ፡ ኣምዑቱ ክፈስስ፡ ሰብ ክቕዘፍ ምስ ርኣየ፡ ከም ሓድሽ ሰምበደ፡ "እምበርዶ ከምዚ ዓይነት መስዋእቲ ኣሎ እዩ፧ ከምዚ ዓይነት ኣማውታ'ኸ ኣሎ ድዩ፧" ብምባል ኣብ ኣእምሮኡ ዘይሃስስ ተዘክሮ ኣሕደረሉ።

ሓደ ግዜ ኣብ ከውታ ለይቲ፡ ውሽጣዊ ስምዒቱ ቀስቂሱዎ፡ ቢሮን ወረቐትን ኣልዒሉ፡ ኣስማት'ቶም ኣብ ሰምሃርን ሳሊናን ዝተሰውኡ ብጾቱ ጥራሕ ዘይኮነ፡ ዓይነት መስዋእቶምን መውጋእቶምን ከይተረፈ፡ እናጠቐሰ ኣብ ዓሚቝ ስምዒት ጥሒሉ፡ 'ሳሊና' እትብል ደርፊ፡ ብክራር ኣሰንዩ ኣብ ሓደ ገጽን ፈረቓን ካሴት መልኣ። እቶም ንወዲትኹል ከቢቦሞ ዝነበሩ ኣባላት ሕክምናን ውጉኣትን፡ ነዛ ሓዳስ ደርፊ ምስ ሰምዑ፡ መቓልስቲ ብጾቶም ዘኪሮም ብብኽያት ተነኽኒኹን ኣብ ዓሚቝ ሓሳብ ጠሓሉን።

እዛ ደርፊ ቀልጢፋ ናብ ኩሉ ኲርናዓት ኤርትራ ተዘርግሐት። ሓደ ኣባል ዜና፡ ነዛ ስምዒት እትቕስቅስ ደርፊ ኣብ ካሴት ቀረጻ። ኣብ ገረሚ፡ ደቀጥሮስን ዛግርን ብኽፍሊ ዜና ዝካየድ ዝነበረ ምርኢት ፊልም ሰውራ፡ ነዛ "ሳሊና" እትብል ሓዳስ ደርፊ፡ ከም ድሕረ ባይታ ናይ ስርሑ ተጠቒሙ ብመጉልሒ ድምጺ ኣቃልሓ። ኣብቲ እዋን'ቲ፡ መራሕቲ ጀብራ "ሻዕቢያ፡ ኣብ ውግእ ሰምሃር፡ መንእሰያት ብናፓልምን ብመዳፍዕን ንኸንቱ ተህልቐም ኣላ፡" ዝብል ጸለመ፡ የካይዱ ስለዝነበሩ፡ ህዝቢ ነዛ 'ሳሊና' ደርፊ ምስ ሰምዐ፡ ንፕሮፓጋንዳ ጀብሃ ከም ሓቂ ወሰዶ። ኣብቲ ምርኢት ፊልም ዝተሳተፈ ህዝቢ ብብኽያት ፊቕ በለ።

ነዚ ኲነታት ዝሰምዑን ዝተዓዘቡን ላዕለዎት ሓለፍቲ ግንባር፡ ትሕዝቶ'ዛ 'ደርፊ' ብጽሑፍ ክቐርበሎም ሓቲቱን ብደቂቕ መርመሩዎን። ዝርዝር ኣስማት ሰዉኣት ተጋደልቲ ምግላጽ፡ ኣብ ስራሕ ጸገማት ዝፈጥርን ምስ ባህሊ ውድብ ዘይከይድን ስለዝነበረ፡ ካብቲ ግጥሚ ሰሪዞም ፡ ዳግማይ ከም ብሓድሽ ከም ዝደርፋ ገበሩ። ወዲ-ትኹል ነቲ ዘቕረቡሉ ሃናጺ ርእይቶ ተቐቢሉ ዳግማይ ደረፋ።

እዛ 'ሳሊና' እትብል ደርፊ፡ ንተዘክሮታት ተጋዳላይ ንድሕሪት መሊሳ፡ ናብ ዓሚቝ ትዝታ "ሰምሃር 1977" እትመልስን ተጋዳላይ ንኽብሪ'ዛ ሃገር ዝኸፈሎ ከቢድ መስዋእቲ እተዘንቱን ስለዝኾነት፡ ሓወልቲ ሰማእታት ሰምሃርን ሳሊናን'ያ እንተተባህለት ዝዓብያ ኣይኮነን። ትሕዝቶ'ታ ደርፊ ከምዚ ዝስዕብ'ዩ፤

ሳሊና-77

ጐልጐል ሳሊና! ዝረኣኽዮ ተዛረቢ

ፈቖዶ ሰንጭሮ፡ ፈቖዶ ጉቦታት
ፋሕ ኢሎም ዘለዉ፡ ብጾትና ሰማእታት
ንዕኦም ንዝክር ህዝባዊ ሓይልታት (ዘለና ብጾታት)።
ገሊኦም ሽቃሎ፡ ገሊኦም ምሁራት
ገሊኦም ሓረስቶት፡ ገሊኦም ሰብ ግራት
ናይ ጭቆና ኣልቦነት ዘጥቅዖም ጭቁናት።

እዚ ኵሉ ጉበዝ፡ ባጽዕ ምስ ወረደ
ውግእ ናይ ዶጎሊ ኵሉ እናካየደ
ካብኡ ኮብኪቡወን ሕንጥብሎ ዓረደ
ሕንጥብሎ ሓሊፍካ ሩባ ናይ ሳሊና
ተኸሰኪሱ ዓጽሚ ዝፈሰሰ ደምና
ድሕሪ ብዙሕ ጻዕሪ ናይ ግድን'ዩ ዓወትና።

ጅግና ተጋዳላይ፡ ደሙ እናፍሰሰ
ኣብ ጉልጉል ሳሊና፡ እግሩ እናሓንከሰ
ብኸላሸን ናቶ ገይሩ እናተኩሰ
ኣምዑት መዓንጥኡ፡ ካብ መሬት እናሓፈሰ
ንዘሎ ጸላኢ ኣእጋሩ ሓምሸሸ።

ዕዳጋ ሕጥምሎ፡ ኩሉ ምስ ደርዓሞ
ጥዋለት ናቫል በይዝ ኵሉ ምስ ገሰሞ
ተመሊሱ ዶንጎሎ፡ ብቐጽበት ሃጀሞ።

ዓሰከር ደርግ፡ እዋይ ኵሉ ምስ ፈርሐ
ኣብ ፈቖዶ ጉድጓድ ኵሉ ተዘርግሐ
ክሃድም ጀመረ ታንክታት ኣምርሐ።

ጊንዳዕ ተጠውዩ እምባትካላ ክኣቱ

እዋይ ንብጾትና እናበለ ሸፋቱ
ብጾት ተጋደልቲ ካብ እግሩ ከይተረፉ
ከምቲ ግቡእ ዘሎ ሀይወቶም እናሕለፉ
ካብኡ ከብኪቦም ሰይድሺ ኣዕረፉ።

እዋይ ዓስክር ደርግ፡ ረኺብቲ መከራ
ዓጢቐን 'ተመጻ፡ ክወርር ወረራ
ብሀዝባዊ ግንባር ድብያ ምስ ተገብራ
ካብ ጉቦ ናብ ጉቦ ኩርባታት ይነጥራ።

ናይ ምጭፍጫፍ ዓይነት ነዊሕ ዝገበሮ
ናይ ዓዲሓውሻ ሕሉፍ ተመኩሮ
ዶሸካ ኣባዳሀሪ ገድላዊ ክበሮ
ኣርቢጂ ቢቴን ልቡ ምስ ሰበሮ
ሬሳ ጥራሕ መልአ ጉላጉል ሰላዕዳዕሮ።

ሰሚዕካዶ ኣለኻ ኣንታ ዛሀላል ደርጊ
ሰሚዕካዶ ኣለኻ ኣንታ ዓዋን ደርጊ
ገና'ውን ኣለኻ ክትሃልል ከም ኣድጊ
ከምኡ'ዩ ዝገብር ማርክሳዊ ሕጊ
ከምኡ'ዩ ዝገብር ናይ ሰውራ ሓለንጊ።

ኣብ እዋን "ወራር ሰምሃር" ዝወጽኣት ደርፊ፡ ተጋዳላይ ኣብ ሰምሃር ዘሕለፎ ሕሰም፡ ዝኸፈሎ መስዋእትን ዘርኣዮ ጽንዓትን ብንጹር ትገልጽ እያ። ምስ ወዲ-ትኹል ብዛዕባ'ዛ "ሳሊና" እትብል ሀብብቲ ደርፉ ኣልዒልና ኣዕሊልና። ኣብ ኣእምሮኡ ንዘልኣለም ዓቢ ቦታ ከም ዘለዋ ከኣ ገለጸለይ።

ከም ቀደም ይመስለክን ውሕጅ ይወስደክን

ነቲ ኣብ 1977 ዝተኻየደ ውግእ ሰምሃር '77' ምስቲ ኣብ 1990 ዝተኻየደ ዛዛሚ ውግእ ስርሒት ፈንቅል ንምንጽጻር ስርሒት ፈንቅል ካብ ውግእ ሰምሃር '77' ዝቐሰሞ ተመኩሮ ንምፍላጥን፡ መንእሰይ ወለዶ ትምህርቲ ንዝቐሰመሉ ባይታ ንምፍጣርን ሓሊነ፡ ነቶም ኣብ ክልቲኡ ገጻት

ዝተሳተፉ ላዕለዎት ሓለፍትን ተራ ተጋደልትን ብምውካስ ሓበሬታታት ኣከብኩ። ርእይቶኦምን ትዕዝብቶምን ዝሃቡኒ፡ ብሪጋደር ጀነራል ተኽለ (ማንጁስ)፡ ብሪጋዴር ጀነራል ስምኦን ዑቕበ ቀላቲ (ርእሲምራኽ)፡ ብሪጋደር ጀነራል ተኪኤ (ብላታ)፡ ገዲም ተጋዳላይ ኣሕመድ (ሽነቲ)፡ መሓመድ ኣደም (ሻግራይ)፡ ኮሎነል ወረደ ዳንኤል፡ ብሪጋደር ጀነራል ተኪኤ ርእሶም (ብላታ)፡ ገዲም ተጋዳላይ ኣሕመድ (ሽነቲ)፡ መሓመድ ኣደም (ሻግራይ)፡ ኮሎነል ወረደ ዳንኤል፡ ኮሎነል ብርሃነ ኣሰፋሃ (ዓጸዱ)፡ ኮሎነል በርሀ ረዘነ (ቦካሳ)፡ ሰኣላይ ኣማኑኤል ሓድጉ፡ ተጋዳላይ ዮሴፍ ተሰፋይ ፍስሃጽዮን (ማንጋላ) ወዘተ. እዮም። ሓሳባት ኩሎም ተመሳሳሊ ብምዃኑ ኣብ ሓደ ተጠቓሊሉ ቀሪቡ ኣሎ።

* * *

እዞም ክልተ ውግኣት፡ (ሳሊና 1977ን ስርሒት ፈንቅል 1990ን) ኣብ ዝተፈላለዩ መድረኻት ምዕባለ ዝተኻየዱ እዮም። ብኹሉ መለክዒታት ብዓይነት ኣጽዋር፡ ደገፍን ምትእትታውን ወጻኢ፡ ብወተሃደራዊ ተመኩሮን ብዝሒ ሰራዊትን ፍልልያቶም ዓቢ ጥራሕ ዘይኮነ፡ ከተወዳድሮም’ውን ዝከኣል ኣይኮነን። ይኹን’ምበር፡ ኣብ 1990 ዝተኻየደ ስርሒት ፈንቅል ኣብ ምሉእ ዓወት ክበጽሕ ዝኽኣለሉ ምኽንያት ነቲ ኣብ 1977 ውግእ ሳሊና ዝተቐስመ ተመኩሮ ምርኩስ ገይሩ ስለ ዝተፈጸመ እዩ።

ኣብ 1977፡ እንትርፎ ኣብ ዓይነት ሰብን ምልከት ብረትን፡ ግምት ዝውሃቦ ኣጽዋር ኣይነበረን። ብዓቢኡ ኣብ 1977 ነተን ካብ ርሑቕ ኩይነን ብኹሊት ዝዋግኣ ዝነበራ ናይ መራኽብ ውግእ ኢትዮጵያ ግን ዝከላኸል፡ ሓይሊ ወገን ባሕሪ’ውን ኣይነበረን። ኣብ 1990 ስርሒት ፈንቅል፡ ህዝባዊ ሰራዊት፡ ዓሰርተታት ዘመናውያን ታንክታት፡ ቢ-ኤም-ፋሉል፡ ናይ 120ን 130 መዳፍዕ፡ ሮኬታት ዝጸዓና ፈጣናት ጀላቡ ሒዙ እዩ ናብ ባጽዕ ኣትዩ። ወተሃደራዊ ተመኩሮ ህዝባዊ ግንባር ተራቒቑ፡ ተጋዳላይ ብውግእ ተሳሒሉን ብካርታ ተመሪሑን’ዩ ነቲ ውግእ ኣካዩዱዎ።

* * *

ኣብ ሞንጎ’ቲ ኣብ 1977 ዝተኻየደ መጥቃዕቲ ስምሃርን፡ ኣብ 1990 ዝተሰላሰለ ስርሒት ፈንቅልን፡ ኣብ ሓይሊ ሰቡ ይኹን ዕጥቁ፡ ዓቢ ፍልልይ ነይሩዎ። ኣብቲ እዋን’ቲ ህዝባዊ ግንባር ዝነበሮ ዓቕምን ናይ ኣመራርሓ

ክእለትን፡ ምስቲ ኣብ 1990 ዝተኻየደ ስርሒት ፈንቅል ዝነጻጸር ኣይኰነን። ኣብ ውግእ ሰምሃር 1977 እምነት ጸላኢ ኣብ ዝተራቐቐ ኣጽዋራቱን ካብ ወጻኢ ዝመጽኡ ደገፍቱን ክኸውን እንከሎ፡ እምነት ወገን ኣብ ህዝቡን ንቕሓት ሰራዊቱን'ዩ ዝነበረ። ኣብ 1990 ግን፡ እቲ ውድባዊ እምነትን ንቕሓት ሰራዊትን ኣብ ቦታኡ ኰይኑ፡ ኣብ ዓይነትን ምልከትን ኣጽዋር'ውን ሞራልን ወኒን ሓዊስካ፡ ዝለዓለ ኢድ ህዝባዊ ግንባር'ዩ ነይሩ እንተተባህለ ዝተጋነነ ኣይኰነን።

* * *

ውግእ ሳሊና '77 ብኣካል ተሳቲፈዮ እየ። ኣብ ናይ 1990 ስርሒት ፈንቅል፡ ክፍለ-ሰራዊትና 61፡ ንባጽዕ ንጸጋም ገዲፉ፡ ጸሊም ጽርግያ ባጽዕ ኣስመራ ተኸቲላ'ያ፡ ኣብ ግንባር ጊንዳዕ ዝዓረደት። እዚ ክልተ መድረኻት ውግእ፡ ሞራል፡ ጽንዓትን ቈራጽነትን ተጋዳላይ ገዲፍካ፡ ፍልልያቱ ኣዝዩ ዓቢ እዩ። ኣብ 1977፡ ኣብ በጦሎንታት ዝነበረ ከቢድ ብረት ዶሽካ፡ ማሺንጋን ሃውን ወዘተ. ክኸውን እንከሎ፡ ኣብ ስርሒት ፈንቅል 1990 ግን ሰራዊት ህዝባዊ ግንባር ምሉእ ሜካናይዘድ ታንክታት፡ ጸረ ታንክታት፡ መዳፍዕ ዓጢቑ'ዩ ተዋጊኡ።

* * *

እቲ ባህሊ ህ.ግ. ዝኾነ፡ 'ኣነ ክሓልፍ ንስኻ ጽናሕ፡ ኣነ ክጸምእ ንስኻ ርወ !' ኣብ ክልቲኡ ገጻት ተራእዩ'ዩ። እንተ'ቲ ሜላ ኲናትን ዓይነት ዕጥቅን ግን ናይ ሰማይን ምድርን ፍልልዩ ነይሩዋ። ኣብ ውግእ-ሳሊና '77'፡ 'ሳቦያ' ኢልካ፡ ጠኒንካ ምእታው'ዩ ዝነበረ። ኣብ ውግእ ፈንቅል 1990 ግን፡ ታንኪ ብኣርቢጂ ዘይኰነ ብፋጎት ኢያ ተደርዒማ። ከምኡ ስለ ዝኾነ ድማ'ዩ፡ ሓደ ኣብ ውግእ ዝተማረኸ ኣዛዚ፡ "ውግእ ስርሒት ፈንቅል 'ናይ ዲያብሎስ (ሰይጣን) ውግእ'ምበር ናይ ሰብ ኣይኮነን።" ዝበሎ፡

* * *

ኣብዚ ክልተ መድረኻት ውግእ፡ ተጋዳላይ ዘርኣዮ ጅግንነትን ዝፈጸሞ ቈራጽነትን ጽንዓትን መዘና ኣይነበሮን። ኣብ 1977 ሳሊና ብሰልሚ፡ ረግረግ ጭቃን፡ ማይ ባሕርን ረሻሻትን ካብ ጻት ንጻት ክትመልእ እንከላ፡ ኣብ 1990 ድማ፡ ጸላኢ ንስጋለት ቀጣን ብዓሰርተታት ታንክታትን መዳፍዕን

ጸፍጺፉ ምርጋጡ'ዩ። ኣብዚ ክልተ መድረኻት፡ ተጋዳላይ ዕላማ ጥራሕ ተቐኒቱ፡ ሰብ ክጻወሮ ዘይክእል መሰገደላት ማይ ጨው ግራት-ሳሊናን ስጋለት-ቀጣንን ብትብዓት ክሰግር ምፍታኑ፡ ካብዚ ዝዓቢ ተበጃውነት'ሞ ኣበይ ክህሉ'ዩ! እዚ ፍጻመ'ዚ፡ ኣብ ኣእምሮ ህዝብናን ተጋዳላይናን ዓቢ ትምህርቲ ኮይኑ፡ ነባሪ ዝኽሪ ዝገደፈ፡ ዘይርሳዕን ዘሕብንን እዩ።

* * *

እቲ ድሕሪ 13 ዓመታት ኣብ 1990 ዝተኻየደ ዕዉት ስርሒት ፈንቅል፡ ካብ ውግእ ሰምሃርን ሳሊና 1977ን፡ ዓቢ ትምህርቲ ረኺቡ እዩ። ውግእ ሳሊና፡ ሽሕ'ኳ ኣዝዩ መሪር እንተነበረ፡ እቲ ንልዕሊ ሰለስተ ሰሙን ኣብ ጉላጉል ሰምሃር 1977 ዝተኻየደ ናይ ምርብራብ ውግእ'ውን ኣዝዩ ደማውን ህልኽን ዝመልኦን'ዩ ዝነበረ። ምኽንያቱ፡ ተጋዳላይ ኣብ ጉላጉል ሰምሃር ብጽምኢ፡ ጥሜት፡ ድኻም፡ ወቕዒ ጸሓይን ሽታ ባሩድን ተፈቲኑ እዩ ሰጊሩዎ። ጸላኢ ብዝነበሮ ጸብለልትነት ኣጽዋርን ብዝሒ ሰራዊትን፡ ዝሰዕር እንተዝኸውን ኣብ ምብራቓዊ ግንባር ሰምሃር ምተዓወተ ነይሩ። ኣብ ሳሊና ዕላማና ንኸይንወቅዕ ዝዓንቀፈና፡ ከምኡ'ውን ኣብ ስጋለት ቀጣን 1990 እውን እንተኸኑ ግዜያዊ ዕንቅፋት ዝፈጠረ ናይ ባህርን ጅኦግራፍያዊ ኣቀማምጣ ዝፈጠሮ ተጻብኦ ደኣ'ምበር፡ ጸብለልታ ናይ ጸላኢ ሓይሊ ኣይነበረን።

* * *

ኣብ 1990 ስርሒት ፈንቅል፡ ተጋዳላይ ንውሽጢ ባጽዕ ገጹ ምስ ገስገሰ፡ ኣብ ኣእምሮ ነፍሲ-ወከፍ ተጋዳላይ ዝመጸ ስግኣት፡ ናይ 1977 መኻልፍ ግራት ሳሊና ከይድገም ነበረ። ኣብ 1990 ኣድህቦ ሓላፍን ተራ ተጋዳላይን፡ ንግራት ሳሊና ሓሊፍካ ግራርን ሓይሊ ባሕርን (ናቫል በይዝ) ምቁጽጻር ኩነ። ታንክታት ወገን ኣፍ-ደገ ፋብሪካ ጨው በጽሓ። ኣጋር ይኹን ሜካናይዝድ፡ እግሪ እግሪ ጸላኢ ሰዒቡ፡ ናብ ሓይሊባሕርን ሳሊናን ክድቅደቕ ትእዛዝ ተዋህቦ። ተጋዳላይ ነታ ኣብ 1977 ኣብ ሳሊና ዘጋጠመ መኻልፍን ሳዕቤናቱን ካብ ኣእምሮኡ ስለ ዘይሃሰሰ፡ ጸላኢ ከይወዳደብን መከላኸሊ ዕርዲ ከይሓዘን እንክሎ፡ እግሪ እግሩ ሰዒቡ፡ ንሳሊናን ሓይሊ ባሕርን ኣብ ሓጺር ግዜ ተቘጻጸረን። ህዝቢ'ውን ከይተረፈ፡ መኻልፍ ናይ 1977 ዘኪሩ፡ "እዞም ደቀይ! ናይ '77' ሳሊና ከይትድገም! ካብ እግሪ

ጸላኢ ከይትፍለዩ! ጭርኡ ሐ.ዝኩም ድኣ ስዓቡዎ" ዝብል ምሕጽንታ ሂቡ'ዩ።

ምናልባት ኣዘዝቲ ደርግ፡ ከም ውግእ ሳሊና 1977፡ ንመከላኸሊ ዝኾኖም ድፋዓት ከኾዕቱ ግዜ ክረኽቡ ይሓስቡ ነይሮም ይኾኑ። እንተኾነ ተጋዳላይ፡ ካብ ውግእ ሳሊና 1977 ዓ.ም. ትምህርትን ተመኩሮን ስለዝቐሰመ፡ ሓርበኛ ድማ ክልተ ግዜ ስለ ዘይህመል፡ ቅልጡፍን ሃንደበታውን ጸረ-መጥቃዕቲ ብምውሳድ፡ ናብ ሓይሊ ባሕርን ሳሊናን ተደቐደቐ። "ከም ቀደም ይመስለክን ውሕጅ ይወስደክን" ዝበሃል ድማ ከምዚ'ዩ።

ካሜራ ከም ክላሽን ኣብ ውግእ ሳሊና

ህ.ግ ወተሃደራዊ ኣሰላልፍኡ ካብ ቦጦሎኒ ናብ ብሪጌድ ምስ ኣዕበየ፡ ማዕረ ማዕሪኡ፡ ንፖለቲካዊ፡ ቁጠባዊ፡ ማሕበራውን ወተሃደራውን ንጥፈታት ውድብ፡ ኣብ እዋኑን ብኣግኡን ንምስናድን ናብ ህዝቢ ንምብጻሕን፡ ጋዜጠኛታትን ስኣልትን ኣብ ኩሉ ግንባራት ከም ዝምደቡ ገበረ። ጸሃየ፡ ስዒድ፡ ስዒባ ፍረወይኒ ተስፋይን ዝብሃሉ ከም ጋዜጠኛታትን ሳኣልትን፡ ናብ ብሪጌድ-44 ተመደቡ። ገዲም ተጋዳላይ ስኣላይ ኣማኒኤል ሓድጉ 'ውን ከም ስኣላይ ኣብ ብሪጌድ-44ን ተመዲቡ፡ ስርሑ ንምጅማር ናብ ውግእ ሰምሃር ወረደ።

ኣብ'ቲ እዋን'ቲ ላዕለዎት ሓለፍቲ ብሪጌድ-44 ዝነበሩ ሸኽ ዑመር፡ ዓብደላ ኣደምን፡ ኣድሓኖምን፡ መተኣኻኸቢ.ማእከላይ እዝን ቁጽጽርን ፡ ኣብ ዓንምበሳ (ዓገመዳ) ኣብ ከባቢ ሩባ ያንጉስ መስረቱን። ብሪጌድ-44 ምስ ካልኦት ብርጌዳት ብምትሕብባር፡ ኣብ'ቲ ካብ 12 ክሳብ 16 ጥቅምቲ 1977 ኣብ ማይ-ኣጣል ዝተገብረ ሰፊሕ ዲብያ ብምስታፍ፡ ዓበይቲ ዓወታት ኣመዝገበት።

ሳሊና ዳግማይ ንምጥቃዕ፡ ብ 3ን 4ን ጥሪ 1978፡ ካብ ጉርጉሱም ክሳብ እንዳ ሚኪኤል ወተሃደራዊ ኮለላ ተኻየደ። ብሪጌድ 44ን 58ን፡ ዝሃጅምኦ ቦታ ተሓበረን። ከም'ቲ ኣብ ቀዳማይ ፈተነ ውግእ ሳሊና ዝተገብረ፡ ተጋዳላይ ስርኡ ክቐርጽ፡ ጫምኡ ብባንድጅ ክኣስር፡ ንቕድሚት ክውንጨፍ ድኣምበር፡ ንውጉእ ብጻዩ ክሕክም ጊዜ ከጥፍእ ከምዘይብሉ ተሓበሮ።

6 ጥሪ 1978, ወጋሕታ ሰዓት 6.00፡ ብሪጌድ-44 ብወገን ሳሊና፡ 58 ድማ ብወገን እንዳ ሚኪኤል ተገዲሞም፡ ኣብ ኣፍንጫ ዕርዲ ጸላኢ

ተጸግዑ። ብፍላይ'ቶም ብወገን ናቫል በይዝ ዝሃጀሙ፡ ንመዓስከር ሓይሊ-ባሕሪ ክቆጻጸርዎ ተቐራረቡ። እንተኾነ፡ ብወገን ጥዋለትን (ግቢ) ሆስፒታል-ግራርን ዘይተጸበዩዎ ብርቱዕ ናይ ረሻሻት ኩሊት መጥቃዕቲ ስለዝወረዶም፡ ግስጋሴኦም ተዓንቀፈ። ከባቢ 11.00 ቅድሚ ቐትሪ ኣብ ካናለታት ሳሊና ብምዕራድ፡ነብሶም ኣብ ምክልኻል ኣተዉ።

ተጋዳላይ ሰኣላይ ኣብ ዓውዲውግእ፡ ነታ ኣብ ነፍሲ ወከፍ ደቒቕ እትካየድ ፍጻሜ ንኸይትሓልፎን ኣብ መዝገብ ታሪኽ ንክሰንዳን ጥራይ ስለዝሓስብ፡ ብዛዕባ ኣብ ልዕሊኡ ኣንጸላልዩዎ ዘሎ ሰርቢ-ደም ኣየድህበሉን'ዩ፡ ስለ'ዚ ሂወቱ ኣብ ሓደጋ ትወድቕ። ነብሱ ወፍዩ ይሰእልን ንሓደጋ ይቃላዕን። ተጋዳላይ ጥይት ይትኩስ ሰኣላይ ብካሜርኡ ሸቶታት ስእሊ ይቐርጽ። ተጋዳላይ-ሰኣላይ፡ ኣብ ዓውዲ ውግእ ከም ተዋጋኣይ ሰኣላይን ጋዜጠኛን ኮይኑ ክሰርሕ ተደራራቢ ሓላፍነት ይስከም። እንተኾነ፡ ናብ ማእከል ዓውዲ-ውግእ ኣትዩ ፊልምታት ዘቐብሎ ሓይሊ ስለዘየለ፡ ክቑጥብ ይግደድ።

ካናለታት ይኹን ጋብላ ሳሊና፡ ብውጉኣትን ስዉኣትን ኣዕለቕለቐ። ሰኣላይ ኣማኒኤል ሓድጉ፡ ነቶም ተኣምራታውያን ፍጻሜታት ስርሒት "ሳሊና 77" ኣብ ካሜርኡ ቀረጾም። እንተኾነ፡ ንሱውን ዕጭኡ በጺሑ፡ ብጸጋም ዝተተኮሰት ጥይት ወግኣቶ። እታ ታሪኽ ዝሰነደት ካሜርኡ ካብ ኢዱ ተመንጢላ ኣብ ጭቃ ባሕሪ ተለውሰት፡ ንእለቱ ሃለዋቱ ኣጥፍአ። ነቶም ኣብ ጽንኩርን ናይ ተሓናነቕ ግጥማት ዝተሳእሉ ናይ ብጾቱ ትብዓት፡ ቆራጽነትን ተጻዋርነትን ተሰኒዶም፡ ኣብ መዝገብ ታሪኽ ስለ ዝሰፈሩ፡ ግን መውጋእቱ ንብላሽ ኣይተረፈን።

ምዕራፍ ዓሰርተ

*

ንሰማእታት ሳሊና ዝደበሰ ስርሒት ግዜያዊ ዕረፍቲ በጦሎኒ 4.3 ኣብ ድግድግታ (ጋሕቴላይ)

ነቲ ካብ መዓስከር ዶንጎሎን ኣስመራን ተበጊሱ ናይ ምርብራብ ውግእ ዘካይድ ዝነበረ ሓይሊ ጸላኢ፡ ብርጌዳት 58ን፡ 44ን፡ ካልኦት ሓይልታትን፡ ንወርሒ ዝኣክል ሕርሕራይ ገይረን ስለ ዝቐጥቀጥኦ፡ ሓይልና ኣብዚ ሓድሽ ድፋዕ ካብ ትዓርድ፡ ብዘይካ'ቲ ሓሓሊፉ ካብ ዶንጎሎ ላዕላይ ዝውርወር ናይ ተወንጨፍቲ ሚሳይላትን ናይ መዳፍዕ ቦምባታትን፡ ሓይሊ ጸላኢ ናብ ድፋዕና ተወስ ኢሉ ተንቀሳቒሱ ኣይፈልጥን። ሰራዊትና፡ ነዚ ግዜያዊ ሰላም ተጠቒሙ፡ ኣብ ውራይ ፖለቲካውን ወተሃደራውን ትምህርቱን ከምኡ'ውን ኣብ ምድልዳል ዕጥቁን ኣተኲረ።

እቶም ኣብ ውግኣት ሰምሃርን ሳሊናን ዝተወግኡ ብጾትና ሓውዮምን ኲነታት ጥዕንኦም ብሓካይም ተመስኪሩሎምን ናብ ኣሃዱታቶም ተመልሱ። እቶም ቍስሎም ምሉእ ብምሉእ ዘይሓወየሎም ድማ፡ ናብ ሕክምና ቦጦሎኒ ተመሊሶም ሕክምንኦም ቀጸሉ። ኣብ ጨው ሳሊና ዝመረቱ ካላሽናትን ብሬናትን ብሓደስቲ ብረት ተተክኡ፡ ነቲ ኣብ ግራት ሳሊና ብጨው ዝቖርበዐ ክዳውንትና ደርቢና፡ ብሓደስቲ ወተሃደራዊ ክዳውንትን ጃኬታትን ተካእናዮም።

በጦሎንና፡ ብሰንክ'ቲ ኣብ ሳሊናን ጐላጐል ሰምሃርን ዝኸፈለቶ ከቢድ መስዋእትን መውጋእትን፡ ቍጽሪ ኣባላታ ስለዘንቈልቈለ፡ ኣሰላልፋ ሓይልን ጋንታን ብኡ መጠን ንግዚኡ ክቕየር ግድነት ኰነ። ኣወዳድባ በጦሎኒ፡ ሓይሊ፡ ጋንታ ንግዚኡ ተወንዚፉ፡ ሓይሊ ከም ሓንቲ ጋንታ ንሓደ ወርሒ ዝኣክል ተሓዋዊሳ ተንቀሳቒሰት።

ዋሕዚ መንእሰያት ናብ ህዝባዊ ግንባር ኣብ ዝለዓለ ጥርዙ በጺሑ። ክፍሊ ታዕሊም ድማ፡ ካብ ከተማታትን ገጠራትን ኤርትራ፡ ከምኡ'ውን ኢትዮጵያ፡ ሱዳን፡ ኣውሮጳ፡ ማእከላይ ምብራቕ፡ ኣመሪካን፡ ሕብረት ሶቭየትን ዝመጽኡ፡ ብዓሰርተታት ኣሽሓት ዝቝጸሩ ተዓለምቲ ኣዕለቕለቐ።

ኣብ ጥሪ 1978፡ ካብ "ፋሉል"ን፡ ክፍሊ ታዕሊምን ዝመጽኡ ተጋደልቲ፡ ኣብ ድግድግታ (ማይኣጣል) ተኣኻኸቡ። ናብ ብርጌዳት 4፡70፡ 23፡ 44፡ 58፡ 8ን 76ን ከኣ ተመደቡ። ጐላጐል ማይኣጣል ድማ፡ ብጨጓር ዳንጋ ማመቈት። ብዝሒ ኣባላት ሓንቲ መስርዕ ካብ 10 ናብ 25 ክብ በለ። ወተሃደራዊ ቅርጺ ምሕደራ መስርዕ፡ ጋንታ፡ ሓይሊ ቦጦሎኒ ናብ ንቡር ተመልሰ። መተካእታ'ቶም ኣብ ውግእ ሰምሃርን ሳሊናን ዝተሰውኡን ዝቘሰሉን መራሕቲ ሓይሊ፡ ጋንታን መሳርዕን ብወግዒ ተመዘዙ። ቦጦሎንና ብሓይሊ ሰብ ተርነዐት። እቶም ኣብ ሳሊና ዝተወግኡ ብጾት ዕቝባይን ተኽለ (ማንጁስ)ን ናብ ሓይሊ 4.33 ተመሊሶም ስሩዕ ስርሖም ጀመሩ። ኣነ'ውን ነቲ ብግዜያውነት ሒዘዮ ዝነበርኩ ስራሕ፡ ብወግዒ መራሒ ጋንታ 4.331 ኰይነ ስርሐይ ቀጸልኩ።

ውግእ ሳሊና ወዲእና፡ ኣብ ጋሕቴላይ ቀሲንና ካብ እነዕርፍ፡ ሰሙናት ኣቝጸርና። ወቕቱ ክራማት ስለዝነበረ፡ ጐላጐል ጋሕቴላይ፡ ጐቦታት ዶንጎሎን ጊንዳዕን፡ ንዓይንኻ ባህታ ብዝህቡ ከም ሰራው፡ ታህሰስ፡ ጭዓን ኣውሊዕን ኣጕላዕሊዑ ዝበሉ ኣግራብ ተሸለመ። ኣብዚ ወቕቲ'ዚ ምብራቓዊ ኣጻድፍ ብኣግራብን ሳዕርን ስለ ዝውቅብ፡ ምስ ሓምላይ ቅርጻ መሬት ኤውሮጳ ምውድዳሩ'ውን ምግናን ኣይኰነን። ነዚ ፍሱህ ቅርጻ መሬት ብምዕዛብ፡ ገጽ ተጋዳላይ በርሃው በለ። ስቓይ ሳሊና ንግዚኡ ካብ ኣእምሮ ተጋዳላይ ተኸወለ።

ብዛዕባቲ ካብ ምብጋስ ዓዲሓውሻ ጀሚሩ ክሳብ ውግእ ሳሊና ዝተኻየዱ ውግኣት ብልጫናን ድኻማትናን ንምግምጋም፡ ማእከልነት በጦሎኒ 4.3 ሻይናክ፡ ኣብ ትሕቲ ዓባይ ቢንቶ ጋሕቴላይ፡ ኣኼባ መራሕቲ ሓይልታት፡ ጋንታታትን ኮሚሳራትን ጸውዐ። ሓደ ካብቲ ብሓለፍቲ ዝተራእየ ፍርይ ዝበለ ጕድለት ከኣ ወይ ድኻም፡ ጉዳይ ኣማኑኤል (ወዲ-ጠሊፋ) ነበረ።

ካብ መራሕቲ ጋንታታት ናይ ሓይሊ 4.31 ኣብ ልዕሊ ወዲ-ጠሊፋ ነቐፌታ ወረደ። "ወዲ-ጠሊፋ፡ ኣብ ውግእ ሳሊና፡ ኣብ ክንዲ ንሓይሉ ዘወሃህድን ዝመርሕን፡ ካብ ብጾቱ ርሒቑ ነብሱ ኣብ ምክልኻል ጥራሕ ከም ዘድሃበ፡ ንነዊሕ ሰዓታት ራድዮ ርክብ ከም ዝዓጸወ ወዘተ፡" ዝብሉ በዳህቲ ነቐፌታታት ቀረቡሉ። ንሱ ካብ ዝወረዶ ነቐፌታ መውጽኢ እንተኾኖ ብዙሕ ምስምሳት ፈጠረ። እንተኾነ፡ ካብ ዓይኒ ሓፋሽ ዝኽወል ስለዘየልቦ፡ ኣማኑኤል ከምዚ ክብል ተባዕ መርገጺ ወሰደ፡ "እዚ ብብጾተይ ዝቐረበ ነቐፌታ ተቐቢለዮ ኣለኹ። ርኡይ ድኻማት ኣርእየን ሕማቕ መዓልቲ ውዒለን'የ። ሕጂ ከምዚ'ባ ከምቲ'ባ እንተበልኩ ትርጉም የብሉን። ኣብ ዝቐጽል ጉዕዞ ብሓንሳብ ስለዘሎና! መን ምዃነይ ብግብሪ ከምስክር እየ፡" በለ።

ሻይናክ ምቕሉል ብዝኾነ መንገዲ፡ "ኩላትና ካብ ጌጋ ሓራ ክንከውን ኣይንኽእልን ኢና፣ ጉድለት መጓዕዝትና እዩ። እቲ ዝዓበየ ቍውም-ነገር ድኻማትካ ምቕባል'ዩ። ወዲ-ጠሊፋ ንዘርኣዮ ድኻም ምምዝማዝ ዘይኮነ ምትብባዑ እዩ ዘድሊ። ከምቲ ዝበሎ ድማ፡ ኣብ ጉዕዞ ብሓባር ኣለና፡" ብምባል ልቦና ብዝመልአ መንገዲ ነቲ ኣኼባ ዛዘሞ።

* * *

ኣብ መፋርቕ ጥሪ 1978፡ ኣብቲ ከባቢ ምንቅስቓስ ኣባላት ፖለቲካዊ ቤት ጽሕፈትን ላዕልዎት ወተሃደራዊ ሓለፍትን ፡ ክርእ ጀመረ። ተጋዳላይ ነዚ ምምልላስ ሓለፍቲ ተዓዚቡ፡ ፍሉይ ወተሃደራዊ ስትራተጂ ይሕንጸጽ ከም ዘሎ ክግምት ኣየጸገሞን። መሰረት ዓወት ህዝባዊ ግንባር "ምስጢራውነት" ስለ ዝነበረ፡ እቲ ስርሒት ናበይ ገጹ፣ መዓስ፣ ብኸመይ፣ ብዘይካ ዝምልከቶ ኣካል፡ ዝፈልጥ ዋላ ሓደ ሰብ ኣይነበረን። ክፍለጥ'ውን ዘይሕሰብ'ዩ።

ዓቢ ግን ከኣ ድጉልን ምስጢራውን ስርሒት እናተቐራረበ ከም ዝመጽእ ዝሕብሩ ብዙሓት ተርእዮታት ተቐልቀሉ። ኣብቲ እዋንቲ ከም ምልክት ውግእ ዝውሰዱ ዝነበሩ፡ ምንቅስቓስ ላዕለዎት ሓለፍቲ፡ ምደባ ሓደስቲ ተጋደልቲ፡ ጽዑቕ ናይ ደርብናር (ምትኳስ) ልምምድ፡ ዝተበላሸወ ብረት ብሓደስቲ ምትካእ፡ ምጉራት ኣጽዋርን ስንቅን፡ ምቛም ኣሃዱታት መጥባሕቲን ናይ ሕክምናታት ቀዳማይ ረድኤትን፡ ምዕዳል መድሃኒትን ባንደጅን ንሓካይም ጋንታታትን ሓይልታትን፡ ወዘተ. ነበረ።

"መዓልትን ከልብን ከይጸዋዕካዮ ይመጽኡ" ከም ዝበሃል፡ 21 ጥሪ 1978 ሰዓት 8፡00 ድሕሪ ቀትሪ፡ በጦሎንታት 4.2ን 4.3ን፡ ነቲ ኣብ 73

ኪሎ ሜተር መስመር ኣስመራ ባጽዕ ዓሪድናሉ ዝቐነና ኵጀታት ድግድግታ፡ ንዝኹነ ካልእ ሓይሊ ከየረከብና፡ ገዲፍናዮ፡ ብህጹጽ ናብ ጸሊም ጽርግያ ኣስመራ ምጽዋዕ ክንወርድ ትእዛዝ ተመሓላለፈ። በብሓይልና ተሰሪዕና ድማ ንስራሕ ተዳለና።

ኮሚሳር ሓይሊ ተኽለ ክፍላይ ኣብ ማእከል'ቲ መሳርዕ ኣትዩ፡ "ኣብሩኽ!" ምስ በለ፡ ሓድሽ ሓበሬታ ክንሰምዕ ተሃንጠና። "እምበኣር ነዊሕ ጉዕዞ ይጽበየና ስለዘሎ፡ ዝሓመመ እንተ'ሎ ይውጻእ። ሓድሕድና ንተሓጋገዝ፣ መስርዕ ምብታኽ የሎን፣ ድምጽና ንቈጻጸር። ብዛዕባ'ቲ ዝጽበየና ዘሎ ስራሕ ግዚኡ ምስ እኸለ ክንገረና እዩ። ሓፍ በል ተበገስ!" በለ።

ኣንፈት ጉዕዞና ናብ ምዕራብ ገጹ ኮይኑ፡ ህዱእን ዘብዘብ ዘይነበሮን ተዛኒኻ እትኸደሉ ነበረ። ካብቲ ቀጥራን ጽርግያ ከይወጻእና ነዊሕ ተጓዓዝና። ከባቢ ጋሕቴላይ ምስ በጻሕና፡ ምንቅስቓሳትና ከይፍለጥ፡ ነታ ዓዲ ንየማን ገዲፍና፡ ብመንገዲ ሓመድ ቍሩብ ሰጕምና። ዳግማይ ናብ ጸሊም ጽርግያ ተመሊስና ከኣ ክሳብ 10፡00 ድሕሪ ቀትሪ መረሽና። ምድረ ሰማይ ብኸቢድ ግመ ተሸፊኑ ስለ ዝነበረ፡ ኣንፈት ጉዕዞና ናበይ ምዃኑ ክንፈልጥ ተጸገምና። ኣብ መወዳእታ፡ ኣብ ሓደ ብዓበይቲ ጉቦታት ዝተሓጽረ፡ ዓሚቕ ብዕሙራት ኣግራብ መርኣዩ ዘይነበሮን ስንጭሮ ኣተና። ከነብሩኽ ድማ፡ ትእዛዝ ተመሓላለፈ። እቲ ከባቢ ይትረፍዶ ብነፈርቲ ጸላኢ፡ ብሓላፊ መንገዲ'ውን ክትርአ ዘይትስከፈሉ ስቱር ስፍራ ምዃኑ ተዓዘብና። ኵሉ ተጋዳላይ ኣብ ዘዝነበሮ ነጸልኡ ከይፈትሐ ክድቅስ ተሓበሮ።

ናብ 22 ጥሪ ዘውግሐ፡ ፍርቂ ለይቲ ኣቢሉ ይኸውን፡ "ትጽዋዕ ኣሎኻ!" ዝብል መልእኽቲ መጽኣኒ። ሽዑ፡ ድቃስ ስለዘይጸገብኩ ጸላዕላዕ እናበለኒ፡ ናብቲ ላዕለዎት ሓለፍቲ ተኣኪቦምሉ ዝነበሩ ቦታ ኣምራሕኩ። ሸውዓተ ሰባት ሻምናዮም ሻይናክ፡ ኣብ ትሕቲ ሓንቲ ዓባይ ከውሒ ኮፍ ኢሎም ጸንሑኒ። ገጽ'ቶም ሽዱሽተ ተጋደልቲ ንምልላዮም ኣየጸገመንን። መራሕቲ ጋንታታት ሓይሊ 4.31 ተኽልኣብ ዓወር፡ ሰለሙን ወዲ-ሓጕስ፡ ዓይኖም መራሒ ጋንታ ሓይሊ 4.32 (ሰለሙን ጫረ) ከምኡ ካብ ሓይልና 4.33 ኪዳነ ኣዓየን ጭሩምን ነበሩ፡ እቲ ሻብዓዮም ግን ጸልማት ጋሪዱዎ ስለዝነበረ፡ "ደሓር መሬት ምስ ወግሐ እፈልጦ፡" ብምባል ኣይተገደስኩሉን።

ሻይናክ ቅድሚ መግለጺ ምጅማሩ፡ ናብ ኩላትና እናጠመተ፡ "ኩላትና መጺእና ኣለና መስለኒ፡ ናብ ስራሕና ክንኣቱ። ባጋ እዞም ተጸዊዕኩም ዘለኹም፡ ናብ ፍሉይ ስራሕ ክትብገሱ ኢኹም። እቲ ስራሕ እንታይ ምዃኑ ድማ፡ ኣብኡ ምስ በጻሕኩም ክንገረኩም'ዩ። እቲ ዕማም ዓቢ ጥንቃቐን

ትኾርነትን ዝሓትት'ዩ። ስራሕኩም ወዲእኩም ክሳብ ትምለሱ፡ ተኸለኣብ መንስ፡ ዓወር ክጥርንፈኩም'ዩ። ናብቲ ቦታ ዝመርሓኩም ድማ፡ ብጻይ ኣቡበከር ኮሚሳር ጋንታ ብርጌድ 44ን እዩ። ንሱ ዝህበኩም መምርሒ ተተግብሩ። ተበገሱ ቻው!" ኢሉ ኣበገሰና።

እዚ ጽሙእ ተጋዳላይ፡ ዝተዋህቦ ተልእኾ ንምጅማር ኣብ ቅድመና ደው በለ። ዝኾነ ቃል ከየምሎቐ ድማ፡ መሪሑና ንሰሜን ገጹ ተበገሰ። ንሕና'ውን፡ ከም'ዛ ካብ ታዕሊም ዝተወዘዐ ሓደስቲ ተጋደልቲ፡ ኲይኲይ እናበልና፡ ካብ እግሩ ከይተፈለና ክንጉዓዝ ጀመርና። ካብ መበገሲና ስንጭሮ ወጺእና፡ ጸሊም ጽርግያ ኣስመራ ባጽዕ በቲኸና፡ ኣንፈትና ንሰሜን ናብ ብዓል ማይ ውዑይን ጉላጉል ሽዕብን ኣበልና። እቲ መራሒ መንገዲ፡ ዝበጻሕናዮ ከባቢ፡ ፈንጂ ጸላኢ ከም ዝነበሮ ይፈልጥ ስለዝነበረ፡ ብትሑት ድምጺ "ብጾት ኣይንፈናተት! ኣነ ዝረገጽኩዎ ጥራሕ ርገጹ፡ ተጠንቀቑ፡" ዝብል ወተሃደራዊ መምርሒ ኣመሓላለፈ። እዚ ቀንጹብ መራሒ መንገዲ፡ ዓይንኻ ዘንቀረካ ኣብ ዘይትርእየሉ፡ ኣብ ዲቕ ዝበለ ጸላም፡ ብናህሪ ምጉዓዙ ገረመና። ኣነ፡ ድኻመይ ንምሽፋን ነብሰይ ሞራል ንምሃብን ብውሽጠይ፡ "እዚ ሰብ'ዚ ኣዕሪፉ ዝወዓለ ወይ ኣብዚ ከባቢ ብጉስነት ዝዓበየ ክኸውን ኣለዎ'ምበር፡ ኣብ ዲቕ ዝበለ ጸላም ከምዚ ዝበለ ቅልጣፈስ እንድዒ!" በለኩ ብልበይ። ሓቂ ይሓይሽ፡ ኣብ ግዜ ድቕድቕ ጸልማት፡ ባህርያውያን ምልክታት ከባቢ እናረአኻ ምጉዓዝ ይመልካ ኣይነበርኩን። ይትረፍዶ ክንድ'ዚ ዝኣክል ኪሎ ሜተራት፡ ሓንቲ ኪሎ ሜትር'ኳ ንጋዶ ምኹነትኒ።

ኣንፈት ጉዕዞና ንኸልተ ሰዓታት ዝኣክል፡ ናብ ሰሜን ጸኒሑ፡ ብቕጽበት 90 ዲግሪ ተዓጺፍና ናብ ምዕራብ ወገን ተቐየረ። በብቐሩብ እናተጠምዘዝና ከኣ ናብ ደቡባዊ ምዕራብ ገጽና ቀጸልና። ኣብዚ ናይ ሰለስተ ሰዓታት ዝኸውን ጉዕዞና፡ እንትርፎ ኣብ ኣእምሮና እነደይቦን እነውርዶን ዝነበርና፡ "መወዳእታ መዕለቢና ኣበይ ክኸውን'ዩ፧" ዝብል ሓሳብ ብጩቕ ዝብል ሰብ ኣይነበረን። ጉላጉል ጋሕቴላይ ወዲእና፡ ጉቦታት ዶንጎሎ ተተሓዝሓዝናዮ። ሓደ ጉቦ ንውድእ፡ ናብ ካልኣይ ጉቦ ንሰግር፣ ሳልሳይ ጉቦ ንሓኾር፣ ራብዓይ ጉቦ ይጸንሕ፣ ንዕኡ'ውን ከይፈተኻ ትድይቦ። ሽኮ ኣእጋር ክሳብ ምስጓም ዝኣብያን ልብና ብኣፍና ክሳብ ትወጽእን እግረ-እግሪ ናይ'ቲ ቀንጹብ መራሒ መንገዲ ተጋዳላይ ሰዓብና። መላእ ኣካላትና ብርሃጽ ተሓጽበ። በዚ ንዓይንኻ ዝማርኽ ጽዑቕ ኣግራብ፡ ዝኹነ ኣጋር ይኹን መጽዓኛ ከም ዘይሓለፉዎ ንምግማቱ ኣየጸግምን። ኣብ መንጎ ኣብ ቅድመና፡ ጣሕሸሽ ዝብል ድምጺ ተሰምዐ፣ ኣብ መጻወድያ ጸላኢ ከይንኣቱ ስለዝሰጋእና ከም

ዓንዲ ጨው ዕንድ በልና። መራሒ መንገዲ ኣብ ዘዝነበርናዮ ከነብሩኹን ከባቢና ክንቆጻጸርን ሓበረና። ካባና ፍንትት ኢሉ'ውን ተጸናጸነ። እቲ ጣሕሸም ግን፡ ናይ ሰብ ዘይኰነ ናይ ዓጋዜን ምዃኑን መሬት ሰላም ከም ዘሎን ነገረና። ንሕና'ኳ ምስቲ ዝነበረ ግመን ዲፍዲፋታ ባሕርን፡ ኣራግጻ ዓጋዜን ምንባሩ ኣበይ ኢልናዮ። ሽው'ውን ክዳውንትና ብርሃጽ ጠልቀየ። እዚ ብዘይካ ጅማት ካልእ ዘይትርእየሉ፡ ግን ከኣ ተሪርን ንቑሕን ተጋዳላይ፡ "እምበኣር ኣብቲ ዝድለ ቦታ በጺሕና ኣለና። ሕጂ 2፡00 ናይ ለይቲ እዩ ዘሎ፡ መሬት ናብ ምውጋሕ ገጻ'ያ። ቀሩብ ቀም ነብል፡ ወጋሕታ 5፡00 ተንሲእና ስራሕና ክንጅምር ኢና። ንምንታይ ዕላማ መጺእና ከም ዘለና ሽው ክንገረኩም'ዩ። ነብስኹም ኣውዲቕኩም ኣይትደቅሱ፡" ዝብል ተሪር ወተሃደራዊ ትእዛዝ ድሕሪ ምሃብ፡ ነታ ኣብ ርእሱ ዝነበረት መዓመምያ ናብ ገጹ ኣውሪዱ ግምብው በለ። ንሕና'ውን፡ ኣበየናይ ከባቢ ከም ዘለና ከይፈለጥና፡ ኣብ ዘዝነበርናዮ ተገምሰስና።

መራሕ መንገዲ 5፡00 ወጋሕታ ተንስአ። እናዞረ፡ ከኣ "ተንስእ! ተበራበር! ዕጠቕ!" ዝብል ትእዛዝ ሃበ። ብቕጽበት ነታ ሓሓንቲ ቦምባ ቓይና ዘላታ ኮለይ ዕጥቅና ዓጢቕና ንዝመጽእ ስራሕ ድልዋት ኰንና። ሽው'ውን ኣበይ ከም ዝነበርናን ንምንታይ ዕላማ ከም ዝመጻእናን ንምፍላጥ ዝከኣል ኣይነበረን። ኣነ ንባዕለይ፡ ኣበይ ኢና ዘሎና፧ እዚ ኵሉ ጕዕዞ ናበይ ንምብጻሕ'ዩ፧ በዞም ውሑዳት ሰባት፡ እሞ ኮለይ ዝዓጠቕና እንታይ ዓይነት ስርሒት ክካየድ'ዩ፧" ወዘተ. ዝብሉ ሕቶታት እናልዓልኩ ንነብሰይ ኣጨነቕኩላ። ኣብ መወዳእታ፡ "ዋላ መሬት ከም ኣፍዕንቀ ትጽበብ፡ ንዅሉ መፍትሒ ኣሎዎ!" ኢለ ንነብሰይ ኣህዳእኩዋ።

ወጋሕታ ብርሃን ክርአን ጸሓይ ብወገን ባጽዕ ክትቅልቀልን ቀሩብ ደቓይቕ ተረፋ። እቲ ብጸይ ብትሑት ድምጺ፡ "ብጾት! ቀሩብ ተራሓሒቕና ኣለና፣ ኣብ ኣፍንጫ ጸላኢ ስለዘሎና። ምእንቲ ክንሰማማዕ ንቀራረብ። ጸላኢ ንከይከሸፈና ድማ ልዑል ጥንቃቐ ከድልየና እዩ። ሰዓት ኢድ፡ ምንጽብራቕ ከይገብራ ኣብ ጁባ ይቀመጣ። ሽጋር ምትካኽን ሓዊ ምውላዕን'ውን ኣይክህሉን'ዩ። ምስ ከባቢና ንምምስሳል፡ ኣካላትና ብቈጽሊ ንሽፈን። ከቢድ ሓላፍነትን ጾርን ተሰኪምና ከም ዘለና ኣብ ግምት ነእቱ፡ " በለና'ሞ ዝተባሃልናዮ ገበርና። ብጥንቃቐ ናብታ ኣብ ልዕልና ዝነበረት ብታህሰስን ኣውሊዕን ዝተሸፈነት ዓባይ ከውሒ ወሰደና። ጸልማት በብቑሩብ እናተቐንጠጠን ምድረ-ሰማይ እናበርሀን ስለዝኸደ ከባቢና ብንጹር ጕሊሑ ክርኣየና ጀመረ። እታ ካብ ኣስመራ 51 ኪሎ ሜተር ርሒቓ ዝተደኰነት

ዶንጎሎ ላዕላይ ኣብ ቅድመና ድቅን በለትና። ኣማን ብኣማን ካብ ኣፍንጫ ጸላኢ! ሓደ ኪሎ ሜተር ኣብ ዘይመልእ ርሕቀት ከም ዘለናን፡ ከምቲ ጠርናፊና ዝበሎ ልዑል ወተሃደራዊ ጥንቃቐ ከም ዘድልየናን ተገንዚብና።

እቲ ብጻይ ኣብ ሞንጎና ኮይኑ፡ "እምበኣር፡ እዛ ኣብ ቅድመና እንርእያ ዘለና ዶንጎሎ-ላዕላይ እያ። ቀንዲ ተልእኾናን ናብዚ ቦታ መምጺኢናን፡ ጅኦግራፊያዊ ኣቀማምጣ መሬት ዶንጎሎ፣ ከምኡ'ውን መዓስከራት ጸላኢ ብደቂቕ ንምጽናዕ'ዩ። ቅድሚ ናብ ጉዳይና ምእታውና ግን፡ ኣብ ጥቓ መዓስከራት ጸላኢ ስለዘለና፡ ሕጂ'ውን ጥንቁቓት ክንከውን የድሊ። ጸላኢ ይትረፍዶ ክኸሽፈና፡ ዝኾነ ኣብ ጥርጣረ ዘእትዎ ምንቅስቓሳት'ውን ክነርኢ የብልናን፡" ምስ በለና፡ ናብ መግለጺኡ ኣተወ። "ዶንጎሎ-ላዕላይ፡ ካብ ሓይሊ ባሕሪ፡ ጦር ሰራዊት፡ 6ኛ እግረኛ ብርጌድ፡ ኮማንድስ፡ ወዶ-ዘማችን ምሊሽያን ዝተሓናፈጸ፡ ልዕሊ 3300 ሰራዊት ዝሓቑፈት'ያ። እዛ ከተማ ኣርባዕተ ወሰንቲ ስትራተጅያውያን ዕርድታት ኣለዋ። እዛ ብምብራቕ ትርኣየና ዘላ ድፋዕ፡ ጸላኢ 'ምስራቅ ተራራ' ኢሉ ዝጽውዓ፡ ኣዝያ ጽንዕቲ ዕርዲ እያ። ካብኣ ሓሊፍካ ዘላ 'ሰሜን ተራራ' ትበሃል፡ እታ ብደቡባዊ ምዕራብ ዘላ ነዋሕ ጥርዚ፡ 'ጎላን ተራራ'፡ እታ ኣብ ማእከል ዘላ ድማ 'ዋተር-ታወር' ትበሃል፡" ብየማን ዘሎ ንኣሽቱ ጉቦታት ክኣ ምስ ቦኒሰቢሮ ዝተጸግዐን ናብ ከተማ ጊንዳዕ ዘውርድን'ዩ።" ብምባል፡ ብዘይ ሰጋእ መጋእ ኣሰፊሑ ገለጸልና። በብወገንና ዘይበርሃልና ሕቶታት ኣቕረብናሉ፣ ዘዕግብ መልሲ ድማ ሃበና።

ዓይኖም (መራሒ ጋንታ 4.31) ብባህሪኡ ህዉኽን ዝተራእዮ ዝዛረብን ሰብ ስለዝነበረ፡ "ስማዕ'ሞ ብጻይ! ስምካ'ኳ ኣይሓዝኩዋን፣ እንተትነግረና ጽቡቕ ይመስለኒ፡" በሎ። እቲ ጠርናፊና ከም ሓውሲ ዋዛ ቊሩብ ፍሽኽ ብምባል፡ "ካብ ብጻይ ዝዓቢ ስም'ሞ እንታይ ክህሉ እዩ፤ ብዝኾነ ስመይ 'ኣቡበከር' ይበሃል፡ ኣባል እንዳ-44 እየ፡" በለ።

ዓይኖም ሕትኡ ቀጸለ፡ "ዝገለጽካልና ተረዲኡና ኣሎ፣ እንተኾነ፡ እቲ ውግእ መዓስ'ዩ ዝጅምር፧" በሎ።

"ንዓይ ዝተዋህበኒ ስራሕ፡ ንዓኻትኩም ከም መራሕቲ ጋንታታት፡ ብዛዕባ'ዚ ድፋዕ ኣተሓሕዛ ጸላኢ፡ ንጹር ስእሊ ንምሃብ'ዩ። ብዛዕባ'ቲ ውግእ መዓስን ብኸመይን ይካየድ ንምግላጽ ግን ግዚኡ ኣይኮነን፡" ምስ በለ፡ ዓይኖም ዝሓተታ ሕቶ ኣሕፊሪቶ ርእሱ ሓኸፍ ሓኸፍ ኣበለ።

ተኽልኣብ መንስ (ዓወር) ብግደኡ፡ እዚ ብጻይ ብዛዕባ'ዚ ከባቢ ዝነበሮ

ምልከትን ደቂቕ ኣፍልጦን ብምድናቕ፡ “ነዚ ቦታ ሎሚ ምሳና ዲኻ ትረግጾ ዘለኻ፡ ወይስ. . .” ኢሉ ሕቶኡ ከይጨረሸ እንከሎ፡ ኣቡበከር ቀልጥፍ ኢሉ፡ “ቅድሚ ሳልስቲ ከምዚ ናትኩም፡ ንመራሕቲ ሓይልታት፡ ናብዚ ቦታ ሒዘዮም መጺአ ነይረ፣ ዕባይ'ዚ ከባቢ እየ፡” ሕጂ እውን ሓጺር መልሲ።

ክሳብ ከባቢ 10፡00 ቅ.ቐ.፡ ንዶንጎሎ ብየማናን ብጸጋማን ኣኸቢቦማ ዝነበሩ ጉቦታት ይኹኑ ኲጀታት ብደቂቕ ኣጽናዕናዮም። ካብቲ ዝነበርናዮ ኩርባ፡ ብትእዛዝ መራሒና፡ ናብ ከውሊ ገጽና ወረድና። ብዛዕባ'ቲ ክንርእዮ ዘርፈድና ድፋዓት ጸላኢ ሓሳብ ንሓሳብ ተለዋወጥና። ኣቡበከር ንሕቶታትና ብምግንዛብ ዘይበርሃልና ከም ዘሎ ስለዝተረድአ። በብሓደ ናብታ ኩርባ እናወሰደ፡ ብኽሻፋ ዳግማይ ደቂቕ መግለጺ ሃበና። 2፡00 ድ.ቐ. ምስ ኮነ ዘድለየና ሓበሬታ ኣኪብና። እዚ ብጻይ ኣመላልስኡ ርጡብ፡ ኣጋውልኡ ምስጢራዊ፡ መልሱ ሓጺር ኮይኑ ስለዝረኸብናዮ፡ ኣብቲ ዘምጽኣና ጉዳይ ጥራሕ ኣተኩርና ሕቶታት ኣቕረብናሉ። ስለሙን ሓጉስ ብሃንደበት፡ “ስምዓኒንዶ ብጻይ ኣቡበከር፡ ዝሃብካና መግለጺ ጽቡቕ ገይርና ሒዝናዮ ኣለና፣ ዝተረፈ ዘሎ ኣይመስለንን። ስለዝስ ናብ ኣሃዱታትና ገጽና እንተተበገስና እንታይ ይመስለካ!” ኢሉ ሓተቶ። ጠርናፊና ንወዲ-ሓጉስ ኣተኩሩ ድሕሪ ምጥማት፡ ብፍሕሹው ገጽ፡ “እዛ ቦታ ደሴት ናኹራ እያ፣ ሓንሳብ ምስ ኣተኻያ ብቐሊሉ ኣይተውጽኣካን'ያ። ጸሓይ ምሉእ ብምሉእ ክሳዕ ትዓርብ ካብዚ ቦታ ምንቕ ምባል የለን። ምኽንያቱ፡ ጸላኢ ኣብ ‘ጎላን ተራራ’ ኲይኑ ነዚ ኣብ ትሕቴና ዘሎ ጉላጉል ጋሕቴላይን ሸዕብን ብደቂቕ ይቈጻጸሮ እዩ። ስለዚ፡ ነዚ ትማሊ ብለይቲ ዝሰገርናዮ ጉላጉል፡ ጸሓይ ከይዓረበት ክንምለሶ ኣይንኽእልን ኢና። ቍሩብ ዓቕሊ ከድልየና እዩ፡” ብምባል ዘዕግብ መልሲ ሃቦ። ዝተረፈና ኣርባዕተ ሰዓታት ብኸመይ ከም እነሕልፎ ስለዝሓርበተና። ኣብ ዕላልናን ጭርቃንናን ኣተና። ዕላላት፡ ጭርቃናት፡ ተዘክሮታትን ዋዛን ቍውም-ነገርን ተወደኣና። ኣብ መወዳእታ ጸጸግዕኻ ሒዝካ ጉዕጽጽ ጉዕጽጽ ምባል ኲነ። ነዚ ጽሞና ዝተዓዘበ ተኽልኣብ (ዓወር))፡ ነቲ ሃዋሁው ንምቕያሩ፡ ሓደ ሓሳብ ስለ ዝመጾ፡ ቢሮ ዘሎዎ ሰብ ክህቦ ሓተተ። ኣነ ድማ፡ “እንታይ ኢልካዮ ደአ ቢሮ ኣብ ጽንኩር ሓለዋ እንከለና!” በልኩዎ።

ወዲ-ሓጉስ ትቕብል ኣቢሉ፡ “ደሓን ኣነ ዘይህቦ! ምናልባት ናይ ጽባሕ ውግእ ኣስጊኡዎ፡ ገለ ዝላበዎ ከይህልዎ'ምበር ኣብዚ እዋን'ዚ ደኣ ወረቐን ቢሮን ምሕታትንሲ ኣይቦታኡን'ዩ፡” በለ።

“ተኽልኣብ፡ ስቕ ኢልካ ካላም ኣይተብዝሕ! ቢሮ እንተ'ሎካ ጥራሕ

ሃበና። ንምንታይ ደልየዮ ሸዕኡ ትርእዮ፡" በለ ደጊሙ። ወዲ-ሓጉስ ንዓወር ከም ከብዲ ኢዱ ኣጸቢቑ ስለዝፈልጦ፡ ነገር ጭርቃን ምዃኑ ተገንዚቡ፡ ዝሓተቶ ኣማልኣሉ። ዓወር ነታ ቍራጽ ወረቐት ናብ ሽዱሽተ መቐላ'ሞ ኣብ'ተን ቍርጽራጽ ወረቓቕቲ ሕንጥጥ ሕንጥጥ ኣበለ። ንጠርናፌና ኣቡበከር ሰጊሩ ንዘተረፍና ሓሓንቲ ወረቐት ዓደሉ፡ ሓበሬታ ክሳዕ ዝወሃበና ነዘን ዝተጠቕለላ ወረቓቕቲ ከይንኸፍተን ኣጠንቀቐና። ዓይኖም ነዚ ተዓዚቡ፡ "ኣንታ ዓወር ኢሂ ደኣ ነዚ ብጻይና ጉሲኻዮ! ከም ሰቡ ወረቐት ዘይትህቦ! ምሳናዶ ኣይወዓለን!" በሎ ክላኸፍ ደልዩ።

ዓወር ኣብዘን ውሑዳት ሰዓታት ኣቡበከር ዋዛ ኰነ ጭርቃን ከም ዘይፈቱ ጽቡቕ ገይሩ ኣጽኒዑዎ ስለዝነበረ፡ ካልእ ሰበብ ከየምጽእ፡ "ያ ዞል! ኣነ ብኻልእ ዘይኰንኩስ፡ ኣቡበከር ኣብ ከቢድ ስራሕ ስለ ዘሎ፡ ቍሩብ ቀም እንተበለ ኢለ እየ፡" ምስ በለ፡ ተጠማሚትና ሰሓቕና። ዓወር ዕላሉ ቀጸለ። "ብጾት! እምበኣር ነተን ተዓዲለናና ዘለዋ ወረቓቕቲ በብሓደ ክፊትና ዓው ኢልና ክነንብበን ኢና። ጽባሕ ኣብ ውግእ ዝጽበየና ዘሎ ዕጫ፡ ሎሚ ብህይወትና እንክለና ፈሊጥናዮ ክንሓድር ኢለ እየ ድማ ከምዚ ዝገብር ዘለኹ፡" በለ።

ዘገርም'ዩ! ኣብ ኣፍ ሞት ኴንካ ብሞት ምጽዋትን ምጭራቕን ምስ ምንታይ ይቝጸር! መጀመርታ ወዲ-ሓጉስ መጸኢ ዕድሉ ክፈልጥ ወረቐት ተዓደሎን ዓው ኢሉ ከንብባ ተሓበሮን። ወዲ ሓጉስ ዝተዋህበቶ ቍራጽ ወረቐት ከፈታ። "የማነቲ እግርኻ፡ ካብ ብርኪ ንታሕቲ ብፈንጂ ክትምልዓስ'ያ፣ ባምቡላ እግሪ ገይርካ ናጽነት ክትርኢ ኢኻ፡" ኢሉ ንባቡ ምስ ወድአ፡ ኲይኑ ስለዝተሰምዖ፡ "ዓወር፡ ብዘይምጻእ በታ ዝፈርሓ መጺእካኒ!" ኣነ ደኣ ስንክልና እንድያ ተፍርሓኒ። በጃኺ ካልእ ቀይረለይ!" በሎ እናሰሓቐ። ዓይኖም ትቕብል ኣቢሉ፡ "ኣንታ ወዲ-ሓጉስ ኩላትና እንተ ተሰዊእና ደኣ'ሞ፡ ብዛዕባ'ዚ ዝካየድ ዘሎ ውግእ ሰምሃርን ሳሊናን መን'ዩ ንደቅና ክጸውየሎም። ሓድጊ እባ ክትከውን! ዕድል እንተረኺብካ፡ ገዛይ ጥቓ ብሎኮ ጎዳይፍ'ያ። ስድራይ ብጽሓዮም፡" በሎ። (ግደ ሓቂ ንምዝራብ፡ ኣብቲ መድርኽ'ቲ ህዝባዊ ግንባር፡ ንጸላኢ ካብ ኤርትራ ጸራሪት ንኣስመራ ክኣቱ ደኣ'ምበር፡ ስትራተጅያዊ ምዝላቕ ገይሩ ናብ ሳሕል ክምለስ ዝሓስብ ይኹን ዝግምት ኣይነበረን።

ቀጺሉ፡ ኪዳነ (ኣዓየ) ወረቐቱ ከንብባ ተነግሮ። ኪዳነ 'ኣዓየ' ብዙሕ ቀለም ከይጸገበ ንሰውራ ስለዝወጽአ፡ ነታ ቍራጽ ወረቐት ከንብባ ወታእታእ በለ። ጸገሙ ንምሽፋን፡ "ኣንታ'ዚ ጽሕፈትካ ክንደይ ይኸፍእ! ዘይንበብ!

ከምቲ ዝጸሓፍካዮ ባዕልኻ ንበቦ፡" በሎ። ዓወር፡ ነታ ወረቐት ምንጥል ኣቢሉ፡ "ክላ ስቕ በል፡ ጽሒፈተይ ኢደ ሰለሙን'ዩ። ኣግሂድካ ኣንቡብለይ ዘይትብል!" በሎ።

ዕጫ ኪዳነ፡ ንቓልሲ "ከይተቈርመምካ ከይተሸርመምካ ክትሓልፎ ኢኻ፣ መርዓን ደርዓን ይጽበየካ ኣሎ፡" ትብል ነበረት። ኣዓየ ብሰሓቕ ክርትም በለ። ናብ ዓወር እናጠመተ ድማ፡ "ብጻይ ዓወር፡ ዓባየይ፡ 'ትደልይኦ'ሞ ይዝንግዓክን፡" ዝበለት ደኣ ከምዚ ምስ ረኸበት እንደኣላ። በልስከ፡ ሰማይ ዝሃገርካ ነዚ ኣፉ ከፊቱ ዝጽበየና ዘሎ ጉቦታት ጵንጎሎን ነፋሲትን ጉላጉል ሰምበልን ባርካንስ ከይተቈርመምካ ከይተሸርመምካ ክትሓልፎ ኢኻ ይብሃል'ዩ! ደሓን ግን ኣፍካ ይስዓር። ንወዲ-ሓጉስ'ኳ መጓጀምቲ እኾና!" በለ።

ዓይኖም መስርዑ በጽሓቶ። ወረቐቱ ክኸፍታ'ውን ትእዛዝ ተዋህቦ። ንየማን ንጸጋም ቀባሕባሕ እናበለ ድማ፡ ከፈታ፣ "ክልተ ኣዕይንትኻን ሓንቲ ኢድካን ክትስእነን ኢኻ፣ ሓዳር ገይርካ ኣቦ ቈልዑ ክትክውን ኢኻ፡" ኢሉ ንባቡ ከይወድአ ሰሓቕና። ዓይኖም እዛ ከም መዋዘይን መሕለፊ ግዜን ዝበጽሓቶ ዕጫ ናይ ብሓቂ ኰይና ተሰምዓቶ። ገጹ ጨማዲዱ፡ "ክላእ! ንስኻ ግዳ እንታይ ጥዑይ ከይትምነ! ብቐደሙ እውን ዓወር እንዶ ኢሎምኻ! ኣብ ዘርእና'ኳ ዕዉር ሰብ የብልናን ክትፈልጥ። ማርያም እንተ'ላ እዛ ዕጫ ናባኻ ደኣ ትግልብጣ ትኸውን!" በሎ። ሰለሙን ወዲ-ሓጉስ መፍቶኡ ረኺቡ፡ "ዓይኖም ዓርከይ! ውላድካ ናብ ዝደለኻዮ ቦታ ምእንቲ ክመርሓካ ግዜ ከይበላዕካ ቀልጢፍካ ተመርዒኻ ውለድ፣፡" በሎ መስሓቕ ረኺቡ።

ኣነ ኣብ መንጎኦም እትው ኢለ፡ "እሞ እንታይ ደኣ ክትከውን ተመኒኻ፧" ኢለ ሓተትኩዎ።

ዓይኖም ስምዒት ሓዊሱ፡ "ድፍእ! እብል ኣታ! ካብ ብዓል ሸንክሓይ፡ በርሀ ባህታ፡ ሓምድ፡ ራያ፡ ቓዛፊ፡ ረዘነዶ በሊጸ'የ። ካብዚ ከርተት ገድሊ'ኳ ንድሕን፣ መስዋእቲ ዕረፍቲ'ዩ በጃኻ!" በለ ኣጻብዕቲ ኢዱ እናወጣወጠ።

"እዚ'ሞ ነብስኻ ምፍታው'ዩ። መዓልትና ደኣ ይፈላለ ይኸውን'ምበር፡ ካብ መስዋእቲ ዘምልጥ ዋላ ሓደ የብልናን። ተጋዳላይ፡ ነዛ ንኸርተት እተፈጥረት ህይወቱ ንኸዕርፋ፡ መስዋእቲ እንተመሪጹ ደኣ፡ እዚ ተሪፉና ዘሎ ነዊሕ ጉዕዞ ሰውራ መን ኣብ መዕለቢኡ ከብጽሖ እዩ፧" በልኩዎ።

ኣብቲ እዋን'ቲ፡ እዛ "መስዋእቲ ዕረፍቲ'ያ" እትብል ኣዘራርባ ዘውትርቲ'ያ ዝነበረት። ብዘይ ምኽንያት ድማ ኣይኮነትን ትዝውተር ዝነበረት። ተጋዳላይ

ዝፈትዎም ብጾቱ ኣብ ደቓይቕ ንዘልኣለም ብመስዋእቲ ክፍለዩዎ፡ ንኣሸቱ መላምል ኣብ ሰዊት ዕድመኦም፡ ነዛ ዓለም ማንካ ከየልዓሉላ ክሓልፉ ክርኢ፡ ንዓመታት ክመርሑዎ ዝጸንሑ ኣብነታውያን ካድራት ኣብ ቅድመ ግንባር ራሕሪሖምዎ ክኸዱ ምስ ርኣየ፡ ኣብዛ ዓለም ምንባር ትርጉም ይስእኑ'ሞ ንመስዋእቲ ይምነያ። ዓይኖም'ውን እንተኾነ፡ ንጉዕዞ ሰውራ ኣብ ሓዲግ ተንጠልጢሉ ክገድፎ ሓሲቡ ኣይኮነን ከምኡ ዝበለ፡ ክቱር ብጻያዊ ፍቕሪ ስውኣት ዘበገሶ እዩ።

ሽዑ'ውን እቲ ቍንጹብን ዕጉስን ኣቡበከር፡ ነቲ ብየማን ብጸጋም ዝወርድ ዝነበረ ዋዛን ቍውም-ነገርን ዕላልና ብጽሞና ተኸታተሎ። እቲ ጭርቃን ንዕኡ ኣብ ዲቕ ዝበለ ሓሳብ ስለዘእተዎ፡ ርእይቶ ካብ ምሃብ ተቘጠበ። ንኹሉ'ቲ ክትዓት፡ ኣብ ኣእምሮኡ ኣውረዶን ኣደየቦን። ርእሱ እናንቕነቐ፡ ከኣ፡ "ተጋዳላይ ኣብ በሊሕ ላማ ረጊጹ፡ ሞት እናተጸበየቶ ዝኸውን ስምዒታት ተርባጽ ኣየርእን እዩ። እኳ ደኣ ኣብ ገጹ ብሩህ መጻኢ ተስፋ ይንበብ። እዝስ ካብ ምንታይ ኩን ይኸውን፧" በለ ዓው ኢሉ። እቲ ብዘይካ ቍውም-ነገር ካልእ ዘይወጽኦ ጠርናፊና፡ ነታ "መስዋእቲ ዕረፍቲ'ያ" እትብል ዘረባ ኣተሓሳሲባቶ፡ "ብጾት! መስዋእቲ መባድልቲ ዕረፍቲ ስጋ ኣይኮነትን። መስዋእቲ ፈቲና እንኸፍላ ወይ ጸሊእና እንገድፋ ዘይኮነት፡ ነዛ መሬት ካብ ገዛእቲ ናጻ ከነውጽኣ፣ ንህዝብና ሰላም፡ ራህዋ፡ ዕቤትን ደሞክራስን ክነምጽኣሉ፡ ተገዲድና እንኸፍላ ክቡርቲ ዋጋ እያ። ተጋዳላይ ኣዕሪፉ ዝበሃል ድማ፡ ምስ ተሰውአ ዘይኮነ፡ ነቲ ዘበገሶ ቃልሲ ኣብ ምዕራፉ ምስ ኣብጽሖ፡ ተካእቲ ዝኾኑዎ ምስ ኣፍረየን ራህዋን ፍትሕን ዝነገሳ ሃገር ምስ መስረተን ጥራሕ'ዩ። እምበር'ዚ ዘለናዮ ዕድመስ፡ ተማሂርና ኣብ ዝለዓለ ደረጃ እንበጽሓሉ፡ መነባብሮ ስድራና እነመሓይሸሉ፡ እንወልደሉን እንዘምደሉን እዩ ነይሩ፡" ምስ በለ፡ ዕምቈት መልእኽቱ ከቢዱና፡ ንግዚኡ ዝን በልና።

ኣቡበከር ከይተፈለጦ ናብ ስምዒት ኣትዩ ዘረብኡ ቀጸለ፡ "ኣንቱም ሰባት፡ ኣብ ኣፍ-ደገ ሞት ረጊጽካን ምስ ሞት ተፋጢጥካ ክነስኻን፡ ብሞት ምጽዋትን ምጭራቕንስ እንታይ'ዩ ምስጢሩ!" ኢሉ ደጊሙ ብዓውታ ኣድመጸ። ንሕና'ውን በዚ ሃንደበታዊ ስምዒት'ዚ ብጻይ ተገሪምና፡ ኣብ መዓሙቕ ሓሳባት ከም ዝጠሓለ ተረዳእና።

ኣነ ነቲ ሰፊኑ ዝነበረ ጸጥታ ክሰብር፡ "ኢሂ ደኣ ኣቡበከር ብስምዒት ተዛረብካ፧" በልኩዎ። ንሱ ናባይ እናጠመተ፡ "ደሓን'የ፡ እዚ ተበጃውነትን ምቕሉልነትን ከምኡ'ውን ፍሉይ ትዕድልቲ ተጋዳላይ'ዩ ገሪሙኒ!" በለ

ብምስትንታን። ኪዳነ (ኣዓየ) እቲ ውሑድ ዝዛረብን ጭርቃን ዘየዘውትርን፡ ኣብ ሞንጎ ኣትዩ፡ "ንሕና እዞም ኣብዚ ዘለና ብጾት፡ ነዊሕ ገድላዊ ተመኩሮ ዘለናን ጽቡቕን ሕማቕን ብሓባር ዝረኣናን ዝሰገርናን ኢና። ምናልባት ዝተዓዘብካዮ ጌጋታት እንተ'ሎ ምእራም ጽቡቕ'ዩ!" በለ።

ኣቡበር ንሕቶ ኪዳነ መልሲ ንምሃብ ቍሩብ ደቓይቕ ድሕሪ ምሕሳብ፡ "ብጾት፡ ዝረኣኹዎ ጌጋ'ኳ የብለይን። ወዲ ሰብ ኣብ ዓለም ዝኸበረት ዘውንና ብልጽቲ ህይወቱ እያ። ንሕና ተጋደልቲ ነዛ ሓንሳብን ንሓዋሩን ዘይትምለስ ክብርቲ ህይወትና ኣብ ዕጫ ኣእቲና ንጫረቓላ። ኣብ ዓለም ምንባርን ዘይምንባርን ከም ተራ ነገር ንርእዮ፡ ገንሸል ህዝቢ ክንከውን ዘለና ዝለዓለ ቅሩብነት ዘየስደምምዶ ኮይኑ! ውቁባት ቃላት ኮሚርካ'ውን እንተኾነ፡ ንተብዓትን ተወፋይነትን ተጋዳላይ ምግላጽ ዝከኣል ኣይኮነን፡ " በለ'ሞ። ኣዕይንቱ ናብታ ኣብ ጸጋማይ ኢዱ ዝነበረት ሰዓት ወርወረን። ግዜ ከም ዝሓለፈ ስለዝተገንዘበ ድማ፡ ነቲ ዝጀመሮ ዕላል መደምደምታ ክገብረሉ፡ "ዕላልኩም! ኣብ ማዕሙቕ ሓሳባት ዘእቱ፡ መሳጥን ተፈታውን'ዩ። እንተኾነ፡ ናብ ቦታና እንምለሰሉ ሰዓታት ይቀራረብ ኣሎ። ብዓቢኡ ድማ፡ ጽባሕ ብዙሕ ስራሕ ይጽበየና ስለ ዘሎ፡ ንምብጋስ ንዳሎ፡" በለ። ንሕና'ውን ሰዓታት ከይተፈለጠና ከም ዝሓለፈ ተረዳእና እሞ፡ ዕጥቕና ዓጢቕና ንምብጋስ ተዳለና።

ክባቢ 5:30 ድ.ቐ. ነቶም ንዶንጎሎ ዝቕነቱዋ ዓበይቲ ጉቦታት ንድሕሪት ገዲፍና ኣብ እግሪ በጻሕና። እንተኾነ፡ ጸሓይ ምሉእ ብምሉእ ከይዓረበት፡ ጸጣሕ ጉላጉል ጋሕቴላይ ክስገር ስለዘይከኣል፡ ንቑሩብ ደቓይቕ ኣብ'ቶም ዕሙራት ኣግራብ ተጸጋዕና። ጸሓይ ድማ ንኣመላ ክትብል ንምዕራብ ተዓዘረት። ነቲ ጉላጉል እናዓንደርና ከም ማይ ሰተናዮ፣ 9:00 ምሸት ከኣ ናብ ሓይልታትና በጻሕና። ምሒር ድኻምን ጥሜትን ዘበገሶ ብልብና፡ "ኣብ ቦታና ምስ በጻሕናስ፡ ገለ ቍሩብ ሰዓታት ነዕርፍ ግዲ ንኸውን!" ዘይብል ኣይነበረናን። ኩነታት ግን ከምቲ ዝተመነናዮን ጸሎት ዝገበርናዮን ኣይኮነልናን። ሓይልታት ኣብ ተኣንገድን ተሸብሸብን ስለዝጸንሓና፡ ዝተፈራረቐ ስምዒት ሓደረና። በቲ ሓደ፡ ጻማ'ቶም ኣብ ሳሊና ንቡር ቀብሪ ዘይረኸቡ ስውኣት ብጾትና ንምሕፋስ ሰዓቱ ስለዝኣኸለ ሓጉስ ተሰምዓና። በቲ ኻልእ መግቢ ከይለኸፍና፡ ጽምእና ከየርወና፡ ኣብራኽና ከይሰበርና፡ ንውግእ ምብጋስና ነበረ። ክብድና ቍራስ እንጀራ ካብ ዘይኣትዎ፡ ጉሮሮና ማይ ካብ ዘይሓልፎ፡ 18 ሰዓታት ሓለፈ። ሓይልታት ዝብገሳሉ ግዜ ስ

ዝተቐራረበ፡ ውጽኢት’ቲ ዝተዋህበና ተልእኾ ዝተወከሰና ወይ ዝሓተተና ሓላፊ ኣይነበረን። ጸብጻብና ከየረከብና ናብ ጋንታታትና ፋሕ በልና። እታ ለይቲ’ቲ ገለ ጫምኡ ይልግብ፡ ገለ ዕጥቁ የደልድል፡ ስርሑ ዝወድአ ብብጉጅለ ኩይኑ ጉጅም እናበለ ሰለም ከየበለ ኣውግሓ።

3.00፡ ናብ 23 ጥሪ 1978 ዘውግሐ፡ ለይቲ ተጋዳላይ ካብቲ ተኸዊሉሉ ዝወዓለ ዓቢ ስንጭሮ ዶንጎሎ ታሕታይ ወጺኡ፡ ካብቲ ናብ ዶንጎሎ ላዕላይ ዝወስድ ጸሊም ጽርግያ በብሓይሉ ተሰርዐ። ሻይናክ ኣብ ማእከል’ተን ሰለስተ ሓይልታት ደው ኢሉ፡ “ሕጂ ንኸቢድ ዕማም ንብገስ ኣለና። ዕላማና ነታ ጸላኢ ንቐይሕ ባሕርና ከም መቈጻጸሪ ዝጥቀመላ መዓስከር ዶንጎሎ ላዕላይ ንምድምሳስ እዩ። ነዚ ዕማም’ዚ ንምስላጥ አእጃምና ነበርክት። ኣብ ዒላማና ክሳዕ ንበጽሕ ልዑል ጥንቃቐ ክንገብር፡ ድምጽና ተቘጻጺርና፡ ንጸላኢ ብዘየዳግም ክንድምስሶ ኢና፡” ምስ በለ ተበገሰ ኩነ። ድሕሪ ሓጺር ጉዕዞ፡ ጸሊም ጽርግያ ባጽዕ ኣስመራ ንየማን ገዲፍና፡ ኣንፈት ጉዕዞና ናብ ደቡብ ኮነ። ንዶንጎሎ ታሕታይ ንየማን ገዲፍና፡ 90^{0} ዲግሪ ናብ ምዕራብ ገጽና ተጠምዘዝና፡ ነቲ ብዘይካ እንስሳ ዘገዳም ካልእ ክድይቦ ዘይክእል ጉቦታት ዶንጎሎ ላዕላይ ንምድያቡ ተተሓሓዝናዮ። ብናይ ታህሰስ፡ ሰራው፡ ኣውሊዕ ጨናፍር እናተሓገዝና ጉዕዞ ቀጸልና። ሓሓሊፉ ድማ፡ ናይ ምውዳቕን ገለ ተጋደልቲ ጨርባሕባሕ ብረትን ክሰማዕ ጀመረ።

ብኣጋጣሚ ጋንታና ኣብ ቀዳማይ መስመር ስለዝተሰርዐት፡ እቲ ኣብ ቅድሚት ምስ ሻይናክ ኩይኑ ነዘን ኵለን ሓይልታት መንገዲ ዝመርሕ ዝነበረ ተጋዳላይ መን ምዃኑ ክፈልጦ ብዙሕ ፈተንኩ። ምድረ-ሰማይ ብኸቢድ ጸልማት ስለ ዝተሸፈነ፡ ዋላ’ኳ ናብኡ ገጸይ እንተቐረብኩ፡ መን ምዃኑ ክበርሃለይ ኣይከኣለን። ድሕሪ ጉዕዞ፡ ክልተ ሰዓታት ኣብሩኽ ዝብል ትእዛዝ ብትሑት ድምጺ ተመሓላለፈ። ሻይናክ፡ ዕቝባይን ተኸለን፡ ምስቲ መንገዲ ዝመርሕ ዝነበረ ቊንጹብ ተጋዳላይ፡ ካባና ፍንትት ኢሎም ብትሑት ድምጺ ተዘራረቡ። ኣብ ኣፍንጫ ጸላኢ ከም ዝበጻሕናን ካብ ድፋዕ ጸላኢ (‘ምብራቓዊ ተራራ’)፡ ናይ 100 ሜትሮ ጥራሕ ርሕቐት ከም ዘሎና ተረድኡ። ኮሚሳር ሓይሊ ተኸለ፡ ንሻይናክ፡ ቀሽን መራሒ መንገድን፡ ኣብቲ ቦታ ገዲፉ ናባይ ንድሕሪት ምልስ ኢሉ ብትሑት ድምጺ፡ “ናብቲ ቀዳማይ ‘ምብራቓዊ ዕርዲ’ ጸላኢ ተጸጊዕና ኣለና። ስለዚ ኩሉ ተጋዳላይ ንህዱም ይዳሎ ኢልካ ኣመሓላልፍ!” ዝብል ትእዛዝ ሃበኒ። እታ ድሮ ኣብ ኣእምሮይ ዝነበረት ሕቶ ክትምለሰለይ ስለዝነበራ፡ ነቲ መራሒ መንገዲ

ክፈልጦ ቀሪበ ጠመትኩዎ። እቲ ቍንጹብን ህዱእን፡ ንጕቦታት ዶንጎሎ ከነጽንዕ ተካል መዓልቲ ዘወዓለና ኣባል ብርጌድ 44ተን ኣቡበክር ምዃኑ ድማ፡ ኣረጋገጽኩ።

23 ጥሪ 1978 ልክዕ 5፡30 ወጋሕታ ንህጁም ተዳሎ ዝብል ብትሑት ድምጺ ናብ ኵሉ መአዝን ተመሓላለፈ። ኣብ ውሽጢ ውሑዳት ካልኢታት፡ ቃታ ክኽፈትን፡ ካላሽናት ክዕመርን ህጁም! በለን ኣርክበን! ዝብል ዕልልታን ወኻዕካዕን ክሰማዕን ተጋዳላይ እናዓለለ ናብ ጕዳጕዲ ጸላኢ ቦምባታት ክውርውርን ሓደ ኮነ።

መሬት ብኣራግጽ ጨጓር ዳንጋ ኣንቀጥቀጠት። ብዘይካ'ቶም ውሑዳት ኣብ ሓለዋ ዝነበሩ ወተሃደራት ጸላኢ፡ ዝተረፉ ኣብ ከቢድ ድቃስ ስለዝጸንሑ፡ በቲ ዝተወሃሃደ ሃንደበታውን ማዕበላውን ነጕድጓድ ድምጺ ተሰናቢዶም ዝሕዙዎን ዝጭብጡዎን ጠፍኦም። ጕዳጕዲ ጸላኢ ብቦምባታት ኢድ፡ ኤፍ-ዋን ቻይናን ቺኪን ኣርፒጂን ብሓዊ ተለብለቡ፣ ካብ ጕድጓድ ዝወጽኡ ወተሃደራት ብዓረር ተቘልቡ። እታ ጸላኢ ዝምክሓላን ዝኣምናን፡ ንጕላጕል ጋሕቴላይ ከም መቈጻጸሪትን ገዛኢት ታባን ዝጥቀመላን ዕርዲ 'ምብራቅ ተራራ'፡ ርብዒ ሰዓት ኣብ ዘይመልእ፡ ግዜ ኣብ ትሕቲ ምሉእ ቍጽጽርና ኣተወት። ጸላኢ ብዘይተጸበዮ በርቃውን ሃንደበታውን መጥቃዕቲ ተሰናቢዱ፡ ጠበናጁ ራሕሪሑ፡ ናብቲ ንወገን ምዕራብ ዝርከብ መዓስከር ሓይሊ ባሕሪ፡ እግረይ ኣውጽእኒ ኢሉ ተመርቀፈ። ገለ ሓይልታት ናብቲ ዓቢ ጕቦ 'ጎላን ተራራ' ዝበሃል ክጽግዓ እንክለዋ፡ ዝተረፋ"ንዋተር-ገይት" ንኽጥቅዓን ዘዝተዋህበን እጃም ንኽሳልጣን ተጓየያ።

ምድረ-ሰማይ ወገግ በለ፡ ጸሓይ በብቕሩብ ክትበርቕ ጀመረት። በጦሎንና ን'ምብራቅ ተራራ' ምሉእ ብምሉእ ምስ ተቘጻጸረታ፡ ልዕሊ ሽውዓተ ንኸውን ተጋደልቲ፡ ነታ ኣብ ደቓይቕ ሓራ ዝወጽኣት "ምብራቓዊ ዕርዲ" ጸላኢ ንድሕሪት ገዲፍና ንቕልቍል ወረድና። ኣብ'ተን ንኣሸቱ ኵጀታት ብምዕራድ ምስቲ ንውሽጢ ዶንጎሎ ዝሃድም ዝነበረ ሓይሊ ጸላኢ ውግእ ገጠምና።

እዞም ኣብዛ ንእሽቶ ኵጀት ዝዓረድና ብቝጽሪ ውሑዳት፡ ተኹሲ ጀመርና። ነዊሕ ከይጸናሕና፡ ሓሙሽተ ደቒቕ ኣብ ዘይመልእ ግዜ፡ ክልተ መድፍዓጂታት ብሬን-16፡ ክልተ ክላሽን ዝዓጠቑን ሓደ ኮለይን፡ ብጸጋማይ ጕድኖምን ብሕቖኦም ተሃሪሞም ስለዝተሰውኡ ነገሩ ኣሰደመመናን።

ምኽንያቱ፡ ጸላኢ ብቕድሚኔና ዓሪዱ ክነሱ፡ እዞም ብጾት ብድሕሪት ምውግኦም ክርድኣና ኣይከኣለን። የማነ ጸጋምና፡ ይኹን ከባቢና ብደቂቕ ተኸታተልና። ኣብ መወዳእትኡ፡ መስዋእቲ ጠንቂ'ዞም ብጾት፡ እቲ ብጸጋምና ወገን ኣብ "ጎላን ተራራ" ዓሪዱ ዝነበረ፡ ረሸራሽ ዶሽካ ጸላኢ ምዃኑ በጻሕናዮ።

ኣብዛ ሓጻርን ጽንክርትን እዋን ጥምጥም፡ ምስ ዳንባን ወዲ ጉይትኦምን ኴንና ነንዝተቐልቀለ ወተሃደር መንጠልናዮ። ሸሕ'ኳ ወዲ ጉይትኦም፡ ንሰውራ ሓድሽ እንተነበረ፡ መዓርግን ምኽትል ተለንተ ዝነበሮ መኰነን ፖሊስ ኣብ ኣባዲና ኮሌጅ (ኢትዮጵያ)፡ ልዑል ወተሃደራዊ ስልጠና ዝጸገበን ምኩር ተዋጋኣይ'ዩ ዝነበረ።

ካብታ ስትራተጅያዊት መዓስከር "ጎላን ተራራ" ዝትኩስ ዝነበረ ጠያይቲ፡ ኣብ ዝባንና ጸሓየ። ኵነታት እናጸንከረ ስለዝኸደ፡ ምስ ተኸስተ ዳምባን ወዲ-ጉይትኦምን ክመኻኸር ናብኦም ቀረብኩ። "ብጾት! ኣብ ቃልዕ ቦታ ኢና ዘለና። እዚ ኣብ 'ጎላን ተራራ' ተተኺሉ ዘሎ ዶሽካ ብጉድንና ይሃርመናን ኣደዳ መውጋእትን መስዋእትን ይገብረና ኣሎ። ኣብዚ ኣትኪልና ክንዋጋእ ኣይንኽእል ኢና፣ ካብ ጥቕሙ ጉደኣቱ'ውን ክበዝሕ እዩ። ስለዚ፡ በብሓደ ናብ ከውሊ ንውረድ፡" በልኩዎም። የማንናን ጸጋምናን ዝነበሩ ኣባላት ጋንታና፡ በብሓደ ናብ ውሑስ ቦታ ወረዱ። ሰለስቴና ጉልባብ ክንገብረሎም ንውሑዳት ደቓይቕ ኣብኡ ጸናሕና። እቲ ኣብ ቅድመና ዝታኹስ ዝነበረ ሓይሊ ጸላኢ፡ ምልውዋጥ ተኹሲ ክዳኸም ተዓዚቡ፡ ሞራል ረኺቡ ናባና ገጹ ክብገስ ውጥም ቅልቅል በለ። "በሉ ሕጅስ ኰላ ወሪዳ እያ፣ ንበገስ፡" በልኩዎም። ተመራሪሕና ድፋዕና ገዲፍና ንድሕሪት ከነዝልቕ ምስ ጀመርና፡ ኣነ እውን ናይቶም ቅድሚ ቍሩብ ደቓይቕ ብመስዋእቲ ዝተፈልዩና ብጾት ዕጫ ብጺሑኒ፡ ጸጋመይቲ እግረይ ብናይ ዶሽካ ጥይት ተሃሪማ ኣብ ዝባነይ ተሰቕለት። ዝፈስስ ዝነበረ ደም ንምዕጋት ካብ ጃኬተይ ጨርቂ ኣውጺአ ተቓለስኩ። እንተኾነ፡ ኣብ ብርከይ ዝርከብ ሱር-ደም ብኸቢድ ስለ ዝተጎድአ፡ ደም ከም ሕሱም ፈሰሰ። ዝተረፈኒ ሓይሊ ከይተጸንቀቕ፡ "ጸጋይ! ዳምባ! ተወጊአ፣ ሓግዙኒ!" በልኩ። ክልቲኦም ብበጠበጥ ናብታ ዝወደቕኩላ ተመልሱ። ጸጋይ ኣብ ዝባኑ ተሰኪሙኒ ንድሕሪ ክምለስ እንከሎ፡ ካብ ጸላኢ ዝተኻዕወ ጠያይቲ ዓቕሉ ኣጽበበሉ። ንዓይ ካብ ዝባኑ ናብ ምድሪ ደርብዩ ግብረ-መልሲ ሃበ። ብኸም'ዚ ክስከመንን ክድርብየንን ተረባረበ። ካብ እግረይ ደም ብብዝሒ ይፈስስኒ ስለዝነበረ፡ በብቑሩብ ክደክምን ህርመት ልበይ ክዝሕልን ተሰምዓኒ።

ብወገንና ዝትኩስ ዝነበረ ጠያይቲ ጨሪሹ ደው ስለዝበለ፡ ጸላኢ በዚ ተተባቢዑ፡ ተወዳዲቡን ሓይሊ ወሲኹን ነታ ኣብ ወጋሕታ ነጻ ዝወጽኣት ዕርዲ 'ምብራቓዊ ተራራ' ናብ ኢዱ ክመልሳ ጽዑቕ ተኹሲ ፈነወ። ናባና ገጹ ተሃንዲዱ ክመጽእ፡ ወዲ-ጉይትኦምን ዳምባን ተዓዘቡ። ኣብኡ ኴንካ ምትኻስ ፋይድኡ ክሳራ ምዃኑ ስለዝተረድኦ፡ ድማ፡ ንዓይ ተሰኪሞም ናብ ካልእ ከውሊ ቦታ ከብጽሑኒ ተጓየዩ። ጸላኢ ኣብ ቅድሚኡ ዝኾነ ሓይሊ ከም ዘየሎን፡ እታ ነጻ ዝወጽኣት ዕርዲ ምብራቕ፡ ተጋደልቲ ከም ዘይብላን ምስ ኣረጋገጸ፡ ሃጂሙ ዳግማይ ኣብ ትሕቲ ምሉእ ቊጽጽሩ ኣእተዋ።

ወዲ-ጉይትኦምን ዳምባን፡ ካብ እግረይ ዝፈስስ ዝነበረ ደም ግዜያዊ መዕገሲ ገይሮም፡ ነታ ኣብ ትሕቲ ምቊጽጻር ጸላኢ ዝወደቐት ድፋዕ 'ምብራቓዊ ተራራ' ዳግማይ ናጻ ንምግባር ምስ ብጾቶም ተሓወሱ። በጋጣሚ፡ ሓኪም ሓይሊ 4.33 ዝነበረ ተጋዳላይ ፍጹም ገረዝጊሄር ተወጊአ ምስ ርኣየኒ፡ ካብቶም ንቅድሚት ዝሃጅሙ ዝነበሩ ብምትራፍ፡ ነቲ ካብ ጸጋመይቲ እግረይ ዝፈስስ ዝነበረ ደም ብመቐነት (ትርንኬት) ኣሲሩ ዓገቶ። ዘድሊ ሕክምናዊ ረድኤት ሂቡ፡ ነቶም ዝሓደጉዎ ብጾት ከርክቦም ተመርቀፈ። ብዓይኒ ሓቂ፡ ሓኪም ጋንታ ፍጹም፡ ንእለቱ መጺኡ ነቲ ዝተበትከ ሱር-ደም እንተዘይዓግቶ፡ ኣሰር እቶም ኣብ መጥቃዕቲ ዶንጎሎ ዕጭኦም ሂቡዎም ዝተሰውኡ፡ ምስዓብኩ።

እቲ ኣብ ምብጋስ ንውግእ-ሳሊና ራድዮ ዓጽዩን ንበይኑ ተነጺሉ ውዒሉ ተባሂሉ ዝተነቕፈ ብጻይ ኣማኒኤል 'ወዲጠሊፋ፡ ኣብ ምሕራር ከተማታት ዶንጎሎ፡ ጊንዳዕ፡ እምባትካላን ነፋሲትን ኣብ ርእሲ'ቲ ናይ ሓይሉ ሓላፍነት፡ ናይ'ቶም ዝተወግኡን ዝተሰውኡን ሓለፍቲ ቦታ ሸፊኑ ካብ ታባ ናብ ታባ ክነጥርን ንብጾቱ ኣርኣያ ኮይኑ ብምውጋእ ዓቢ ተራ ተጻወተ። ድሕሪ ውሑዳት ሰሙናት፡ ንከተማ ዓዲ-ቐይሕ ናጻ ንምውጻእ'ውን ንሓይሉ መሪሑ ተበገሰ። ኣብ ውግእ ዓዲቐይሕ ኣብ ውሽጢ ዕርዲ ጸላኢ ኣትዩ፡ ንሓይሉ ካብ ከበባ ድሕሪ ምውጻእ፡ መስተንክር ጅግንነት ፈጺሙን ቃሉ ኣኽቢሩን ብ1978 ተሰውአ።

23/01/78 ማእከልነት ቦጦሎኒ 4.3 መብራህቱ 'ሻይናክ'[25] ኮሚሳር-ሓይሊ 4.33 ተኽለ-ማንጁስ፡ ማእከልነት ሓይሊ 4.31 ዓሊ-ኑር፡ መራሕ ጋንታ ሰለሙን ወዲሓጎስን ዳምባን ብኽቢድ ክውግኡ እንከለዉ፡ ማእከልነትሓይሊ 4.23 ሳልሕ (ማንጁስ) ብጅግንነት ተሰውአ።

23 ጥሪ 1978 ሰዓት 3.00 ድ.ቐ መላእ ከተማ ዶንጎሎ፡ ሰዓት 4.30 ድማ ከተማ ጊንዳዕ ናጻ ወጽአ። ተጋዳላይ ነቶም ኣብ ሳሊና ዝገደፎም ሰማእታቱ፡ ብዓወት ንምድባሶም፡ ንጸላኢ እግሪ እግሩ ሰዓቦ። ንጽባሒቱ 24 ጥሪ 1978 10.00 ቅድሚ ቀትሪ ናብ እምባትካላ ገጹ ገስገሰ፡ ኣብ ውሽጢ ሓደ ሰዓት ድማ፡ ንእምባትካላ ሓራ ገበራ። መጥቃዕቲ ህዝባዊ ግንባር ኣዝዩ ቅልጡፍን ዝተወሃሃደን ምንባሩ፡ ሜላ ቅዲ ውግእ ህዝባዊ ግንባር፡ ንጀነራላት ደርግ ራዕዲ ከም ዘእተወሎም፡ በቲ ብ16 ጥሪ 1970 (ኣቈጻጽራ ግእዝ) ካብ ኮሎነል ከፈልኝ ይብዛ 'የምድር ጦር ም/ኣዛዥ'፡ ናብ ብሑራዊ ኣብዮታዊ ዘመቻ መምርያን፡ ኣገር መከላከያ ምኒስተርን ምድር-ጦር ጠቅላይ መምርያ ኮሎነል ረጋሳ ጅማ፡ ዝተላእኩ ሰነዳት ጸላኢ ኣረጋጊጾሞ እዮም።

ገስጋስ ህዝባዊ ሰራዊት ኣብዚ ደው ከይበለ፡ ቀጸለ። 26 ጥሪ 1978 ንነፋሲት ማይሓባርን ድሕሪ ምቊጽጻር፡ ኣብ ልዕሊ ጸላኢ ሰፍ ዘይብል ሰብኣውን ሞራላውን ንዋታውን ክሳራታት ብምውራድ።[26] ኣብ መወዳእታ ኣብ 'ሰይዲቺ' ዓረደ።

ህዝቢ ኤርትራ ንዝተነፍጎ መሰሉ ናጽነቱ ክረክብ፣ ወሳኒ መጻኢ ዕድሉ ባዕሉ ክኸውን፡ ብገዛእቲ ዝተመንዘዖ ክብሩን መሰሉን ከረጋግጽ እንተ ደኣ ኮይኑ፡ ካብ ባይቶ ሕቡራት መንግስታት ባንዴርኡን መሰሉን ከም ገጸ-በረኸት ክምጠወሉ ምጽባይ ዘይኩነ፡ ነቶም ሰዊት ዕድመኦም ዘይመነዉ ኣብ ብርኮም ዘስተንፍሱ ለይለይ መንእሰያት ደቁ ከም ገንሸል ንመስዋእቲ ብምውፋይ'ዩ።

መሬት ሰምሃር፡ ነቲ ኣብ ከርሳ ዓቂባቶ ዘላ ኣዕጽምቲ ጀጋኑ፡ ኣብ ዝባና ዝወደቐ ቦምባታት፡ ሮኬታትን ናፓልምን ጸባጺባ ኣፍ ኣውጺኣ እንተትዛረብ፡ ማሕበረሰብ ዓለም፡ ነቲ ህይወት ሰብ ዝበልዕ ውግእ፡ ካብዛ እንነብረላ ዓለም ሓንሳብን ንሓዋሩን ንኽጠፍእ ሰላም ንኽሰፍን፡ ኢድ ንኢድ ተታሓሒዛ ንልምዓትን ብልጽግናን ኣበርቲዓ ክትሰርሕ መብጽዓ ምኣተወት ነይራ።

እቶም ብ22 ጥሪ 1978፡ ኣብ ድሮ መጥቃዕቲ ዶንጎሎ፡ ንፍሉይ ስራሕ ዝተልኣኽና ተጋደልቲ፡ ተልእኾና ወዲእና ቊሩብ እንዛነየላ ግዜ ምስ ረኸብና፡ እታ እትመጽእ 23 ጥሪ እንታይ ዕድል ሒዛ እያ ክትመጽእ፧ ኣብ መጥቃዕቲ ዶንጎሎ፡ ክንሰዋእ ዲና ክንሰርር፡ ክንዕወት ዲና ክንፈሽል፡ ክንማርኽ ዲና ክንማረኽ ወዘተ. ብምባል ክንጫረቕ ዝወዓልና ተጋደልቲ'ኸ መወዳእትኡ እንታይ ኮንና፧ ከምቲ ዕጫና ዝበጽሓናዶ ተፈጺሙ ወይስ ብኣንጻሩ፧

ትፈትዎ ሰብ ከይሃብካን ንኡስ ዕድመኻ ከየወፈኻን ናጽነት ሃገርን ሓርነት ህዝብን ስለዘይርከብ፡ ኣብታ ድሮ መጥቃዕቲ ዶንጎሎ ዝተኣኻኸብና ተጋደልቲ፡ ዝበዝሑ ንስለ'ዛ ሃገር ክብሉ ተሰውኡ። ውጽኢት'ቲ ዕጫ ከምዚ ዝስዕብ ተዛዚሙ፤

1. ተኽልኣብ መጉስ ግርሙ (ወዲ ሸቃ / ዓወር) 10 ሰነ 1983 ኣብ ሩባ ዓንሰባ ተሰውአ።
2. ሰለሙን ሓጉስ ገብረሚካኤል (ወዲ-ሓጉስ) 18 ለካቲት 1982 ኣብ ደንቦቤት ተሰውአ።
3. ኪዳነ ዘርኡ ወልደገርግስ (ኣዓየ") 22 ነሓሰ 1985 ኣብ ኮይታ ተሰውአ።
4. ጭሩም፡ 23 ጥሪ 1978 ኣብ መጥቃዕቲ ዶንጎሎ ተሰውአ።
5. ኣቡበከር፡ እቲ ንበጦሎንና ናብ ድፋዕ ዶንጎሎ ዝመርሐ ኣባል ብርጌድ 44፡ ኣብ ርእሱ ብኸቢድ ተወግአ።
6. ግርማኣለም ተኪኤ ኣብ ምሕራር ዶንጎሎ፡ ጸጋማይ እግሩ ብኸቢድ ተወግአ።

ገዳይም ተጋደልቲ ኢብራሂም ሳልም ዑስማን (ወዲሳልም) ዋ'ኳ ኣብታ ዕጫ ዝተገብረትላ መዓልቲ እንተዘይነበሩ፡ ኢብራሂም ሳልም ኣብ ጨጓር-ታባ፡ ተኪኤ ተወልደ ድማ (ቄራይ) ኣብ ዶንጎሎ፡ ኣብ ሕቖኦም ብጥይት ተሃሪሞም ኣካላዊ መልመስቲ ኣጋጢምዎም።

ደም መን ኮን ሞኾነ፡

ኣብ ሳሊና ዝፈሰሰ ደምን ዝተኸስከሰ ኣዕጽምቲ ስውኣትን ዘመሓላልፎ ክቡር መልእኽቲ እንተ'ሎ፡ ባሕሪ ኤርትራ ትማሊ፡ ሎምን ጽባሕን ናይ ህዝቢ ኤርትራ ምዃኑን ብሓይሊ ወጻኢ ክድፈር ዘየፍቅድ ምዃኑን እዩ። ኣብ ባሕሪ ዝፈሰሰ ደምን ዝተኸስከሰ ዓጽምን ብዓይነይ ምስ ርኣኹን ታሪኽ'ዞም ፋርሳት ንወለዶታት ሓድጊ ክኸውን ክጽሕፍ ምስ ተበገስኩን፡ ነቶም ስለዛ መሬት ክብሉ ደሞም ዘፍሰሱን ዓጽሞም ዝኸስከሱን ሰማእታት ንምዝካር፡ ነታ ብኢብራሂም መሓመድ (ኣክላ)፡ "ደም መን ኩን ይኸውን" ንእትብል ግጥሚ ዘከርኩ።

ነዛ ግጥሚ፡ ምስ ሳሊና ኣዛሚደን ኣወሃሂደን ክጽሕፉ ፍቓድ ኢብራሂም (ኣክላ) ረኺብኩ። ከምዚ ኸኣ ትብል።

ገፈል-መፈል ካብ ማይ ቀይሕ ባሕሪ እንተ ዝፍለ
ትሕዝቶ ማዕድናቱ ተጸኒዑ እንተ ዝጸረ
ደም-ተጋዳላይ ካብ ማይ-ባሕሪ እንተ ዝልለ
ኣብ ግራት-ሳሊና ዝፈሰሰ ደም፡ ናይ መን ኰን ምኾነ፧

ሓመድ ሳሊና፡ ብሚሔ እንተ ዝንፈ
ሰልሚ ጨው፡ ካብ ማይ-ባሕሪ እንተ ዝጸረ
ኣብ ሰምሃር ዝተዘርወ ኣዕጽምቲ፡ መንነቱ እንተዝልለ
ኣብ ጨው ሳሊና ዝተቐብረ ብጸይ፡ መን ኰን ምኾነ፧

ሰንጭሮን ጉልጉል ሰምሃርን እንተ ዝድህሰሰ
ኣኽራን ደማስ እንተ ዝድምሰሰ
ሩባ ዶጎሊ-ደማስ እንተ ዝጥሕሰሰ
ደም መን ምኾነ ንውሽጢ ከርሶም ዘተርከሰ
ኣዕጽምቲ መን ምኾነ ኣብ ዶጎሊ ዝተኸሰከሰ፧

ኣዕዋፍ ቅሳነት ሰኢነን ሰማየ ሰማያት ክበርራ
ጤለ-በጊዕ ኣብ ጐላጕል ደማስ ሳዕሪ ብላዕ ክምእርራ
ዛግራ-ሰገን ዝብላዕ ደልየን ላዕልን ታሕትን ክወናጀራ
ዓጽሚ መን ኰን ረኺበን ይኾና በጽፋረን ምድሪ ክጽሕትራ፧

ዝበኾበኹ ኣግራብ ሰምሃር ኣብ ሓደ እንተ ዝኾመሩ
ቅላጦም ተላሒጹ ሰራውሮም ካብ መዓሙቕ እንተ ዝብርበሩ
ጨናፍሮም ተጸልጺሎም ኣብ ቤተ-ፈተነ እንተ ዝምርመሩ፤
ዓጽሚ መን ምኾነ፡ ከም ማዕድን ዘዐምበቦም፧
ጅማት መን ምኾነ፡ ከም ዓረ ዘትረሮም፧
ደም መን ምኾነ፡ ንመዋእል ክጸንሑ ዝሓገዞም፧

እወ! ደም'ቲ ሓርበኛ ማንጁስ'ዩ ኣብ ዘይእዋኑ ዝተኹልፈ
ደም'ቲ ሕሳስ ልደ ገዛ እዩ፡ ንፍዮ ዘየሕለፈ
ደም ፌተውራሪ'ዩ መርዓት ስኑ ዘይሸረፈ።

ሳሊና-77

ደም'ታ ዋዕሮ እወ! ኣብ ሳሊና ዝዓንደረት
ናይታ መልከዐኛ ጐርዞ ሓዳር ዘይገበረት
ደም'ታ ኮተቴ! ኣምዑት ዘይቈጸረት
ናይታ ብዓልቲ ዝናር እንግድዓእ ዘየትረረት።

ደም ብዓል ገነት፣ ዛህራ ደንከለይቲ፣ እዘን ሰብ ግርማ
ደም'ዘን ጐራዙ'ወ ንመሰዋእቲ ዝቀዳደማ
ደም'ተን ኳዕናናት ኣደታት እወ! ንስለ ሃገር ምስ ጸላኢ ዝተፋለማ
ንባንዴራ ክብላ ወርቀንን ደቀንን ንሰውራ ዘስተለማ
ደም መሻይኽን ካህናትን እው፣ ምስ ደቆም ደው ዝበሉ ብዋዜማ።

ነቲ ኣብ ጐላጐል ሳሊና ዝተራእየን ንኽትጸውየሉ ቃላት ዘይርከቦ ዓቐን-ኣልቦ ዓቕልን ተጻዋርነትን ተጋዳላይ ክትዝክር እንክለኻ ትሕበን። ኣብ ልዕሊኡ ዝወረደ ኣደራዕን ቃንዛን ዘኪርካ፣ ኣብ ልዕሊ ገዛእቲ ስርዓት ኢትዮጵያን ተሓባበርቶምን ዘለካ ጽልኢ ጥርዚ ይበጽሕ።

ክፍል 3

ምዕራፍ ዓሰርተ ሓደ

*

ዕቑባይ (ቀሺ) ንገነት ጐነጽን'ከ ናበይ ኣበሉ፧

ዕቑባይ ደበሳይ መሓሪ ብ16 ነሓሰ 1973 እዩ ናብ ህ.ሓ.ሓ.ኤ ዝተሰለፈ። ምስ ቀሺ ካብ 1976 ዝጀመረ ናይ ነዊሕ እዋን ገድላዊ ሌላ ነበረና። ኣብ ጥሪ 1976 ከበባ ናቕፋ ኣብ ዝተጀመረሉ እዋን፡ ቀሺ ከም መራሒ ጋንታ ኣብ በጦሎኒ 607፡ ሓይሊ ዳኒኤል "ጭዓይ" (ጸሓይ) ተመደበ።

ኣብቲ ናቕፋ ንምሓዝ ኣብ ጸጽባሕ ዝካየድ ዝነበረ ደማዊ ህጁማት ለይቲ፡ ኣብ ኰሉ'ኳ እንተዘይተባህለ፡ ዝበዝሕ እዋን፡ ምስ'ቶም ንናቕፋ ንምጥቃዕ ዝሃጅሙ ዝነበሩ ውፉያት፡ ብዘይ ጥርጥር ቀሺ ቀዳማይ ቦታ እዩ ዝሕዝ። ዕቑባይ ካብ ንሰባት መዚዙ ንህጁም ዝልእኽ፡ ነታ ሓዊ ባዕሉ ክስሕና ይመርጽ ነበረ። ኣብ ጥሪ 1977፡ ኣብ ዝተኻየደ ህጁም፡ ቀሺ ጸጋመይቲ ኢዱ ብኸቢድ ተወግአ። ምሉእ ብምሉእ ከይሓወየ ድማ፡ ካብ ሕክምና መሊቑ ናብ ጋንትኡ ተመልሰ። ኣብቲ ብ23 መጋቢት 1977 ዝተገብረ ዛዛሚ ውግእ ናቕፋ፡ ከኣ ሓደ ካብቶም ንዕርዲ ሰሜን (ፎርቶ) ከጥቅዑ ዝተመርጹ ተጋደልቲ ነበረ'ሞ፡ ሓርነት ናቕፋ ክርኢ በቕዐ። ኣብ ምቛም ብርጌዳት፡ ንሱ ከም መራሒ ሓይልና፡ ኣነ ከም መራሒ መስርዕ ኴንና፡ ንኻልኣይ ግዜ ኣብ ሓይሊ 4.33 ተራኺብና።

ቀሺ ክፈልጥን ክመሃርን ዝጽዕር፡ ምስ ዓብን ንእሽቶን ዝጫረቕ፡ ነዊሕ ራእይ ዝነበሮ፡ ምቕሉልን ተፈታውን ከም ዝነበረ እቶም ህሉዋት መጓዕዝቱ እንምስክሮ ሓቂ እዩ። ልዕሊ ኹሉ፡ ኣብ ልዕሊኡ በደል ንዘፍጽም ሰብ ይቕረ በሃሊ ደኣ'ምበር፡ ተቐያሚ ኣይነበረን።

"እዚ ኩሉ ናይ ተሓናነቕ፡ ፈታንን በዳህን ውግእ ሰምሃር-77 ምስ ተወድአ፡ ዕድል ዕቑባይ ቀሽን ገነት ጓል-ጉነጽን መወዳእትኡ ከመይ ኰነ፤ ወይ ናበይ ኣበሉ፤ ገነት ተመርዕያ ወሊዳ ዘሚዳዶ ትኸውን፤ ናጽነት ኲይኑ ምስቶም ብልቢ ትናፍቐም ወለዳን መተዓብይታን ደቂ ዕዳጋዓርቢ ዳግማይ ተራኺባስ ሃንቀውትኣን ናፍቖታን ኣውጺኣዶ ትኸውን፤ ነታ ተወሊዳ ዝዓበየትላን ዳግማይ ንኽትርእያ ትብህጋ ዝነበረት ኣስመራን ጉደና ኮምቢሽታቶ ብዓይና ክትርእያን ብእግራ ክትረግጻን በቒዓዶ ትኸውን፤ ዝብሉ ሕቶታት ክልዓሉ ግድን እዩ። ከመይሲ ብመከራን ሕሰምን ዝሓለፈ ሰብ፡ ኣብ መወዳእትኡ ዓወት ክድረር ኩሉ ደላዪ ሰናይ ዝምነዮ እዩ።

ገነት ምስ ብጾታ፡ ነቲ መፈጠርካ ዘጽልእ ኲናት ሰምሃርን ውግእ ሳሊናን ሰጊራቶ እያ። ብዓቢኡ ኣብቲ ንሳሊና ዝደበሰ ዓወታት፡ ምቅርራብ ዶንጎሎ፡ ጊንዳዕ፡ እምባትካላ፡ ነፋሲትን ሰይዲሺን ኣብ ምድምሳስ ሓይሊ ጸላኢ መኪታ ኣፍ ደገ ኣስመራ በጺሓ እያ።

ኣብ ለካቲት 1978፡ ተጋድሎ ሓርነት ኤርትራ፡ ኣብ'ተን ካብ ደቀምሓረ ንደቡብ ዝርከባ ዓድታት ማይ ዓይኒ፡ ምሕራድ ላም፡ ሓድሽ ዓዲን ቅናፍናን ዓስከረት። ተ.ሓ.ኤ ንገስጋስ ህዝባዊ ግንባር ንድሕሪት ንምጉታትን፡ ነቶም ጉልበቶም፡ ንብረቶምን ግዜኦምን ከይበቐቑ፡ ኣብ ጉድኒ ውድቦም ደው ዝበሉ ሓፋሽ ውዱባት ህዝባዊ ግንባር ምጭዋይን ምእሳርን ስርሑይ ኢላ ተተሓሓዘቶ። እዚ እከይ ተግባር፡ ንጸዋታ'ቲ፡ ናይቲ ከባቢ ብኣሉታ ጸለዎ። ሓይሊ 4.33 ኣብቲ ካብ ዶንጎሎ ክሳብ ማይሓባር ዝተኻየደ መጠነ ሰፊሕ መጥቃዕቲ ከምኡ'ውን ኣብ ውግእ ሰምሃር ከቢድ መስዋእቲ ከፊላ ስለዝነበረት፡ በቲ ሓደ ነቲ ጀብሃ እትፈጥሮ ዝነበረት መኻልፍ ንምዕጋስ፡ በቲ ኻልእ ድማ፡ ንሓውሲ ዕረፍቲ ኣብ ከባቢ ማይ ዓይኒ ዓስከረት።

ኣነ ኣብ ምሕራር ዶንጎሎ ተወጊአ ካብ ወተሃደራዊ ንጥፈት ስለ ዝተዓናቐፍኩ፡ ሓጐስ ጸጋይ ነዛ ጋንታ ክመርሕ ምሉእ ሓላፍነት ወሰደ። እዛ ንዕረፍቲ ዘይተዓደለት ሓይሊ፡ ነቲ ናይ ጀብሃ ወተሃደራዊ ምንቅስቓስ ብቐረባ ንምክትታል፡ ጋንታታት ኣድሓኖም ኣብ እምባዓርባ፡ ጋንታ ሓጐስ ጸጋይን ኪዳነ "ኣዓየ"ን ድማ ኣርባዕተ ኪሎሜተር ተፈናቲተን ኣብ ሓበናትን ዓረዳ።

እዞም ኣብ ሰምሃር፡ ንሓይሊ ሰራዊት ኢትዮጵያ ሕርሕራይ ገይሮም ቀጥቂጦም ዘፍ ዘበሉ ኣባላት በጦሎኒ 4.3፡ መሬት "ደጊም ብተዛማዲ ሰላም ኰይኑ እዩ፡ ጸላኢ ካብ ደቡብ (ደቀምሓረ፡ ሰገነይቲ፡ ድግሳ) ተባሪሩ'ዩ፡"ካብ ዝብል ሓሳብ ጋንታ ሓጐስን ኪዳነን ኣብ ሓበናት፡ ጋንታ ኣድሓኖም ኣብ እምባዓርባ ቀሲነን ኣዕረፋን መደብ ምዝንጋዕ ሰሪዐን ክዘናግዓ ጀመራ።

ኮሚሳር ሓይሊ ተኽለ ክፍላይ፡ ኣብ መጥቃዕቲ ጊንዳዕ 1977 ኣብ ከብዱ ተወጊኡ ስለዝነበረ፡ ነዛ ሓይሊ ናይ ምምሕራሕ ጾር ኣብ እንግድዓ ዑቕባይ ወደቐ። ዕቝባይ ምስ ገነት ኣብታ ሓራ ዝወጸት ከተማ ደቀምሓረ ተራኸቡ። ሰዓት 3፡00 ወጋሕታ፡ ማእከልነት በጦሎኒ 51ን ሰምኦን ወዲ-ኢማም (ግዜያዊ ላዕለዋይ ሓላፊ'ቲ ከባቢ ዝነበረ)፡ ዕቝባይን ገነትን ኣብ ቈጸርኦም ተራኸቡ። ሓደስቲ ካላሽናት፡ ሰናዱቕ ጥይትን መድሃኒትን ኣብ መኪና ጽዒኖም፡ ካብ ደቀምሓረ ብለይቱ ተበገሱ። ድሕሪ ጕዕዞ ክልተ ሰዓት፡ ሓበናት ኣብ እትበሃል ዓዲ በጽሑ። ምድሪ ስለዘይወግሐ፡ ናብታ ጋንታ ሓጐስ ኣዕሪፋትላ ዝነበረት ህድሞ ኣበሉ። ቍሩብ ቀም ከብሉ ድማ ነጸልኦም ፈቲሖም ጕምብው በሉ። እንተኾነ፡ እዘን ክልተ ዓድታት፡ ሓበናትን እምባዓርባን ኣብ ከበባ ጀብሃ ኣትየን፡ ከቢድ ናይ መልኣከ-ሞት ሰርቢ-ደም ኣንጸላልዩወን ከም ዝነበረ ኣበይ ፈሊጦም!

ዘራጊ እንክሎ ጽሩይ-ማይ ስለዘይሰተ፡ ጀብሃ ነቲ ኣብ ደቡብ ዝነበረ ሓይላ ኣኻኺባ፡ 16 ለካቲት 1978 ወጋሕታ ሰዓት ሓሙሽተን ፈረቓን፡ ነተን ኣብ ሓበናትን እምባዓርባ ዓሪደን ዝነበራ ሰለስተ ጋንታታት ሓደጋ ወደቐተን። ዕቝባይን ወዲ-ኢማምን ኣዕይንቶም ሰለም ከብሉን፡ ምድረ ሰማይ ናብ ሓዊ ክትቅየርን ሓንቲ ኮነት። ሓበናት ብናይ ክላሽን ተኹስን ቦምባ-ኣርፒጂን ናብ ብርሃን ቀትሪ ተቐየረት። ሓጐስ ንጋንትኡ በቦታኣ ኣትሓዛ። ዕቝባይን ወዲ-ኢማምን ካብ ህድሞ ናብ ገበላ ወጺኦም ድፋዕ ሓዙ። እቲ መጥቃዕቲ ሃንደበታዊ ጥራሕ ዘይኰነ፡ ሓይሊ ጀብሃ'ውን ዝተዓጻጸፈ ስለ ዝነበረ፡ ቍጽሪ ዝውጋእን ዝስዋእን ተጋዳላይ ካብ ደቒቕ ናብ ደቒቕ ወሰኸ። ኣንፈት መጥቃዕቲ ከጽንዑ፡ መከላኸልን መዋጽኦን ዝኸውን ብልሓት ክሓስቡ፡ መጥቃዕቲ ተ.ሓ.ኤ.. ዕድል ዝህብ ኣይነበረን። እቶም ሰለስተ ብጾት፡ ምስዛ ጋንታ ኰይኖም ነዚ ሃንደበታውን ሓደገኛን መጥቃዕቲ ጀብሃ ክሳብ መወዳእታ መከቱ። ካልእ ኣማራጺ'ውን ኣይነበሮም።

"ሰልም! ሰልም! ያ! ምዳዳ! ፡" (ኢድኩም ሃቡ ኣንቱም ጸረ ሰውራ) ዝብል ዘረባታት ኣብ ከባቢ እታ ብዓል ገነት ኣትኪሎም ዝዋግኡላ ዝነበሩ

ህድሞ ተሰምዐ። እንተኾነ ንሳቶም ነቲ ድኹም ፕሮፓጋንዳ ጸማም እዝኒ ሂቦም፡ ክሳብ መውዳእታ ክዋግኡ መምስ ነብሶም ኪዳን ኣተዉ። እቶም ብስም "ፋሉል" ዝፍለጡ፡ ንኣመራርሓ ተጋድሎ ሓርነት ተቓዊሞም፡ ቅድሚ ቍሩብ ኣዋርሕ ናብ ህዝባዊ ግንባር ዝተሰለፉ ምኵራት ተጋደልቲ'ውን እንተኾነ፡ ነቶም ውሑድ ተመኵሮ ውግእ ዝነበሮም ሓደስቲ ብጾቶም እና'ተባብዑ፡ ኣንጻር'ቶም ትማሊ ትማሊ ኣብ ሓደ መስርዕ ምስኦም ዝነበሩ ተጋደልቲ ጀብሃ ገጠሙን ኣብነት ብምዃን ብትብዓት ተዋግኡን።

የግዳስ እቲ ነዘን ሰለስተ ጋንታታት ዘጥቅዕ ዝነበረ ሓይሊ ተ.ሓ.ኤ.፡ ሓድሽ ተደራቢ ሓይሊ ማሊሽያ'ቲ ከባቢ ስለዝተሓወሶ፡ እዛ ኣብ መጻወዲያ ጀብሃ ዝኣተወት ጋንታ ሓጐስ ካብዚ ዘይቅዱስ ውግእ ሓድሕድ ፈንጢሳ ክትወጽእ ኣይከኣለትን። ዕቍባይ ክዋጋእን ንብጾቱ ሞራል ክህብን ኣርፈደ። ገነት ኣብ ሞንጎኦም ዝነበሮም ብጻያዊ ፍቕሪ ግዲ ደፋፊኡዋ፡ ኣዕይንታ ናብ ቀሺ ወርወረተን። ቀሺ ግን ኣብ ርእሱ ተወጊኡ ኣብ መሬት ተጸጢሑ ርኣየቶ፡ ናብታ ብኣፍ ልቡ ዘወደቐላ ብበጠበጥ ተንፋሑኻ በጽሐት። እንተኾነ ቀሺ ሓንሳብ ንሓዋሩን ኣዕሪፉ ረኸበቶ። መስዋእቲ ቀሺ ንስምኦን ወዲ-ኢማም ድርብ ሓላፍነት ኣሰከሞ። ወዲ ኢማም፡ ነቶም ብህይወት ዝተረፉ ብጾቱ ኣብ ምትብባዕን ቦታ ኣብ ምሓዞምን ላዕልን ታሕትን በለ። ንሱ እውን ነዊሕ ከይጸንሐ ኣብዛ ጸላም መዓልቲ ብጅግንነት ኣሰር ዕቍባይ ሰዓበ።

መራሒ ጋንታ 4.332 ሓጐስ ጸጋይ፡ ገነት ስሉስ ተወልደ ባልጃን ሓድሽ ሃይለን መስዋእቲ ናይ'ዞም ብልቢ ዝፈትውዎም ሓለፍቶምን ብጾቶምን ክጻወርዎ ኣይከኣሉን። ኣብ ዓለም ብህይወት ምጽናሕ ትርጉም ሰኣንሉን ዘይምንባር መረጹን። ሓበናት ብድምጺ ቦምባን ሽታ ባሩድን ተዓብሎኽት። ጠያይቶም ኣብ ምውዳእ ተቐራረቡ። ምድረ-ሰማይ ከም ዑንቍ ጸበበቶም፡ ብረት ናይቶም ስውኣት ብጾቶም ኣልዒሎም ከም ሕሱም ተታኹሱ። እዘን ብትብዓት ዝዋግኣ ዝነበራ ክልተ ዋዕሮ፡ ብጥይት ከይምንጠላ፡ ሓጐስ ክከላኸለለን ዝክኣሎ ጸዓረ። ናይ'ዘን ጀጋኑ ብጾቱ ሕማቕ ከይረአየ ግን ቀዲሙወን ተሰውአ።

ገነት፡ ስሉስን ሓድሽ ሃይለን፡ መስዋእቲ ሓጎስ መሊሱ ኣጨከኖምን ከብዶም እምኒ መለሱላን። ነዚ ጀብሃ ኣብ ልዕሊ'ዞም ንጹሃት ብጾቶም ዘፈነወቶ ሃንደበታዊ መጥቃዕቲ ክሳብ መወዳእታ ብትብዓት ክምክትዎ ዝክኣሎም ገበሩ። ተጋዳላይ ሓድሽ'ውን ንሓይሊ 4.33 ድኣ'ሉ

ሓድሽ'ምበር፡ ኣብ ቃልሲ ሓያል ዓመታት ዘቕጸረ ስለ ዝነበረ፡ ማዕረ'ዘን ክልተ ዋዕሮታት ኣብ ዕላምኡ ጸኒዑ ንስዓታት ተዋግኢ። ድሕሪ ሓያል ጥምጥም፡ ኣብ ዕጥቀም ዝነበረ ጠያይትን ቦምባታት ናብ ምውዳእ ተቓረበ። እዘን ክልተ ዋዕሮታት፡ ኣሰር ዑቕባይ፡ ወዲ-ኢማምን ሓጎስን ተኸቲለን፡ ከም'ታ ምሕዝነተን ከይተፈላለያ፡ ለካቲት 16-1978 ኣብ ክብዲ-ዓዲ ሓበናት ብጅግንነት ተሰውኣ።

እዚ ኣብ ኣምሁር ተወሊዱ ዝዓበየን ኣብ 1975 ዝተሰለፈን ተጋዳላይ ሓድሽ ሃይለ፡ መስዋእቲ'ዘን ክልተ ዋዕሮታት ኣየርዓዶን። ኣብ'ዛ ደም ንጹሃት ፋርሳት ብጾቱ ዝፈሰሳ 'ሓበናት'፡ ክሳብ መወዳእታ ክዋጋእ ቃል ኣተወ። ብረት ዝወደቑ ብጾት ኣልዒሉ ከም ሕሱም ተረባረበ። ድሕሪ ነዊሕ ግጥም፡ ሓድሽ ሃይለ ቃሉ ከየዕበረ፡ ለካቲት 16-1978፡ ብጅግንነት ኣብ ሓበናት ተሰውአን ኣሰር ብጾቱ ሰዓበን።

ፍጹም ገረዝጊሄር (ሓኪም ሓይሊ)፡ ተኸስተ ዳምባ፡ እያሱ (ወዲ መነባብሮ)ን ተኽለ (ጣውላ)ን ዝርከቡዎም፡ ነቲ ኣብ እምባ-ዓርባ ከቢቡዎም ዝነበረ ሓይሊ ፈንጢሶም፡ ናብ መዓኸኖ እትበሃል ዓዲ ገና ከይበጽሑ እንከለዉ፡ ፍጹም ገረዝጊሄር፡ እያሱ (ወዲ-መነባብሮ)ን ተኸለን ተወግኡ። ኢያሱ ኣብ ዓንካርካሪቱን ዓይኒ-ብርኩን ስለ ዝተወግአ ክቕጽል ኣይከኣለን። ተስፋሃንስ ዝብሃል ሓኪም ጋንታ፡ ነተን ኣብ እምባዕረባ ዝምቕማጠን ኣደ፡ ከምዚ በለን፡ "ኣደ፡ ነዚ ውጉእ ብጻይና፡ ካብዚ ከበባ ጀብሃ ከነውጽኦ ንግዚኡ ከጸግመና እዩ። ስለዚ፡ ክሳብ ዳግማይ እንምለስ ንዓኽን ብሓደራ ገዲፈልክን ኣለኹ። እዚ ከቢድ ጾር ምኳኑ ይርደኣኒ'ዩ፣ ግን ዝግበር ነገር የሎን" ብምባል ተሰናቢትወን ከደ። ኣደይ ኣምለሰት፡ ተጋደልቲ ተ.ሓ.ኤ. ንውጉእ ኢያሱ ከይረኽቡዎ ብማለት ኣብ ዋልድቢት (መንበሪ ዕያውቲ) ብምሕባእ ህይወቱ ኣደሓንኦ። ኣብዚ ውግእ፡ መራሒ መስርዕ ተኽለብርሃን ካብ ጋንታ ኣድሓኖም ክሰዋእ እንከሎ፡ ውሑዳት ተጋደልቲ ድማ ኣብ ኢድ ጀብሃ ወዲቖም ተማረኹ።

ሓለፍቲ በጦሎኒ 4.1 ብርጌድ-51 ብዓል ተጋዳላይ ኣብርሃ ካሳ (ናይ ሎሚ ብሪጋዴር ጀነራል)ን ክብሮም ክፍለ (ወዲ-ክፍለ)ን፡ ነቲ ኣብቲ ከባቢ ዝነበረ ሓይሊ ኣወሃሂዶም ኣብ ልዕሊ ተ.ሓ.ኤ. ሰፊሕ መጥቃዕቲ ብምፍናው፡ ናብ ቅናፍናን ኳዓቲትን ጸራረጉዎም። ህዝቢ'ቲ ከባቢ ንውጉኣት ተሰኪሞም ኣብ ዓዲ ነብሪ ናብ ዝርከብ ሕክምና ኣብጺሑዎም።

ኣብ ሳሊና ዝፈሰሰ ደምን ዝተኸስከሰ ዓጽምን ንብላሽ ኣይተረፈን፣ ኣማስያኡ ናጽነት ኣጕናጺፉ'ዩ።

* * *

ብኣጠቓላሊ ታሪኽ ህዝቢ ኤርትራ፡ ታሪኽ ብድሆ፡ ቀያን ጽንዓንትን'ዩ። ኣብ ብረታዊ ቃልሲ ህዝቢ ኤርትራ ዝተፈጸመ ጅግንነት፡ ኣብ ታሪኽ ኣህጉርና መዘና የብሉን። ካብ'ቶም በብእዋኑ ዝተፈጸሙ መዳርግቲ ኣልቦ ዝኾኑ ፍጻሜታት ግን እቶም ዝተተረኽሉምን ዝተጸወየሉምን ኣዝዮም ውሑዳት እዮም። ስለ'ዚ እዚ ረዚን ታሪኽ ካብ ወለዶ ናብ ወለዶ እናተመሓላለፈ ህያው ኮይኑ ምእንቲ ክነብር ብዅሉም መልክዓት ክስነድ ኣለዎ። እቲ ግዜ ድማ ሕጂ እዩ።

ዕጫ ድዩ ወይስ ምርጫ፡

ገለ ተዋዘይቲ ተጋደልቲ፡ ነዞም ዝሓለፉ ዝተፈላለዩ መድረኻት ገድሊ፡ ነቲ እዋን ዝገልጽ ዝተፈላለዩ ቅጽላት ኣጠሚቖሞ እዮም። ኣብ ዝተፈላለዩ ኣጋጣሚታት ዝወጽእ ዝነበረ ኣስማት፡ ቀሊል መልኽቲ ግን ኣይነበሮን ጥራሕ ዘይኮነ፡ ነቲ ክውንነት፡ መድረኽን ባህርን ናይ ሰውራ ዝገልጹን ትርጉም ዘለዎምን እዮም ነይሮም። ገለ "ገድሊ ገደል" ይብሉ፡ ገለ "ሰውራ ናር" (ሓዊ)፡ ገለ "ገድሊ መስገደል" ወዘተ ዝብሉ ሓረጋት ልሙዳትን ምስ ጭርቃን ዝመጽኡ ቅጽላትን'ዮም።

ተጋዳላይ በዘልማድ፡ ነዚ ካብ 1961 ዝጀመረ መድረኽ ብረታዊ ቓልሲ፡ መምስ ኩነታት ዝኸይድን በብዝጥዕሞ መንገድን፡ ዝተፈላለዩ ስያሜታት ሂቡዎ እዩ። ኣነ ብዝመስለኒ፡ ካብ 1961 ክሳብ 1970 ኣብ ዝነበረ እዋን ዝተሰለፈ ተጋዳላይ፡ ብ"ጀብሃ በዲር" ወይ "ፖሊስ ዓባይ" ብዝብል መጸውዒ (ለቐብ) ብምሃብ፡ ክዝንቶን ክዕለልን ይስማዕ። ቀጺሉ ኣብ 1974-75 ንሰውራ ዝተጸንበረ ብ"ሕሩያ ገሪባ"፡ ኣብ 1978-79 ብስም "ካምቦድያ"፡ ኣብ 1983-85 ብ"ሃገራዊ ጻውዒት"፡ ኣብ 1988-91 ዝተጸምነረ "ወጋሕታ" ዝብል ዝተፈላለዩ ስያሜታት፡ ነቲ ዝነበረ መድረኽ ዝገልጹን ዝገጥሙን ሓረጋት ተዋሂቦም። እዞም ተቓለስቲ ኣብ ዝተፈላለየ ናይ ግዜ መቓን ወይ መድረኽ ንቃልሲ'ኳ እንተ ተጸንበሩም፡ ዕላማኦም ግን ሓንቲ'ያ - ናጽነት ምምጻእን ባንዴራ ምስቃል፣ ኣብ ኤርትራ ራህዋ፡ ብልጽግናን ደሞክራስን ንምንጋስ ነበረ።

ኣብቲ መበገሲ ሓሳባት ክምለስ። 1975-76፡ ካብቲ ቅድመኡ ዝነበረ ፍሉይ ዝገብሮ እንተ ነይሩ ግን፡ ኣብዚ ዓመታት'ዚ ቅድመኡ ተራእዩ ዘይፈልጥ ዋሕዚ መንእሰያት ናብ ደንበ ሰውራ ምጽንባር'ዩ። ኣብ 1973-74 ዋሕዚ ተሳትፎ መንእሰያት ኤርትራ ብምጡን ዓቐን ተራእዩ። ኣብ 1975 ብዓሰርተታት ኣማኢት ክብ ኢሉ። ኣብ 1977 መንእሰይ ብዓሰርተታት ኣሽሓት ናብ ገድሊ ወሓዘ፣ ተሳትፎ ህዝቢ ኣብ ውሽጥን ወጻእን እውን ክብ በለ።

ህዝባዊ ግንባር ካብ ውልድኡ ኣትሒዙ፡ ንጉዳይ ምቕባል ሓደስቲ ተዓለምቲ ኣብ ደቂቕ መጽናዕቲ ተመርኲሱ የካይዶ ነበረ። ሓደስቲ ተዓለምቲ ተጋደልቲ ንምቕባል፡ ጉዳይ ትሕዝቶ ዕጥቅን ስንቅን፡ ጠለብን ቀረብን ኣብ ግምት ክኣቱ ስለ ዝነበሮ፡ እቶም ኣብዚ ስራሕ ተዋፊሮም ዝነበሩ ወደብቲ ኣባላት ክፍሊ ህዝቢ፡ ዝተፈላለዩ ምስምሳት ማለት፡ "ንስኻትኩም ቈልዑ ኢኹም ዘለኹም። ብኣካል ኣይደልደልኩምን፣ ኣብ ከተማ ተወዲብኩም ክትሰርሑ ኢና እንደልየኩም፣ እዛ ሃገር ንመጻኢ ምሁር ከድልያ እዩ፣ ትምህርትኹም ወድኡ፣ ስድራኹም ሓግዙ ወዘተ፡" እናተባህለ፡ ክሳብ መወዳእታ ክፍላ 1976 ብዙሓት መንእሰያት ናብ ዝተበገሱሉ ዓድታትን ከተማታትን ከም ዝምለሱ ይግበር ነይሩ።

ህዝባዊ ግንባር ነዚ ሓድሽ ሓይሊ መንእሰይ ንበይኑ ክብሕቶን ዓርሞሽሽ ሓይሊ ክፈጥርን ጸገም ኣይነበሮን። እንተኾነ፡ ንዝወሰዶም ስጉምትታት ጥቕሙን ጉድኣቱን ብምምማይ ይኸይድ ስለ ዝነበረ፡ ውሽጣዊ ዓቕሙ ብግቡእ ብምግምጋምን ብምጽናዕን፡ ናይ መንእሰያት ናይ ምግዳል መንፈስን ሞራልን ከይተንከፈን ከይሰበረን፡ ኣረዲኡን ምሂሩን ንግዚኡ ነናብ ዓዶም ይመልሶም ነበረ።

ኣብ መድረኽ ሰብዓታት፡ ደረጃኡ ደኣ ይፈላለ እምበር፡ ብጉዳይ ሃገር ዘይሓስብን ብኡኡ ዘይተጸልወን መንእሰይ ኣይነበረን። እንተ ነይሩ ኣዚዩ ውሑድ ጥራሕ'ዩ ክኸውን ዝኽእል። ናይቲ እዋን'ቲ መንእሰይ ገለ ናብ ርሑቕ ስደት ዘምርሐ፣ ገለ ስራሕ ክደልን ትምህርቱ ክቕጽልን ናብ ናይ ኢትዮጵያ ክፍለ-ሃገራት ዝገሸ፣ ገለ ኣብ ውራይ ምንባይ ጽጉማት ወለዱን ደቁን ዝተጸምደ፣ ገለ እንተስ ብጉርሒ እንተስ ብፍርሒ፡ ምስ ስርዓት ደርግ ጽግዕግዕ ኢሉ ዝተረፈ፣ ዝበዝሕ ድማ ናብ ደምበ ሰውራ (ተ.ሓ.ኤ.፡ ህ.ግ.ሓ.ኤ ከምኡ ካልኣት ውድባት) ግብኡ ክፍጽም ዝተሰለፈ ኩይኑ ነናቱ መሳርዕን መንገድን መረጸ።

ናይቲ እዋን'ቲ ኤርትራውያን መንእሰያት ኣብ ገለ ኣጋጣሚታት፡ ኣብ ዝራኽብሉ፡ መንእሰያት 60ታትን 70ታትን ኣብ ከምዚ ዝተፈላለዩ መሳርዕ፡ ማለት ገለ ንበረኻ ገለ ናብ ስደትን ካልእን፡ ፋሕ ምባሉን ምዝርግሑን “ዕጫ” ድዩ “ምርጫ” ብምባል ክትዕ የለዓዕል እዩ። ገለ ለባማት፡ “ንሕናስ ኣብቲ እዋንቲ ሓያል ሃገራዊ ስምዒት ነይሩና እዩ። እንተኾነ፡ ዕጫናን (ዕድልና) ኰይኑ ናብ ስደት ኣምሪሕና ወይ ኣብ ዓዲ ተሪፍና፡” ዝብል ዕላላትን ምስምሳትን ይስማዕ እዩ።

ወዲ ሰብ ክውለድ እንከሎ፡ ነናቱ ዕድል ሒዙ'ዩ ዝፍጠር ዝብሉ ናይ ስነ-ልቦና ምሁራን ኣለዉ። ገለ ድማ ብኣንጻሩ፡ ናይ ወዲ-ሰብ መጻኢ ዕድሉ ዝውስኖ፡ ኣከባቢኡን ኣተዓባብይኡን'ምበር ብዕድል ዝመጽእ ነገር የልቦን ይብሉ። ዕጫ፡ ፍተዎ ጽልኣዮ ዕድልካ ዝሃበካ ከይፈተኻ እትቕበሎ ክኸውን እንከሎ፡ ምርጫ ግን ኣዳቒቕካ ሓሲብካ፡ ፈቲኻን ረዲኻን እትኣትዎ ጉዳይ እዩ። እቶም ንወጻኢ ሃገር ዘምርሑ ናይቲ መድረኽ'ቲ መናእሰይ፡ ንስደት'ዩም መሪጾም። ምርጭኦም ስለ ዝኾነ ጨርቂ ይግበረሎም።

እቶም ኣብ ዓዲ ተሪፎም ስድርኦም ዝናበዩን ዝወለዱን ዝዘመዱን፡ “እንቋዕ ፈረይትን ጸገይትን ኰኑ”። እቶም ትምህርቶም ብምቕጻል ናብ ዝለዓለ ደረጃ ዝበጽሑ፡ “እንቋዕ ሓሳብ-ልቦም ሰመረሎም” ምባል ልቦና'ዩ። መኽንያቱ፡ ኵሉ ኤርትራዊ ብደገ ይምጻእ ኣብ ውሽጢ ይጽናሕ፡ ምሁር ይኹን ሓረስታይ፡ ብረት ዘልዓለ ይኹን ከም ሓፋሽ ውድብ ዝሰርሐ፡ ንሃገሩ ከከም ዓቕሙ ኣበርኪቱ እዩ። ብገምጋመይ ወይ ትንታነ ግን፡ እቶም ናብ ዝተፈላለየ መኣዝን ቃልስን ስደትን ፋሕፋሕ ዝበሉ ናይ ስሳታትን ሰብዓታትን መንእሰያት፡ ዕድሎም ኰይኑ ወይ ዕጭኦም በጺሑዎም ዘይኰነ፡ እንታይ ደኣ ንምርጭኦም ከተግብሩ ብናይ ገዛእ-ርእሶም ውሳነ ምንባሩ ክግለጽ ይከኣል።

ናይ ስሳታትን ሰብዓታትን መንእሰያት፡ ኣብ ውሽጢ ኤርትራ ይንበሩ፡ ኣብ ኣውሮጳ፡ ኣመሪካ፡ ሱዳን፡ ሩስያ ወዘተ.፡ ንዝረኸቡዎ ናይ ትምህርቲ ይኹን ናይ ስራሕ ዕድላት ወይ “ዕጫ” ከም ካልኣዊ ሰሪዖም፡ ሃሞምን ቀልቦምን ኣብ ቃልሲ ገበሩዎ። ገለ ነታ ዝውንንዋ ህይወቶም በጃ ህዝቦም ከወፍዩ ገለ ኣብ ከብዲ ጸላኢ ኰይኖም ንብረቶምን ህይወቶምን ዘሃቡ፡ ገለ ክህብትሙ ንብረት ከጥርዩ ከይበሉ፡ ነታ ኣብ ስደት ዝረኸቡዋ ዶላር ንሰውርኦም ዘወፍዩ፡ ዝበዝሑ ብረት ተሓንጊጦም ኣንጻር ጸላኢ ንሜዳ ተሰለፉ። ህዝብን ተጋዳላይን ከም ማይን ጸባን ተዋሃሂዱ፡ ብምሉእ ድሌቱን

ምርጫኡን በብመዳዩ ንሓንቲ ዕላማ ባንዴራ ዓጠቐ። ኣብ መወዳእታ ድሕሪ ናይ 30 ዓመታት መሪር ዕጥቃዊ ቃልሲ፡ ረፈረንዱም ብምግባር 99.8% "እወ ንናጽነት" ብምድማጽ ናጽነቱ ብገዛእ ቅልጽሙ ኣረጋገጸ። ከምቲ ሓርበኛ ኣቦና ኣቶ ወልደኣብ ወልደማርያም ኣብ ካልኣይ ታሪኻዊ ውድባውን ሓድነታውን ጉባኤ ዝበልዎ፡ "እግዚኣብሄር ንሃገርና ባሪኹዋ እዩ'ሞ፡ ነዛ ዘውዲ'ዚኣ ዝደፍር ወይልኡ"።

ዝርዝር
ሰማእታት ኣብ ውግእ ሰምሃር-77ን
ኣብ ካልእ ኣጋጣሚታት

መሓመድ ኢስማዒል

ኣፈወርቂ ገረዝጊሄር

ስዒድ ኢብራሂም

ገብራይ ጊለ

መሓመድ ኣድም

ኣሕመዲን ዓብደ

ረዘነ ተኽላይ

ግርማይ ዘራጼን

ዛህራ መሓመድ ዓሊ

ተኽለማርያም ኣርኣያ

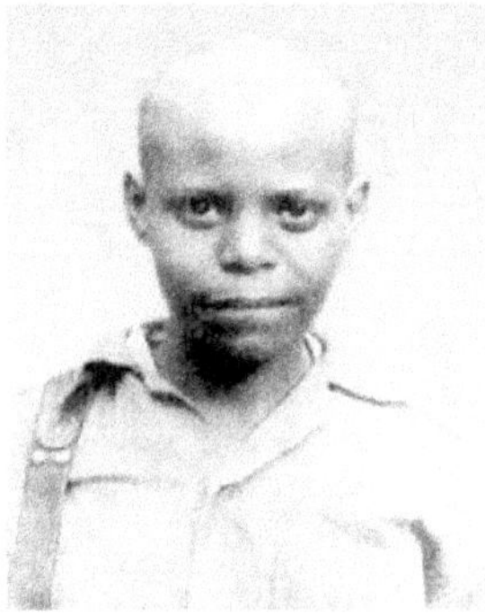

ፍረወይኒ ተስፋይ

ሮዜና ፍቓዱ

ተስፋኣለም እምባየ

ተስፋልደት ጸጋይ (ጉርጃ)

ሽንክሓይ ሱሌማን

ሙሕሱን ዓሊ

ገነት ሃይለ

ዓሊ ቢላል ኩቦኒ

ኣስመሮም ማርቆስ

ሓምድ ኢብራሂም

ገነት ጎነጽ

ተስፋኣለም (ቃዛፊ)

በርሀ ባህታ

ኪዳነ ዘርኡ (ኣዓየ)

ስሉስ ተወልደ

ሓጎስ ጸጋይ

ሓድሽ ሃይለ

ስምኦን (ወዲ ኢማም)

ወልደሩፋኤል ስባህቱ

ወልደንኪኤል ሃይለ

ተኽለኣብ መጎስ

ሰለሙን ሓጎስ

ጎይትኦም ሊላይ

ሜ/ጀ ገረዝጊሄር ዓ/ማርያም (ውጬ)

ብ/ጀ መብራህቱ ተኽለኣብ ቫይናክ

መሓመድ ኣድም (ሻግራይ)

ፍጹም ገረዝጊሄር

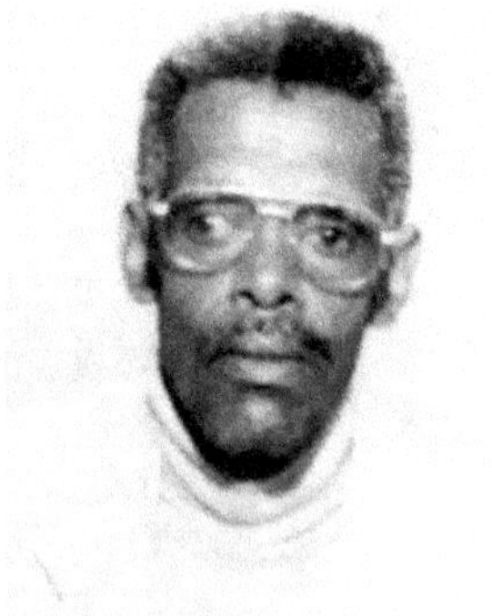

የሕደን ኣቡን

ተኪኤ ተወልደ

መሓሪ ተወልደ ስባህቱ (ኔቪ)

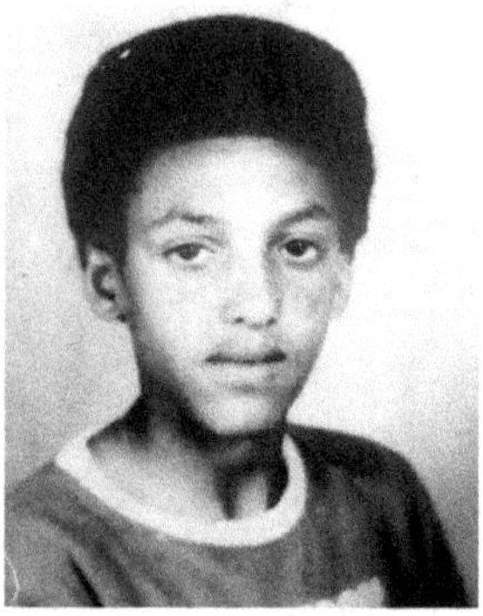

ኣኽሊሉ መሓሪ ተወልደ

ግርማይ ገብረመስቀል

ዑቕባይ ደበሳይ

ተሞክሮኦም ዘካፈሉ ኣርካናት ገድሊ

ኤፍሬም መለስ

ተኪኤ ተወልደ

ተኽለ ኣነንያ

ኢያሱ መነባብሮ

ኢብራሂም ሳልም

ተኽለ ክ/ማርያም (ወዲ ትኹል)

ኮ/ሌ ወረደ ዳንኤል

ዮሴፍ ተወልደ

መሓመድኑር እድሪስ

ኮነረል ስባህቱ ጉትይትኦም ድንሽ

ኣማኑኤል ሓድጉ

ብ/ጀ ተኽለ ክፍላይ

ነጋሲ ጎይትኦም

ጻጋይ ጎይትኦም

ተስፋይ ይስሓቕ

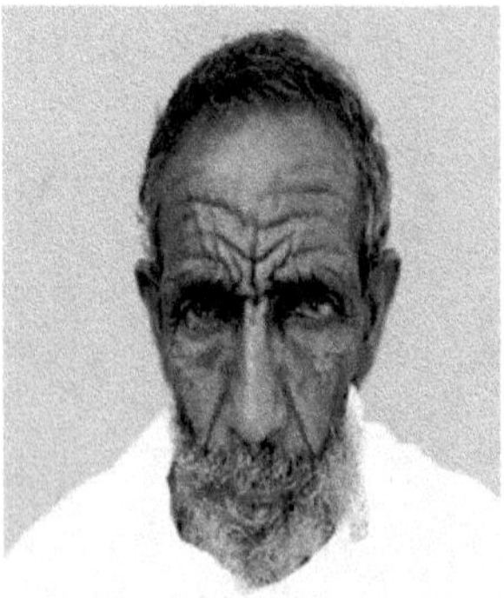

ሃለቃ ጻጋይ ሃብተማርያም

ምሕረትኣብ ገብረኣብ

ድምጻዊት ዘይነብር በሽር

ብ/ጀ ተኪኤ ርእሶም "ብላታ"

ኣልጋነሽ ተኽለኣብ

ኮ/ሌ በርሀ ረዘነ

ኣሕመድ መ/ሸነቲ

መብራህቱ ኪዳነ

ሰለሙን ድራር

ብርሃነ ተስፋዮናስ

መሓመድ ኣድምሻግራይ

ተኽስተ ተኽለማርያም

ገብረስላሴ ነጋሽ

ዮሴፍ ተስፋይ

ኣዜብ ገብረእግዝኣብሄር

ኮ/ል ኣፈወርቂ ገብረስላሴ

ሌ/ኮ ለተብርሃን ካሕሳይ

መም/ዳዊት ኣብርሃ

ኮ/ል ብርሃነ ኣስፋሃ

ፍጹም ገብረእግዝኣብሄር

ግርማኣለም ተኪኤ

ብ/ጀ ስምኦን ዑቕበ (ርእሲ ምራኽ)

በላይ ተስፋሃንስ

ኣብርሃም ዘርኣይ

ኣስማት ሰማእታት ሳሊና 1977-78 (ከፊላዊ)

ተ.ቁ	ምሉእ ስም	ብርጌድ	ዕ. ልደት	ዕ. ምስላፍ	ዕ. መስዋእቲ	መበቆል ዓዲ
1	ተኽለማርያም ኣርኣያ ተኽለ	4	1951	27/5/72	23/12/77	ድግሳ
2	የማነ ኪዳነ ሓይሊንኪኤል	4	1944	15/8/72	23/12/77	ዋራ
3	መሓመድ እስማዒል መሓመድ	4	1945	7 /5/73	23/12/77	ቁሸ
4	ተስፋልደት ስዩም ጋብር	4	1945	20/11/74	23/12/77	ዓዲ ቀሺ
5	ተስፋኣለም እምባየ	4	1955	1 /1 /75	23/12/77	እምባደርሆ
6	ጸጋይ ወልደገብርኤል ተስፋዝጊ	4	1954	23/11/74	23/12/77	ዓዲ ንፋስ
7	ታደሰ ዑቕበ ኣስፍሃ፣	4	1954	28/4/75	23/12/77	ዓዲ ሓሪፍ
8	ኣሕመዲን ዓብደላ ኣድም	4	1956	1 /1 /75	23/12/77	በርሀነት
9	ኣማኑኤል ወልደስላሰ ኣውዓሎም	4	1957	12/2/75	23/12/77	ዓዜን
10	ኣፍወርቂ ገብረዝጊሄር ፍስሃየ	4	1955	1 /2/75	23/12/77	ዝባን ሰራው
11	ሃይለ ወልደገርግሽ ዓንደጼን	4	1957	4 /1/75	23/12/77	ጸሎት
12	ሃይለ ደስታ ተድላ	4	1950	6 /6 /75	23/12/77	መነኽሰይቶ
13	ሓድሽ በየነ በራኺ	4	1952	11/3/75	23/12/77	ዓዲ ቐይሕ
14	ሚካኤል ፍስሃየ ባህልቢ	4	1953	15/3/75	23/12/77	ዓደ ዘመር
15	ረዘነ ተኽላይ ተኽለ	4	1947	12/4/75	23/12/77	ደቒሽሓይ
16	ተኽለሃይማኖት ገረዝገሄር ተድላ	4	1954	18/9/75	23/12/77	ዓዲ ቀ
17	ተኽለብርሃን ወልደማርያም ገብረማርያም	4	00	14/6/75	23/12/77	ደቂ ዘርኡ
18	ኣኽሊሉ ክብርኣብ ክፍለ	4	1953	20/2/75	23/12/77	ሓዲሽ ዓዲ
19	ኪዳነ ተኽስተ ደስታ	4	1953	1 /3/75	23/12/77	እምባ ደርሆ
20	ክፍለ ዓንደ ገረዝጊሄር	4	1957	25/12/75	23/12/77	ኢ.ያሞ
21	ዑመር ሽደ ጅምዕ	4	1958	2 /2 /75	23/12/77	ጊንዳዕ
22	ዑመር ዓምር እድሪስ	4	1959	12/2/75	23/12/77	ዓዲ ሰራው
23	ዑቕባሚካኤል ገብረመስቀል ብርሃነ	4	1958	15/10/97	23/12/77	ዓዲ ሓወሻ
24	ዮሴፍ ሃብተማርያም ክፍለ	4	1949	30/5/75	23/12/77	መለዛናይ
25	ዮሃንስ ብርሃነ ጊላጋብር	4	1945	22/4/75	23/12/77	ኩርባርያ
26	ደበሳይ እመሃ ባህታ	4	1955	12/2/75	23/12/77	ዓዲ ኮሎም
27	ገብረትንሳኤ ሃብቱ ገብረመድህን	4	1958	28/1/75	23/12/77	ጾንዕቶ
28	ገብረዮሃንስ ገብረክርስቶስ ቀለታ	4	00	1 /10/75	23/12/77	ዓዲ ኮሎም
29	ግርማይ ተኽለ ተስፋጼን	4	1946	5 /3/75	23/12/77	ዓዲ ቅያኖ

30	ፍስሃየ ተስፋሚካኤል ሃይለ	4	1953	11/1/75	23/12/77	ደቂ ገብሩ
31	ሰለሙን ሃይለ ገብረየሱስ	4	1943	25/1/76	23/12/77	ማእዶ
32	ተኽስተ የማነ መብራህቱ	4	1960	18/1/76	23/12/77	ዓዲ ቀንጺ
33	ፍቕረማርያም ገብረትንሳአ ገብረዝጋብሄር	4	1956	18/10/77	23/12/77	ዓዲ መርዒት
34	ሃይለ ገብረመድህን ዓገባ	4	1956	22/4/76	23/12/77	እምኒ ሓይሊ
35	ተስፋይ ጸጋይ ገብረመድህን	4	1953	5 /3/76	23/12/77	እወሀነ
36	ገብረስላሰ ገብረ ገብረማርያም	4	1945	2 /1/77	23/12/77	ዓዲ ጉልትና
37	ወልደገርግሽ ሃብተ በርሀ	4	1953	30/6/77	23/12/77	ዓዲ ባባ
38	ወልደገርብኤል ተወልደመድህን ወልደማርያም	4	1955	1 /3/75	23/12/77	ኣንበሰተ ገለባ
39	ዓብዱ መሓመድ ዓብደልቃድር	4	1961	5 /4/77	23/12/77	ምሰያም
40	ዓንደብርሃን ባርያጋብር በረኸት	4	1960	25/7/77	23/12/77	ዓዲ ተኽሌዛን
41	የማነ መስፍን መብራህቱ	4	1959	13/8/77	23/12/77	ዓረዛ
42	የማነ ዑቕባስላሰ ነማርያም	4	1953	20/7/77	23/12/77	ኣፍደዩ
43	ደስበለ መብራህቱ ካሕሳይ	4	1957	2 /4/77	23/12/77	ማይጻዕዳ
44	ወልደገርግሽ ሃብተ በርሀ	4	1953	30/6/77	23/12/77	ዓዲ ባባ
45	ሃይለስላሰ ወልደፍሊጶስ ገብረታትዮስ	4	1952	10/8/77	23/12/77	ደቀምሓረ
46	ፍሻለ ኣብርሃ ተኽላይ	4	1959	27/6/77	23/12/77	ደምበረልበ
47	ተኪኤ ክፍለየሱስ ነማርያም	4	1958	2 /4/77	23/12/77	ደርዓንቶ
48	ተኽላይ ኪዳነ ወልዱ	4	1950	11/9/77	23/12/77	ሓበላ
49	መሓመድ እስማዒል መሓመድ	4	1955	7/5/73	23/12/77	
50	ተኽለሰንበት ወልደማርያም ገብረክርስቶስ	4	1953	8 /5/77	23/12/77	ሮብቶ
51	መዝገቦ ሃይለ ብሩ	4	1956	8 /5 /77	23/12/77	ኮኾባይ
52	ሙሉጌታ ሳሙኤል መለስ	4	1958	12/1/77	23/12/77	ደርዓ
53	ኣለም ግርማይ ሓድጉ	4	1956	23/4/77	23/12/77	ዓዲ ኣጣል
54	ኪዳነ እስቲፋኖስ ረዳኢ	4	1957	13/3/77	23/12/77	ደርሰነይ
55	ብርሃነ ካሕሳይ መለስ	00	1954	2 /8/77	23/12/77	ተኾንዳዕ
56	ዘሙይ ሃይለ ገብሩ	58	00	15/6/77	6/1/78	ኩዶ ፈላሲ
57	ተስፋኣለም ጥዑምዝጊ ዘውዱ	58	1954	5 /11/76	6/1/78	ሕረት
58	ኣድም መሓመድ ሱሌማን	58	1951	15/2/75	6/1/78	ሽዕብ
59	ግርማይ ዘራጼን ወልደገርብኤል	58	1953	12/10/72	6/1/78	እምበይቶ
60	ዛህራ መሓመድ ዓሊ	58	1961	10/7/75	6 /1/78	ዓደላይ
61	በየነ ዮሃንስ ሃይለሚካኤል	58	1953	17/1/75	6/1/78	ሕረት
62	እስቲፋኖስ ብርሃነ ደብረጽዮን	58	1958	2 /2 /75	1/6/78	
63	ሃብተ ስእላይ ተስፋማርያም	58	1956	15/7/75	6/1/78	ጸዓዘጋ

64	ሃይለ ኣስመላሽ ተስፋማርያም	58	1955	18/2/75	6/1/78	ዛግር
65	መዓሾ ሃብተ ንጉስ	58	1961	15/1/75	6/1/78	ዓዜን
66	ጎንጨ ኣለም ፍስሃየ	58	1954	21/1/76	6/1/78	ክሳድ እምባ
67	ገብረስላሰ ዓንደማርያም ሓድጉ	58	1958	26/6/77	6/1/78	ሰሓርቲ
68	ተወልደ እምባየ ገብረክርስቶስ	58	1956	13/7/77	6/1/78	ዓዲ ወግሪ
69	ሃይለ ባህልቢ ገብረ	58	1939	11/10/74	27/12/78	ዳንዴር
70	ተወልደመድህን ሃብታይ ክንፈ	44	1954	17/5/75	6/1/78	ደቂ ሽሓይ
71	ሃይለ ኣስገዶም ተወልደመድህን	44	1950	29/11/73	6 /1/78	
72	ኣልኣዛር ተስፋጋብር ንግሩ	44	1939	26/9/75	6/1/78	ዛውል
73	መሓመድኑር ያሲን መሓመድ	44	1953	20/6/75	6 /1/78	ድባር
74	መንግስትኣብ ገብረዮሃንስ በራኺ	44	1957	12/9/75	6 /1/78	ጸሎት
75	መኮነን ሳሲኖስ እዮኣብ	44	1956	1 /7/75	6 /1/78	ዓዲ ቀተኽሉ
76	ተኽለ ፍስሓ ጋይም	44	1952	8 /6/75	6 /1/78	ዓደብዑር
77	ተስፋሚካኤል ሃይለሚካኤል ወልደገርግሽ	44	1954	24/11/74	6 /1/78	በራቑት
78	ሚካኤል ጎይትኦም ተስፋዝጊ	44	1957	20/10/74	6 /1/78	ዓዲ ረጊት
79	ወልደጋብር ዑቕባገርግሽ ተድላ	44	1955	4 /10/74	6 /1/78	ሓድሽ ዓዲ
80	ክፍለ ገብረሚካኤል ደስታ	44	1951	5 /1/75	6 /1/78	ድግሳ
81	ዘርኣይ መብራህቱ ገብረዮሃንስ	44	1954	4 /11/75	6 /1/78	ዓዲ ገዳ
82	ያሬድ ተኽስተ ድራር	44	1955	1 /1 /75	6 /1/78	ዓዲ ንፋስ
83	ጋይም በራኺ ወልደማርያም	44	1952	27/2/75	6 /1/78	ዓዲ ቀይሕ
84	ግርማይ ዮሴፍ ኪዳነ	44	1951	23/2/75	6 /1/78	ደግራ ዓባይ
85	ጸሃየ ብርሃነ ፍቓዱ	44	1959	5 /3/75	6 /1/78	ዓዲ ሽማግለ
86	ፍረወይኒ ተስፋይ ወልደሚካኤል	44	1957	4/2/75	12/22/78	ኳዜን
87	መሓመድ ዑስማን ኢብራሂም	44	1959	16/3/76	6 /1/78	ዴዑት
88	መብራህቱ ገብረገርግሽ ደብሩ	44	1941	8 /5/76	6 /1/78	ዓዲ ቀንጺ
89	ምሕረት ተስፋልደት በየነ	44	1959	5/5 /76	6 /1/78	ገረሚ
90	ሮዚና ፍቓዱ ድራር	44	1962	15/6/76	6 /1/78	መለዛናይ
91	ተስፋጼዮን ዓዲዑመር ካሕሳይ	44	1949	25/7/76	6 /1/78	መነኽሰይቶ
92	ገብረሃዋርያት ማሪቆስ ምስግና	44	1955	1 /4/76	23/12/77	ዓዲ ምነገር
93	ተኽለሃይማኖት ጠዓመ ይፍጠር	44	1952	30/12/76	6 /1/78	ሰመደ
94	ንግስቲ ኣርኣያ ገረዝጊሄር	44	1960	21/5/76	6 /1/78	ጉራዕ
95	ገብረሂወት ነጸርኣብ ሃይለ	44	1954	10/7/76	6 /1/78	ማእዶ
96	ጺጋይ ተኽለ ዑቑባሚካኤል	44	1953	16/12/76	6 /1/78	ዓዲ ነኽይ
97	ሰለሙን ጽገ ገብረእንድርያስ	44	1949	2 /9/77	6 /1/78	ዓዲ ሓርቦ

98	ሃብቶም በርሀ በራኺ ሓጎስ	44	1959	5 /6/77	15/1/78	ድግሳ
99	ዳዊት ተወልደ ኮኾቡ	44	1959	23/9/77	6 /1/78	ዳምባምጫ
100	ጠዓመ ተስፋይ ወልደኣብዝጊ	44	1951	19/2/77	6 /1/78	ፍያሻ
101	ጠዓመ ክብረኣብ በኹሬጽዮን	44	1959	10/4/77	6 /1/78	ቶራት
102	ፍሊጶስ በርሀ እልፉ	44	1959	6 /9/77	6 /1/78	ድባርዋ
103	ሑሴን ሳልሕ ኢብራሂም	44	1956	1 /8/77	6/1/78	ሰንዓፈ
104	ሓጎስ ገብሩ ዝዘሀይ	44	1953	9 /6/77	6/1/78	ቆንቶ
105	ሓጎስ ገብረዮሃንስ መዓሾ	44	1957	9 /5/76	6/1/78	ዓንሰባ
106	ሚካኤል ሃይለ ኣውዓሎም	44	1957	18/9/77	6/1/78	ዓዲ ተኽሌዛን
107	ስምኦን ገብረሂወት ወልደርፋኤል	44	1956	13/2/77	6/1/78	ዓዲ ኮሎም
108	ስዒድ ኢብራሂም ኣሕመድ	44	1955	17/11/76	6/1/78	ዙላ
109	ገነት ሃይለ ኣውዓሎም	44	1962	15/11/76	6/1/78	ዓዲ ኣብዑር
110	ሳሙኤል ሃብተማርያም ገብረማርያም	44	1955	23/1/75	6/1/78	ዓዲ ሓወሻ
111	ተፋደ ገብረማርያም በራኺ	00	1957	17/6/77	15/6/78	ደቂሸሓይ
112	ኣብርሃም ተስፋጽዮን ሰጊድ		1956	1 /6 /77	6/1/78	ሕምብርቲ
113	ኣተውብርሃን ቀለታ ተስፋስላሰ	70	1955	3/12/77	23/12/77	ዓዲ ንፋስ
114	ተኽላይ ክፍለ ዘርኢገርግሽ	70	1946	15/11/74	23/12/77	
115	ገረዝጊሄር ደበሳይ ተስፋጽዮን	70	1954	8/11/74	23/12/77	ሓላይ
116	ሃብቶም ገረዝጊሄር ዘርኦም	70	1954	15/8/74	23/12/77	ዓዲ ተከሌዛን
117	ሃብተማርያም ዘርኣይ ገብረታትዮስ	70	1957	15/11/75	23/12/77	ዓዲ ሻካ
118	መሓመድ ኣድም ሙሳ	70	1956	12/1/75	23/12/77	ገድገድ
119	ተኽለሚካኤል ብርሃነ ዘርእማርያም	70	1943	19/8/75	23/12/77	ጸዕዳ ክርስትያን
120	ተኽስተ ጺጋይ ሃብተሚካኤል	70	1945	24/12/75	23/12/77	
121	ዑስማን መሓመድ ሙሳ	70	1954	5/1/75	23/12/77	ሮራ ማርያ
122	ዓብደላ መሓመድ ሸኽ	70	1950	8/8/75	23/12/77	ሕርጊጎ
123	ዓንደመስቀል ሃብተ ዑቕባገርግሽ	70	1956	21/4/75	23/12/77	ገደለ
124	ገብረሂወት መንግስትኣብ ትኩእ	70	1953	17/10/75	23/12/77	ዓዲ ሃብተስሉስ
125	ሳልሕ መሓመድኑር ዑመር	70	1956	29/1/76	23/12/77	ዝባን ሰብያ
126	ኢያሱ እዮብ ዑቕባጋብር	70	1954	8/2/76	23/12/77	ጽንዓይ
127	ኤፍረም መሓሪ ስባሀቱ	70	1956	13/5/76	23/12/77	ደርሰናይ
128	ዓሊ መሓመድ ኢድሪስ	70	1957	15/7/76	23/12/77	ከረን
129	ገብራይ ጊለ ዑቕቡ	70	1943	11/12/75	23/12/77	መቀርካ
130	ሃብተ መሓሪ ክፍሉ		1956	18/8/77	23/12/77	ገደለ

ሳሊና-77

131	ወልደስላሰ ፍስሃ ኪዳነ		1957	10/5/77	23/12/77	ሓድሽ ዓዲ
132	ወልደገብርኤል ወልደሚካኤል ገብረስላሰ	70	1957	11/2/77	23/12/77	ሳምዲ ዓረት
133	ዘርኣይ ረዳ መሓሪ		1952	15/4/77	23/12/77	ሊባን
134	የማነ ገብረመድህን ካሕሳይ		1955	21/9/77	23/12/77	ጐላጉል
135	ደበሳይ ሃይለ ተኸለብርሃን		1957	31/8/77	23/12/77	ጽንዓ
136	ገብሩ ኣዋጅ ገብረሚካኤል		1957	28/2/77	23/12/77	ዓዲ ሕዝባይ
137	ጣሀር ሳልሕ ዓብደልውሃብ		1955	19/5/77	23/12/77	ዓዲ ቆራይ
138	ሃይለ ገረዝጊሄር ወልደዮሃንስ		1957	30/7/77	23/12/77	ጉራዕ
139	ሓየሎም ጉርጃ ወልደገርግሽ		1955	27/8/77	23/12/77	
140	ተስፋይ ተኸለ ተስፋዝጊ		1943	6/8/77	23/12/77	ዓዲ ረጊት
141	ኣንጀሎ ዮሴፍ ዓንደብርሃን		1956	17/6/77	23/12/77	ዛግር
142	ምሕረት ገብርሂወት ኣስፍሃ		1956	28/4/77	23/12/77	
143	ብስራት ተኸለ ሓደራ		1960	1 /1 /75	7 /8 /77	ሽኮቲ
144	ተስፋጼየን ተኸስተ ሃይለሚካኤል		1947	12/6/75	15 /2/78	ዓተክሌዛን
145	ከሓሰ ኣብርሃም ሓድጉ			30/10/75	23/12/77	ጉርጉር
146	የማነ ኣስፍሃ ወልደኪዳን			17/9/77	06/01/78	ኣውሊዕጾሩ
147	ተኸለ ገብረመድህን ህብትዝጊ			04/75	23/12/77	ኣሮሞ
148	ተኸስተ ሃይለ ተኪኤ			18/01/76	23/12/77	ዓዲቀንጺ
149	ተኸስተ መኮነን በርሀ			27/07/77	06/01/78	ዓዲቀተኽላይ
150	ተኪኤ ወ/ሃይማኖት ገብሩ			20/09/77	23/12/77	ኣስፈዳ
151	ዑቕባዝጊ ኢያሱ ገብረገርግሽ				23/12/77	ዓደርዓዳ
152	ሃይለስላሴ ተስፋገርግሽ ተኽሉ			20/09/77	06/01/78	ዓዲምሕጹን

ርእይቶታት ካብ ኣንበብቲ

መጽሓፍ 'ሳሊና-77'፡ ኣርብዓ ዓመታት ምስ ሓለፈ፡ ነቲ ተጋዳላይ ስለ'ዛ መሬት ክብል፡ ዝኸፈሎ ረዚን መስዋእትን ዘርኣዮ ጅግንነትን፡ ንመንእሰይ ወለዶ ዓቢ ትምህርቲ ተቐስም'ያ። ደራሲ ነዛ መጽሓፍ፡ ናይ ውድብ ከምኡ ናይ ጸላኢ 'ምስጢራዊ ሰነዳት ገናጺሉ ብምጽሓፉ ተኣማኒት፡ ዋዛ ብዝተሓወሶ ኣገባብ ብምጥቃሙ ድማ፡ ተነባቢት ይገብራ። ስለ'ቲ ኣበርክትኡ ይምጉሶ፡ ናብ ካልእ ክሰግር ድማ፡ ይላቦን ዓወት ይምነየሉን።

ብሪጋዴር ጀነራል ተኪኤ ርእሶም "ብላታ"

ስርሒት 'ሳሊና-77' ሓንቲ ካብቶም ፍሉያት ቅያታት ኣብ ቃልሲ ህዝቢ ኤርትራ ኢያ። ኣብ'ቲ ሰብ ዝበልዕ ሲኦል ሓዊ፡ ብኣካል ውዒልካ፡ ብኣጋጣሚ ብህይወት ተሪፍካ፡ ቃልሲ ቀጺልካን ናጽነት ክኣ ኣስተማቒርካን። ንውዕሎ ሳሊና ብጽሑፍ ብምቕራብካ፡ ንህሉዋትን ስዉኣትን ዓቢ ውዕለት ኢዩ። ብታሪኽ ሃገሩ ዝግደስ ኩሉ ኤርትራዊ፡ ንመጽሓፍ 'ሳሊና- 77'፡ ከንብባን ክውንናን ድማ እላቦ።

ዶክቶር ተኸስተ ፍቓዱ

እዛ መጽሓፍ፡ ነቲ ቅድሚ ሕጂ ብምልኣት ዘይተጻሕፈሉ፡ ታሪኻዊ ፍጻሜ 'ሳሊና-77' ኣልዒላ፡ ንምእማኑ ዘጸግም ቈራጽነት ዝተፈጸመሉ ኣገራሚ ፍጻሜታትን ምረት ውግእ 'ሳሊና-77'ን እተዘንቱ መጽሓፍ'ያ። ደራሲ ናይ ውልቁን ናይ ብጾቱን ውዕሎ ኣወሃሂዱ፡ ብልክዕነት ንምጽዋይ ዘካየዶ ጻዕሪ ዝንኣድ'ዩ። እዛ መጽሓፍ፡ ንተመራመርትን ጽሓፍትን መወከሲ ክትከውን'ያ።

ጋዜጠኛን ጸሓፊ ታሪኽን ሰለሙን በርሀ

ደራሲ ነዞም ብኣካል ዝተሳተፎም ውዕሎ 'ሳሊና፡ ኩሉ ህዋሳቱ ኣሳቲፉን ዝኾነ መመላኽዒ ቀመም ከይሓወሰን፡ ህያው (organic) ብዝመስል ኣገባብ ኣቕሪቡዎ ኣሎ። ብዝወዓለ ዝጽወ ታሪኽ፡ ሳሕቲ ዘጋጥም ስለ ዝኾነ፡ ነዛ መጽሓፍ ተነባቢት ይገብራ። ልዕሊ ኹሉ ንመንእሰያትና፡ "ታሪኽ ኣቦታትኩምን ኣዴታትኩምን እዚ ኢዩ'ሞ ! ሃየ ተሓበኑን ኩርዑን!" ዝብል መልእኽቲ ስለዘሎዋ፡ ኩሉ ከንብባ እላቦ።

ሌ/ኮ ፍስሃየ ኣድሓኖም

እዛ መጽሓፍ፡ ተጋዳላይ ኣብ ውግእ ሳሊና ዘሕለፎ መስገደልን ዝኸፈሎ መስዋእትን እትገልጽ ታሪኻዊት መጽሓፍ'ያ። ኣብ ሓቀኛ ታሪኽ ተሞርኮሰ ጽሑፍ ንምድላው፡ ተወፋይነትን ጥንቃቐን ዝሓትት ስራሕ'ዩ። እቶም ነዚ ጅግንነት ዝፈጸሙ ኣርካናት ገድሊ ብሂወት ስለ ዘየሎዉን ዝርካቦም ህሉዋት ተጋደልቲ ከኣ፡ ምስ ግዜ ምንዋሕ፡ ዝህሉውም ተዘክሮ ስለ ዝሃስስን፡ ነዚ ታሪኻ ውዕሎ ጀጋኑ ንምዝንታው ዝኸበደ ይገብሮ። ደራሲ ዝወሰዶ ተባዕ ተበግሶን ዘካየዶ ጻዕርን የመስግን።

ብርሃነ ገብረትንሳእ (ሚኒስትሪ ጥዕና)

'ሳሊና 77' እትብል መጽሓፍ፡ ነቲ ክትረኽቦ ዝተበገሰትሉ ውግእ ሳሊና ምሉእ ክበሃል ብዝከኣል መንገዲ ዘስፈረትን ጻዕሪ ከም ዝፈሰሰላ እተርኢ መጽሓፍ'ያ። ደራሲ ንውግእ ሳሊና 77 ከም ሓደ ክፋል ሓርነታዊ ቃልሲ ጓሕጒሑዎ እዩ። ነቶም ኣብ ውዕሎ ሳሊና ዝነበሩ ተጋደልቲ፡ ተሞክርኦም ንኽጽሕፉ ኣፍደገ ከፊቱ ኣሎ።

ኢብራሂም መሓመድ 'ኣከላ'፡ (ሓላፊ ባህላዊ ጉዳያት ህ.ግደ.ፍ)

ምምሕዳራዊ ኣቃውማን ጽፍሕን ብሪጌድ-4

1.ማእከልነታት ብሪጌድ

ብርጌድ	ማእከልነት	ምክትል	ኮሚሳር
4	ወልደንኪኤል ሃይለ	ተኽለ ዓንዱ (ወዲ ዓንዱ)	እስቲፋኖስ ብሩኖ

2. ማእከልነታት ቦጦሎኒ

ቦጦሎኒታት	ማእከልነት	ኮሚሳር
4.1	ሓመድ መሓመድ ዑመር (ዳሊ)	ወልደዝጊ ሃብተኣብ
4.2	ሱሌማን ዓሊ (ሽንክሓይ)	ተስፋልደት ጸጋይ (ጉርጃ)
4.3	መብራህቱ ተኽለኣብ (ቫይናክ)	በርሀ ባህታ (ፖሊስ)

1.ማእከልነታት ሓይሊ 4.3

ሓይሊ	ማእከልነት	ኮሚሳር
4.31	ዓሊ ኑር	ኣደሬ ሰዒቡ ኣማኒኤል (ወዲ-ጠሊፋ)
4.32	መሓመድ ኣድም ሓምድ (ሻግራይ)	ተኽለማርያም ኣርኣያ (ቀሺ)
4.33	ዑቕባይ ኣብርሃ (ቀሺ)	ተኽለ ክፍላይ (ማንጁስ)_

ማእከልነታት ጋንታን መሳርዕን 4.33

ጋንታ	መራሕቲ ጋንታታት	መራሕቲ መሳርዕ
4.33.1	እስቲፋኖስ ወዲ ብርሃነ	ፍጹም ርእሶም፡ መሓሪ ተወልደ ስባህቱ (ኔሺ)፡ ጭሩም
4.33.2	ተስፋኣለም ገብርኣብ ግርማይ (ቃዛሬ)	ኣፈወርቂ (ወዲጭዓይ)፡ ተስፋኣለም (ራያ)፡ ገብረብርሃን

4.33.3	ሓምድ ኢብራሂም ኣደም፡ ኮሚሳር ረዘነ	ኪዳነ ዘርኡ(ኣዓየ)፡ ዮውሃንስ (ኮማንድ)፡ ግርማኣለም ተኪኤ (ወዲ-ዕንጨይቲ)

ዝርዝር ኣስማት ኣባላት መስርዕ 4.3333

1.ግርማኣለም ተኪኤ 2. ክብረኣብ (ምኽትል መራሕ መስርዕ) 3. ተኸስተ ተኽልማርያም(ዳምባ) 4. ዓሊዮ 5. ኣሕመዲን ዓብደላ 6. ክብሮም 7. ተስፋልደት 8. ተኽለማርያም (ከራራይ) 9. ሓጎስ 10. ወዲ-ሽኽ (ሓኪም) 11. ጎይትኦም(ወዲ-ሊላይ) 12. ኣስመሮም ማርቆስ ተስፋጋብር፡ 13. ከራራይ ምሕረትኣብ ወዲ ገብርኣብ 14 ሽሻይ

ተወሳኺ ሓበሬታ 'ጥብቆ' (footnote)

1. ኣብ 1975-76 ዓ.ም 15 ነፈርቲ ዓንየን፡ 20 ታንክታትን ድሩዓት መካይንን ተቓጺለን፡ 256 ናይ ጽዕነት መካይን ካብ ጥቕሚ ወጻኢ ኮይነን፡ 2000 ከቢድን ፎኪስን ብረት ተማሪኹን ዓንዩን፡ 2625 ሞይቶም ከምኡ 4115 ቖሲሎምን 327 ተማሪኾምን (መሪሕ. ሕታም 2. ቁ1 የካቲት/1977)
2. 'ሸከራይ' ባህታ ተጋዳላይ ተ.ሓ.ኤ ኰይኑ፡ ህ.ግ. ነቲ ኣብ 'ሰሜን' ካርነሽም እተካይዶ ስርሓት ይጻረርን ከምኡውን ኣብ ልዕሊ ሓፋሽ ውዱባት ህ.ግ. ምፍርራሕ የካይድን ነበረ።
3. ሻለቃ ኣጥናፉ ኣባተ፡ ከም ምኽትልን ላዕለዋይ ኣባል ደርግ ዝነበረ ብዓል ስልጣን ኮይኑ ሰሪሑ። ንብሪጋዴር ጀነራል ተፈሪ በንቲን ሻምበል ሞገስ ወልደሚካኤልን፡ ብመንግስቱ ምርሻን፡ ንዝምድንኦም ኣዝዩ ሻሕኮር። ኣብ ርእሲ ዝጸንሖም ናይ ፖለቲካዊ ኣረኣእያ ፍልልይ፡ ነቲ ኣብ ዓውዲ ውግእ ስሓርቲ ዝርኣዮ ስዕረት ሰራዊት ኢትዮጵያ ምርኩስ ብምግባር፡ "ጉዳይ ኤርትራ ዘተን ሰላምን ጥራይ እዩ መፍትሒኡ" ምስ በለ፡ ብኮሎኔል መንግስቱ ሃይለማርያም ናይ ሞት ፍርዲ ተበየነሉ።
4. ተጋዳላይ ወልደሩፋኤል ሰባህቱ መስከረም 30 1967 ናብ ተ.ሓ.ኤ ተሰለፈ። ንሱ ሓደ ካብ'ቶም ገዳይምን ኣብነታውያንን መራሕቲ ህ.ሓ.ሓ.ኤ ሓደ'ዩ ዝነበረ። ኣብ 1976 ኣብ ከበባ ናቕፋ ከም ኮሚሳር ቦጦሎኒ 500፡ኣብ ተኽሊጥ ናቕፋ ከም ኮሚሳር ብሪጌድ-76 ኰይኑ ተዋጊኡን ኣዋጊኡን። ነቲ ኣብ 1976 ዓ.ም ኣብ ውሽጢ ቦጦሎኒ 500 ዝተቐልቀለ ኣዕናዊ ምንቅስቓስ፡ ኣብ ምፍታሕ ዓቢ ተራ ተጻዊቱ'ዩ። ከምታ ንቓልሲ ዝወጸላ ዕለትን ወርሕን ድማ፡ መስከረም 30 1977 ድማ፡ ኣብ ውግእ ስሓርቲ (ሰላዕ ዳዕሮ) ተሰውአ።
5. ካብ "ምስክርነት" እትብል መጽሓፍ፡ ብሻምበል ተሰፋዮ ርስቱ፡ 2007 ዓ.ም
6. እዛ ኣብ ውግእ ሰላዕዳዕሮ (ስሓርቲ) ንፋልማይ ግዜ ዝተማረኸት ታንክ፡ ብስም 'ኮማንደር' እትጽዋዕ ታንኪ፡ ክሳብ ድሮ ናጽነት መኪታ

ተዋግኣት። ብ1990 ዓ.ም. ንስጋለት ቀጣን ንምፍንጣስ ብቐዳምነት ተሰሪዓ፡ ነተን ኣብዛ ጸባብ መንገዲ ኣሲረን ዝነበራ ሺሾ ታንክታትን መዳፍዕን ሓምሺሻ፡ ንሳ'ውን ዕድሚኣ ኣኸተመ።

7. Selected Articles From Vanguard No.2 AESNA
8. ስዉእ ገዲም ተጋዳላይ ግርማይ ገብረመስቀል፡ ብ1970 ዓ ም ኣብ ህዝባዊ ሓይልታት ሓርነት ኤርትራ ተሰሊፉ። ግርማይ ሓያል ናይ ምጽሓፍ ልምዲ ዝነበሮ ምኩር ሓርበኛ'ዩ ዝነበረ። ብዕለት 5 ሓምለ 2021፡ ብሕማም ምኽንያት ተሰዊኡ።
9. ገነት ጉነጽ ብ1974 ዓ.ም ኣብ ህ.ሓ.ሓ.ኤ ብምስጢር ተወደበት። ንተግባራት ስለይቲ ካድረታት ደርግ፡ ንምቅላዕን ምስጢራት ጸላኢ ንምፍታሽን፡ ኣብ'ቲ ተኣፉፍን መስዋእቲ ዝሓትትን ስራሕ፡ ምስ ካድረታት ደርግ ጥቡቕ ምቅርራብ መስረተት። እንተኾነ፡ ብሰለይቲ ስርዓት ደርግ ክትህደን ምስ ጀመረት፡ ብ1975 ንሜዳ ወጸት።
10. ኣብ ውግእ ዶጎሊ፡ 8 ብሪጌዳት ጸላኢ ተደምሲሰን፡ ኣሽሓት ተማሪኾም፡ 10 ዘመናውያን ታንክታት ተታሒዘን፡ ውሑዳት ወተሃደራት ምስ ገለ ኣጽዋሮም ካብቲ መጥቃዕቲ ኣምሊጦም ባጽዕ ኣትዮም (መሪሕ፡ ሕታም 2 ቁጽሪ 6 መስከረም 1977)፡
11. ኣብ ውግእ ዶጎሊ፡ 8 በራጊድ ኣጋር ሰራዊት ጸላኢ (8፡ 205፡ 206፡ 220፡ ነበልባል፡ 841፡ 721፡ 722 ሚሊሽያ፡ 34 ተነጣይ ጦር) ተሳቲፈን፡ ልዕሊ 8000 ወተሃደራት ሞይቶምን ቆሲሎምን ተማሪኾምን፡ 10 ዘመናውያን ታንክታት ተማሪኸን፡ ምንጪ (መሪሕ፡ ሕታም 2 ቁጽሪ 5 ታሕሳስ 1977)፡
12. ጸላኢ፡ ካብ 30ን 31ን ሻለቃ 1500 ሰራዊት፡ 20 ዘመናውያን ታንክታት፡ 76 ወተሃደራዊ መካይን፡ ከበድቲ ኣጽዋር፡ ወንጨፍቲ መሬት መሬት ሚሳይላት ብምዕጣቕ፡ 200 ነዳድን ስንቅን ዝጸዓና ናይ ሲቪል መካይን፡ ካብ ባጽዕ ኩለኛ ኣበገሰ።
13. ስርዓት ኢትዮጵያ፡ ኣብ ምዕራባዊ ዞባ ዓዲኢብራሂም፡ ዓዲ-ዑመር፡ ዓዲ ሰይድና-ሓምድ፡ ዓዲ ሓባብ፡ መጎራይብ ወዘተ ልዕሊ 62 ቁሸታት፡ ኣብ ምብራቓዊ ዞባ፡ ዓይለት፡ ጎምሆት፡ ዓሱስ፡ ፍግት፡ ሸባሕ-ገድገድ ወዘተ፡ ኣብ ዓንሰባ፡ ሓልሓል፡ መለብሶ፡ ፈልሒት፡ ሸጋሊ፡ ሓሸሻይ፡ ዋዝንተት፡ ኩብኩብ፡ ሃበሮ ወዘተ፡ ኣብ ከበሳታት'ውን፡ ፍሸይ፡ ምራራ፡ ደግዓ፡ ዲያት፡ ሃዘሞ ወዘተ፡ ከባቢ 173 ዓድታት ኣቃጺሉ፡ 30,000

ሰላማውያን ሰባት ቀቲሉን 100 ሽሕ ህዝቢ ኤርትራ ካብ መነባብርኡ ተዘናቢሉን ናብ ስደት ኣምሪሑን። (ካብ ብኮሎኔል ገብረእግዚኣቢሄር መሓሪ ዝተዳለወት መጽሓፍ ዝተወሰደ።)

14. ብ1980 ዓ.ም ነቶም ናብ ስደት ዘምርሑ ኤርትራውያን መንእሰያት፣ ኣብ ሃገረ ሱዳን ከተማ ፖርት-ሱዳን፣ ስሩዕ ኣካዳምያዊ ትምህርቲ ንምሃብ፣ ኣነ ኣብ ዞባ ዴም-ኩርያ፣ መምህር ብርሃነ ኣስረስ ኣብ ዞባ ሰለላብ፣ መምህር ትኳቦ ኣይሙትን ኣብ ዞባ ዴመኑር ሰለስተ ኣብያተ ትምህርቲ ከፊትናን ዕዉት ስራሕ ኣካየድና።

15. ኣባል ፖለቲካዊ ቤት ጽሕፈትን ላዕለዋይ ወተሃደራዊ ሓላፍን፣ ሓርበኛ ገዲም ተጋዳላይ ኢብራሂም ዓፋ፣ በቶም ካብ ግንባር ሰሜናዊ ምብራቕ ሳሕል ሶሊኾም ናብ ደጀን ዝኣተዉ ናይ ጸላኢ ናይ ስለያ ኣባላት ብዝፈነዉዎ ሃንደበታዊ መጥቃዕቲ፣ ብዕለት 11 ጥቅምቲ 1985 ኣብ ኀቦ ዓጋመት፣ ምስ ሓሙሻይ ርእሱ ብጅግንነት ተሰዊኡ። (ካብ መጽሓፍ 'ሃንደበትነት ኣብ ዓጋመት። ብመኮነን 'ሻባይት'

16. ዋላ'ኳ ብቋንቋ ዓረብ 'ሻዕቢያ' ማለት 'ህዝባዊ' እንተኾነ፣ ጸላኢ ግን ንተጋደልቲ ህ.ግ. ንምንእኣስ ኢሉ፣ ዝጥቀመሉ ዝነበረ ስም'ዩ።

17. ንሕና ሚሳይላት፣ ሳተላይታት፣ ዝተራቐቐ መሳርሒ ኩናት፣ ዘመናውያን ነፈርቲ፣ ተወንጨፍቲ ቢ-ኤምሮኬታት የብልናን። ስራዊትና፣ እታ እንኮ ዝውንናን፣ ኣንጻር ሓያላን ተዋጊኡ መስተንክር ዓወት ዘመዝገበላን ዘሎ ግን ናይ ስራዊትና "ንቕሓት" ጥራይ እያ.(መሪሕ፣ ሕታም ቁጽሪ፣ 1977)።

18. ሓደ ናይ ወጻኢ ሃገር ጋዜጠኛ ነቲ ብዓይኑ ዝርኣዮ ብዝሒ ናይ ዝተተኮሰ ቦምባታት ኣስደሚሙዎ፣ ኣብ ጽሑፉ ከምዚ ክብል ኣስፊሩዎ ኣሎ፣ "እዞም ንስርዓት ኢትዮጵያ ዝሕግዙ ዘሎዉ ናይ ወጻኢ ሓይልታት፣ ካብ ሕጂ ወተሃደራዊ ሓገዞም ደው እንተዘይኣቢሎሞ፣ እተን ናይ ኣጽዋር ፋብሪካታቶም ቅልውላው ኣትዩወን፣ ከም ዝነድያ ርግጸኛ እየ" በለ። (ወግዓዊ ልሳን ህ.ግ.ሓ. ኤ ሕታም 3 ቁ.10 ታሕሳስ 1978)።

19. 'ፋሉል' ብቛንቋ ዓረብ ኮይኑ፣ ትርጉሙ 'ቀይዲ-በተኽ ማለቱ። እዚ ቅጽል'ዚ፣ ነቶም ንኣካይዳ ላዕለዎት መሪሕነት ተጋድሎ ሓርነት ኤርትራ ዝተቓወሙ ተጋደልቲ፣ ብመራሕቲ 'ጀብሃ' ዝተዋህበ ናይ ምጽላም ቃል'ዩ።

20. ተጋ. ነጋሲ ጎይትኦም ኣካያዲ ስራሕ ፋብሪካ ጨው 'ሳሊና': ድሕረ ባይታ ናይ'ቲ ፋብሪካ ዝሃቦ መግለጺ። "መፍረ ጨው ምጽዋዕ ብ1907 ብኽልተ ኢጣልያውያን ኣውፈርቲ ተመስሪቱ። ክሳብ 1939 ኣብ ዕዳጋታት ምብራቕን ደቡብን ሃገራት ኣፍሪቃ ፍርያቱ ኣስፋሕፊሑ። ድሒሩ'ውን ናብ ርሑቕ ምብራቕ ኤስያ ተላኢኹ። እንተኾነ፡ መንግስቲ ጣልያን፡ ኣብ ካልኣይ ኲናት ዓለም ምስ ተሳዕረ፡ እቲ ትካል ተዳኸመ። ድሕሪ 1952 ፈደረሽን ኤርትራን ኢትዮጵያን፡ እቶም ኢጣልያውያን ወነንቲ'ቲ ፋብሪካ፡ ነቲ ትካል ንምብርባር ዳግማይ ሓደስቲ ማሺነሪታት ከም ሎደር፡ ትራክቶር፡ ዶዘራት፡ ገልበጥቲ ኣተኣታተዉ። ኣብ 1968 ምህርቲ ፋብሪካ ሳሊና፡ 125,250 ቶን ዕቤት ኣርኣየ። ኣብ ግዜ ስርዓት ደርግ፡ ምህርቲ ጨው፡ ናብ 3,000 ቶን ኣንቀልቀለ። ድሕሪ 1991፡ ግዜያዊ መንግስቲ ኤርትራ ዕዳጋታቱ ናብ ታንዛንያ፡ ኡጋንዳ፡ ሩዋንዳ፡ ብሩንዲ ካሳብ ዲሞክራሲያዊት ረፓብሊክ ኮንጎ ብምዝርጋሕ፡ ምህርቱ ናብ 83,000 ቶን ኣማዕበሎ። ኣብ 1998 ምስ ኢትዮጵያ ናይ ዶብ ውግእ ምስ ተወልዐ ግን፡ እቶት ንእለቱ ኣንቀልቀለ።

21. ማእከልነት ብሪጌድ 70 ሓመድ ሸሪፍ፡ ምኽትል ሳልሕ ሕሩይ፡ ኮሚሳር ክኣ በራኺ ገብረስላሴ ነበሩ። ኣዛዚ ቦጦሎኒ 70.1 መሓሪ ዑቕባዝጊ፡ ኮሚሳር ተኽለ ልብሱ፡ ኣዛዚ ቦጦሎኒ 70.2 ገረዝጊሄር 'ውጬ"ን ተሰፋይ መኮነን፡ ኣዛዚ ቦጦሎኒ 70.3 እስማዒል 'ጉልጅ' ኮሚሳር ተኽላይ ሃብተስላሴ ነበሩ።

22. (Dan Connel, Against all Odds, 1993. Reuters news service, January 10,1978)

23. ኣሜሪካዊ ጋዜጠኛ "ዳንኮነል፡" ብዛዕባ ርእሰ ተኣማንነት ተጋዳላይ ኣብ ውግእ ሳሊና ክገልጽ እንከሎ፡ "ሓደ መራሕ ብሪጌድ (ስሙ ኣይጠቐሶን)፡ "ንድሕሪት ኣይክንምለስን ኢና። ኩነታት ክሳብ ኣብ ሪብሓና ዝቕየርን ኣብ እንዕወተሉን ደረጃ ዘይበጻሕናን ግን፡ ሱቕ ኢልና ብስምዒትን ብሃውርን ኣይክነጥቅዕን ኢና" ክም ዝበሎ ኣብ (The Financial Times 'London' February 1978) ጽሓፈ።

24. ሜጀር ጀነራል ገረዝጊሄር ዓንደማርያም 'ውጬ'፡ መበቆሉ ካብ ደርቢ ሓርስታይ ኮይኑ፡ ኣብ መጀመርያ ስብዓታት ናብ ውድብ ህ.ሓ.ሓ.ኤ ተሰለፈ። ካብ ተራ ሓረስታይ ናብ ጀነራል መዓርግ ዝበጽሐ ምኩር ተዋጋኢ'ዩ ዝነበረ። ብጻይ ገረዝጊሄር ዓንደማርያም 'ውጬ'፡ ተዋጊኡ

ዘዋግእ፡ ንብጾቱ ፍናንን ሞራልን ዘዕጥቅ ሓደ ካብቶም ኣርካናት ገድሊ'ዩ። ብዝሓደሮ ሕማም፡ ዕለት 08/3/2014 ተሰዊኡ።

25. ብሪጋዴር ጀነራል መብራህቱ ተኽልኣብ (ቫይናክ)፡ ብ1969 ኣብ ቃልሲ ተጸምበረ። ካብ 1974 ክሳብ 1977 ከም ሓላፊ ፈዳይን (ደቂኣራዊት)፡ 1977 ኣብ ብሪጌድ-4 ከም ማእከልነት ቦጦሎኒ 4.3 ኣገልገለ። ብሰንኪ ናይ እግሩ ስንክልና፡ ንግዜኡ ኣብ ሓለዋ ሰውራ ድሕሪ ምጽናሕ፡ ኣብ ብሪጌድ-80፡ ክ/ሰ/70፡ ክ/ሰ/96ን 70ን ኣብ ዝለዓለ ጽፍሒ ኮይኑ ተዋጊኡን ኣዋጊኡን። ናብ'ቲ መበል 30 ዓመት ምድምሳስ "ውቃው እዝ" ጽምብል ንምስታፍ ኣብ ዝጓዓዝሉ ዝነበረ፡ ብ20 መጋቢት 2014 (ብሪጋደር ጀነራል ኣማኒኤል "ሃንጀማ"ን ገዲም ተጋዳላይ ደሱ ዝርከቡዎም) ብሓደጋ መኪና ተሰውኡ።

26. ኣብ መጥቃዕቲ ዶንጎሎ ክሳብ ክሳድ ኣስመራ (ሰይዲሺ)፡ 4000 ወተሃደራት ሞይቶምን ሽዱሽተ ታንክታት ተሓምሺሽንን ኣሽሓት ኣጽዋርን ንብረት ሰውራ ኮይኑን። (መጽሔት መሪሕ. ቅጺ.3 ቁ.1 ጥሪ 1978)።

ካብ ምስጢራዊ ሰነዳት ጸላኢ

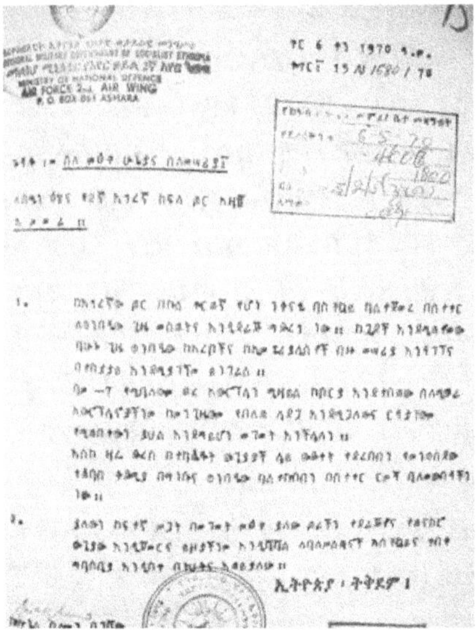

ጸላኢ ኣብ ውግእ ዶጎሊ ዝወረዶ ክሳራ

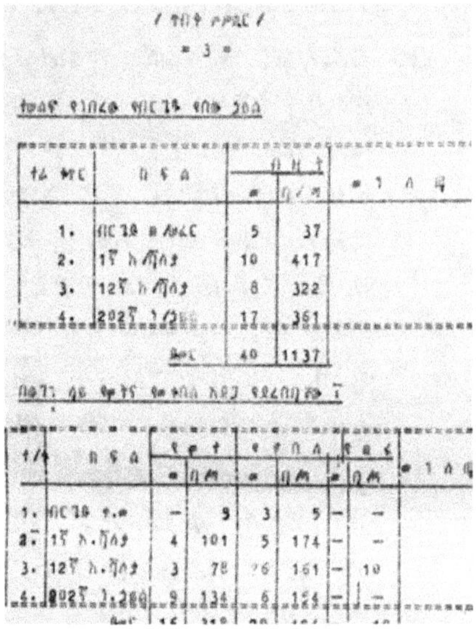

/ ቀጣይ ሁኔታ /

= 3 =

ተመልዩ የነበረው ፃብርጌድ የሰው ኃይል

ተራ ቁጥር	ክፍል	ብዛት		መግለጫ
		መ	ባ/ሌ	
1.	ብርጌድ መምሪር	5	37	
2.	1ኛ እ/ሻለቃ	10	417	
3.	12ኛ እ/ሻለቃ	8	322	
4.	202ኛ ነ/ሻለቃ	17	361	
	ድምር	40	1137	

በውጊያ ላይ የሞቱና የቆሰሉ አባላት የደረሰባቸው ፣

ተ/ቁ	ክፍል	የሞቱ		የቆሰሉ		የጠፉ		መግለጫ
		መ	ባ/ሌ	መ	ባ/ሌ	መ	ባ/ሌ	
1.	ብርጌድ ጠ.መ	—	9	3	5	—	—	
2.	1ኛ እ.ሻለቃ	4	101	5	174	—	—	
3.	12ኛ እ.ሻለቃ	3	78	26	161	—	10	
4.	202ኛ ነ.ሻለቃ	9	134	6	124	—	—	

ንሞራል ፓይሎታት ዝተፈታተ ግጉይ ሓበሬታ

የጠላት ሥልት ፡—

ጠላት ሥልቱን ከየጊዜው ብዙ ለውጥ ያደረገ ቢሆን ከነዚሁም ውስጥ በቅርቡ በተካሄደው ውጊያ እንደታየው ሁሉ የጎን ሠፈር መግባት ፣ የውጊያ ወረዳ በስፋት መያዝ ፣ ረዳት ጦር በቂ ቦታ ማስቀመጥ ፣ ተዋጊውን ጦር በተወሰነ ጊዜ መለወጥና የደከመውን ማሳረፍ ፣ የጥይት ክምችት ከውጊያ ወረዳ ከ 7 እስከ 10 ኪሎሜትር በማይርቁና በማይጠረጠሩ ቦታዎች መሆን ፣ ከወገን የሚወነጨፉትን ከባድ መሣሪያዎች ከፍተኛ ቦታዎች ላይ ሆነው በመመልከት በተመሣሣይ መሣሪያዎች ለማጥፋት መከራ ማድረግ፤

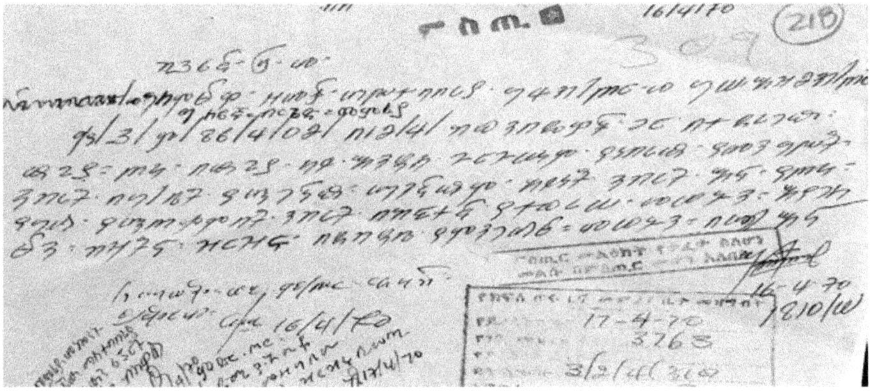

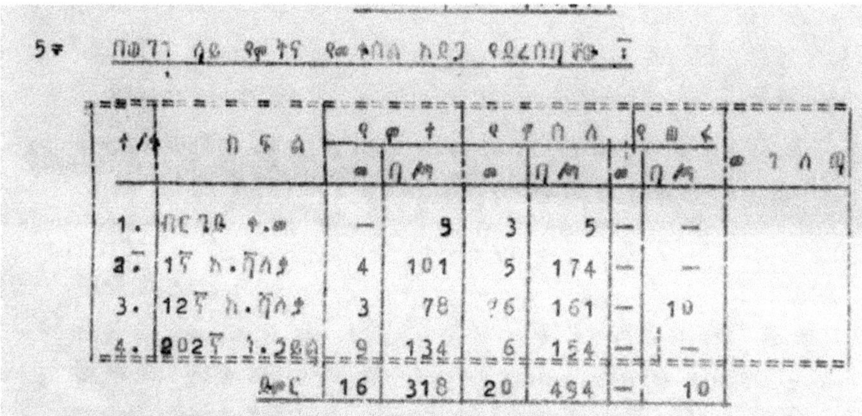

5፦ በወገን ላይ የሞትና የመቁሰል አደጋ የደረሰባቸው ፤

ተ/ቁ	ክፍል	የሞተ		የቆሰለ		የጠፋ		መገለጫ
		መ	በ/ሚ	መ	በ/ሚ	መ	በ/ሚ	
1.	ብርጌድ ቁ.መ	—	5	3	5	—	—	
2.	1ኛ እ.ሻለቃ	4	101	5	174	—	—	
3.	12ኛ እ.ሻለቃ	3	78	6	161	—	10	
4.	202ኛ ?.ሻለቃ	9	134	6	154	—	—	
	ድምር	16	318	20	494	—	10	

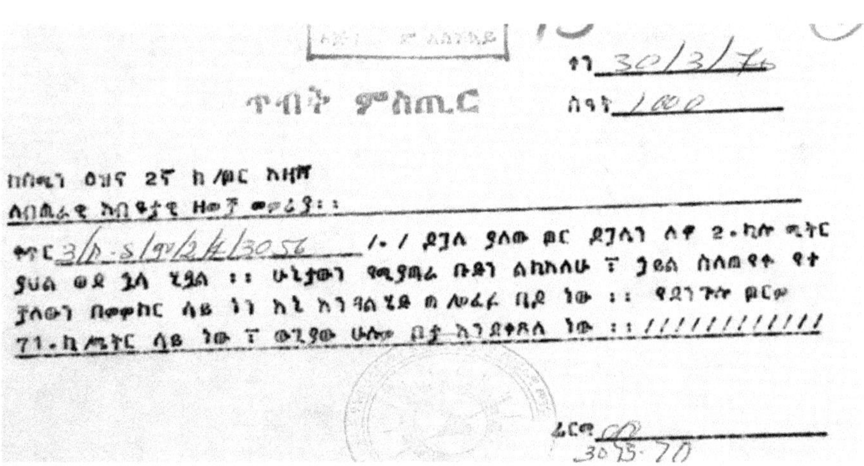

ቀን 30/3/70

ጥብቅ ምስጢር

ሰዓት 1000

ከሰሜን ዕዝና 2ኛ ክ/ጦር አዛዥ

ለብሔራዊ አብዮታዊ ዘመቻ መምሪያ።

ቁጥር 3/ቦ-ኦ/ም/2/4/3056 1.1 ደጋሉ ያለው ጦር ደጋሌን ለቆ 2.ኪሎ ሜትር ያህል ወደ ኋላ ሄዷል ። ሁኔታውን የሚያጣሩ ቡድን ልከናለሁ ፣ ኃይል ስለጠየቀ የተቻለውን በመቀከር ላይ ነን እኔ እንግል ሄዶ ጠ ለፈሬ ቢዶ ነው ። የደገጉት ጦርም 71.ኪሎሜትር ላይ ነው ፣ ውጊያው ሁሉም በታ እንደቀጸለ ነው ።

ፊርማ
3075.70

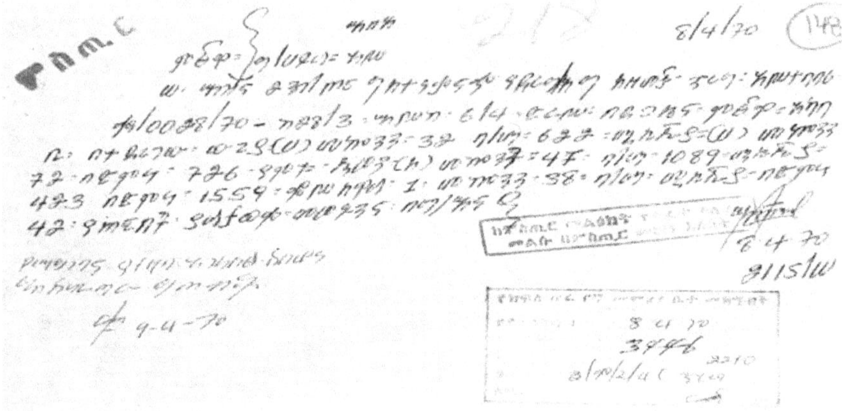

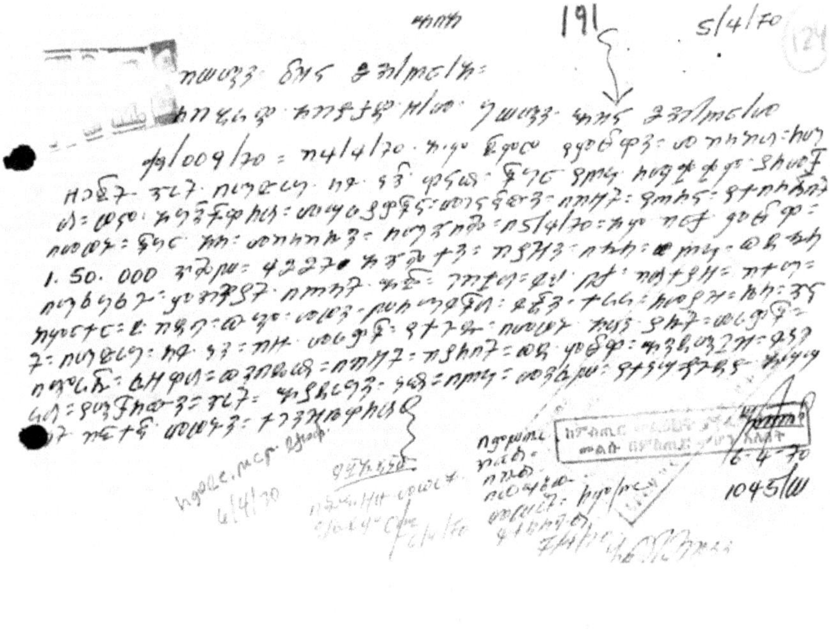

መወከሲ ጽሑፋት (Bibliography)

1. Connel, D. (2003).Taking On The Superpowers: Colleced Articles On The Eritrean Revolution (197682), The Red Sea Press, Asmara,Eritrea
2. Bocrezion Haile. (2000). The collusion on Eritrea.
3. Connell, Dan. (1993). Against All Odds : A Chronicle Of the Eritrean Revolution, The RedSea Press Inc. Asmara, Eritrea
4. መኰንን ገረዝጊሄር፡ መቅዘፍት፡ 2010, ሽወደን
5. Dr. Tekeste Fekadu. (2002). Jouney From Nakfa to Nakfa:
6. ወግዓዊ ልሳን ህ.ግ.ሓ.ኤ. መጽሔት መሪሕ ሕታም 2ን 3ን(1977-78)
7. National and class conflict in the Horn, John Markakis, 1990
8. ተስፋየ ገብርኣብ፡ 2019፡ 'የቲራቮሎ ዋሻ'፡ ኣትላስ ግራፊክስ ቤት ማሕተም
9. Selected Articles From Vanguard No.2 AESNA (From VANGUARD.

   Official Monthly Organ. EPLF. AESNA 1977)
10. ካብ 'ውዕሎ ውግእ ተጋደልቲ' ብኮሎኔል ገብረእግዚኣቢሄር መሓሪ ዝተዳለወት መጽሓፍ ዝተወሰደ።
11. 'ሃንደበትነት ኣብ ዓጋመት' ብመኮነን 'ሻባይት' 2024 ዓ.ም

ብዛዕባ ደራሲ

ተጋዳላይ ግርማኣለም ካብ ኣቡኡ ባሻይ ተኪኤ ተኽልማርያምን ካብ ኣዲኡ ወይዘሮ ለተሃይማኖት ንጉሰ ዕቝቢትን፡ ብ1956 ዓ.ም. ኣብ ኣስመራ ተወሊዱ። ኣብ ኤርትራ ኣደራዕ መግዛእቲ ኣብ ዝለዓለ ጥርዙ ምስ ዝዓረገን መንእሰይ ክነብረሉ ኣብ ዘይክእለሉ ደረጃ ምስ ዝበጽሐን፡ ናይ 12 ክፍሊ ኣካዳምያዊ ትምህርቱ ከይዛዘመ፡ ጥሪ 1975 ዓ.ም ክቃለስ ናብ ህዝባዊ ሓይልታት ሓርነት ኤርትራ ተጸምበረ። ድሕሪ ታዕሊም፡ ኣብ ሓይሊ 45 (ሓይሊ ተስፋይ ይትባረኽ)፡ ቀጺሉ ኣብ ቦጦሎኒ 607፡ ኣብ መወዳእታ ድማ፡ ክሳብ 1978 ዓ.ም ኣብ ብሪጌድ 4 ተመደበ። ኣብ 1978 ምሕራር ዶንጎሎ፡ ማህረምቲ እግሪ ስለ ዘጋጠሞ፡ ካብ ወተሃደራዊ ንጥፈት ተኣልየ። ካብ'ዚ ግዜ'ዚ ንድሓር ኣብ ክፍሊ ትምህርቲ፡ ድሕሪ ናጽነት ድማ፡ ኣብ ሚኒስትሪ ትምህርቲ ተመዲቡ ይሰርሕ ኣሎ። ኣብ 1992/93፡ ኣብ ኣስመራ ዩኒቨርሲቲ ንኽልተ ዓመት ትምህርቱ ተኸታተለ። ስዒቡ ናይ ምልኣኣኽ (Correspondence) ትምህርቲ ዕድል ስለዝረኸበ፡ ኣብ 2017 ዓ.ም. ብምሕደራ ንግዲ፡ ብማስተርስ (MBA) ተመረቐ። ነቲ ኣብ 1977 ዓ.ም. ኣብ ውግእ ሳሊና ዝተፈጸመ ቅያን ዝተኸፍለ መስዋእትን ንምትራኽ ብ2018 ዓ.ም ተበገሰ። ብሳላ ሙሉእ ምትሕብባር መቓልስቱን ፈተውቱን ከኣ፡ ነዛ ቦኽሪ መጽሓፉ 'ሳሊና-77' ኣብ መዕለቢኣ ከብጽሓ በቒዑ። ካልኣይቲ መጽሓፉ፡ "ከበባ ናቕፋ 1976-77" እትብል'ውን ተጻፊፋ፡ ንሕትመት ግዜኣ ትጽበ ኣላ።

ኣብ ውግእ "ሳሊና 77"
ዝተሳተፉን ኣብ ምድላው'ዛ መጽሓፍ፡ ገድላዊ ተሞክሮኦምን ውዕሎኦምን ዘካፈሉን ኣባላት ቦጦሎኒ 4.3 ነበር

ታሕተዋይ መስርዕ ካብ የማን ናብ ጸጋም፡ ግርማኣለም ተኬኤ፡ ጸጋይ ጉይትኦም፡ ብ/ጀ/ተኽለ ክፍላይ (ማንጁስ)፡ መሓመድ ኣደም ኣሕመድ (ሻግራይ)፡ ኣዜብ ገረዝጊሄር (ጫረ)።።

ማእከላይ መስርዕ ካብ የማን ናብ ጸጋም፡ ከራሪ ምሕረትኣብ ገብረኣብ፡ ተኪኤ ተወልደ ክንፈ (ቀራይ)፡ ተኽስተ ተኽለማርያም (ዳምባ)፡ ፍጹም ገብረእግዚኣብሄር፡

ላዕላይ መስርዕ ካብ የማን ናብ ጸጋም፡ ኢብራሂም ሳልም ዑስማን(ወዲሳልም)፡ ተኽለ ኣነንያ (ጣውላ)፡ ኣልጋነሽ ተኽልኣብ፡ ተስፋይ ኢሳቕ፡ መሓመድኑር ኢድሪስ ማሕሙድ፡ ሌ/ኮ ለተብርሃን ካሕሳይ፡

መሓበሪ

www.ingramcontent.com/pod-product-compliance
Lightning Source LLC
LaVergne TN
LVHW020409070526
838199LV00054B/3569
9789994864881